浙江省文物考古研究所专著与文集　第 29 号

稻作文明的摇篮

——河姆渡文化考古文粹

浙江省文物考古研究所
宁波市文化遗产管理研究院　编
余姚市河姆渡遗址博物馆

文物出版社

图书在版编目（CIP）数据

稻作文明的摇篮：河姆渡文化考古文粹／浙江省文
物考古研究所，宁波市文化遗产管理研究院，余姚市河姆
渡遗址博物馆编. -- 北京：文物出版社，2023.9
　　ISBN 978-7-5010-8170-7

Ⅰ.①稻…　Ⅱ.①浙…②宁…③余…　Ⅲ.①河姆渡
文化-文集　Ⅳ.①K878.04-53

中国国家版本馆 CIP 数据核字（2023）第 167168 号

地图审批号：浙 S（2023）43 号

稻作文明的摇篮
　　——河姆渡文化考古文粹

编　　者：浙江省文物考古研究所　宁波市文化遗产管理研究院　余姚市河姆渡遗址博物馆

责任编辑：崔叶舟
封面设计：王文娴
责任印制：王　芳

出版发行：文物出版社
社　　址：北京市东城区东直门内北小街 2 号楼
邮　　编：100007
网　　址：http://www.wenwu.com
经　　销：新华书店
印　　刷：宝蕾元仁浩（天津）印刷有限公司
开　　本：889mm×1194mm　1/16
印　　张：39.75
版　　次：2023 年 9 月第 1 版
印　　次：2023 年 9 月第 1 次印刷
书　　号：ISBN 978-7-5010-8170-7
定　　价：420.00 元

河姆渡遗址远眺

河姆渡遗址第一次发掘工作场景

河姆渡遗址第一次发掘工作座谈会

河姆渡遗址第二次发掘工作场景

河姆渡遗址第二次发掘建筑遗迹出土场景

河姆渡遗址第二次发掘亦工亦农考古培训班开学典礼

河姆渡遗址第二次发掘部分工作人员合影

姚仲源（左一）、吴玉贤（左二）、林士民（左三）
牟永抗（左四）、魏正瑾（左六）等在河姆渡遗址第一次发掘现场

河姆渡遗址发掘绘图场景

河姆渡遗址第二次发掘工作人员在观摩出土器物

苏秉琦先生（左一）在河姆渡遗址第二次发掘现场指导

严文明先生（右）在第二次发掘现场指导

1979 年王明达（右）在唐家墩遗址试掘现场

童家岙遗址全景

宁波慈湖遗址 1988 年发掘现场

名山后遗址全景

塔山遗址全景

鏊架山遗址全景

鼬山遗址 1996 年发掘现场

田螺山遗址局部环境

下王渡遗址 2017 年发掘现场

何家遗址 2019 年发掘现场

施岙遗址 2020 年发掘现场

目　录

河姆渡发现原始社会重要遗址

浙江省文管会　浙江省博物馆

河姆渡遗址位于杭州湾以南的宁绍平原，在余姚市河姆渡镇河姆渡村。姚江从遗址的西部和南部流过，顺姚江向东 25 千米即宁波市区，往西 25 千米是余姚市，南为四明山，和河姆渡村隔江相望。遗址面积约 4 万平方米。遗址所处的地势很低，平均海拔三至四米，附近农田在耕土以下有大面积的泥炭层，古代这里可能是一片低洼的沼泽地。根据这些情况来判断，当时人们就在这样一个背靠丘陵、面对沼泽的地方生活。

1973 年夏，罗江公社在河姆渡建造翻水站时发现了这个遗址。当时，公社党委和当地群众一面向当地文化部门反映，一方面采取各种措施保护遗址和出土文物。省文物部门获悉后立即派人进行了调查，并试掘探方三个，发现了一个比我省已知的最早的新石器时代遗址更早的文化层。

为了紧密配合农田水利基本建设工程。进一步弄清遗址的文化面貌，经上级批准，决定对遗址进行正式发掘。

河姆渡遗址第一期发掘工作自 1973 年 11 月 4 日开始，至 1974 年 1 月 10 日结束。发掘工作始终得到地、县、公社各级党委的亲切关怀和重视，县委还专门成立了"河姆渡遗址发掘领导小组"。广大人民群众在文物保护和考古发掘工作中积极主动，认真负责，一直战斗在发掘工作的第一线，出现了许多动人的事迹。参加这次发掘的还有余姚县文化馆和宁波、嘉兴等地区的部分县、市的文物干部。

第一期发掘共开探方三十四个，面积 810 平方米。遗址的南部已被姚江冲掉，八个探方没有文化层，有文化层的实际面积是 600 多平方米。

通过发掘，搞清了地层关系，对新文化层的面貌有了基本认识，获得了大量文物，出土了一批动、植物遗骸遗物，普遍发现稻谷、谷壳、稻秆、稻叶和其他禾本科农作物堆积，堆积厚度 40~50 厘米，还揭露出大片木构建筑遗迹。这些文物生动地体现了我国劳动人民的高度智慧和创造才能，丰富了我国原始社会史和原始农业、原始建筑等研究的内容，对地质、水文、古生物、古气候等学科的研究也提供了重要资料。

河姆渡遗址的文化堆积由四个各具特点、代表不同时代、又有内在联系的文化层组成。地层的层次分明，土质土色容易辨清。以 T14、T15、T16、T18、T20、T22 等六个探方的南壁剖面为例，地层情况如下（图一）：

耕土层，厚约 40~50 厘米。

姚江冲积层，灰黄土，厚度 0~100 厘米，西南角部分探方的第一文化层被冲刷。

第一文化层，黄褐色灰土，土质较硬，厚约 70~105 厘米。

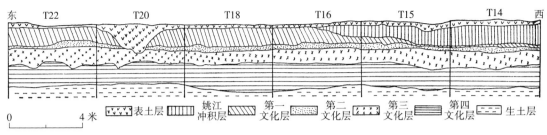

图一　T14、T15、T16、T18、T20、T22 南壁剖面图

第二文化层，黄绿土，土质较硬，厚约 20~35 厘米。

第三文化层，砂质灰土，比较疏松，厚约 60~110 厘米。

第四文化层，黑褐色灰土，土质松软，厚约 100~165 厘米。

第一文化层时代相当于吴兴邱城中层①和青浦崧泽中层墓地②。第二文化层时代相当于嘉兴马家浜③和邱城下层。马家浜和邱城下层是我省过去已发现的新石器时代诸遗址中时代最早的地层。河姆渡遗址的四个文化层从地层叠压关系可以看出，第三、第四文化层压在第二文化层之下，时代早于马家浜和邱城下层。从第三、第四层的堆积厚度来看（两层总厚度平均在两米以上），其本身的延续时间不会太短。再从文化内涵来看，第三、第四层和第一、第二层之间的间隔时间也比较长。因此，第三、第四层这个新文化层就成了长江下游、东南沿海目前已发现的新石器时代最早的地层，也是全国迄今已发现的新石器时代最早的地层之一。它的发现把这一地区原始社会的历史又向前接上了一段，它的绝对年代距今约六七千年④。

第三文化层和第四文化层两者内涵相似，时代接近。第四层堆积更厚、内涵更丰富，这个地层的出土物除了十多万片陶片外，仅可复原的陶器和骨器、木器、石器工具等就达千件以上。

已复原的陶器二百三十五件，其特点是：

第一，质料单一。陶土中掺合大量的草类、禾本科植物的杆、叶碎末和种子壳皮等有机物，烧成后这些有机物变成炭，因而陶质呈黑色，纵剖一块陶片还可清楚地看到炭粒结晶，俗称"夹炭黑陶"。

第二，制法全部都是手制，火候较低，胎壁较厚。

第三，造型简单，器形不规整，特别是罐，常有厚度不均、色泽不匀、弧度不一乃至歪扭等现象，显示出当时制陶技术还很原始。

第四，陶器种类很少，一般只有釜、罐、盆、盘、钵、器盖和器座。器盖合于某些器物上，器座供支架用，实际上主要器形只有前面五种。釜和罐的数量相当，两者总和占陶器的绝大多数。此外，还有盂等极少特殊器形。

---

① 梅福根：《江苏吴兴邱城遗址发掘简介》，《考古》1959 年第 9 期。江苏系浙江之误（编者注）。
② 上海市文物保管委员会：《上海市青浦县崧泽遗址的试掘》，《考古学报》1962 年第 2 期。
③ 浙江省文物管理委员会：《浙江嘉兴马家浜新石器时代遗址的发掘》，《考古》1961 年第 7 期。
④ 中国科学院考古研究所实验室 1975 年 11 月对河姆渡遗址 T21 第四层橡子用 ^{14}C 测定的年代为距今 5895±115 年，树轮校正年代为距今 6725±140 年；北京大学考古实验室 1976 年 1 月对河姆渡遗址 T17 第四层 A13 号木头用 ^{14}C 测定的年代为距今 6310±100 年，树轮校正年代为距今 6960±100 年。

　　釜是第四层唯一的炊器。器形特殊，下半部作深圜底，腹壁向下收缩的弧度较小，绝大部分器腹的上端，有一道凸脊，脊以上内收形成斜肩，肩以上有粗壮的颈，颈与肩、肩与腹的交接处有明显的折角。器底残留有明显的烟熏痕迹，有的内底留有烧焦的"锅巴"一类的东西。釜的口沿有敞口、敛口、直口之分，以敞口釜为多（图二），敛口釜次之（图三），直口釜很少。釜普遍有装饰花纹。腹部和底部拍印绳纹，肩、口几乎都刻划或锥刺有以短线、斜线、连续曲线、凹弦纹和小圈点等组成的各种花纹，敛口釜的口沿装饰更为突出，可见当时人们对釜的重视。

　　罐是当时唯一的盛储器，数量和釜相当。造型简单，造作粗陋。除少数腹部拍打绳纹外，绝大多数都是素面。可分为双耳罐（图四）和单耳罐（图五）两种，以前者为主。

　　钵的造型也很简单，可分为敛口钵（图六）和单把钵（图七）两种。敛口钵以弧敛口多见，折敛口较少。少数在口沿上划凹弦纹，个别的在器底外壁刻划四叶纹（图八）。带把钵通常是直口。

　　盘的数量较多，已复原五十五件。里外都经过打磨，多数素面（图九）。其中有个别器物口部外沿为六角形，内沿椭圆形，沿上饰以树叶纹。

　　盆的数量比盘、钵少，形式简单，大部分没有纹饰，少数器物外壁刻划动、植物写实图案，如T29：46刻划鱼虫花草一类的形象（图一〇），颇为生动。

　　器盖的器身为喇叭形，纽有喇叭形（图一一）和半环形（图一二）之分。

　　器座有两种。第一种又称"支座"，有的是方块形，有的是"象腿"形（图一三），质地粗壮而坚实。这种支座过去在其他一些遗址也屡有发现，但不明白它的用途，这次在河姆渡遗址的四个文化层都有发现，虽然各层出土支座的形式有变化，但从烟熏痕迹等分析，它的用途相当于活动式的鼎足，

图二　敞口釜

图三　敛口釜

图四　双耳罐

图五　单耳罐

图六　敛口钵

图七　单把钵

图八　钵底刻划的四叶纹

图九　盘

图一〇　盆

图一一　器盖

图一二　器盖

图一三　支座

炊煮时支在釜底。第二种器座外形似"尊"（图一四），近底处特别粗厚，重心较稳，内壁十分粗糙，往往在器内留有用火痕迹。

第四层还发现三片彩陶片（图一五）。从器壁断面和露出的局部胎表可以看出，不仅质粗色黑，和第四层其他陶器质地一样，而且也是拍印绳纹。所不同的是，在绳纹上糊上一层较为浓稠的泥浆，也就是原始的化妆土，趁泥浆还没有干透时打磨光洁，以后绘彩，烧成后表面灰白发亮，彩纹呈黑褐色或褐色。它的风格有着浓厚的地区特色，当是本地产品，数量虽少，但无疑是河姆渡遗址制陶工艺中一个值得注意的现象。

第四层还出土大量生产工具和动植物遗物。

图一四　器座

图一五　彩陶片

生产工具有骨、木、石、陶器等七百多件，骨器最多，占总数的百分之七十，木器和石器各占百分之十强。

木制工具种类较多，有刀、匕、矛、器把、小棒、带榫小方木和蝶形器等（图一六至一八）。其中有些工具的用途还没有完全搞清，根据民族学资料和有关部门的初步分析，可能和纺织有关，如刀、匕、小棒等，有的用作机刀，有的用于绕线，它们和陶纺轮、骨针、管状针、"织网器"等应该都是纺织工具。这些工具加工比较好，保存得也好。过去，这些工具在其他遗址较为罕见，可能是由于地下保存条件不好等原因。

石制工具比木制工具少，制作较粗糙，器形简单，大致可分斧、锛、凿等（图一九），以斧占多数，锛、凿较少。

骨器是当时人们从事生产劳动最主要的工具，数量很多，制作很精，比较突出的有耜（图二〇）、凿、锥、针、哨、匕、管状针、"织网器""蝶形器""锯形器""靴形器"和大量箭头（图二一）。

骨耜是河姆渡遗址中最为重要的发现之一。数量很多，仅第四层就出土了七十六件。它是用个体较大的偶蹄类动物的肩胛骨去掉骨脊制成的。外形基本保持肩胛骨的自然形状，上端柄部厚而窄，下面刃部薄而宽。柄部两侧稍加修整，有的削去顶部。它们的共同特点是，骨面正中有一道从顶端向下伸长的浅槽，浅槽的下端修成弧形，其两侧有两个平行长孔。凡是

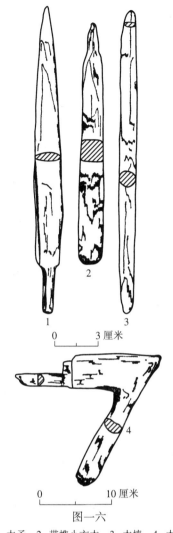

0 　 3 厘米

0 　 10 厘米

图一六

1. 木矛　2. 带榫小方木　3. 木棒　4. 木把

图一七　木匕

图一八　木蝶形器

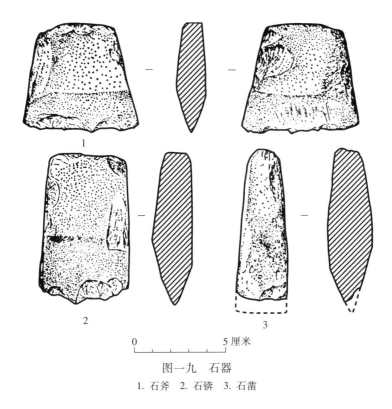

0　　　　　　　5厘米

图一九　石器
1. 石斧　2. 石锛　3. 石凿

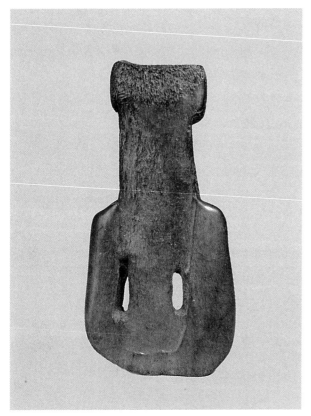

图二〇　骨耜

柄部较厚的都有一个横穿的方銎，较宽的两边修成平直。在加工部位都留有明显的凿琢痕迹。由于使用中长期和泥土摩擦，通体非常光滑。这种骨器应该是一种翻土的农具，也就是"骨耜"。在两个平行长孔的外侧和柄部方銎的外缘都有明显的捆绑痕迹，证明它是和别的工具捆扎在一起配合使用的。由此推测，耜上原来应该安有一根较长的木棍之类的东西，这种"棍"就是常说的"耒"。耒的下端经过加工后吻合于骨耜正面的浅槽中，在两个平行长孔和柄部加以捆绑，使之固定，使用时不致左右摆动。这些骨耜按刃部区分，有双齿刃和平刃、斜刃、弧刃四种，后三种为单齿刃。双齿刃最多，约占半数，平刃其次，斜刃再次，弧刃只见一件。耒耜是古代劳动人民从事农业生产的重要工具。这种农具过去在同期遗址中很少发现，骨耜更是罕见。以前往往认为耒耜是比较晚出现的工具，河姆渡遗址第四层大量骨耜的出土充实了

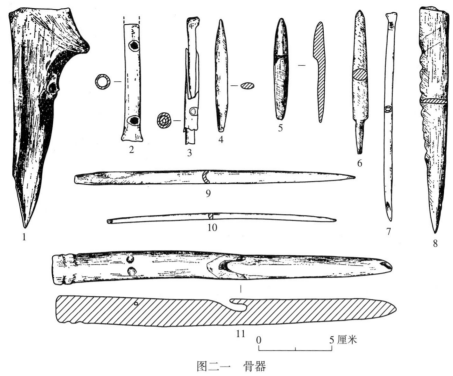

图二一　骨器

1. 凿　2、3. 哨　4~6. 箭镞　7. 管状针　8. 锯形器　9. 锥　10. 针　11. 织网器

过去认识上的不足。恩格斯说："农业是整个古代世界的决定性的生产部门。"[①] 这些骨耜不仅有力地证明了当时已经有了农业，而且农业早已脱离了原始的火耕，发展到用耒耜翻耕土地的阶段。当时这一带沼泽地肥沃松软，适于农作，在这种土地上用耒耜翻种，可以开辟相当规模的农田，可以想见当时农业已成为主要的生产活动。

那么，当时人们种的是什么庄稼呢?

河姆渡遗址的海拔很低，地下水位高，第四层长期浸泡在水中，隔绝了土壤中的空气，加上大面积的腐殖质形成 4~5 度的酸性成分，起着良好的防腐作用，使数量很多、品种丰富的植物果实枝叶和动物遗骸等保存了下来。出土时，这些遗物基本保留原有的色泽形态，例如河蚌的内壳具有新鲜的五彩光泽，一些树叶脉络清楚，颜色发绿，这给鉴定工作带来了有利的条件。

据中国科学院植物研究所对个别土样的花粉分析，认为植物中"占优势的是禾本科植物"，"花粉组合中的禾本科花粉，则可能是农作物的花粉"。这里，值得重点介绍的是禾本科中的水稻。

在 500 平方米的发掘范围内，普遍发现有由稻谷、谷壳、稻秆、稻叶和其他禾本科植物混在一起的堆积，平均厚度约 40~50 厘米，这些堆积的成分以水稻的各部分的遗物为主，局部地方几乎全是谷壳。谷壳和稻叶等不失原有外形，有的稻叶色泽如新，有的甚至连稻谷的稃毛还清晰可辨。这些稻谷经中国科学院植物研究所和浙江农业大学鉴定，属于人工栽培稻。同时，从出土情况看，稻子的各部分都有，不仅是只有穗子而没有秆叶，这是区别于采集野生稻的旁证之一。这些事实证明，当时已有比较发达的水稻种植业当无疑问。因此，很可能大米已经成为当时人们可靠的食物来源。河姆渡遗址

① 《马克思恩格斯选集》，人民出版社，1972 年，第 4 卷第 145 页。

第四层大量骨耜和水稻遗物的出土，说明以种植水稻为主的"耜耕农业"是当时人们的主要生产活动。它以雄辩的事实说明，远在距今六七千年前，我们的祖先就在祖国的大地上开田种稻，扩大食物来源，他们以自己的勤劳勇敢和聪明智慧创造财富，为世界人类的进步做出了巨大的贡献。

除水稻外，植物中还发现很多菱壳、葫芦、酸枣、麻栎果等果实的果壳和果核。

动物遗骸也发现很多，在中国科学院古脊椎动物与古人类研究所的指导和帮助下，初步鉴定这些动物，多达四十八个种属，以鹿、龟为最多，犀牛和象是很重要的发现，猪、狗属于人工饲养，水牛也可能是家养的。

这些动植物遗物和遗骸，反映了当时生产的某些侧面，说明采集和狩猎都是当时经济生活的组成部门。此外，这些丰富的自然遗存对认识当时人们的生活环境、气候、植被等都有重要的参考价值。

河姆渡遗址揭露出的木构建筑遗迹是这次发掘的重要收获之一。

这次发掘的范围正是遗址的居住区。除第一层外，各层都发现了木构建筑遗迹，以第四层最为丰富（图二二）。在木构建筑遗迹中，有大量的带有榫卯的建筑构件（图二三，图二四）。榫卯的种类较多：有带有"凸"字形的方榫、圆榫；有的凿出长方形或圆形的卯眼；有的在一个构件上既带有凸榫，在它的一侧又凿有卯眼等。

图二二　木构建筑遗迹（局部）

图二三　凸榫木构件　　　　　　　　图二四　凸榫木构件　　　　　　　　图二五　骨匕

　　虽然由于发掘面积有限，尚难窥其全貌，但从已揭露的木构建筑遗迹，尤其是榫卯技术的应用看，当时人们已经脱离原始穴居的生活，过的是比较稳定的"筑土构木"的定居生活。这些遗迹遗物为研究我国古代木构建筑的历史和居住情况提供了新的资料。

　　第四层还出土了一批装饰品、玩具和艺术品，如笄、环、玦、璜、珠、丸、小猪等。许多陶器、骨器经过艺术加工，最为突出的是木筒和一件骨匕。

　　木筒四件。圆筒形，中空，形如一段竹管，筒壁厚约1厘米，加工得厚度均匀，上下平直，弧度一致。其中有一件外壁的两头缠有藤篾类的圈箍多道，出土时呈金黄色，这件木筒可能有它的特定用处，但同时也是艺术作品，在当时的条件下，能制作如此精美的木筒是很不简单的。

　　T21：18骨匕，柄部的正面雕刻出两组双头禽鸟（图二五，图二六），形象逼真，线条流畅，是一件难得的艺术珍品。

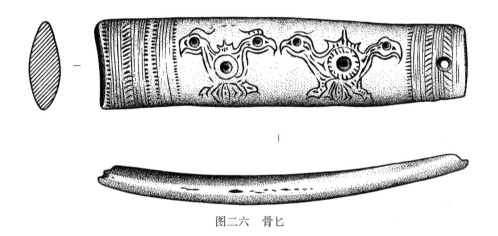

图二六　骨匕

　　这些艺术作品来源于长期的斗争实践，是人们生产劳动的结晶，它们的出土进一步丰富了我国古代文化遗产的宝库。

　　通过河姆渡遗址的发掘，使我们扩大了眼界，纠正了我们以往对新石器时代某些片面的看法，证明从很早的时候起，我们的祖先不仅在黄河流域，而且同时也在长江流域已经有着相当进步发达的原始文化，他们在祖国辽阔的土地上同大自然作艰苦卓绝的斗争，互相交流，互相影响，共同创造出我们中华民族的优秀文化。

（原载《文物》，1976年第8期。因发表时印刷质量较差，我们从河姆渡遗址档案中找到了与正文相同的部分照片，重新配到正文中，因此配图比原文要少）

河姆渡遗址第一期发掘报告

浙江省文物管理委员会　浙江省博物馆

前　言

　　河姆渡遗址位于杭州湾南岸，四明山和慈溪南部山地之间的一条狭长的河谷平原上。萧甬铁路自西向东在平原的中部通过。遗址往西五十里是余姚市，往东五十里是宁波市，所在地在余姚市河姆渡镇河姆渡村东北。遗址西面、南面紧临姚江，过江是四明山麓；东面、北面是一片平原。根据有关地质钻探资料，在这片平原的耕土层以下有大片厚度不一的泥炭层。穿过平原是慈溪南部山地。遗址适在丘陵和平原的过渡地段，其地势由西南向东北略呈缓坡（图一）。

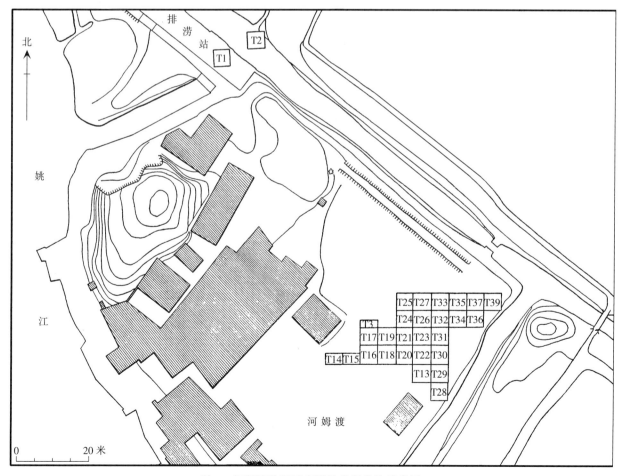

图一　河姆渡位置示意图及发掘坑位示意图

1973 年夏天，河姆渡村社员在大搞农田水利基本建设中发现了这个遗址。随后，我们进行了调查、试掘，同年 11 月开始第一期发掘，翌年 1 月顺利结束。发掘面积 810 平方米，T4~T11 无文化层，实际发掘面积 630 平方米。

发掘工作是在党委一元化领导下，当地贫下中农的热情支持和积极参加下进行的。资料整理编写过程中，得到中国社会科学院考古研究所、中国科学院古脊椎动物与古人类研究所、植物研究所、浙江农业大学、浙江省水文地质大队等单位的帮助，在此，我们表示感谢。

河姆渡遗址第一期发掘面积有限，葬地尚未发现，工作还是刚刚开始，而且杭州湾南岸的这类遗址，过去又未发现过，因此，要对河姆渡遗址的文化面貌作较全面的分析是有困难的。这里，我们仅对这次发现的材料作一介绍。

一、地层堆积

遗址有四个相叠压的文化层，除 T22、T23、T26、T27 四个探方中有一条近代战壕打破文化层外，其余都保存完好。各文化层的土色、土质清晰可辨，出土遗物也明显有别。现以 T14、T15、T16、T18、T20、T22 等六个探方的南壁为例（图二），介绍如下：

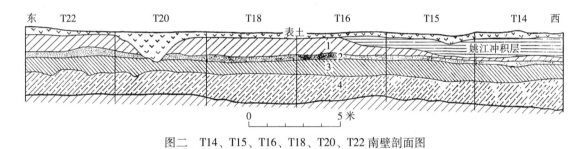

图二　T14、T15、T16、T18、T20、T22 南壁剖面图

表土层。灰黑土，厚 10~43 厘米。

冲积土层。灰黄色土，深 20~140 厘米，厚 0~120 厘米。土质纯净，无其他包含物。从 T14、T15 南壁剖面看，形成这层冲积土时，冲刷了遗址的第一文化层。

第一文化层。黄褐色灰土，土质较硬，深 80~155 厘米，厚 10~105 厘米。出土遗物有石器、陶器二类，石器有斧、锛、耜、凿等。陶质有夹砂红灰陶、泥质红陶和泥质灰陶三系。器形有釜、鼎、盂、鬶、甗、罐、豆、盆、盘、钵、杯、支座和器盖等。其中扁平穿孔石耜、扁平长条形石锛；扁圆腹釜，鱼鳍形、三棱形、凿形、扁凿形足鼎，泥质灰陶豆、杯等，是该层有代表性的器物。时代相当于崧泽中层。

第二文化层。黄绿色土，土质甚硬，内有褐色斑结，二层底部夹有砂和小砾石，深 120~186 厘米，堆积较薄，厚 20~35 厘米，自西向东逐渐加厚。这层西部诸探方发现有零星柱洞，东部 T34~T37 四探方中部发现木构水井一个（井1）。还发现人骨架两具。出土遗物有石、骨、木、陶器等。陶质分夹砂灰红陶、泥质红陶、泥质黑陶三系。其中弧背长条形石锛、有孔石刀；腰沿釜、多角沿釜、锥形足鼎、盂、异形鬶、泥质红陶喇叭形圈足豆、牛鼻耳罐、折腹圈足盆等是二层典型器物。时代相当于马家浜和邱城下层。

第三文化层。砂质灰土，土质松软，深 210~255 厘米，厚 65~115 厘米。发现有木桩、木板等建筑遗迹。但出土时排列无序，无法弄清它的布局、结构和形制。建筑构件的加工方法，从遗物观察，与第四文化层相同。居址内还发现人骨架二具。出土遗物较丰富，有石器、骨（角）器、木器、陶器、装饰品和小玩具等。它是仅次于第四文化层的一个重要地层。

第四文化层。黑褐色灰土，土质松软，深 325~380 厘米，厚 100~165 厘米。这一层是河姆渡遗址的主要堆积层，内涵丰富，有大片的木构建筑遗迹，大量的石器、骨（角）器、木器、陶器、装饰品和小玩具等文化遗物和丰富的动植物遗存。第四层上部普遍夹有一层至数层谷壳、稻秆和稻叶等的混合堆积物，中间也有烧成炭的稻谷。这种堆积的厚度约 20~50 厘米。在居址内，发现一件陶釜，二件陶罐，釜、罐内各有一具婴儿骨架。

第四文化层的下面是生土层。生土层是青灰色海相亚黏土。

二、遗　迹

这期发掘，除第一文化层外，二、三、四层都发现木构建筑遗迹，尤其是第四层最为密集。第三层建筑遗迹破坏较甚，不辨形制。第二层的主要建筑遗迹是木构水井。文中重点对第四文化层和第二文化层的建筑遗迹作一概要的说明和分析。

（一）第四文化层的木构建筑遗迹

1. 建筑遗迹的出土情况

第一期的发掘范围是遗址居住区的一部分，由于第四层有较好的地层条件，建筑遗迹得以大量保存下来。其中不少是带有榫卯的。遗迹主要集中在发掘区的中部和西部（T16~T33），平面布局似有些规律。东部（T34~T37）的遗迹，已被二层遗迹所破坏。

建筑遗迹露头于第四层的中部（图三），尤以底部最为丰富。建筑区内外均为黑褐色松散的灰土堆积，大量的文化遗物和动植物遗存，主要就发现于这层堆积中。陶片数量极多，复原率也很高；间有成堆的橡子，吃剩的菱壳，以及鸟、鱼、龟、鳖、鹿、麂等动物遗骸。这些应是人们日常生活中留下的迹象。

出土的木构件总数在千件以上，仅 T16~T33 的十八个探方内，编号构件就达八一八件。木构件主要有三类：长圆木、桩木和木板。

桩木有三种：圆桩木，方桩木（截面方形），板桩。圆桩木一般直径较小，方桩木较大；板桩厚 2.4~4、宽 10~50 厘米。桩木总数四四一根，都是下部削尖，打入生土，一般入土 30~50 厘米，最深达 115 厘米。长圆木往往与桩木组合在一起，形成一列列排桩。木板数量也较多，大部发现于第四层的中部（距生土面 50~60 厘米）或下部（接近生土面），一般长 80~100 厘米，大部分垂直于排桩，其走向布置，似有规律可寻。另外，还发现一些一头或两头都砍凿有一周凹槽的半圆木，可能是和扎结有关的附属构件。

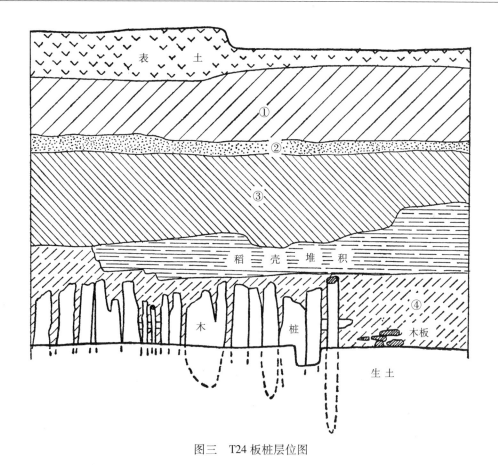

图三 T24 板桩层位图

上述建筑构件，出土时，排列有序，其主体构件是十三排桩木（自西向东顺序编号①~⑬排），逐一介绍于下（图四）。

①排：位于 T16、T17，在探方西壁以东 80 厘米处，残留十一根桩，排列稀疏，其东散放着南北向的长圆木十九根，方向北偏西约 7°。

②排：在①排以东约 1.2 米处，残留有十四根桩，排列稀疏。方向北偏东约 3°。

③排：在②排以东约 70 厘米处，保存较好。由五十二根圆桩木和板柱紧密排列而成，残长 6.7 米。圆桩直径 6~8 厘米，板桩宽 10~24、厚 5~6 厘米。北段，排桩西侧紧靠着一根粗大的长圆木（A13），残长 612、直径 23 厘米。A13 南端紧邻 A17，为东西向横木，长 186、直径 11 厘米，其两端有长方形的卯眼，卯眼长 8、宽 5 厘米，卯中插有长方形榫头的方木，方木打入生土。方向北偏西约 3.5°。

④排：在③排以东约 2.1 米处，残留七根，排列稀疏。方向北偏东约 1.5°。

⑤排：在④排以东约 2.6 米处，残留十四根，排列比较散乱，残长 8.6 米。其两侧有六根长圆木，走向与桩木基本一致。方向北偏西约 11°。

⑥排：在⑤排以东约 2.3 米处，由二十六根桩木组成，排列稀疏，不太整齐，残长 18 米。桩木直径 6~14 厘米。方向北偏东约 1.5°。

⑦排：在⑥排以东约 1.2 米处。由十五根桩木组成，排列稀疏，残长 8.9 米。桩木直径 6~18 厘米。方向近正南北。

⑧排：在 T20、T21 西壁以东，南端距 T20 东壁 90 厘米，北端距 T21 西壁 95 厘米，密集排列着五

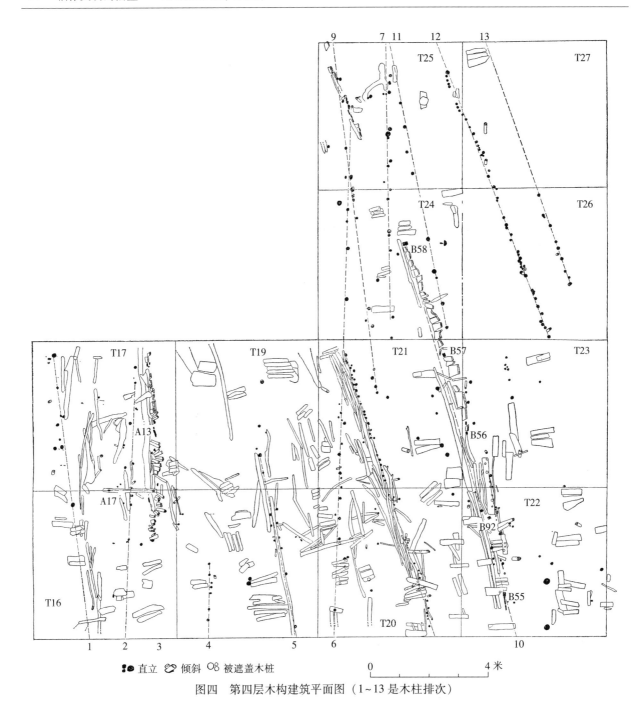

图四 第四层木构建筑平面图（1~13 是木柱排次）

●● 直立　◎ 倾斜　○○ 被遮盖木桩

十六根圆桩，残长 10.4 米。桩径 4~10 厘米。紧靠排桩西侧，有十六根长圆木，其走向与排桩一致，互相叠压，排列整齐。圆木长 180~270、直径 6~12 厘米。其中最上面一根为 A18、可能是一根没有加工完成的木料。方向北偏西约 20°。

⑨排：位于 T21、T24、T25。南端距 T21 西壁 2 米，北端距 T25 西壁 1 米。残留十三根，排列稀疏、不齐，残长 8.8 米。桩木直径 6~12 厘米。方向北偏西约 8°。

⑩排：位于 T22、T23、T21、T24、T25 内，南端距 T22 西壁 1.6 米，北端直抵 T25 西北角。已发现的长度为 23 米。排列密集有序，仅在 T24、T25 的交接处有一段 3.6 米长的缺口。由五根方木桩、

三十六块板桩、三十七根圆桩紧密并立组成。五根方桩（编号 B55、B92、B56、B57、B58）的截面为 8×10~15×18 厘米，间距为 2.6~4 米，打入生土 1 米以上，坚固结实，支撑力大。圆桩直径 4~10 厘米，板桩宽 10~50、厚 2.4~4 厘米。排桩南段的西侧，残留着 14 根长圆木，直径 8~16 厘米，与排桩走向一致。北段也残留有少量长圆木。在排桩中段（位于 T21、T24）的许多桩上端有明显的火烧痕迹，可能是火灾的遗痕。方向北偏西约 20°。

⑪排：位于 T24、T25，在⑨排以东约 2.5 米处，残留九根，排列稀疏，但较整齐，残长 6.8 米。桩木直径 8~16 厘米。方向北偏西约 11.5°。

⑫排：位于 T26、T27、T25，南端距 T26 西壁 3 米，北端距 T25 西壁 4.4 米，残存五十四根桩木，排列整齐，残长 9.6 米。桩木直径大体相等，约 10 厘米。方向北偏西约 20°。

⑬排：位于 T26，在⑫排以东 1.3 米处，残留十一根圆桩木，残长 3.2 米。桩木直径 4~12 厘米。方向北偏西约 20°。

从上述十三排桩木的走向分析，应有二组（栋）以上建筑，在时间上还可能有先后。其中⑧、⑩、⑫、⑬保存较好，方向基本一致，应是一栋建筑的遗迹，以此为基础，做如下探讨。

2. 建筑遗迹的初步分析

建筑遗迹位于河姆渡村附近的一座小山的东面；根据地质钻探资料，在建筑遗迹的东北面，当时是一片湖沼。如是，建筑遗迹适在山水之间。木构建筑遗迹的重要组成部分（十三排桩木）的基本走向是西北—东南，部分近正南北。这就表明，建筑原是背山面水布置的。在建筑所在地段的西南小山与东北湖沼之间，地势由西南向东北略呈缓坡，所取背山面水的布局，正使其纵轴在等高位置上。

由于发掘面积较小，破坏又比较严重，目前尚难做出较全面的复原考察。从遗迹来看，建筑曾经局部失火（⑩排板桩约 3 米长一段的顶端留有炭痕）；废弃后，大部木构件被拆除，仅存几排桩木以及少数长木构件和部分板材。

木构建筑遗迹主要分布在发掘区中部的 300 平方米范围内。根据桩木的不同走向分析，这里原来至少有三栋建筑。其中⑧、⑩、⑫、⑬四排桩木，略可看出它们之间的关系。它们相互平行，⑧、⑩二排与⑩、⑫二排之间的距离各约 3.2 米。从这四排桩木的出土情况看，木材相同，排列方向一致，⑧、⑩与⑩、⑫两间距相等，可以推测它约是同一栋建筑的遗构。原来的建筑物，应是顺排桩轴线方向的长条体形。从现揭露最长的⑩号排桩来看，面宽至少有 23 米。如果以⑧号排桩至⑫号排桩计算，进深约为 7 米。⑫号排桩至⑬号排桩的间距仅 1.3 米，或为这座建筑的前廊过道。这样看来，这座建筑的原状可能是带前廊的长屋。根据以下几点判断，建筑应是干栏式。

第一，建筑所在地段为沼泽区，地势低洼、潮湿，需要把居住面抬高。

第二，建筑遗址内没有发现经过加工的坚硬的居住面。

第三，推测为建筑的室内部分，发现有大量的有机物堆积，如橡子壳、菱壳、兽骨、鱼骨、龟甲、鳖壳以及残破的陶器，等等。这些应是当时人们食用之后丢弃的。如果不是把居住面抬高的干栏式建筑，室内这层堆积物的形成是无法解释的。

第四，所发现的建筑遗迹，主要是排列成行、打入生土的桩木。此外，为散置的梁、柱长木以及长度均为 80~100 厘米的厚板，绝无高亢地区建筑遗址所见的草筋或红烧土之类。说明此处建筑全系木构。这样看来，打入地下的桩木，应是干阑式建筑的基础部分，厚板为地板，亦即居住面。⑩号排桩中段板桩部分有受压弯折的迹象，结合这一折线的高程和地板中最高一层的位置，推测原来地板比室外地面高出80~100厘米。地板支座以上应为梁柱结构，柱高据59号构件（直径18厘米的长木，两端有小榫，显然是柱）推定约为263厘米。遗址出土有芦席残片，可能是椽木上承托茅茨屋面的席箔，也可能是地板上的席铺遗迹。

这种以桩木为基础，其上架设大、小梁（龙骨）承托地板，构成架空的建筑基座，于其上立柱架梁的干栏式木构建筑，是原始巢居的直接继承和发展。至"河姆渡文化"时期，它已成为长江流域水网地区的主要建筑方式。

3. 建筑遗迹上的木构件工艺

营造木构建筑，需要大量的木材，木材的采伐、加工、装置，都离不开工具。根据木构上遗留下来的痕迹，参照出土遗物，我们对木构件的处理，可能采用的工具和技术，试作一些初步探讨。

（1）伐木工具与成材工具

与建筑遗迹共出的工具很多，有骨制的，木制的，石制的。从它们的性能和形式分析，可用作树木采伐的工具只有石制的一类。石工具器类简单，只斧、凿二种。石斧应是当时主要的伐木工具。

石斧分三式，其中Ⅰ式和ⅡA式斧应是最适宜的。根据木构件遗留的痕迹，参照现代民间用铁斧伐木的方法推测，石斧伐木应是沿拟断线的一周，先斜劈一片，然后是横向砍断。劈裂一片，砍断一片，直至沿拟定断线形成一周深槽，最后拉倒树木。

建筑上不同构件的制作，需要截成一定的长度，需要加工成为方木或板材。

木材横向截断，使用的工具和操作方法，与伐木相同，主要使用石斧。

原木加工成方木或板材，需要将原木纵向剖裂。在出土的ⅡA式和Ⅲ式斧中，有一部分在与刃部相对的顶端都留有明显的锤击痕迹，显然不是作为装柄石斧操作时的磨损。根据这一迹象以及有关民族学资料，我们推测木材纵裂加工，应是使用这类石斧型的楔具。这类石楔装柄后仍可作为斧使用。木材纵裂加工的方法是：如果加工木料较小，用石斧劈裂削即可。如果是原木大料纵裂，则采用在拟定剖裂线上每隔一定距离加楔，其操作如石料的劈裂加工。近代西藏民间尚有用楔纵劈裂木料的做法。从石楔具（石斧）顶端留下的痕迹判断，锤击石楔使用木槌、木棒。用石制工具加工木材相当困难。因此，尽可能减少加工，例如有些方木，它的一侧基本上保留了原木的自然面，只稍作修整；有的断面上木纹粗糙，可知剖裂后未加修整。

（2）榫卯与榫卯工艺

第四文化层出土的带有榫卯的构件共有数十件。都是垂直相交的榫卯，其主要类型有以下几种（图五）：

柱头及柱脚榫，如构件59，柱长263厘米，两头都加小榫。柱头榫用以连接上承的屋梁，柱脚榫用以连接地板的龙骨。

梁头榫，如构件40（残存头部），其榫头截面高22.5、宽5.5厘米，比例近4:1，相当科学，这是世世代代营造经验所取得的合理的"经验截面"。

带销钉孔的榫，如构件58残段，榫头中部凿有直径3厘米的穿透圆孔，可知为安装销钉之用。榫头用销钉，说明构件为拉杆，为防止受拉后脱榫，采用销钉固定。这反映了此时木构架已相当成熟，

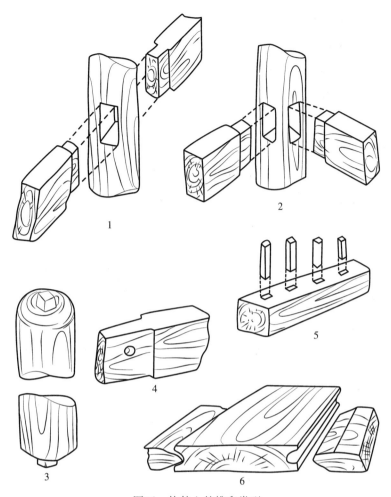

图五　构件上的榫卯类型

1. 梁头榫（40）和平身柱上的卯（60）　2. 转角柱上的卯（17）　3. 柱头和柱脚榫（59）
4. 带销钉孔的榫（58）　5. 插入阑杆直棍的方木（31）　6. 企口板（8）

连系梁或类似后世穿插枋的节点构造已较妥善。

卯眼大部分用于柱上，所见有两种情况：

一种如构件60，是一个木柱的残段，从残存情况看，柱头有一小榫头，榫以下12厘米处有一近似方形的透卯，卯眼长9、宽7厘米。从卯眼壁高低不平的迹象看，透卯的加工与现代手工凿卯相同，是两面对凿。这一卯眼应是两侧同时插入横向构件（连系梁或承重的地板梁）上的榫头所用，即它是平身柱上的卯眼。

另一种情况，如构件17，也应是一个木柱的残段。从残存的部分看，在同一标高上相邻有二个长11、宽6厘米的卯眼，二卯互成直角，互相穿透，说明它同时承接两个垂直的横向构件。这是转角柱插梁枋的卯。

此外，发现方木一段（构件31），上有等距离小方卯。卯口3.5×4厘米，深1.5厘米，可能是插入阑干直棍所用。

企口板，如构件8，是一块长79、宽17、厚5厘米的木板，两侧各凿出一道宽1~2.5、深2.3厘米的企口。企口内插入砍削成的梯形截面木块，衔接不见通缝，是密接拼板的一种较高工艺。

榫头的加工，用石斧纵向垂直劈裂和横向截断制成。在部分构件上还能清楚看到顺纤维的平滑面斧痕和横断纤维的粗糙面斧痕。

卯眼的加工，是用石凿和骨凿，加以锤击制成。从第四层出土的长条形石凿和部分骨凿顶端的打击痕迹看，凿卯时使用木槌锤击。

所见榫卯都是垂直交接，这说明当时木构中复杂节点的构造还不能采用榫卯，推测此时并未完全排除扎结的方法。遗址出土带有凹槽的构件，就是一个证明。

第四层所见的木构件，许多曾经重复利用，尤以地板最为明显。地板多是梁柱旧料加工改制，板上多带有残破的榫卯。构件60就是旧料重复利用的一个例证。构件60原作两半，一半在T3的中部发现，另一半在T3的东南部发现，两半构件拼合在一起恰好是有榫卯的一段截断的平身柱，这无疑是旧柱改作地板使用的。

综合上述的榫卯制作，反映了当时的木结构技术已达到相当高的水平。此时梁、柱榫卯以及受拉、受压不同构件之间的榫卯，已经截然不同，而且都符合它的受力情况，甚至和后世所见基本相同，只是加工较粗而已。尤其是企口板的发明，标志着此时木结构已有相当丰富的经验。在世界建筑史上，中国古典建筑木结构技术具有优异的成就，在历史上各民族的文化交流中是做出了贡献的。

（二）第二文化层的木构水井遗迹

发掘区的第二文化层西部，发现有零星的、排列不规则的柱洞。T25的西北角，还发现截面为长方形的残木柱一根，木柱底部垫有木板。这种情况，在吴兴邱城遗址下层也有发现①。在东部T34～T37四探方中部，发现一个木构水井（编号井1）。

1. 出土情形

第二文化层较薄，由西向东逐渐加厚，多数探方是较硬的黄绿土，东部T34～T37各探方在黄绿土以下还发现同属于这一层位的黑色淤土层和砂砾层。井1就位于这几个探方的黑色淤土之中。其上部开口在黄绿土之下，下部打破第三、四文化层，应属于第二文化层的较早阶段的建筑。

出土时保存尚好。井内淤土中出有陶器和生产工具。

2. 形制

井1是一座木构遗迹。它由二百余根桩木、长圆木等组成。分内外两个部分。外围是一圈近圆形的栅栏桩，直径约6米，面积约28平方米。里面是一个方形竖井，边长约2米，面积约4平方米。井底距当时地表约1.35米（图六）。

栅栏桩，共二十八根，编号202～230（缺211、224、226），排列成近似圆形平面，桩距不甚匀称、西、南、东北都有缺桩，桩径一般约5厘米，垂直入土约100厘米，最深达142厘米，其中202、217两根桩木比较特殊，桩径约8厘米，南北对峙，各以与水平面成55°角打入第三、四文化层。

栅栏桩范围内，有十六根平卧的长圆木构件，长约196～260厘米，直径15～18厘米，出土时架成一个近方形的平面。其中六根的一端有一个丫叉，一根一端有一"十"字形斗口。

---

① 梅福根：《江苏吴兴邱城遗址发掘简介》，《考古》1959年第9期。按，江苏系浙江之误。

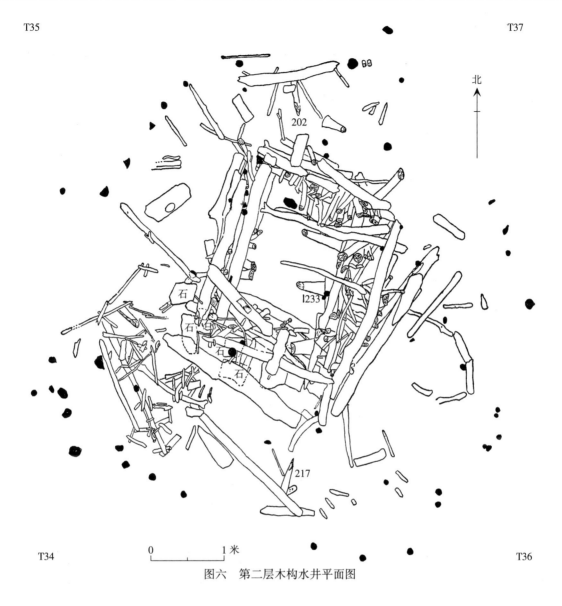

图六　第二层木构水井平面图

　　在上述十六根长圆木以下，有四排垂直入土的桩木，两者套合在一起，组成了一个近方形的竖井，它位于近圆形栅栏范围的中心稍偏西北处。每排桩木的数量不等（21~40 根），桩径约 6 厘米，排列紧密，彼此大体平行。转角处的桩木较粗。四排桩木内侧又各紧贴一根圆木或半圆木，互相套接成一个方框，其中南、北两根为直径 17 厘米的半圆木，其两端各有一 13×18 厘米的卯眼。东、西两根为圆木，两头有榫，出土时榫头还紧楔在南、北两根半圆木的卯眼内。

　　在上述竖井内的东南角，残存一根直立的大型圆桩木（编号 233），直径 18 厘米。该圆桩木与 202、217 号斜桩基本在一直线上，且三桩向上延伸也几乎交于一点。另外，在西北角也有一根直立的大型方桩木，它是否属于这一建筑的构件尚待作进一步的研究。

　　此外，井 1 内还发现平面略呈辐射状的小圆木构件、苇席的残片以及大石块等。石块大都在栅栏之内和竖井之外的淤泥中，较平整的一面朝上，深浅不一，多见于南半部。

　　3. 复原推测

　　井 1 所在的位置，原先可能是一个天然的或人工开挖的锅底形水坑，在雨季坑内积满了水，日常人们就在水坑边取水。随着旱季的到来，坑内水位逐渐降低，人们为了取水，不断在坑内垫石到坑中取水。在大旱季节，有时坑内水源接近枯竭，人们为了解决用水，在原先的水坑中部挖一竖井。

当时建造水井的方法，是在原有的水坑中部，先打入四排桩木，组成一个方形的桩木墙，然后将排桩内的泥土挖去，为了防止排桩向里倾倒，再在排桩之内顶套一个方木框。排桩之上的十六根长圆木，很可能是构成井口井架或为了加固井口而设置的构件。

从外围的一圈栅栏、呈辐射状的小长圆木，以及苇席残片等出土情况看，水井上应盖有简单的井亭。202、217 号斜桩及 233 号大型竖桩木很可能是井亭构架的一部分。

三、出土遗物

遗址中出土遗物十分丰富。属于人类制作的文化遗物有石骨木陶各种质料的生产工具、生活用具和装饰品，总数达一千六百多件（陶片和残碎器物未计入）。因为这四个相叠压的文化层属于不同时期的文化堆积，出土的文化遗物又有区别，所以，我们按不同层次分别介绍。

除文化遗物以外，还出土一批珍贵的动植物遗存。详情见《河姆渡遗址动植物遗存的鉴定研究》一文。本报告从略。

（一）第四层文化遗物

第四文化层是河姆渡遗址的主要堆积层。在厚达 100～165 厘米的堆积中，出土大量的文化遗物。有石、骨、木、陶质的各类生产工具、生活用具和装饰品等共 1171 件。由于出土遗物有些尚难判别它的用途，因此，按石、骨、木、陶等遗物的自然属性分别加以叙述。

1. 石器（附玉饰）

石器数量不多，磨制不精，尚留有不少打击和琢制的痕迹，种类单纯。质地硬，多黑色，已经鉴定的石质有辉绿岩和硅质泥岩。依用途，分为生产工具和装饰品二类。另有用途不明的"蝶形器"一种。

（1）生产工具　只有斧、凿和磨石，似无专业化分工的迹象。

斧　共六十二件，约占石质生产工具总数的 80%。体形一般较小，平面多呈长方形或梯形。器身没有明显的棱线，正背两面一般仅略加修磨，大部分保留着打、琢遗痕；两侧则多经凿琢平整，未加磨制。两面刃大多不对称，刃部磨制精细、锐利，有使用痕迹。分为三式。

Ⅰ式，一件（T29④∶56）。两面微弧，两侧较平直，横断面近椭圆形。弧刃，基本对称。长 8.3、宽 5、厚 3 厘米（图七∶3）。

Ⅱ式，体形扁薄，两面大体平直，两侧很少磨制，平刃，不很对称。起刃处厚度最大。顶端常有凿琢或锤击痕迹。分为两种：

ⅡA 式，十七件。略呈梯形。起刃处以上，两侧内弧，留有明显的打琢痕迹。标本 T22④∶26，两面基本平直，长 8、顶宽 4、刃宽 7.8 厘米（图七∶4）。

ⅡB 式，三十件。修长，平面近矩形。两面不甚平齐，两侧较直。标本 T27④∶61，长 7.8、刃宽 5.5、厚 2.1 厘米（图七∶8）。T26④∶26，长 7.2、刃宽 4.5 厘米。

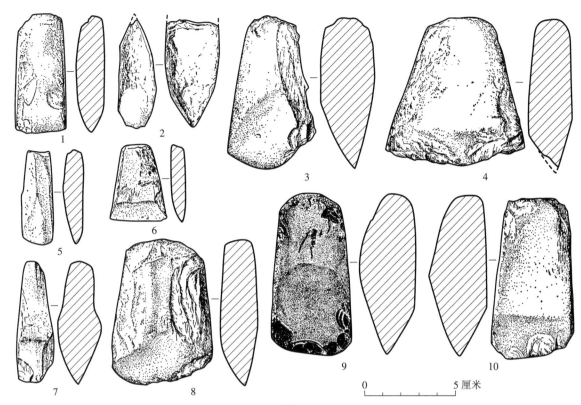

图七　第四层石器

1. Ⅰ式凿（T23④：32）　2. Ⅳ式凿（T32④：48）　3. Ⅰ式斧（T29④：56）　4. ⅡA式斧（T22④：26）　5、6. Ⅱ式凿
（T25④：44、T31④：52）　7. Ⅲ式凿（T16④：56）　8. ⅡB式斧（T27④：61）　9、10. Ⅲ式斧（T25④：51、T22④：16）

Ⅲ式，十四件。器形似锛，或称锛式斧。体形较长，正面起刃处以上部分向内弧曲，横断面似半月形，有明显的琢痕。顶端一般都有明显的锤击痕迹。从器形看，它可能是捆绑在一个曲尺形的器柄上使用的。标本 T22④：16，长 8.6、刃宽 4.3 厘米（图七：10）。标本 T25④：51，长 8.6、刃宽 4.4 厘米，顶端有明显的锤击痕迹（图七：9）。

凿　大小不一。一般磨制精细，棱角清晰，刃锋锐利。可分四式。

Ⅰ式，共九件。长条形，体形厚重。标本 T23④：32，断面长方形，长 6.5、宽 2.8、厚 1.6 厘米（图七：1）。

Ⅱ式，七件。体形较小，扁薄梯形，略似小石锛。可能是一种手持的小型刮削工具或雕刻工具。标本 T31④：52，长 4.1、顶宽 1.6、刃宽 3.1 厘米（图七：6）。标本 T25④：44，背部微弧，另一面平直，留有打制痕迹，长 5、宽 1.6、厚 1 厘米（图七：5）。

Ⅲ式，一件（T16④：56）。体形较厚，起刃处特宽，其上急收，柄部略似圆柱状。长 6.5、宽 2 厘米（图七：7）。

Ⅳ式，一件（T32④：48）。体形小而厚，长 6 厘米。两端均有锋利的刃部。一端平刃，刃宽 2.8 厘米；一端弧刃，刃宽 1.9 厘米（图七：2）。

砺石　数量较多，分二种。一种器形较大，如标本 T40④：17，平面磨蚀较甚，留有多道深槽。另一种体形较小，如标本 T3④：7，三角形，边长约 9 厘米，表面也有磨蚀痕迹，可能是一种手持的磨石。

（2）装饰品　二十八件。有玉和萤石两种。玉质很差，萤石质地疏松。一般制作粗糙。器形有璜、玦、管、珠、饼、丸。

璜　四件，均残。断面椭圆形，一端有一对钻的圆孔。标本 T18④：62，径 3.5、厚 0.9 厘米（图八：1）。

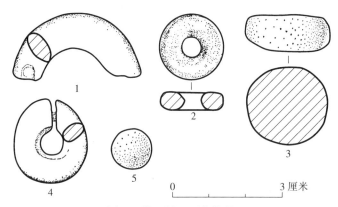

图八　第四层玉石装饰品
1. 璜（T18④：62）　2. 珠（T20④：26）　3. 饼（T2④：39）　4. 玦（T1④：86）　5. 丸（T2④：59）

玦　四件（玉三件，萤石一件）。断面椭圆形，一件有钻孔。标本 T1④：86，直径 2.2 厘米，缺口处甚窄，尚未完全分离，可能是一件没有完成的作品（图八：4）。

管　五件，玉质。器形似腰鼓，不甚规整。两端平面多不平齐，钻孔多亦偏斜。标本 T24④：23，长 1.3、孔径 0.4 厘米。

珠　七件，玉质。形状不一。标本 T19④：81，用一块不规则的小玉制成，除中部对钻一小孔外，其余均保留原形。T17④：73，磨制，中有一圆形钻孔。T20④：26，扁平圆形，直径 1.7、孔径 0.55、厚 0.55 厘米（图八：2）。

饼　三件，萤石质。扁平圆形，不规整。标本 T2④：39，直径 2.3、厚 1 厘米（图八：3）。

丸　五件，萤石质。体形较小，不规整。标本 T2④：59，直径 1 厘米（图八：5）。

另有"蝶形器"二件。标本 T28④：41，完整，长 11.3、宽 8 厘米。形似蝴蝶，正面微弧，上下端各有一对钻的圆孔，背面弧凹，中有两道纵向凸脊，两脊上端各有二个横向穿孔，已残。两脊之间形成较深的凹槽。上端一侧有一穿孔，孔壁上有绳索长期勒磨的遗痕。下端一穿孔只残留一半，可能是改制前的遗痕（图九）。标本 T21④：43，已残，呈三角形，周缘经二次磨制，正面有雕刻花纹。

这种"蝶形器"，有石质、骨质、木质三类。器形基本类似，其共同特征是，外形似蝴蝶，两翼展开，上端较平，下缘圆弧，正面微微弧凸，错磨平整光滑，背面中部有二道平行的纵向凸脊，两脊之间形成一道上端不通的凹槽，脊上部往往有钻孔，两翼上端亦常有横脊或钻孔。用途不明。

2. 骨器（附角器、牙器）

骨器，是第四文化层遗物的主要部分，共六五五件。大宗的是生产工具，有耜、镞、哨、凿、锥、针、管状针、匕等，达六二一件，占骨器总数的 94%（其中有少量角器、牙器，叙述时标明）。考察这些骨质生产工具，有用于农业生产的骨耜，渔猎的骨镞、骨哨和纺织缝纫用的针、管状针、匕等，

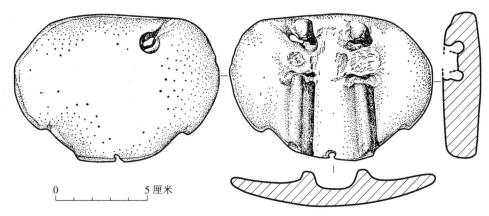

0 ———— 5 厘米

图九　蝶形石器（T28④：41）

似有了专业化的分工。另外，还有一些装饰品和用途不明的器物。

（1）生产工具

耜　河姆渡遗址典型的器物之一，是主要的农业生产工具，数量颇多，共发现七十九件。大部分采用偶蹄类哺乳动物的肩胛骨制成，体形厚重。外形基本保留着肩胛骨的自然形态，多处加工。肩臼部位，顶端和脊椎缘一面削磨平齐，两侧亦经修整，并穿有横向的长方形銎。銎壁的前缘有绳索紧勒的痕迹。部分肩臼比较薄弱的肩胛骨，不穿横銎，仅将肩臼部位修磨成半月形，以便捆绑。肩胛棘均被削平。脊椎缘的中部琢磨出平整的纵向浅槽。槽的下部两侧，凿有平行的长圆形孔，孔壁正面外缘及背面内缘，遗有绳索紧勒的痕迹，少数背面两孔之间挖有凹槽。下缘为刃部。加工部位均留有明显的凿琢痕迹。骨耜通体因长期使用磨蚀，十分光滑。刃部磨蚀较甚，多遗留有细的磨擦条痕。根据五十三件较完整的器形，分为三式。

Ⅰ式，数量最多，三十一件。下缘刃部分两齿，两齿长短不一。两齿间的刃部较薄，有的已破损。其中十四件肩臼部位无长方形横銎。标本 T33④：78，骨质轻薄，无横銎，柄部有清晰的捆勒痕迹。长 19 厘米（图一〇：3）。标本 T21④：48，有横銎。长 19.4、刃宽 11.5 厘米（图一〇：2）。标本 T17④：53，有横銎。长 20.4 厘米。标本 T21④：46，有横銎。器身上段两侧刻两道斜向凹槽，用途不明（图一〇：1）。长 25.5 厘米。

Ⅱ式，十五件。刃部大致平齐，有的略弧。其中四件骨质厚重，刃部偏于一侧。标本 T1④：20，刃部磨蚀较甚，刃角圆钝。长 16.2、宽 7.6 厘米（图一〇：4）。标本 T23④：39，刃部在左侧，长 24.3、刃宽 8 厘米（图一〇：5）。标本 T3④：10，中部无浅槽、两侧长圆形孔，未穿透背面，仅钻通骨中海绵体。

Ⅲ式，七件。刃部倾斜，刃的长端在骨质较厚的一侧。标本 T24④：31，刃部内弧，长 22、刃宽 10.9 厘米。标本 T26④：52，刃部倾斜不平整。长 24、刃宽 8.2 厘米。标本 T13④：10，刃部特殊，有四个小尖齿，齿间刃部内弧，长 22.7、刃宽 10.5 厘米（图一〇：6）。标本 T20④：19，背面，在两侧圆孔之间凿有凹槽。长 28.5、刃宽 17.5 厘米（图一〇：7）。

镞　数量最多，共三三〇件。分三式。

Ⅰ式，斜铤镞。九十九件。镞身粗壮，磨制精细。铤部一面错磨成一个宽平的斜面，另一面常刻有数道浅槽，从侧面观察，尾端偏于一侧，不在镞身的中心延长线上。推测箭杆的前端可能亦有同样

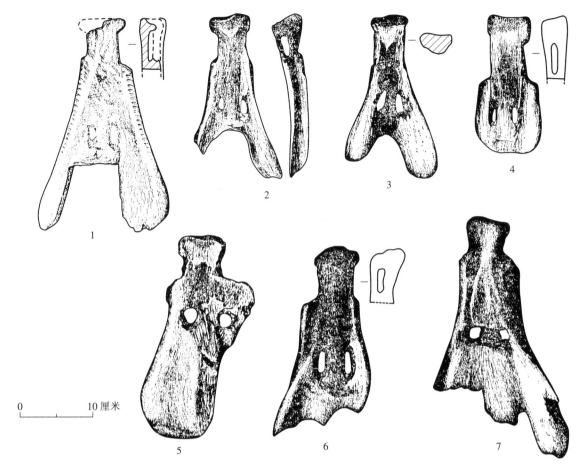

图一〇　第四层骨耜

1~3. Ⅰ式（T21④：46、T21④：48、T33④：78）　　4、5. Ⅱ式（T1④：20、T23④：39）　　6、7. Ⅲ式（T13④：10、T20④：19）

角度的斜面，安杆时将两斜面吻合后再加捆绑。分长锋、短锋两种。长锋镞的锋铤比例约为 1∶1，见标本 T22④：32。短锋镞的锋铤比例约为 1∶2 或 1∶3，标本 T21④：44（图一一：1）、T13④：15、T22④：19。

　　Ⅱ式，柳叶形镞。数量最多，共一四五件。多用剖开的动物肢骨制成，不太规整，平面呈柳叶形，断面多不规则。铤部分化不明显，但后端一般较细而略尖。部分器形锋端特别尖细。推测安杆的方法是将镞的后端插入箭杆，可能还加捆绑。另有少数器形，器体较大，长锋，铤的一面有多道刻槽，可能是采用捆绑法安装箭杆。标本 T18④：53、T23④：58、T30④：72、T22④：14（图一一：2、8）。

　　Ⅲ式，圆铤镞。共八十六件。多数制作精细。铤部圆锥形或圆柱形。推测安杆方法与Ⅱ式同。根据镞锋不同，可分为两种：一种锋端尖锐，如标本 T17④：42 和 T33④：48（图一一：3、4）。另一种锋端圆钝，器体一般较粗壮，标本 T15④：5、T28④：51、T21④：45（图一一：5~7）、T1④：44。

　　哨　四十五件。用鸟禽类的肢骨中段制成，长 6~10 厘米不等。中空。器身略弧曲，在凸弧一侧刻有圆孔或椭圆孔。其中有三十五件在一侧的两端各刻一圆孔（图一一：10~15），标本 T31④：54，长 8.6 厘米，出土时，骨腔内插有一根肢骨（图一一：9）。

　　凿　四十五件。两面刃，刃部磨制精细，其余部位大多保留原状，仅在后端错磨平整。

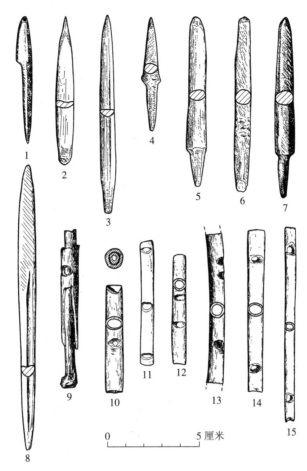

图一一 骨镞、骨哨

1. I式镞（T21④：44）　　2、8. II式镞（T30④：72、T22④：14）　　3～7. III式镞（T17④：42、T33④：48、T15④：5、
T28④：51、T21④：45）　　9～15. 哨（T31④：54、T13④：20、T19④：72、T18④：52、T24④：35、T25④：45、T22④：22）

　　I式，七件。利用动物的尺骨，下端磨成两面刃，其余部位没有加工痕迹。标本 T31④：34，长
21 厘米（图一二：5）。

　　II式，三十二件。利用动物肢骨制成，后端锉磨平整。标本 T37④：28，用肢骨下段一侧劈出斜
面，在斜面下端磨出双面弧刃。顶端有孔，斜向穿透一侧。长 17 厘米（图一二：6）。标本 T25④：
29，剖开的肢骨制成，仅刃部磨制。长 11.5 厘米（图一二：2）。标本 T1④：57，刃部较宽。长 8.1、
刃宽 1.7 厘米（图一二：1）。标本 T33④：59，刃部较窄。长 10.5、刃宽 0.4 厘米（图一二：3）。

　　III式，共六件。鹿角制成。如标本 T24④：22，仅刃部磨制。残长 10.2 厘米（图一二：4）。

　　锥　五十八件。锥尖磨制精细，其余部位略加刮磨，有的对后端作较多的刻削修整，以便手握。
分三式：

　　I式，三十八件。其中十二件用原骨制成，断面圆形。标本 T20④：31，长 9.5 厘米（图一三：
1）。另二十六件用剖开的骨料制成，断面不规则。如标本 T19④：95，断面凹字形，长 19.4 厘米（图
一三：2）。标本 T13④：21，器形粗短，断面不规则，器身后端一侧刻磨出三道凹槽，呈锯齿状。长
8.1 厘米。标本 T27④：40，器形比较特殊，中有一穿孔，长 10.4 厘米（图一三：3）。

　　II式，共十件。器形略同于 I式，唯锋尖特别尖细。标本 T16④：45，断面半圆形，长 10.2 厘米

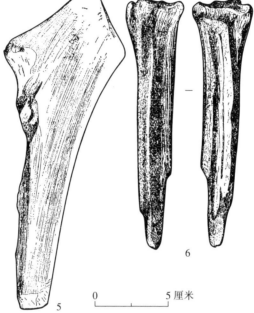

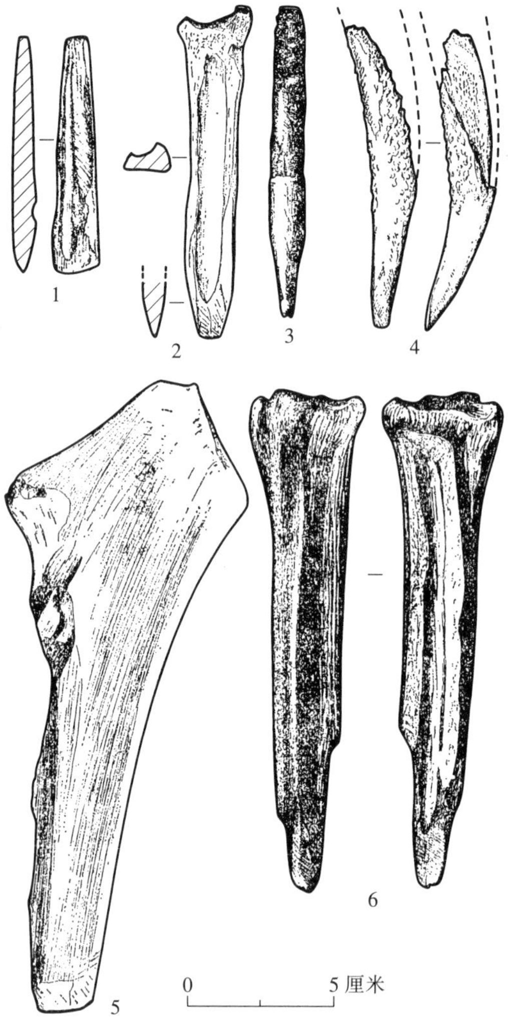

0　　　　　5厘米

图一二　第四层骨、角凿

1~3、6.Ⅱ式（T1④：57、T25④：29、T33④：59、T37④：28）　4.Ⅲ式（T24④：22）　5.Ⅰ式（T31④：34）

（图一三：4）。

Ⅲ式，共十件。鹿角制成。其中六件仅在鹿角尖部位稍加磨错，后端有明显的切割痕迹。标本T19④：27，长8.8厘米①（图一三：5）。另四件后端有较多的加工。如标本T2④：53，后端刮磨成3.5厘米长的一段凹槽。长15.5厘米（图一三：6）。标本T36④：16，后端刻磨出七道凹槽，近端部之凹槽一侧钻一小孔。尖端已残，残长11厘米（图一三：7）。标本T27④：64，后端一侧磨出五对浅凹槽，长11厘米（图一三：8）。

针　十五件。系用粗大的兽骨裁成细条，然后磨制，体形精巧。针眼一般不太圆，孔壁也不甚光滑。器体长短不一。标本T1④：39，长15.7、直径0.4、孔径0.15厘米（图一三：10）。标本T30④：55，长6.4、直径0.3、孔径约0.1厘米（图一三：9）。

管状针　十二件。用鸟类肢骨制成，中空，一端磨成锋，尾端常有穿孔。标本T33④：66、T37

---

① 《河姆渡——新石器时代遗址考古发掘报告》中公布为9厘米。（编者注）

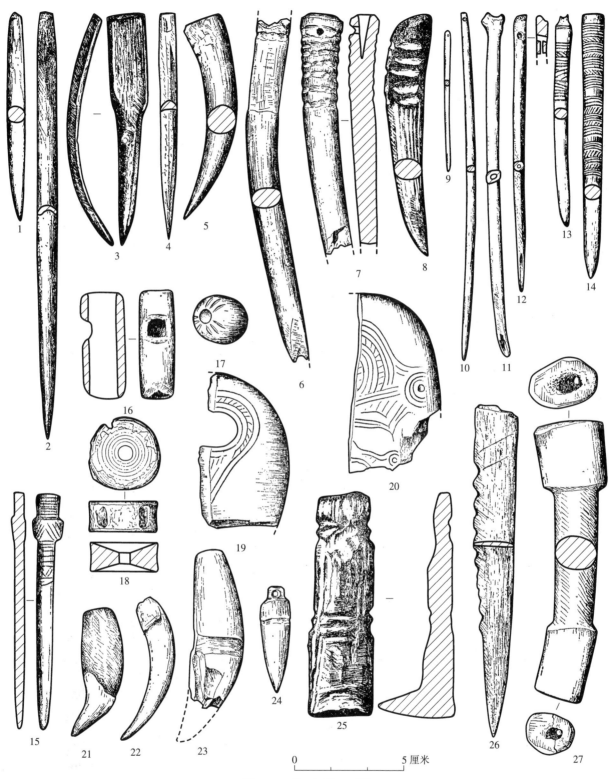

图一三　第四层骨、牙器

1~3. Ⅰ式锥（T20④：31、T19④：95、T27④：40）　4. Ⅱ式锥（T16④：45）　5~8. Ⅲ式锥（T19④：27、T2④：53、T36④：16、T27④：64）　9、10. 针（T30④：55、T1④：39）　11、12. 管状针（T33④：116、T33④：66）　13~15. 笄（T30④：47、T27④：13、YM采）　16. 管（T19④：65）　17、18. 珠（T2④：1、T31④：43）　19、20. "蝶形器"（T18④：43、T31④：33）　21~23. 牙饰（T20④：39、T1④：79、T27④：23）　24. 坠饰（T40采）　25. "靴形器"（T27④：44）　26. 锯形器（T20④：29）　27. 两头槌状器（T1④：64）

④：34、T36④：35、T37④：33、T33④：116（图一三：11、12）。

匕　二十七件。用兽类肋骨对剖后再磨制。通体修磨，十分光洁。分二式。

Ⅰ式，二十三件。器体轻巧，一般前端圆弧光滑，后端平直。后端或中部常有一、二个钻孔，个别多孔。标本T1④：97，后端有一孔，长25.1、宽3.1、厚0.4厘米（图一四：1）。标本T1④：35，后端边缘有半个圆孔，近端处有一圆孔。长21.5、宽2.5、厚0.3厘米（图一四：2）。

Ⅱ式，四件。似Ⅰ式，唯近后端处两侧刻有凹槽。标本T17④：85，前端略残，残长19.4厘米（图一四：3）。

有柄骨匕　六件。兽类肋骨制成。匕身肋骨对剖，取其一半，磨制光洁。匕柄保留肋骨的自然形态，在其一面多有精细的刻划花纹。标本T32④：63，柄部正面刻划横斜短线纹组成的纹饰，有二个钻孔。残长22、宽2.8厘米（图一四：5）。标本T21④：18，残存柄部，正面雕刻两组双头凤纹，生动精致。柄长14.5、宽3.4厘米（图一四：4）。

匕和有柄骨匕的用途，可能有二：一是食具，二是纺织用的纬刀。

梭形器　四件，鹿角制成。分二式。

Ⅰ式，一件（T20④：28）。长10.9厘米。正面挖凿出一条长条形凹槽，槽长4.5、宽0.8厘米。背面挖凿两个长方形凹槽，槽长1.5~1.7、宽1.5厘米，皆与正面长槽相通。后端亦经磨错，有一周凸棱（图一四：6）。

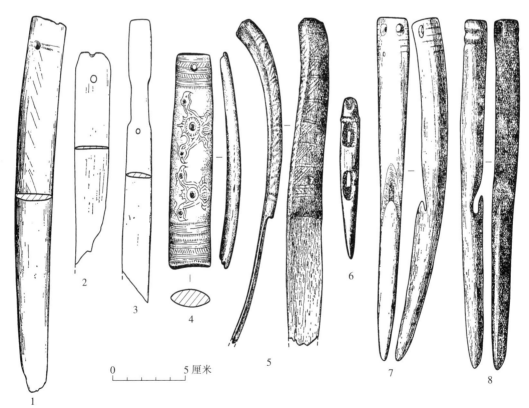

图一四　第四层骨匕、梭形器

1、2. Ⅰ式匕（T1④：97、T1④：35）　3. Ⅱ式匕（T17④：85）　4、5. 有柄匕（T21④：18、T32④：63）

6. Ⅰ式梭形器（T20④：28）　7、8. Ⅱ式梭形器（T29④：56、T24④：32）

Ⅱ式，三件。形制和大小基本一样。通体匀称光滑，前端圆钝，中部有一倒钩。标本 T29④：56，后端有三个圆形钻孔和多道弦纹。长 23.5、直径 2.3 厘米（图一四：7）。标本 T24④：32，后端磨有凹槽，中部近后端处有二个圆孔。长 23.5、直径 1.9 厘米（图一四：8）。

（2）装饰品

装饰品形式多样，计有笄、管、坠、珠、牙饰等。

笄　七件。器体较粗短，断面扁圆，后端及器身常饰精美的刻划花纹。标本 T30④：47，后半段刻短线纹，尾端有一孔（已残），长 9.5 厘米（图一三：13）。标本 T27④：13，刻三组短线纹，后端平齐。长 12 厘米（图一三：14）。另一件采集品，器形较特殊，平面呈"十"字形。长 10.7 厘米（图一三：15）。

管　四件。动物肢骨或鹿角之一段磨成，外表有的刻划花纹。标本 T19④：65，鹿角制，中空，表面磨光，一侧有方孔，中部饰短线纹、锥点纹。长 4.9、直径 1.7 厘米①（图一三：16）。

珠　四件。T2④：1，椭圆体，两端钻孔，钻孔周围饰放射状短线纹。长 2.6、直径 2.3 厘米（图一三：17）。另三件鱼脊椎骨制成，扁平圆形，外缘及两面磨光。标本 T31④：43，直径 3、厚 1.3 厘米（图一三：18）。

坠饰　一件。采集。角制，圆锥体形，尾端有纽，纽上有一圆形钻孔，制作较精。长 4.8 厘米（图一三：24）。

牙饰　五件。其中虎牙饰二件，熊、麋牙饰三件。将牙根部位错磨平整，根端或中部常有一道或数道凹槽。标本 T27④：23，虎牙饰，中段有一道较宽的凹槽。6.5 厘米、槽宽 0.9、（图一三：23）。标本 T20④：39，熊牙饰，牙根错磨平整，无凹槽。长 5.6 厘米（图一三：21）。标本 T1④：79，麋牙饰，近端处有一浅槽。长 6.2 厘米（图一三：22）。

（3）其他

"蝶形器"　四件。均残。琢磨精致。正面常有精细的雕刻花纹。标本 T31④：33、T18④：43，均残存一侧翼端，正面雕刻流畅的图案花纹（图一三：19、20）。

"靴形器"　四件。均系剖开的鹿角枝叉制成。剖开面平直，互成直角。另一面保留鹿角的自然形态。上端平齐，下端圆形，自然面上有刻槽或钻孔（图一三：25）。

此外有锯形器二件（图一三：26）、两头槌状器一件（图一三：27）、骨棒一件、钻孔猴头骨一片以及骨料、角料，等等。

3. 木器

数量多，品种丰富，型式多样，加工精巧，保存完好，都是其他已发掘的新石器时代遗址所罕见的。它为研究"河姆渡文化"时期的生产力水平提供了新鲜的实物例证。这批木器，有的用途还难确定。有相当一部分可能不是独立使用的，而是作为部件装配在多构件的复合工具上使用的。现分别叙述如下。

---

① 《河姆渡——新石器时代遗址考古发掘报告》中公布为直径 1.5~1.9 厘米。（编者注）

（1）生产工具

铲　一件（T24④：39）。两侧和刃部薄，中间厚，后端有一近方形的柄部。长 16、宽 5.3、厚 1.5 厘米（图一五：4）。

矛　十二件。硬木制成。器身修长，矛锋锐利，有的器身后段刻有凹口，可能是为了便于绑扎。标本 T18④：67，后端两侧各有一凹口。长 21.1、宽 2 厘米（图一五：1）。标本 T16④：16，断面扁圆，圆铤。残长 13.2、宽 1.4 厘米（图一五：2）。T32④：58，器形较厚，较宽，有明显的错磨痕迹，残长 14 厘米。

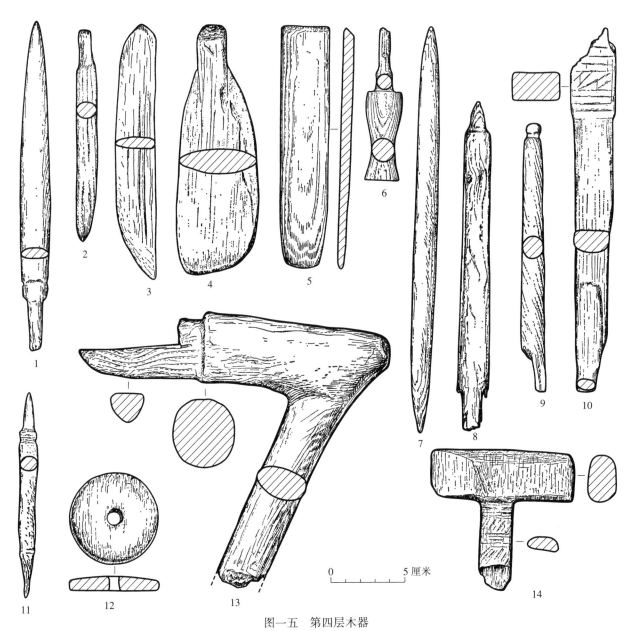

图一五　第四层木器

1、2. 矛（T18④：67、T16④：16）　　3、5. 匕（T27④：17、T1 采）　　4. 铲（T24④：39）　　6、13. 器柄（T20④：23、T36④：28）　　7、9～11. 棒（T26④：53、T18④：47、T33④：71、T33④：94）　　8. 带榫小木棒（T16④：43）　　12. 纺轮（T28④：43）　　14. 槌状器（T19④：39）

匕　四件。其中刀形二件，长方形二件。标本 T27④：17，硬木磨制，刀形，背部平直、较厚，另一侧弧形、较薄。长 16.3、宽 2.6 厘米（图一五：3）。标本 T19④：66，刀形，器形较大，残长 39 厘米。另一件 T1 采集，长方形，一端略呈弧形，另一端平直。长 15.5、宽 3.3 厘米（图一五：5）。这类木匕与杭州手工织带用的木纬刀相似，推测它可能和当时的纺织有关。

纺轮　一件（T28④：43），扁平圆形，中有一钻孔。直径 5.9、厚 0.9、孔径 0.6 厘米（图一五：12）。

木槌状器　三件。标本 T19④：39，硬木磨制，平面"T"字形，柄部有简单的直线刻划花纹（图一五：14）。标本 T36④：18，硬木磨制，平面曲尺形，柄部有竖线和斜线组成的刻划花纹图案。

器柄　二件。标本 T36④：28，树杈加工制成，曲尺形，似为锛柄。柄头长 20.5、柄把残长 19 厘米（图一五：13）。标本 T20④：23，磨制颇精，似为锥柄，略残，残长 9.8 厘米（图一五：6）。

小木棒　硬木磨制。有如下几种。

尖头圆木棒　十八件。器身断面圆形。有的一端削尖，一端磨平或修圆；有的两端削尖。一般长 25 厘米左右，最长达 40 厘米。标本 T26④：53，两端尖，长 26.2、径 1.5 厘米（图一五：7）。

带榫小木棒。八件。制作较精，器身断面多方形或长方形，少数近半圆形，一端有圆锥形或圆柱形榫头。标本 T35④：32，中字形榫，榫长 2.1、径 0.9 厘米。另一头已残，全器残长 25 厘米。标本 T16④：43，圆锥形榫，榫长 1.8 厘米。另一头已残，全器残长 21 厘米（图一五：8）。

小木棒和带榫小木棒等，似为某种复合器具上的部件。

其他形状的木棒　七件。四件近两端处有一周凹槽。标本 T33④：94，两端修尖，其中一端的一侧削为一个斜平面，长 13 厘米（图一五：11）。T18④：47，一端修成圆球形，另一端已残，残长 17 厘米（图一五：9）。标本 T33④：71，柄部长方形，并有横斜刻划线条组成的花纹图案（图一五：10）。T17④：61，一端有钻孔。

（2）其他

"蝶形器"　六件。正面中部都有一道纵向的凸脊。标本 T17④：37，宽 22.6①、高 13.5 厘米，左右对称，正面两翼端各有一圆涡，背面两翼上端各有一横向凸脊，脊上有钻孔（图一六：1）。标本 T17④：91，宽 23、高 13.4 厘米，器形较简单，两翼不对称，一翼较长，翼端呈鸟首形（图一六：4）。标本 T17④：52，形似 T17④：91，但较短。

木筒　七件。形似一段中空的毛竹筒，系用整段木材加工制成，内外都锉磨得十分光洁。有的内壁凿一周浅槽，塞以圆木饼。有的外壁缠绕篾藤。器形精美。用途不明。标本 T17④：23，长 32.6、径 9.4、壁厚 0.7 厘米（图一六：7）。器壁均匀，外壁近两端处缠有多道藤篾类圈箍，金黄闪光，绚丽夺目。标本 T36④：23，长 36 厘米。内壁一端有一周凹槽，塞有圆木饼，出土时已压扁（图一六：6）。

另外，发现木饼七件，扁平圆形，直径 6~7 厘米。据 T36④：23 木筒内塞有圆木饼推测，此类木饼可能都是塞在木筒内的。

———————————

① 《河姆渡——新石器时代遗址考古发掘报告》中公布为 23 厘米。（编者注）

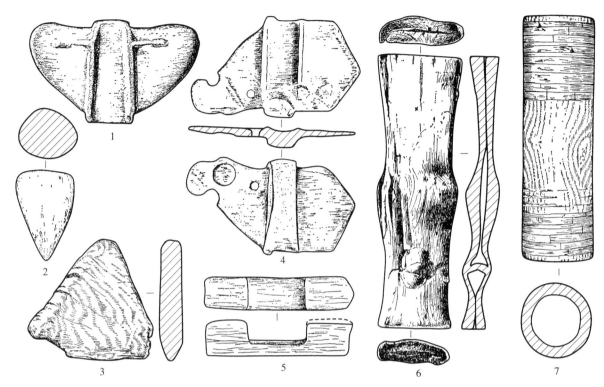

图一六　第四层木器

1、4. 蝶形器（T17④：37、T17④：91）　2. 垂球形器（T32④：55）　3. 三角形器（T33④：60）　5. 凹形器（T23④：31）　6. 木筒（T36④：23）　7. 木筒（T17④：23）（均1/5）

其他还有垂球形木器（图一六：2）、凹形木器（图一六：5）、三角形木器（图一六：3）和提梁形木器，等等。其中垂球形木器较常见，但加工较粗糙。

4. 陶器

第四文化层出土的陶器，具有鲜明的特征，质地为单一的夹炭黑陶（支座类例外）。所谓夹炭陶，就是陶胎中布满大量炭的晶粒，它的器壁较粗厚，胎质疏松，吸水性强，硬度也低。推测陶土未经淘洗，制作时在陶土中掺合大量的植物茎叶碎末、谷壳等有机物质，由于火候低，又在缺氧的还原焰中烧成，其中的有机物掺合料仅达到炭化的程度。陶色黑，既与缺氧有关，也是陶胎中存在大量炭的必然结果。只有作为盛贮器的罐和食器中的带把钵等，器表才呈灰黑色。各类器物均为手制，造型不规整。

器表除打磨光亮外，往往有比较繁密的装饰。主要有拍印绳纹和刻划花纹。此外有堆塑动物纹和彩绘。

拍印绳纹使用于釜的圜底部分和个别双耳罐的腹部。多为小块各自排列整齐的绳纹交错组合而成，比较错乱，推测是用绳索缠在陶拍上拍印的。

刻划花纹，应用广泛，有动植物形象的模写（图一七），大量的则是由动植物形象变化而来的各种圈点和线条组成的图案，绝大部分刻划于敛口釜上（图一八）。

堆塑动物纹见于二件敛口钵的口沿上，形似蜥蜴，造型生动（图二三：4）。

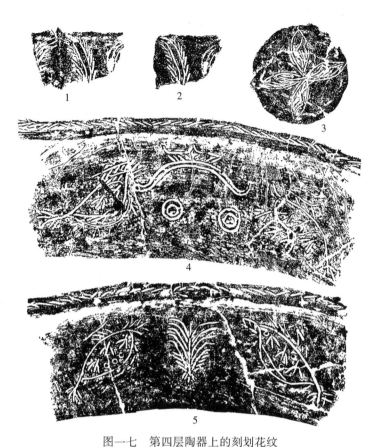

图一七　第四层陶器上的刻划花纹

1、2. 盘口釜（T32④：4003、T32④：4002）　3. 敛口钵底（T32④：38）　4、5. 盆（T29④：46）（均1/4）

值得重视的是，在T16~T17的第四层的底部发现三片彩陶，为一小口罐的口沿及腹部的残片。胎质为夹炭黑陶，胎壁外拍印绳纹，其外有一层较厚的灰白色土，土质较细腻。器表打磨光滑，绘有咖啡色及黑褐色的变体的动植物花纹，色彩浓厚，有光泽。

依用途的不同，可分为生产工具、生活用器和装饰品三种，主要是生活用器。

（1）生产工具

仅纺轮一种，共七十件。全部手制，器形不太规整。多素面，少数有刻划、锥刺的纹饰。分四式。

Ⅰ式，五十件。扁平圆形，断面略呈矩形。一部分周缘不整齐，或略有弧度，或成三角形。标本T16④：29，断面矩形，素面，直径5.8厘米（图一九：1）。标本T1④：13，残存一半，正面略弧，有四组锥点纹组成的图案，直径6.5厘米（图一九：2）。标本T16④：11，正面有短线划纹，周缘刻印连续的圆涡纹，直径6.5厘米（图一九：4）。标本T21④：17，周缘锥点纹，直径5.5厘米（图一九：5）。

Ⅱ式，十件。断面梯形。标本T22④：31，上面径2.6、底面径5、高3厘米（图一九：3）。

Ⅲ式，八件。断面"凸"字形。标本T32④：65，一面刻划斜线及弧线组成的三分式花纹。另一面及周缘刻印圆涡纹，直径5.3厘米（图一九：7）。

图一八　第四层敛口釜纹饰拓片（2/5）

Ⅳ式，二件。断面"工"字形。标本T1④：25，底径3.2、顶径2.6、厚2.3厘米（图一九：6）。

（2）生活用具

主要器形为釜、罐、钵、盘、盆、器盖、支座、器座等八类，还有少量碗、杯、盂等。多平底和圜底，无三足器。器表盛行繁密的花纹装饰，主要是绳纹和刻划纹，还有少量堆塑。

复原器物达二一七件。釜、罐最多，钵、盘次之。第四文化层的上部和下部，各类器物的出土数量比例有些变化。底部出釜较多，器形较特殊的方盂、圆盂等也多出在下部，上部已不多见，而罐出于上部的比例则有所增加。其他变化不大。

釜　第四层唯一的炊器，共五十四件（指完整器和复原器，以下同）。器体较高，圜底深浅不一，弧曲度甚大。多有粗壮的颈，肩下常有一周凸脊。口、颈、肩、腹之间棱角明显，器壁剖线富于变化。大多有繁密的刻划花纹。底饰绳纹。部分釜底留有浓厚的烟熏痕迹，釜内残留着食物烧结的焦渣。可

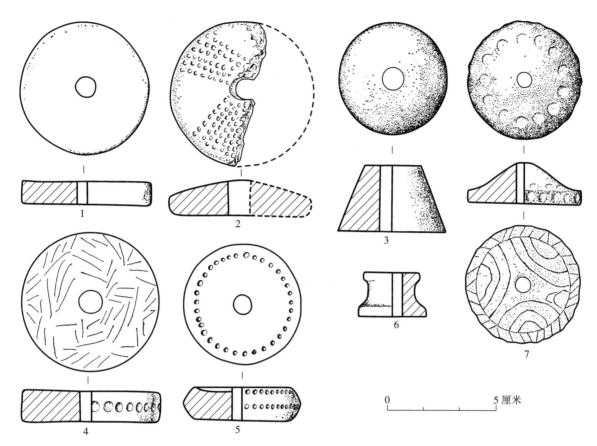

图一九　第四层陶纺轮

1、2、4、5. Ⅰ式（T16④：29、T1④：13、T16④：11、T21④：17）　3. Ⅱ式（T22④：31）　6. Ⅳ式（T1④：25）
7. Ⅲ式（T32④：65）

分为敛口、敞口、盘口三类。

敛口釜　绝大多数为折敛口，少数弧敛口，特征鲜明。分五式。

Ⅰ式，二件。小口，深圜底。标本T35④：49，口径12.4、高25厘米（图二〇：1）。

Ⅱ式，十二件。大口，口径超过器高，圜底较Ⅰ式浅。标本T26④：34，口外缘为十八角形，上有树叶纹图案，口径23.8、高22.8厘米（图二〇：13）。

Ⅲ式，三件。口径略等于器高，颈较直较高，浅圜底。标本T33④：103，口径18.2、高17.7厘米（图二〇：2）。

Ⅳ式，一件（T19④：26）。大口，口沿较窄，短颈，无凸脊。口径22.7、高18厘米（图二〇：3）。

Ⅴ式，一件（T30④：74）。弧敛口（图二〇：5）。

敞口釜　除口沿外，其余特点似敛口釜。分五式。

Ⅰ式，五件。小口微敞，颈较短，圜底特深。其中四件肩下有脊，沿下或有小錾。标本T23④：44，口沿下有对称的小錾一对，口径16.5、腹径25.6、高28厘米（图二〇：4）。另一件（T26④：36），口沿下有一錾一耳，无凸脊，口径15.4、高18.8厘米（图二〇：6）。

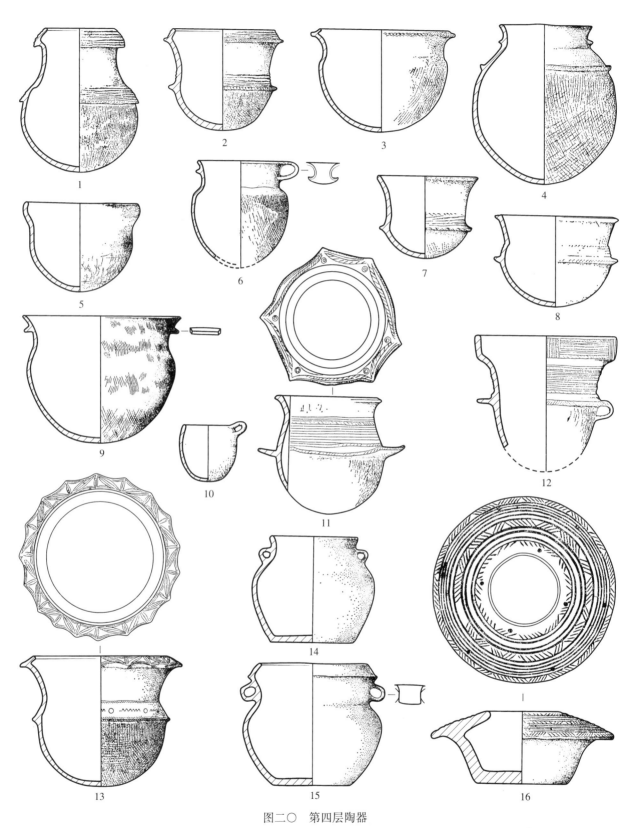

图二〇　第四层陶器

1. Ⅰ式敛口釜（T35④：49）　2. Ⅲ式敛口釜（T33④：103）　3. Ⅳ式敛口釜（T19④：26）　5. Ⅴ式敛口釜（T30④：74）　4、6. Ⅰ式敞口釜（T23④：44、T26④：36）　7. Ⅲ式敞口釜（T23④：65）　8、11. Ⅱ式敞口釜（T13④：24、T30④：75）　9. Ⅳ式敞口釜（T28④：52）　10. Ⅴ式敞口釜（T17④：26）　12. 盘口釜（T31④：70）　13. Ⅱ式敛口釜（T26④：34）　14、15. 双耳罐（T32④：36、T33④：109）　16. Ⅰ式盂形器（T36④：31）（12.1/10，16.3/10，余3/20）

Ⅱ式，八件。大敞口，圜底较Ⅰ式略浅。标本 T13④：24，口径 22、高 16 厘米（图二〇：8）。标本 T30④：75，肩下凸脊较大，外缘为六角形。口径 19.2、高 21 厘米（图二〇：11）。

Ⅲ式，八件。体形较小，器壁较厚，直长颈，腹脊突出，浅圜底。标本 T23④：65，口径 17.8、高 14.4 厘米（图二〇：7）。

Ⅳ式，六件。体形较大，大敞口、颈部多有小錾，无凸脊。标本 T28④：52，口径 28.5、高 22.2 厘米（图二〇：9）。

Ⅴ式，二件。器形甚小，略呈筒形，口沿处有一半环形器耳。标本 T17④：26，口径 9.2、高 10 厘米（图二〇：10）。

盘口釜 一件（T31④：70）。器形硕大，器壁甚厚，造型特殊，腹脊下缘有一錾和一半环形耳。底部残，从自然弧度观察，应为圜底。口径 37.8、高 35 厘米（图二〇：12）。

罐 第四层唯一的盛贮器，数量很多，制作粗劣，造型简单而不规整。器表多数呈灰黑色。多数素面，极少数拍印绳纹。分双耳罐、单把罐两种。

双耳罐 是罐类的主要器形。二十五件。口微敞，圆肩，腹较深，大平底。在口沿至肩部均有左右对称的半环形双耳。标本 T23④：38，双耳在口沿至颈部之间。腹部拍印绳纹，口径 16.4、高 17.5 厘米（图二一：10）。标本 T32④：36，双耳在肩颈之间，口径 16、高 18.6 厘米（图二〇：14）。标本 T33④：109，折敛口，双耳在颈部，口径 19.3、高 21.5 厘米（图二〇：15）。

单把罐 七件。器形较小，基本特征与双耳罐同，但只有一个半环形把手。标本 T21④：52，口径 15.2、高 12 厘米（图二一：14）。

钵 饮食器中的主要器形，七十三件。分敛口钵、带把钵两种。

敛口钵 四十六件。形制比较简单，绝大多数弧敛口，腹部斜收，小平底。陶色黑，表面打磨光亮。口沿处常有数道弦纹作为装饰。少数折敛口，制作较粗。标本 T22④：23，沿下有四道弦纹，口径 16.8、高 8 厘米（图二一：2）。标本 T34④：31，腹部有双耳，口径 18.2、底径 8.5、高 9.5 厘米（图二一：1）。

带把钵 二十七件。直口，直腹略鼓，大平底，口沿处有一半环形把手，器形不甚规整。陶色灰黑，均素面。其中二十六件，俯视平面为圆形。标本 T36④：45，口径 18、高 11 厘米（图二一：4）。另一件（T37④：40），器形特殊，平面矩形，器把安在口沿短边的一侧，口径长 16、宽 10、底径长 11.5、宽 8、高 9.6 厘米（图二一：3）。

盘 饮食器的主要器形之一，数量颇多，分三式。

Ⅰ式，三十一件。宽沿，斜腹，唇、沿、腹之间折棱明显。器壁较厚，内外壁均打磨光亮。素面居多，少数沿上有锥点或刻划纹。标本 T23④：71，残存一半，内沿残存钻孔二个，腹部残存一个，口径 30、高 6.7 厘米（图二一：9）。

Ⅱ式，十一件。斜腹，平底。陶色灰黑，不甚光亮。素面。标本 T18④：64，口径 20、高 5 厘米（图二一：5）。

Ⅲ式，复原一件（T34④：29），平面椭圆形，口外缘六角形，上有连续的树叶纹图案。高 5 厘米（图二一：13）。

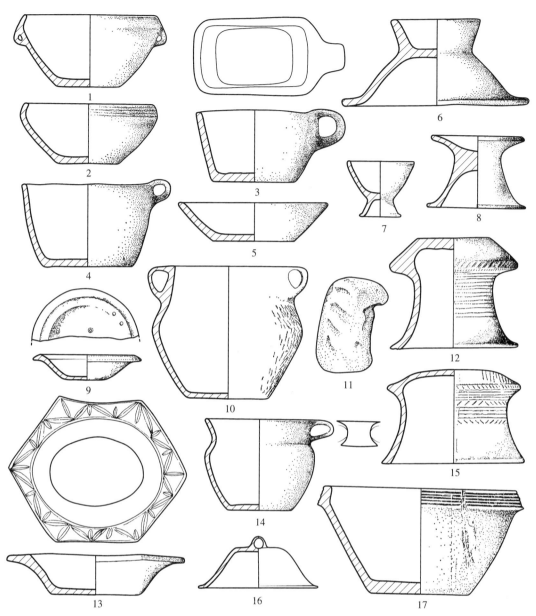

图二一　第四层陶器

1、2. 敛口钵（T34④：31、T22④：23）　3、4. 带把钵（T37④：40、T36④：45）　5. Ⅱ式盘（T18④：64）　6. Ⅱ式器
盖（T37④：47）　7. 小杯（T32④：37）　8、12、15. 器座（T24④：43、T32④：62、T30④：82）　9. Ⅰ式盘（T23
④：71）　10. 双耳罐（T23④：38）　11. 支座（T29④：39）　13. Ⅲ式盘（T34④：29）　14. 单把罐（T21④：52）
16. Ⅰ式器盖（T39④：38）　17. Ⅱ式盆（T28④：50）（7. 2/5, 9. 1/10, 余 1/5）

盆　分二式。

Ⅰ式，五件。敞口，深腹，腹壁斜直或微鼓。色泽纯黑，多打磨光亮，素面为主，少数腹部有刻
划花纹。标本 T29④：46，腹壁两侧有左右对称的半环形小耳。口沿上刻划一周锥点纹，腹壁刻划一
组鱼藻纹（?）和一组凤鸟纹（?）（图一七：4、5）。口径 31.6、高 16.2 厘米。

Ⅱ式，三件。标本 T28④：50，折敛口，斜腹，平底，外沿有多道弦纹，口径 26、高 13.9 厘米
（图二一：17）。

盂形器　形制特殊，用途不明。分二式。

Ⅰ式，二件。圆形，器体较扁。折敛口，口径甚小，口沿很宽，微弧。腹壁斜直内弧，平底。沿上刻划细密的图案。标本 T36④：31，色黑，打磨光亮，口径 6.3、高 6.4 厘米（图二○：16）。

Ⅱ式，一件（T24④：41）。方形，小口，宽平沿，腹壁内弧，底有四个矮小的方足。通体刻划细密的花纹。口径 6、高 8.6 厘米。

器盖　数量较多，能复原的很少。盖身均为喇叭形，按纽区分为二式。

Ⅰ式，三件，半环形纽。标本 T39④：38，高 13.4 厘米（图二一：16）。

Ⅱ式，一件（T37④：47），喇叭形纽，高 11.5 厘米。这种器盖复置为盖，仰放可作食器（图二一：6）。

器座　数量较多，仅复原三件。敞口，器身近筒形，下为一宽大厚重的底座。底座上常有刻划花纹。器身外壁打磨光亮，有的两侧还有对称的扁条形鋬。内底粗糙，常留有炭渣及烟熏痕迹。标本 T32④：62，高 14.5 厘米（图二一：12）。标本 T30④：82，高 12.5 厘米（图二一：15）。标本 T24④：43，形似"浅盘豆"，可能也是一种器座。高 9.5 厘米（图二一：8）。

支座　数量颇多，但多残破。陶胎灰黄，无炭的晶粒，器表灰色。手制，制作粗糙。器形为方形或圆柱形的块状体，器体略向一边倾斜。内面常有烟熏痕迹。应为支撑釜的支座。标本 T29④：39，圆柱形，高 12.6 厘米（图二一：11）。

图二二　残陶器（T33④：98）上的枝叶纹（1/5）

在第四层中还发现一些与支座形状类似的石块，一侧也有烟熏痕迹，可能也是支座。

其他还有碗、杯形器等，数量极少，此外有二件形状不明的器物。标本 T33④：90，残留部分为长方形陶块，器壁特厚，侧边刻划生动的植物枝叶纹。标本 T33④：98，外表刻划生动的植物枝叶纹（图二二）。

（3）装饰品和玩具

陶塑　九件。捏塑动物形象，器形较小。标本 T21④：24，陶猪，腹部下垂，作奔走状，形象逼真，长 6.3、高 4.5 厘米（图二三：2）。标本 T16④：59，陶羊，昂首匍匐，长 6.3、高 4.5 厘米（图二三：1）。其余七件，造型不太清楚，多数在四肢上截四个小孔，可能是插小枝杆以代替兽腿的。标本 T27④：50，长 8.3 厘米（图二三：3）。

小陶器　十四件。均为实用生活用器的模拟、随意捏制，造型粗劣，特小。标本 T32④：37，陶杯，高 3.7 厘米（图二一：7）可能是玩具。

另外、有陶埙（？）二件，珠二件，环一件，丸八件，饼四件。

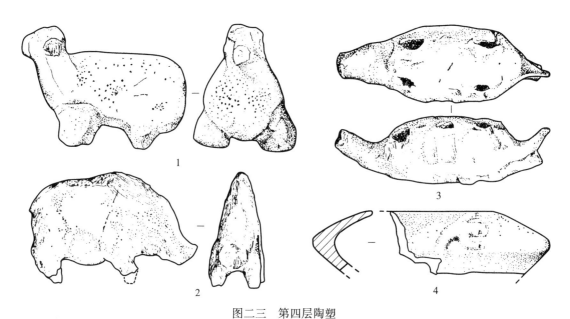

图二三　第四层陶塑

1. 羊（T16④：59）　2. 猪（T21④：24）　3. 兽（T27④：50）　4. 敛口钵上的堆塑（均 7/10）

（二）第三层文化遗物

第三文化层，堆积甚厚（60～110 厘米），内涵也十分丰富，是仅次于第四层的一个重要地层。出土石、骨、木、陶质的生产工具、生活用具和装饰品（包括小玩具）等，共三〇七件。第三层遗物保存较差，木器大多腐朽不存，仅发现木筒一件、木垂球形器一件，亦已朽烂，文中不另行叙述。第三层压在第四层上面，文化面貌类似，但仍有部分区别，为了减少重复，与第四文化层相同的不作具体描述，重点写明它的特征与发展。

1. 石器

石器共五十四件。有生产工具和装饰品二类。无论是生产工具，还是装饰品，其种类、型式、质地以及加工方法均与第四层类同。其主要不同点是，磨制较精，器形较规整，打琢的痕迹较少，反映了第三层磨制技术的提高。

（1）生产工具

有斧、凿、刮削器三种。共三十五件。其中斧二十八件，凿六件，刮削器一件。

斧　分三式，与第四层的三式近似。

Ⅰ式，一件（T17③：7）。残长 10.6 厘米（图二四：1）。

Ⅱ式，也可分为 A、B 式。ⅡA 式，五件。标本 T20③：17，长 8 厘米（图二四、2）。ⅡB 式，十九件。标本 T29③：12，刃部已残，残长 7.2 厘米（图二四：4）。

Ⅲ式，三件。标本 T29③：25，长 6.8 厘米（图二四：3）。

凿　六件。体形不一。标本 T33③：42，体形略同四层Ⅰ式，长条形，横断面近方形，两面刃。长 5 厘米（图二五：1）。标本 T19③：97，体形同四层Ⅱ式，长 4.5 厘米（图二五：2）。

刮削器　一件（T29③：69），用石英岩打制，呈不规则菱形。长 7.5、宽 4.6 厘米。

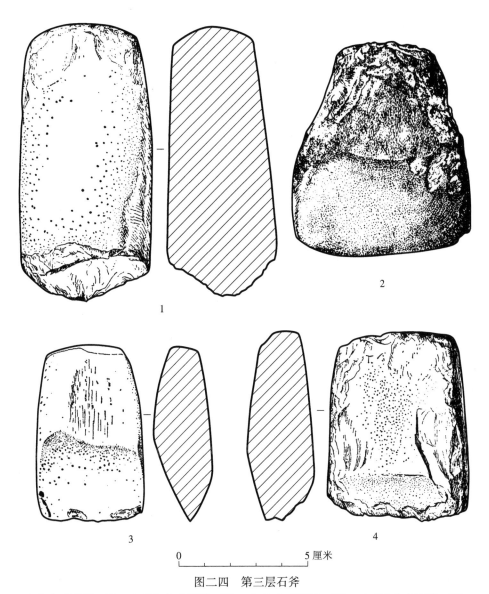

0   5 厘米

图二四　第三层石斧

1. Ⅰ式（T17③∶7）　　2. ⅡA式（T20③∶17）　　3. Ⅲ式（T29③∶25）　　4. ⅡB式（T29③∶12）

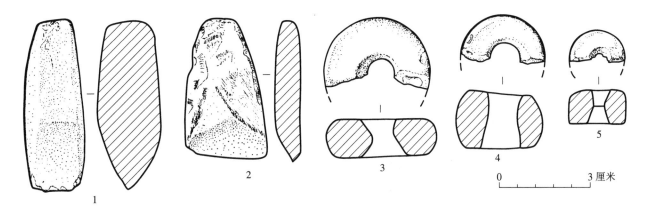

0   3 厘米

图二五　第三层石器、装饰品

1、2. 石凿（T33③∶42、T19③∶97）　　3. 石玦（T29③∶18）　　4. 玉玦（T39③∶12）　　5. 石珠（T25③∶19）

（2）装饰品（附玉饰）

萤石制，磨制不精，器形不规整。器形有玦、管、珠、丸、饼等。另有玉玦二件，附此叙述。

玦　玉、石各二件，均残。标本T39③：12，玉玦，在残器的一端之外侧与顶端各有钻孔一个，两孔成垂直方向，未钻透。玦内壁刻有横竖线条组成的图案花纹。直径2.9厘米（图二五：4）。标本T29③：18，石玦，形同玉玦，稍大，两孔穿透。直径3.6厘米（图二五：3）。

管　二件。腰鼓形，器形不甚规整，两头钻孔，孔歪斜，两端孔径也不一致。标本T30③：85，长1.5、径1.4、孔径0.1～0.3厘米。

珠　五件。形状不一，制作粗糙，均有对钻的孔。标本T33③：12，扁平圆形。标本T25③：19，扁鼓形（图二五：5）。

丸　四件。不甚圆浑。直径1.2～1.5厘米。

饼　四件。扁平圆形。标本T35③：25，中有一孔，未穿透。径3.5、厚0.9厘米。

2. 骨器

骨器一八三件，数量、种类较四层少。其基本型式、加工方法均与四层相同。有耜、镞、哨、匕、针、锥、凿等生产工具。鱼骨珠、獐牙饰等装饰品以及"靴形器""蝶形器"等。

（1）生产工具

耜　十一件（残破不能分式的不计入）。体形特征同四层，分三式。

Ⅰ式，六件。双齿刃。标本T20③：18，器形完整，柄有横銎，耜面有浅槽和椭圆形孔，刃部为双齿形，长23.5厘米（图二六：1）。标本T17③：16，柄部较长无横銎，耜面略加修整，无椭圆形孔，但钻有一个径0.3厘米的小圆孔，长24厘米（图二六：2）。标本T31③：10，两端已残，上端残留有切割痕迹，浅槽两侧有上下两对椭圆形孔。推测其中一对可能是在耜柄残断后再加修凿的，残长18厘米（图二六：3）。

Ⅱ式，二件。平刃。标本T31③：11，磨蚀较甚，长17.5厘米。

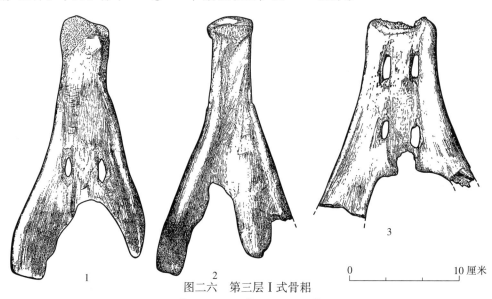

0　　　　　　　　　10厘米

图二六　第三层Ⅰ式骨耜

1. T20③：18　2. T17③：16　3. T31③：10

Ⅲ式，一件（T29③：22），斜刃，正中凹槽较深，槽底平直。因长期使用，耜面磨蚀殆尽，凹槽两侧的椭圆形孔残存一半，刃面露出骨松质。

镞　数量最多，共一一七件，体形特征同四层，也可分斜铤、柳叶形、圆铤三式。

斜铤镞　十九件。有长短锋之分。长锋如标本 T28③：24，全长 10.3 厘米，锋铤的比例约为 3：2。短锋如标本 T25③：13，锋的平面近似等腰三角形，全长 8.3 厘米，锋铤的比例约为 1：3（图二七：1）。

柳叶形镞　六十件。平面柳叶形，没有明显的铤。横断面因骨料不同而变化较多。标本 T17③：9，断面扁圆形，长 10.6 厘米。标本 T18③：25，器形较大，长 15.2 厘米，尾端有数道横槽（图二七：2），亦疑为矛。

圆铤镞　三十八件。有锐锋和钝锋之分。标本 T28③：28，锋锐利，长 7.5 厘米（图二七：3）。标本 T25③：18，锋圆钝，长 9.3 厘米。

哨　三件，体形同四层。标本 T17③：14，两孔，长 8.5 厘米。

匕　五件，均残。制法、特征与四层同。标本 T39③：15，首圆纽形，后端刻划直线和斜线组成的装饰图案。残长 10.9 厘米（图二七：5）。

有柄骨匕　一件（T39③：13），残存柄部，柄端有一钻孔。柄长 12.5 厘米。

针　四件。标本 T33③：25，器身较长，长 13.9、径 0.4 厘米（图二七：4）。

锥　十一件。体形与第四层所出近似。分三式。

Ⅰ式，四件。标本 T22③：44，用剖开的动物肢骨磨制，通体磨光，长 9 厘米（图二七：7）。

Ⅱ式，一件（T36③：13），用动物的尺骨磨制，仅在尖端错磨。长 9.2 厘米（图二七：8）。

Ⅲ式，六件。标本 T22③：43，用鹿角尖磨制，仅在尖端错磨。长 16.2 厘米（图二七：9）。

凿　二十四件，选材、加工、型式均与第四层同。分三式。

Ⅰ式，七件，用动物尺骨磨制。标本 T25③：10，刃部较窄，长 11、刃宽 0.7 厘米（图二七：12）。

Ⅱ式，十六件，用剖开的动物肢骨磨制。标本 T33③：10，刃部较宽，长 7.2、刃宽 2 厘米（图二七：10）。

Ⅲ式，一件（T29③：20），鹿角制成，仅尖端错磨成两面刃，刃部窄，长 18、刃宽在 0.4 厘米（图二七：13）。

（2）装饰品

笄　二件。均残存柄部。标本 T25③：15，顶端为一椭圆形的斜面，柄部满饰刻纹（图二七：11）。标本 T25③：20，残存部分形如"金蝉"，正面满饰刻纹，背面有一穿孔（图二七：6）。

珠　三件，均系鱼脊椎骨磨制。标本 T32③：28，扁平圆形，仅在周缘稍加修磨，径 2.4、厚 0.7 厘米。

獐牙饰　一件（T30③：19），仅在牙根部位稍加错磨，长 6 厘米。

（3）其他

靴形骨器　一件（T18③：16），鹿角制，上端有一钻孔，下端已残，残长 8.9、宽 2.8~3.4 厘米（图二八：2）。

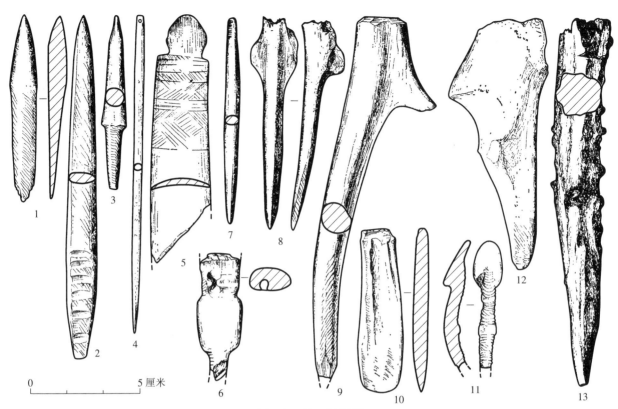

图二七 第三层骨器

1~3. 镞（T25③：13、T18③：25、T28③：28）   4. 针（T33③：25）   5. 匕（T39③：15）   6、11. 笄（T25③：20、T25③：
15）   7. Ⅰ式锥（T22③：44）   8. Ⅱ式锥（T36③：13）   9. Ⅲ式锥（T22③：43）   10. Ⅱ式凿（T33③：10）   12. Ⅰ式凿
（T25③：10）   13. Ⅲ式凿（T29③：20）

蝶形器 完整仅一件（T18③：14），高10、宽18.8厘米（图二八：1）。

3. 陶器

共七十件。以夹炭黑陶为主，夹砂灰陶次之，偶见泥质灰陶。夹炭黑陶器表色泽偏灰，可能是因为陶胎中含炭量少的结果。均手制。绝大部分素面。第四层陶釜纹饰繁密，到第三层也趋简略。纹饰有刻划或锥刺的弦纹、斜线纹、水波纹、圈点纹、"种子"纹等组成的不规则图案。由此不难看出，

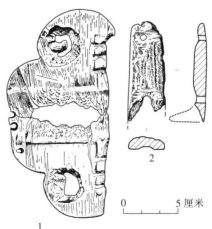

图二八 第三层骨角器

1. 蝶形器（T18③：14）   2. 靴形器（T18③：16）

第三层应是第四层的继承和发展。

器形有属于生产工具的纺轮,属于生活用器的釜、甑、罐、钵、盘、盆、器盖、器座、支座等,另外还有一些装饰品和小玩具。

(1)生产工具

纺轮 二十一件,体形与四层类同,分为三式。

Ⅰ式,十五件。扁平圆形,多素面。标本T31③:14,周缘有锥刺纹间以稀疏的阴刻线条,两面阴刻水波纹。

Ⅱ式,三件。器体厚,断面梯形,标本T21③:13。

Ⅲ式,三件。器体厚,断面凸形,标本T33③:9,一面及周缘饰锥刺纹三周。厚2.3厘米。

(2)生活用具

完整器和复原器较少,经排比、分析,其种类和型式如下。

釜有敛口、敞口、直口等三大类。

敛口釜 数量虽多,但无完整器。从碎片观察,型式有折敛口、弧敛口,特征与第四层同。

敞口釜 除不见第四层Ⅰ式(小口深圜底釜)外,大多与四层同,依第四层型式划分:Ⅱ、Ⅲ式无完整器,Ⅳ式复原一件,Ⅴ式复原二件。Ⅵ、Ⅶ式只见于第三层。

Ⅵ式,二件。体形扁矮,腹径大于器高,圜底较浅,颈部和腹部有一周凸脊。标本T13③:4,口径17.4、高12.8、腹径20厘米(图二九:4)。

Ⅶ式,复原一件(T28③:13)。小敞口,口径小于器高,腹部最大径近底部,大圜底。口径19、高23、腹径29厘米(图二九:5)。

直口釜 是第三层较有特色的一种器形。夹砂质,火候较高,胎壁较薄,质地坚硬,数量约占釜片总数的四分之一,分三式。

Ⅰ式,一件(T18③:86),直口,束腰,浅圜底。束腰上下各有一周凸脊,底部拍印绳纹。高16、口径19.8厘米(图二九:6)。

Ⅱ式,一件(T30③:16),直口,束腰,折腹,大圜底近平。腰上缘有一周凸脊,底部饰浅绳纹。高14.5、口径19厘米(图二九:7)。

Ⅲ式,无完整器,从标本T33③:3017观察,腹部略鼓,颈部有一周锯齿状的附加堆纹(图二九:11)。

甑 复原一件(T31③:8)。口微敞,斜腹,平底。口沿下有一对半环形耳。底部有密集的甑孔。高12.4、口径24、孔径0.8~1厘米(图二九:9)。

罐 数量多,器形富于变化,只复原一件。

Ⅰ式,双耳,是罐中的主要器形,无完整器,从标本T21③:3009观察,器形与四层Ⅰ式双耳罐同(图二九:10)。

Ⅱ式,一件(T35③:27)。泥质陶,陶色偏灰。小口,球腹,小平底。腹部有对称的横向环耳,耳身较长,近似牛鼻形。高26、口径14.8厘米(图二九:8)。这类罐四层不见,而四层的Ⅱ式单把罐三层不见。

Ⅲ式,无完整器。体形小,多数鼓腹,口、颈富于变化。口径5~7.5厘米。

钵 复原十三件,有二种。

　　敛口钵　九件。弧敛口，斜弧腹，小平底。少数为折敛口。部分钵的口沿有附加装饰。标本T17③：94，口沿下有对称的二个小錾（图二九：2）。标本T27③：66，口沿下有四个对称的小錾（图二九：3）。

　　单把钵　四件。直口，平沿，腹壁略弧，平底。口沿有半环形把手一个。标本T30③：28，高11、口径18厘米（图二九：1）。

　　盘　型式简单，有二式。

　　Ⅰ式，数量较多，体形特征同四层Ⅰ式，但唇、沿、腹间的折棱没有四层明显。复原一件（T18③：20），高8、口径31厘米（图二九：13）。

　　Ⅱ式，数量很少，无复原器，从标本T30③：3021观察，口沿特宽，沿面弧突，腹壁弧曲，近底部收敛较甚，可能是小平底（图二九：12）。

　　上述Ⅱ式盘四层不见。第四层的Ⅱ式盘、Ⅲ式盘第三层不见。

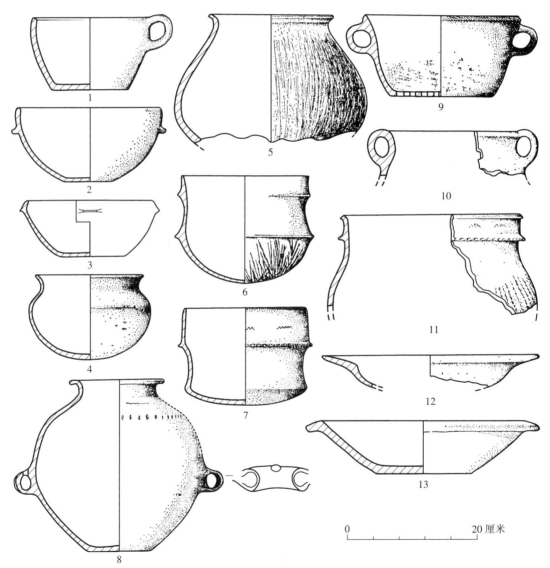

0　　　　　　　　　　　　20厘米

图二九　第三层陶器

1~3. 钵（T30③：28、T17③：94、T27③：66）　4. Ⅵ式敞口釜（T13③：4）　5. Ⅶ式敞口釜（T28③：13）　6、7. Ⅰ、Ⅱ式直口釜（T18③：86、T30③：16）　8. Ⅱ式罐（T35③：27）　9. 甗（T31③：8）　10. Ⅰ式罐（T21③：3009）　11. Ⅲ式直口釜（T33③：3017）　12. Ⅱ式盘（T30③：3021）　13. Ⅰ式盘（T18③：20）

盆　数量极少，无完整器，从标本T31③：3001观察，体形特征与四层Ⅰ式盆类同。

器盖　分四式。Ⅰ式、Ⅱ式与四层Ⅰ、Ⅱ式同。

Ⅲ式，一件（T25③：21），器身较高，形似头盔，圆弧顶，上有半环形纽。高11.5、盖径16厘米（图三○：5）。

Ⅳ式，一件（T26③：61），器身较矮，似盘，中间有一半环形大纽。高4.3、盖径17.6厘米（图三○：6）。

上述Ⅲ、Ⅳ二式四层不见。

器座　无完整器，器形特征同四层。陶色偏灰，底部不及四层器座厚重。

支座　均系残器，器形特征与四层同。

（3）装饰品和小陶器（玩具）

珠　一件（T19③：11）。圆形，器形不甚规整，中穿一细孔。珠径0.8厘米。

饼　一件（T33③：29）。扁平圆形，径4.5、厚1.6厘米。

丸　六件。基本圆形，不甚规整，直径1.4~2.2厘米。标本T33③：22，径2厘米。

人体塑像　一件（T31③：12）。捏制，平面呈细长的椭圆形，颧骨突出，眼鼻用阴刻线条勾划，手法简练（图三○：7）。

小陶器　共十二件。捏制，造型不规整，器形很小，都是生活用器的模拟。计有釜一件（T26③：5），高2.5厘米（图三○：3）。杯形器二件，标本T23③：20，高2.8厘米（图三○：2）。器盖三件，标本T29③：13，高2.8厘米（图三○：4）。钵六件，标本T30③：20，高3厘米（图三○：1）。

（三）第二层文化遗物

共八十九件，与第三、四层有联系，但又有明显区别。

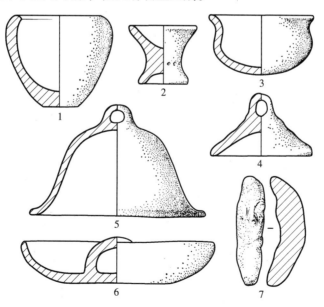

图三○　第三层陶器

1. 钵（T30③：20）　2. 杯形器（T23③：20）　3. 釜（T26③：5）　4. 器盖（T29③：13）　5. Ⅲ式盖（T25③：21）　6. Ⅳ式盖（T26③：61）　7. 人体塑像（T31③：12）（1~4、7.3/5，5、6.3/10）

1. 石器

石器四十一件。有生产工具、装饰品两类。生产工具有斧、锛、凿、刀、纺轮、磨石等。石质较三、四层出土的同类器软些，通体磨光，器形规整。装饰品有萤石制的管、珠、饼，另有玉璜一件附此叙述。

（1）生产工具

斧　一件（井1：5）。平面长条形，断面近方形，器形厚重，两面刃对称，长 11.7、厚 3.5 厘米（图三一：2）。

锛　十八件。器体较厚，弧背。可分二式。

Ⅰ式，十二件。长条形，标本井1：19，长 10、厚 2.6 厘米（图三一：1）。标本 T35②：7，长 9.5、宽 2.5 厘米。

Ⅱ式，六件。器形短厚。标本 T18②：12，长 7.2 厘米。

刀　二件。扁平长方形，双面刃，中间对钻二孔。标本 T35②：8，残长 7.5 厘米（图三一：3）。

凿　一件（T29②：6）。扁薄长方形，单面刃，长 4 厘米（图三一：4）。

纺轮　五件。扁平圆形。标本 T35②：14，直径 5、厚 0.8、孔径 0.7 厘米。

砺石　一件（T17②：6）。呈三角形，磨痕很深，长 11.3 厘米。

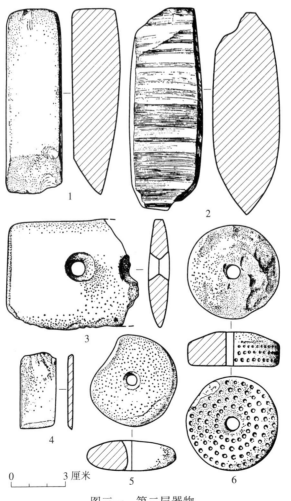

图三一　第二层器物

1. 石锛（井1：19）　2. 石斧（井1：5）　3. 石刀（T35②：8）　4. 石凿（T29②：6）　5、6. 陶纺轮（T35②：11、T30②：9）

（2）装饰品（附玉饰）

璜　一件（T39②：50）。玉质，已残，残长5厘米（图三二：1）。

管　六件。萤石质，圆柱形，有的中段微鼓，两头钻孔。标本T25②：7，长2.2、直径1.2厘米（图三二：2）。

珠　二件。萤石质，短柱形，断面为不规则圆形，磨制粗糙。标本T20②：48，长1.8、直径1.6~2.2厘米（图三二：3）。

饼　三件。萤石质，扁平圆形，标本T30②：11，直径3.5、厚1厘米。

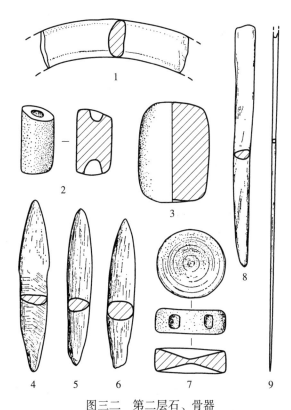

图三二　第二层石、骨器

1. 玉璜（T39②：50）　2. 石管（T25②：7）　3. 石珠（T20②：48）　4~6. 骨镞（T18②：15、T19②：5、T25②：6）　7. 骨珠（井1：10）　8. 骨锥（T34②：12）　9. 骨针（井1：21）（4~6.2/5，余4/5）

2. 骨器

十四件。生产工具有耜、镞、针、匕、锥。装饰品仅牙饰一，骨珠一。另外有一些角料，上有明显的切割痕迹。

耜　一件（井1：9），已残。柄无横銎，面无浅槽，有两个椭圆形孔。长29、残宽9厘米。

镞　六件。其中斜铤短锋镞一件，柳叶形镞三件，圆铤镞二件（图三二：4~6）。

针　二件。磨制精细，器身细长。标本井1：21，长11.25厘米（图三二：9）。

匕　一件（T37②：11）。残长6.9厘米。

锥　二件。标本T34②：12，长8厘米（图三二：8）。

牙饰　一件（T37②：14）。野猪獠牙制作，仅在中段错磨一横槽。长5厘米。

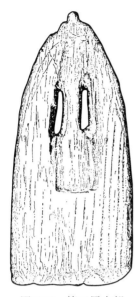

图三三　第二层木耜
（井1：7）（1/5）

珠　一件（井1：10）。鱼脊椎骨制成，扁平圆形，直径2.4厘米（图三二：7）。

3. 木器

木器较少，仅发现耜一件，匕（？）一件，小棒一件，垂球形器二件。耜（井1：7），平面近似长方形，单面平刃，刃部较宽，耜面中间有一浅槽，两侧有两个长方形孔，后端柄部已残。长36、宽16.5、厚1.5厘米（图三三）。匕、小棒、垂球形器等，体形特征与四层同类木器相似。

4. 陶器

完整器和复原器共二十九件。分生产工具、生活用器和装饰品三类。陶质、陶色、型式及制法与三、四层有明显的区别，特别是生活用器。

（1）生产工具

仅纺轮一种，分三式。

Ⅰ式，五件。扁平圆形。标本T20②：5，直径5.3、厚1.2厘米。标本T35②：11，周缘较薄，中间较厚，断面扁圆形，直径5、厚1.6厘米（图三一：5）。

Ⅱ式，一件（T30②：9）。一面平直，一面弧突，周缘和一面均有锥刺纹数周，直径5.2、厚1.9厘米（图三一：6）。

Ⅲ式，一件（T22②：6）。略似圆柱形，器形不甚规则，直径4.8、厚3.5厘米。

（2）生活用器

陶片三万多片（编号在百位数以上的均为陶片和残器），成型或复原器仅十六件。陶质可分夹砂灰红陶、泥质红陶和泥质黑陶三系。

夹砂灰红陶的数量最多，质地较粗，砂粒不匀，器壁厚重。少数质地较细，器表光洁。

泥质红陶的特点是外壁红内壁黑或外表红内胎黑，表面常施陶衣，质地细腻，胎壁较厚。

泥质黑陶表里一致，多数表面打磨光亮，胎壁较厚，质地较粗，与龙山、良渚黑陶不同。共出土四七七片，占这层陶片总数的1.5%左右，绝大部分出土于井1和井1周围的T34～T37探方内。

陶器以素面为主，纹饰简单，有弦纹、绳纹和附加堆纹等，并出现镂孔和施陶衣。弦纹常见于一些器物的颈部和肩部。绳纹多拍印于多角沿釜和部分敞口釜的腹部。镂孔主要在豆把和一些器物的圈足上。泥质红陶常施红色陶衣，个别泥质黑陶也施红色陶衣。

制法基本上是手制，少数器物可能用慢轮修整。器形较三、四层规整。有釜、鼎、盉、鬶、罐、豆、盆、盘、钵、支座、器盖等。釜、鼎、盉、鬶和支座等均系夹砂陶，罐、豆、盆、盘和钵是泥质陶。釜、鼎数量最多，罐、豆次之，盉、鬶很少。鼎、豆、盉、鬶和折腹圈足盆是这层新出现的器物。

釜　完整器极少，从碎片观察，一般没有明显的颈和肩，腹部廓线较缓曲。可分敞口釜、钵形釜和腰沿釜三种。

敞口釜　数量最多，造型与三、四层有明显的区别。敞口深腹，腹壁弧度缓曲，饰粗绳纹，上腹安一对鸡冠耳。推测多数圜底，有些可能平底。根据口沿特点可分二式。

Ⅰ式，敞口圆唇，口腹交接处无明显的折线（图三四：1、2）。

Ⅱ式，口沿外折，沿腹间折线清晰，外沿作多角形（图三四：3）。

钵形釜　数量较少，分二式。

Ⅰ式，无复原器。标本 T32②：208，上腹壁较直，上有对称的鸡冠形耳二个（图三四：4）。

Ⅱ式，一件（T35②：10），敛口，弧腹，小平底，素面无耳。高 12、口径 18.3 厘米（图三四：5）。

腰沿釜　数量极少，仅复原一件（井 1：25）。口沿微敞，上腹部有一周宽沿，沿边有捺印纹。高18、口径 24、腰沿宽 2.5 厘米（图三四：6）。

鼎　无完整器和复原器，其口、腹片与釜很难区分。鼎足较多，可分三种：

圆锥形　数量多，大多素面，有的在根部捺两个圆窝，有的自根部往下捺两排圆窝（图三五：3~5）。

扁锥形　数量次之，多数横断面作半月形，足尖外撇，正面中间有一道纵向沟槽，根部捺两个小圆窝（图三五：1）。

宽扁形　数量极少，宽大扁平（图三五：2、6）。

支座　数量与鼎足相当，全为夹砂灰红陶，造型别致，有的施红陶衣。分二式。

Ⅰ式，体形硕大，上半部胎壁很厚，支物面为一倾斜的圆形大平面，顶端以下敛束成颈状，弧背凹腹，中空，断面肾形。标本 T27②：3，支物面中心镂一圆孔，背、腹部也镂圆孔（图三五：7），T40②：219，背部饰成行的印捺纹和斜线划纹（图三五：8）。

Ⅱ式，数量较少，上部为实心小柱体，支物面为一倾斜的椭圆形小平面，下部中空，上背有一半环形把手，多有堆塑装饰。标本 T18②：85，背部堆塑两组对称的螺旋纹，把手两侧捺两个月牙形指窝。高 16.8 厘米（图三五：9）。

盉　数量很少，夹砂灰红陶，沙粒匀细，胎壁较薄，器表似经刮削、打磨处理，表面光洁，有的施红色陶衣。标本 T21②：23，敞口束颈，前有粗短的冲天嘴，圆腹，小平底，形如皮囊，器口与冲天嘴之间连接一个半环形带状纽。高 13.8、口径 8 厘米。

异形鬶　数量极少，夹砂灰红陶，沙粒匀细，无复原器，从碎片观察，后附一个半弓形落地式把手，把手下端支地，成为第三个支点。标本 T35②：222，把手（图三四：19）。标本 T37②：223，鬶裆（图三四：20）。

罐　数量仅次于釜、鼎，全为泥质陶，在泥质黑陶中它的数量占一半。质地较粗，有的施红色陶衣。一般口径较小，口沿变化多，广肩，下腹部收敛较甚，小平底。少数圈足。器耳以牛鼻形为主（图三四：7~13）。

豆　以泥质红陶为主，泥质黑陶次之。无完整器和复原器。分三式。

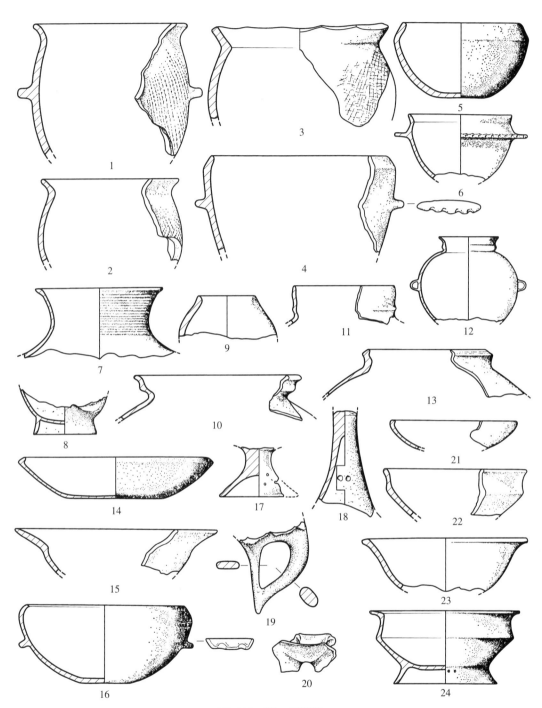

图三四 第二层陶器

1、2. Ⅰ式敞口釜（井1：201、T34②：203） 3. Ⅱ式敞口釜（井1：204） 4. Ⅰ式钵形釜（T32②：208） 5. Ⅱ式钵形釜（T35②：10） 6. 腰沿釜（井1：25） 7～13. 罐（T35②：224、井1：246、井1：245、井1：225、T35②：226、T35②：12、井1：227） 14. Ⅰ式盘（T20②：42） 15. Ⅱ式盘（T28②：242） 16. 钵（TI4②：3） 17、22. Ⅲ式豆（井1：228、井1：231） 18. Ⅱ式豆（T34②：232） 19、20. 鬶（T35②：222、T37②：223） 21. Ⅰ式豆（T36②：231） 23. Ⅰ式盆（井1：243） 24. Ⅱ式盆（T35②：55）（6. 约1/8，12. 约1/10，余约1/6）

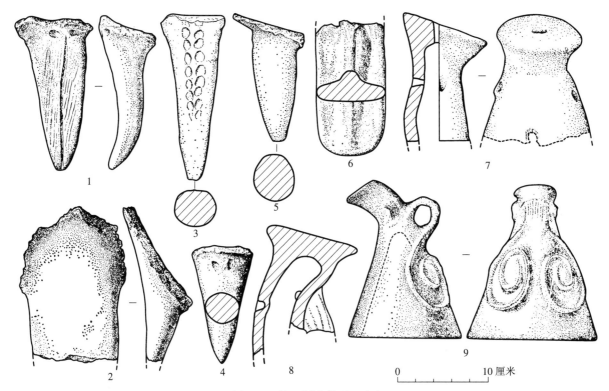

图三五　第二层陶鼎足、支座

1~6. 鼎足（T34②：214、井 1：217、T34②：212、T35②：211、井 1：210、T32②：218）　7~9. 支座（T27②：3、T40②：219、T18②：85）

Ⅰ式，泥质红陶，体形较大，豆盘较深，盘底弧曲，口沿内弧或内折。外表施红色陶衣，半数以上盘内壁为黑色。豆把为喇叭形，把上多有圆形镂孔，有的两侧有二个大三角镂孔，比较独特（图三四：21）。

Ⅱ式，红陶，体形似Ⅰ式，仅豆把细长，上半部实心而区别于Ⅰ式，大三角镂孔比Ⅰ式多见（图三四：18）。

Ⅲ式，黑陶，体形较矮，豆盘沿壁较直，豆把较小，上半部实心，近底圈足外撇，素面，偶见小圆镂孔（图三四：17、22）。

钵　数量少，大多素面，少数施红衣。标本 T14②：3，弧敛口，斜弧腹，小平底。腹部有一对鸡冠耳，外表施红衣。高 12 厘米（图三四：16）。

盆　数量不多，以泥质黑陶为主。分二式。

Ⅰ式，无复原器。敞口，弧腹，底部不明（图三四：23）。

Ⅱ式，敞口，宽沿，折腹。有的有圈足。标本井 1：26，泥质黑陶，小平底，上腹部有数道弦纹，底径 8.5 厘米。标本 T35②：55，圈足上有三对小孔。口径 23、高 10.5 厘米（图三四：24）。

盘　数量也很少，分二式。

Ⅰ式，一件（T20②：42），泥质黑陶，敛口，斜弧腹，平底。口沿外有四个对称的不甚明显的小錾。高 6.1、口径 28.5 厘米（图三四：14）。

Ⅱ式，无完整器，从标本 T28②：242 观察，体形与第三层Ⅱ式盘相似。少数内外施红色陶衣（图三四：15）。

　　器盖　大多数是夹砂陶，器形单纯（图三六：1、2）。

　　（3）装饰品

　　人头塑像　一个（T30②：8），长圆形，前额突出，高额骨，眼、嘴以细线勾画，形象逼真。高4厘米（图三六：4）。

　　双兽形饰　一件（T34②：10），高4.5厘米（图三六：5）。

　　珠　二件。标本T35②：7，圆柱形，中间刻划三周浅槽，直径2厘米（图三六：3）。井1：2，圆柱形，中间有一周凹槽，直径1.3厘米。

　　丸　一件（T34②：8），直径2.9厘米。

　　饼　一件（T36②：6），扁平圆形，直径5.4、厚2.5厘米。

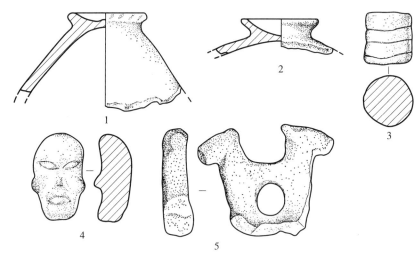

图三六　第二层陶器

1、2. 器盖（T34②：240、井1：241）　3. 珠（T35②：7）　4. 人头塑像（T30②：8）
5. 双兽形饰（T34②：10）（1、2.3/10，余3/5）

（四）第一层文化遗物

1. 石器

　　七十八件，其中生产工具六十三件，装饰品十五件。生产工具以锛为主，共三十二件。新出现有孔石耜（以前叫斧或铲）。装饰品与第二层比较，没有多大差异。

　　（1）生产工具

　　斧　一件（T37①：2），断面椭圆形，两面弧刃对称，后端残缺，残长9.5厘米（图三七：7）。

　　锛　三十二件，可分四式。

　　Ⅰ式，九件。扁平长条形，单面刃。标本T28①：1，长15.5厘米（图三七：1）。

　　Ⅱ式，九件。短小扁平。标本T32①：2，长4.3厘米（图三七：2）。

　　Ⅲ式，十件。与第二层Ⅰ式锛相似，长条形，弧背。标本T39①：6，长8.5厘米（图三七：3）。

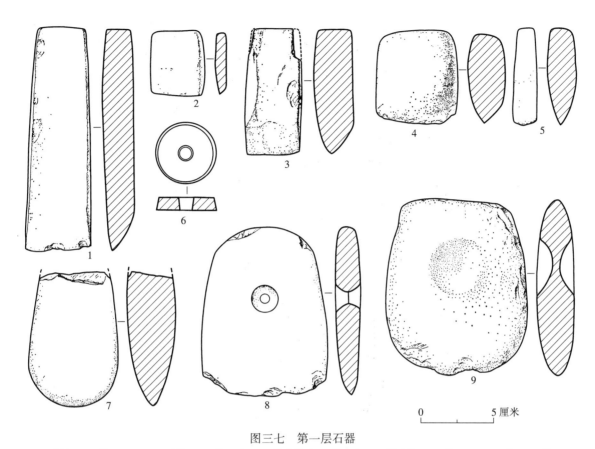

图三七　第一层石器

1. Ⅰ式锛（T28①：1）　2. Ⅱ式锛（T32①：2）　3. Ⅲ式锛（T39①：6）　4. Ⅳ式锛（T36①：5）　5. 凿（T13①：1）
6. 纺轮（T36①：1）　7. 斧（T37①：2）　8、9. 耜（T18①：3、T36①：3）

　　Ⅳ式，四件。与第二层Ⅱ式锛相似，体形短厚，弧背。标本 T36①：5，长 6.3 厘米（图三七：4）。

　　耜　四件。扁平，弧刃，中有钻孔。标本 T18①：3，两面钻孔，顶端圆弧，磨制精细。长 11.6、宽 8.8、厚 1.6 厘米（图三七：8）。标本 T36①：3，两面琢孔，未穿透，顶端平直，磨制较粗，似半成品。长 11.8、宽 9.8、厚 3 厘米（图三七：9）。

　　凿　八件。体形窄长，两面刃基本对称，少数下面刃部略宽。标本 T13①：1，窄长，长 6 厘米（图三七：5）。

　　球　一件（T24①：3）。椭圆形，残长 7.4 厘米。

　　纺轮　八件。扁平圆形。标本 T36①：1，直径 4、厚 0.9 厘米（图三七：6）。

　　砺石　九件。不规则，有的有明显的磨痕。标本 T17①：6，宽 13 厘米，磨痕较深。

　　（2）装饰品（附玉饰）

　　有玦、管、珠、饼、坠饰（？）等。另有玉璜二件、玉玦一件，附此叙述。

　　璜　二件。玉质，均残，标本 T16①：1，一端有一钻孔，残长 7.5 厘米（图三八：3）。

　　玦　五件。其中一件玉质（T18①：7），已残，直径 2.6 厘米（图三八：2）。标本 T32①：6，石质，完整，直径 3.1 厘米（图三八：1）。

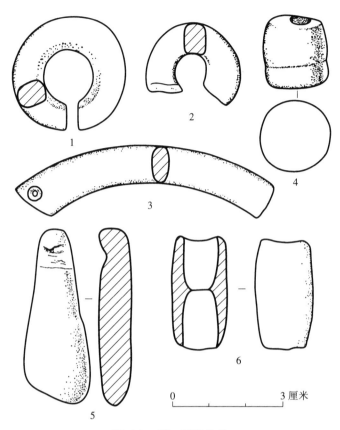

图三八　第一层装饰品

1. 石玦（T32①：6）　2. 玉玦（T18①：7）　3. 玉璜（T16①：1）　4. 石珠（T39①：4）

5. 石坠饰（T32①：5）　6. 石管（T30①：5）

管　二件。标本 T30①：5，圆柱形，两头钻孔，长 3.2、直径 1.8 厘米（图三八：6）。

珠　三件。如扁柱形，中有一钻孔。标本 T39①：4，孔未钻透，长 1.9、直径 1.9 厘米（图三八：4）。

饼　二件。T20①：9，扁平圆形，直径 5.2、厚 0.4 厘米。T18①：92，扁平椭圆，边缘较薄，长 5.3、宽 4.2、厚 1.2 厘米。

坠饰　一件（T32①：5），长条形，在较窄的一端错磨一凹槽。长 4.7、宽 1.8、厚 0.8 厘米（图三八：5）。

2. 陶器

五十一件。生产工具仅纺轮一种。生活用具较第二层丰富，又有所区别。不见泥质黑陶，新出现了泥质灰陶。器形种类也有所增加，制陶技术进步。装饰品和小陶器（玩具）则没有明显的变化。

（1）生产工具

纺轮　八件，与第二层所出近似，有二式。

Ⅰ式，六件。扁平圆形。标本 T16①：6，直径 6、厚 1.5 厘米（图三九：1）。

Ⅱ式，二件。上小下大，断面似梯形。标本 T31①：77，直径 5、厚 1.5 厘米（图三九：2）。

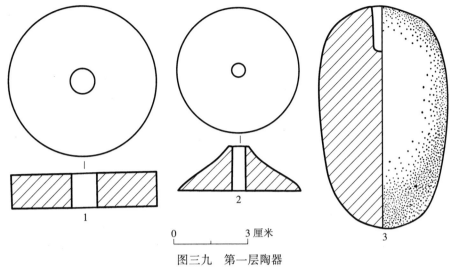

图三九　第一层陶器

1、2. 纺轮（T16①：6、T31①：77）　3. 埙（T32①：4）

（2）生活用器

陶片达五万余片，完整器和复原器仅二十一件。分夹砂红灰陶、泥质灰陶、泥质红陶三系。

夹砂红灰陶数量最多，陶质较粗，陶胎中掺合的沙粒较第二层均匀。泥质灰陶次之，质细腻，仅见于第一层。泥质红陶也较细腻，有的陶胎较薄，陶色橘红，很少陶衣，表里色泽一致，有别于第二层的泥质红陶。

陶器仍以素面为主，少数泥质红陶施红衣。纹饰沿用弦纹、绳纹、附加堆纹。鼎足上新出现以曲线、短线组成的刻划纹饰。豆把新出现多纹样镂孔。

制法仍以手制为主，有慢轮修整。有些器物如豆、杯、小罐等可能已采用轮制。

器形有釜、鼎、盉、鬶、甑、罐、豆、盆、盘、钵、杯、支座、器盖等。釜、鼎、盉、鬶、甑、支座等都是夹砂陶，豆、盆、盘、杯等是泥质陶，罐、钵、器盖则两者兼有。以釜、鼎为多，豆、罐居次，杯、甑、鬶极少。

釜　一层的主要陶器。特点是腹径较大，腹部扁圆，显得低矮稳重。有敞口釜和高颈釜二种。

敞口釜　占多数。颈、肩不明显，器腹扁圆，腹部饰绳纹和弦纹。因口沿、腹底的不同，分为二式。

Ⅰ式，四件，大小相近。口沿外有凸棱，扁圆腹，圜底。标本T24①：4，高18厘米（图四一：7）。

Ⅱ式，一件（T29①：2）。口沿斜直外敞，最大径在近底部处，圜底近平。高21.5厘米（图四一：8）。

高颈釜　数量少，无完整器。似罐。颈部较高较细，胎壁粗厚，腹部胎壁薄，陶质粗疏，颈部常见凸棱和刻划斜线纹，有的施红色陶衣（图四一：5、6）。

鼎　仅复原二件。上为圜底小浅盘，鱼鳍形三足。器形很小，似非实用器。标本T37①：56，高8.2、口径11.2厘米（图四二：2）。

鼎足数量很多，型式比第二层丰富，主要有鱼鳍形、三棱形、凿形和扁凿形。

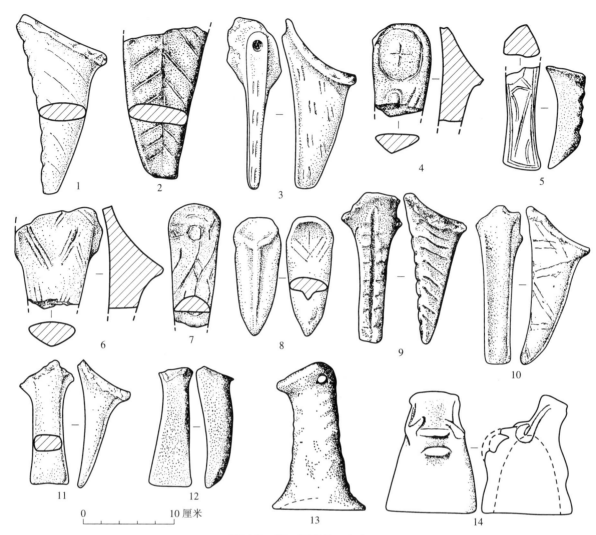

图四〇　第一层鼎足、支座
1~12. 鼎足　13、14. Ⅰ、Ⅱ式支座（T23①：2、T17①：92）

鱼鳍形　体形为粗厚的扁平长三角，足尖稍向外撇，横断面多为扁圆形，一般在两面刻划叶脉纹或斜线纹，与良渚文化的鱼鳍形足不完全相同，似处于初期阶段（图四〇：1~3）。

三棱形　棱线清晰，比较典型（图四〇：4~8）。标本T35①：1009，鼎足的根部刻划有"十"字纹，外套刻一圆，似是有意识表达某种意思的刻划符号或原始文字（图四〇：4）。

凿形　近似现代木工所用的窄凿，侧视为长三角形，器形厚重。侧面刻划有浅线多道（图四〇：9、10）。

扁凿形　似现代木工用的宽凿，上窄，下宽而扁，多素面，少数侧面刻划斜线纹（图四〇：11、12）。

另外，还有一些圆锥形足和扁锥形足，体形近似第二层的同类鼎足，在此不再描述。

异形鬶　数量少，全为夹砂陶，沙粒匀细。从残片观察，似为小敞口，两袋足，一侧有一半弓形落地式把手，在其另一侧应有一器嘴，已残缺（图四一：11）。

盉　无完整器和复原器。与第二层盉比较，通体较粗短，内腔也较大。

甑　数量极少，无完整器和复原器。夹砂红灰陶。从残片观察，下腹部安二个对称的小錾，甑孔径1.6厘米，可能是小平底（图四一：16、17）。

支座　数量较多，夹砂红灰陶，砂粒大，表面粗糙，分两式。

Ⅰ式，较多。完整器二件（T23①：2、T26①：3），形如朝天象鼻，圆形支物面一侧倾斜，实心体，通体捺印指纹，近上端有一圆孔。器高16~18.5厘米（图四〇：13）。

Ⅱ式，较少。复原一件（T17①：92），器形较矮，上半部为一实心柱，顶端为椭圆形支物面，均向一边倾斜。下部中空，形似圈足。背上有半环形纽，已残缺，自顶端至纽的两侧附贴一对弯曲的泥条堆纹（图四〇：14）。

罐　数量仅次于釜、鼎，夹砂红灰陶、泥质红陶、泥质灰陶均有。泥质陶罐制作较好，胎质较细，腹壁薄而匀称。夹砂红灰陶罐外表粗糙，比较厚重。可分五式。

Ⅰ式，数量多，无完整器，夹砂红灰陶为多，少数泥质红陶。敞口，束颈，广肩，口沿变化多，体形较大，口径在20厘米左右，多素面，也有弦纹、绳纹等，少数施红色陶衣（图四一：12、13）。

Ⅱ式，无完整器，夹砂红灰陶质。敞口，弧肩，鼓腹，底部不明。器形小，口径仅10厘米左右。大多素面，有的腹部饰绳纹，标本T34①：1033，饰三周锯齿形附加堆纹（图四一：14）。

Ⅲ式，复原一件（T37①：1039）。泥质灰陶。体形较高，直颈，广肩，上腹圆鼓，下腹内收，小平底。腹部刻划弦纹四组，胎壁较薄。残高25厘米（图四一：15）。

Ⅳ式，一件（T33①：2）。泥质红陶。器形小，胎壁薄，弧肩，折腹，小平底。腹部最大径偏下，腹上有二组弦纹，口部残，残高8厘米（图四二：3）。

豆　第一层的主要器形之一，泥质灰陶为主，分四式。

Ⅰ式，浅盘豆，数量较多，盘壁外敞，圈足较矮，器形规整，弧度一致，可能是轮制。豆把上盛行方形、圆形、弧边三角形、弧边菱形等镂孔装饰，一般镂孔成组排列，数组镂孔环绕一周，有的饰二周或三周镂孔。标本T35①：1，高10、盘径25、足径13.5厘米，豆盘外壁有凸棱三道，豆把上下镂孔二周（图四一：1）。

Ⅱ式，深盘豆，泥质灰陶、泥质红陶均有，数量与Ⅰ式相当。豆盘较深，豆把自上至下逐渐敞开。豆把上也盛行镂孔，有的未镂透。孔有圆形、三角形、弧边三角形等，布列形式与Ⅰ式同。

Ⅲ式，细把豆，数量少，泥质灰陶。标本T25①：1，豆盘较浅，豆把上半部实心较细，下半部喇叭形圈足，无镂孔装饰。高13.3、盘径14.4、把径4厘米。

此外有"竹节形"豆把（图四一：4）和一些变化较多的豆盘（图四一：2、3）。

盆　数量较少，夹砂陶、泥质陶都有。分三式。

Ⅰ式，泥质红陶。敞口，深斜腹，器壁较薄，素面。

Ⅱ式，一件（T19①：90）。泥质灰陶。敞口，折腹，小平底。高12.5、口径22厘米（图四一：10）。

Ⅲ式，一件（T30①：2）。夹砂陶。敞口，腹壁斜直，上腹饰一对鸡冠耳，假圈足。高11、口径28厘米（图四一：9）。

钵　数量也较少，泥质陶、夹砂陶都有。分三式。

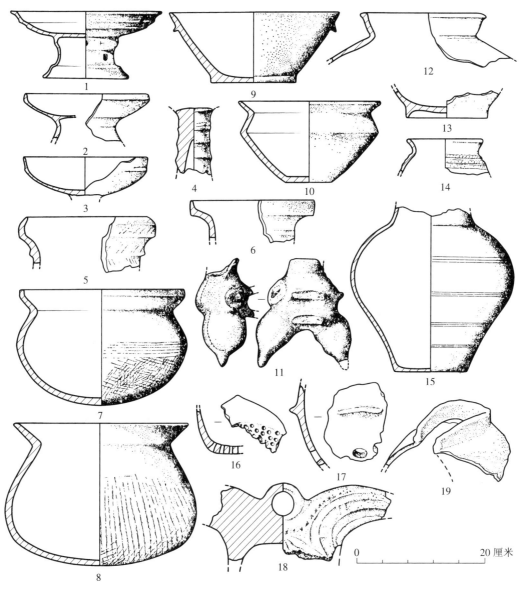

图四一 第一层陶器

1. Ⅰ式豆（T35①：1） 2、3. 残豆（T36①：1050、T34①：1051） 4. "竹节形"豆把（T16①：1045） 5、6. 高颈釜（T36①：1001、T32①：1002） 7. Ⅰ式敞口釜（T24①：4） 8. Ⅱ式敞口釜（T29①：2） 9. Ⅲ式盆（T30①：2） 10. Ⅱ式盆（T19①：90） 11. 异形鬶（T18①：8） 12、13. Ⅰ式罐（T29①：1026、T35①：1032） 14. Ⅱ式罐（T34①：1033） 15. Ⅲ式罐（T37①：1039） 16、17. 甑（T22①：1024、T30①：1078） 18. 角形陶塑（T21①：1） 19. "匚"口器（T29①：1063）

Ⅰ式，斜弧腹，小平底，素面。多数弧敛口，少数折敛口。复原一件，高 7.5 厘米。

Ⅱ式，体形低矮，大口径，小平底。复原一件，高 7.4 厘米。

Ⅲ式，体形很小，口沿外捏四个小錾，錾上穿一小圆孔。复原一件，高 4.8 厘米。

杯 数量少，全为泥质灰陶，器身匀称，胎壁较薄。标本 T35①：4，侈口，筒腹，圈足稍外撇，腹上部有弦纹两组。高 10.9、口径 6 厘米（图四二：1）。

器盖 型式较多，纽变化最大，有浅杯形纽、羊角形纽、蒂形纽等（图四二：4、6、7）。盖身都呈喇叭形。

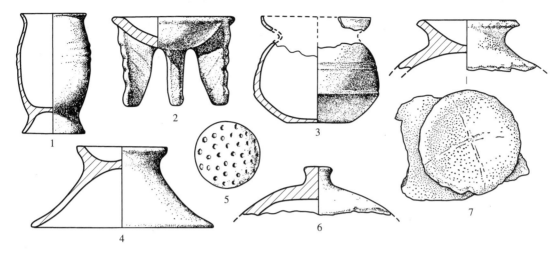

图四二　第一层陶器

1. 杯（T35①：4）　2. 鼎（T37①：56）　3. Ⅳ式罐（T33①：2）　4、6、7. 器盖（T34①：41、T32①：1062、T19①：1061）　5. 丸（T34①：2）（5. 3/5，余 3/10）

"⊑"口器　一件（T29①：1063）。口部成"⊑"形，下半部残缺，夹砂陶，用途不明（图四一：19）。

此外还有一些器嘴、器耳和把手等。器耳多安在釜、罐和盆等的腹部，有鸡冠耳、半环耳、牛鼻耳等。把手不多，有弯曲的长条形把手，牛角式把手和方片形把手。

（3）装饰品及小陶器（玩具）

有环、珠、饼、丸、塤及小盅、小盖等，共二十二件。环一件，残存一半，体形粗厚，直径 7.7 厘米。珠一件，扁圆柱形，腰间有凹槽一周，高 1、直径 1.6 厘米。饼五件，不规则圆形，用陶片稍加磨制，少数捏制。厚 1.5、径 7 厘米。丸十件，多数夹砂陶，少量泥质陶，多素面。标本 T34①：2，通体锥刺圆点纹，直径 3 厘米（图四二：5）。塤一件（T32①：4），蛋形，一端有椭圆孔。长 9、孔径 0.7~1 厘米（图三九：3）。小盅二件。捏制。体形不规整。高 1.7 厘米。小器盖一件，高 3、径 5.8 厘米。

另外，还有角形陶塑一件（T21①：1），夹砂红陶，已残（图四一：18），用途不明。

四　小　结

河姆渡遗址的发现，得到了文物考古、古建筑、古动物、植物、地质水文等各方面的重视，同志们也很关心材料的整理与报告的发表，为了使报告早日与大家见面，先将材料整理成文，以供大家研究。在整理过程中，对器物的具体分析、定名及其型式的划分等都还缺乏仔细深入的研究，因此不免存在缺点和错误，望同志们能给予批评指正。

通过河姆渡遗址第一期发掘，使我们获得了不少新鲜的资料，开阔了眼界。下面就这些材料谈谈我们的一些认识：

一、河姆渡遗址有四个相继叠压的文化堆积，在文化面貌上，第三、四文化层有别于我省以前发现的任何新石器时代文化遗存，是一个完全新颖的文化类型，因此我们暂将其命名为"河姆渡文化"。第三、四文化层之间，内涵基本一致，但第三层在石器和陶器的制造等方面比第四层进步，它应是第四文化层的继承和发展。第三、四文化层和第一、二文化层之间，能找出一些内在的联系和继承发展的关系，但两者之间区别较大，似乎其间有某种缺环。造成这种缺环的原因，尚待做进一步的调查、发掘和研究。第一、二文化层之间的关系，发展的脉络也较清楚。第二文化层的时代和文化面貌相当于嘉兴马家浜①和吴兴邱城下层②，第一文化层相当于吴兴邱城中层和崧泽中层墓地③。值得注意的是，继河姆渡遗址发现之后，我们在余姚江中乡、鄞州乃至舟山岛上都发现了类似河姆渡第一、二文化层的堆积层。这表明，只要我们工作深入开展，将会有更多的这类遗址被发现。

马家浜和吴兴邱城下层是我省过去已发现的新石器时代遗址中最早的地层。河姆渡遗址第三、四文化层直接被叠压在相当于马家浜和邱城下层的第二文化层之下，时代应早于马家浜和邱城下层。因此，第三、四文化层应是长江下游、东南沿海目前已发现的新石器时代最早的地层，也是全国已发现的新石器时代遗址中最早的地层之一。据 ^{14}C 测定，T21 第四层出土橡子的树轮校正年代为距今 6725±140 年；T17 第四层 A13 号木头的树轮校正年代为距今 6960±100 年④。它有力地证明，从很早的时候起，我们的祖先不仅在黄河流域，而且也在长江流域乃至更广阔的地区，同时创造了灿烂的原始文化。

二、大量骨耜和栽培稻谷的出土，证明河姆渡遗址第四层处于耜耕阶段，农业已成为它的主要经济部门，正如恩格斯说："农业是整个古代世界的决定性的生产部门"⑤。共同出现了猪、狗的驯养，水牛也可能是饲养的。渔猎和采集仍是这一时期不可缺少的辅助经济部门。

三、河姆渡遗址第四层揭露的大片木构建筑，是迄今已知最早的"干栏式"木构建筑。这种建筑式样，是巢居的直接继承和发展，到河姆渡时期，可能已成为长江流域水网地区的主要建筑形式。它不同于黄河流域穴居→半穴居→地面建筑这一发展过程，它是由巢居→半巢居（干栏式建筑）→地面建筑。河姆渡文化的"干栏式"建筑，其木构件已有成熟的榫卯，它反映了木结构技术已经有了相当久长的发展历史。

河姆渡遗址第一期发掘，虽然揭示了一些问题，但由于发掘面积小，问题还只是露了一个头，墓地也未发现，要使对已提出的问题得到圆满的解释，尚须进一步工作，我们打算在今后若干年内继续发掘和探讨。对第一期发掘中已涉及的，如遗址的年代，四个层次之间的关系，河姆渡第四文化层时期的经济形态和生产力发展水平等问题，我们准备另文探讨。

（原载《考古学报》，1978 年第 1 期）

---

① 浙江省文物管理委员会：《浙江嘉兴马家浜新石器时代遗址的发掘》，《考古》1961 年第 7 期。
② 梅福根：《江苏吴兴邱城遗址发掘简介》，《考古》1959 年第 9 期。江苏系浙江之误（编者注）。
③ 上海市文物保管委员会：《上海市青浦县崧泽遗址的试掘》，《考古学报》1962 年第 2 期。
④ 浙江省文管会、浙江省博物馆：《河姆渡发现原始社会重要遗址》，《文物》1976 年第 8 期。
⑤ 《马克思恩格斯选集》第四卷，人民出版社，1972 年，第 145 页。

浙江河姆渡遗址第二期发掘的主要收获

河姆渡遗址考古队

1973 年 11 月 4 日至 1974 年 1 月 10 日，我们曾对河姆渡遗址进行了第一期发掘。为了进一步了解该遗址的内涵，1977 年 10 月 8 日开始至翌年 1 月 28 日对该遗址进行了第二期发掘。此次发掘区的南线距第一期发掘区的北线二十步，共开探方二十个（T211~T216、T221~T226、T231~T235、T242~T244），发掘面积 2000 平方米。发掘区东西长 60 米，南北宽 40 米，在发掘区内有一条约 3 米深的现代水渠自西北角经东南角穿过，程度不同地破坏了 T231、T242、T232、T233、T222、T223、T224、T214、T215 和 T216 第一、第二文化层和第三文化层的上部（图一）。

参加这次发掘的有浙江省文物管理委员会、浙江博物馆的有关专业工作者；有来自杭州、宁波、温州、余姚、吴兴、嘉兴、平湖、安吉、奉化、衢县和丽水等县（市）的文物干部；还有宁波地区文化局、余姚县文教局、罗江公社等单位有关人员和浙江省第一期亦工亦农考古训练班的五十多名学员。

此次发掘共发现墓葬二十七座，灰坑二十个，还有大片的木构建筑遗迹。出土四千七百多件文物，

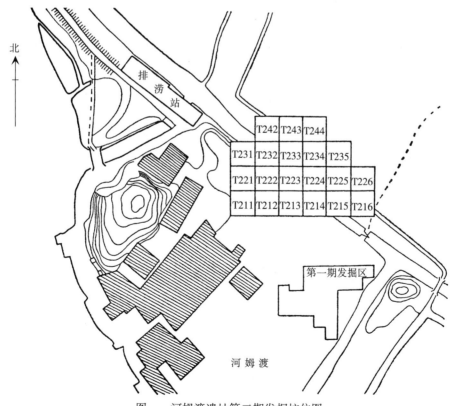

图一 河姆渡遗址第二期发掘坑位图

其中随葬品四十二件，地层中出土的四千六百七十件，计陶器一千四百六十多件、骨器二千二百七十余件、石（玉）器六百五十多件、木器二百七十件左右。器物中有一些是第一期发掘中未曾见过的，为进一步研究河姆渡文化增添了新材料，并丰富了我们对该遗址内涵的认识。

现将这次发掘的主要收获报道如下。

一

在整个发掘过程中，各文化层都发现木构建筑遗迹，诸如柱础、柱洞、木桩、地龙骨和各种加工过的木板等。特别是第三、四文化层木构件尤多，且大多数构件保存情况良好，有的木板上至今留有清晰可见的石斧石锛的加工痕迹。

河姆渡遗址木构件虽是星罗棋布，纵横交错，但尚未见结构完整的居住遗址。有些晚期的建筑构件可能是利用早期的，这样重复使用，新旧夹杂，就给分析居住遗址的布局、结构和形制都带来了一定的困难。原来打算通过这次较大规模的发掘了解距今七千年左右河姆渡人住房的详细结构，但未能达到预期目的。尽管如此，通过此次发掘，新发现了一些重要的遗迹和木构件，如燕尾榫、刻花木板等，对认识河姆渡遗址建筑形式的演变和发展，比前还是进了一步。从第二期发掘出的资料看，河姆渡居民的建筑大致可划分为三个发展阶段。

第一阶段是栽桩架板的干栏式建筑。这种建筑遗迹构件极为丰富，可分高干栏和低干栏。高干栏建筑构件大部分露头于第四文化层上部或第三文化层底部，打入生土层。主要有地龙骨，它由横木和竖桩组成，还有竖板和横板等。竖板和横板也偶见有榫头的，竖桩分圆木桩和板桩，竖桩有的还用大叉手。地龙骨最长的在二十五步以上（一端未尽），多半是南北走向，略偏西，间距不等，遍及整个遗址发掘区内。这种建筑形式是以桩木为基础，其上架设大、小梁（龙骨）承托地板，构成架空的建筑基座，再于其上立柱架梁，构成高于地面的"干栏式"的房屋。与今日广西壮族自治区龙胜县平顶公社侗族人的住房颇为相似；低干栏建筑构件，大部分露头于第四文化层上部，见底于本文化层中部。木构件主要有竖桩和横板，还有梁和竖板等组成。横板是用石楔方法制成，长短不一，大致可分60~70、80~95、120~130厘米三种。有的横板靠地一面有明显的火烧痕迹。有的构件采用榫卯和企口板加工技术，桩和竖板常成排出现，承重桩和转角桩的木头一般都较大，作为地梁的维护桩就小些。还有一些由直径2~3厘米左右下端削尖的小木桩，五六十根围成直径约一米左右的圆圈或二圈交错。这可能是作为圈养家禽家畜用的。

第二阶段是栽柱打桩式的地面建筑。这一阶段建筑遗迹构件大部分露头于第三文化层上部，也有露头于第二文化层上部，见底于本层中、下部。栽柱式建筑，其柱下用木板作基础。柱有方形、半圆形和扁形等。栽柱式建筑的营造方法是先挖好柱洞，而后放入木垫板（这可能是后来柱础的前身），再放进柱子。栽桩式建筑构件，不挖洞，是直接打入地基的。

第三阶段也是栽柱式地面建筑。先挖好柱洞，而后放进红烧土块、黏土和碎陶片等，层层填实加固，使之形成倒置的"钢盔"一样的柱础，于其上立木柱。

二

第二期发掘，共清理墓葬二十七座，其中第一文化层十一座，第二文化层三座，第三文化层十三座。

第一文化层。墓葬集中在这次发掘区的西部和北部，分布于七个探方内。大多数墓葬找不到墓圹，且不见葬具，仅 M5 以木板垫底（图二）。人骨架保存甚差，有的朽成粉末状，难于区分性别、年龄。葬式分仰身直肢和仰身屈肢二种。随葬品最多的有五六件，少的仅一件，多数为陶器，一般都有釜、豆。少见随葬生产工具，这可能是因为当时的生产工具，特别是石制生产工具还比较贵重，一般不用于随葬，而留给后人继续使用。随葬品还有玉、石等装饰品。随葬品的放置没有一定的规则，有的放在头骨上方，有的置于脚下，有的在骨架一侧。

第二文化层。墓葬皆集中在 T234，找不到墓边。均不见葬具和随葬品。人骨架保存良好。三座墓彼此相邻。M11 头向66°，成年男性，侧身，面向北，缺下肢。M12 头向66°，成年男性，侧身屈肢，面向北。二手骨夹在大腿骨间。头盖骨、上颚骨和下颌骨均分离。M13 头向66°，可能是男性儿童，侧身葬，面向南，缺下肢骨。

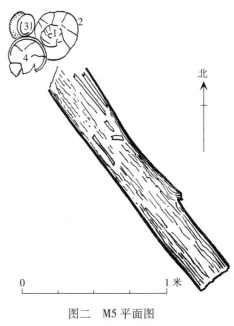

图二 M5 平面图
1. 陶豆   2~4. 陶釜

第三文化层。墓葬都集中在本次发掘区的东北部。也不见墓圹，可能当时流行就地掩埋，不挖墓穴。也都无葬具。绝大部分人骨架保存良好，但多半不全，不是无下肢骨就是不见头骨。葬式流行侧身屈肢单人葬。头向基本朝东，面向北。绝大部分没有随葬品，只有个别墓葬有少量的随葬品。

根据中国社会科学院考古研究所体质人类学组对可供鉴定的十一具人骨架分析，成年男女只有二个，其余都是未成年的男女青少年，平均寿命较短（详见墓葬登记表）。

三

生活用具方面，大量的是陶器，其次是骨料的针、锥、匕，还有木制的漆碗等。陶器以作炊器用的釜为最多，作盛贮器用的罐次之，饮食器的盘、钵也不少。这些与第一期发掘的出土物相同。不过，个别器物的形制和纹饰有了新的变化。现就这一期各文化层出土的新生活用具分别介绍如下。

第四文化层

折敛小口釜，夹炭黑陶，一件（T232④：87）。这种器形的基本特征与第一期Ⅰ式敛口釜相同，唯一区别是唇略外翻。口径15、高22.5、腹径23.2厘米（图三：1）。

折敛大口釜，夹炭黑陶，标本 T235④：101。这种器形的基本特征与第一期Ⅱ式敛口釜相同，唯一区别是唇稍外翻，颈部附有鸡冠形小鋬。口径32、高22、腹径29.2厘米（图三：2）。

圜底浅腹釜，夹炭黑陶，一件（T221④：225）。折敛大口，口径大于器高，唇与颈、颈与腹交接处有凸脊一周，并饰弦纹和锥刺纹。圜底浅腹并饰绳纹。口径20、高14.5、腹径19.9厘米（图三：3）。

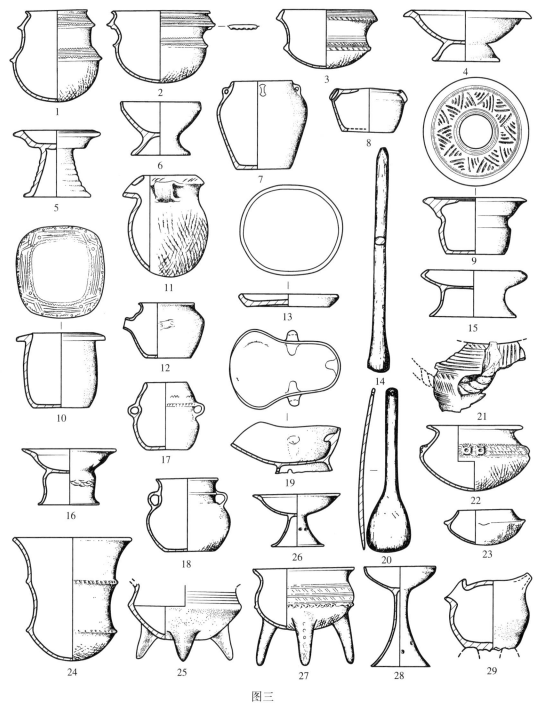

图三

1. 折敛小口釜（T232④：87）　2. 折敛大口釜（T235④：101）　3. 圜底浅腹釜（T221④：225）　4. 圈足盘（T235④：145）
5. 盘形豆（T211④：447）　6. 钵形豆（H27：1）　7. 四系罐（T232④：111）　8. 小口平肩罐（T212④：132）　9. 盂（T234④：268）　10. 方盂（T216④：205）　11. 圜底带嘴器（T231④：320）　12. 平底带嘴器（T243④：253）　13. 盘（T213④：154）
14. 木杵（T233④：115）　15. 钵形豆（T232③：17）　16. 盘形豆（T243③：377）　17. 敛口罐（T235③：172）　18. 敞口罐（T216③：48）　19. 灶（T243③：49）　20. 骨匙（T231③：25）　21. 穿绳罐耳（T223④：111）　22. 敞口釜（T232②：142）
23. 扁腹釜（T221②：15）　24. 束腰釜（T225②：10）　25. 盆形鼎（T232②：4）　26. 盘形豆（H8：1）　27. 釜形鼎（H17：2）
28. 钵形豆（T243②：12）　29. 盂（T234②：19）　（1、3、4、7、8、10、12、13、17、18、22.1/9、2、15、16、23、26~28.1/12、5、6、9、11、21、24、25、29.1/6、14.1/5、19.1/18、20.1/3）

圈足盘，夹炭黑陶，标本 T235④：145。此种器形的基本特征与第一期 I 式盘相同，唯一区别是加了个喇叭形圈足。口径 32、高 12.5、底径 15 厘米（图三：4）。

盘形豆，夹炭黑陶，标本 T211④：447。敞口平沿，浅腹，器壁厚重，喇叭形圈足并饰瓦楞纹。口径 14.6、高 10.4、底径 11.5 厘米（图三：5）。

钵形豆，夹炭黑陶，标本 H27：1。弧敛口，斜腹，圈足粗矮，素面。口径 13.4、高 8.8、底径 10 厘米（图三：6）。

四系罐，夹炭黑陶，一件（T232④：111）。口微敞，短斜颈，圆肩深腹，腹下部向里收。颈与肩之间有二组对称的半环形耳，平底，素面。口径 15、高 20.3、腹径 21、底径 15 厘米（图三：7）。

小口平肩罐，夹炭黑陶，标本 T212④：132。小圆口，广平肩，斜腹，肩与腹交接处有对贯耳，底残。口径 5.5、残高 9.4 厘米（图三：8）。

盂，夹炭黑陶，一件（T234④：268）。平面圆形，小圆口，沿面宽平，器壁较厚，腹壁斜直，上腹部有凹槽一周，平底。口径 5.5、高 10、底径 12 厘米（图三：9）。

方盂，夹炭黑陶，一件（T216④：205）。造型不规整。敛口，宽唇并饰弦纹和锯齿纹，腹壁斜直，凹底。口宽 14×16、底宽 18×18、高 18.4 厘米（图三：10）。

圜底带嘴器，夹炭黑陶，一件（T231④：320）。折敛口，短颈，带嘴，有一桥形耳，深腹圜底。口径 8、高 15.5、腹径 12 厘米（图三：11）。

平底带嘴器，夹炭黑陶，一件（T243④：253）。体形矮胖，口微敞，圆肩鼓腹，腹部有对半环形耳，肩与腹交接处有一直径 3 厘米的管状嘴。平底，素面。口径 13.5、高 13、腹径 18.5、底径 12.5 厘米（图三：12）。

盘，夹炭黑陶，标本 T213④：154。平面椭圆形，敞口，浅腹凹底。口径 24.5×21、高 3、底径 20×17 厘米（图三：13）。

木杵，一件（T233④：115）。断面略呈圆形，杵头粗大。当是件谷物加工工具。长 92、杵头径 8.3、柄径 5 厘米（图三：14）。

第三文化层

特别值得注意的是，这一文化层中发现漆碗一件（T231③：30），木质，敛口，呈椭圆瓜棱状，有圈足。器壁外均有薄薄一层朱红色涂料（剥落较甚），微有光泽。口径 10.6×9.2、高 5.7、底径 7.6×7.2 厘米。据有关方面鉴定，这种朱红色涂料"经裂解后，涂氯化钠盐片，用红外光谱分析，其光谱图和马王堆汉墓出土漆皮的裂介光谱图相似"。

钵形豆，夹炭灰黑陶，标本 T232③：17。弧敛口，浅盘，喇叭形大圈足，素面，有明显的刮削痕迹。口径 35、高 15、底径 29 厘米（图三：15）。

盘形豆，夹炭黑陶，标本 T243③：377。大敞口，宽唇弧腹，束腰圈足。唇与圈足均饰有二组对称的水波纹图案。口径 31.4、高 17.5、底径 18.9 厘米（图三：16）。

敛口罐，夹炭黑陶，一件（T235③：172）。小口束颈，鼓腹，平底。颈部安有一对半环形耳，并饰凸脊一周。口径 10.8、高 15.6、底径 19 厘米（图三：17）。

敞口罐，夹炭灰黑陶，一件（T216③：48）。敞口，折颈，颈肩处安有对称的半环形耳，溜肩，鼓腹，下腹及底部饰有绳纹，平底。口径 15.3、高 17、底径 11 厘米（图三：18）。

灶，夹砂红陶，一件（T243③：49）。大敞口，火门上翘，斜腹，平底，底有椭圆形圈足，圈足上穿有直径 2.2 厘米的四个小圆孔。外壁安有一对半环形大耳，内壁横安有三个粗大的支丁，一丁在后，二丁在前和二耳连成一体。长 55、通高 25、口径 37、底面 28.8×21.5 厘米（图三：19）。

骨匙，一件（T231③：25）。薄平，匙形，制作精细，通体磨光，素面，柄端穿有小圆孔一个。长 13、匙身宽 3.5、柄宽 1、厚 0.2 厘米（图三：20）。

穿绳罐耳，夹炭灰黑陶，标本 T223④：111。绳子原料采用的是植物纤维，三股组成。这表明陶罐可能是用来提水的（图三：21）。

第二文化层

敞口釜，泥质黑陶，标本 T232②：142。敞口，广斜肩，折腹扁矮，圜底，肩与腹交接处饰有两个为一组的双对称的桥形耳。在四组器耳间饰米点纹、弦纹和短斜线纹相间组成的图案，腹部饰粗绳纹。口径 23.5、高 16.5、腹径 27.5 厘米（图三：22）。

扁腹釜，夹砂红陶，标本 T221②：15。小口无沿，折腹扁矮，肩下部有两对对称小鋬，圜底并饰绳纹。口径 18、高 11、腹径 26 厘米（图三：23）。

束腰釜，夹砂红陶，标本 T225②：10。敞口，束腰，腰部有凸脊二圈，口径大于腹径，圜底并饰绳纹。口径 18、高 19、腹径 13 厘米（图三：24）。

盆形鼎，夹砂黑陶，一件（T232②：4）。敞口，束颈，折肩浅腹，肩饰弦纹，平底。扁锥形鼎足。口径 17.8、高 11.8、腹径 18.6 厘米（图三：25）。

釜形鼎，夹砂灰陶，标本 H17：2。敞口，束颈，鼓腹，圜底。上腹部饰弦纹和短斜线纹相间图案，还有波浪纹附加堆纹一周。圆柱形足略内收，三足上部均饰有未穿透的三个小圆孔。口径 33、高 31、腹径 32.5 厘米（图三：27）。

盘形豆，泥质红陶，标本 H8：1。宽唇浅盘，外表施红色陶衣，盘内壁为黑色，豆把呈喇叭形，中部穿有一对圆孔。口径 29.4、高 16.7、底径 17.5 厘米（图三：26）。

钵形豆，泥质灰陶，一件（T243②：12）。侈口，浅盘，喇叭形豆把，细而高，把的下部穿有三个小圆孔。口径 22.8、高 32、底径 20 厘米（图三：28）。

盉，夹砂灰陶，一件（T234②：19）。前有冲天嘴，后有喇叭口，状如垂囊。素面，制作较粗。腹一侧有宽扁直把（残），平底，三足残。残高 12、宽 14.8 厘米（图三：29）。

盂，泥质黑陶，一件（T221②：11）。大弧敛口，束颈，扁圆腹，底略凹。器壁较薄。口径 22、高 10、腹径 16.4、底径 9.6 厘米（图四：2）。

箕形器，夹砂红陶，一件（T226②：183）。平面椭圆，形似箕，浅腹直壁，前有

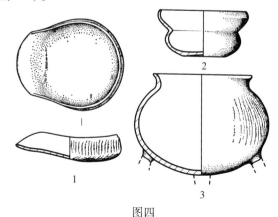

图四
1. 箕形器（T226②：183） 2. 盂（T221②：11）
3. 釜形鼎（T212①：1）（1.1/12，2、3.1/6）

翘起的流。口径 33.5、高 29、底径 29 厘米（图四：1）。

第一文化层

釜形鼎，夹砂红陶，一件（T212①：1）。敞口，卷沿，溜肩，鼓腹，圜底。腹部饰绳纹，三足残，从残留足的痕迹看，可能是圆柱形足。口径 16、残高 15、腹径 22 厘米（图四：3）。

四

此次发掘到的生产工具，和 1973 年发现的，不论是类别或形状，没有多大差别，只是数量有所增加。重要的是新发现了一批生产工具和复合工具的配件，明确了一些生产工具的使用方法，使某些有争议的学术问题基本上得到了澄清，诸如骨耜、石锛和石斧的安柄方法等等。

骨耜，标本 T224④：175。横穿方孔部位有十多圈藤条紧缚木柄的末端。长 18、刃宽 9.8、上部厚 4.2、上部宽 5 厘米。这件骨耜的发现，证明了骨耜的横穿方孔是用来穿绳缚柄的。因此，横穿方孔不可能用来安脚踏横木。

角锛、斧柄，呈曲尺形，系用鹿角的分叉处制成。长叉作柄，短叉作安装石锛、石斧用。标本 T212④：228，其头部还刻有"人"字纹，长叉长 40.5、短叉残长 10.05 厘米（图五：1）。

木质斧柄，标本 T231④：135。利用树枝的分叉制成。长叉作柄，短叉粗壮，其左侧末端加工成榫状，以利捆绑石斧。长叉残长 19.5、短叉长 14 厘米（图五：2）。此种柄在这期发掘中发现较多。

木桨，标本 T243④：234。柄部与桨叶采用同块木料制成，与现在使用的木桨形状没有多少差别，做工细致。残留的柄下端与桨叶的吻合处，阴刻有弦纹和斜线纹相间图案。残长 63、宽 12.2、厚 2.1 厘米（图五：3）。

木耜柄，标本 T232④：91。平面呈"T"字形，系用同块木料制成。捉手残宽 2.4、残长 38 厘米（图五：4）。

骨鱼镖，标本 T242④：305。剖兽骨一半制成，扁平。前部较宽，有前锋，一侧有倒刺。长 8.6 厘米（图五：5）。

木齿状器，标本 T226④：105。呈理发牙剪状，柄残。残长 21.73、宽 2.75、厚 1.05 厘米（图五：6）。可能是用来梳整经纱的工具。

骨锯齿状器，标本 T214④：97。柄部阴刻弦纹与"人"字纹图案，并穿有小圆孔一个。残端错磨成锯齿状。残长 17.5、宽 3、厚 0.4 厘米（图五：7）。可能是收割工具。

木器柄，一件（T231④：174）。束腰柄，柄两端阴刻弦纹。柄部前端镂雕成烙铁头形状。长 24、宽 4.3 厘米（图五：8）。

木卷布棍，标本 T231④：204。小圆木棒两端削成四方形状，并在同一水平方向削有斜向缺口。长 24.55，直径 1.78 厘米（图五：9）。

骨机刀（?），一件（T223④：147）。横断面呈月牙形，一端穿有两个小圆孔，一孔已残。磨制光滑。长 31.7、宽 3.7 厘米（图五：10）。

木槌头（?），一件（T231③：23）。侧视呈烟斗状。弯柄，槌头粗大，槌面有明显的敲击窝。长

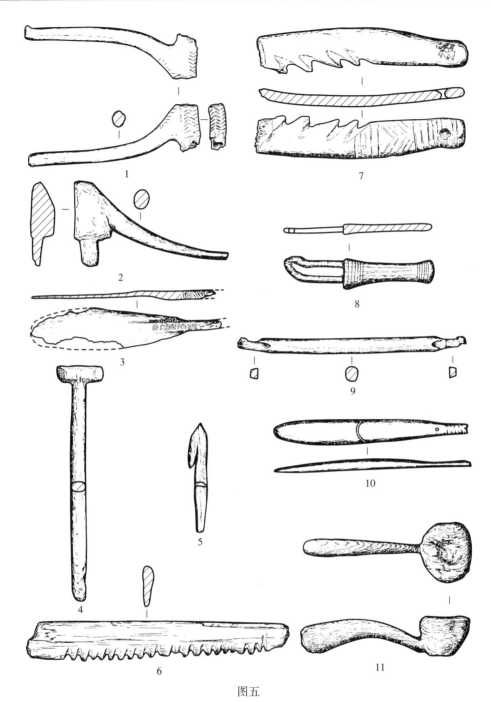

图五

1. 角锛柄（T212④：228）　2. 木斧柄（T231④：135）　3. 木桨（T243④：234）　4. 木粗柄（T232④：91）　5. 骨鱼
镖（T242④：305）　6. 木齿状器（T226④：105）　7. 骨锯齿状器（T214④：97）　8. 木器柄（T231④：174）　9. 木卷
布棍（T231④：204）　10. 骨机刀（？）（T223④：147）　11. 木槌头（？）（T231③：23）　（1.1/9，2、4、8~11.1/6，
3.1/12，5~7.1/3）

28.5、槌面宽 8.4 厘米（图五：11）。

　　鲨鱼牙钻，标本 T224③：37。平面呈"T"字形，牙根中间锯有凹形缺口，锯齿状齿边有明显的磨损痕迹。宽 1.8、齿长 0.8 厘米。经朱元鼎教授鉴定此鲨鱼牙钻为真鲨，属真鲨科（Carcharhinidae）。

骨箭头，一件（T243④：304）。有七个大小不等的小圆孔，系二面钻。孔壁有清晰可见的螺纹。当是鲨鱼牙钻所作。长 10.2、宽 0.8 厘米。

木耜，标本 T244③：18。用同块木料制成，镂雕三角形捉手，耜下部烧残。残长 20.3、捉手宽 11.6、厚 0.6、耜残宽 6、厚 1 厘米。

砺石，标本 T211③：238。表面被磨成凹槽几道。残长 24、宽 16、厚 4.6 厘米。

木经轴（？），标本 T222④：153。作齿状。可能是固定经纱的工具。残长 7、宽 3、厚 0.5 厘米。

五

河姆渡文化的原始艺术，在第一期发掘中就给人留下了深刻的印象，这次发掘又出土了一批为第一期发掘所未见的、丰富多彩的原始艺术珍品。河姆渡人用雕刻、捏塑等方法，制作了大量陶、骨、木、象牙原始艺术珍品，引起了人们极大的兴趣和重视。特别是精致的象牙雕刻，显示了河姆渡人的精湛技艺。

现将其中一部分，择优介绍如下：

双鸟朝阳象牙雕刻，一件（T226③：79）。在正面部位用阴线雕刻出一组图案，中心为一组大小不等的同心圆，外圆边雕刻有似烈焰光芒，两侧雕有昂首相望的双鸟，形态逼真。同时还钻有六个小圆孔。背面制作较粗糙。长 16.6、残宽 5.9、厚 1.2 厘米（图六：1；图七：1）。

鸟形象牙圆雕，标本 T244④：124。形如牙匕。正面微凸，雕刻弦纹和斜线纹相间的图案。一端作鸟头，喙弯曲。一端作长尾，中间饰翅膀。侧视这一牙雕，似鹰一类的猛禽。背面制作较粗，中左侧钻有一小圆孔，拟为悬挂饰物。长 15.8、宽 3.4、厚 0.8 厘米（图七：2）。

牙雕小盅（？），标本 T244③：71。平面呈椭圆形，制作精细。中空作长方形。圈底。口沿处钻有对称的二个小圆孔，孔壁有清晰可见的螺纹。外壁雕刻编织纹和蚕纹图案一圈。外口径 4.8、高 2.4 厘米（图七：3）。

猪纹方钵，一件（T243④：235）。夹炭黑陶，圆角，平底。钵外壁两侧各刻一只猪纹，长嘴，高腿，腹稍下垂，形象毕肖。口宽 21.7×17.5、高 11.7、底宽 17×13.5 厘米（图六：2；图七：4）。它是河姆渡人驯养家猪的反映。

五叶纹陶块，一件（T213④：84）。夹砂灰陶，形似马鞍（略残），造型厚重，刻划花纹保存完整。在一方形框上，阴刻似五叶组成的栽培植物，五叶中一叶居中直立向上，另外四叶分于两侧互相对称。五片叶子粗壮有力，生意盎然。残宽 18、高 19.5、厚 5.7 厘米（图六：5；图七：5）。

稻穗纹陶盆，一件（T221④：232）。夹炭黑陶，弧敛口，斜腹较深，平底。外壁刻有对称的稻穗纹和猪纹（残）图像。一株稻穗居中，直立向上，另外二束，沉甸甸的谷粒向两边下垂。旁边刻有一只猪纹，形如猪纹方钵，惜只剩后半部分。这一图像，反映了猪与农业的相互依存、相互促进的关系。口径 30.5、高 16.8、底径 16 厘米（图六：6；图七：6）。

器盖，一件（T242④：345）。半环形纽。夹炭黑陶，盖面刻"莲瓣纹"图案一周。直径 17.5、高 6 厘米（图七：7）。

图六

1. 双鸟朝阳象牙雕刻拓片（T226③：79）　2. 猪纹拓片（T243④：235）　3. 刻纹纺轮拓片（T211④：152）　4. 刻纹纺轮拓片（T235④：102）　5. 五叶纹拓片（T213④：84）　6. 稻穗纹拓片（T221④：232）（均1/4）

圆雕木鱼，一件（T231④：309）。周身阴刻大小不等的圆窝纹。长11、宽3.5、厚2.7厘米（图七：8）。

陶塑鱼，一件（T242③：68）。睁眼，张嘴，大头，腹下塑两鳍，周身阴刻大小相等的圆圈纹。长4.3、直径2厘米。

刻兽纹骨片（残），一件（T212④：53）。兽纹头部和尾部阴刻一圆圈纹，周身阴刻叶脉纹（？），整个图案组成了一只犹如正在奔走的野兽形象。残长10.7、残宽3厘米。

编织纹骨匕，一件（T211④：164）。中有凸脊，阴刻编织纹图案。一端穿有二个小圆孔。背面平整。长12.5、宽2.3、厚0.3厘米。

陶塑人头像，夹炭黑陶，标本T235③：42。颧骨突出，额前突，张嘴，尖下巴。中空。手捏。长4.5、宽3.3厘米。

狗形器盖纽，夹砂红陶，一件（T234②：2）。嘴朝上，竖耳，趴卧状。残高5.7、残宽9厘米。

浮雕双飞燕器盖（残），夹炭黑陶，一件（T243③：39）。盖顶堆剔有展翅飞翔的双燕。残高7.5、盖顶径8厘米。

木雕鱼形器柄，一件（T231④：303）。呈"T"字形，系用同块木料制作。捉手雕刻成鱼形，柄部阴刻弦纹和斜线纹相间图案。残长17.7、宽5.3、厚0.3厘米。

苇编，标本T223第三层。二经二纬的编织法。

刻纹纺轮，一件（T211④：152）。夹炭黑陶，一面阴刻旋涡纹，一面阴刻叶纹。半残。直径7.2、厚0.9厘米（图六：3；图七：9）。另一件（T235④：102）。一面边沿阴刻十五个三角形花纹，中心阴刻二对对称的变形的三爪纹。另一面无纹。直径6.4、厚1厘米（图六：4；图七：10）。

刻花豆盘，一件（M4：1）。泥质灰陶，豆盘呈钵形，盘内底壁阴刻一对称图案。柄残。口径27.5厘米（图七：11）。

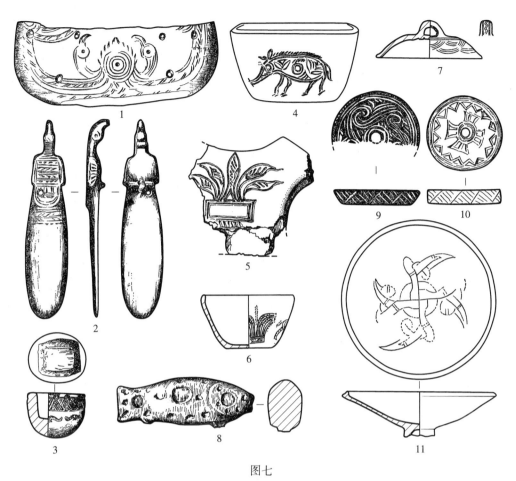

图七

1. 双鸟朝阳象牙雕刻（T226③：79）　2. 鸟形象牙圆雕（T244④：124）　3. 牙雕小盅（？）（T244③：71）　4. 猪纹方体（T243④：235）　5. 五叶纹陶块（T213④：84）　6. 稻穗纹陶盆（T221④：232）　7. 器盖（T242④：345）　8. 圆雕木鱼（T231④：309）　9. 刻纹纺轮（T211④：152）　10. 刻纹纺轮（T235④：102）　11. 刻花豆盘（M4：1）（1~3、8~10.1/3、4、5、7、11.1/6，6.1/12）

六

我们考察了河姆渡出土器物的器形、纹饰、陶色的发展变化，认为它的四个文化层应属于同一文化内涵的四个时期。其根据如下。

1. 在生产工具方面。如石锛，四个文化层均有。再如骨耜，这期发掘，在T223第二文化层发现的一件骨耜，与第三、四文化层的骨耜基本相同。第一期发掘的第二层发现的一件木耜，耜面中间也有与骨耜一样的浅槽，两侧亦有二个长方形孔，与骨耜的制作方法没有什么差别。从本期T244第四文化层中发现的一件有藤条紧缚残木柄的骨耜来看，不论第三、四文化层的骨耜，还是第二层的骨耜和木耜，它们安的都是直向柄。另外，四个文化层均不见石镞和网坠。

2. 在陶器方面，有不少器形如釜、釜支座、罐、盘、钵、豆、器盖等都是各层所共见的。这些陶器形制的演变有一些特点。（1）第四层釜，繁杂多变，腹部较深，口沿和腹多有凸脊，圜底较锐。第三层敞口釜增加，腹部较浅，仍有凸脊，圜底较钝。新出现了一种体形较高的筒形釜和体型较矮的扁腹釜。第二层敛口釜已近消失，筒形釜、扁腹釜增加，釜的肩脊不甚明显，多鼓腹圜底。第一层原先繁杂多变的釜被单一的敞口釜所代替，此时的釜已规范定型了。（2）第四层罐多较粗矮，口沿有对半环形耳，大平底。第三层罐与第四层罐没有多大变化，新出现了牛鼻形耳罐，但数量不多。第二层罐，牛鼻形双耳多安在腰间。第一层罐上腹鼓，下腹内收，小平底，多数不安耳。（3）第四层圈足器很少，只发现一些圈足盘和个别夹炭黑陶豆，有钵形豆和盘形豆二种。第三层新出现大圈足豆，但豆的式样仍分盘、钵二种。第二层高柄空足的里黑外红的豆为多，泥质灰陶细高柄豆次之。第一层从陶片来看，夹炭黑陶和泥质黑陶圈足器数量不少，泥质灰陶豆较多，圈足上饰有三角形、圆形和方形等镂孔。总之，从第四层到第一层豆的演变序列比较清楚。

另外，四个文化层均有釜支座，其演变只是由简单粗糙发展到精致美观。

3. 陶器的纹饰，从第三、四文化层到第一、二文化层有显著的变化。这一变化是由第三、四层发达的动、植物图像和几何形图案花纹发展到第一、二层的抽象图案，简言之，花纹由繁到简，由写实到抽象。然而，在这漫长的发展过程中，釜腹的绳纹却始终保持着。

4. 陶质方面。夹炭黑陶从第四层到第一层逐渐减少，而夹砂陶则逐渐增多。河姆渡遗址四个文化层都有夹炭黑陶，这些夹炭黑陶是由黏土和一些炭化了的有机质，诸如稻叶、稻秆、谷壳等组成。第三、四文化层的夹炭黑陶比夹砂黑陶要多得多，占了绝对优势。这种夹炭黑陶烧成温度一般在800℃～850℃。而第一、二文化层，夹炭黑陶数量少，火候较高。夹砂红陶和夹砂灰陶占了绝对优势，烧成温度则提高到950℃～1000℃。

5. 四个文化层的装饰品有玦、璜、管、珠，虽然玉、石混用，但形状没有明显的变化。

6. 房屋建筑由第三、四层的打桩立柱架空的干栏式木构建筑发展到第一、二层栽柱式的地面木构建筑。

综上所述，河姆渡遗址四个文化层的器物其共性较多，有它的统一风格，但在某些器物又存在着一定的差异，而这种差异正说明了事物的发展和进步。因此，河姆渡遗址的四个文化层具有紧密地相互衔接的关系，四个文化层当是河姆渡的四期文化，它们是一脉相承的。

河姆渡遗址第二期发掘墓葬登记表

墓号	探方号	层位	性别	年龄	葬具	葬式	头向	面向	骨架保存情况	随葬品	备注
1	T211	1					东		已朽	釜2豆1罐1玉璜1玉玦1	
2	T234	1				仰身直肢	106	北	骨架轮廓可辨	釜3豆1石凿1石纺轮1	
3	T234	1				仰身直肢	287	南	骨架轮廓可辨	釜2豆1	
4	T233	1				仰身直肢	305	北	骨架轮廓可辨	豆1	
5	T225	1			木板		325		朽成粉末	釜3豆1	
6	T221	1					东		已朽	釜2豆1罐1	
7	T224	1				仰身屈肢	西北	南	仅见上半身	釜1	
8	T224	1		婴儿	釜				较完整		釜倒放
9	T234	1				仰身直肢	269	南	骨架轮廓可辨	罐1	
10	T221	1							已朽	釜2豆1	
11	T224	2	南	成年		侧身	66	北	仅见上半身	骨箭头1	
12	T224	2	男	成年		侧身屈肢	66	北	完整		
13	T224	2	男（?)	儿童		侧身	66	南	仅见上半身		
14	T235	1				侧身直肢	110	东北	骨架轮廓可辨	罐1豆1盘口壶1	
15	T224	3	男	儿童		侧身屈肢	66	北	一般	盘1小盅2	二童合葬上下叠合
16	T223	3				侧身屈肢	60	不明	较差		
17	T223	3				侧身屈肢	65	北	完整	骨镞1骨凿2	二人合葬一为少女
18	T233	3		儿童		侧身	85	北	仅见上半身		
19	T215	3				仰身	80		一般		
20	T234	3				俯身	90	北	仅见上半身		
21	T234	3				侧身屈肢	90	北	完整		
22	T234	3	女（?)	儿童		侧身屈肢	90	南	完较整		
23	T226	3	男	成年		侧身屈肢	90	北	完整	釜1罐1骨镞1	
24	T226	3	男	少年		侧身屈肢	90	北	完整		
25	T226	3		婴儿		侧身屈肢	90		较差		
26	T226	3	女	儿童		侧身屈肢	90	北	一般		
27	T235	3					东	北	较差		二人合葬一为成年妇女

说明：随葬品栏内釜2即釜二件

（原载《文物》，1980年第5期）

宁波慈湖遗址发掘简报

浙江省文物考古研究所　宁波市文物考古研究所

慈湖遗址位于宁波市江北区慈城镇的西北角。南距萧甬铁路慈城站 1.5 千米，东南距宁波市区 24 千米，西南 8 千米为著名的河姆渡遗址。遗址背山面湖，西北群山环绕，东南地势平坦，现存面积约 2000 平方米（图一）。

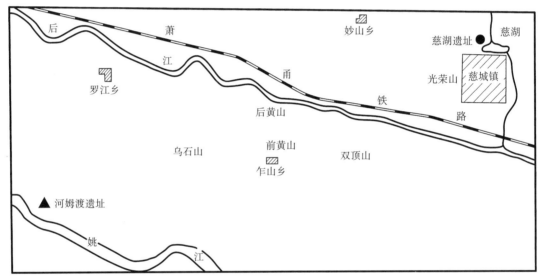

图一　慈湖遗址位置示意图

遗址是 1986 年 10 月慈城砖瓦厂烧窑取土时发现的。宁波市文物考古研究所获讯后，派员进行了试掘。在取土的范围内布 2×3 平方米的探沟 1 条（T1）。1988 年 8 月省市所联合对遗址进行了第二次试掘，开长 25、宽 3 米的探沟 1 条（T2），并于 9 月 26 日开始布方发掘，共开 5×5 平方米的探方 12 个，后又在 T201 的北面扩方 2×4 平方米，实际发掘面积 289 平方米。参加发掘整理的有刘军、王海明、丁友甫、贺宇红、丁品、孙国平、吴国强、强超美、祝利英等。现将发掘情况简报如后。

一、地层堆积

慈湖遗址各探方堆积不尽相同，T201、T402、T502、T503 缺黑灰土堆积，T504 缺青砂土堆积。T202 的堆积情况基本反映了遗址的堆积面貌和层位关系。自耕土层至生土，堆积厚 2.1 米，可分七层，现举 T202 的北壁剖面说明（图二）。

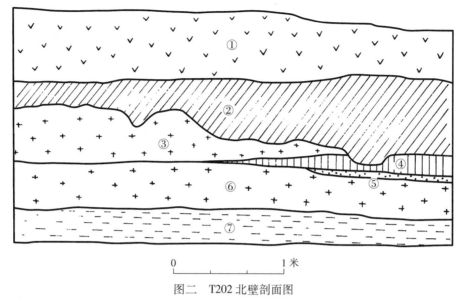

图二　T202 北壁剖面图
①耕土　②灰褐色土　③、⑥青灰色土（淤土）　④黑灰色土　⑤青砂土　⑦黑黏土

第一层：耕土层，厚 40~70 厘米。

第二层：灰褐色土，质较硬，厚 20~80 厘米，出土宋代越窑瓷片等物。

第三层：青灰色土，淤积土，厚 50 厘米，较纯净，包含少量的周代印纹硬陶片、原始瓷豆、石犁、青铜斧和镞。

第四层：黑灰色土，质疏松，含大量的树枝、叶、酸枣、麻栎果、桃核等有机物，厚 20 厘米，出土少量的泥质灰胎黑皮（衣）陶片和夹砂陶鱼鳍形鼎足及木屐、木锛柄、木桨等物。

第五层：青砂土，有的松散，有的坚硬，含砂量极大。局部砂层底部发现许多小石片，厚 8 厘米，伴出大量的泥质灰胎黑皮陶片及鱼鳍形、"T"字形的鼎足和木钻头，石镞等遗物。还有酸枣、麻栎果、桃核等有机物。该层下发现一条用小木桩固定的路基，铺垫砂石、陶片作路面的道路遗迹。

第六层：青灰色土，淤积土，厚 30~40 厘米，出土少量的夹炭陶胎器表有陶衣的陶片和耜、桨、锛柄、轭形器、陀螺等木器。

第七层：黑黏土，厚 20~30 厘米，出土陶片和第六层相同，还有耜、桨等木器和带卯眼的方形木构件。

根据地层堆积中包含物的特征，我们把堆积中的第四、五层称为上层文化遗存；第六、七层堆积为下层文化遗存。

二、上层文化遗存

（一）遗迹

上层文化遗存除四层下发现一些排列无序、分布无规律的打入砂土层的尖头小木桩外，无其他遗迹发现。

（二）遗物

遗物主要是陶器、少量木器、石器、骨器，并发现玉璜1件（残）。

1. 陶器多残器、碎片，复原率很低。泥质陶和夹砂陶分别占总数的54%和46%。泥质陶中，黑皮（衣）陶占90%，橙红陶仅占10%；夹砂陶以灰陶为主，少量红陶。泥质黑皮（衣）陶的胎有灰白、灰黑、橙黄、朱红等几种。黑皮（衣）也有三种特征，一种黑皮较厚，在陶片断面上能清晰分出胎与皮，这种黑皮易剥落；另一种黑衣很薄，衣紧紧依附于胎，呈银灰色的亮光，这种陶片火候较高，陶胎较硬，但数量甚少；第三种黑衣与陶胎虽结合紧密，但多数黑而不亮。值得一提的是部分黑皮陶片胎厚不足0.2厘米。陶器制法是手制和轮制并用。多数陶器分段成型，再合粘成器，在结合部，经一些特殊处理，如鼎的安足部稍隆凸，以便深入鼎足根部，豆盘外底和圈足豆把上常有多道划槽。陶器以素面为主。夹砂陶鼎（釜）炊器外腹拍印绳纹。镂孔装饰常见于豆把上，有单独或组合的弧边三角形、圆形和长方形镂孔。另有少量的波浪纹、戳印圆圈纹、"S"纹和编织纹等（图三）。器类多平底器、三足器、圈足器，还有圜底器，少量袋足器。

泥质陶器的器形有豆、罐、盆、盘等。豆全是残器。豆盘造型特征大致可分为弧腹浅盘和折腹浅盘二种。弧腹浅盘类的沿唇部又有敞口宽沿尖唇和敛口尖唇之分，数量上以前者最多（图四）。豆把全为喇叭形，形式较丰富，多有镂孔装饰，个别刻划绞索状纹饰。T201（上）：81，泥质灰胎黑皮陶豆，口残，浅腹，豆盘内底有泥质盘筑的痕迹，喇叭形圈足，足根撇卷，圈足上有三个圆形镂孔，残

图三　上层陶器纹饰

1. T302上：48　2. T201上：106　3. T2上：57　4. T202上：22　5. T2上：58　6. T402中：49　7. T402上：45　8. T303上：35　9. T302上：47　10. T2上：46　11. T202上：15　12. T201上：107　13. T302上：49　14. T303上：35（1、13.1/2，余1/4）

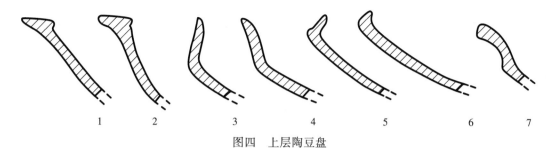

图四　上层陶豆盘

1~3. T201 上：91、92、93　4、5. T203 上：7、12　6、7. T303 上：30、22

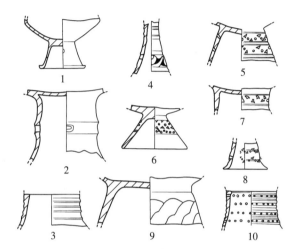

图五　上层陶豆圈足

1. T201 上：81　2. T2 上：56　3. T2 上：38　4. T2 上：34　5. T2 上：36　6. T2 上：35
7. T504 上：7　8. T2 上：37　9. T2 上：23　10. T402 上：41（1~5、8、10.1/8，余 1/4）

高 10 厘米（图五）。

罐　多泥质灰陶，也有橙红陶；多平底罐，少量圈足罐。平底罐的底有三种情况，一种是腹底有明显折角，一种是圆角，另一种是假圈足，假圈足仅限于橙红陶。

T2（上）：70，四系罐，泥质橙黄陶，出土时色泽鲜艳，直口，小肩，肩上修一浅槽，槽上四系，鼓腹，腹壁刻绳索状纹，底残，口径 10、残高 9 厘米（图六：1）。此外，还发现多种罐口沿或残器（图六：2~9）。

盆　T202（上）：24，泥质灰胎黑皮陶，敞口，反翻沿，折腹，矮圈足，外腹饰弦纹，口径 29、底径 15、高 7.5 厘米（图七：1）。

盘　全为泥质灰胎黑皮陶，造型有弧腹高圈足和折腹矮圈足二类，也发现有 "T" 字形足的三足盘片。T404（上）：6，敞口，尖唇，弧腹矮圈足，口径 20、足径 13.5、通高 4.5 厘米（图七：2）。T202（上）：25，敞口，平沿，腹壁折收；沿上刻划变形鱼纹，外腹饰二道弦纹，圈足残，口径 28 厘米（图七：3）。T1（上）：3，侈口平沿，弧腹，圈足较高，已残，口径 14.6、残高 5.6 厘米。T303（上）：25 和 T203（上）：6，造型均为弧腹高圈足，只是口沿稍有区别（图七：4、5、6）。

杯　有平底和圈足的，也发现有带宽把的杯。T303（上）：14，平底杯，泥质灰胎黑皮陶，直口微敞，筒腹，外底刻划 "入" 字形符号，口径 10、底径 7、通高 2.5 厘米（图七：7）。T303（上）：

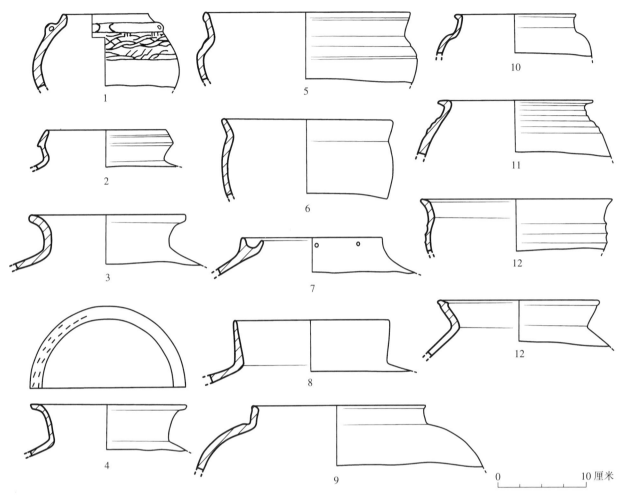

图六　陶罐口沿

1. T2 上：70　2. T203 上：8　3. T202 上：19　4. T403 上：8　5. T402 上：24　6. T402 上：28　7. T2 上：39　8. T403 上：7
9. T201 上：82　10. T201 上：103　11. T402 上：40　12. T303 上：27　13. T303 上：26

31，平底杯，泥质灰胎黑皮陶，口径 10、底径 7.6、高 8.5 厘米（图七：8）。

壶　数量很少，从发现的壶片观察有带鼻和无鼻两种。T2（上）：71，泥质灰胎黑皮陶，直口微敞，鼓腹，平底，口径 6.4、底径 5.8、高 10.4 厘米（图七：9）。另外发现 2 件带鼻的壶口沿片（图七：10、11）。

鬶仅发现带冲天嘴的残口片 1 件（图七：12）。

纺轮　7 件，有扁平圆形和截面呈梯形两种。T201（上）：8，扁平圆形，直径 3.5 厘米；T201（上）：11，截面呈梯形，高 1.4 厘米（图八：4、5）。

夹砂陶以灰陶为主，少量黑陶和红陶，个别陶片上施黑衣，夹砂多细砂，粗砂少见，器形有鼎、釜罐、器盖等。

鼎（釜）　因均系碎片，故鼎、釜难以区分，鼎釜类口沿以敞口翻沿，沿面内弧的数量最多。鼎足则以鱼鳍形为主，少量 "T" 字形、凿形、牛舌形、三角形、圆柱形（图八：6～18）。鼎釜类多素面，也有少量的绳纹。T303（上）：33 和 T402（上）：20，已残（图八：1、2）；T403（上）：10，鼎口沿，这类口沿片数量最多，最具特征，少量带竖绳纹（图八：3）。

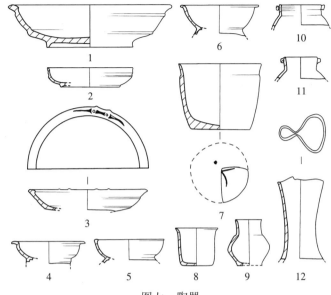

图七　陶器

1. 盆（T202（上）：24）　2、3、4、5、6. 盘（T404 上：6、T202 上：25、T1 上：3、T303 上：25、T203 上：6）　7、8. 杯（T303 上：14、31）　9. 壶（T2 上：71）　10、11. 壶口沿（T402 上：37、T303 上：28）　12. 鬶口沿（T402 上：44）（1、7、12.1/4，余 1/8）

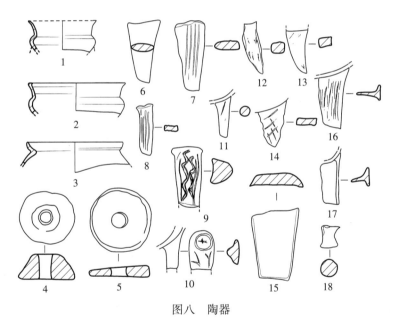

图八　陶器

1、2、3. 鼎（T303 上：33、T402 上：20、T403 上：10）　4、5. 纺轮（T201 上：8、11）　6~18. 鼎足（T302 上：35、T402 上：32、T202 上：21、T302 上：41、T2 上：52、T302 上：50、T302 上：42、T302 上：39、T504 上：6、T302 上：38、T201 上：100、T402 上：36）（4、5.1/2，余 1/8）

罐　发现罐类口沿四种（图六：10~13）。

木器有屐、桨、锛柄和钻头等。

木屐　T503（上）：1，左脚屐，前宽后窄，底部平整，底有五个小孔，前头部一孔，中部和后端各二孔，两孔间挖有凹槽，槽宽和孔径相同，均为 1 厘米，屐长 21.2、头宽 8.4、跟宽 7.4 厘米。推测屐是用绳子穿过小孔嵌于槽内和足面系牢的（图九：7）。T302（上）：1，左脚屐，前宽后窄，

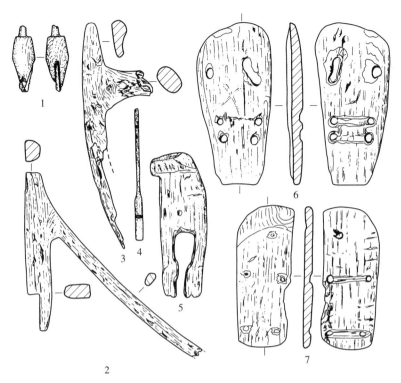

图九　木器

1. 木钻头（T304 上：4）　　2、3. 木锛柄（T304 上：1、T403 上：1）　　4. 木桨（T202 上：1）　　5. 木构

件（T202 上：6）　　6、7. 木屐（T302 上：1、T503 上：1）（1、5. 约 1/2，4.1/50，余 1/5）

圆头方跟，底部六孔，其中前头部一孔磨损成半月形，后端二组四孔间距较近，二孔间挖凹槽，槽宽、孔径均为 1 厘米，屐的两侧略为凸隆横截面呈"凹"字状，长 24、前宽 11、跟宽 7 厘米（图九：6）。

木桨　T202（上）：1，长柄，短桨翼，柄略呈圆形，桨翼薄窄，用整木加工成形，长 90 厘米（图九：4）。

木锛柄　T304（上）：1，用树枝杈加工而成，锛锤较粗壮，较短，安锛部加工成榫状，便于捆扎，握手柄细长，锛锤高 24、柄残长 38 厘米；T403（上）：1，锄状，锛锤头上捆扎石锛的缺口在内侧，锤高 34、柄已残（图九：2、3）。

木钻头　T304（上）：4，圆锥形，锥尖开一条凹槽，槽内嵌一两边刃的骨（角）刀，另一端作小圆榫，长 5 厘米（图九：1）。

木器构件　T202（上）：6，为钳形，长 10.5、宽 3.5 厘米（图九：5）。

石器器形有斧、锛、刀、镞和纺轮等。

石斧　2 件。残器，均有带对钻的孔。T503（上）：8，中间厚，两侧薄，两面弧刃（图一〇：1）。

石锛　4 件。分有段和无段两种。T402（上）：2，有段，刃部已残，残长 7、宽 3.8、厚 2.5 厘米（图一〇：2）。T201（上）：10，有段，段以上已残，长条形，弧背单面刃，残长 5.6、宽 2.7、厚 0.9 厘米（图一〇：9）。T202（上）：5，无段，弧背单面刃，长 3.4、宽 2.3、厚 0.8 厘米（图一〇：4）。

石刀　T303（上）：19，T402（上）：1，均为半月形，长分别为 8、10.7 厘米。T302（上）：4，

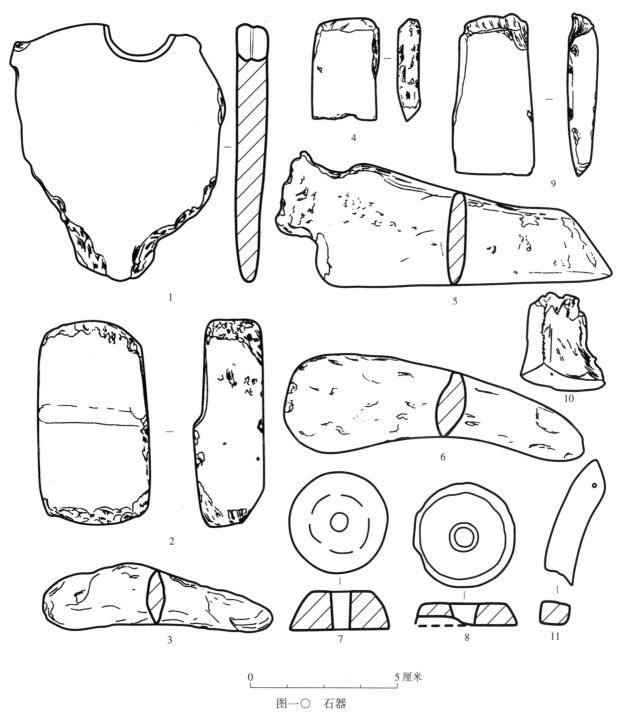

0　　　　　　　　　　5 厘米

图一〇　石器

1. 石斧（T503 上：8）　　2、9. 石锛（T402 上：2、T201 上：10）　　3、5、6. 石刀（T303 上：19、T302 上：4、T402 上：1）
4. 石锛（T202 上：5）　　7、8. 纺轮（T403 上：4、T2 上：5）　　10. 刮削器（T303 上：7）　　11. 玉璜（T2 上：11）

刀后都有一刀把，长 10.5 厘米（图一〇：3、6、5）。

石镞　24 件，大致可分为长锋短铤、双翼和长铤短锋这三种形态，以长锋短铤形数量最多。T202（上）：9，长锋短铤，有脊，截面菱形，铤椭圆形，长 8 厘米；T201（上）：7，长 8 厘米（图一一：1、2）。T404（上）：1，长锋短铤，脊不明显，圆锥形铤，长 6 厘米（图一一：3）。T201（上）：6、T2（上）：18 和 T302（上）：3，均为长铤扁铤，只是 T302（上）：3，铤的长度已和锋相等（图一一：

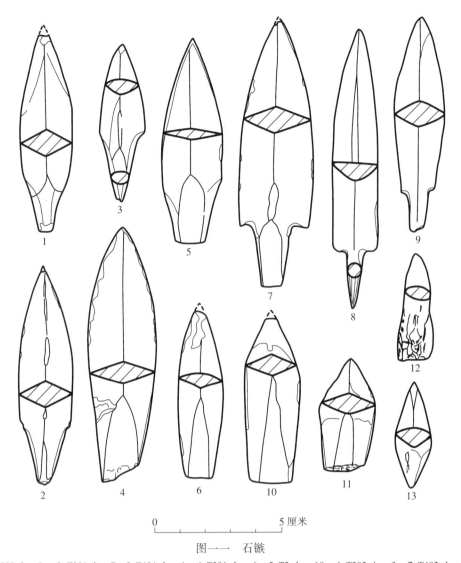

0　　　　　　　　　　5厘米

图一一　石镞

1. T202 上：9　2. T201 上：7　3. T404 上：1　4. T201 上：6　5. T2 上：18　6. T302 上：3　7. T402 上：4
8. T2 上：1　9. T2 上：68　10. T201 上：3　11. T402 上：5　12. T303 上：11　13. T303 上：13

4、5、6)。T402（上）：4，双翼形，长锋，双翼呈弯钩状，短铤扁平，长 10.3 厘米（图一一：7）。
T2（上）：1，双翼形，长锋，截面三角形，短铤圆锥形，长 10.7 厘米（图一一：8）。T2（上）：68，
双翼形，长锋，短铤椭圆形，长 8.3 厘米（图一一：9）。T201（上）：3，长铤短锋形，锋长仅是镞长
的 1/3，铤扁平，长 6.7 厘米（图一一：10）。T402（上）：5，长铤短锋，铤残，残长 4.3 厘米（图一
一：11）。T303（上）：11①，长铤短锋，锋截面椭圆形，宽扁铤，后部残，残长 4 厘米（图一一：
12）。T303（上）：13，锋和铤区别不明显，长 4 厘米（图一一：13）。

　　石刮削器　T303（上）：7，石片，刃部磨制锋利（图一〇：10）。

　　纺轮　9 件，截面全呈梯形，厚薄稍有区别，均为单面钻孔。T403（上）：4，底径 3.6、孔径 1、
厚 0.7 厘米；T2（上）：5，底径 3.5、孔径 0.6、厚 1.3 厘米（图一〇：7、8）。

_____

　　① 对应的图一一：12 器物编号为 T303 上：1。（编者注）

玉璜　T2（上）：11，已残，色洁白，残长 4.1 厘米（图一〇：11）。

骨（角）器有镞、锥、针等。

骨镞　6 件，除一件铤锋区别不显外，余均是长锋，短铤。T202（上）：4、T303（上）：4 和 T202（上）：2，均长锋短铤型，锋的截面为圆形；T2（上）：13，锋的截面半圆形；T202（上）：8，镞体略呈菱形，扁平（图一二：1~5）。

锥　2 件，均系用鹿角磨制而成。T303（上）：9，残长 8 厘米；T303（上）：10，长 15.8 厘米（图一二：6、10）。

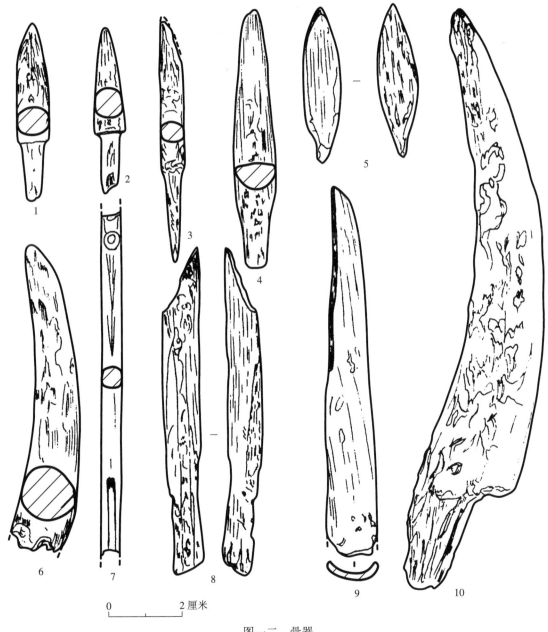

0　　　　　2 厘米

图一二　骨器

1~5. 骨镞（T202 上：4、T303 上：4、T202 上：2、T2 上：13、T202 上：8）　6、10. 骨锥（T303 上：9、10）

7. 骨针（T303 上：23）　8、9. 骨器（T201 上：21、T302 上：54）

针 T303（上）：23，圆形，一头有一小针眼，另一头有槽，惜两端均残，残长 9、针的直径 0.4 厘米（图一二：7）。

两件经加工的骨器有 T201（上）：21 和 T302（上）：54（图一二：8、9）。

三、下层文化遗存

（一）遗迹

下层遗迹只发现道路一条，道路开口在青砂土（五层）下。从 T201 始，经 T202、T303、T304、T404、T504，西、北均伸入未发掘区域（图一三）。

道路筑在青灰色淤土上，路两侧用直径 4~8 厘米，长 20~80 厘米的尖头木桩打入淤土以固定路基，木桩个别直径达 14 厘米。排列基本成行，桩距 3~10 厘米，也有间距 20 厘米的。两侧木桩之间的距离一般在 1.5 米左右，也有不足 1 米和超过 2 米的区段。路面用砂石和陶片铺垫，宽 0.5~1 米。路土厚度自西向北逐渐减薄，T201 段厚 30 厘米，T303 段厚仅 14 厘米，至 T504 路土已不甚明显，只是夹杂较多的有机质。从路土的结构看，它是同人们经常行走路面受压逐渐下沉，不断铺垫加厚有关。

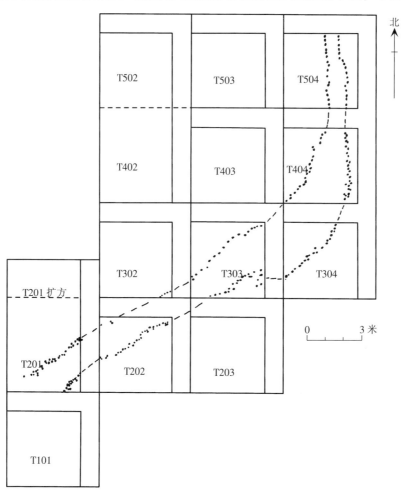

图一三 ⑤层下道路遗迹护基木桩分布平面图

（二）遗物

下层遗物主要是陶器、木器和少量石器和骨角器。

陶器以夹炭有色陶为主，占72.6%；夹砂陶次之，占24.3%；泥质陶仅占3.1%。夹炭有色陶的胎掺有稻秆、叶和谷壳等有机物。陶衣颜色有橘红、黄褐、褐、灰褐等几种，橘红应是原色，其他几种可能是烧制过程中出现的偏色。夹砂陶多灰陶，红陶很少。泥质陶中灰胎黑皮陶居多，个别灰陶。陶器均为手制成形，大型器物、豆和器盖等都是分段制作后再粘接成器的。在不少陶釜底片上发现有用泥片加层增厚的情况。陶器上的花纹装饰方法有刻划、堆纹、拍印和镂刻等。较多见的是附加堆纹和刻划纹组合运用，也偶见纵横交错的堆纹。纹样以夹炭陶罐肩上的附加堆纹间以刻划纹最为繁缛和丰富，颇具代表性。部分有施细绳纹作地纹的，也有先拍印绳纹再涂抹成纹的。篮纹是罐腹的主要拍印纹饰，也有少量的方格纹，竖绳纹则多见于釜上。绳纹一般细密规则，少量为粗绳纹（图一四）。镂刻则见于泥质灰胎黑皮陶豆把上，镂刻竖向短纹和水滴状纹（均未穿透）。器类绝大部分是圜底器，少量圈足器和三足器，不见平底器。器形以罐、釜最富特征，是代表性器形，还有盆、钵、盘、研磨器、鼎、豆和器盖、陶支架。

夹炭陶中罐数量最多，其次是釜，少量盆、钵。罐的陶衣呈橘红、黄褐色，釜、盆、钵则是褐、灰褐色陶衣居多。

罐（？） 复原2件，余系残器。从残片看，敞口、翻沿、方唇、短细颈圜底罐（？）最多，其次是敞口、翻沿束颈罐和敞口宽平沿罐，盘口罐仅发现1件。罐肩上一般是附加堆纹间以刻划纹，中腹一般有鸡冠状錾手和安牛鼻耳的，下腹及底部多拍印横篮纹。T402（下）：18，夹炭胎橘红色陶衣，敞口，翻沿，方唇，唇上沿有棱，下沿下垂，短细颈，丰肩，深弧腹圜底，肩部附加堆纹间以刻划纹。口径22、通高36厘米（图一五：2）。T201（下）：33①，夹炭胎，褐色陶衣，敞口，翻沿，方唇，短细颈，弧肩球腹，圜底，肩部附加堆纹以上刻划叶脉状纹，腹部拍印较稀的横篮纹，口径15.6、通高22厘米（图一五：1）。T402（下）：7，T201（下）：40，T203（下）：13，也是这类罐的口肩片，只是口沿唇部下沿的特征稍有区别（图一五：3~5）。T302（下）：8②，夹炭胎，器物口沿内侧有橘红色陶衣，领下肩部有16个用手指捺涂的橘红色斑彩，敞口，直颈，丰肩，颈肩夹角在90°左右，肩部先拍印竖绳纹，再涂抹数周为纹，口径28厘米（图一五：6）。此外还发现罐的口沿多种（图一五：7~13）。牛鼻耳作为罐的附件，也有几种不同的形状。T2（下）：29，鼻高隆；T302（下）：13，鼻宽，中部稍凹；T402（下）：12，则是细长鼻，并残留有绳索状的物体（图一五：14、15）。

釜 胎体有夹砂也有夹炭。夹炭胎釜，以敞口，宽翻沿，沿面外弧，颈下拍印竖绳纹的数量最多，具有代表性，敞口，宽翻沿，沿面内弧的数量也不少。T201（下）：3③，敞口，宽翻沿，沿面外弧，颈下竖绳纹，较规则，肩以下残，口径22厘米（图一六：1）。T303（下）：21，敞口，宽翻沿，沿面

---

① 对应的图一五：1器物编号为T202（下）：33。（编者注）
② 对应的图一五：6器物编号为T303（下）：8。（编者注）
③ 对应的图一六：1器物编号为T201（下）：37。（编者注）

图一四　下层陶器纹饰

1. 方格纹（T302 下：20）　 2. 篮纹（T201 下：71）　 3. 附加堆纹（T402 下：13）　 4~6. 罐肩部纹饰（T201 下：58、T202 下：65、T201 下：59）　 7. 附加堆纹（T2 下：33）　 8~12. 罐肩部纹饰（T201 下：68、75、T202 下：13、T201 下：54、59）　 13. 细绳纹（T402 下：17）　 14. 粗绳纹（T201 下：70）

内弧，并有宽弦纹，锯齿状唇部，肩上附加堆纹，肩下残，口径 28 厘米（图一六：2）。另外，还发现釜的口沿两种（T404 下：4、T201 下：81），均为盘口，束颈（图一六：4、5）。

　　盆　均为圜底浅腹，外腹部有鋬，也有无鋬的。T302（下）：10，敞口，宽平沿，方唇，唇下沿下垂，浅腹，圜底，沿唇有密集的弦纹，腹部拍印不规则绳纹，口径 24、通高 7 厘米（图一七：7）。T503（下）：8，盆腹稍深，腹壁外折内弧，拍印不规则的绳纹，口径 23.8、通高 9.5 厘米（图一七：6）。T2（下）：21，敛口，卷沿，浅腹，圜底残，外腹有一对鸡冠状的鋬，口径 27.2 厘米（图一七：4）。T202（下）：14，敛口，尖唇，外腹一对鸡冠状鋬，圜底残，口径 26 厘米（图一七：5）。

　　钵　T402（下）：19，敞口，尖唇，浅腹，圜底，外腹有折棱，下腹及底部拍印斜向篮纹，口径 22、通高 5.6 厘米（图一七：8）。

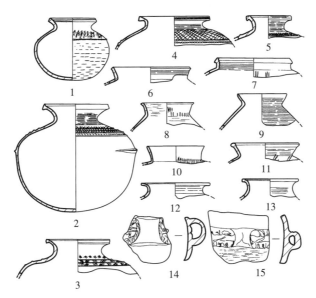

图一五　陶器

1. 夹砂陶罐（？）（T202（下）：33）　2. 夹炭陶罐（T402（下）：18）　3~13. 罐口沿（T402
下：7、T201下：40、T203下：13、T303下：8、T201下：79、T201下：79、T202下：9、T201
下：44、T201下：45、T402下：10、T201下：38）　14、15. 牛鼻耳（T302下：13、T2下：
29）（1~13.1/2，余1/6）

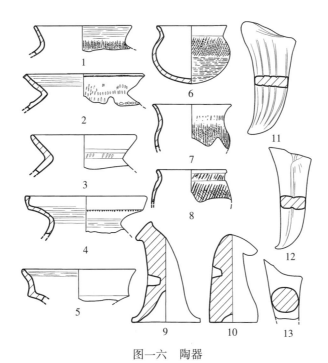

图一六　陶器

1~5. 釜口沿（T201下：37、T303下：21、T504下：4、T404下：4、T201下：81）　6~8. 陶釜
（T504下：1、T201下：74、T302下：10）　9、10. 陶支架（T302下：10、T303下：20）　11、
12. 鱼鳍形足（T201下：40、T302下：22）　13. 圆柱足（T201下：50）（1~8.1/8、9、10.1/6、
余1/4）

　　研磨器　夹炭灰陶，含砂较多，敛口、锯齿状口沿，有流，内刻粗凹槽，圜底。T201（下）：34，
口径28厘米；T201（下）：36，口径36、通高15厘米（图一七：2、3）。

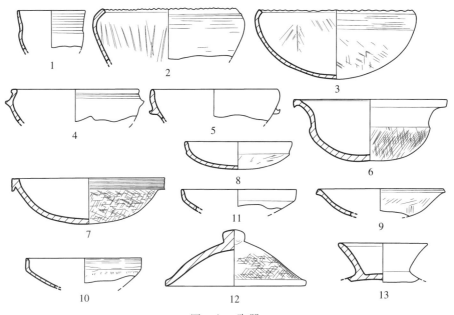

图一七 陶器

1. 杯（T2 下：22） 2、3. 研磨器（T201 下：34、36） 4~7. 盆（T2 下：21、T202 下：14、T503 下：8、T302 下：10） 8. 钵（T402 下：19） 9~11. 盘（T201 下：39、T302 下：11、 T402 下：9） 12、13. 器盖（T503 下：6、T302 下：12）（1~5、8、10、11.1/8，余 1/6）

盘 T201（下）：39，方唇内凹，浅腹圜底残，外腹饰篮纹，口径 26 厘米（图一七：9）。T302（下）：11 和 T402（下）：9，也应是盘状类器，惜底残（图一七：10、11）。

杯 T2（下）：22，直口，筒腹稍折，下腹斜收，底残，口径 14 厘米（图一七：1）。

器盖 T503（下）：6，斗笠状盖，圆纽，盖面上拍印篮纹，盖径 21.5、通高 8.5 厘米（图一七：12）。T302（下）：12，喇叭形纽盖，残（图一七：13）。

夹砂陶 绝大部分是釜，少量的鼎。

釜 一般敞口翻沿，鼓腹，圜底，外腹部饰竖细绳纹，个别粗绳纹。T504（下）：1，敞口，翻沿，球腹，圜底，外腹上部饰竖绳纹，下部为横篮纹，口径 16、通高 13 厘米（图一六：6）。T201（下）：74，敞口，弧腹，口径大于腹径，口径 18 厘米（图一六：7）。T302（下）：10，窄翻沿，微鼓腹，腹壁饰斜绳纹，底残，口径 16 厘米（图一六：8）。T504（下）：4，敞口，折沿，沿面微内弧凹，器形大，器壁厚重，颈部厚达 2 厘米，口径 24 厘米（图一六：3）。

鼎 只发现少量的鼎足，鼎整体形状不明，鼎足则有鱼鳍形和圆柱形两种，鱼鳍形足，足尖向外撇，两侧有较深的纵向凹槽（图一六：11~13）。

陶支架 有倒靴形和拱背形两种（图一六：9、10）。

泥质陶 灰胎黑皮陶豆是主要器形，但均残，也有罐类器等。

豆 T201（下）：47，敛口，浅腹，实心细高把，豆把残，把上戳印竖向短纹，口径 16 厘米，残高 10 厘米（图一八：1）。T201（下）：49，为喇叭形豆把，豆把上镂刻三组竖短纹，未穿透，黑皮外似涂有黄褐色的漆（图一八：3）。T2（下）：26，为喇叭形豆把，黑衣剥落严重，豆把上镂刻三组水滴状纹未穿透，残高 9 厘米（图一八：4）。T2（下）：27，为喇叭形豆把，把上刻弦纹成竹节状，残高 9 厘米（图一八：5）。

小罐　T201（下）：53，泥质灰陶，敞口，翻沿，弧腹，底残，口径 12 厘米（图一八：6）。

盘（?）　T2（下）：30，侈口，弧腹，底残，口径 24 厘米（图一八：2）。

木器　下层木器出土较多，制作精致保存较完整，主要有木耜、木锛柄、点种棒、木桨等农具和水上交通工具，也有"轭"形木器和木陀螺玩具等。

木耜　3 件。1 件平面呈长方形，2 件呈梯形，均凿有装柄用的竖向浅槽和捆扎绳索用的两个并排长方形孔。T202（下）：11，平面呈梯形，耜面微内凹，中脊稍隆，通高 31、刃部宽 16.5、背部宽 9 厘米（图一九：1）。T302（下）：4，梯形，稍残，通高 31.5、刃部宽 17 厘米（图一九：2）。T202（下）：10，平面呈长方形，耜面微凹，中脊隆起，长 25、宽 13 厘米（图一九：3）。

木锛柄　T404（下）：2，用细树权加工成器，长的一端作柄，短的一端制成榫头状，以便捆扎石锛，柄残长 11.8、锛架高 13 厘米（图一九：4）。

木锄（锤）　T502（下）：2，用树权加工而成，长的一端作柄，短的一端加工成方头，柄长 27.5 厘米（图一九：9）。

点种棒　发现较多，用棍棒两头削尖，长 1 米左右。T402（下）：6，一端圆尖、一端扁尖，长 1.03 米。T502（下）：8，长 0.75 米（图一九：8、13）。

木桨　4 件，形状各异。T404（下）：3，桨叶呈柳叶形，正面纵向起脊，柄残，桨叶长 26、脊厚 2.6 厘米（图一九：15）。T2（下）：17，桨叶长方形，柄扁圆形，桨叶上有两个未挖穿的长方形孔，可能原先是用来制作木耜，而后改成木桨，桨叶长 29.5、桨残长 45 厘米（图一九：16）。T502（下）：4，长柄，桨叶残，残长 156 厘米（图一九：10）。T502（下）：3，桨体厚重硕大。似属半成品，长柄，尖头桨叶，全长 196 厘米，叶厚 3.5 厘米（图一九：14）。

"轭"形器　2 件，用木质柔韧的杂木树权加工而成。形似"牛轭"，但器形远较牛轭要小，轭顶有楔口，两翼上有可捆扎绳索的槽，两翼中一翼稍长。T201（下）：30，两翼间距 28 厘米；T302（下）：5，翼稍残，间距 23 厘米（图一九：6、7）。

陀螺　2 件。T502（下）：5，两头尖，中间有深 0.3、宽 0.7 厘米的槽，并发现一段两股绳嵌附在槽内，陀螺中间直径 10.6、高 9.4 厘米（图一九：11）。T201（下）：31，一端尖，另一端双尖连体。陀螺上也有槽，形状特殊，陀螺高 5.6 厘米（图一九：12）。

木镞　T502（下）：1，长锋，双翼，铤残长 10.7 厘米（图一九：5）。

石器　3 件。

斧　T2（下）：32，长方形，刃部残长 6 厘米（图二〇：1）。

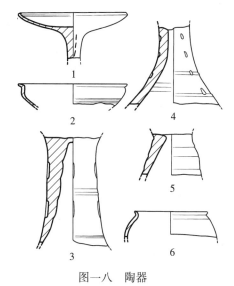

图一八　陶器

1. 豆（T201 下：47）　2. 盘（?）（T2 下：30）
3~5. 豆把（T201 下：49、T2 下：26、27）
6. 小罐（T201 下：53）（1、2.1/8，3~5.1/4，6.1/6）

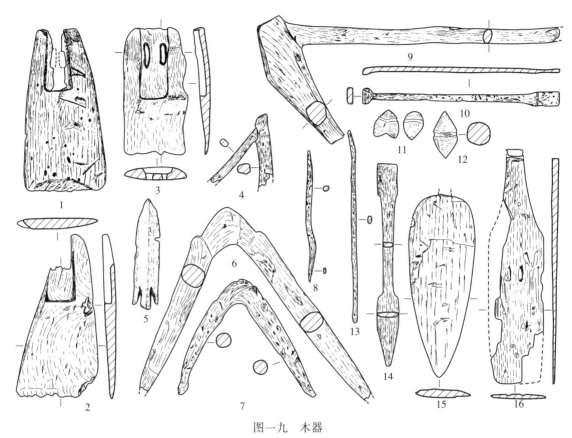

图一九   木器

1~3. 木耜（T202 下：11、T302 下：4、T202 下：10）   4. 木锛柄（T404 下：2）   5. 木镞（T502 下：1）
6、7. 木轭（T302 下：5、T201 下：15、T201 下：30）   8、13. 点种棒（T402 下：6、T502 下：8）   9. 木锄（锤）
（T502 下：2）   10、14~16. 木桨（T502 下：4、3、T404 下：3、T2 下：17）   11、12. 木陀螺（T201 下：31、T502
下：5）（1~4、7、9、11、12、15、16. 约 1/6，5、6. 约 1/3，8、10. 约 1/24，13.1/15，14. 约 1/30）

镞   T2（下）：31，三角形，崩裂严重，残长 8 厘米（图二〇：2）。

纺轮   T304（下）：19，扁平，中有小圆孔，直径 3.3、孔径 0.8、高 0.3 厘米（图二〇：3）。

骨器仅是骨尖片和骨针，且数量很少。

T201（下）：18，三角形骨质尖片，两边有刃，很锋利，长 2.2 厘米（图二〇：4）。T202（下）：
20，骨针（？），残长 2.5 厘米（图二〇：5）。

四、小   结

慈湖遗址是宁绍平原东部少数经正式发掘的遗址之一。由于本次发掘受到客观情况限制，只能在
当地砖瓦厂取土范围内布方。发掘区正处在遗址的边缘，出土完整器不甚丰富，尽管如此，此次发掘
仍然取得了可喜收获。

经过这次发掘，弄清了该遗址分上、下文化层。下文化层陶系分夹炭有色陶、夹砂灰陶和泥质黑
皮陶。夹炭有色陶占陶片总数的 72.6%，最具特征。陶器均采用手制成型，器壁厚薄不匀。大型器物
多用泥条分段叠筑，器物颈部较厚，器形粗壮。纹饰繁缛，盛行附加堆纹间以刻划纹、纵横交错的附

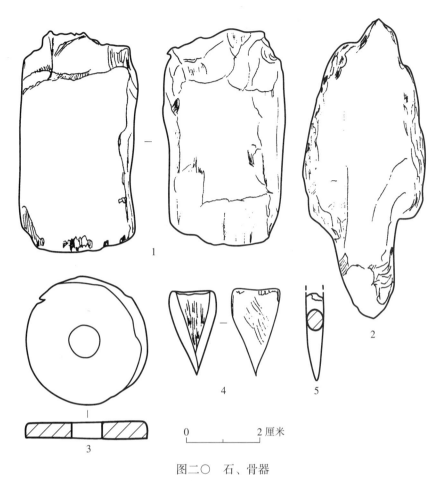

图二〇 石、骨器

1. 石斧（T2 下：32）　2. 石镞（T2 下：31）　3. 石纺轮（T304 下：19）　4. 骨镞（T201 下：18）　5. 骨针（T201 下：20）

加堆纹、竖向细绳纹及横向篮纹。器类方面不见平底器，圜底器特多，少见圈足器、三足器。器种简单，有釜、罐、盆、盘、钵、豆、器盖、釜支架及鱼鳍形鼎足。其中以夹炭有色陶的釜（敞口，宽沿，束颈，圆腹，圜底，腹部饰竖绳纹）和夹炭有色陶的罐（？）（喇叭口，细颈较短，圆肩，深弧腹，圜底，腹部施横篮纹）为大宗，这两种器物最富特征。

上层文化不见夹炭有色陶。主要有泥质黑皮陶和夹砂灰陶，还有少量泥质橙红陶。手制和慢轮修整的陶器兼而有之。纹饰素面，黑皮见水易失，镂孔和绳纹是本层的主要纹饰。器类较全面，平底器、圈足器、三足器和袋足器均有发现。器种庞杂，可辨器形有釜形鼎、镂孔圈足豆、带凹槽口沿的平底罐（俗称泡菜罐）、圈足盆、浅腹盘、敛口钵、双鼻壶、宽耳杯、器盖等多种器物。本文化层陶器的基本特征盛行黑皮陶皮，胎色多样，鱼鳍形足支撑的釜形鼎，饰圆形、方形和弧边三角形镂孔圈足豆和侈口圆肩斜收腹的平底罐是本层的主要器物。

上层文化遗物从陶系到器形与太湖周围的良渚文化有不少相似之处。如夹砂灰红陶、泥质黑皮陶和橙红陶与良渚文化陶系相似。器物方面，如扁圆形和宽扁形状的鱼鳍形鼎足、圈足浅腹盘、双鼻壶、宽耳杯和口沿饰针刺纹的罐等都和良渚文化遗物有相似之处。但是从器物组合看又有差异，慈湖遗址以鼎、豆、罐为主要器物组合，而太湖地区则以鼎、豆、壶为器物组合。这些不同，可能反映了良渚文化早期特征。根据^{14}C 测定，上文化层的绝对年代为距今 5365±125 年（树轮校正）。同时，也可能反映了宁绍地区的良渚文化与太湖周围地区的良渚文化存在着地域性的差异。而这种差异，构成了良渚文化钱塘江南北的两种类型。

下层文化的夹炭有色陶，就其胎质而言，与河姆渡遗址第三、四文化层的夹炭陶相似，同样掺合稻秆、稻叶和谷壳等有机物，没有多少区别，但从器类看，慈湖下层文化不见平底器，常见圜底器，与河姆渡第三、四层常见平底器显然有别。从纹饰比较，慈湖遗址下层文化常见的横向篮纹为河姆渡遗址第三、四层所不见。然而，从慈湖遗址下层文化陶器表面盛行施陶衣，器物有敞口圜底釜、猪嘴形拱背釜支架和木耜等器物，却与河姆渡遗址第二文化层出土器物相似。而鱼鳍形鼎足，足尖外撇和多种多样的镂孔圈足豆等特点又与崧泽早期文化因素相近。文化面貌比较复杂，有待今后考古发掘进一步加深认识。这层的绝对年代，据^{14}C测定为距今5747±110年（树轮校正）。

慈湖遗址上、下文化层各有自己的特征，但上、下文化层似有其发展脉络可寻。如夹砂灰陶鱼鳍形鼎足，下层的足跟尖成弧状外撇，数量不多；上层的足跟略斜平外撇，数量增多。再如泥质黑皮陶喇叭豆，下层的豆，黑皮陶黑而发亮，不易脱落，部分还漆有褐色漆，可称陶胎漆器。滴水状镂孔镂而不透。上层的豆，泥质黑皮陶黑而不亮，见水易失。多种形式的镂孔均已穿透。因此，慈湖遗址上下层文化，应是宁绍地区河姆渡文化向良渚文化发展阶段上的一种新的文化内涵。从上、下文化层陶器发展承袭关系来看，它们之间衔接不很紧密，中间还有缺环。这种新的文化内涵填补了河姆渡文化发展环节上的缺环，并首次在宁绍平原上确立了良渚文化地层。

还值得一提的是慈湖遗址发现了一批难得的生产工具和生活用具，这在同时期同类型的遗址中是少见的。诸如木质钻头〔镶嵌骨（牙）质钻刀〕的发现，使我们了解到当时人们除已经学会使用管钻孔技术外，还发明了使用活动钻头钻孔的新技术，达到了省时省力的效果。这种运用机械力推动钻头钻孔的实物标本，尚属首次发现，为研究生产工具的发展史填补了空白。木质双翼长锋箭镞与后来双翼短锋青铜箭镞颇相似，推测前者是后者的雏形。两端尖陀螺和连体陀螺均有一周浅凹槽，并在两端尖的陀螺凹槽内发现残留一段双股细绳，表明陀螺乃是一种游戏玩具。牛轭形器，根据弓状两端切割凹槽，中间外表制作精致，内壁刮削光滑，推测可能是一种牵引工具。发现的两只木屐，说明了远在新石器时代晚期已有了木屐，这可以适应恶劣的自然环境。与河姆渡遗址众多骨耜形成鲜明对比的是慈湖遗址发现了较多的木耜，这些木耜证明了居住在这里的先民过着从事耜耕农业为主要生产活动的经济生活。

慈湖遗址的发掘工作得到了宁波市文化局、宁波市江北区人民政府和江北区文物保管所的大力支持。在整理期间得到吴汝祚的热情帮助，在此一并致谢。

执　笔：丁友甫　王海明

（原载《浙江省文物考古研究所学刊——建所十周年纪念（1980—1990）》，科学出版社，1993年）

奉化名山后遗址第一期发掘的主要收获

名山后遗址考古队

名山后遗址位于浙江省宁波市奉化区东北 12 千米处的南浦乡名山后村。遗址原有面积约 2 万平方米，大部分已遭南浦乡砖瓦厂取土破坏，部分被名山村农舍覆盖。1989 年秋冬，经国家文物局批准，由浙江省文物考古研究所主持，宁波市博物馆、奉化市文物保护委员会派员参加，对遗址进行了第一期抢救性发掘。发掘面积 360 平方米。发现墓葬 6 座，灰坑（沟）43 个，人工夯筑土台 1 座。出土陶器、石器、玉器 137 件。参加绘图的有李永嘉和陈慧珉。现将这期发掘的主要收获报道如下。

这期发掘，获得依次叠压的 12 个文化堆积层。八层以下的文化层的包含物表明它们属河姆渡文化遗存，这批材料丰富了河姆渡文化的内涵，增加了河姆渡文化发展环节。第二至七层六个文化层的出土物主要是陶器，泥质黑陶颇具特色，夹砂红陶数量最多，此外还有泥质灰陶、泥质红陶和少量的夹砂黑陶。夹砂红陶以砂粒、稻壳、介壳末加掺合料，器表有的经过打磨，有的似有红色陶衣。器形主要有夹砂红陶鱼鳍形足鼎、"T" 字形足鼎，泥质黑陶竹节把豆、镂孔矮圈足豆、双鼻壶，泥质红陶戳印纹陶罐、双唇带槽罐。陶器多素面，鼎上绳纹少见，在豆上有精细的阴线刻划花纹，以鸟为主题。镂孔装饰多见于豆的圈足。这是一种有别于河姆渡文化的新文化类型。这种叠压在河姆渡文化层之上又非河姆渡文化能包含的新文化层的发现和确立，是这期发掘的主要收获之一。为深入研究分布在宁绍平原上的植根于河姆渡文化而又不同于河姆渡文化的以泥质黑陶为显著特征，以鱼鳍形鼎足、"T"字形足鼎、双鼻壶、竹节把豆为典型器物群的文化遗存的面貌、性质奠定了地层学基础。

人工夯筑土台的发现是这期发掘的又一重要收获。人工堆筑的土台在太湖周围、杭嘉湖地区的良渚文化遗址中多有发现，如余杭反山、上海福泉山、江苏张陵山、江苏草鞋山等都是经人工堆筑土台后，再行埋墓的。名山后遗址 7 层下发现的土台是用棕黄色砂土和黄褐色黏土分层夯筑而成，十分坚硬。土台四周有深沟围绕。夯层厚 8~12 厘米。夯窝呈方形，长、宽相同，均 22~24 厘米。它由 4 个长宽均 11~12 厘米的小方窝组成。根据夯窝的特征，推测这是用 4 根长、宽约 12 厘米的方木捆绑成夯，而后夯筑的。夯窝的发现，在江南史前考古中尚属首次。

这次清理的 6 座墓葬，有 4 座开口在十层下，均找不到墓坑，也不见葬具，人骨保存甚差，有的仅存头颅和肢骨，骨架已无法起取。葬式均为仰身直肢，头向 60° 左右，无随葬品发现。一座开口于七层下，被土台叠压，另一座因上部被砖瓦厂取土破坏，开口层位不明，据随葬品特征分析，推测与开口在七层下的墓葬属同一时期。这两座墓葬均发现有长方形浅坑，葬式为仰身直肢，头东脚西，随葬品均 3 件陶器，器形为釜、罐、矮圈足豆。

陶器是这期发掘的主要出土物，釜、鼎等炊器数量最多，形式也最丰富，豆罐的数量也不少。现择要介绍几件有代表性的陶器。

多角沿釜，夹砂灰红陶。T0914⑩：2，侈口、折沿，沿口修割成多角状，鼓腹、圜底，腹饰斜向绳纹，口径25、高21.8、腹径29.6厘米（图一：1）。

侈口圜底小釜，夹砂灰陶。M4：3，侈口、垂腹、圜底，颈以下饰竖绳纹，口径10.5、腹径11.1、高9厘米（图一：4）。

小口球腹圜底釜，夹砂灰红陶。T1014⑩：1，侈口、折颈、球腹、圜底、腹饰较细竖绳纹，拍印规整，口径20、腹径31.2、高24厘米（图一：2）。

钵形釜，夹砂灰红陶。T1614⑪：1①，直口微敛，弧腹、平底微内凹，底角不明显，中腹安一对鸡冠状錾，口径19.6、高18.6厘米（图一：5）。

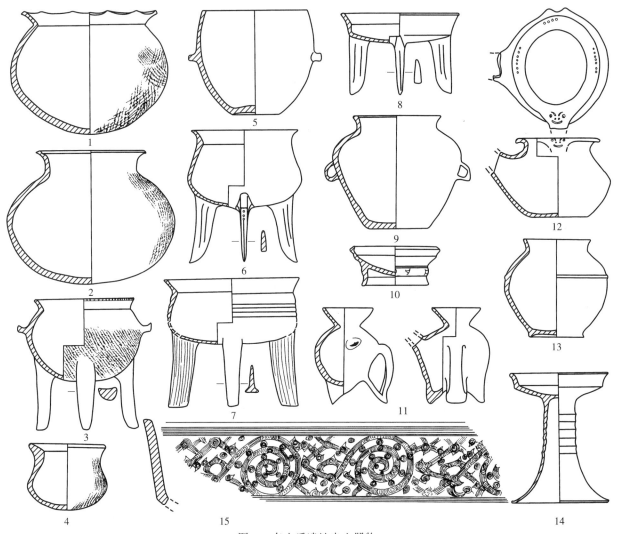

图一　名山后遗址出土器物

1. 多角沿釜（T0914⑩：2）　2. 小口球腹圜底釜（T1014⑩：1）　3. 釜形鼎（H23：3）　4. 侈口圜底小釜（M4：3）
5. 钵形釜（T1614⑩：2）　6. 釜形鼎（H12：1）　7. 盆形鼎（H14：44）　8. 盆形鼎（T1715④：1）　9. 牛鼻耳罐（H22：1）
10. 矮圈足豆（M4：4）　11. 袋足盉（T1514⑩：1）　12. 平底盉（H2：1）　13. 圈足罐（M4：1）　14. 竹节把豆（H31：1）
15. 豆盘纹饰摹本

　①　对应的图一：5，器物编号为T1614⑩：2。（编者注）

釜形鼎，有夹砂灰红陶和夹砂黑陶两种。H23：3，夹砂灰红陶，侈口、弧腹、圜底、半圆锥状足，上腹安一对鸡冠形錾，腹饰斜向绳纹，口径28、通高35.4厘米（图一：3）。H12：1，夹砂黑陶，侈口、垂腹、圜底、鱼鳍形足，器表素面，口径29.6、通高35.7厘米（图一：6）。

盆形鼎，有夹砂红陶和夹砂黑陶两种。夹砂红陶夹有介壳末，器表经打磨。H14：44，侈口、平沿、腹微鼓、腹较浅，上腹饰瓦楞纹，"T"字形足，足面微内凹，口径38、通高34.2厘米（图一，7）。T1715④：1，夹砂黑陶，侈口、浅腹、鱼鳍形足，口径32、通高22厘米（图一：8）。

牛鼻耳罐，夹砂灰陶。H22：1，侈口、弧腹、平底微内凹，肩下一对牛鼻耳，口径18、高20.4厘米（图一：9）。

圈足罐，泥质灰陶。M4：1，侈口、鼓腹、矮圈足，中腹饰一条凸弦纹，口径12.4、底径10、高17.6厘米（图一：13）。

矮圈足豆，泥质灰陶。M4：2①，敛口、浅腹、圈足较大较矮，圈足上有圆形、三角形镂孔，口径15.4、底径12.2、高7厘米（图一：10）。

竹节把豆，泥质灰陶。H31：1，侈口、浅盘、竹节把，口径18、圈足径18、高23厘米（图一：14、15）。

平底盉，泥质红陶。H2：1，椭圆形口，翻沿，口部有一錾手，并刻兽面。錾与椭圆形管状嘴呈直角配置，鼓腹平底，腹最大径在器物中部，并有扁角状握手，口沿上戳印三组圆圈纹，口径15.6~18、高14.2厘米（图一：12）。

袋足盉（异形鬶），泥质灰红陶。T1514⑩：1，侈口、束颈、二袋足间一方形落地把手，管状嘴，口径9.2、高17厘米（图一：11）。

这期发掘还获得不少阴线细刻花纹标本，鸟是花纹装饰的主题，花纹主要发现于泥质黑皮陶竹节把豆上。豆把上所见均是单体鸟，作展翅翱翔状，数鸟为一周，上下多圈。刻划技法娴熟，简练数笔，将鸟的神态刻划得惟妙惟肖。尤以H14和G4出土的两件豆盘上的"鸟头蛇身"纹标本耐人寻味。H14发现的残豆盘器外表经认真打磨，黑皮乌黑发亮。残存部分约为豆盘的1/3，所刻纹饰虽然连贯成一体，据花纹布局、结构，似可分成基本相同的三组，前后两组残缺，中间一组完整。它是以盘曲的躯体（蛇身）和尖嘴、羽冠高耸的鸟头为主体，蛇身上有卷云纹、弧线、直线组合的纹样。盘曲的蛇身周围有近20个卷云纹围绕。以鸟头为中心，周围又有十多只鸟盘旋飞翔，有的展翅相连，有的仅见鸟头，根据残存情况推测，一件完整的豆上应有9组这样的纹饰（图一：15）。

类似这类图案的陶器在上海福泉山②、亭林③，江苏苏州草鞋山④，浙江余杭庙前⑤等良渚文化遗址均有发现。所见花纹也都局限于鼎、豆、壶这三种器形上，尽管花纹细部特征有所区别，构图布局不尽相同，但卷曲的"蛇身"、鸟纹和卷云纹是这类图案所必备的三要素，刻划手法相同，装饰风格

---

①　对应的图一：10器物编号为M4：4。（编者注）

②　上海市文物保管委员会：《上海青浦福泉山良渚文化墓地》，《文物》1986年第10期。

③　上海市文物保管委员会：《上海古代历史文物图录》，上海教育出版社，1981年，第32页。

④　南京博物院：《江苏吴县草鞋山遗址》，《文物资料丛刊（3）》，1980年。

⑤　本所发掘资料。

相似。在如此广袤的地域范围内，发现如此相似的花纹图案，绝非偶然。图案当有着相同的主题思想，是同一社会形态精神、意识的反映。

鼎、豆、壶在周代作为礼器而倍受人们的重视。在良渚文化，凡细刻这类图案的陶器无一不是代表当时最高制陶水平的十分精美的泥质黑皮陶，所刻图案也非一般制陶工匠所能刻划的，它是经精心构思，认真刻划的艺术杰作，制作讲究，费工费时。且多发现在埋于土筑高台上的上海福泉山、吴县草鞋山这样的大墓中。名山后遗址发现的这件残陶豆虽不出自大墓，但它与这里发现的人工夯筑的土台可能有某种联系，因而我们推测这些细刻"鸟头蛇身"纹的鼎、豆、壶陶器并非一般的日常生活用器，而可能是部族显贵或巫觋所使用的礼器，死后像玉琮、玉璧和玉钺一样作为权力和财富的象征而随葬于墓中。

这种"鸟头蛇身"纹的内涵是什么呢？名山后 H14 出土的豆盘上的蛇身尾巴在中心的盘曲特征已脱离了蛇的自然属性，蛇盘曲始终是头在内，尾巴在外；鸟虽然喙、眼、冠俱全，但仅见鸟头，鸟身、鸟足不见。从目前所见的这类图案纹饰都已抽象、神化，所刻的是事实上并不存在的物体，似鸟非鸟，似蛇非蛇，两种纹样有机结合，构思巧妙，布局严谨，花纹繁褥，颇具神秘感。它们是否为帮助人们沟通天地的神鸟呢，巫觋们是否借助这种神鸟的力量腾云驾雾而升天呢？墨西哥回乔尔部落人（Huichols）相信"健飞的鸟能看见和听见一切，它们拥有神秘的力量，这力量固着在它们的翅和尾的羽毛上"，巫师插戴上这些羽毛，就"使他能够看到和听到地上地下发生的一切……能够医治病人，起死回生，从天上祷下太阳，等等。"[1] 在良渚文化，鸟有着特殊的地位，不仅陶器上有鸟纹，在玉器上，鸟更被加大渲染，有鸟形玉雕，在玉琮、玉璧、玉钺、玉冠饰上则常可见到十分夸张的鸟纹。陶器和玉器上所见的鸟纹形态相似。刻划手法相同。玉琮、璧和钺一般认为是巫觋祭天礼地时沟通天地所使用的法器，而玉冠饰则是巫觋所冠戴的装饰品。巫觋们可能是借助这些刻于陶器、玉器上的神鸟的力量而沟通天地的。

鸟纹在河姆渡遗址有较多的发现，有双凤朝阳象牙雕刻、鸟形象牙圆雕匕、双头凤纹骨匕，蝶形器也有作鸟形的，这些被认为是河姆渡人崇拜鸟的反映。鸟也是百越民族的主要崇拜物之一，鸟为越人图腾说似已成定论。卷曲躯体的"蛇纹"在河姆渡文化、马家浜文化中未曾发现。蛇图腾最早出现于远古时期黄河流域，黄帝部落联盟之一的轩辕族的图腾形象为"人面蛇身，尾交首上"[2]。属仰韶文化庙底沟类型的甘肃武山西坪发现的小口平底彩陶瓶上的"蜥蜴"[3] 纹是目前所见的最早的蛇图腾形象。《山海经》有关蛇的记载很多。从图腾意义上说"鸟头蛇身"纹可视为复合图腾，是信奉鸟图腾的先越人和崇拜蛇图腾的北方民族交流融合的反映。这种"鸟头蛇身"纹也可视作鸟龙，它是后代"角似鹿，头似蛇，腿似兔，颈似蛇，腹似唇，鳞似鱼，爪似鹰，掌似虎，耳似牛"[4] 的龙形象的雏形。如果这个分析成立，鸟龙的出现，说明当时正处在民族大融合的重要时期。龙成为中华民族的象征，我们是龙的传人都源于此，有着相同的文化习性。

---

① 列维-布留尔著，丁由译：《原始思维》，商务印书馆，1987 年，第 28、29 页。
② 郭璞著，毕沅校：《山海经》，上海古籍出版社，1989 年，第 84 页。
③ 甘肃省博物馆：《甘肃彩陶》，文物出版社，1979 年，第 3 页。
④ 濮安国、袁振洪：《龙图 400 例》，轻工业出版社，1986 年，第 4 页。

　　然而，鸟纹、鸟形雕塑的发现并不限于河姆渡文化、良渚文化和越文化。在陕西、河南的仰韶文化遗址中都有大量的鸟纹发现，庙底沟出土的陶塑鸟头最引人注目，马家窑文化则有鸟面陶罐，红山文化有玉鸟，黄河下游龙山文化中也有鸟的形象。殷民族神话里也认为其祖先是鸟。"天命玄鸟，降而生商"①，鸟纹是商周青铜器特别是祭器上的主要纹饰，在楚文化中，鸟也是被广泛表现的艺术主题，自商周以来，龙凤始终连在一起。唐宋以来，则以龙凤象征爱情，夫妇和美，即所谓"龙凤呈祥"。龙凤在后世成为祥瑞被广泛表现。看来，简单用图腾说解释显然是不够的，有待今后深入探究。

　　名山后遗址第一期发掘所获得的资料很多，现将主要收获作一简要报道。对"鸟头蛇身"纹的内涵也从几个不同的角度进行了假设、推测和解释，错误之处，在所难免，希望通过第二期发掘能获得更多的资料，了解更多的信息，届时再作系统全面报道。

执　笔：王海明

（原载《浙江省文物考古研究所学刊——建所十周年纪念（1980—1990）》，科学出版社，1993 年）

---

　　① 袁梅：《诗经译注雅颂部分》，《诗经·商颂·玄鸟》，齐鲁书社，1982 年，第 639 页。

余姚市鲞架山遗址发掘报告

浙江省文物考古研究所　河姆渡遗址博物馆

鲞架山遗址坐落在浙江省余姚市河姆渡遗址东北方向 1.5 千米处，向东约 2 千米越过姚江北岸的四明山余脉就进入宁波市辖区（图一）。遗址北靠海拔 60 米的葛山（其东段当地习称鲞架山），往南延伸至王其弄的一片狭长水稻田下。文化堆积依托的生土层海拔约在 0 到 8 米之间，因此该遗址属低丘坡地型遗存（图二）。由于周围未作过勘探调查，遗址面积尚不清楚。1994 年初，当地砖瓦厂在鲞架山南坡大量取土，遗址堆积遭受严重破坏。附近的河姆渡遗址博物馆工作人员在野外调查中发现此情况。浙江省文物考古研究所获悉后随即组织力量进行了抢救性发掘，历时 2 个多月。布方面积 640平方米，实际发掘面积 550 平方米。由于砖瓦厂沿缓坡横向取土，宽幅达 40 多米，在此范围内的文化

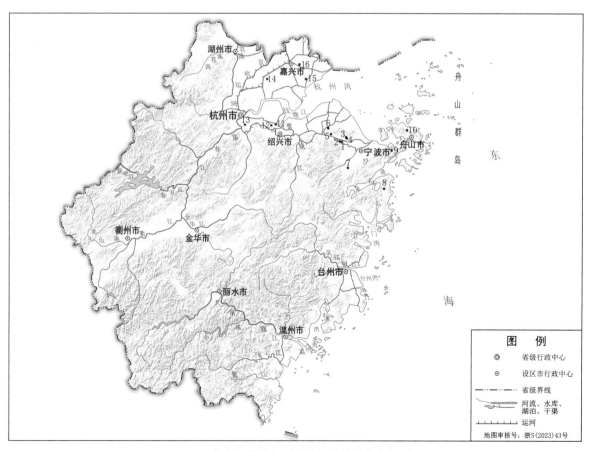

图一　鲞架山遗址与周围相关遗址地理位置图

1. 鲞架山遗址　2. 河姆渡遗址　3. 慈湖遗址　4. 小东门遗址　5. 鲻山遗址　6. 童家岙遗址　7. 名山后遗址　8. 塔山遗址
9. 沙溪遗址　10. 白泉遗址　11. 仙人山遗址　12. 壶瓶山遗址　13. 跨湖桥遗址　14. 罗家角遗址　15. 王坟遗址
16. 南河浜遗址

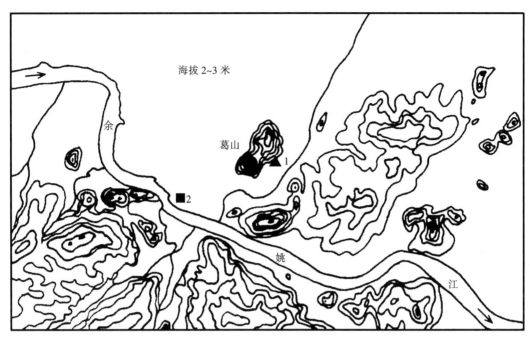

图二　鲞架山遗址与河姆渡遗址周围地形示意图
1. 鲞架山　2. 河姆渡

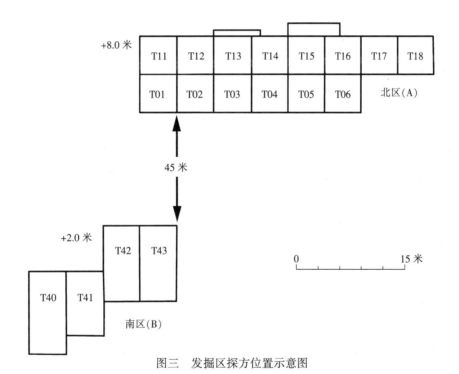

图三　发掘区探方位置示意图

堆积遭彻底破坏。因此该遗址被取土区分成了南、北两大部分，相应的发掘区也分成了北区（A）和南区（B）。北区布方以西南角为原点按坐标法编号，每个探方为5×5平方米。在北区的西南方向，跨过45米的取土区东西向布了5×10平方米的探方4个（图三）。发掘表明该遗址包含河姆渡文化遗存和春秋战国时期的文化遗存，发现灰坑、红烧土台、瓮棺葬、道路、河埠、成排木桩等遗迹，以及大量河姆渡文化遗物和印纹陶时期的各类遗物。

参加发掘的人员有省文物考古研究所的王海明（领队）、黎毓馨、孙国平、彭必平和张海珍，还有河姆渡遗址博物馆的黄渭金。发掘工作得到了余姚市人民政府和河姆渡博物馆的关心和支持，在此深表谢意。

一、遗址堆积层位与遗存分期

北区文化堆积处于山坡靠上的位置，相对高度高出南区约 6 米，因此两区堆积的具体构成也有较大差异。下面先以 AT03、AT13 东壁剖面图为例介绍北区堆积层位（图四）。

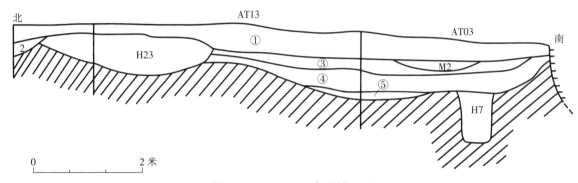

图四　AT13、AT03 东壁剖面图

①层，山坡表层，属现代植被生长层，厚 20~90 厘米，土色褐灰，较疏松。内含汉唐以后至近现代的瓷片和砖瓦碎块。地层自北向南稍倾斜。

②层，灰色砂土层，距地表深 20~60 厘米，厚 0~40 厘米，土质较松。此层仅在个别探方有小面积分布。包含物有小件青铜器、石器、原始瓷器和印纹硬陶器等。被①②层叠压的遗迹有三个灰坑、一个红褐色烧土坑（台）和五处成组器物浅坑（瓮棺葬）。

③层，黄褐色细砂土，深 20~50 厘米，厚 10~30 厘米，土质比较致密硬实。此层分布面较广，包含物稀少。被此层叠压的遗迹仅是几处零星分布的具有建筑遗存性质的以红烧土垫底的小柱坑。

④层，浅褐色粗砂土层，深 25~90 厘米，厚 10~65 厘米，土质坚硬，包含物主要是一些夹砂、夹炭陶片，还有少量残石器。开口于此层下打破生土层的遗迹仅有 4 个长方形竖穴小坑。此层下是纯黄色生土层，原始地貌既有较平坦的缓坡，也有凹陷的洼地。

接着以 BT42 东壁剖面图为例介绍南区堆积层位（图五）：

①层，山坡边缘表土层，坡势较平缓，发掘前为现代水稻田。厚 30~80 厘米，含一些陶瓷砖瓦碎片。

②层，青灰褐色土层，深 30~70 厘米，厚 10~40 厘米。土质较软，含少量砂粒。包含物有原始瓷、印纹硬陶、夹砂红陶等碎片和残石器，此层下叠压着面积较小的砂土层，斜向成排小木桩遗迹和一条近东西向的道路遗迹。

③层，冲刷淤积的灰黄褐色细砂土层，局部为青灰泥和细砂混合土。深 65~100 厘米，厚 0~35 厘米。砂土较厚处夹杂大量粗砂粒，大小石块、断枝残叶和动物碎骨等自然遗物，此外还有较丰富的陶片和石、骨、木器等文化遗物。叠压于③层下的有一条道路遗迹。

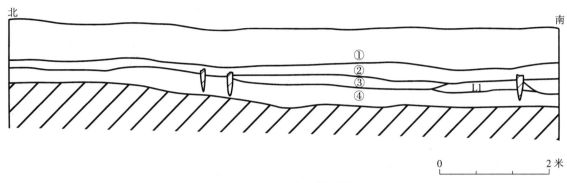

图五　BT42 东壁剖面图

④层，由于地势自北向南倾斜，此层北半部分较高处堆积是褐黄色斑杂土，南半部分长期受地下水浸染而呈灰黑色。深45~120厘米，厚15~55厘米，黏性较大。出土物比较丰富，有石器、陶片、果核和动物碎骨等。④层下开口的遗迹仅有 4 个打破青灰色生土层的灰坑。

根据对南北两区堆积层位的分析和相应层位的遗物的初步比较，可以把此次发掘的文化遗存归纳成四个较长的形成时期。下面自早至晚揭示各期的文化面貌（表1）。

表1　鲞架山遗址北、南发掘区遗存单位分期对应表

区 遗存 期	北区（A）	南区（B）
第四期	②，H3、H14	②
第三期	/	③
第二期	③，H1、H2、H4、H5、M1、M2、M3、M4、M5	H10、H11、H12、H13、H15、H16、H17、H20、L1
第一期	④，H6、H7、H8、H9	④，H18、H19、H21、H22

二、第一期文化遗存

（一）遗迹

本期遗迹仅有开口于④层下打破生土层的 8 个灰坑。其中北区的 H6、H7、H8、H9 四个灰坑，位置相对集中，坑体规模、形态基本相近，包含物也相似，显然是有目的地挖成，实际用途不明。而南区的四个灰坑 H18、H19、H21、H22 情形较复杂（图六）。下面择要介绍。

H6，位于 AT13 南部，坑口距地表85厘米，坑体打破生土层。坑口呈圆角长方形，长90、宽75、深50厘米。坑壁斜直，坑底东稍高于西。内填灰褐色松软土，包含物有少量木炭和白色骨渣，还有一些夹炭、夹砂陶片，可辨认器形有釜、钵、盆、盘等。

H8，位于 AT04 西部。坑口距地表70厘米。坑口呈南北向不规整长方形，北端稍高，长70、宽50、深30厘米。坑壁较直，底部平整。填土是较硬的深褐色砂土，夹杂一些碎小的陶片和骨渣。它的南半部分有一块向南倾斜的条石，横截面近方形，上端高出坑口约10厘米（图八）。

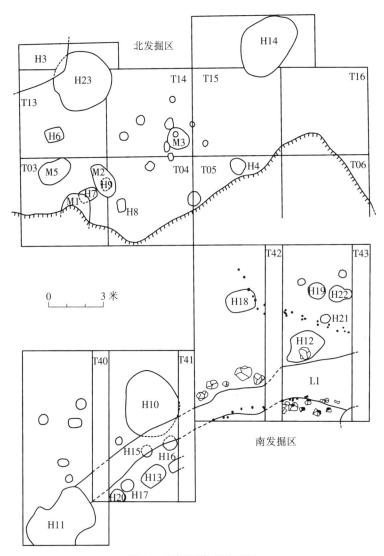

图六　发掘区遗迹平面图

H18，位于 BT42 北部。坑口距地表深 98 厘米，呈长方形，长 190、宽 130、深 46 厘米，坑底长 132、宽 74 厘米。坑壁稍倾斜，底部平整。坑内堆积分两层，上层灰褐土，较松软，厚 26 厘米，含木炭和骨渣；下层为较纯净的灰褐土，厚 20 厘米。上下层填土之间较有规则地排列三行共 11 块扁平石块，石块上直接覆盖着约 1 厘米厚的颗粒木炭层，并夹杂少量碎小陶片（图七）。

H19，位于 BT43 中部偏北处。坑口距地表约 140 厘米，呈较规整的圆形，直径 90 多厘米，深 70 厘米。坑壁斜直，底面平整，直径 50 厘米。灰黑色松软填土。包含物中陶片很少，在距坑口 20 厘米处出土一石磨盘残块，近底处还出土一些动物碎骨（图一一）。

H22，位于 BT43 中部偏北处。坑口距地表约 140 厘米，不规则形状，呈一端大一端小的"8"字形，大径 140 厘米，小径 70 厘米。大端深仅 20 多厘米，小端深达 50 厘米。青黑色松软填土。浅坑中出一些动物碎骨，多为骨关节；小坑中出土少量夹炭，夹砂陶片（图九）。

除上述较大的几个灰坑外，在 BT40 的④层下还有 5 个深浅不一的小圆坑，比较集中，均有青灰色淤泥状填土（图六）。

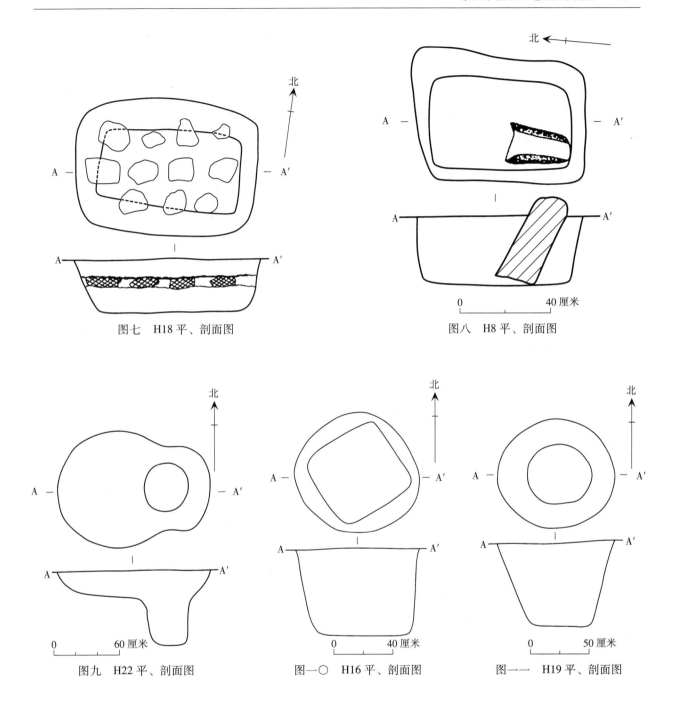

图七　H18 平、剖面图

图八　H8 平、剖面图

图九　H22 平、剖面图

图一○　H16 平、剖面图

图一一　H19 平、剖面图

（二）遗物

此期遗物出土于地层堆积和一些灰坑中，数量多而残碎。分人工遗物和自然遗物两类。炭粒、骨渣和动物碎骨等自然遗物主要出于灰坑，它们在一定程度上反映了古人的生活方式和经济形态。人工遗物主要指人们的生活用具和生产工具，这里只是一些陶器和石器。

1. 陶器

根据对遗物比较丰富的 BT42④层的陶片统计结果，此期遗存的陶系构成为夹砂灰褐陶为主，占总数的 57.7%，夹炭陶次之，占 41%，且夹炭陶中约 1/3 是夹炭红褐陶，另有部分因表面剥落或褪色而不明器表颜色；另外，泥质陶仅占1%。器表多素面，仅在各类釜的中下腹部拍印规则或杂乱的绳纹，另外在多数口沿下弱脊上压印锯齿纹。一些釜和豆圈足的中部器表常饰蚶壳印纹和贝齿印纹。一件残器底外表饰有蜥蜴状堆塑纹。制陶工艺上还停留在手制阶段，泥条盘筑法被普遍采用；素面陶器表面多经过沁浆抹光处理；陶胎多较松脆，显示烧制火候不高。器形多圜底器和平底器，少见圈足器，不见三足器。器类以釜、罐为大宗，还有钵、盘、盆、大圈足豆、甑、器盖等。陶器在此几乎都是容器类的生活用具，而极少用来制作生产工具，如纺轮等。

釜，是最主要的陶器种类，釜类陶片占全部陶片的大多数。陶质多是夹砂红褐陶或灰陶，也有部分夹炭陶。根据口部形态特征可分为侈口釜（A型），直口釜（B型）、敛口釜（C型）等三型。

A型，侈口釜，标本16件，属此期最常见的釜类，口沿和唇部明显外张。再依颈部的粗细分为Aa、Ab、Ac三个亚型。

Aa型，标本8件，均粗颈，颈径略小于口径和腹最大径。口沿下均饰有弱脊。

标本①，BT41④：2，夹砂灰黑陶。中腹以下饰竖向和斜向绳纹。口径25.6厘米（图二一：1）。

标本②，AT15④：5，夹砂褐陶。器腹素面，弱脊上压印锯齿纹。口径约30厘米（图二一：2）。

标本③，BT42④：19，夹砂褐陶。腹表通饰绳纹，弱脊上压印细锯齿纹。口径32厘米（图二一：3）。

标本④，BT42④：7，夹砂灰褐陶。颈部较粗直，颈腹交界处饰水波状刻划纹、弦纹、窝点纹，腹表通饰竖向细绳纹。口径30厘米（图二一：4）。

标本⑤，AT04④：1，夹炭灰褐陶。折腹，素面。口径24厘米（图二一：5）。

标本⑥，BT42④：8，稍显束颈。腹表饰绳纹。口径30.4、高18.4厘米（图二一：6）。

标本⑦，BT42④：9，夹砂红褐陶。弱脊上压印锯齿纹，腹表通饰错向绳纹。口径29、高19.6厘米（图二一：7）。

标本⑧，BT42④：13，弱脊上压印锯齿纹，腹表素面。口径28厘米（图二一：8）。

Ab型，标本4件，微束颈，沿下无弱脊，弧折腹，器体较小。

标本①，BT41④：3，夹砂红褐陶。颈腹交界处饰蚶壳印纹和贝齿印纹，腹表饰绳纹。最大腹径仅12厘米（图二一：9）。

标本②，BT42④：6，夹砂红褐陶。外口缘饰压印锯齿纹，腹下部饰交错浅绳纹。口径20厘米（图二一：10）。

标本③，BT42④：16，夹炭灰黑陶。腹表素面，仅在外口缘饰压印锯齿纹。口径17.6厘米（图二一：15）。

标本④，BT42④：9，夹砂红褐陶。外口缘饰压印锯齿纹，腹表近底处饰交错浅绳纹。口径18、高14厘米（图二一：16）。

Ac型，标本4件。侈口、卷沿、束颈、大浅腹圜底，口径明显小于腹最大径。

标本①，BT42④：18，夹砂灰黑陶。外口缘饰压印锯齿纹，圜底外表饰交错细绳纹。口径20、腹最大径26、高16厘米（图二二：1）。

标本②，BT42④：7，夹砂红褐陶。外口缘饰压印锯齿纹，圜底外表饰浅绳纹。口径20、腹最大径 25.6、高 14.4 厘米（图二二：2）。

标本③，AT13④：2，夹砂红褐陶。外口缘饰压印锯齿纹。底残。口径 16.8 厘米（图二二：3）。

标本④，AT04④：2，夹炭陶，表面红色。中腹外表饰一圈弱脊，并压印锯齿纹。底残。口径 22.4 厘米（图二三：4）。

B 型，直口釜，标本 5 件。沿微侈，口部和颈部接近等粗，口颈交界处均饰明显尖脊。

标本①，AT03④：1，夹砂红褐陶。沿下凸脊较大似腰沿。口径约 32 厘米（图二二：7）。

标本②，BT42④：12，夹砂灰陶。外口缘和尖脊上均饰压印锯齿纹。口径 26.4 厘米（图二二：8）。

标本③，AT14④：5，夹砂红褐陶。尖脊上饰压印锯齿纹，沿下和颈部饰贝齿纹。口径 24 厘米（图二二：9）。

标本④，AT14④：3，夹砂红褐陶。口、颈交界处和折腹处均起尖脊，并饰压印锯齿纹。口沿残，腹最大径 21 厘米（图二二：10）。

标本⑤，BT42④：20，夹砂红褐陶。直口微侈。口径 22.4 厘米（图二二：11）。

C 型，敛口釜，个体均较大，无复原。标本 5 件，其中 2 件似盘口釜。

标本①，BT41④：4，夹砂灰陶。窄平沿，粗径，口颈交接处起脊。口径 30 厘米（图二三：1）。

标本②，BT43④：5，夹砂灰陶。窄平沿，粗颈。口沿下器表饰贝齿纹，尖脊上压印锯齿纹。口径约 30 厘米（图二三：2）。

标本③，BT42④：21，夹砂陶。口颈交接处起脊。口径 21.6 厘米（图二三：3）。

标本④，BT42④：6，夹砂灰褐陶。口微敛，颈部明显。口沿下饰弱脊，并压印锯齿纹。口径 29.2 厘米（图二四：2）。

标本⑤，AT12④：2，夹砂陶。口稍敛，口颈交接处转折明显，并起弱脊。口径 21.6 厘米（图二四：3）。

双耳筒腹釜，一件，AT04④：3，夹炭陶，含少量细砂，器表红褐色。口微侈。口径 18 厘米（图二二：12）。

罐，大部分是口沿残片和腹片，无复原器。与釜类器物的最大区别是罐类口径均较小，一般在 10~20 厘米之间，且胎质多数是夹炭陶质，与釜类多数是夹砂质相异，显示其实用功能上一般不作炊器而多用作盛器。标本 7 件。

标本①，AT13④：1，夹炭陶，器表红褐色。直口微侈，尖唇。肩部设对称环形耳。口径 16 厘米（图二二：5）。

标本②，BT42④：11，夹砂黑陶。外口缘饰压印锯齿纹；颈部设对称鸡冠形錾。口径 12 厘米（图二二：6）。

标本③，BT42④：17，夹砂灰黑陶。外口缘压印锯齿纹，沿下有数圈轮修痕。口径 18 厘米（图二二：14）。

标本④，BT42④：9，夹炭灰黑陶。素面。口径 12.8 厘米（图二二：15）。

标本⑤，BT43④：6，夹炭黑陶。口微敛，沿外表起尖脊。口径 14 厘米（图二二：16）。

标本⑥，AT03④：2，夹炭陶，并夹杂少量细砂，器表浅红褐色。口较直，微敛，窄平沿。颈部设对称环形耳。口径约 18 厘米（图二三：4）。

标本⑦，AT15④：7，夹炭陶，器表红褐色。颈肩部设环形双耳，并饰连续窝纹。口径 12.8 厘米（图二一：12）。

盘，标本 9 件，数量较多，约占第一期陶器标本的 15%。敛口，浅盘，多平底。依口沿特征可分 A、B 两型。

A 型，标本 3 件，折敛宽沿，多为夹炭陶。

标本①，AT13④：5，夹炭陶质。斜收腹，底残。口径 28 厘米（图二三：5）。

标本②，AT14④：2，夹炭陶质，表面红褐色。斜收腹，底残。口径 30 厘米（图二三：6）。

标本③，AT14④：1，夹细砂陶，表面灰褐色。弧收腹，平底。口径 20、底径 12 厘米（图二三：15）。

B 型，标本 6 件，折敛窄沿，多为夹炭陶。

标本①，BT42④：14，夹炭陶，表面灰黑。口沿向内弧勾。口径 20 厘米（图二三：7）。

标本②，BT42④：13，泥质灰黑陶。外口缘饰长条形附耳，表面附加连续锥刺纹。口径约 24 厘米（图二三：10）。

标本③，BT42④：10，夹炭陶，表面灰黑。窄沿向内斜折，沿面饰谷粒状压印纹。口径 29.6 厘米（图二三：9）。

标本④，BT42④：2，夹炭陶，表面灰黑。窄沿内折，沿外起尖脊，附饰压印锯齿纹。腹斜收，平底。口径 21.2、底径 12 厘米（图二三：11）。

标本⑤，AT15④：16①，泥质红褐陶。素面。窄沿向内平折。口径 24.8、底径 12.8 厘米（图二三：12）。

标本⑥，BT41④：1，夹炭陶，表面黑色。窄沿向内弧勾，斜收腹，矮圈足，外底微内凹，口径 24、足径 12.8 厘米（图二三：14）。

盆，侈口宽折沿，斜收浅腹。数量较少，无复原器。标本仅 4 件，均夹炭陶质。

标本①，H18：2，侈口宽沿圆唇，底残。口径 28.4 厘米（图二三：13）。

标本②，AT12④：1，表面红褐色，侈口卷沿。口径 23.2 厘米（图二三：16）。

标本③，BT42④：14，侈口折沿厚方唇，底残。口径约 32 厘米（图二三：17）。

标本④，BT42④：19，侈口宽折沿，唇缘外翻，底残。口径 28.4 厘米（图二三：18）。

钵，数量很少，标本仅 2 件。

标本①，AT15④：2，夹炭灰褐陶。侈口窄平折沿，腹较深，平底。口径 18、底径 11.6 厘米（图二一：13）。

标本②，H18：1，夹炭陶，表面灰黑。近直口，沿外设单侧环形耳，并附饰压印锯齿纹。中腹微弧折，腹较深，小平底。口径 13.2、底径 10 厘米（图二一：14）。

---

① 正文为 AT15④：16，配图为 AT15④：6，当为 AT15④：6。（编者注）

甑，仅1件标本，AT13④：4，夹炭陶，表面红褐色。口部残，盆形腹，平底有数个圆形戳孔。底径11.2厘米（图二一：11）。

豆圈足，数量较多，均残碎，未见与豆盘相连的标本。以夹炭陶为主。圈足直径较大，形体扁矮，足底边沿略外撇。倒置似可作为器座。标本4件。

标本①，BT43④：3，夹炭黑陶。足底边沿外撇明显。把径14、底径23.2、高7.6厘米（图二四：4）。

标本②，BT43④：4，夹砂灰褐陶。圈足宽扁，中上段饰两圈凸脊。底径24.8厘米（图二四：5）。

标本③，BT42④：15，夹炭黑陶。形体宽扁，上部略鼓，饰压印贝齿纹。底径21.6、高5.6厘米（图二四：6）。

标本④，BT43④：2，夹炭黑陶。形体较粗矮，足底边沿略撇。器表压印正反闭合贝齿纹。底径19.2、高6.2厘米（图二四：7）。

堆塑纹器底陶片，AT13④：3，夹炭陶，表面红褐色。略内凹的外底中间堆塑蜥蜴形动物纹样。底径14.2厘米（图二四：1）。

陶纺轮，仅1件，AT15④：1，泥质灰陶，表面黑色。断面近扁方形，对钻孔。直径3.3、孔径0.5、厚0.8厘米（图二二：13）。

2. 石器

数量不多，品种也比较单一，以锛为最基本的加工工具，且从形体大小、残留疤痕等方面分析，锛应该没有进入农业生产领域，而是常用于木头加工。制作锛的石料以青灰色泥岩为主。除锛类石器外仅见形体厚大、磨面宽阔平缓的石磨盘和小块的砺石。此期标本共7件。

石磨盘，仅1件，BT43④：1，灰褐色细砂岩。残存长条形，磨面内凹。残长30.8厘米（图二四：8）。

石锛，标本6件，形体扁小，多数刃部有残损，其中体窄者似石凿，且多偏锋，单面刃。磨制不精，多残留少量打制疤痕。

标本①，AT15④：4，正面横脊线明显，不对称双面刃。长3.7、宽3.1厘米（图二四：9）。

标本②，AT15④：8，正面起横脊，不对称双面刃，残损较多。长5.5、宽4.4厘米（图二四：10）。

标本③，BT42④：1，正面起横脊，刃部崩缺较多。周边粗糙，未磨。长6.1、宽5.5厘米（图二四：11）。

标本④，AT15④：3，正面稍弧凸，背面平直，不对称双面刃略有崩缺。长5.7、宽4厘米（图二四：12）。

标本⑤，BT42④：3，体较窄，单面刃，上部残。残长5.5、宽3.1厘米（图二四：13）。

标本⑥，BT42④：4，形体窄长，不对称双面刃有崩缺，上部残。残长6.5、宽2.5厘米（图二四：14）。

三、第二期文化遗存

本期遗存内涵比较丰富，北发掘区①②层堆积下直接暴露5处特殊情形的墓葬和一处与这些墓葬相关的红烧土坑（台）遗迹，还有打破③层的 4 个小灰坑；南区主要有打破④层的 8 个灰坑和几乎被③层砂层淹埋的一条不完整的道路遗迹（图六），但遗物数量不如第一期遗存的丰富。

（一）遗迹

表 2 鲞架山第二期遗存瓮棺葬登记表

编号	位置	坑体形态	葬具（？）	随葬品	备注
M1	AT03 南部	圜底浅坑	盘口釜 3 件	不清楚	残，有骨渣
M2	AT03 东北部	不规则椭圆形圜底浅坑	盘口釜 2 件	豆 2 件 小杯 1 件	填土中有少量白色骨渣
M3	AT14 东南部	近圆形圜底浅坑	盘口釜 1 件	侈口釜 3 件 器盖 1 件	坑边有红烧土、小坑和骨渣
M4	AT18 中部	圆形圜底小坑（？）	侈口釜 2 件	无	墓坑不清晰
M5	AT03 西北部	不规则椭圆形圜底浅坑	盘口釜 2 件	豆 1 件 残器 1 件	填土中有少量白色骨渣

1. 墓葬（表 2）

共 5 座，均开口于北区表土层下，多数可确认有不规整的圜底浅坑。除 M4 外均集中放置四、五件陶器，且每组中各有一至三件硕大、装饰繁褥的盘口束颈釜。其中在一些墓内的填土里发现了一些骨渣。从各方面分析，这种遗迹应是一种特殊形态的瓮棺葬（图六）。

M1，位于 AT03 中部，墓坑大部已被取土破坏。调查发现时有盘口釜暴露于断崖上。残存坑体断面为圜底浅坑，深约 40 厘米。

M2，位于 AT03 的东北部和 AT04 的西部。坑体形态为不规则椭圆形口，圜底浅坑，长径 200、短径 125、深 50 厘米。填土是坚实的灰褐色泥沙土，含零星白色骨渣。坑内有 5 件陶器，豆、盘口釜各两件，一件小陶杯出土于豆盘（M2：3）下。其中的两件盘口釜应是瓮棺葬葬具（图一七）。

M3，位于 AT14 的东南角，西南 6 米左右有 M1 和 M2。坑体形态为近圆形口、圜底浅坑，野外观察时不太清晰，最大直径约 125、深约 30 厘米。M3 西南面和西北面的两处红烧土坑似与 M3 有密切关系。浅坑西侧也见少量骨渣。5 件器物集中埋于浅坑的中部，较大器物的上部直接从①层堆积近底部清理出土。它们分别是侈口釜 3 件，盘口釜 1 件，器盖 1 件。其中的盘口釜也应是瓮棺葬葬具（图二〇）。

M4，位于 AT18 的中部偏北处，与其他四座墓葬相距较远。坑体为近圆形口，圜底小坑，直径约 60 厘米，深约 40 厘米。坑内器物仅仅是上、下套合的两件侈口陶釜，上面那件口朝下破碎严重。从器物摆放形态和出土位置看这两件釜也应是瓮棺葬葬具（图一九）。

M5，位于 AT03 的西北部，东南接近 M1 和 M2。坑体为不规则椭圆形口，圜底浅坑，长径 190、短径128、深50厘米。灰褐色硬实填土。出土器物4件，它们是盘口釜2件，豆1件，残器1件。填土里也见少量白色骨渣。其中的两件盘口釜形体硕大，也可以推断为瓮棺葬葬具（图一八）。

2. 灰坑

此期灰坑较多，共13个，其中大部分出土于南区。依坑口形态大致可分为圆形、近长方形、不规则形等三种。下面择要介绍。

H10，位于BT41北部，被道路L1叠压。坑口呈不规则形，最大径360厘米，最大深度40厘米。灰褐色淤泥状松软填土，底部略含细砂。包含物中有一些夹砂红陶片和泥质灰褐陶片，坑底还有腐朽的芦苇、树枝等自然遗物（图一四）。

H11，位于BT40南端及往南扩方部分，其南侧挨近乡间机耕路而未能发掘完整。坑口呈不规则形，东北角和西北角似束腰状内收，整体形状伸展成东北—西南方向，坑口长径390、短径330厘米。坑壁大部分弧收成浅圜底，东、北两壁较直，甚至外张略呈袋状，最大深度55厘米，坑底西高东低。坑内堆积主要是黏性大、质细腻的灰黑色淤泥，内夹杂较多已炭化的树枝、树叶、小木棍、动物碎骨和小石块等各类无加工痕迹的自然遗物，此外还有大量陶片、木耜、木桨、砺石、石锛、石磨盘等残碎生活用品和生产工具，其中的陶片以泥质灰陶、黑陶和夹砂红褐陶为主，夹炭陶约占1/4，少量夹炭陶表面有红衣。坑内遗存除以上零碎杂物外，在东北部还出土一根非常完整的条木，它被几根小木桩固定在近北壁处。在它的北边近坑壁处有10根小木桩被均匀地插入坑壁，似起着护壁的作用，并与长条木一起构成有一定用途的人工生活设施，即很可能是一处供当时人们洗刷的河埠所在。而H11原本也应是一处人们生活区附近的小水塘。从层位和出土物来看，H11与L1的延伸方向密切关联（图六，图一五）。

H12，位于BT43中部偏南处。坑口呈不规则形，最大径近200厘米，深约60厘米，坑体上部较大，下部明显缩小，坑底较平坦，直径约100厘米。青黑色松软填土，包含物除较多的夹炭、夹砂陶片外还有一些木炭屑和树枝条，在近底部还出土一小片草叶编织物（图一二）。

H13，位于BT41南部，坑口呈圆角长方形，长100、宽54~68、深67厘米。四壁及坑底较平整。灰黑色淤泥状松软填土。包含物中有少量夹砂陶片及动物碎骨；在底部东北角出土一件较长的绞纱棍，近西壁处出土一段长约30、粗6厘米的木炭；此外坑底有一层橡子遗存，共约200颗（图一六）。

H16，位于BT41东南部，部分被L1叠压。坑口呈不规则圆形，最大径86、深57厘米，坑底为较平整的方形，边长58厘米。灰黑色淤泥状松软填土。包含物中有少量夹砂陶片及动物残骨、龟甲碎片，近坑底也有一层橡子遗存，共100多颗，每颗橡子为椭圆体，长径1.6、短径1.3厘米（图一〇）。

H23，位于AT13东北部及北侧扩方部分。因为堆积几乎全由坚实的红褐灰色烧土块组成，且上部堆积约有二三十厘米高出下部坑口，因此从上部形态看也像一个土台，平面形状近圆形，西边有弧形小缺口。下部坑体为圜底浅坑，最大径约230厘米，堆积厚度70厘米。烧土块大小不一，大者长宽达30厘米，表里均无植物茎秆印痕。上部烧土堆积中夹杂一些骨渣、木炭屑和碎陶片，而且陶片均呈红褐色。结合此烧土坑周围同一层位的几处成组器物遗迹和伴出骨渣、木炭屑等类似情况判断，这两种遗迹很可能互有联系（图一三）。

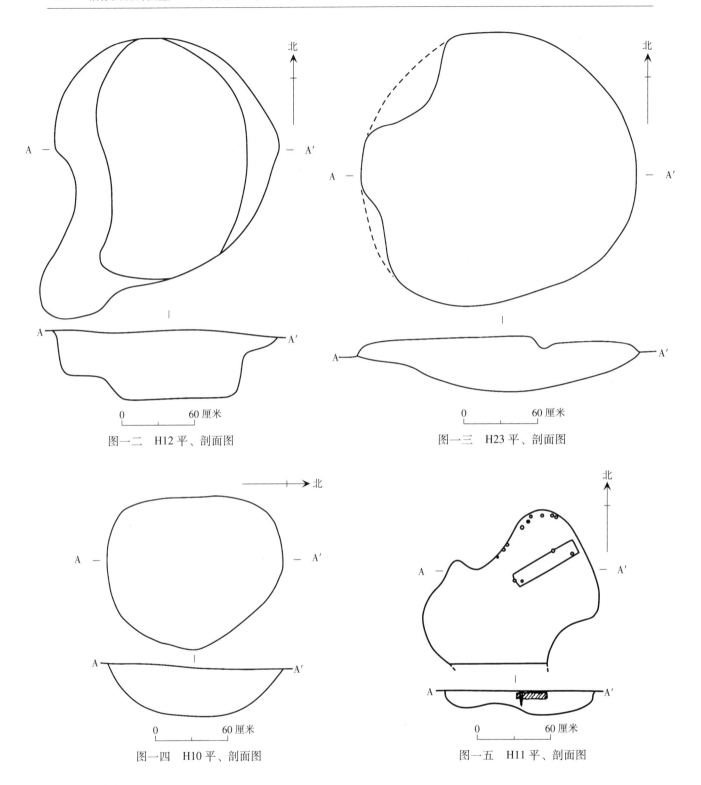

图一二 H12 平、剖面图

图一三 H23 平、剖面图

图一四 H10 平、剖面图

图一五 H11 平、剖面图

3. 道路

道路遗迹（L1）位于南区 T41、T42、T43 三个探方的南部，被③层即砂层叠压，清理长度约 15 米，宽 1~3 米，呈东北—西南方向伸展，往东有继续延伸之势，往西与 H11 东边相接，因此路的伸展方向似与 H11 内原有的河埠设施很有关系。路面由大量的碎小陶片铺设而成。路基最大厚度 30 厘米，堆积较硬，主要由黏性泥土和砂子、石块混杂而成。横断面形状近似梯形，中间厚，两边薄。在路基北侧不均匀地排列着大小不一的石块，大者直径达七八十厘米，重达数百上千斤；南侧均匀地插立着粗5~10厘米的数十根木桩，在局部也摆放一些石块。它们都起着保护路基的作用，都是这条道路的组成部分。若联系路基两侧的地形地势，可以发现路北侧用大石块、路南侧多用木桩的细微差异，极符合不同形态物体的受力原理，石块在高处阻挡流水直接冲击路基，减缓冲力，木桩在下坡向围护低侧路基，并免去石块因重力向下坡滚动之虞。这一道路遗迹的整体情形真实地展现了先民们因势利导的智慧（图六）。

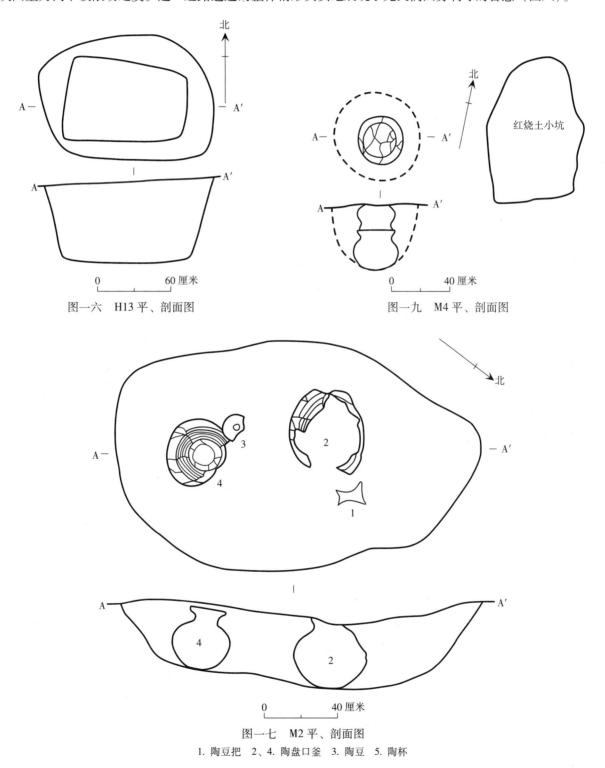

图一六　H13平、剖面图

图一九　M4平、剖面图

图一七　M2平、剖面图

1. 陶豆把　2、4. 陶盘口釜　3. 陶豆　5. 陶杯

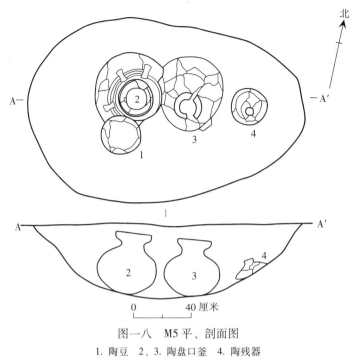

图一八　M5平、剖面图
1. 陶豆　2、3. 陶盘口釜　4. 陶残器

北发掘区的墓葬遗存和南发掘区的灰坑和道路遗存，尽管均受保存状况和发掘范围的限制，显得不够丰富和完整，但还是可以在一定程度上反映该遗址当时聚落布局的基本面貌，墓葬区和生活区相对分离并保持有机联系。

（二）遗物

第二期遗存中遗物丰富，复原器物也相应较多，器类仍以陶器为主，还有少量石器，木器和小块编织物。除这几类人工制品外在一些灰坑里还出土一些生活资料消耗后残留的自然遗物，如橡子、动物碎骨、树枝树叶、木炭颗粒等。

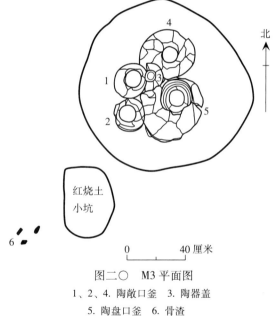

图二〇　M3平面图
1、2、4. 陶敞口釜　3. 陶器盖
5. 陶盘口釜　6. 骨渣

1. 陶器

北区几座墓葬里出土的陶器相对完整，但保存差、胎质松，复原困难；灰坑里虽多陶片，复原率很低。陶系构成中夹砂红褐陶占大多数，传统的夹炭陶仍有一部分，泥质灰胎黑皮陶增加较快，约占陶片总数的1/4。器形除原有的圜底器、平底器以外、高圈足器、三足器几乎以全新的面孔出现。器类除旧的侈口釜、平底罐、盆等主要品种继续存在，直口、敛口釜、平底盘、钵大量减少乃至少见外，代而兴起的是带高圈足的豆和三柱状足的鼎。纹饰仍以绳纹为主，但应用频率已锐减；次要的纹饰有篮纹、压印锯齿纹、附加堆纹、刻划纹、弦纹等。陶器装饰总体风格趋向简洁，素面陶器较多。特别是可能作为瓮棺葬葬具的形体硕大的一类盘口釜，

它们的口部、肩部纹饰于鲜艳的红衣之上集压印锯齿纹、附加堆纹、刻划纹、弦纹于一体，相间编排。此类器物的特殊风格当有特殊的意义。制法上除仍流行泥条盘筑法外，似乎已有了快轮拉坯制陶法，至少在黑皮陶上已出现轮制迹象。

釜，依口部形态可依侈口与盘口分为 A、B 两型。

A 型，侈口釜，标本 7 件，可分粗颈和细颈两个亚型。

标本①，M4：2，夹砂红褐陶，器表剥落。侈口、折沿、尖唇、粗颈、扁鼓腹、圜底，口径与腹径相近。口径 24.8、腹径 26.4、高 17.2 厘米（图二五：6）。

标本②，M4：1，出土时作为 M4：2 的盖子。胎质、器形与 M4：2 相似。口径 23.2、腹径 25.2、高约 15.6 厘米（图二五：5）。

标本③，M3：4，夹炭陶，器表施红衣。侈口宽折沿、束颈、鼓腹弧折，口径明显小于腹径。中腹饰一圈花边形附加堆纹。口径 20、腹径 32、高约 24 厘米（图二五：8）。

标本④，M3：1，夹炭陶，器表红褐色。侈口，略显盘口，细颈，鼓腹弧折，腹表拍印浅菱格纹。口径 16、腹径 25.2、高 20 厘米（图二五：9）。

标本⑤，M3：2，夹砂红褐陶。侈口折沿，颈较细，腹稍鼓。腹表饰竖向绳纹。口径 16、腹径 18.4、高 15.2 厘米（图二五：4）。

标本⑥，H12：1，夹谷壳、夹砂陶，器表灰褐色，胎呈黑色。侈口、折沿、束颈、鼓腹、圜底近平。唇面饰压印锯齿纹，颈部偏下饰弱脊，并附压印锯齿纹，腹表通饰浅篮纹。口径 29.6、腹径 40、高 33.6 厘米（图二七：1）。

标本⑦，H11：10，夹炭陶，表面灰褐色。侈口、束颈、鼓腹。腹表通饰绳纹。口径 13.2、腹径 16.4、高 12.6 厘米（图二七：9）。

B 型，盘口釜，体形大，胎壁薄，修复困难。均夹炭陶质，且多施红衣。标本 7 件。

标本①，M2：4，器表局部红衣脱落。盘口方唇，束颈，颈部中间起一周尖脊；大圆鼓腹，圜底近平；中腹靠上设四个竖向宽环形耳。口、颈部胎厚达 1 厘米以上，中腹最薄，底稍厚，约 0.6 厘米。器表装饰较复杂。口颈部内外均有细弦纹；主要纹饰施于肩部和上腹部，最上部三圈弦纹下以斜直向密集交错刻划纹装饰；向下紧凑地环置七圈附加堆纹，其上还细密地增饰压印锯齿纹；堆纹间隔条带内也饰斜向短刻划纹；中腹至底通饰规整的斜向浅篮纹。口径 20、最大腹径 41.2、通高 38 厘米（图二五：1）。

标本②，M1：2，通体有暗红色陶衣。盘口较浅、细颈、大鼓腹、圜底近平，中腹设四个横錾，錾易脱落。饰纹与 M2：4 相近。口径 21.6、最大腹径 41.6、通高约 36.4 厘米（图二五：2）。

标本③，M1：1，黑胎红衣陶。盘口方唇，束颈，大扁圆形腹，圜底近平。饰纹与 M2：4 相近。口径 22.4、最大腹径 42、高 36 厘米（图二六：1）。

标本④，M3：5，黑胎红衣陶。盘口稍敛，斜方唇。沿外和颈部有细弦纹。饰纹与 M2：4 相近。口径 22、最大腹径 40.4、高约 36 厘米（图二六：2）。

标本⑤，M2：2，黑胎红衣陶。中腹设四个横錾。肩部仅饰三圈附加堆纹，并在其上压印锯齿纹；下腹至底饰浅篮纹。口径 22、腹最大径 39、高 31 厘米（图二六：4）。

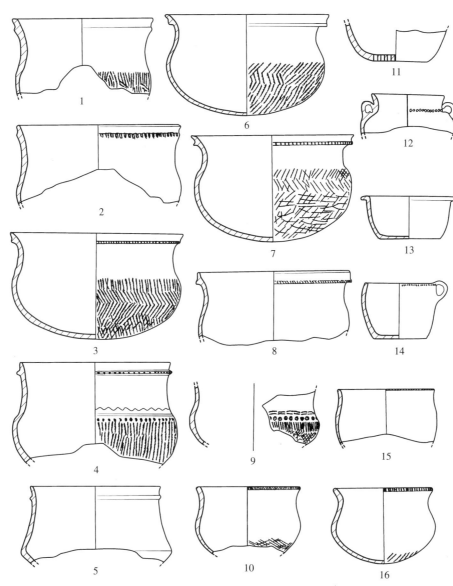

图二一　第一期遗存中的部分陶器

1. Aa 型釜（BT41④：2）　　2. Aa 型釜（AT15④：5）　　3. Aa 型釜（BT42④：19）　　4. Aa 型釜（BT42④：7）
5. Aa 型釜（AT04④：1）　　6. Aa 型釜（BT42④：8）　　7. Aa 型釜（BT42④：9）　　8. Aa 型釜（BT42④：13）
9. Ab 型釜（BT41④：3）　　10. Ab 型釜（BT42④：6）　　11. 甑（AT13④：4）　　12. 双耳罐（AT15④：7）
13. 钵（AT15④：2）　　14. 带把钵（H18：1）　　15. Ab 型釜（BT42④：16）　　16. Ab 型釜（BT42④：9）（1～8、
10~16.1/4，9.1/2）

　　标本⑥，H11：16，黑胎红衣陶。盘口内敛，束颈，颈部厚达 2 厘米。沿表饰弦纹，并附加压印锯齿纹，弦纹间饰间隔刻划短线纹，肩部残留竖向绳纹。口径 20.8 厘米（图二七：2）。

　　标本⑦，H11：13，黑胎红衣陶。盘口略侈，尖唇，束颈。口部素面。口径 23 厘米（图二七：7）。

　　鼎，夹砂红褐陶，数量很少，未见完整器。仅见几件鼎足，标本 2 件。

　　标本①，AT15③：3，柱状，略呈弧体。足根截面呈三角形，足尖截面为圆形。长约 7.2、直径 1.5 厘米（图二七：10）。

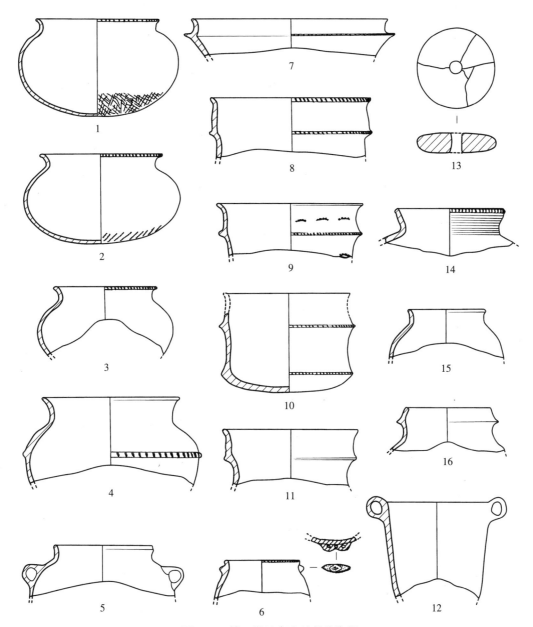

图二二　第一期遗存中的部分陶器

1. Ac 型釜（BT42④：18）　2. Ac 型釜（BT42④：7）　3. Ac 型釜（AT13④：2）　4. Ac 型釜（AT04④：2）　5. 双耳罐
（AT13④：1）　6. 双耳罐（BT42④：11）　7. B 型釜（AT03④：1）　8. B 型釜（BT42④：12）　9. B 型釜（AT14④：5）
10. B 型釜（AT14④：3）　11. B 型釜（BT42④：20）　12. 双耳釜（AT04④：3）　13. 纺轮（AT15④：1）
14. 罐（BT42④：17）　15. 罐（BT42④：9）　16. 罐（BT43④：6）（1~12、14~16.1/4，13.1/1）

　　标本②，AT15③：2，圆柱状，足尖残。残长 6、直径 1.6 厘米（图二七：11）。

　　罐，数量很少，标本仅 1 件，H11：15，夹炭陶，黑胎，表面灰褐。侈口、溜肩。沿外缘起脊。口径约 9.2 厘米（图二七：5）。

　　豆，数量不多，以细把黑皮陶豆为主，也有个别外红内黑泥质陶高把豆，标本 3 件。

　　标本①，M5：4，泥质灰胎黑皮陶，大敞口浅盘，细把底部稍残。残高 17 厘米（图二六：3）。

　　标本②，M2：3，泥质灰胎黑皮陶，敞口浅盘细把。盘下饰一圈细垂棱，细把饰竖向三组半透三

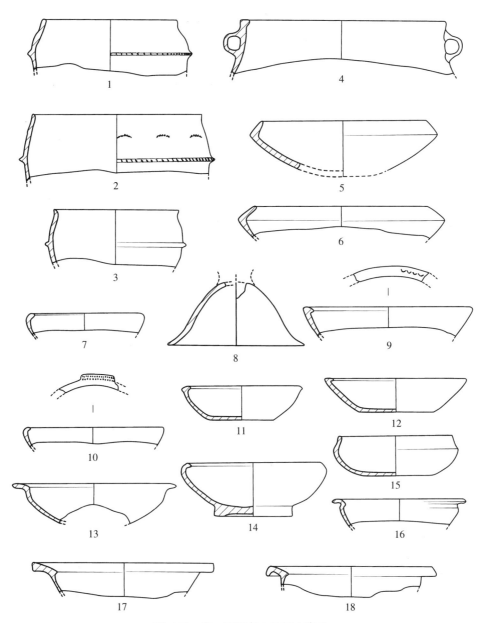

图二三　第一期遗存中的部分陶器

1. C型釜（BT41④：4）　2. C型釜（BT43④：5）　3. C型釜（BT42④：21）　4. 双耳罐（AT03④：2）　5. A型盘（AT13
④：5）　6. A型盘（AT14④：2）　7. B型盘（BT42④：14）　8. 器盖（AT11④：1）　9. B型盘（BT42④：10）　10. B型盘
（BT42④：13）　11. B型盘（BT42④：2）　12. B型盘（AT15④：16）　13. 盆（H18：2）　14. B型盘（BT41④：1）　15. A
型盘（AT14④：1）　16. 盆（AT12④：1）　17. 盆（BT42④：14）　18. 盆（BT42④：19）（1~3、5~18.1/4，4.1/2）

角形镂孔。口径28、把径5、高15厘米（图二六：5）。

标本③，AT15③：1，泥质陶，器表红色，胎灰黑色。细高喇叭形豆把，饰数个小圆形镂孔。把径仅3.2、残高9厘米（图二七：4）。

盘，数量少，标本仅1件，H11：12，夹炭陶，黑胎。侈口方唇，弧腹斜收，底残。腹部饰绳纹。口径26.4厘米（图二七：6）。

壶，标本仅1件，H11：8，泥质灰胎黑皮陶。口沿残，束颈，鼓腹，实圈足较矮。腹径10、足径

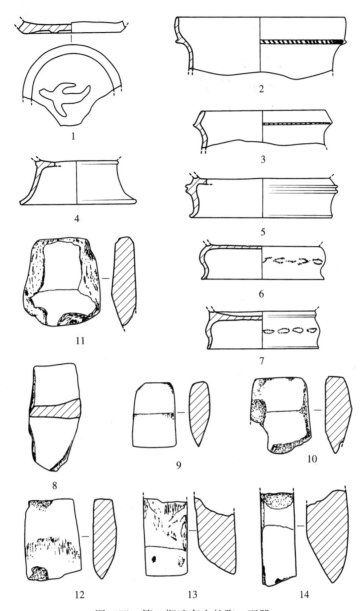

图二四　第一期遗存中的陶、石器

1. 堆塑纹陶片（AT13④：3）　　2. C 型釜（BT42④：6）　　3. C 型釜（AT12④：2）　　4. 豆圈足（BT43④：3）
5. 豆圈足（BT43④：4）　　6. 豆圈足（BT42④：15）　　7. 豆圈足（BT43④：2）　　8. 石磨盘（BT43④：1）
9. 石锛（AT15④：4）　　10. 石锛（AT15④：8）　　11. 石锛（BT42④：1）　　12. 石锛（AT15④：3）
13. 石锛（BT42④：3）　　14. 石锛（BT42④：4）（1. 3/10，2~7. 1/4，8. 3/20，9~14. 3/5）

5.6、残高 8.2 厘米（图二七：3）。

　　杯，仅 1 件，M2：5，泥质灰胎黑皮陶。近直腹、尖圜底，腹底转折处设两个方形器鋬。口径 8
厘米（图二五：3）。

　　器盖，标本 2 件。

　　标本①，H11：14，泥质灰胎黑皮陶。器身较高，纽残。盖径 15.2、残高 6 厘米（图二七：8）。

　　标本②，H11：11，夹炭陶，黑胎灰褐色表面，器身较低，纽残。盖径 25.6、残高 4.4 厘米（图
二七：12）。

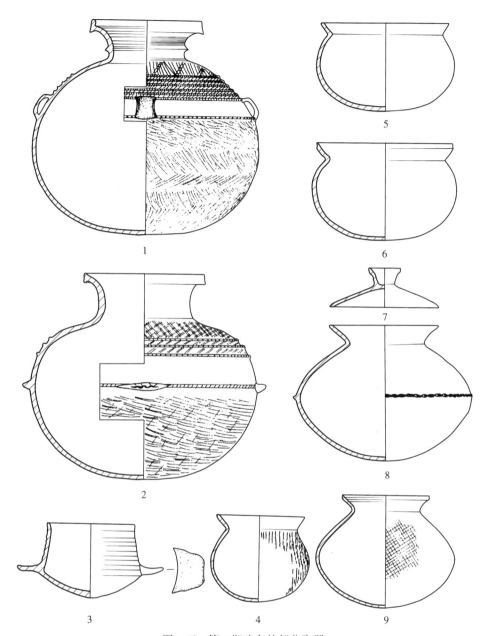

图二五　第二期遗存的部分陶器

1. B 型釜（M2：4）　2. B 型釜（M1：2）　3. 杯（M2：5）　4. A 型釜（M3：2）　5. A 型釜（M4：1）　6. A 型
釜（M4：2）　7. 器盖（M3：3）　8. A 型釜（M3：4）　9. A 型釜（M3：1）（1、2、4~9.1/4, 3.1/2）

2. 石器、木器、编织物

上述遗物主要出土于南区的一些灰坑里，如 H12 近底部出土一小片经纬交织的席类草叶编织物。石器、木器数量不多，标本 5 件。

石锛，H11：5，正面转折起脊，双面刃略偏。石料为青灰色泥岩。长 4.6 厘米（图二八：3）。

石锛，H23：1，扁薄长方体，正面转折起脊，双面刃偏于背侧。石料为灰白色泥岩。长 5、宽 3.9 厘米（图二八：9）。

耜形木器，H11：1，正面长方形，侧面薄直略弧。正面前部凹弧竖脊，修整较粗；背面弧凸光

图二六　第二期遗存的部分陶器
1. B 型釜（M1∶1）　2. B 型釜（M3∶5）　3. 豆（M5∶4）　4. B 型釜（M2∶2）　5. 豆（M2∶3）（均 1/4）

滑，似经长期使用摩擦。正面后部凿有竖向长方形銎孔和横向方形小穿孔，以利于装柄和加插梢、穿绳固定。长 34.6、宽 10~18 厘米（图二八∶4）。

残木桨，H11∶2，存桨叶部分，窄长方形，断面为中间厚两翼薄。长 36、宽 11.2、厚 2.6 厘米（图二八∶8）。

绞纱木棍，H13∶1，圆体长条形，两端为圆锥体，两头各雕竖向米粒体窝纹。长 21.4、直径 1 厘米（图二八∶10）。

3. 非人工制品类遗物

这类遗物主要保存于南发掘区低湿的灰坑里，其中有炭化树枝条、树叶、橡子、草叶等植物性遗物和动物碎骨、鹿角、牙齿等动物性遗存。橡子出土于 H13、H16 的底部，共有 300 多个。动物类遗存鉴定报告见附录。

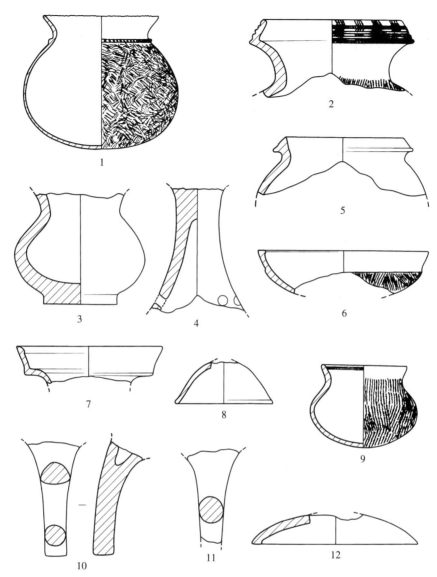

图二七 第二期遗存中的陶器

1. A 型釜（H12：1）   2. B 型釜（H11：16）   3. 壶（H11：8）   4. 豆把（AT15③：1）   5. 罐（H11：15）
6. 盘（H11：12）   7. B 型釜（H11：13）   8. 器盖（H11：14）   9. A 型釜（H11：10）   10. 鼎足（AT15③：3）
11. 鼎足（AT15③：2）   12. 器盖（H11：11）（1. 约 1/7，2、6~9、12.1/4，3~5.1/2，10、11. 约 1/4）

四、第三期文化遗存

此期遗存仅见于南发掘区，主要是指③层泥沙堆积及其包含物，还有位于砂层北侧的 BT42、BT43 方内的成排木桩遗迹。砂层包含物较杂，具有二次堆积的特征。

（一）遗迹

成排木桩遗迹，大多数木桩的顶端开始暴露于②层的下部。25 根木桩自东南方向顺着地势略有弯曲地向西北方向延伸。木桩下部穿过砂层直至④层底部，分簇排列，间距 30~60 厘米，每簇 2~4 根，

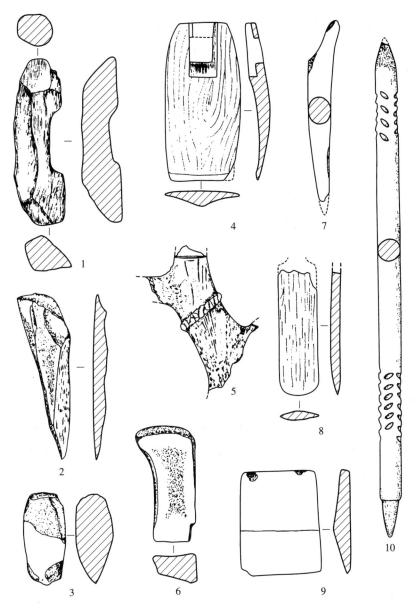

图二八　第二、三期遗存的石、骨、角、木器

1. 木把手（BT43③：2）　　2. 骨凿（BT43③：4）　　3. 石锛（H11：5）　　4. 耜形木器（H11：1）　　5. 鹿角残料
（BT43③：7）　　6. 砺石（BT43③：6）　　7. 角锥（BT43③：3）　　8. 残木桨（H11：2）　　9. 石锛（H23：1）
10. 纹纱木棍（H13：1）（1. 1/4，2、10. 1/1，3、9. 3/5，4、8. 1/5，5、7. 约 1/3）

每根粗 7~16 厘米，暴露残长 14~37 厘米，经劈削加工的尖端打入下部堆积内约 30 厘米。第③层即砂层基本没有超过木桩圈定的范围。可见木桩与砂层有密切关系，且年代相近（图六）。

（二）遗物

③层堆积虽以泥沙为主，厚度不大，包含物却多种多样，有陶、石、木、骨、角等质地的人工制品，还有较多的残枝碎叶、动物碎骨、大小石块等非人工制品集积于探方南部的低处砂层内。

1. 陶器

由于砂层及其包含物具有二次堆积的性质，因此所出陶片的器物复原率很低。陶系中泥质灰陶占据了第一位，其中又有较多的黑皮陶；夹砂陶居第二位，夹炭陶已很少见。器类中鼎、豆取代釜、罐成为最常见的器物，尤其是鼎足形态变得丰富多彩，柱状足、凿形足、宽槽鱼鳍形足等竞相出现。釜作为传统的代表，依然自成一体，不过所见稀少。其他还有罐、壶、盆、杯、器盖等器类。器表装饰式样较多，但局部化是主要趋势。绳纹很少，仅出于几件釜体上。鼎足、圈足、豆把是纹样装饰的基本部位。装饰手法有拍印、刻划、轮旋、镂孔、堆塑等几种。纹样除绳纹外，还有平行线纹、图案形刻划纹、锯齿纹、弧边三角形、水滴形镂孔、几何纹、窝点纹等。快轮制陶工艺流行，尤其是用于泥质陶器的制作。

釜，仅见少量侈口折沿釜，标本4件。

标本①，BT40③：11，夹炭陶，表面灰黑色。侈口，折沿，沿面有数道弦纹。颈部夹角接近90°，鼓腹，最大径靠下，圜底。腹表通饰较细的绳纹。口径21.6、腹径24.8、高18厘米（图二九：1）。

标本②，BT40③：5，夹砂陶，外红内黑，素面。侈口，折沿，鼓腹，底残。口径19.2厘米（图二九：2）。

标本③，BT40③：3，夹细砂灰褐陶，素面。侈口，折沿，鼓腹。口径16厘米（图二九：3）。

标本④，BT43③：8，夹谷壳黑胎陶，器表红褐色。大敞口、方唇、束颈，广肩饰附加堆纹、压印锯齿纹、刻划纹的组合纹。口径21.6厘米（图二九：7）。

鼎，无复原器，鼎足标本3件。

标本①，BT43③：14，凿形足，夹砂褐陶。足根正面饰两个浅窝纹。长10厘米（图三○：3）。

标本②，BT42③：3，凿形足，夹砂红褐陶。正面饰抽象图案刻划纹。长16.3厘米（图三○：2）。

标本③，BT43③：13，夹砂褐陶。宽槽鱼鳍形足，正反面各有三道竖向宽槽。残长12.4厘米（图三○：1）。

罐，残片难认器形，标本2件。

标本①，BT41③：1，夹炭陶，黑胎灰褐色器表。素面。侈口折沿，深腹略鼓，底残。口径15.6厘米（图二九：6）。

标本②，BT40③：10，泥质灰陶，形体小，口部残，鼓腹，平底。腹径7.8、底径3厘米（图二九：5）。

豆，是第三期陶器中数量最大的一类，其中以灰胎黑皮陶为主，无复原器，豆盘豆把多分离。豆盘有敞口浅盘和直口折腹盘两种；豆把分直腰和束腰两型。标本10件。

标本①，BT43③：9，泥质黑陶，表面灰黑色。仅存豆盘，敞口，沿略内勾。口径19.2厘米（图三○：5）。

标本②，BT43③：10，泥质灰胎黑皮陶。敞口，沿面下垂，浅盘，豆把束腰，中段饰弦纹。口径22.4厘米（图三○：6）。

标本③，BT40③：8，泥质褐胎黑皮陶。浅盘，豆把束腰起凸棱，中段饰弦纹和圆形、长三角形镂孔。把最大径7.4厘米（图三○：8）。

标本④，BT43③：11，泥质褐胎黑皮陶。豆把束腰，中段饰弦纹。把径8.8厘米（图三○：10）。

标本⑤，BT42③：6，泥质灰陶，器表红褐色。豆把束腰，把下部为圆台形（俗称鸡笼形），饰错

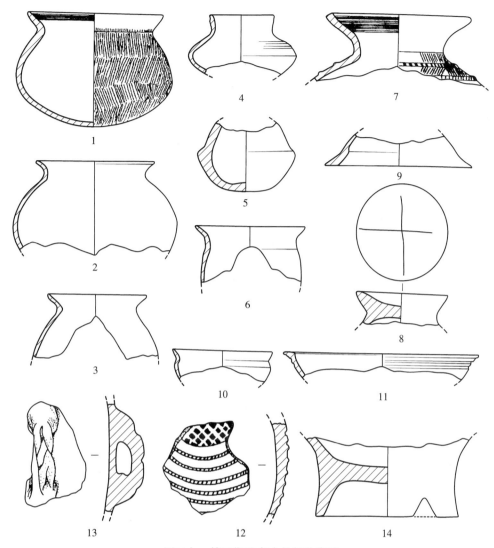

图二九　第三期遗存中的部分陶器

1. 釜（BT40③：11）　2. 釜（BT40③：5）　3. 釜（BT40③：3）　4. 壶（BT40③：4）　5. 小罐（BT40③：10）
6. 罐（BT41③：1）　7. 釜（BT43③：8）　8. 器盖纽（BT43③：15）　9. 器盖（BT41③：4）　10. 盆（BT42③：4）
11. 盆（BT43③：12）　12. 饰纹陶片（BT41③：6）　13. 器耳（BT40③：6）　14. 杯足（BT41③：5）（1～4、6、7、
9～11.1/4、5、8、12、13.1/2，14.1/1）

位凹弧边三角形半透镂孔。把最大径 10 厘米（图三〇：11）。

标本⑥，BT40③：10，泥质灰胎黑皮陶。豆把略束腰，下部为圆台形，饰圆形、凹弧边三角形相间半透镂孔。把最大径 11.2 厘米（图三〇：9）。

标本⑦，BT40③：11，泥质红褐陶。豆把中段直，下部喇叭形，饰粗弦纹和长方形、圆形镂孔。把最大径 10 厘米（图三〇：7）。

标本⑧，BT40③：9，泥质灰胎黑皮陶。豆把中段直，下部喇叭形，饰多圈弦纹和水滴状半透镂孔。把最大径 8 厘米（图三〇：12）。

标本⑨，BT42③：5，泥质褐陶，器表褐色。直口折腹浅盘。口径 24 厘米（图三〇：13）。

标本⑩，BT40③：7，泥质灰陶。豆把束腰，把最大径 7.6 厘米（图三〇：4）。

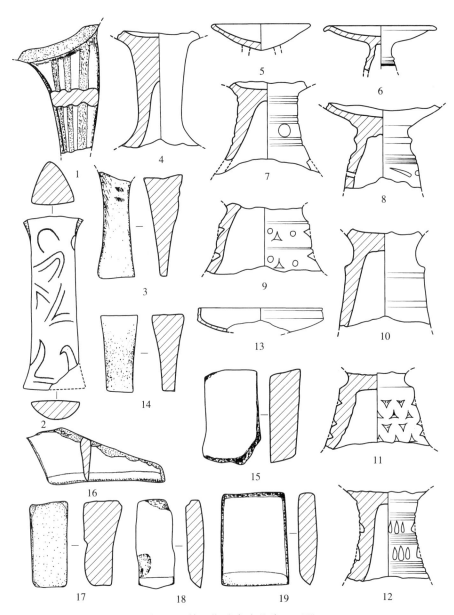

图三○ 第三期遗存中的陶、石器

1. 鼎足（BT43③：13） 2. 鼎足（BT42③：3） 3. 鼎足（BT43③：14） 4. 豆把（BT40③：7） 5. 豆盘（BT43③：9） 6. 豆盘（BT43③：10） 7. 豆把（BT40③：11） 8. 豆把（BT40③：8） 9. 豆把（BT40③：10） 10. 豆把（BT43③：11） 11. 豆把（BT42③：6） 12. 豆把（BT40③：9） 13. 豆盘（BT42③：5） 14. 砺石（BT41③：2） 15. 石磨盘（BT40③：2） 16. 石刀（BT40③：1） 17. 砺石（BT40③：4） 18. 石锛（BT41③：3） 19. 石锛（BT42③：2）（1~4、7~12、16.1/2、5、6、13、17.1/4、14、15、18.3/10、19.1/1）

盆，数量少，标本仅2件。

标本①，BT43③：12，泥质褐胎黑皮陶。敞口，窄平沿，斜收腹。沿下饰两圈弦纹。口径32厘米（图二九：11）。

标本②，BT42③：4，夹炭陶，器表灰色。侈口折沿，微束颈，弧收腹。口径16厘米（图二九：10）。

壶，仅1件，BT40③：4，泥质灰胎黑皮陶。口微侈，直颈，扁鼓腹。口径10.4、腹径17.2厘米

（图二九：4）。

杯，仅1件，BT41③：5，泥质灰胎黑皮陶。花瓣形圈足，有4个"V"字形缺口。足径5.8厘米（图二九：14）。

器盖，标本2件。

标本①，BT43③：15，夹砂陶，外红里黑。器纽较扁矮，纽中间有"十"字刻划符号。纽径7.4厘米（图二九：8）。

标本②，BT41③：4，夹炭陶，黑胎红褐色器表。盖纽残，盖身微弧曲，厚唇。盖径24厘米（图二九：9）。

器耳，BT40③：6，夹砂褐陶。泥条绞索环形耳（图二九：13）。

饰纹陶片，BT41③：6，夹谷壳陶，黑胎红褐色器表。饰压印方格纹和齿痕附加堆纹（图二九：12）。

2. 石、木、骨、角器

这些小件器物全部出土于含水量大的砂层里，保存较好，品种多样。

砺石，BT41③：2，灰紫色细砂岩石料。长条形，双磨面略弧凹。长12厘米（图三〇：14）。

砺石，BT40③：4，青灰色细砂岩石料。长方体，单磨面略弧凹。长16、宽7厘米（图三〇：17）。

砺石，BT43③：6，灰紫色细砂岩石料。长条形，一端厚大，一端小，单磨面略弧凹。长10厘米（图二八：6）。

石磨盘，BT40③：2，灰色细砂岩石料。长方体，单磨面宽阔平缓。残长14.6、宽9、厚5厘米（图三〇：15）。

石锛，BT41③：3，青灰色泥岩石料。薄体，正面呈不规整长方形。背面略弧凹，单面刃。长8.4厘米（图三〇：18）。

石锛，BT42③：2，青灰色泥岩石料。正面为规整的长方形，中段稍鼓，略起横脊，单面刃。长4.4.宽3.2、厚0.9厘米（图三〇：19）。

石刀，BT40③：1，青灰色泥岩石料。背琢制，刀身呈长三角形，柄端残，单面刃。残长13.2、最宽处5.4厘米（图三〇：16）。

木把手，BT43③：2，削制粗糙，似为半成品。器形似桥，两端较大。长28.8厘米（图二八：1）。

骨凿，BT43③：4，褐色，由动物长骨骨片简单敲制而成，尖头略磨制。长7厘米（图二八：2）。

角锥，BT43③：3，褐色，由动物细角简单加工而成，尖部磨光。长15.8厘米（图二八：7）。

鹿角残料，BT43③：7，褐色。鹿角根部断茬处留有切割细槽，应是为加工角器而取料所致。全长约12厘米（图二八：5）。

五、第四期文化遗存

本期遗存仅包括南、北区的②层堆积和H3、H14两处灰坑遗迹及其遗物。

（一）遗迹

仅有的 2 个灰坑，分布于遗址的最上坡处（图六）。其中 H3 的小部分位于 AT13 的西北角，未清理完整，出土物与 H14 相近。下面仅介绍 H14。

H14，位于 AT15 向东、北扩方部分。坑口距地表 40 厘米左右，呈东北—西南向伸展，为椭圆形，长径 430、短径 300 厘米。坑壁斜收，圜底。深约 80 厘米。坑内堆积为较疏松的灰黑土，包含物很多，其中大部分是印纹硬陶片，还有一些原始瓷和夹砂红褐陶片，并出土两件残朽的小件青铜器和一件石镞（图六）。

（二）遗物

1. 陶瓷器

根据器物烧成温度和胎土的差异，本期陶瓷类遗物可分为印纹硬陶、原始瓷、泥质陶和夹砂陶器四类，其中按 H14 的遗物质料构成统计，印纹硬陶占总数的 42%，原始瓷占 26%，泥质陶占 18%，夹砂陶约占 14%。器物造型以平底器和三足器为主。从器形的规整划一的情况和细密流畅的轮纹来看，制作陶瓷器的工艺已非常成熟。快轮拉坯制陶法和传统的泥条盘筑法共同应用。

（1）印纹硬陶器

印纹硬陶主要用于制作大体积的容器。纹饰普遍地拍印于器物肩腹部位，兼具加固胎壁、易于烧成和美化形体的功能。陶器纹样丰富多彩，有席纹、"米"字纹、方格纹、麻布纹、菱形填线纹、目形纹、"回"字纹、水波纹、圆孔方格套合筛网纹（米筛纹）等近十种（图三一）。陶胎厚薄比较均匀，质地坚硬，胎色以青灰色和紫褐色最为常见。标本 9 件。

标本①，H14：14，瓮，青灰色硬陶。敛口，厚唇，广肩，下腹残。拍印方格纹。口径 28、肩径 48 厘米（图三二：1）。

标本②，H14：7，坛，紫褐色硬陶。直口矮颈、溜肩，下腹残。饰对称拼合填线菱形纹。口径 19.2 厘米（图三二：2）。

标本③，H14：10，坛，青灰色硬陶。直口尖唇、溜肩，斜腹缓收，平底较大。饰横竖向对称拼合填线菱形纹。口径 12、底径 10 厘米（图三二：3）。

标本④，H14：11，坛，灰紫色硬陶。近直口，溜肩，下腹残。饰米筛纹。口径 14 厘米（图三二：13）。

标本⑤，H14：13，坛，青灰色硬陶。侈口，鼓肩，下腹残，饰小方格纹。口径 16 厘米（图三三：5）。

标本⑥，H3：1，罐，灰紫色硬陶。尖唇，直口微侈，溜肩，圆鼓腹，底残。拍印小方格纹。口径 12 厘米（图三三：3）。

标本⑦，H14：8，直口深腹罐，青灰色硬陶。底残。饰粗麻布纹。口径 16.8 厘米（图三二：8）。

标本⑧，H14：2，直口深腹罐，青灰色硬陶。下腹斜收，平底略内凹。拍印麻布纹。口径 8、底径 5、高 9.4 厘米（图三二：9）。

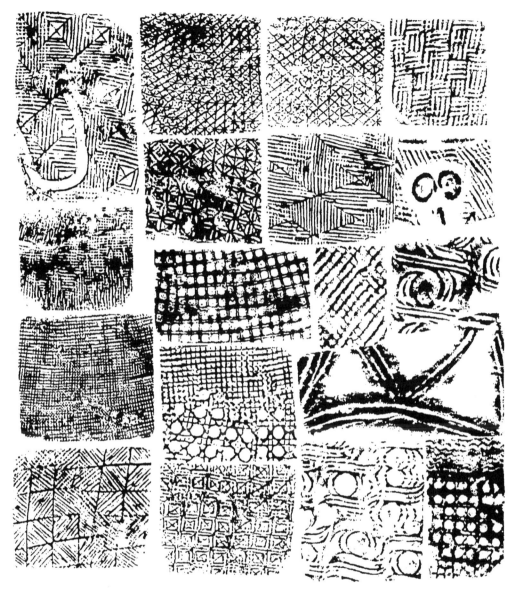

图三一　春秋战国时期遗存的印纹陶、瓷器纹样拓片（1/2）

标本⑨，H14∶12，钵，青灰色硬陶。敛口、圆唇、鼓腹，底残，饰"米"字纹。口径10.8厘米（图三二∶7）。

（2）原始瓷器

原始瓷一般用于制作精巧的碗盆类食器。胎质细腻致密，胎色基调为白色。不同成分的胎土会呈浅青灰色或浅黄褐色。釉层薄而均匀，釉色只见浅青黄色，釉层稍厚时显黄绿色。此类器物内外壁多数有细密规整的螺旋状轮旋痕，底部还有线切割痕迹。标本7件。

标本①，A型盅式碗，H14∶3，侈口圆唇斜收腹；厚底略显假圈足。器表有轮旋痕。口径16、底径6、高6.2厘米（图三二∶6）。

标本②，A型盅式碗，H14∶5，侈口尖圆唇，弧腹斜收，假圈足较矮。口径13.6、底径6、高5厘米（图三二∶5）。

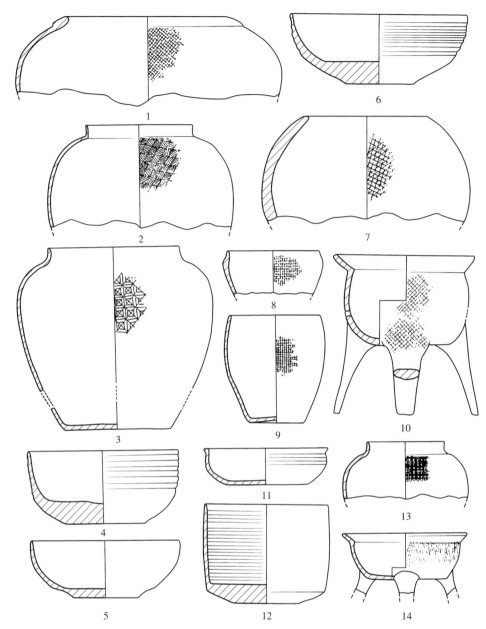

图三二　第四期遗存的部分陶瓷器

1. 瓮（H14：14）　2. 坛（H14：7）　3. 坛（H14：10）　4. B 型盅式碗（H3：2）　5. A 型盅式碗（H14：5）
6. A 型盅式碗（H14：3）　7. 钵（H14：12）　8. 罐（H14：8）　9. 罐（H14：2）　10. 鼎（H14：21）　11. 盆
（H3：3）　12. C 型盅式碗（H14：4）　13. 坛（H14：11）　14. 鼎（H14：15）（1、2、8、10、11、13、14.1/4，
3、4、5~7、9、12.1/2）

　　标本③，B 型盅式碗，H3：2，侈口尖圆唇，折腹，厚底略显假圈足。腹表有轮旋痕。口径 13.6、底径 7.6、高 6.4 厘米（图三二：4）。

　　标本④，C 型盅式碗，H14：4，直口尖圆唇，直腹较深，近底处转折斜收成厚底。内壁有细密的轮旋痕。口径 11.2、底径 6、高 8.6 厘米（图三二：12）。

　　标本⑤，C 型盅式碗，H14：1，直口尖圆唇，深腹较直微斜收，近底处弧折，平底较薄，器壁较光洁。口径 6.2、底径 4、高 5.4 厘米（图三三：11）。

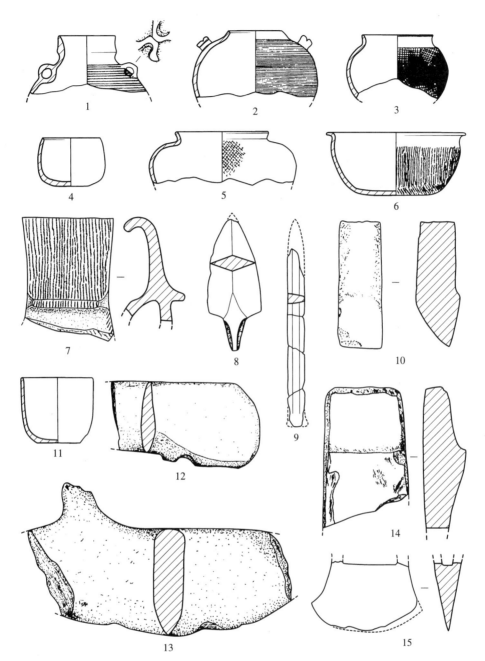

图三三　第四期遗存的陶瓷器、石器、青铜器

1. 罐（BT40②:3）　2. 罐（H14:20）　3. 罐（H3:1）　4. 钵（BT40②:2）　5. 坛（H14:13）　6. 盆（H3:4）
7. 支座（H14:17）　8. 石镞（H14:22）　9. 青铜簪（H14:19）　10. 石锛（BT40②:1）　11. C型盅式碗（H14:1）
12. 石刀（采:01）　13. 石刀（采:02）　14. 石锛（BT43②:1）　15. 青铜锸（H14:18）（1~3、5、6.1/4，4、7、10~
12.1/2，8、9、13~15.1/1）

　　标本⑥，盆，H3:3，直口窄沿；折腹弧收，平底较薄。腹表有轮旋痕。口径11.2、底径7.4、高
3.2厘米（图三二:11）。

　　标本⑦，钵，BT40②:2，口微敛，腹略鼓，近底处转折斜收成小平底。素面。口径5、底径3.2、
高4厘米（图三三:4）。

（3）泥质陶器

泥质陶数量少，胎质多为细泥灰陶，常见黑衣，胎质疏松，表面易剥落。一般用于制作细巧的罐、盆类。标本4件。

标本①，BT40②：3，罐，直口尖唇，微束颈，溜肩上设"X"形对称环耳；鼓腹，下部残。腹表有细弦纹。口径9.6、腹径20厘米（图三三：1）。

标本②，H14：20，罐，灰陶。敛口斜方唇，无沿，肩设对称贯耳；球形鼓腹，腹表有极细密的轮旋纹。口径9.2、腹径21.2厘米（图三三：2）。

标本③，H3：4，盆，黑胎灰褐色器表。侈口，卷沿较窄，弧腹较深，平底较大。腹表饰竖向细绳纹。口径24、底径12、高10.4厘米（图三三：6）。

标本④，H14：17，宽把形支座，泥质红陶。整器下部残，上部为弯勾状宽把，饰竖向细绳纹。宽8厘米（图三三：7）。

（4）夹砂陶器

夹砂陶仅用于制作鼎类炊器，鼎腹多见较浅的拍印纹。数量少，标本2件。

标本①，H14：21，夹砂褐陶鼎。侈口方唇，宽折沿；盆形深腹，底近平；足呈扁体条形。鼎腹表拍印浅细方格纹。口径24.8、高约28厘米（图三二：10）。

标本②，H14：15，鼎，夹砂红褐陶。侈口宽折沿；浅盆形腹，平底较大；柱状足残。腹表饰竖向细绳纹。口径22.4、底径13.6、残高10.4厘米（图三二：14）。

2. 石器

石器数量，器类不多，仅见锛、镞、刀之类。石料以青灰色泥岩为主。

锛，BT40②：1，长条形，较厚。正面有段，背面较直，单面刃。长10.6、宽3.8厘米（图三三：10）。

锛，BT43②：1，刃残，侧边未磨。正面近长方形，中间有段。残长5.8、宽3.7厘米（图三三：14）。

镞，H14：22，尖略残。镞身为宽短的三角形，磨制断面为菱形，铤较短。残长5.5、宽2.3厘米（图三三：8）。

石刀，采：01，仅存柄部。磨制较好，单面刃。从刃侧残孔看，应系残器改制。残长12.4、宽7厘米（图三三：12）。

弧刃石刀，采：02，残两端。磨制精。双面刃，背侧有一凸起，又似石戈。残长11、宽约4.5厘米（图三三：13）。

3. 青铜器

仅见青铜小件器物，且保存较差，器形多不完整。器类以手工小工具和装饰品为主。

锸，H14：18，体小，"风"字形，弧刃，方銎残。刃宽约4.8、残高3厘米（图三三：15）。

簪形器，H14：19，两端残，近扁方体。残长7.5、宽0.7厘米（图三三：9）。

六、结语

鲞架山遗址与河姆渡遗址毗邻，它的发掘对促进河姆渡遗址乃至河姆渡文化的研究有最直接的关系。下面就资料整理的结果从四方面提出一些初步的认识。

（一）关于各期遗存的年代

第一期遗存，是本次发掘的重点部分，虽没有重要的遗迹现象，但地层和灰坑中出土的丰富遗物尤其是大量的陶片，基本上能反映本期的文化内涵。以河姆渡遗址两次发掘出土的第二期遗物为参照系[①]，发现鲞架山第一期陶器同样以多种形态的釜为代表，夹炭、夹砂陶的侈口釜、直口釜、敛口釜、钵形釜等类型多样，且以釜、罐、盘、钵、大圈足豆、盆为基本器物组合，因此从文化性质的归属上确定此期遗存属于河姆渡文化，而且主要方面与河姆渡文化二期面貌接近。此外还有一些自身特点。首先，陶系构成中不以夹炭陶为主，据粗略统计在各个探方的早期堆积单位里，夹砂陶的比例多数超过 50%，尤其是作为主要类型的侈口粗颈扁腹釜的胎质更是以夹砂陶为主，夹炭的标本仅有几件。这一陶系比例显示了与河姆渡文化一、二期的最大区别。其次，从器形组合看，鲞架山一期陶器中既有代表河姆渡文化二期的直口釜、侈口无脊釜、双耳罐、带把钵、甑等器物，还流行河姆渡二期中并不多见的器形，如侈口沿下饰弱脊、粗颈扁腹的 Aa 型釜，侈口微束颈的 Ab 型釜、敛口盘、宽折沿盆等。其中前两型釜也出现于奉化名山后遗址[②]的最下部堆积里；后两种器物也见于河姆渡文化三期遗存里。由此看来鲞架山一期遗存较多地承袭了河姆渡文化二期的传统因素，也开启了向河姆渡三期转化的一些新面貌。这一特征表明鲞架山一期遗存担当了承前启后的角色。结合 BT41④层的 ^{14}C 测定数据 BC 4335～BC 4044 年，可进一步推断鲞架山遗址一期遗存可以在一定程度上填补河姆渡文化二、三期之间的文化缺环。这也可能是此期文化遗存的最大价值所在。

第二期遗存的地层堆积简单，但遗迹单位较多，由 13 个灰坑、一段道路和 5 座瓮棺葬等遗迹组成。灰坑中出土较丰富的石、木、骨、角器，复原的陶器较少，能反映器物分期面貌的主要是出于瓮棺葬中的一批器物。此期器形中既有传统的侈口釜和罐，还有一些新兴的外红里黑的细高把豆和泥质灰胎黑皮陶细把豆、黑皮陶壶、三柱状足鼎，尤以几件装饰繁缛的盘口釜最为引人注目。这批器物中有些具有河姆渡文化三期的部分特征，但未见典型器多角沿釜，而且有几件侈口釜已出现河姆渡文化四期的一些器形特征。另外根据 ^{14}C 测定数据，H13 的年代是 BC 4245～BC 3991 年，H11 的年代仅是 BC 2874～BC 2498 年（均经树轮校正）。这两个数据均与器物分期的实际结果出入较大。因此鲞架山二期遗存的年代，大致推定为相当于河姆渡文化三期后段和四期前段。

第三期遗存中具有多种形态的夹砂陶鼎和多种把型及镂孔装饰的黑皮陶豆成了陶器中的典型器物，还出现了花瓣足杯。这些特征与慈湖遗址[③]上层文化的部分面貌接近。慈湖上层的 ^{14}C 年代为 BC 5365±125 年（树轮校正）。虽然慈湖上层的内涵比较复杂，而且有明显的良渚文化因素，但鲞架山

[①]　浙江省文物管理委员会、浙江省博物馆：《河姆渡遗址第一期发掘报告》，《考古学报》1978 年第 1 期；河姆渡遗址考古队：《浙江河姆渡遗址第二期发掘的主要收获》，《文物》1980 年第 5 期。

[②]　名山后遗址考古队：《奉化名山后遗址第一期发掘的主要收获》，《浙江省文物考古研究所学刊——建所十周年纪念（1980—1990）》，科学出版社，1993 年。

[③]　浙江省文物考古研究所、宁波市文物考古研究所：《宁波慈湖遗址发掘简报》，《浙江省文物考古研究所学刊——建所十周年纪念（1980—1990）》，科学出版社，1993 年。

三期遗存中未见任何具有良渚文化特征的器物，因此它的年代还是应该相当于河姆渡文化第四期偏晚阶段。

第四期遗存中的遗物以印纹硬陶和原始瓷器为主，从它的胎质硬度、拍印纹样、轮制和施釉的工艺特征来看，已达到商周时期物质文化面貌的基本水平。根据对已往发掘的江浙土墩遗存中原始瓷、印纹陶的分期断代认识，盅式碗的流行，其时代已在春秋后期，器壁深直的盅式碗的出现更是到了春秋末期。而拍印纹样中米字纹、麻布纹、筛网纹的出现是已进入战国初期的标志了。据绍兴凤凰山木椁墓①、慈溪彭东土墩石室墓②、句容浮山果园土墩墓③等几处遗存中已有断代的麻布纹罐、盅式碗等材料，鲞架山第四期遗存的年代也该在春秋后期和战国初期。其中的 H14 是值得进一步研究的典型遗迹单位。

（二）关于五座瓮棺葬遗迹的推测

野外发掘中，五处成组器和遗迹出现于鲞架山二期遗存堆积的最上坡，数量少，保存差，而且是首次发现，这给判断它们的性质带来了困难。下面只能以野外工作中观察到的实际情况为基础，参考国内其他地区史前文化中的类似遗迹作多方面的分析和归纳。首先，可以肯定的是，这几组器物均无类似普通墓坑的长方形竖穴土坑，其中四组器物周围显示不易辨别的近椭圆形圜底浅坑；其次，与它们相近的同一层位的遗迹只有一个半台半坑形态的红烧土遗存，加上零星出土的一些无法断定是否为人骨的经火烧的灰白色骨渣；另外很重要的一项共同特征是除 M4 以外的每组器物中均有 1~3 件器形、工艺和装饰非同寻常的盘口釜。它们应非日常生活实用器物。这种特殊遗存环境里的特殊器物，若不作瓮棺葬葬具解释，难作其他理解。湖北天门石家河遗址④和河南临汝阎村遗址⑤中发现的成人二次瓮棺葬习俗应是理解鲞架山成组器物遗存的很好参考材料。此外一篇有关瓮棺葬研究的文章⑥也启示我们，这几组器物除 M4 外可能还属于氏族社会中为数不多的精英人物才能享受的礼仪葬俗形态——成人瓮棺葬。鲞架山 M4 的器物与出土状况在相距不远的慈城小东门遗址⑦中也有类似发现，而且那座瓮棺葬的器物盖子上还凿有一个小圆孔。因此，鲞架山二期遗存中的成组器物遗迹目前初步可以作为河姆渡文化中的一种特殊葬俗来认识。

（三）关于夹炭黑陶的概念

自河姆渡遗址发掘至今，夹炭黑陶⑧的概念早已深入人心。一般以为只要是夹炭陶，不仅陶胎是

①   绍兴县文管会：《绍兴凤凰山木椁墓》，《考古》1976 年第 6 期。
②   浙江省文物考古研究所：《慈溪市彭东、东安的土墩墓与土墩石室墓》，《浙江省文物考古研究所学刊——建所十周年纪念（1980—1990）》，科学出版社，1993 年。
③   南京博物院：《江苏句容浮山果园土墩墓第二次发掘报告》，《文物资料丛刊（6）》，文物出版社，1982 年。
④   石河考古队：《湖北省石河遗址群 1987 年发掘简报》，《文物》1990 年第 8 期。
⑤   临汝县文化馆：《临汝阎村新石器时代遗址调查》，《中原文物》1981 年第 1 期。
⑥   何努：《关于瓮棺葬俗的原始逻辑思维发微》，《史前研究》1990—1991 年辑刊。
⑦   1992 年浙江省文物考古研究所发掘。
⑧   李家治等：《河姆渡遗址陶器的研究》，《硅酸盐学报》1979 年 7 卷第 2 期。

毫无疑问的黑色，而且器表也均是单一的深灰黑色。并给大家一个总的印象是，河姆渡文化的陶器表面颜色从一期到四期有一个不同寻常的由黑而红的演变过程①。实际上这是忽视了陶器在烧制后的流通使用期、废弃埋藏期等几个环节里常常因保存环境的差异会出现不同程度褪色的特性。陶器因烧成温度较低的原因不像后代瓷器那样呈色能恒久不变。鲞架山遗址的发掘很可能为重新审视"夹炭黑陶"的真实情形提供了机会。在发掘中我们发现北区靠近上坡的早期堆积里出土的夹炭陶片，尽管因胎质疏松，器表有些剥落，而未曾剥落的夹炭陶胎均较清晰地保留着红褐色。不同的是那些从南区同层位的低湿堆积里出土的夹炭陶片却都是真切的黑色，并且表里如一。排除年代不同、器形不同的原因，可大致判断造成这种南、北两区同期夹炭陶表面颜色差异的主要原因是不同的埋藏、保存环境。北南两区同期堆积的落差约达6米，北区堆积位于上坡处，比较干燥硬实；南区堆积海拔较低，长期受地下水浸染，处于吸水状态中的陶片的理化性能易于改变。上述判断主要是基于野外现象的观察、记录，尚不明白不同区域陶片呈色差异的真正机理。因此，可初步认为"黑"很可能并非河姆渡文化早期陶器实际呈色的基调。比较特殊的是那些作为瓮棺葬葬具的盘口釜器表都有不同于普通夹炭陶表面的红褐色氧化层的红色陶衣，而且从南区较低湿堆积里出土的同类器物碎片也依然保持着较好的红色。对这些现象的理解也不是仅凭思考和推理能解决得了。

（四）关于盘口釜的文化渊源

盘口釜在河姆渡文化一期遗存中已经出现，而若与鲞架山遗址中的盘口釜比较，器形上有较大距离。在鲞架山一期遗存中有几件类似盘口釜的口沿片，但不见整体器形。而在慈湖遗址下层遗存中有数量不少的被称为罐的夹炭陶器②，它们的形态和装饰风格均与鲞架山二期的盘口釜一致。因此，盘口釜也应是河姆渡文化三期前后的主要器类之一。与杭州湾相望、直线距离八九十千米的杭嘉湖平原东南部，前些年发掘了海盐王坟遗址③和嘉兴南河浜遗址④，承发掘领队告知和笔者实地了解，这两处遗址里也有一些类似盘口釜的器物，它们的器形、胎质、器表颜色，装饰纹样等各方面与慈湖、鲞架山遗址的同类器相近。可以肯定两岸史前文化至少自河姆渡文化后期起就开辟了一条便捷的文化传播、交流的湾口跨海通道。

执　笔：孙国平　黄渭金
领　队：王海明
绘　图：黄渭金　赵兰玉　赵福凤
　　　　孙国平

1998年8月完稿

① 牟永抗：《关于我国新石器时代制陶术的若干问题》，《考古学文化论集（二）》，文物出版社，1989年。
② 浙江省文物考古研究所、宁波市文物考古研究所：《宁波慈湖遗址发掘简报》，《浙江省文物考古研究所学刊——建所十周年纪念（1980—1990）》，科学出版社，1993年。
③ 1994年浙江省文物考古研究所发掘。
④ 1996年浙江省文物考古研究所发掘，消息见《中国文物报》1996年12月15日。

附录：

鲞架山遗址动物骨骼鉴定报告

BT41④，梅花鹿角碎片二件〔*Cervus nippon* Temminck〕；

BT41④，四不像鹿角碎片二件〔*Elaphurus davidianus* M. -ED〕；

BT41④H20，四不像鹿右下颌骨一件〔同上〕；

BT41④，四不像鹿角上臼齿一件〔同上〕；

BT42③，梅花鹿角碎片一件〔*Cervus nippon* Temminck〕；

BT42④，四不像鹿上臼齿一件〔*Elaphurus davidianus* M. -ED〕；

BT43H21，水鹿角碎片一件〔*Cervus unicolor* Kerr〕；

BT43③，水牛牙齿一件〔*Bubalus* sp.〕。

鉴定人：浙江自然博物馆

金幸生

1994 年 8 月 29 日

（原载《史前研究（2000）》，三秦出版社，2000 年）

浙江余姚市鲻山遗址发掘简报

浙江省文物考古研究所　厦门大学历史系

鲻山遗址是20世纪70年代末河姆渡遗址发掘后在姚江谷地开展的专项考古调查中发现的，当时确定的范围是在鲻山的东北面。1995年，宁波至余姚的61省道工程通过鲻山的南坡脚，挖掘路基时发现大量河姆渡文化的陶片等遗物，经调查后确认遗址的范围应包括鲻山的南坡、东南坡。1996年9月至12月，浙江省文物考古研究所结合厦门大学九四级考古专业实习，对遗址进行了抢救性发掘，共布5×5米的探方14个，实际发掘面积306平方米。现将此次发掘的主要收获简报如下（图一）。

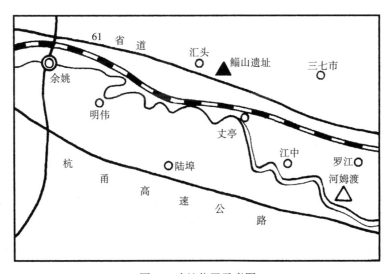

图一　遗址位置示意图

一、地层堆积

此次发掘的区域位于鲻山的东南角，应是遗址的中心部位。布方时依地形紧贴公路，方向为偏东15°。遗址的地层堆积依坡势逐渐倾斜，现以T1、T8的西壁剖面为例介绍如下（图二）。

①层：耕土层，厚30～50厘米。

②层：仅局部分布，灰色土，夹较多红烧土块，厚20厘米。出土有夹砂红陶绳纹鼎及饰米筛纹、方格纹的印纹硬陶片。该层下发现良渚文化小墓2座。

③层：灰黄色土，夹杂红烧土块，土质较硬，厚20～50厘米。此层出土遗物有夹砂红陶鼎、釜、外红里黑泥质红陶豆，泥质灰陶罐等及斧、锛、凿等石器。

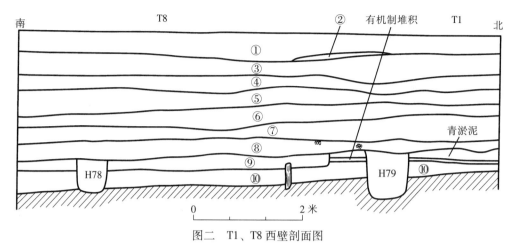

图二 T1、T8 西壁剖面图

①耕土 ②灰色土 ③灰黄色土 ④灰褐色土 ⑤灰黄色土 ⑥黄褐色土 ⑦褐黄色土 ⑧灰色砂土 ⑨灰黑色土 ⑩灰色黏土

④层：灰褐色土，夹杂零星红烧土，土质较疏松，厚20~25厘米。包含物与第3层基本相同。

⑤层：灰黄色土，质较松软，厚20~50厘米。出土遗物以陶器为主，夹砂红陶居多，泥质红陶次之，有少量夹炭陶和泥质灰陶，器形包括釜、鼎、罐、豆、盉等。该层下发现H17等灰坑。

⑥层：黄褐色土，含铁锰结核硬块，土质坚硬，厚20~40厘米。包含物较少，出土陶片中夹炭陶与夹砂陶数量相近，器形有釜、罐、钵、豆等，另有锛、凿等磨制石器以及砺石和极少量的燧石质打制石器。

⑦层：褐黄色土，含铁锰结核硬块，土质坚硬，厚15~60厘米。出土遗物多为陶器，以夹炭陶、夹砂陶为主，器形有釜、盆、钵、罐等，另有少量骨镞、骨匕，燧石质打制石器数量也不少。

⑧层：在坡下方堆积较厚，灰色砂土，土质疏松，厚10~40厘米。出土遗物较多，有陶器、石器、骨器、动植物遗存及木构建筑废弃后遗存的木板、木桩等构件。陶器以夹炭灰陶为主，夹砂灰陶次之，泥质陶很少，器形主要有釜、罐、盆、盘、钵、支座等，其中釜的数量约占全部陶器的75%。石器以燧石质打制石器居多。骨器中锥、凿、镞多见。动植物遗存包括猪、梅花鹿、赤麂、龟、中华鳖、鲨鱼等残骸和橡子、麻栎果。该层下发现大片干栏式木构建筑遗存，以及大量的圆形、方形和圆形与方形组合的坑，其中大部分应是柱坑。此层下局部区域有青淤泥及较纯净的芦苇有机质堆积。

⑨层：灰黑色土，包含大量有机质，土质极为疏松，厚15~30厘米。此层出土遗物最为丰富，陶器以夹炭陶为主，器形包括釜、罐、盆、盘、钵、支座等；石器中燧石质打制石器的数量明显多于磨制石器，还有大量打制石器产生的崩片；骨（牙）器有鸟形象牙圆雕匕、骨耜、骨镞、骨凿、骨锥、骨机刀、骨针等；木器有耜、筒、桨等；动植物遗存有野猪、麂、貉、"四不像"遗骸和葫芦、橡子、水稻秆叶等。该层应是⑧层下第二期干栏式建筑营建、使用和废弃时期的堆积。

⑩层：灰色黏土，含有机质较少，厚15~40厘米。此层堆积自北向南倾斜明显，与⑧层下第一期干栏式建筑相对应，出土遗物情况则与⑨层大体相同。

⑩层以下为青淤泥状生土，自北而南逐渐加厚。

二、遗物

鲻山遗址发现的遗迹较为丰富，包括墓葬、灰坑、水井等，尤其是第8层下发现的连片干栏式木构建筑遗存更是本次发掘的主要收获。

（一）灰坑

发掘时灰坑编号共84个，但大部分发现于第8层下。第8层下发现的这些圆形、方形或圆形、方形组合的坑原本应是干栏式建筑的柱（桩）坑。

H8　开口于④层下。平面近长方形，平底，长1.6、宽0.9、深0.7米。坑内出土釜、罐、匜等陶器（图三）。

H17　开口于⑤层下，直挖至生土中。上口呈圆形，直径1.6米；下部近方形，长1、宽0.9、深1.88米。坑内堆积分两层，上层堆积厚0.6米，土色灰黑；下层堆积厚1.28米，为黑色灰烬。坑内出土外红里黑泥质陶盉3件。此坑的形状和深度类似于水井，但坑内堆积物主要是灰烬，没有水井中常见的淤泥层，出土遗物又有制作精美、可能作为酒器使用的垂囊盉和碎骨渣。由此分析，H17可能是一处祭祀坑（图四）。

（二）干栏式建筑遗存

⑧层下发现连片的干栏式建筑遗存，主要包括桩、础、撑木及相应的柱础坑。根据柱础坑相互间的叠压打破关系，以及相应的桩、础的加工工艺特征和材质大小，本次发掘揭示的干栏式建筑遗存可

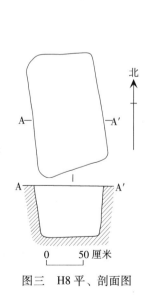

图三　H8平、剖面图

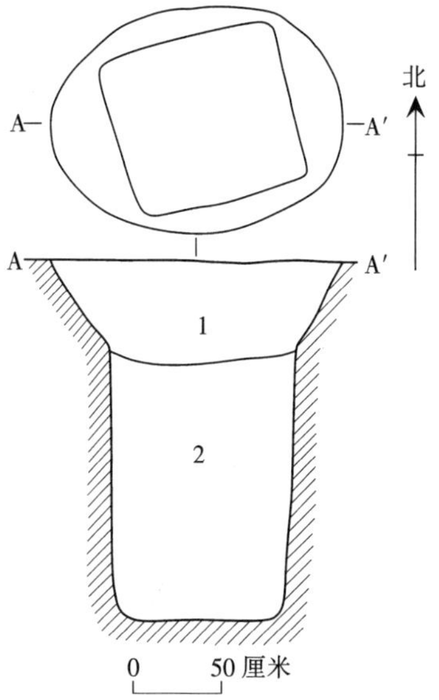

图四　H17平、剖面图
1. 灰黑色土　2. 黑色灰烬

区分为早晚关系清楚、技术特征明确的前、后两期共三个单元。因保存状况、发掘场地等诸多限制，未能完整揭示和认识各具体单元的规模形制及其结构。

第一期　打桩立柱式。该期干栏式建筑遗存集中发现于发掘区的西部，被挖坑埋柱式阶段的建筑叠压打破，层位关系上属于本遗址的最早阶段，⑩层堆积大体与其对应。此期建筑的特点是均用仅加工桩尖的圆木桩直接打入淤泥软土中，深度均在1米以上，未见桩坑，用材相对较小，桩径在20厘米左右。在其北侧（坡上方），圆桩较密，间隔20~30厘米，并架有横板，大概是阻挡泥沙的设施。此期建筑形式属长排式房。

第二期　挖坑埋柱式。该期建筑遍布整个发掘区，东部保存较好。用材较大，加工精致，规模宏大，营建讲究。柱坑有几种不同的做法，一种是深坑、浅坑

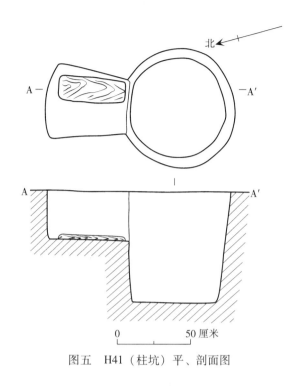

图五　H41（柱坑）平、剖面图

组合，如⑧层下开口的H41为圆形深坑与长方形浅坑组合相连，圆坑直径0.8、深0.76米，长方形浅坑长0.6、宽0.35米。这是一种特殊的柱坑，深坑中立柱作为干栏式建筑基础的承重柱，柱木埋深1米左右，加工方正，边长30~40、长130厘米左右，柱底端平整，少见木础；浅坑中放置撑木，一端顶住木柱，一端紧贴坑壁，撑木一般置于上坡一侧，以固定柱子，同时撑木可能还是屋架木柱的础，上下一体，较为稳固（图五）。另一种情况只有一个柱坑，相对较浅，柱础有单一的木础，也有木石混合础。现场发现的情况表明这两种柱础形式分属不同的建筑单元，后一种年代相对晚一些。第三种柱础未见明显的柱坑，用板木交错叠垒，最上面是厚不足1厘米的木片，位置在两大方柱之间，应是支撑加固地龙时的临时垫础。

三、遗　物

鲻山遗址的出土遗物按质地可分陶器、石器、木器以及骨、角、牙器等类。

（一）陶器

⑩、⑨、⑧层所出陶器以夹炭陶、夹砂灰黑陶为主，⑧层的陶色明显偏灰，器形以釜、罐、盆、盘、钵常见。⑦、⑥层则以夹砂红陶为主，外红里黑的泥质陶有一定比例。⑤、④、③层以夹砂红陶、泥质红陶为主，釜仍是主要炊器，鼎也有一定的数量，盉造型丰富。绳纹始终是陶器的主要装饰，⑩、⑨、⑧层出土的盆、盘、钵类器的底部残留绳纹，说明拍印绳纹是制陶的一个工序，目的是使陶胎密实。

釜　发现数量最多，造型也最为丰富，形制演变轨迹清楚，是河姆渡文化中最具特征的一种陶器。

形制大体可分敛口肩脊、敞口肩脊、敞口弧腹等类。

敛口肩脊釜　T8⑩：6，夹砂灰黑陶。浅腹，圜底。底部饰绳纹。口径18.4、高22.4厘米（图六：1）。T8⑨：2，夹砂灰黑陶。圜底已残。口沿下及颈部戳印蚶齿纹，底部饰绳纹。口径20厘米（图六：2）。T13⑨：11，夹砂灰黑陶。敛口，收腹，圜底。口沿及腹中部饰蚶齿状戳印纹及弦纹，底部饰绳纹。口径17.6、高18.4厘米（图六：17）。T4⑨：9，夹砂灰黑陶。敛口，肩脊发达，腹较深，圜底残。口沿部饰刻划纹，底部饰绳纹。口径21.2厘米（图六：3）。T2⑧：14，夹砂灰黑陶。敛口，肩脊较弱，浅腹，圜底。口沿饰划纹，底部饰绳纹。口径20.5、高18厘米（图六：5）。

另有一件敛口釜形制较特殊。T11⑨：11，夹炭黑陶。弧敛口，深腹，圜底略尖，腹中部置两个牛鼻状耳。沿下及上腹部饰两圈植物纹，每圈12组。口径20、高29.6厘米（图六：10）。

敞口肩脊釜　T8⑨：32，夹砂灰黑陶。大口，浅腹，圜底残。口沿部有鸡冠状錾，腹部附加凸脊。口径26.8厘米（图六：7）。T11⑩：7，夹炭陶，器外表泛红色。敞口，长颈，肩下有凸脊。颈部饰弦纹，底部饰绳纹。口径24、残高20厘米（图六：8）。T9⑨：27，夹炭黑陶。敞口。肩脊上饰蚶齿状戳印纹，底部饰绳纹。口径17.6、高16.8厘米（图六：20）。T10⑩：10，夹炭黑陶。敞口，鼓腹，中腹凸脊不明显，圜底残。底部饰绳纹。口径20厘米（图六：18）。T8⑨：49，夹炭黑陶。敞口，肩脊不发达，深腹，圜底，底部胎壁很厚。唇部饰蚶齿状戳印纹，腹及底部饰绳纹。口径18、高15.8厘米（图六：4）。T8⑨：14，夹炭黑陶。侈口，肩脊较弱，圜底。腹及底部饰绳纹。口径18.4、高15.6厘米（图六：13）。T9⑧：5，夹炭黑陶。侈口，肩脊不明显，深腹，圜底。腹及底部饰绳纹。口径22.4、高15.6厘米（图六：14）。T14⑧：8，夹砂灰黑陶。敞口，沿下及肩部有脊，肩脊下并有两个錾。圜底饰绳纹。口径16、高15厘米（图六：24）。T9⑨：25，夹炭黑陶。大敞口，肩脊发达。颈部饰弦纹，腹及底部拍印绳纹，肩脊上饰蚶壳状压印纹。口径21.6、高20厘米（图六：9）。T6⑧：8，夹砂灰黑陶。敞口，收腹，圜底，肩部凸脊较弱。腹及底部饰绳纹。口径24.4、高15.2厘米（图六：16）。

敞口弧腹釜　T2⑥：1，夹砂红陶。直口微敞，扁圆腹，沿上有脊。底部饰绳纹。口径20、高17.6厘米（图六：15）。T4⑦：5，夹砂红陶。敞口，垂腹，肩部有弱脊，圜底。肩部饰蚶齿状戳印纹。口径22.5、高20厘米（图六：19）。T1⑦：7，夹砂灰黑陶。敞口，束颈，圜底较尖。口下饰竖向绳纹，颈、肩部抹光，腹及底部饰斜向绳纹。口径24、高17厘米（图六：21）。T2④：2，夹砂灰陶。侈口，丰肩，深圜底。肩下及腹、底部饰绳纹。口径21.6、高15.2厘米（图六：22）。H8：3，夹砂灰陶。敛口，扁腹，大圜底残。腹及底部饰绳纹。口径27厘米（图六：11）。

鼎　其形制即是陶釜加上三足而成，与釜具有明显的传承关系。T10③：2，夹砂红陶。敛口，折肩，圜底，三圆锥形足已残。底部饰绳纹。口径22厘米（图六：25）。T10③：4，夹砂红陶。敛口，折肩，圜底，三足残。器身饰绳纹。口径20厘米（图六：23）。M4：2，夹砂红陶。侈口，垂腹，圜底近平，三鱼鳍形足。素面。口径10.6、高11.6厘米（图六：6）。

灶　H3：3，夹砂红陶。侈口，桶状，两侧有牛鼻状耳，正面设一拱顶投柴孔，下部已残。口径34、残高22厘米（图六：12）。

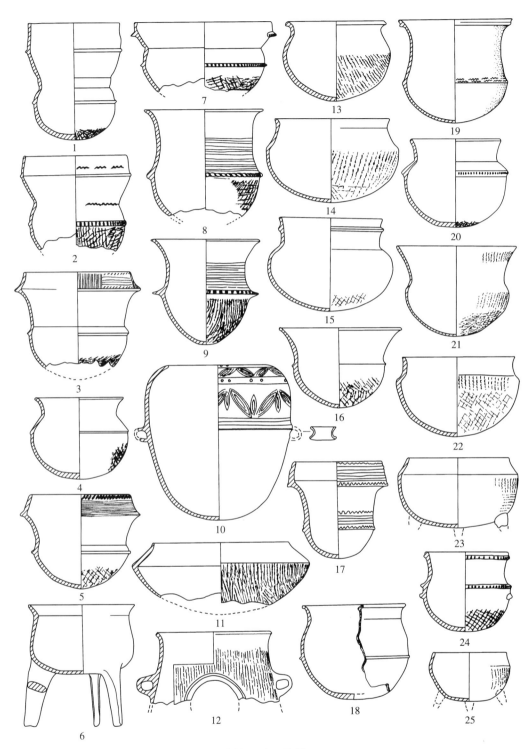

图六　出土陶器

1～3、5、17. 敛口肩脊釜（T8⑩：6、T8⑨：2、T4⑨：9、T2⑧：14、T13⑨：11）　4、7～9、13、14、16、18、20、24.
敞口肩脊釜（T8⑨：49、T8⑨：32、T11⑩：7、T9⑨：25、T8⑨：14、T9⑧：5、T6⑧：8、T10⑩：10、T9⑨：27、T14
⑧：8）　6、23、25. 鼎（M4：2、T10③：4、T10③：2）　10. 敛口釜（T11⑨：11）　11、15、19、21、22. 敞口弧腹
釜（H8：3、T2⑥：1、T4⑦：5、T1⑦：7、T2④：2）　12. 灶（H3：3）（1～5、7～11、13～24. 约1/8，6. 约1/4，12、
25. 约1/10）

罐　均为双耳平底状，双耳位置有置于口沿部和腹中部的区别。T8⑨：10，夹炭黑陶，色斑驳。小口残，丰肩，深腹，下腹两牛鼻状耳已残。颈部饰细弦纹。口径15、底径18、高42厘米（图七：2）。T13⑩：3，夹炭黑陶。直口微敞，溜肩，弧腹。口径17、底径12、高21.5厘米（图七：3）。T8⑨：13，夹炭黑陶。敞口，圆肩，鼓腹，大平底，口部置两耳。口径14、底径16、高17厘米（图七：1）。H8：2，夹砂红陶。小口，扁圆腹，平底已残，中腹置两半环形耳。口径13、底径17.5、高约24厘米（图七：19）。

盆　T10⑩：9，夹炭黑陶。侈口，深腹，平底，下腹置贯耳。口径28、底径16.6、高17.8厘米（图七：4）。T13⑨：15，夹炭黑陶。腹中部置半环形耳，器身残留绳纹。口径30、底径16.8、高15.2厘米（图七：6）。

盘　T9⑧：42，夹炭黑陶。平沿外折，浅腹，小平底。口径32、底径12、高7.2厘米（图七：5）。

钵　可分敛口钵、敞口钵、单把钵等多种形制。T10⑩：32，夹炭黑陶。敛口，小平底。口径25.5、底径13、高10.5厘米（图七：9）。T10⑨：20，夹炭黑陶。敛口，小平底，沿下有两个对称的鋬。底部残留绳纹。口径24、底径12.6、高11.2厘米（图七：10）。T13⑩：2，夹炭黑陶。直口，弧腹，平底，口沿部有环形把手。口径14.6、底径11.2、高10厘米（图七：12）。

盉　均为外红里黑泥质陶，胎壁较薄，器表施红衣，制作精美，造型丰富。T12⑦：1，器形小巧，圆形腹腔，管状嘴，提梁与嘴呈直线配置，椭圆形注水口已残，平底。底径9.6、高14厘米（图七：13）。T12⑦：4，泥质红陶，胎中夹少量细砂。敛口，弧腹，带圈足，口部有流，半环形把手与流呈直角配置。口径8、底径8.8、高12.8厘米（图七：15）。H3：2，敛口，椭圆形腹腔，管状嘴，牛鼻状耳与嘴呈直角配置。口径8.8、底径9.6、高10.4厘米（图七：14）。H17：2，外红里黑，通体光亮。形似垂囊，椭圆形腹腔，管状嘴，椭圆形注水口已残，提梁与嘴呈直线配置，平底。高18.5厘米（图七：18）。H17：3，泥质红陶，红衣艳丽，嘴、注水口、提梁等部位乌黑光亮。形似垂囊，椭圆形腹腔，管状嘴与椭圆形注水口间用提梁相连。底径12.6、高18厘米（图七：16）。

豆　H3：1，外红里黑。宽沿，浅盘，喇叭形圈足。口径32、底径16、高23厘米（图七：7）。M4：1，泥质灰陶。口径12.5、底径9、高6.8厘米（图七：8）。M2：1，泥质灰陶。口径11、底径7、高7厘米（图七：17）。M2：2，泥质灰陶。口径17.6、底径14、高6.4厘米（图七：11）。

（二）石器

打制石器数量多于磨制石器。磨制石器种类有斧、锛、凿等，还有一种加工粗糙的砍砸器。打制石器出自⑥~⑩层，以⑧、⑨层为多，共收集石制品385件。主要由燧石制成，可分为暗色和浅色两类。前一类由于岩脉成因的暗灰色、暗棕色燧石节理、裂隙发育，较难打制成理想的石片并加工成器，这类原料的石制品占总数的29%；后一类为浅灰白、浅红、浅黄、浅棕色燧石，质密且均一，裂隙不发育，是制作石器的理想原料，占总数的71%。经调查，制作石器的燧石采自遗址北边约3.6千米处的舒郎岗山。打制而成的石制品包括锤（砧）22件、石核69件、石片121件、断片（块）89件，刮削器77件、尖状器3件、凿形器和斧形器各2件，同时还收集到修理石器过程中产生的细小崩片1155件。

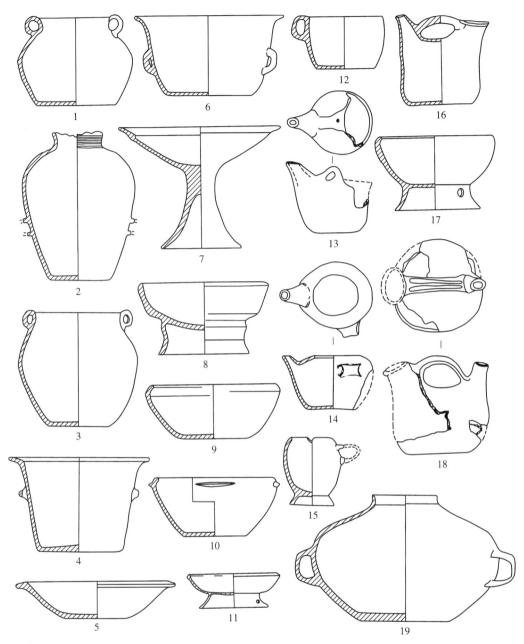

图七 出土陶器

1~3、19. 罐（T8⑨：13、T8⑨：10、T13⑩：3、H8：2）　4、6. 盆（T10⑩：9、T13⑨：15）　5. 盘（T9⑧：42）　7、8、11、17. 豆（H3：1、M4：1、M2：2、M2：1）　9、10、12. 钵（T10⑩：32、T10⑨：20、T13⑩：2）　13~16、18. 盉（T12⑦：1、H3：2、T12⑦：4、H17：3、H17：2）（1、3~7、9~16、18、19. 约1/8，2. 约1/10，8、17. 约1/4）

锤（砧）　多为暗色燧石。形体较大，近短方柱体，锤击痕迹清楚，有的已形成凹坑，锤击部位往往选择方柱体的顶、底或较平的面。

石核　暗色燧石者个体较大，浅色者个体较小。有单台面、双台面和多台面三种，多利用岩石的裂隙面作为台面进行打片，少数为打击台面。T13⑨：9，双台面石核。先沿裂隙面打下五片后无法再生产石片，只好转动石核，从相反的一打击台面再打下三片，因此石核呈菱形。长57、宽56、厚 40 毫米。

石片　有长石片、短石片和歪尾石片。打片方法主要是锤击法，砸击法次之，石片背面保存石皮者不多，多有棱脊，说明充分利用石核连续打片。T12⑩：12，短石片。呈半圆形，未进行修理，在右侧薄缘处可见使用痕迹。长 20、宽 33、厚 11.5 毫米（图八：7）。T6⑧：1，长石片。呈扇形，背面石片疤与石片为同一平面。长 46、宽 41、厚 9 毫米（图八：2）。以上两件标本均有打击台面、打击点、半锥体和清晰的同心纹。

断片（块）和崩片　断片（块）中占 84.3% 的为浅色燧石。另在发掘中凭肉眼收集的崩片就有 1155 件，大者 16×16 毫米，小者 5×8 毫米，若经筛选数量肯定会更多。

刮削器　由石片和石核经第二步修理而成。修理部位往往选择较薄处，有直刃、凹刃、凸刃、凹凸刃和盘状刮削器等多种，凹刃刮削器最多，其次是直刃者。T3⑧：4，凸刃刮削器。呈椭圆形，是经去薄后复向修理成的，石片疤较大。长 45、宽 42、厚 32 毫米（图八：3）。T5⑧：10，直刃刮削器。呈长方形，是由石核去薄后修理成的，可能经长时间使用，刃缘微凹。长 46、宽 34、厚 21 毫米（图八：4）。T3⑨：8，凹刃刮削器。是在打片后形成的相对低凹部位进一步修理而成。长 34.5、宽 41.5、厚 24 毫米（图八：10）。凹刃刮削器中有一半刃口宽度仅 5~14 毫米，可称为小凹刃，应有特殊的用途。T12⑨：11，凹凸刃刮削器。纵椭圆形，在石片的远端修理成凸刃，而近端则先去掉几个较大的小石片后在变薄微凹处再修理成小凹刃。长 31、宽 28.5、厚 10 毫米（图八：1）。盘状刮削器仅 1 件（T2⑩：5），原为燧石质砾石，从砾石上打下椭圆形石片后在其周缘细琢而成，背面留有圆滑的砾石表皮，刃缘多向腹面一次修理成。小石片疤长 2~7.5 毫米，长径 59、短径 48.5、厚 8.7 毫米（图八：6）。

尖状器　可分为正尖状器和角尖尖状器。T8⑨：45，正尖状器。是从燧石岩脉打下等腰三角形毛坯后，在其两边交互修理而成。小石片疤大小不一，大者 13~24、小者 5~6 毫米，刃缘为"S"形，尖角约 50 度。腹面半锥体隆凸，同心圆发育，背面留有石皮。三角形短边修理成凹刃，刃口宽 23 毫米。从制作方法及形态看此器为一后端内凹的尖状器，然而从使用痕迹看则是作为砍砸器和凹刃刮削器并用，因为其一边刃使用后明显较钝，像是砍伐所致，而另一边刃锋利且使用痕迹不清楚，后端凹刃也有明显使用痕迹。整器长 103、宽 75、厚 43.5 毫米。T3⑨：10，正尖状器。一刃缘为交互修理。另一刃缘背向修理。小石片疤长 2~4、尖长 10 毫米，尖角约 90 度，在其后端略修理成直刃状。整器长 34、宽 22.5、厚 8.5 毫米（图八：9）。T14⑨：6，角尖尖状器。在远端和一侧多次修理而成，以向腹面修理为主。尖长 12.5 毫米，尖角约 90 度。整器长 27、宽 20、厚 10 毫米（图八：5）。

凿形器　其修理方式不是细琢，而是如同打片一样沿腹、背两面和两侧同时去掉较大的石片疤，使其刃缘成凿状。T12⑩：36，刃缘小石片疤长 12~27 毫米，整器长 61、宽 26、厚 25 毫米（图八：11）。

斧形器　形态上类似磨制石器中斧的毛坯。T5⑧：1，左侧残存较平的石皮，在其右侧打下石片后两侧几乎平行，腹面和背面较为平滑，远端较薄。在远端略加修理成刃。长 41、刃宽 29、厚 16 毫米（图八：8）。

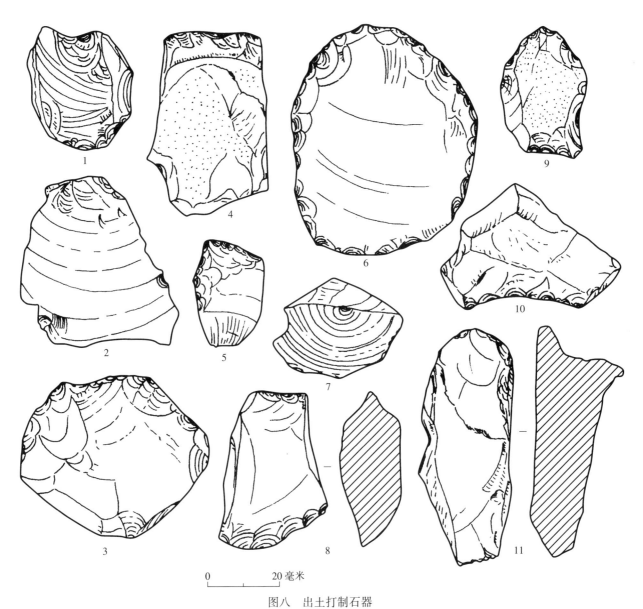

0   20毫米

图八 出土打制石器

1. 凹凸刃刮削器（T12⑨：11） 2. 长石片（T6⑧：1） 3. 凸刃刮削器（T3⑧：4） 4. 直刃刮削器（T5⑧：10） 5. 角尖尖
状器（T14⑨：6） 6. 盘状刮削器（T2⑩：5） 7. 短石片（T12⑩：12） 8. 斧形器（T5⑧：1） 9. 正尖状器（T3⑨：10）
10. 凹刃刮削器（T3⑨：8） 11. 凿形器（T12⑩：36）

　　总之，这些石制品以小型器为主，少数为中型，绝大多数用燧石制成。多利用岩石的裂隙面作为台面打片，锤击法是主要的打片方法，砸击法次之。器形种类以刮削器为主，其次是锤，尖状器不典型，凿形器和斧形器似是磨制石器的毛坯。

（三）木器

　　数量不少，器形有耜、筒、铲、绞纱棍、锤、夯具、拖舟等，部分木器难以定名，功能更不清楚。

　　耜 T10⑨：8，形制特殊，弧背上翘，刃较薄，背面光滑，正面越靠近刃部光滑程度越高。背部挖柄槽和捆绑孔，器后端两侧也有凹缺便于捆柄，摩擦痕迹明显。长36.7厘米（图九：1）。

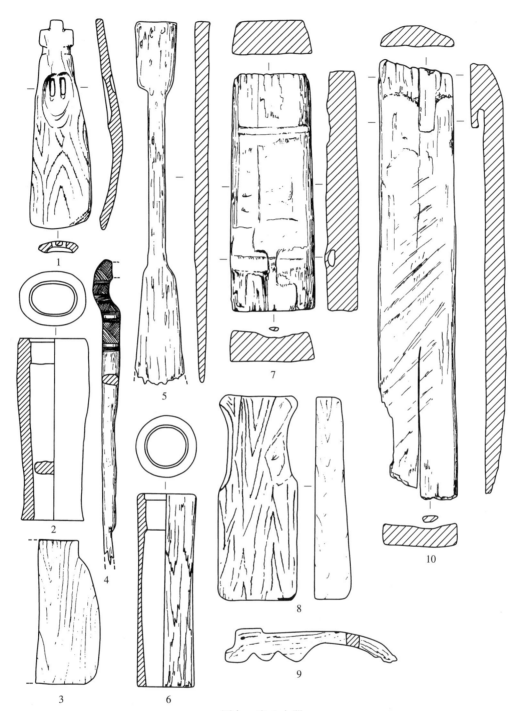

图九　出土木器

1. 耜（T10⑨：8）　2. 筒（T3⑨：6）　3. 铲（T10⑨：17）　4. 器柄（T2⑨：13）　5. 桨（T2⑨：2）　6. 筒（T10⑨：21）　7. 夯具（T3⑨：29）　8. 锤（T10⑨：18）　9. 木雕（T8⑪：5）　10. 拖舟（?）（T4⑨：28）（1、2、4~6. 约1/7，3、8、9.3/10，7、10. 约1/16）

筒　T3⑨：6，用挖空的两半木头粘合而成，一端大一端小，外壁加工光滑，内壁有固定木塞的凸脊和浅槽，内有可活动的圆饼形木塞。长32、大端直径12、小端直径10.4厘米（图九：2）。T10⑨：21，已压扁，由两半合成，稍束腰，一端有固定木塞的凸脊。长34、直径10.5厘米（图九：6）。

铲　T10⑨：17，体扁平，一侧已残，刃部使用痕迹明显。长12.5、残宽6、厚0.7、柄长0.8厘米（图九：3）。

桨　T2⑨：2，加工粗糙，桨叶已残。残长64、宽8.4、厚3.2厘米（图九：5）。

木雕　T8⑩：5，形状奇特，侧视似鱼。长15.4厘米（图九：9）。

锤　T10⑨：18，体似方形酒瓶，束腰处使用痕迹清晰。长18、宽7、厚3.2厘米（图九：8）。

器柄　T2⑨：13，柄体已残，柄端捏手处原为圆钩形，柄体上部有精细的刻划纹（图九：4）。

木拖舟（?）　T4⑨：28，已残。器身上面平整，石锛加工痕迹整齐清晰，头端凿挖成凸榫钩，背面微圆弧，十分光滑，尾部变薄上翘。残长190、宽35、厚10厘米。可能系水田中的拖运工具（图九：10）。

夯具（?）　T3⑨：29，用整段方木加工而成，器体硕大，一侧上下挖凿两个可供穿系的牛鼻孔，一孔已残。长105、宽38、厚16厘米。器身两端平齐且比较粗糙，见有穿系孔，推测可能是打桩用的夯具（图九：7）。

（四）骨、角、象牙器

骨、角器主要有骨镞、骨凿、骨锥、骨针，骨哨发现很少，骨耜仅3件。象牙制品仅见2件，一为鸟形圆雕匕，另一件蝶形器已残。

骨耜　T11⑧：13，磨损严重。残长19厘米（图一〇：6）。

骨机刀　T7⑨：2，将肋骨对剖后磨制而成，头部圆形，尾部有小孔。长26、宽3、厚0.2厘米。可能是纺织工具（图一〇：1）。

骨凿　T10⑩：23，用动物肢骨磨制而成。长10厘米（图一〇：5）。

骨锥　T1⑦：4，用动物尺骨近端磨制而成。长11.4厘米（图一〇：2）。

角器　T12⑩：5，用动物角加工而成，通体光滑，顶部加工成纽状，便于系挂。长7.5厘米（图一〇：4）。

象牙鸟形圆雕匕　T8⑨：30，正面尖头圆尾，侧面近似飞鸟侧影，正面、侧面剔刻植物纹，背面镂挖系挂的小孔（图一〇：3）。

四、结语

鲻山遗址是继河姆渡遗址之后在姚江谷地发掘的又一处重要的河姆渡文化遗址。其堆积状况、文化面貌、内涵特征及时代均大体与河姆渡遗址相对应。鲻山遗址的⑩、⑨层约相当于河姆渡遗址的④A层；⑧层与河姆渡遗址的③C层相近；⑦、⑥层与河姆渡遗址的③A层相当。而⑤、④、③层则与河姆渡遗址的②层同时。

鲻山遗址⑩、⑨层出土的敞口弧腹釜数量不少，与敛口肩脊釜、敞口肩脊釜同为典型陶器，这类釜在该遗址一直存在，并演变为鼎。T8⑨：14釜、T9⑧：5釜、T2④：2釜和T10③：24鼎、T10③：2鼎等的形制演变轨迹清楚，阶段性特征明确。敞口弧腹釜一直存在于河姆渡文化中，釜、鼎一脉相承的器形演变关系充分表明河姆渡文化应该包括河姆渡遗址的四个文化层，其连续性、整体性是

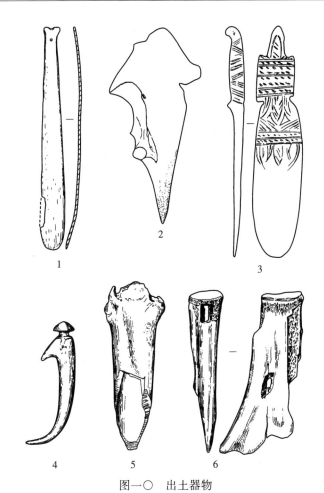

图一〇 出土器物

1. 骨机刀（T7⑨：2） 2. 骨锥（T1⑦：4） 3. 象牙鸟形圆雕匕（T8⑨：30） 4. 角器（T12⑩：5） 5. 骨凿（T10⑩：23） 6. 骨耜（T11⑧：13）（1、6.1/4，2~5.1/2）

非常明确的。

遗址中发现木筒3件，出土位置相对集中。均由两半合成，加工痕迹明晰，为研究这类器物的制作工艺及用途提供了新视角、新材料。河姆渡遗址曾发现木筒20多件，外表光滑，部分髹漆并外包藤条，现在看来，髹漆、外包藤条除了美观外，更重要的是为了牢固。木筒的造型结构奇特，且仅见于河姆渡文化遗址。河姆渡文化中还有许多用材讲究，做工精美的象牙雕刻制品，如双凤朝阳蝶形器，鸟形圆雕匕等，绝非一般日用器。象牙制品上鸟的具象造型，表现的主题是神鸟（太阳），是河姆渡文化存在太阳神崇拜的直接物证。鸟形或以鸟为表现主题的象牙制品是祭祀太阳神，祈祷丰收的礼仪用器，而木筒则可能是祭祀时的伴奏乐器。

鲻山遗址出土的骨耜仅2件，磨损十分严重。其中⑨层下发现的1件尽管是孤证，却传递出一个十分重要的信息，即在河姆渡文化第一期时已开始使用木耜。鲻山遗址第⑧层下许多柱坑的坑壁有清晰的工具痕，其宽度、用力方向等特征与木耜相吻合，推测木耜应是一种挖坑的工具，也兼作平田的农具，适用于沼泽水田。木拖舟的用途值得认真探讨，从其造型、背部圆弧、光滑的特征，以及尾部变薄上翘且残损的现状推测，它是适用于沼泽、水田的拖运工具。如果这一判断无误，河姆渡文化时期稻田形态、耕作水平无疑需要重新评价和认识。

干栏式建筑是河姆渡文化最主要的特征之一，河姆渡文化也是至今发现史前干栏式建筑遗存最为丰富的。但河姆渡遗址、鲻山遗址发现的干栏式建筑遗存均只是基础部分，地梁以上的屋架部分至今没有实物材料，只能根据民族学的资料推测复原。鲻山遗址干栏式建筑之打桩式、挖坑埋柱式先后发展阶段的发现与认识，以及挖坑埋柱式建筑坑、础、柱关系的揭示，使我们对河姆渡文化干栏式建筑的营造技术、方法、工艺特征、发展过程有了更清晰的了解。硕大木夯具的发现为河姆渡文化干栏式建筑的营造找到了打桩工具，它与现代木夯形制基本相同，但其单边系绳用力不甚平稳，而现代木夯系绳及用力方向更为合理。

燧石质打制石器的发现是本次发掘的重要收获。过去在河姆渡遗址曾发现 2 件打制石器，奉化名山后遗址、象山塔山遗址也有个别燧石片出土，名山北坡采集的燧石镞形器属于细石器工业传统。鲻山遗址中众多的燧石打制石器在浙江地区是确切层位的首次发现，不但确认了宁绍平原新石器时代打制石器的存在，丰富了河姆渡文化的内涵，也为河姆渡文化中骨、角器的制作加工方法等问题的研究提供了新资料。石器类型简单，断片（块）占相当比例，加上地层中存在较多的崩片，说明古人是从几千米外的山上采回石料在住地进行加工，而打制石器的真正用途还有待研究。

鲻山遗址发掘获得的大批新资料，极大丰富了河姆渡文化的内涵，增加了对河姆渡文化发展环节的认识，也必将推动河姆渡文化相关问题研究的深入开展。

附记：参加本次发掘的有浙江省文物考古研究所王海明、蒋乐平、郑嘉励，厦门大学历史系钟礼强、蔡保全两位老师和杜永强等 12 名学生，以及河姆渡遗址博物馆黄渭金。插图由李永嘉、王海明绘制。

执　笔：王海明　蔡保全　钟礼强

（原载《考古》，2001 年第 10 期）

宁波慈城小东门遗址发掘简报

浙江省文物考古研究所

小东门遗址位于宁波市江北区慈城镇东部。南距萧甬铁路慈城站 1.3 千米，东南距宁波市区 24 千米，西南 8 千米为河姆渡遗址，西北侧约 800 米为慈湖遗址（图一）。遗址依山临水，北部为低丘，向南渐趋平缓，源自北部山地的小溪从遗址西侧向南流去，系山麓形遗址，现存面积约 400 平方米。

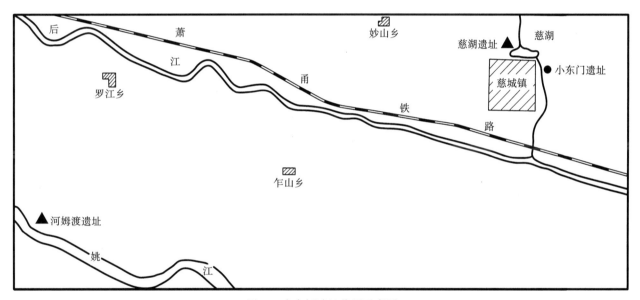

图一　小东门遗址位置示意图

遗址于 1992 年上半年在兴建慈城液化气站的取土过程中发现，宁波市博物馆曾派员试掘。同年 10 月，省文物考古研究所组织正式发掘。共开 5×10 米探方 4 个，实际发掘面积 200 平方米。

一、地层堆积

小东门遗址属于较典型的坡相堆积，靠山的北部地层较薄，南部低洼，地层分布较深较厚。有的地层只分布在南侧。现以 T1 南壁为例加以说明（图二）。

①层：表土。厚 90~100 厘米。

②层：褐色土。厚 20~30 厘米，质较硬。含数量较多的石镞、有段石锛等小型石器及商周印纹陶片。

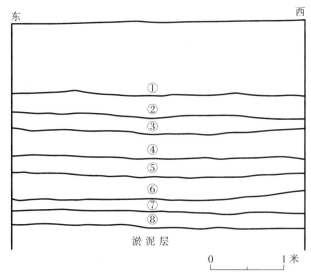

图二　T1南壁剖面图

③层：灰褐色土。厚度10~30厘米，较致密，砂性较小，含有一定的红烧土碎粒。出土较多夹砂陶片，少见印纹陶，泥质陶比例有所上升。

④层：灰淤土。厚25~35厘米，质细软，较纯净，包含物中不见印纹陶，仅见少量夹砂陶及黑皮陶片，较细碎。

⑤层：褐黄色土。厚15~20厘米，夹有铁锈斑及红烧土。包含有夹砂陶鱼鳍形鼎足、T形鼎足、泥质黑皮陶竹节豆把、灰陶圈足盘等。

⑥层：黄褐土。厚度25~30厘米，质较硬。包含釜支座、鸭嘴状鼎足等。有部分夹炭陶，不见泥质灰胎黑皮陶。

⑦层：灰褐色夹砂土。厚12~25厘米，土质较松软，含有较多的树枝等有机物。含双目式鼎足、支座、多角沿釜、外红里黑的豆等。

⑧层：黑色淤土。厚18~25厘米，极湿软。包含物有支座、多角沿釜、豆等。

⑧层下为青灰色湖沼堆积。

根据地层包含物的特征面貌，可把遗存分为四期。②层为第四期文化遗存；开口于②层下的J1、③层及开口于③层下的柱洞遗迹归为第三期遗存；④、⑤层为第二期文化遗存；⑤层下开口的墓葬及⑥~⑧层堆积为第一期文化遗存。

二、第一期文化遗存

（一）遗迹

此期遗迹均在⑤层下，包括M1、M2和房屋遗迹。

1. 墓葬

M1　墓向55°，竖穴土坑，平面基本呈长方形，宽60~80、长200、坑深20厘米。四壁近直，略

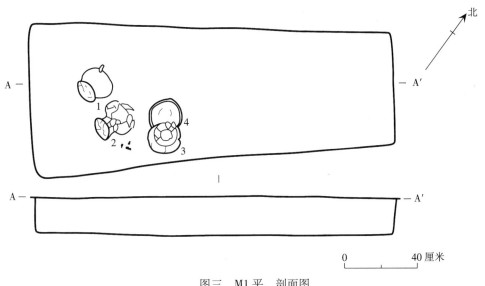

图三 M1 平、剖面图
1. 陶鼎 2、3. 陶罐 4. 陶豆

内斜。填土呈褐色，未见葬具。罐边见有零星骨屑，随葬品共 4 件，置于墓室中部偏西南（图三）。M1：1，夹砂红陶鼎，敞口折沿，上端沿面内侧经抹平。鼎身鼓腹圜底，最大径在腹部，上腹饰弦纹数条，鼎足残，截面近方，两侧有竖槽一条。口径 16.4、最大径 23 厘米（图五：1）。M1：2，夹炭红衣陶罐，敞口外翻，直颈溜肩，鼓腹圜底。器身壁较薄。肩部饰有小錾，口沿内有轮修浅凹槽数圈，口径 12 厘米（图五：2）。M1：4，黑皮陶豆，豆把仅存一小段，豆盘弧敛口，盘身深，器内壁与盘底交界处有明显折线，外侧有凸棱一周，豆把上刻划弦纹数周，最大径 23.6、残高 8 厘米（图五：4）。

M2 瓮棺葬，近圆形圜底的墓坑，一泥质灰陶小平底盘覆置于一敞口釜上，盘底敲凿一不规则小孔。釜身已破碎，口部完整。其南部斜置另一小釜。清理中发现罐底内有一层极细腻的淤泥，似原有空隙，未见人骨（图四）。M2：1，盆，敞口，宽沿，沿面较平，折腹明显，腹下急收为小平底。口径 24、高 7 厘米（图五：5）。M2：2，夹砂红陶釜，敞口，弧腹，圜底，无法修复。口径 18 厘米（图五：7）。M2：3，夹砂红陶釜，敞口外弧，圆唇，弧圜底，腹身饰竖向细绳纹（图五：6）。

房屋遗迹 位于 T3 西南部⑤层下；红烧土堆积，平面形状不甚规整。部分红烧土块上有木杆等植物的印痕。红烧土区北面，有柱洞两个，口径分别为 45、18 厘米，深度分别为 13、10 厘米。两洞紧靠，属于柱旁栽桩式结构。柱洞皆圆口弧腹圜底，填土中少量烧土粒及少量白色颗粒。在 T3 东北角，为一灶坑遗迹。略呈长条形，边略弧。从截面看上小下大，敛口圜底。灶内壁经火烤已成坚硬的红烧土面。坑内填灰黑色土，比较细腻。北端有一块石，可能在此放置炊器，北端椭圆形处可能为出烟口，块石以南可添柴和出灰（图六）。将红烧土、灶、柱洞综合考虑，此处应为房屋遗迹，灶坑应在屋内。红烧土可能是木骨泥墙倒塌后的遗存。因柱洞仅存一处，故无法推测房屋的整体形状及结构。

（二）遗物

本期出土物相对丰富。陶系以夹砂陶为主，夹砂红陶占 52.3%，夹砂灰陶占 26.6%，泥质红陶占

8.8%，有相当数量为外红内黑的豆类残片。泥质灰陶仅占 0.5%，夹炭红陶占 5.2%。夹炭黑陶占 5%，以泥质夹屑和细沙为胎，呈黑灰色，较疏松，外皮有一层光泽暗淡的黑衣，易脱落。器形主要为折腹比较明显的盆、簋等。夹炭黑陶⑧层未见。泥质灰胎黑皮陶数量较少，占总数的 2%，器形以小型的罐类为多。此期陶器器形粗大，不甚规整，制法以手制为特征，鲜见轮修痕迹。该期遗存的三层堆积之间联系紧密，但可以看出陶器器形自上而下有由大变小，趋于规整的发展态势。石器器形单调，以石锛为主，有纺轮及璜，特征比较明显。

1. 夹砂陶

夹砂陶多素面，少量的陶片饰有交错拍印的粗绳纹，偶见附加堆纹。器形较粗大。可辨器形有鼎、釜、支座、灶（？）、实足盉、罐、盖等。

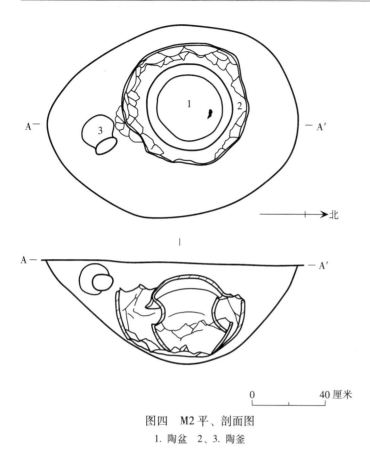

图四 M2平、剖面图
1. 陶盆　2、3. 陶釜

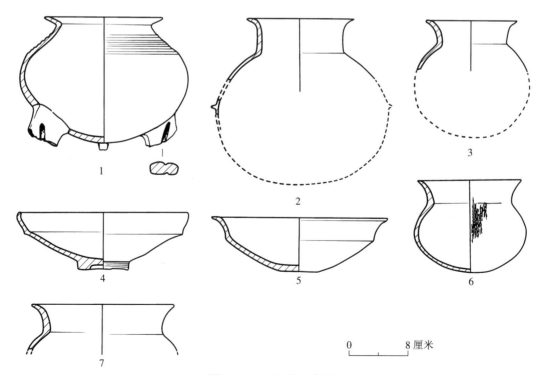

图五 M1、M2 出土陶器
1. 鼎（M1：1）　2、3. 罐（M1：2、3）　4. 豆（M1：4）　5. 盆（M2：1）　6、7. 釜（M2：3、2）

鼎　基本完整器仅 1 件。T3⑦：3，夹砂红陶，敞口圆唇，扁腹，腹部最大径处有一折棱，其下饰斜向粗绳纹，三足皆残，足部横截面不甚规整。口径 12、残高 8.4 厘米（图七：9）。鼎足较多，以足尖外撇的扁锥足为主。此类锥足有的正面划竖槽，有的足根部有一目或两目，有的内侧见有两排捺窝。另外，还有圆锥足、圆柱足（图七：2~6）。⑥层还见有鸭嘴状足。口沿片中鼎、釜难辨，以敞口为主，有的唇部上翘，有的沿面内凹，有的沿下有錾，如 T2⑦：10（图七：8）。

釜　有多角沿釜、敞口釜、钵形釜等，器型较硕大。一般都拍印有粗绳纹，皆残。T2⑦：8，多角沿釜，敞口，折沿明显，扁弧腹，腹身后饰斜向粗绳纹，腹以下残，口径 26、残高 11.5 厘米（图七：7）。敞口釜的上腹较陡直，腹部以下或颈部以下拍印绳纹。T4⑧：2，夹砂红陶，口径 22、残高 12.4 厘米（图七：10）。T1⑥：2，夹砂灰陶，最大径以下残，口径 20 厘米（图七：12）。钵式釜占相当数量，腹壁较粗厚，不甚规整，有些下腹部似先拍印粗绳纹再经抹去，绳纹不甚清晰，另有一些为素面。T1⑥：3，夹砂红陶，外壁有些凹凸，不甚规则，腹饰斜绳纹，粗而稀。下部残，最大径在口部，口径 22、残高 12.4 厘米（图七：11）。T3⑦：5，夹砂红陶，口微敞，先拍饰绳纹后抹成素面，口径 26、残高 14 厘米（图七：1）。

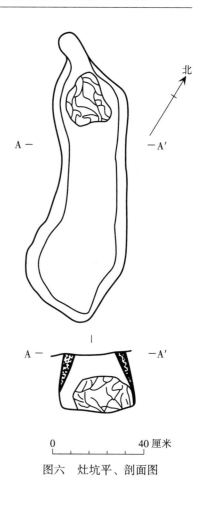

图六　灶坑平、剖面图

支座　见有猪嘴状支座及袋状支座。猪嘴状支座仅见残片，袋状支座有完整器两件。T1⑧：2，夹砂灰褐陶，支面近圆形，朝上。腹内凹，拱背，空心。底部为裙足，上饰捺窝一周。支面中心一圆孔镂穿。器腹中部前后左右对称分布大圆镂孔 4 个。器壁粗厚，高 25 厘米（图八：1）。

灶（？）　各地层都有，皆为残器，所见皆为支脚部分，不见器身。推测应为一平底盆状器，器腹直或弧，每器下有三或四个支脚，支面斜向突出，以承托圜底的釜类炊器（图八：5~7）。

实足鬶　以夹细砂泥质陶制作，外表多有黑衣。有一定数量，皆为残器，各层皆有管状嘴、足的残片。T3⑦：4，夹砂灰陶，器身基本完整，流、嘴、把皆残。残高 17.6 厘米（图八：2）。

器盖　制作较粗糙，不甚规整，所见皆残器。T2⑥：1，夹砂红陶，环形纽已残，器壁较厚。口径 14、残高 4.4 厘米（图八：3）。T2⑧：2，夹砂红陶，杯形纽，器身残，残高 4.4 厘米（图八：4）。

罐　皆为残器，有些带牛鼻耳、錾。

算子　1 件。T3⑥：3，夹砂红陶，饼状，边缘较薄，上戳制直径 0.8 厘米的小孔若干，整器直径 12、厚 1.2 厘米（图八：8）。

2. 泥质陶

此期泥质灰陶仅数片，绝大部分为泥质红陶（部分泥质夹细砂胎的黑衣陶单独讨论）。泥质红陶器形主要有罐、豆等。

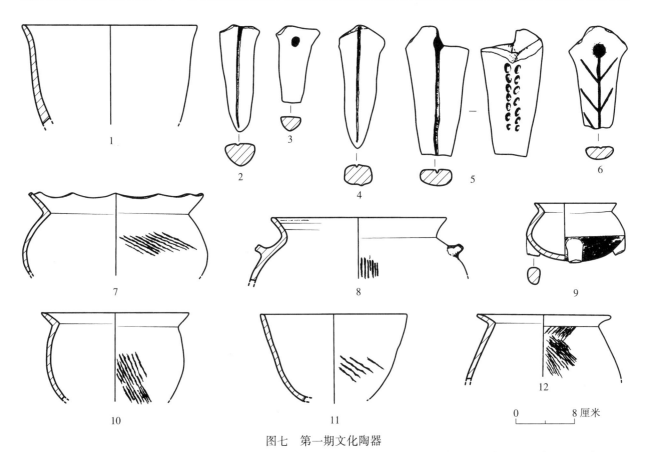

图七　第一期文化陶器

1、10、11、12. 釜（T3⑦：5、T4⑧：2、T1⑥：3、T1⑥：2）　　2~6. 鼎足（T2⑥：2、T3⑧：3、T1⑧：3、T4⑧：3、T2⑦：9）
7. 多角沿釜（T2⑦：8）　　8. 鼎（T2⑦：10）　　9. 鼎（T3⑦：3）

罐　数量较多，但所见皆为残器，似多饰有牛鼻耳。T3⑧：2，泥质红陶夹细砂，敞口凹沿，沿外侧中部饰有凸棱两周，弧腹，底部残缺。口沿24、残高12.6厘米（图九：1）。亦有较多罐类口沿如盘状。T1⑧：4，泥质红陶，口沿24厘米（图九：2）。

豆　数量较多，皆为残器。豆盘多呈外红内黑状，豆圈足外形比较一致，都呈高柄喇叭状，多饰有圆形和楔形镂孔（图九：3）。豆盘形式多样，其中以截面呈三角形的盘式为多（图九：4），其他盘形较少（图九：5~8）。

3. 夹炭陶

夹炭陶依器表颜色不同可分夹炭红衣陶和黑陶。

夹炭红衣陶器形主要有盆、罐，另有少量钵式釜和豆类。

盆　占较多数量，外形皆敞口折腹，器身多饰弦纹，未见完整器。T4⑥：5，敞口折腹，内外折线明显，底残。口径22、残高6厘米（图九：9）。

罐　有一定数量，皆残。以敞口和敞口尖唇内敛为主，沿外多饰弦纹。器腹多饰牛鼻耳或鋬手，有平底和圈足两类。

夹炭黑陶器形以折腹盆、盘为多。

盆　敞口折腹，腹饰凹弦纹，口沿饰多道弦纹。T2⑦：4，底残，口径22、残高6.2厘米（图九：10）。

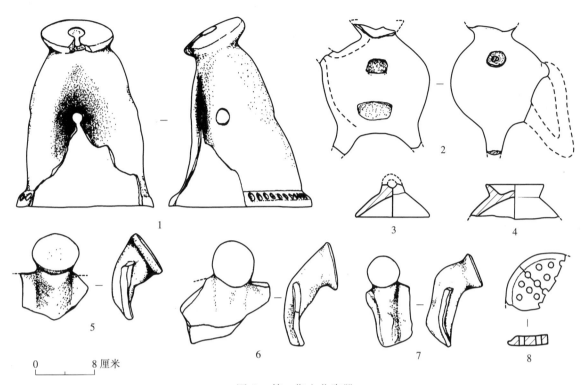

0　　　　8厘米

图八　第一期文化陶器

1. 支座（T1⑧：2）　　2. 鬶（T3⑦：4）　　3、4. 器盖（T2⑥：1、T2⑧：2）　　5~7. 灶（T1⑥：4、T2⑧：3、T2⑦：7）
8. 算子（T3⑥：3）

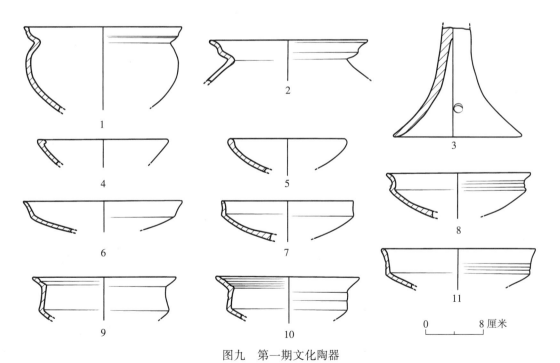

0　　　　8厘米

图九　第一期文化陶器

1、2. 罐（T3⑧：2、T1⑧：4）　　3. 豆把（T2⑦：1）　　4~8. 豆盘（T2⑧：1、T2⑦：2、T1⑥：1、T4⑧：1、
T2⑦：3）　　9~11. 盘（T4⑥：5、T2⑦：4、T3⑥：4）

盘（？）　折腹敞口，腹线以上饰弦纹。T3⑥：4，底残，口径24、残高5.8厘米（图九：11）。

4. 石器

石器仅见纺轮、锛。另有一件滑石璜。

纺轮　截面皆为梯形饼状，质料以滑石为多，单面穿孔。T3⑥：1，黑褐色沉积岩。上径5.4、下径5.9、孔径0.8厘米，厚0.8厘米（图一〇：2）。

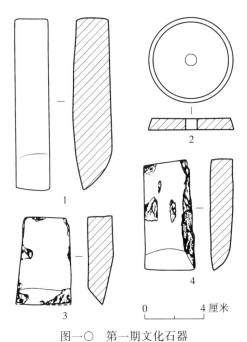

图一〇　第一期文化石器

1. 凿式锛（T4⑦：3）　2. 纺轮（T3⑥：1）　3、4. 扁体锛（T1⑧：1、T4⑥：3）

锛　7件。其中凿式锛3件，截面近方，背略弧，偏刃。T4⑦：3，青灰色沉积岩，基本磨光。长13.8、宽2.4厘米（图一〇：1）。扁体锛4件，背平直或有弱脊，都经磨制加工，但有些未通体磨光。T1⑧：1，青石质。磨制光滑，背有弱脊。长6、宽4厘米（图一〇：3）。T4⑥：3，青灰色沉积岩，基本磨光，长7.6、宽3.4、厚1.6厘米（图一〇：4）。

三、第二期文化遗存

此期未发现遗迹，遗物以陶器为主，另有少量石器。

（一）陶器

以夹砂陶为主，占68.9%，泥质陶次之，为21.6%，夹炭陶占9.5%。夹砂陶中红陶占七成。泥质陶中，红陶、灰陶、黑皮陶以4∶4∶2的比例构成。陶器手制、轮制并用。多数器类分段成型，再加以拼接，拼接处往往施以划槽等加固措施。在此值得一提的是某些鼎身为夹炭质，鼎足为夹砂。在陶器的不同部位施以不同陶质，是制陶技术提高的表现。陶片多素面，少量夹砂陶片饰有绳纹。在豆把及部分盆沿上偶见三角、圆形镂孔。部分夹炭陶上有附加堆纹。夹炭陶多呈橘红色，似有红衣，也有一些呈黄白色。陶器器类多平底、三足器、圈足器，还有部分圜底器。

1. 夹砂陶

夹砂陶器形主要有鼎、罐、釜、支座、器盖等。

鼎 数量较多，无完整器。鼎足类型极为丰富，有鱼鳍形足、"T"字形足、扁方足、圆锥足、凿形足及尖部外撇的鸭嘴状足、圆锥状足、扁锥状足（图一一：1~7）。其中④层主要以鱼鳍形足为多，⑤层则以各类尖部外撇的扁锥足为多，偶见鱼鳍足。鼎口沿中，敞口折沿为多，有一部分沿面内凹（图一一：8）。鼎身绝大多数为素面。

釜 见有敞口釜和钵形釜，皆为残片。T4⑤：4，夹砂灰陶，敞口弧腹，腹以下残。颈以下饰竖向粗绳纹（图一一：14）。钵形釜仅见有鋬。

罐 无完整器，口沿片亦较碎，似以敞口为主。有的饰有小鋬。

2. 夹炭陶

夹炭陶器形有罐和鼎等。鼎的外形与夹砂陶鼎类似。

罐 一般为敞口弧腹。敞口部分较厚，腹壁较薄。有的饰有耳。T2④：5，夹炭黑陶，敞口折沿，折沿处较明显，口径22厘米（图一一：15）。

3. 泥质陶

泥质陶器形主要有豆、盆、盘、罐等。罐多为残碎。

豆 数量较大，泥质红陶、灰陶和黑皮陶皆有，都为残器，因此，从口沿看，很难与盘区分。豆

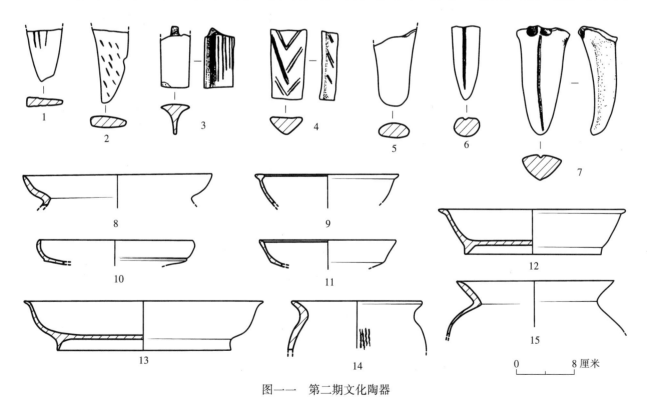

图一一 第二期文化陶器

1~7. 鼎足（T2④：4、T1④：1、T3④：1、T3⑤：5、T1⑤：2、T1⑤：1、T3⑤：6） 8. 鼎（T3④：5） 9、12、13. 盆（T2⑤：5、T2④：2、T2④：1） 10、11. 豆（T3④：7、6） 14. 釜（T4⑤：4） 15. 罐（T2④：5）

（盘）口沿型式较多（图一一：10、11）。豆把有宽、细之分。

盆　数量较多，以泥质灰陶为多，也有泥质红陶及黑陶。可复原2件。T2④：1，泥灰陶，敞口，尖圆唇，弧腹内收，平底，圈足略内收。口径26、高6厘米（图一一：13）。另有残口沿，沿面内凹（图一一：9）。

（二）石器

此期石器磨制精细。数量仅12件。器形有石镞、石锛、石斧、纺轮、砺石等。

镞　仅1件。T3④：1，青石质，柳叶形，截面菱形，较厚，扁铤，尖锋稍残。残长6.2、厚0.8厘米（图一二：7）。

锛　7件，其中3件为截面近方的凿式锛，4件截面呈扁方形。凿式锛皆青石磨制，背略弧，偏刃。T4⑤：3，凿式，长11.5厘米（图一二：3）。T3④：3，凿式，长9.2厘米（图一二：4）。T2⑤：2，青石质，顶部略残，残长6.1厘米（图一二：2）。T3⑤：1，青石质，长3.6厘米（图一二：6）。T3⑤：3，青石质，长6.8厘米（图一二：5）。

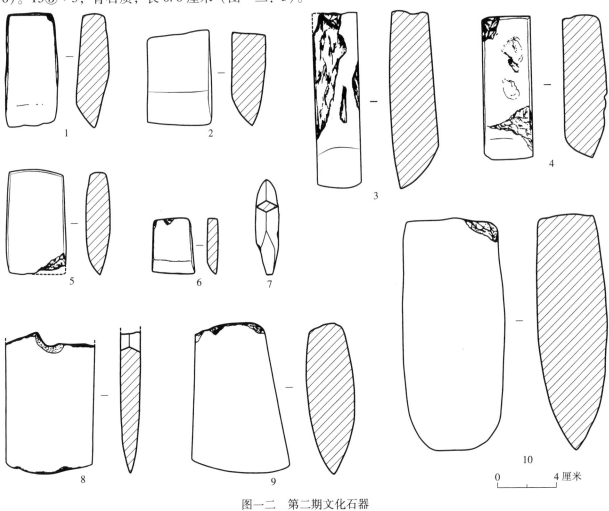

图一二　第二期文化石器

1、2、5、6. 扁体锛（T2⑤：3、T2⑤：2、T3⑤：3、T3⑤：1）　　3、4. 凿式锛（T4⑤：3、T3④：3）　　7. 石镞（T3④：1）

8. 穿孔石斧（T3⑤：2）　　9、10. 石斧（T4⑤：1、T3④：2）

斧　3件。T3⑤：2，穿孔石斧，灰色沉积岩磨制，对钻圆孔，孔以上残缺。残长9厘米（图一二：8）。T4⑤：1，青黄色沉积岩，磨制，截面椭圆，制作规整。长14.8厘米（图一二：9）。

纺轮　1件，T4⑤：2，红褐色砂岩，饼状，单面穿孔，磨制精细。直径6.1、厚0.7厘米。

四、第三期文化遗存

（一）遗迹

③层下发现大小深浅不一的柱洞12个。柱洞内填土偏湿，呈褐色，内含红烧土颗粒，部分柱洞底部垫有石块。在现场观察，无法找出其分布规律，故未能据此复原出建筑的外形及范围。柱洞内出土有夹砂陶侧扁足鼎、泥质灰陶壶、盆等器。鼎，T2③下：1，夹砂灰陶，敞口折沿，垂腹圜底，最大径偏下。扁足侧装，足尖捺过。口径17.2、最大径28、通高27厘米（图一四：1）。

在②层下发现水井1座，打破其下各层并进入生土。编号J1，位于T2之西南角，为土坑直口形，口部近圆，直径约85、深180厘米左右。坑壁陡直，坑底近平，直径约60厘米（图一三）。坑内填土为黑色黏土，较细软。底部有几块石头。其上有一倒置的陶罐（J1：1），可能为取水时所遗落。陶罐为泥质红褐陶，火候较高，敞口折沿，口部呈椭圆形，弧腹较陡，凹圜底。沿面上饰数道弦纹，沿下通体拍印斜向条纹。器高17、口径25厘米（图一四：2）。

（二）遗物

该期出土物较少，未见石器。陶器中夹砂红陶占68%，夹砂灰陶占28%，余为泥质陶（图一四：3~12）。

1. 夹砂陶

器形有鼎、釜、支座等。

地层中发现的鼎分侧扁足鼎和锥足鼎两类，未见完整器。扁足的装置方法很有特色。首先在鼎身内壁揿3个凹窝，器壁外侧相应形成3个突起，并将待装的鼎足粘接面加工成凹面，侧扁足鼎体形较大，而锥足个体普遍较小。扁足尖部外侧与③层下发现一样，都经有意识的捺压，并且压印痕迹更为显著。其鼎身形状似与③层下者一致。

2. 泥质陶

泥质陶可分黑、灰、红色。黑衣陶器形有轮制的豆、小罐等。灰陶与之类似，见有罐类平底。③

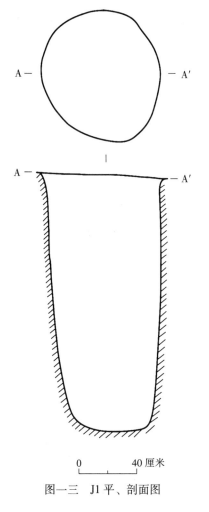

A —　　　　　　　　　— A′

A —　　　　　　　　　— A′

0　　　　40 厘米

图一三　J1 平、剖面图

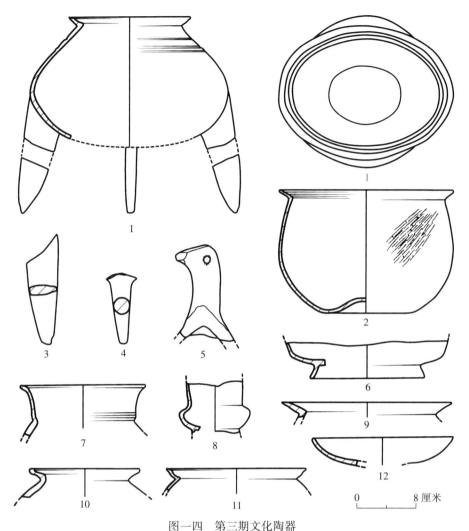

图一四　第三期文化陶器

1. 鼎（T2③下：1）　2、7. 罐（J1：1、T3③：10）　3、4. 鼎足（T3③：5、6）　5. 支座（T3③：12）　6. 盆（T3③：8）　8. 壶（T3③：7）　9~11. 鼎（釜）（T3③：9、T2③：1、T2③：2）　12. 豆（T3③：11）

层下的柱洞内有数片手制的罐类器腹片似涂成黑色。泥质红陶中的一部分胎中含较多砂质，火候较高，泥条成形，器内壁遗有凹凸明显的印垫痕迹，器壁较薄，往往有因过烧而形成的发泡现象。器形仅见有罐类，皆为凹底。器表皆有斜向条纹。在J1中有一完整器。这类陶器从制法胎料上，都与成熟硬陶有密切关系，唯因烧成时火候稍低而硬度不如硬陶，应是硬陶形成过程中的早期形态。

五、第四期遗存

此期未发现遗迹，遗物主要有陶器、原始瓷和石器。石器数量较多。

陶器多为残片，以夹砂陶为大宗，占总数的75.5%，泥质陶占18.7%，原始瓷及印纹硬陶数量较少，分别占总数的0.3%和5.7%。夹砂陶中的红陶和灰黑陶数量相当。泥质陶中，灰陶占七成以上。陶器手制、轮制并用。在鼎等器物的黏合部位，往往经过划槽等特殊处理，增加黏合接触面以提高黏合强度。

1. 硬陶

数量较少，绝大部分为灰褐色，红色很少。多数为素面。纹饰主要有拍印的叶脉纹、云雷纹、席纹、方格纹、米筛纹、绳纹、折线纹、回纹和折线的组合等。以绳纹、方格纹为多（图一五：1~10）。器形有罐、豆、盆、钵等。

罐　有平底和圜底内凹两类，口沿变化丰富，以折平沿为多，唇部微上翘，沿面内饰多道弦纹。另有小敞口直颈、大敞口和直口微内敛等多种。T3②：11，圆肩，腹部斜收，凹圜底。口沿内有成器时留下的同心圆纹，口部略残。器身通体饰较浅的叶脉纹。残高22.4、底径9.7厘米（图一六：1）。

盆　T2②：20，敞口折沿，斜腹。沿面内留同心圆纹，器身拍印席纹。底残。口径9、残高4.6厘米（图一六：2）。

钵　T4②：10，直口圆唇，腹斜收沿下饰弦纹二道，器身外壁饰斜向篮纹。底残，口径7、残高6.6厘米（图一六：3）。T2②：21，敛口，弧腹内收，器身外壁最大径以下饰横向篮纹。底残，口径8、残高5.4厘米（图一六：4）。

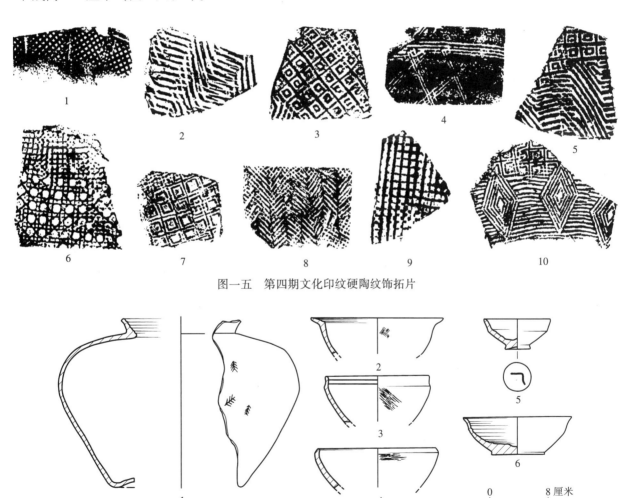

图一五　第四期文化印纹硬陶纹饰拓片

图一六　第四期文化遗物

1. 硬陶罐（T3②：11）　2. 硬陶盆（T2②：20）　3. 硬陶钵（T4②：10）　4. 硬陶钵（T2②：21）　5. 原始瓷豆（T1②：9）　6. 原始瓷盅式碗（T1②：8）

2. 原始瓷

数量极少，可辨器形有盅式碗、豆等。

盅式碗 T1②：8，敞口斜沿，弧腹缓收，假圈足，口沿处有槽，似作承盖。器壁内有细密螺旋纹。豆青色釉。高5、口径7.4、底径3.6厘米（图一六：6）。

豆 T1②：9，敞口折沿，矮圈足。底腹折线较明显，内壁有粗螺旋纹，底部有刻划符号。豆青色釉。高4、口径4.6、底径1.8厘米（图一六：5）。

3. 泥质陶

泥质陶中灰陶占70%，有零星黑皮陶，陶衣易失，其余为泥质红陶。该层的灰、红陶中，大部分火候比较高，胎内夹有少量细砂，外表多饰有条纹、方格、刻划纹等，本文统归之为泥质陶类。器形有罐、豆、三足盘、盆、纺轮等，以罐、豆为多。

罐 口沿变化多，以折平沿、唇部微上翘为主体，沿面留有多道弦纹。红陶罐绝大多数圜底内凹，偶见圈足罐，口沿有呈椭圆形的。以敞口直颈为最多，有相当数量颈部外侧有凸脊。器身自颈部以下多饰水平或略倾斜的条纹。另有极少量饰方格纹、绳纹、折线纹及席纹等（图一七：2~4、11~14）。

豆 数量较多，全为残器。泥质红陶和泥质灰陶皆有，以灰色为多。可分为有浅盘钵形豆、敞口折腹豆、小敞口直腹折平底豆三种（图一七：8~10）。从圈足看，有细把粗把之分，粗把少见，饰菱形、三角形镂孔及弦纹；细把豆较多，饰多道弦纹。

盆 T2②：26，泥质灰陶，敞口，圆唇外翻，斜腹内收，中部略鼓，圈足残。残高4.8、口径18厘米（图一七：1）。

三足盘 T1②：13，泥质灰陶，仅存一足。足尖外撇，足外侧中部为一凸脊（图一七：7）。

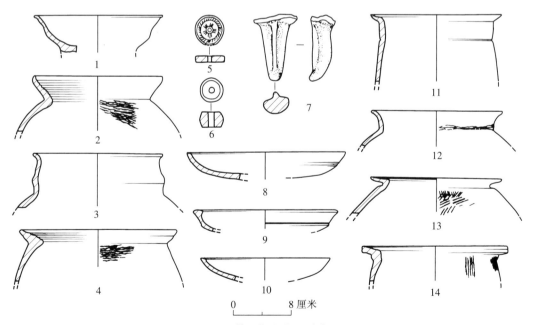

图一七 第四期文化泥质陶器

1. 盆（T2②：26） 2~4、11~14. 罐（T3②：13、T1②：10、T3②：12、T4②：11、T1②：11、T2②：24、25） 5、6. 纺轮（T1②：2、T3②：7） 7. 三足盘（T1②：13） 8~10. 豆（T1②：12、T4②：12、T3②：14）

纺轮　T1②：2，泥质灰褐陶，饼状，俯视为规则圆形，厚度均匀，一面刻饰圆形三周，中间刻划短线。直径4、厚0.9厘米（图一七：5）。T3②：7，灰陶质，截面呈鼓状，中间突起。直径3.2、高2厘米（图一七：6）。

4. 夹砂陶

夹砂陶中红色和灰褐（黑）色各占一半。绝大部分夹砂陶为素面，有纹饰的不到2%，纹饰以刻划纹和绳纹为主，偶见方格纹。刻划纹皆以一二段短线交叉刻划，风格统一。

夹砂陶器形主要有鼎、罐（釜）、鬶、器盖、支座等。

鼎　数量很大，器形规整，器壁较薄。未见完整器，故口沿、鼎足两部分叙述。

鼎足　有侧装的扁足和圆锥足两类。扁足占75%，圆锥足占25%。扁足一般体形较大，足尖部的外缘多有意捺过，其外形及装置方法与三期者一致。圆锥足大多体形较小，偶见体形较大的，根部有的饰有圆窝状的目。以一目为多，也有饰上下两目或左右两目（图一八：3~7）。圆锥足的粘接面多经刻划，改进粘接牢度。

鼎（釜）口沿　数量较大。在陶片中见有少量釜存在。但因皆为残器，鼎釜莫辨，故并叙之。口沿有多种形式，其中以两类数量为最多，一类是敞口折沿，沿面略内凹，近唇部再折成水平状（图一八：9）。此种鼎身应是继承自三期与侧扁足相配伍。另一类口沿为敞口折沿，沿面内凹（图一八：10）。

罐　皆为残器。见有平底、圈足两类。

器盖　见有两类。一类为喇叭状纽，数量很少。T3②：15，夹砂红陶，纽径6.4、残高4厘米（图一八：2）。另一类为细直柄把手，数量很大。平背，弧收较急。柄与盖连接处由壁内向外突出，

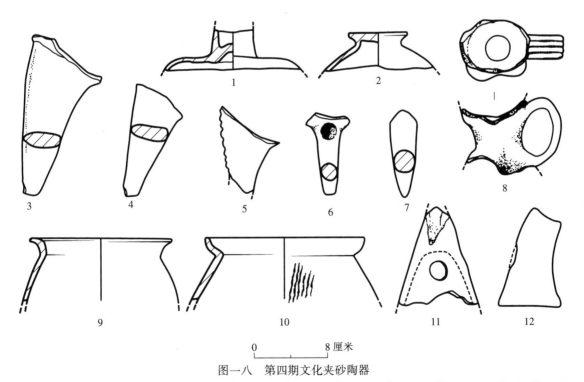

图一八　第四期文化夹砂陶器

1、2. 器盖（T3②：16、15）　　3~7. 鼎足（T2②：28、T2②：29、T2②：30、T4②：13、T4②：14）　　8. 鬶（T2②：27）

9、10. 鼎（釜）口沿（T2②：31、T3②：17）　　11、12. 支座（T3②：18、T2②：32）

内壁凹窝周围有一圈凸棱，连处有划槽，以期连接牢固。与鼎足装法有类似之处。T3②：16，夹砂灰陶，柄径2.4、残高4厘米（图一八：1）。

支座　数量较少。无完整器，器形多样（图一八：11、12）。

鬶　见有残片。T2②：27，夹砂红陶，为颈及把手部分（图一八：8）。

5. 石器

石器数量较前期明显增多，器形有镞、锛、斧、铲、刀、犁、钺形器及尖锥状器等。

石镞　13件。可分长锋短铤、无锋短铤、小型三种形态，以长锋短为最多。T2②：4，长锋短铤，脊线明显，截面菱形，扁铤略残。残长7.1厘米（图一九：1）。T2②：2，锋铤略残，残长5.7厘米（图一九：2）。T3③：1，锋略残，残长6.7厘米（图一九：3）。T3②：8，长锋，扁铤较前一种为长。脊线明显，截面菱形，长7.4厘米（图一九：4）。T3③：2，锋残，残长8.8厘米（图一九：5）。T1②：3、T2②：7，亦为长锋短铤，脊线明显，截面菱形，唯铤部截面近椭圆状。T1②：3，长7.1厘米（图一九：6）。T2②：7，长7.5厘米（图一九：7）。T2②：11，长锋短铤，无脊，截面扁平，扁铤（图一九：8）。T4②：6，小形，宽体，无尖锋，前沿磨平，铤略残。长4.6厘米（图一九：9）。T2②：10、12，短铤，不甚规则，脊线较弱，皆略残。残长分别为2.8、3.63厘米（图一九：10、11）。

石锛　6件。可分小型锛、凿式锛、条形锛三种形态。T2②：9、T2②：8，小型，青灰沉积岩，外形近方，有段。磨制精致。长分别为2.7、3.1厘米。应与体型较大者有不同作用（图一九：12、13）。T4②：9，凿式，青灰色，截面近方，稍加磨制，弱段。略残，残长10.2厘米（图一九：15）。T2②：3、5，条形，青石质，偏刃，无段或段不明显。有的磨制较精。剥蚀较甚。长5.9、8.5厘米（图一九：16、17）。T1②：7，体形较大，火成岩，截面呈椭圆形，偏刃，锋圆钝，磨制粗糙，长12厘米（图一九：18）。

石刀　13件。皆为残器。可分为条尺形和半圆形两类，以条尺形为多。T4②：8、T3③：6，青石质，条尺形。尾部较宽，前端圆弧，略窄，较厚，单面刃，无孔（图一九：28、29）。T2②：16、T2②：17，外形类似，唯刃部钻数孔，估计用以缚绳（图一九：22~23）。半月形石刀仅1件，T3②：10，棕褐色沉积岩，对钻双孔，弧刃，宽5、厚0.8厘米（图一九：24）。

石铲　5件。以条形石铲为多，舌形石铲仅1件。T4②：3，舌形，黛青色沉积岩，中上部带竖向对钻双孔，通体磨光。长12.4厘米（图一九：19）。T2②：18、T2②：19，条形石铲，青石。两侧及顶端皆磨成偏刃，另一面平滑，中部有对钻双孔（图一九：20、21）。

石斧　1件。T4②：1，浅褐色火山岩，双面刃，刃部磨光，上部安柄处仅琢制加工。器形规整。宽5.8~7.0、长10.2厘米（图一九：27）。

石犁　2件。皆残，仅见犁首，T4②：7，黛青色（图一九：25）。

钺形器　1件。T1②：1，制作粗糙，偏刃，体扁薄，刃部稍加磨光。宽5.4、高7厘米（图一九：26）。

锥形器　1件。T2②：1，青石质，呈锥状，尾部残。磨制。残高4.8厘米（图一九：14）。

六、小结

小东门遗址距河姆渡遗址直线距离仅8千米，文化面貌类似。小东门一期器物中，敞口釜、多角

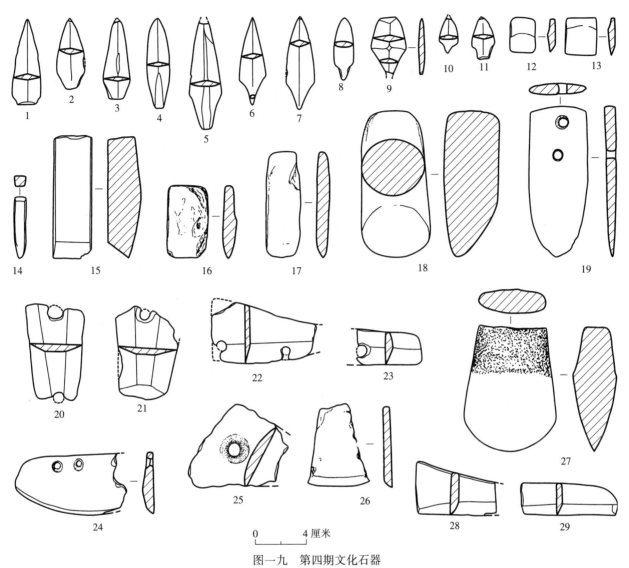

图一九　第四期文化石器

1~11. 石镞（T2②：4、T2②：2、T3③：1、T3②：8、T3③：2、T1②：3、T2②：7、T2②：11、T4②：6、T2②：10、T2②：12）
12、13、15~18. 石锛（T2②：9、T2②：8、T4②：9、T2②：3、T2②：5、T1②：7）　14. 锥形器（T2②：1）　19. 舌形石铲
（T4②：3）　20、21. 条形石铲（T2②：18、19）　22、23、28、29. 条尺形石刀（T2②：16、T2②：17、T4②：8、T3②：6）
24. 半月形石刀（T3②：10）　25. 石犁（T4②：7）　26. 钺形器（T1②：1）　27. 石斧（T4②：1）

沿釜、钵式釜、釜形鼎、外红内黑的豆、双目式鼎足、袋形支座、鬶、牛鼻耳罐以及⑦层开始出现的
夹炭陶折腹盆（河姆渡一期发掘简报称"泥质黑陶盆"）等，都与河姆渡遗址第二文化层一致。从石
器形态和陶系构成看，也和河姆渡遗址二层类似。据此，我们认为两者属同一文化，其年代应大致相
当。小东门遗址的⑧层有两件木头标本经^{14}C测定，年代分别为距今5298±197、5300±197年（经树轮
校正），可能偏晚。

M1与M2开口在⑤层下，M1的鼎折沿鼓腹，腹上饰多道弦纹，风格类似于崧泽中层。M2的泥质
灰陶平底盆与崧泽遗址Ⅲ式盆一致①。夹炭红衣陶的罐（釜）在河姆渡遗址第一层有类似器形，推测

① 黄宣佩、张明华：《青浦县崧泽遗址第二次发掘》，《考古学报》1980年第1期。

M1、M2 年代与河姆渡遗址第一层相当。

　　小东门遗址距慈湖遗址仅 800 米左右，两者的文化内涵有一些共同之处。如敞口釜、拱背形支座、夹炭红衣陶罐等器物在慈湖下层和小东门一期互见。在夹炭陶器上施以橘红、褐红色陶衣，并盛行附加堆纹、刻划纹的装饰风格，在两处都很明显。但小东门和慈湖的差异更大，如夹炭陶系中的比例，前者只有 10%，而后者则占 72.6%；两者在器形上不同，如多角沿釜、钵式釜等在慈湖遗址不见①。慈湖下层文化面貌比较复杂，某些因素已和崧泽早期一致。其堆积的时间跨度可能较长。小东门一期文化面貌比较单纯。从夹炭红衣陶在宁绍平原已发掘的诸遗址的层位看，其年代上限当早于慈湖下层。

　　小东门遗址第二期的出土物相对贫乏。从鱼鳍形、"T"字形鼎足、黑皮陶豆、泥质灰陶盆等器看，与慈湖上层、名山后②、⑦层的出土物一致，其年代应与良渚文化相当。

　　小东门遗址第三期文化面貌比较独特。硬度较高的泥质红陶凹底罐是本期最富特征的出土物，它们可能是江山肩头弄第二单元钵形罐的早期形态。根据此类罐凹底的形态及装饰条纹的特征，我们认为其年代早于马桥④层。饰有一目的圆柱足鼎是马桥文化和浙江境内所谓"高祭台类型"中常见的器形，但小东门遗址主流的侧扁足不见于两者，同时，这类鼎与良渚文化晚期的侧扁足鼎亦有明显不同。类似器形见于上海的"广富林类型"。

　　小东门遗址第四期文化出土物早晚跨度甚大。大量的侧扁足鼎与③层的一致，而若干高火候的泥质陶罐等器形则具有马桥④层的某些风格。小东门遗址②层的原始瓷盅已形成平底，内壁轮旋纹较细密，其年代下限当在春秋早期。因此小东门遗址第四期遗存应为这一时期人类活动对早期地层产生扰乱后的堆积。

　　附记：小东门遗址发掘的领队为王海明，工作人员有蒋乐平、孙国平、陈贤锋、王宁远。刘军、吴汝祚先生曾赴现场指导。宁波江北区文保所、慈城镇政府在发掘中曾给予帮助，在此一并致谢。

执　笔：王宁远

（原载《东南文化》，2002 年第 9 期）

---

①　浙江省文物考古研究所、宁波市文物考古研究所：《宁波慈湖遗址发掘简报》，《浙江省文物考古研究所学刊——建所十周年纪念（1980—1990）》，科学出版社，1993 年。

北仑沙溪新石器时代遗址发掘简报

浙江省文物考古研究所　宁波市北仑区博物馆

　　沙溪遗址位于宁波市北仑区柴桥镇沙溪村北约 6 千米，北侧有宁波至白峰公路自西向东穿山通过（图一）。浙东沿海山脉在这里形成一个东北面海，长约 5 千米、最宽不足 1 千米的小山谷，山谷西侧有一小山丘，名曰蛇山，海拔 19 米。遗址西倚蛇山，东北距谷口海岸约 2500 米（图二）。蛇山东缘的原有地貌为顺山势隆起、海拔约 3~4 米的土丘，20 世纪 80 年代开始在这里取土办砖瓦厂，1987 年宁波市考古所对遗址进行探掘时，探掘点位置尚保持原来地貌，并发现较丰厚的商周时期文化层，1994 年浙江省文物考古研究所进行正式发掘，遗址已被夷为平地，商周遗存尽失，海拔高度已与周围水田相当，约 2.5 米。不仅如此，发掘过程中发现，取土坑已以密集的形式深入底下文化层，遗址面目全非。1997 年在原发掘位置进行扩大发掘。

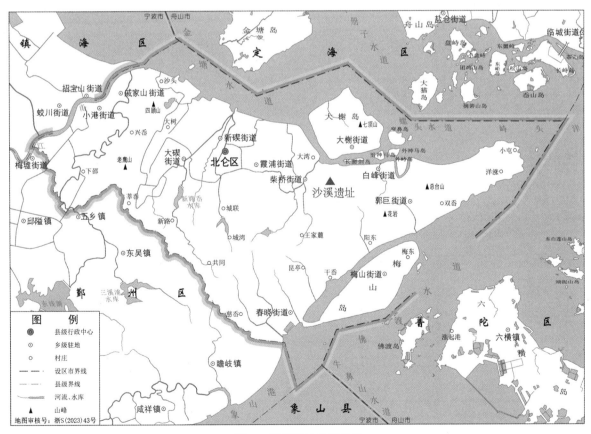

图一　沙溪遗址地理位置

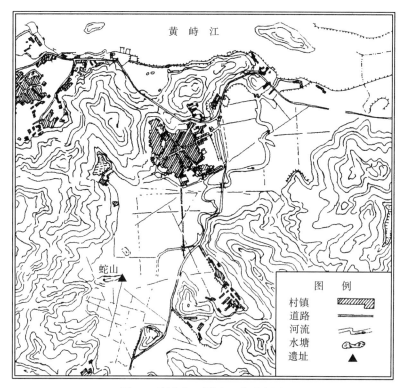

图二 沙溪遗址周围地形示意图

两期发掘共布 5×5 米探方 13 个, 5×10 米探方 1 个, 探沟 (代号 TS) 2 条, 分东、西两个发掘区, 相距 26.5 米 (图三), 第一期发掘时的扩方与第二期发掘布方局部重叠, 实际发掘面积 370 平方米。现将两期发掘收获简报如下。

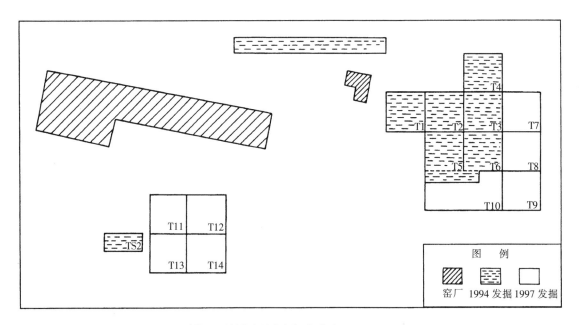

图三 沙溪遗址发掘探方分布 (1/500)

一、地层关系

遗址比较特殊。①层为表土或耕土层；②层破坏严重，发掘区的大部分位置不见；②层下的堆积主体为遍及整个发掘区的"多层灰面遗迹"，出土鱼鳍形（截面或呈"T"形）鼎足，时代当属良渚时期晚段；③层为底层，包含少量文化遗物，各探方均有分布；东西两区的"多层灰面遗迹"未统一编层。

T1、T2、T3 为第一批发掘探方，受习惯性思维的误导，未能及时察觉遗址的特殊性，按照普通地层发掘，后作局部修正。东区"灰面遗迹"共分 14 层，西区分 7 层。择东区 T6 东壁介绍（图四）。

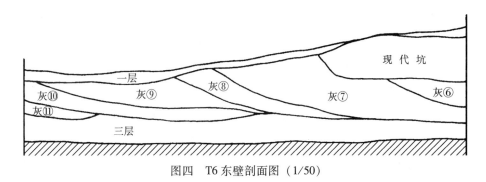

图四　T6 东壁剖面图（1/50）

①层：黑褐色表土，耕种水稻。厚 20~30 厘米。纯净，底部含少量现代砖瓦片，各探方均有分布。

表土层下有现代取土坑一个，位于探方东南角，打破"灰面遗迹"。这一位置有"灰面遗迹"的 6~9 层。"灰面遗迹"后面将另作介绍，该处简略。

灰面⑥层：分布于探方东南角，向东南倾斜。厚 1~35 厘米，被现代坑打破。

灰面⑦层：分布于探方东南部，向东南倾斜，比⑥层范围稍大。厚 1~70 厘米，被现代坑打破。

灰面⑧层：分布于探方中部，由东北向西南呈条带状分布，向东南倾斜。厚 1~35 厘米。南端被现代坑打破。

灰面⑨层：分布于探方西北部，向东南倾斜。厚 1~40 厘米。

"灰面遗迹"中间还夹杂一些形状不确定的灰坑，如 T2 灰⑩下的 H2、T10 灰⑤下的 H7 和 T11 灰⑧下的 H8 等灰坑。

被"灰面遗迹"叠压、打破三层的遗迹有 H9、H10 等灰坑。

③层：青灰泥，细腻，纯净，包含少量陶片及动物骨头等，在整个发掘区均有分布。三层下发现有 H4、H5 等一些长方形或方形的浅坑，里面往往有腐朽的木条。较为特殊。

②层仅在西区局部分布，出土物零星而碎小，为商周时期的印纹硬陶，资料不列入本报告。

二、遗迹

介绍作为遗址主体的"灰面遗迹"及典型灰坑。

（一）"灰面遗迹"

东区①层（②层被破坏）、西区②层揭去后，均成为"灰面遗迹"堆积范围，东西两区最大距离近 60 米，以此为直径，则遗迹的面积可能超过 2800 平方米。这是一种特殊的遗迹现象，堆积形式具有人为性，每层灰面均由西北向东南倾斜，层层叠压，在多数情况下，灰面的低缘直接止于遗迹所依托的原始地层，即遗址统一编号的③层的层面，由此可以形成这样的判断："灰面遗迹"肇始于发掘区西北方向的某个位置，并在灰面的递增过程中逐渐扩大其分布，最后覆盖了包括发掘区在内的广大范围。由于遗址上部曾被平整，"灰面遗迹"的初露迹象呈现一种与其堆积方向相反的分层界线（图五）。

各层灰面结构表现为：底部铺垫一层稀薄草木灰，最厚处也不过 2 厘米左右，薄处依稀见黑色。由于陶片等遗物都直接依附于灰面，因此灰面的延伸有时要靠陶片分布的指引得以落实，与陶片共存的还有少量动物骨、鱼骨、木条等，灰面及这些遗物的上部覆盖一层带褐斑的青灰土。灰面上的遗物往往因块大凸起而杂入上面的覆土中，野外记录将两者归为遗迹分层的同一个单元。实际上，它们有明确的先后关系，覆盖土本来是纯净的，下部仅因与灰面接触，与陶片等遗物错杂。覆土的上部又形成另一层灰面，如此反复。鉴于灰面厚薄相对均匀，因某种需要人为抛洒（烧荒?）形成的可能性较大，而覆盖土的土色结构与遗址底部的生土十分相似，当为就地取用。

东区"灰面遗迹"的⑤、⑥两层，其"灰面"以红烧土堆积的形式出现，但上部仍有覆盖土，分

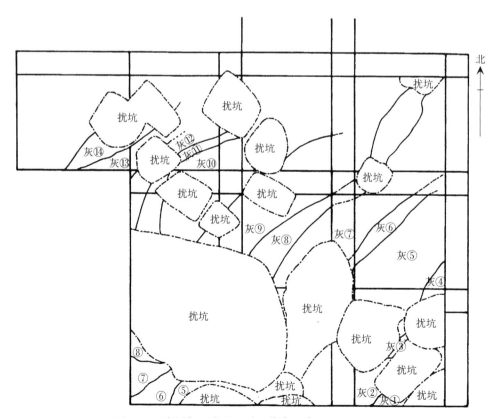

图五 "多层灰面遗迹"平面分布（东区）（1/200）

层结构仍符合遗迹的共性特征。

在"灰面遗迹"清理过程中，T5 位置的⑨层面发现一处鱼脊椎骨的"骨珠"，或连续，或凌乱，约略分三组，在 80×50 厘米范围内分布，但"骨珠"未见人为加工，自然遗留的可能性更大些。

受发掘条件限制，"灰面遗迹"未作进一步清理。西北部及南部已成一个大水池，TS1 位置亦遭破坏，整体揭露失去可能。

（二）灰坑

共有编号灰坑 11 个，开口位置多早于"灰面遗迹"，打破③层，或为③层所叠压。举 H4、H6 为例。H4、H6 均开口于 TS2 第三层下，相距不足 2 米，H4 可明确为橡子坑，H6 有可能为与之相关的遗迹。

H4 位于 TS2 中部。平面呈方形，正向设置，边长约 140 厘米，边壁呈台阶状，为坑中套坑的结构。内坑在深约 23 厘米处开口，自深约 40 厘米，坑内发现数量较多的橡子。坑口横陈一些木头，仔细分析，这些木头的位置很有规律，除台阶四角各一根外，北、东、西三面的中部也各有一根，北边一根的端部还在台阶外侧掏出一个柱窝，这些木头均呈向心状倒伏，推测当初这些木头的上端捆扎在一起，形成覆斗状坑顶。在清理过程中，还发现一片面积 50 平方厘米左右的苇（竹）席状编织残物，可见木构坑顶由苇编物遮盖，而坑口发现的较小木条，当起到加固作用。因此，这是一个三面遮护、一面供出入的半地穴橡子储藏坑（图六）。坑口位置发现一块夹砂绳纹陶片，特征与"灰面遗迹"出土的陶片一致。

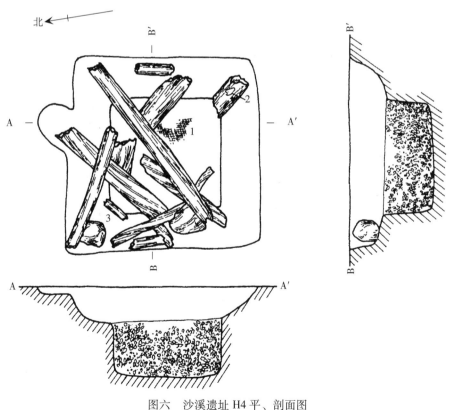

图六　沙溪遗址 H4 平、剖面图

1. 席状编织物　2. 夹砂绳纹陶片面　3. 石块

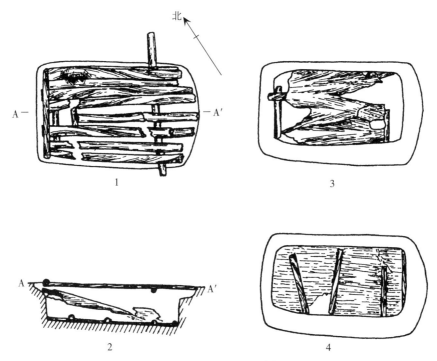

图七　沙溪遗址 H6 平、剖面图
1. 排状顶盖　2. 剖面　3. 树皮篷盖　4. 树皮覆盖的坑底

　　从遗址普遍情况看，木头腐烂会使周围的泥土发青，H4 发现之初，坑口的青灰泥呈弧顶隆起状，可作上面分析的佐证。

　　H6 位于 TS2 东南角，平面呈规则长方形，呈 45°偏角。其基本构造为，一个长 113、宽 77、深约 35 厘米的长方形土坑，坑口覆置长 150、宽 90 厘米木排状盖，坑底垫一层树皮，盖、底间形成深约 25 厘米的空间。具体形式为，排状盖由 9 根直径约 5~12 厘米的木条组成，南侧下部由一根跨出坑边的横木撑住，北端则压着一根与排盖等宽的横木，推测排盖是由这些横木固定的。排盖之上的北部，残留一片苇（竹）席状编织物，排盖之下另有一张树皮，本来应该由或纵或横的木条撑住，但结构残烂，仅见一根纵向木头的北端还搁在坑沿之上，将树皮撑住一部分。坑中无甚物质保留，但淤积土呈硬结状，或与内物腐化有关。底部树皮被较均匀分布的三根横木压住，被压部分树皮被分断，由于树皮极薄，分断现象当为与横木粘贴腐蚀所致，这三根木条应该是使树皮平整的压木，也有可能是上部树皮的横撑木，因腐断而落入底部。

　　由于排盖也呈长方形，木头腐朽使周围泥土发青，被其覆住的位置形成另一个长方形浅坑，于是出现"坑"中套坑的现象，"外坑"是否属实，不易断明。因为木头腐朽变形，一般均呈扁薄状，因此虽然排盖与撑木的残部底缘多未紧贴"外坑"底部，"外坑"为排盖度身定做的可能性也存在（图七）。

三、遗　物

（一）陶器

　　分泥质陶、夹砂陶和粗泥陶三类。泥质陶 858 片，占陶片总数的 4.9%，其中泥质灰陶 639 片，占

3.7%，泥质黑皮陶166片，占0.9%，泥质红陶片53片，占0.3%；夹砂陶2458片，占陶片总数的13.8%；粗泥红陶14392片，占80.5%；夹炭陶146片，占陶片总数的0.8%。纹饰以绳纹、弦纹为主，其中绳纹占总陶片数的15%。

1. 粗泥红陶

胎质特征介于夹砂陶和泥质陶之间，含砂量较少，胎多薄而疏松易碎（统计数字可能因此而偏高），器形以小口圈足罐、鼎为主，主要装饰是较细的竖绳纹，占这类陶片统计数的11%，但从现象看，普遍存在绳纹被抹去的迹象，比如，陶器的颈部与圈足位置多见绳纹痕迹。该类陶器构成沙溪遗址富有个性的基本特征。

罐（鼎）　未见完整器，两者不易区分。按口沿残片分型式。

A型　小直口，矮领。

Ⅰ式　领较高，口较大。H7：1，口径12.8厘米（图八：3）。

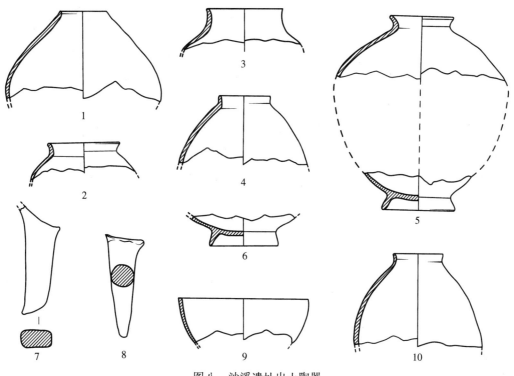

图八　沙溪遗址出土陶器

1. C型罐（T9灰⑤：8）　2. B型罐（T9灰③：12）　3. AⅠ式罐（H7：1）　4. AⅡ罐（T9灰⑤：4）
5. B型罐（T6灰⑦：1）　6. 罐圈足（T5灰⑨：5）　7. 鼎足（T8灰⑤：17）　8. 鼎足（T9灰③：19）
9. 大敞口钵（T9灰⑥：28）　10. B型罐（T9灰⑤：3）（均1/4）

Ⅱ式　领稍矮。T9灰⑤：4，素面，口径8.4厘米（图八：4）。

B型　小侈口。T9灰⑤：3，素面，口径8.4厘米（图八：10）。T6灰⑦：1，素面，与同层位一件圈足残件甚相配合。口径11、底径13、高约30厘米（图八：5）。T9灰③：12，饰绳纹，与同层位一件圈足残件甚相配合，口径12、底径11.6厘米（图八：2）。

C型　小口无领。T9灰⑤：8，口沿不规整，内壁不平，口径8厘米（图八：1）。

这类陶器在陶质陶色以及数量上相配合的底部形态主要为矮圈足，圈足上同样分为素面与绳纹两种，这些都属于罐类。同时，三足鼎也是一种重要形态，相配合的鼎足有足尖外撇的方柱形（图八：7，T8 灰⑤：17）、圆锥形（图八：8，T9 灰③：19），形态均较小。发掘时曾有一件小口绳纹鼎可复原，为足尖外撇的方柱足，后因陶质疏薄，未修复。另有一件较特殊的舌形足，T8 灰⑤：23，高约6.6 厘米，跟宽约 5 厘米（图一〇：7）。

大敞口钵　方唇、弧腹、内收，底部均残，器形不全，素面。T9 灰⑥：28，胎呈灰褐色，口径约28 厘米（图八：9）。

2. 夹砂陶

颜色红褐为主，可细分为两类，一类偏黑，器形以釜为主，饰绳纹，具有河姆渡文化传统特征，少量夹炭陶也可归入；另一类偏红，器形为带鱼鳍形足的鼎，素面，部分饰弦纹具有典型良渚文化的特征。绳纹占这类陶片数量的 39%，考虑到口沿部位的陶片一般都为素面，估计绳纹釜占夹砂陶器的一半左右，余下部分则以鼎为主。

釜　均为残器。颈腹部以下有绳纹装饰，少量素面。使用过的陶器外色较驳杂，未曾使用的外色较单一。饰绳纹的陶片多为杂褐色，陶器略微鼓腹，中腹部以下部分均薄至 1~2 毫米。

A 型　侈口，凹沿，尖圆唇，胎色灰褐为主，略显驳杂。T4 灰⑧：1，夹砂褐陶，饰绳纹，口径23 厘米，略显鼓腹，中腹以下残，残口为 15 厘米（图九：9）。

B 型　侈口，沿外撇。H2：1，夹砂黑胎，外表呈灰褐色，略显鼓腹，中腹以下残，饰竖向绳纹，口径约 24 厘米（图九：11）。T7 灰⑤：4，夹砂褐陶，黑胎，饰绳纹，略显鼓腹，中腹以下残，口径为 24 厘米（图九：3）。T13 灰①：2，圆唇，口径较大，夹砂黑陶，黑色胎，饰绳纹，口径为 25 厘米（图九：7）。标本 T3 灰④：2，夹砂褐陶，灰褐色胎，饰绳纹，残腹，口径为 30 厘米（图九：2）。

C 型　侈口，圆唇，窄沿。标本 T8 灰⑤：9，夹砂褐陶，黄褐色胎，鼓腹，饰绳纹，口径为 24 厘米（图九：8）。

D 型　复原 1 件。素面，色偏红，器型较小，敞口微撇，略鼓腹，圜底。标本 T9 灰⑥：22，口径15、高 13 厘米（图九：6）。

E 型　复原 1 件。素面，褐色，侈口凹沿，弧腹内收，圜底较平。标本 T5 灰⑦：6，口径 24.5、高 12.5 厘米（图九：5）。

F 型　复原 1 件。绳纹带耳，色红褐。小敞口，圆唇，下腹略鼓，圜底。标本 H8：1，口径 9.6、高 9.4 厘米（图九：4）。

鼎　基本复原的 6 件。

A 型　侈口平沿折颈。标本 T11 灰⑦：4，夹砂红褐陶，腹略鼓弧，圜底近平，上腹有三道微凸棱纹，"T" 形足残，口径 25.5 厘米（图一〇：1）。

B 型　敞口，沿外翻，圆唇。标本 T6 灰⑥：6，夹砂红胎，外表黑色，有光泽，腹较深，底略平，鱼鳍形鼎足，足外侧略方，高 20.4、口径 27 厘米（图一〇：2）。标本 T7 灰⑦：8，夹砂褐陶，敞口，圆唇，素面，弧腹，下腹内收，底较平，足留残跟，截面略呈扁圆，口径 36 厘米（图一〇：3）。

C 型　带把鼎，饰竖向绳纹。标本 T8 灰⑥：17，夹砂褐陶，侈口，腹略鼓，口沿至上腹附一竖向

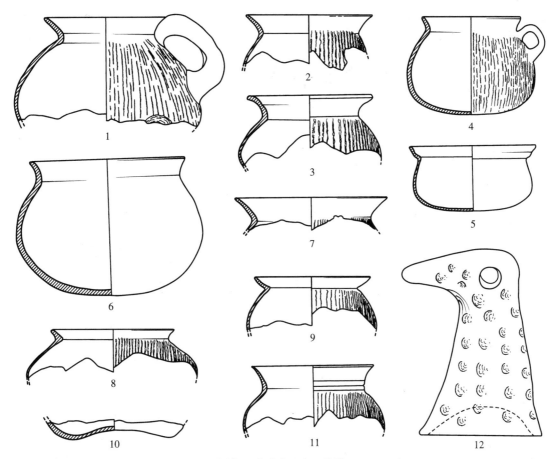

图九 沙溪遗址出土陶器

1. C 型鼎（T8 灰⑥：17） 2. B 型釜（T3 灰④：2） 3. B 型釜（T7 灰⑤：4） 4. F 型釜（H8：1） 5. E 型釜（T5 灰⑦：6）
6. D 型釜（T9 灰⑥：22） 7. B 型釜（T13 灰①：2） 8. C 型釜（T8 灰⑤：9） 9. A 型釜（T4 灰⑧：1） 10. 凹圜底（T9 灰
③：14） 11. B 型釜（H2：1） 12. 釜支座（T2 灰⑪：5）（1、4、6、10、12.1/4，2、3、5、7~9、11.1/8）

桥形单耳把，鼎足残，留有一圆形疤痕，口径 12 厘米（图九：1）。

相应出土的鼎足，除鱼鳍形、"T"形外，还有截面略呈菱形等（图一〇：4、5、6）。

釜支座 复原 3 件。标本 T2 灰⑪：5，倒靴状，有纽，夹砂红陶，底内凹，周身饰蚶壳纹，高 18、底径 12 厘米（图九：12）。

罐 均不完整。标本 T9 灰③：10，夹砂褐陶，灰黑色胎，侈口、折颈、三角唇。沿部有三道凸棱，口径为 18 厘米（图一二：7）。

器盖 完整 1 件。标本 T9 灰③：21，夹细砂黑陶，高杯纽，高 10.8、口径 19.2 厘米（图一二：5）。

夹黑炭陶凹圜底标本 1 片，标本 T9 灰③：14（图九：10）。

3. 泥质陶

分泥质灰陶、泥质黑皮陶和泥质红陶三类。泥质灰陶与泥质黑皮陶不易明确区分，因为黑皮脱落后即成灰色。器物以圈足盘、竹节把豆及罐盆类为主，多为良渚文化时期的常见器形。复原器 7 件，均为圈足盘。

圈足盘 复原 7 件。灰陶器。撇口，宽平沿，弧腹，高圈足外撇，圈足上有两道凸棱纹。

Ⅰ式 2 件，标本 H9：1，弧腹微凸，深腹，圈足上等距镂孔三个，略呈斜方孔，口径 18、足高

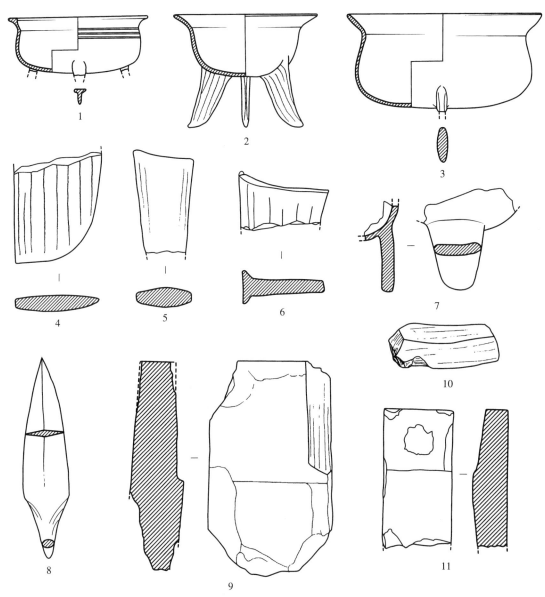

图一〇　沙溪遗址出土陶石器

1. A 型鼎（T11 灰⑦：4）　　2. B 型鼎（T6 灰⑥：6）　　3. B 型鼎（T7 灰⑦：8）　　4. 鼎足（T2③：2）　　5. 鼎足（T9 灰④：18）
6. 鼎足（T13 灰④：7）　　7. 鼎足（T8 灰⑤：23）　　8. 石镞（T9 灰③：25）　　9. 石锛（T9 灰⑥：24）　　10. 砺石（T9 灰⑤：
20）　　11. 石锛（T10 灰②：5）（1~3. 1/8，4~7. 1/4，8、9、11. 1/2，10. 1/16）

8、足径 13.6 厘米（图一一：4）。标本 T11 灰④：6，口径 24、高 4.2 厘米（图一二：1）。

Ⅱ式　1件，标本 T2 灰⑩：4，色较深，深弧腹，高圈足，口径 18、高 9.2、足径 12.2 厘米（图一一：2）。

Ⅲ式　1件，标本 T5 灰⑪：7，口微敛，弧腹略斜，斜深腹，高圈足斜外撇，口径 23、高 8.4 厘米，足径 17.6 厘米（图一一：3）。

圈足盆　灰陶。折腹，圈足较矮。标本 H5：1，凹宽沿，圆唇，中腹弧，下腹折，深腹，矮圈足内敛，口径 22.8、高 8.2 厘米，足径 14 厘米（图一一：1）。标本 TS2③：2，敞口，宽平沿，圆唇，斜腹，下腹折收，矮圈足微内敛，口径 20.6、高 6、足径 12.2 厘米（图一一：9）。标本 TS2

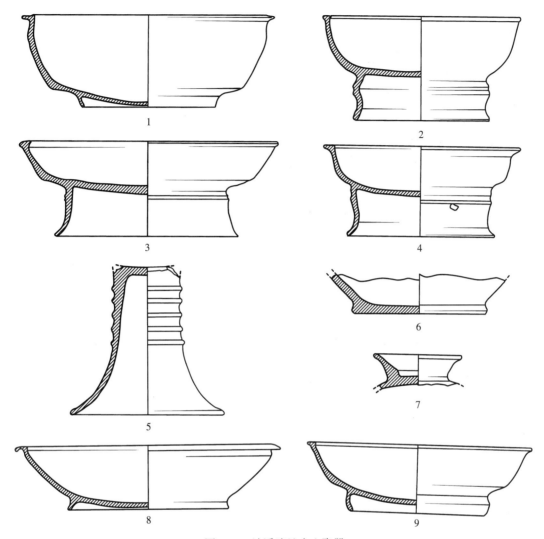

图一一　沙溪遗址出土陶器

1. 圈足盆（H5：1）　2. Ⅱ式圈足盘（T2 灰⑩：4）　3. Ⅲ式圈足盘（T5 灰⑪：7）　4. Ⅰ式圈足盘（H9：1）
5. 豆把（T5 灰⑨：6）　6. 罐底（T6 灰⑦：9）　7. 残器盖（T9 灰⑤：16）　8. 圈足盆（TS2③：1）
9. 圈足盆（TS2③：2）（均1/4）

③：1，敞口，宽沿外翻，圆唇，斜深腹，矮圈足微外撇，口径24、高5.6、足径14.4厘米（图一一：8）。

罐　灰陶为主，也有红陶。未见完整器，所见为口沿残片。

A 型　敞口，沿外翻，圆唇。标本 T13 灰⑧：10，沿面四周饰凹弦纹，口径28厘米（图一二：2）。

B 型　领口外撇，斜肩。标本 T5 灰⑨：5，撇口，高领渐内敛，上饰两道凸棱纹，中腹下残，口径20厘米（图一二：3）。标本 T1 灰⑮：3，敞口，领渐收，饰一道凸弦纹。口径14厘米（图一二：4）。标本 T4 灰⑪：3，泥质灰陶，残，口径17.2厘米（图一二：6）。

一类陶罐的平底呈假圈足，标本 T6 灰⑦：9，底径12厘米（图一一：6）。

豆　未见完整器，所见为残豆。标本 T5 灰⑨：6，灰胎黑皮陶，表面较光亮，豆把呈喇叭口竹节状，残高13、底径14厘米（图一一：5）。

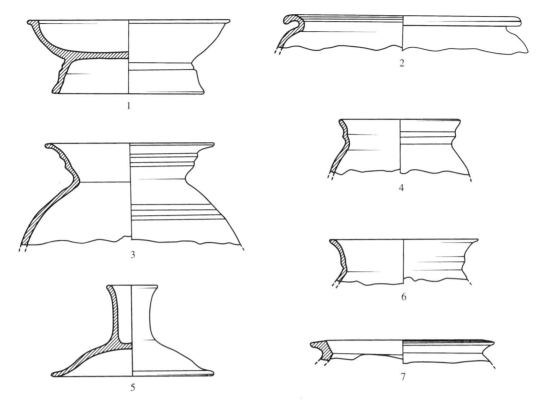

图一二 沙溪遗址出土陶器

1. I 式圈足盘（T11 灰④：6） 2. A 型罐（T13 灰⑧：10） 3. B 型罐（T5 灰⑨：5） 4. B 型罐（T1 灰⑮：3）
5. 器盖（T9 灰③：21） 6. B 型罐（T4 灰⑪：3） 7. 罐（T9 灰④：10）（均 1/4）

残器盖 1 件，标本 T9 灰⑤：16，杯形纽，灰胎，黑皮，纽径 8 厘米（图一一：7）。

（二）石器

器形有镞、锛、砺石几种，数量均很少。现分类介绍如下：

石镞 1 件，标本 T9 灰③：25，长锋短铤，有脊，截面呈菱形，铤呈椭圆形，长 9.1 厘米，磨制精细（图一〇：8）。

石锛 2 件，均为有段石锛，磨制光滑，但都已残损。标本 T10 灰②：5，刃部已残，残长 6.2、宽 3.1、厚 1.6 厘米（图一〇：11）。标本 T9 灰⑥：24，刃部已残，残长 9.6、宽 5.6、厚 2.4 厘米（图一〇：9）。

砺石 2 件，标本 T9 灰⑤：20，血红色岩质，器形较大，呈条状枕形，所见顶部与两侧面磨制光滑，磨面之间的交棱亦光滑，长约 40、宽约 25、厚约 10 厘米（图一〇：10）。

四、结语

（一）年代及文化特征

沙溪遗址 1994 年、1997 年发掘区主体堆积的性质是"多层灰面"遗迹，堆积机理不能清楚分析，但明显不能等同于一般的遗址，具有人为性特征，形成过程相对短暂，在理论上不存在进一步的分期意义。从出土陶器的特征分布上，也具有明显的共时性。例如，从下到上的各层次中，均有横截面呈"T"形的鱼鳍纹鼎足；泥质陶出现了黑皮的竹节把豆；极其少量的石器中出现了分段明显的有段石锛。因此，时代可定在相当于良渚文化的晚期。

在早于"灰面遗迹"的层位中，③层出土少量陶片，特征与"灰面遗迹"近似，年代差距不会大。③层以下的灰坑中，陶片仅在 H4 的表面发现一片，为夹砂绳纹陶，当属釜类器，年代不好绝对断定，但推测沙溪遗址不大可能存在早于良渚时期的文化层堆积。

从文化因素的分析上，沙溪遗址的内涵具有三种成分构成。

第一种是河姆渡文化的传统因素，主要指夹砂陶中的釜类器，以及与釜支座相配合的使用方式。侈口、鼓腹、圜底，饰纵向绳纹，这类釜的基本形态在河姆渡遗址四层中已经出现，报告中称为敞口釜[1]，我们在研究中曾将它定为 B 型釜，与敛口带脊的 A 型釜相比较，分析、建立起河姆渡文化发展与演化关系[2]。B 型釜的基本演变趋势是由瘦高到肥矮，河姆渡遗址三层以后侈沿部分经过慢轮修整，造型逐渐规范化，三层以后 A 型釜消失，B 型成为主要器形。在以后的发展中，凹沿釜的比例增加，绳纹由杂乱、包含一定数量的横绳纹变为纵向、规则，器形则以广腹、圜底略尖者为多。陶釜的延续使用是钱塘江以南地区新石器时代文化的主要特征，相应地，陶釜的型式变化也应该是这一地区文化发展的重要标尺。但晚期阶段，我们更多地依赖一些具有崧泽文化、良渚文化特征的标型器进行断代，地方特色的研究上尚不够细致，有待通过不同遗址器物的比较研究弥补这一环节。沙溪遗址陶釜的形态符合晚期特征，特别是中腹以下胎壁极薄，这是制陶工艺进步的表现。这一时期另外的素面釜、带环形把釜数量少，不足以作为典型器分析。

第二种是良渚文化因素，主要指夹砂陶中的鱼鳍足（部分横截面呈"T"形）鼎，泥质灰陶中的竹节把豆、圈足盘等器形。探讨这一时期钱塘江两岸新石器时代文化的相互关系，尚未形成令人满意的叙述框架，由于良渚文化的强势特征，一般认为钱塘江以南地区接受其影响并成为良渚文化的一种地方类型[3]，但沙溪遗址中河姆渡文化的传统因素顽强地得到体现，比如绳纹的比例高达 15% 左右，陶釜作为炊具的地位在数量上也不输于鱼鳍足的鼎。两岸文化这种差异性现象及其潜藏的历史内涵有必要得到进一步的关注。

沙溪遗址的第三种文化因素说明钱塘江以南相当于良渚文化阶段的考古学文化面貌决非一种类型。这就是粗泥红陶小口型陶器的大量出现，主要包括圈足罐与三足鼎两类。罐的颈部与圈足内的底部，绳纹普遍发现，而显眼的器表部位多被抹去。由此可知，绳纹的功能并非只是装饰性的。粗泥陶鼎一般显小，上部特征与罐无大差异，鼎足以足尖稍外撇的方柱状较为常见，地方特色十分明显。

在河姆渡后续文化、良渚文化全面渗入该区域的新石器时代末期，以小口型陶器为特色的地方型器种顽强存在并占据重要位置。应当指出，尽管粗泥陶器在沙溪遗址出土陶器中占据显眼的地位，但

---

① 浙江省文物管理委员会、浙江省博物馆：《河姆渡遗址第一期发掘报告》，《考古学报》1978 年第 1 期。

② 蒋乐平：《塔山下层墓地与塔山文化》，《东南文化》1999 年第 6 期。

③ 刘军、王海明：《宁绍平原良渚文化初探》，《东南文化》1993 年第 1 期。

这类粗泥陶的烧制质量大不如其他陶系。它的存在理由只能从地方化的经济生活方式上进行考虑，或许与海洋文化有关。调查资料显示，这种陶器类型广泛分布于舟山群岛新石器时代晚期遗址[①]，由此可见，沙溪遗址与浙东沿海岛屿同属一个经济文化区。同时，这一地区反映的文化面貌，特征是边缘的、非中心的，对外的扩张性影响未见。

（二）讨论

1. 遗址的模式与发掘中的惯性思维

在一般的野外发掘概念中，遗址是由遗迹、遗物以及体现人类活动过程的文化层叠压关系构成的，就发掘过程的技术角度，遗迹是依附于地层而存在的。除了城址等比较特殊的发掘对象，我们总是在地层的剥离与清理过程中去发现、辨认和判断遗迹。当我们在一次以普通遗址为对象的发掘过程中突然发现上千平方米范围内的基本堆积是一种说不清楚的人工遗迹现象，发掘者遭遇的尴尬首先是因为出离了常规思维的眷佑，在发掘资料的处理上感到无所适从。一个疑问是：真的存在如此广大的"多层灰面"遗迹吗？在遗迹性质确定之前，将受到拷问的是资料的真实性。但只要能够从一种强迫性的思维定式中解放出来，事情往往也是简单的，就如这个简报所呈现的那样。我们敢于这样从容地叙述所谓的"多层灰面"遗迹，而没有背上"离经叛道"的负担，是因为假想的、试图钳制我们思想的野外考古规范似乎从未明确拒斥过数千平方米的"多层灰面"遗迹的存在可能性。我们希望，灰面遗迹的特殊堆积相为野外发掘提供了一个新的遗址参照类型，从而引起对常规思维的警觉。

怎样来解释这种遗迹现象的人为特征；"灰面"是抛洒形成，还是烧荒形成，或者是兼合两者；"灰面"之上为什么要扔上这些破碎的陶器、陶片；陶片之上为什么又要覆盖纯净的泥土；这样的过程为什么又要重复进行。

作为一种推测，"地层灰面"遗迹可能反映某种仪式的演示，功能是宗教性的。遗址出土的石器出奇的少，大不同于这一时期人类的一般居址。但遗迹下层发现了橡子坑，又说明"灰面"遗迹不能代表沙溪遗址的全部。尤其是灰面的分层中间也发现一些"灰坑"，又给遗迹的整体性解释上带来了困扰，可能是不同层次的仪式间歇其允许加入人类的一些零星活动。

2. 宁绍地区的考古工作

20 世纪 70 年代河姆渡遗址发现后，宁绍地区一直作为一个相对独立的文化区域而占据东南沿海新石器时代考古中的重要位置。一个遗址的遗存丰富，内涵独特，又在一个特殊的时刻被发现，那一刻因资料突破而催生的思想饥渴可以冲破条件限制。但是为完善一个理想中的概念而放弃必要的实证，其后果往往不止于对这一过程的弥补，而衍生出未能预期的可能。这一点，河姆渡文化形成的考古轨迹及其后来对一个区域学术进程的影响，恐怕是一个极佳的例证。这里要重提的是河姆渡文化的内涵到底是局限于河姆渡遗址的四、三两层，还是将四至一层笼而统之，这一问题与其是认识上的，毋宁将它还原为一个历史的问题。河姆渡遗址已经具备命名一个独立的考古学文化的必要条件，1976 年就

---

① 王和平、陈金生：《舟山群岛发现新石器时代遗址》，《考古》1983 年第 1 期；王明达、王和平：《浙江定海县唐家墩新石器时代遗址》，《考古》1983 年第 1 期。

已提出来了，但它的分布范围又是什么。1980 年前后，浙江省文物考古研究所在宁波、绍兴、舟山一带展开以河姆渡文化的分布为目的的考古调查。就实际的结果看，发现的诸多遗址在时间上基本为河姆渡遗址二层以后甚而相当于良渚时期。很难确定这次调查对象的时空幅度对随后达成河姆渡文化共识或叙述口径的具体影响。但从此以后，时间上包涵河姆渡遗址四至一层，空间上广布宁（含舟山）绍地区的河姆渡文化概念在很长时间内成为这一带新石器时代文化的代名词。学术领域被拓宽的可喜进步又在某种意义上被概念化了，其后果是在强调区域文化独立性的同时，又难以摆脱作为太湖流域的参照系而存在，无法在河姆渡遗址之外找到更进一步的学术张力。

位于宁绍平原东端的沙溪遗址的陶器内涵，反映了钱塘江以南新石器时代末期阶段文化面貌的复杂性。那么，位于宁绍平原西端的跨湖桥遗址则为该地区文化渊源的追寻上提供了多源性①。可以预见，宁绍地区考古学文化一体化的局面将被打破，序列化、抽象化的直线演进式的认知模式将还原为多样化、具体化的历史发展进程，这是考古学的进步，也是考古工作者的进步。

附记：

1988 年浙江省文物考古研究所对部分考古力量进行了一些调整，成立了河姆渡文化课题组。一晃十五年过去，留下的脚印也有长长的一串：慈湖遗址、名山后遗址、塔山遗址、小东门遗址、鲞家山遗址、沙溪遗址、鲻山遗址、楼家桥遗址……浙江老一代考古工作者的心迹在这里得到延伸。刘军先生为开拓宁绍地区史前考古新局面花费了许多的心血，沙溪遗址本是刘先生感兴趣并准备作发掘的一个项目，但为了培养队伍，使年轻人得到更多的锻炼，把这一机会让给了我们。工作留有遗憾，但记忆永远年轻。是以纪念那悄然逝去的田野岁月。

发掘人员：田正标　王宁远　蒋　勇

（第一期）

徐　军　郑嘉励　王昌海

陈卫力　张海真　（第二期）

领　队：蒋乐平

执　笔：蒋乐平　徐　军

绘　图：徐　军　郑嘉励　蒋乐平

屈学芳

（原载《南方文物》，2005 年第 1 期）

---

①　浙江省文物考古研究所：《萧山跨湖桥新石器时代遗址》，《浙江省文物考古研究所学刊》，长征出版社，1997 年。

浙江余姚田螺山新石器时代遗址 2004 年发掘简报

浙江省文物考古研究所　余姚市文物保护管理所　河姆渡遗址博物馆

在中国众多的新石器时代遗址中，河姆渡遗址①对诸多学科领域和研究方向产生了广泛而深远的影响，同时它在文化源头、稻作农业、干栏式木构建筑、聚落形态和环境变迁等方面却留下了亟待解答的疑问。浙江余姚田螺山遗址的发现为我们提供了一个重新审视河姆渡文化的机遇。现将该遗址 2004 年的发掘情况简报如下。

一、地理位置与发掘概况

田螺山遗址位于浙江省余姚市三七市镇相岙村，地处姚江谷地北侧低丘环绕的小盆地中部，北面横亘四明山支脉翠屏山，东距海岸 30~40 千米，西南距河姆渡遗址约 7 千米。该遗址围绕一个名为田螺山的小山头分布，周围是大片低平湿软的稻田（海拔 2.3 米）。经钻探，遗址的面积为 30000 多平方米，在地下 2~3 米深处埋藏着距今六七千年的一个完整古村落，其存在的时间跨度在 1500 年以上。

2001 年初，该遗址因当地一家工厂打井被发现。2003 年，国家文物局批准对该遗址进行考古发掘。2004 年 2 月 18 日，由浙江省文物考古研究所主持，并联合宁波市文物考古研究所和河姆渡遗址博物馆正式开始发掘，按 5×10 米布置探方，发掘面积为 300 平方米（图一）。至 2004 年 7 月初，发掘工作在普遍发掘到⑥层下的重要建筑遗迹层面，并落实了临时性的保护措施之后暂告一个阶段。

二、地层堆积

发掘区位于整个遗址的西北部，田螺山的西南侧，此处也是遗址主体堆积所在。地层堆积由东北向西南平缓倾斜，最厚处约为 3.5 米，目前分为 8 层，其中③~⑧层大致相当于河姆渡遗址的②~④层。除 T103 已发掘到生土层（有线索显示，它可能还不是该遗址最终的生土层）外，其他探方均暂

---

①　浙江省文物管理委员会、浙江省博物馆：《河姆渡遗址第一期发掘报告》，《考古学报》1978 年第 1 期；河姆渡遗址考古队：《浙江河姆渡遗址第二期发掘的主要收获》，《文物》1980 年第 5 期；浙江省文物考古研究所：《河姆渡——新石器时代遗址考古发掘报告》，文物出版社，2003 年。

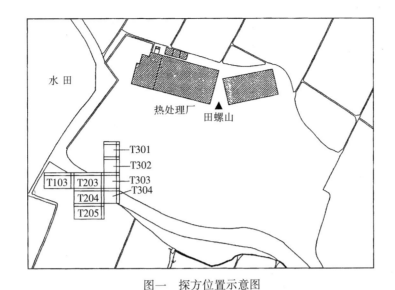

图一　探方位置示意图

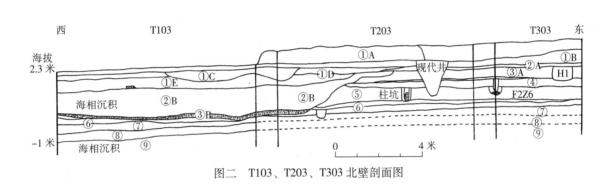

图二　T103、T203、T303 北壁剖面图

停在⑦层表面，下面还有平均厚约 0.8 米，内涵最丰富的⑦、⑧两层堆积。现以 T103、T203、T303 北壁剖面为例介绍地层的堆积情况（图二）。

①层：表土层，由现代建筑废弃物、灰色黏土、黄褐色粉砂土等组成，厚 0.3~1.6 米。

②层：分 2 层。

②A 层：青灰色土，略含砂和烧土颗粒，较硬实，仅分布于高处，直接叠压在晚期文化层上，厚 0~0.15 米。

②B 层：青灰色淤泥层，细腻，黏软，低处厚，直接叠压在晚期文化层上，厚 0~1.4 米。经取样分析，以海相沉积为主，与遗址的废弃有很大关系。包含物很少，偶见树枝条和原始瓷片。

③层：分 2 层。

③A 层：原生文化堆积，青灰褐色砂土，较干硬，分布于较高处，厚 0~0.5 米。包含较多的陶片、烧土块、石块以及少量的石器，它们一般与泥土胶结紧密，极少见动植物遗存。陶片中可辨器形有釜、鼎、灶、支脚、盆、豆、钵、罐、盉、异形鬶等。

③B 层：在②B 层下较深处，直接叠压在⑤、⑥层上，厚 0~0.2 米。主要由大量的砂粒、小陶片、木炭、烧土块组成，还有少量的木块、树枝条，应是经过冲刷、搬运而来的次生堆积。从其中最晚的陶片和主要陶器器形看，与③A 层的年代接近。

④层：深青灰褐色土，含细砂，略黏软，被③A 层叠压，厚 0~0.35 米。此层下开口较多带垫板（木础）的柱坑类建筑遗迹和可能是食物储藏坑的灰坑。出土陶片中可辨器形有敞口釜、灶、甑、豆、罐、盆、钵、支脚等，还有少量鼎足。

⑤层：青灰色土，砂性大，松软，夹杂略硬的青黄色土块和木炭颗粒，也有较多的陶片、骨头和木块等，厚 0~0.6 米。此层下露出一些木柱的尖部和几座二次葬的墓葬。出土陶片中较多的器形有敞口釜、敛口釜，直口釜较少，另有双耳罐、盆、盘、钵等。

⑥层：深灰色土，松散，夹杂较多的木炭颗粒和黑色灰烬，与⑤层不易区分，厚 0~0.3 米。除陶片外，还包含较多的木、骨类有机质遗物。该层下部露出较多保存尚好且排列有一定规律性的木柱，并在此层下的地面上多能找到柱坑的开口，表明其与遗址早期重要的木构建筑遗迹有关。从出土的陶片中可看出以敛口釜、敞口釜为主，还有一些直口釜、单耳小口釜，另有盆、盘、钵、罐、支脚等。

⑦层：褐灰色土，较湿软，厚 0.2~0.5 米。除包含较多大块陶片外，还夹杂肉眼可见的木块、木屑、树叶、菱角、橡子、酸枣、稻谷壳、炭化米粒、动物骨骼等大量有机质遗物，以及肉眼难以辨认的碎骨、种子、孢粉等动植物遗存。在此层堆积表面保存着以成排方体木柱为特征的木构建筑遗迹。此层下堆积除 T103 外，均未发掘。出土陶器中敛口有脊釜较多，另有敞口釜、盆、盘、钵、罐、豆、器座、支脚等。

⑧层：深褐色土，湿软，夹杂少量小块纯净的青灰色淤泥，厚约 0.4 米。包含物与第⑦层相近，但保存状况较之更好。出土的陶器与第⑦层基本相同，但敛口有脊釜的比例较之更大。

第 8 层以下是细腻、纯净、黏软的青灰色淤泥，经取样分析，为全新世较早阶段的海相沉积，在遗址附近厚数米至 20 多米。在田螺山南侧较浅处打穿这层海相沉积的两个探孔底部，发现了一些木炭颗粒和可能是小陶片的遗物，这将在后续发掘中设法加以证实。

上述③~⑧层，根据土色、土质、叠压次序和出土器物的形制，可以分为早晚紧密衔接且文化内涵各具特色的三个阶段。

三、第一期遗存

（一）遗迹

由于⑥层下的堆积尚未全部发掘，第一期遗存中的遗迹除了 3 处木构建筑单元的局部较明确以外，其他尚不详。

F3　在 T301~T304 第 6 层下出土了排列整齐、加工规整、用材讲究的两排方体木柱，方向朝南且略偏西，横向间距约 2 米。西列由 5 根木柱构成，跨度约 10 米，每 2 根邻柱的间距约 2 米。最北一根木柱最粗，边长约 0.2 米，似为西北角的转角柱，其余木柱的边长约 0.1 米，往南似未到头。东列由 4 根木柱组成，南段已缺失 1 根，其各自的位置多与西列木柱相对。有些木柱露头于⑤层下，并在⑥层下可找到柱坑的开口，而且至少打破了⑦、⑧层，坑口以上木柱长 0.3~0.7

米，坑下埋深和底部的处理方式尚不详。这两排木柱应是该遗址中保存良好的早期木构建筑遗迹的一个单元。另外，受发掘面积的限制，单元形态尚不完整，但整体形态很可能是南北向伸展、东西两个方向进出的长排形连体分间木构房屋，同时从木柱的分布趋势和遗址的空间布局分析，发掘区的东南方向应是这组建筑的主体所在，并在位置上可能靠近遗址的中心区域。这种形态的木构建筑遗迹在河姆渡遗址同期遗存中尚不清楚，从第⑦层堆积表面不适合人长期直接居住看，这类建筑也应是以架空居住面的干栏式木构建筑（图三）。

图三　F3（由北向南摄）

F4　在 T204、T205 中有大致呈南北向成排分布的方体木柱，从木柱外表看，F4 与 F3 不同，应是另一个木构建筑单元，其主体可能向西南方向延伸，且西北部的一根可能是转角柱的木柱边长超过 0.4 米，格外粗大（图四）。

Q1（独木桥？）　在 T103⑥层下也出土了早期木构遗迹，主体由 2 根横卧的首尾相连的粗大木材和左右两侧起支撑、加护作用的小木桩组成（图五），在其附近还出土了 2 件完整的木桨（图六、一七）和一块残桨叶。初步推断，该遗迹可能是一处临近河湖的小码头或河埠头、独木桥类设施，并且在层位上大致能与东边探方中的成片房屋建筑遗迹相联系。这一发现对于认识田螺山遗址的村落布局具有重要价值。

图四　F4

图五　Q1

图六　木桨（T103⑧：3）出土情况

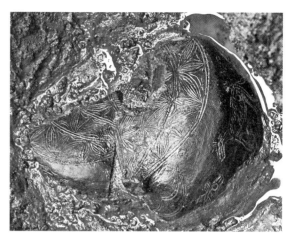

图七　陶盉（T103⑧：25）出土情况

图八　第二期柱坑与灰坑

图九　F2Z1垫板

图一一　陶敛口釜（T103⑧：16）

图一〇　陶罐（M2：1）

图一二　陶敞口釜（DK1⑤：1）

图一三　陶敞口釜（H4：2）

图一四　陶盘口釜（M3：3）

图一五   陶支脚（T303③A：1）

图一六   玉玦（DG3③A：1）

图一七   木桨（T103⑧：4）出土情况

图一八　陶敛口釜（T103⑦：39）

图一九　陶敞口釜（T103⑦：46）

图二○　陶单耳小口釜（T303⑥：1）

（二）遗物

　　⑦、⑧层出土遗物的保存状况较好，我们一方面用传统方法收集肉眼可见的粗体遗物，另一方面用不同规格的筛子淘洗文化层泥土以收集微体动植物遗存，为多学科的综合研究提供材料。尽管只发掘了 T103 的⑦、⑧层，但出土的早期遗物很丰富。按性能和材质将出土的遗物分为计件实用器物，不计件人工和自然遗物两大类。

　　第一类：计件实用器物。它们是当时的人们用各种材料有目的地加工和使用的单独成件的器物，按材料分为陶器、骨器（含角、牙器）、石器（含用各种矿物制作的玉器）、木器、编织物（含绳索和线）。

1. 陶器

夹砂灰黑陶最多，夹炭黑陶次之，泥质陶尚未出现（表1），这与河姆渡遗址同期的陶系构成有较大区别。陶器主要用泥条盘筑和分体拼接的方法制作，有的器物还需添加耳、把、纽、鋬、流等。多数较大陶器的外表可见横向旋痕、旋纹，这与慢轮修整、器表抹光的制作工艺有关。多数陶器有装饰，常见在口沿下或肩腹转折处附加凸起的脊棱并在其上压印连续相间的锯齿纹，在腹部和圜底外表拍印或滚压绳纹，在口沿或器表刻划旋纹、短线纹、动植物图案，在口沿面、附脊、颈肩部戳印锥刺纹、蚌齿纹、谷粒纹等。陶器中炊器的数量最多，圜底的夹砂、夹炭陶釜是该遗址的典型代表，与河姆渡遗址④层的同类器相同。与陶釜配套使用的还有陶支脚、器座、器盖。此外，还有陶盆、盘、钵、豆、罐、盉等饮食和储藏器。陶器以圜底为主，平底次之，圈足较少，未见三足器。除陶容器外，还有陶纺轮、弹丸等小件制品。

表1 陶片数量与陶系统计表 （单位：件）

地层	陶系			陶片总数
	夹砂	夹炭	泥质	
③A	3040	1220	1010	5270
③B	10205	2340	1785	14330
④	6975	3430	250	10655
⑤	18330	4295	0	22625
⑥	14280	3805	0	18085
⑦	5305	1790	0	7095
⑧	1365	350	0	1715
合计	59500	17230	3045	79775

不含灰坑里出土陶片和已修复器物的陶片；⑦、⑧两层的陶片仅出自 T103

敛口釜　口沿面和肩部多饰旋纹和谷粒纹，有的饰间断的蚌齿戳印纹，附加堆纹的凸脊上多压印锯齿纹。标本 T103⑧：16，口径14、高14.8厘米（图一一）。标本 T103⑦：39，口径27、高21厘米（图一八）。

敞口釜　装饰普遍比敛口釜简单。标本 T103⑦：46，口径28、高19.3厘米（图一九）。

直口釜　口沿微侈，口颈竖直一体，饰一圈凸脊，脊上压印锯齿纹，未复原。

单耳小口釜　形体小，单耳位于口沿外侧，略束颈，球形小腹，圜底饰绳纹。标本 T303⑥：1，口径10.8、高14厘米（图二○）。

支脚　方柱体或圆柱体，粗大，实心，未复原。

罐　均为夹炭陶。小口，矮卷沿稍外侈，微束颈，多饰旋纹，口沿至颈部外侧有双耳，双耳顶部略高于口沿面。标本 T103⑦：35，口径14.2、高19厘米（图二一）。

钵　多为夹炭陶。敛口，弧腹或斜直腹，平底。标本 T103⑧：24，口径22.4、高9厘米（图二二）。

盆　标本 T103⑦：6，敛口，斜腹弧凹，形制特殊，疑为制作敛口釜时用多余的部件改制而成。口径19.6、高10.6厘米（图二三）。

图二一　陶罐（T103⑦：35）

图二二　陶钵（T103⑧：24）

图二三　陶盆（T103⑦：6）

图二四　陶器盖（T103⑦：40）

盘　均为夹炭陶，表面较光亮。宽沿，浅腹，未复原。

豆　夹炭陶，器表呈灰黑色。厚胎，圈足粗矮，未复原。

器盖　夹炭陶。覆盆形。标本 T103⑦：40，底径 25.6、高 11 厘米（图二四）。

盉　标本 T103⑧：25，夹炭黑陶。上部呈龟背形，中脊略呈"人"字形鼓起，在刻划的近圆形轮廓线内饰谷粒形组合纹样；下部似陶罐的下腹，刻划有猪、鹿形动物和火焰形图案（图七）。

2. 骨器（含角、牙器）

骨器（含角、牙器）是该遗址出土器物中数量、种类最多的器物，是当时人们的主要生产工具和生活用品。根据器形和用途的不同，选取不同种类、部位的动物骨头，用敲砸、切割、雕琢、钻凿、锉磨、刻划等方法制作而成。器类有耜、镞、哨、凿、锥、匙、针、饰件等，除耜以外，形体一般较小。骨器的纹饰较简单，多见各种细刻纹组成的几何纹。

耜　2 件。残，有明显的磨损痕迹。上段侧向凿扁方孔，中部穿 2 个小孔（图二五）。

图二五　骨耜（DK3⑦∶52）出土情况

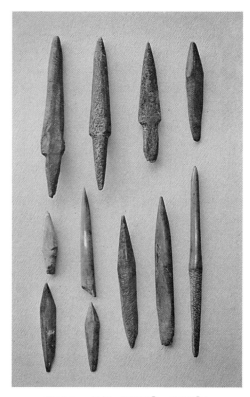

图二六　骨镞（DK3⑦、DK3⑥）

镞　100 多件。形制和大小多种多样（图二六）。

3. 石器（含用各种矿物制作的玉器）

出土的石器较少，有斧、锛、凿、砺石等，多数制作粗糙，打制出外形后在刃部略加修磨。另外，出土少量用各种矿物制作的玉器。

4. 木器

出土的木器近 10 件，相对骨器而言，数量和种类较少，但保存状况较好。每件木器都用整块木头制作而成，加工方法有砍、劈、锛、削、凿、雕、刻、挖、磨等。器类有桨、蝶形器、矛形器、把手、器柄等。

桨　3 件。标本 T103⑧∶3，整器磨光。小圆柄，后段略弯，尾端刻短线纹，柄与桨叶交界处变厚，饰刻纹，桨叶长而扁平，头端钝圆。长 110 厘米。标本 T103⑧∶4，整器有斧、锛类石器留下的劈痕，似为半成品。长柄中段近方体，尾端大，略呈长方形，柄与桨叶交界处变厚，单面呈瘤状凸起，桨叶较长，起中脊，横断面呈菱形，头端尖似矛。长 153 厘米。标本 T303⑦∶1，整器小巧，表面大致平整。小方柄，尾端大，略呈长方形，桨叶较短，扁平，头端近平直。长 107 厘米。

蝶形器　标本 DK3⑦∶55，残宽 17.4、高 11.5 厘米（图二七：上；图二八：上）。标本 DK3⑦∶54，宽 32、高 12.5 厘米（图二七：下；图二八：下）。

5. 编织物（含绳索和线）

芦苇编结物　已出土数片，有的面积较大，似席子。芦苇条劈取较匀，常用多经多纬垂直交错法编织（图二九）。

图二七　木蝶形器（DK3⑦：55、54）正面

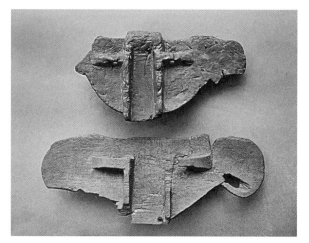

图二八　木蝶形器（DK3⑦：55、54）背面

图二九　芦苇编织物（DK3⑦：60）

线团　标本 DK3⑦：61，出土于一个鱼骨坑内，似用植物纤维绞成，单根粗约 0.1 厘米。

第二类：不计件人工和自然遗物。从理论上说，古代遗址中不存在与人的活动完全无关的纯自然遗物。在以往的考古发掘中通常不注意系统收集器物以外的零散遗物，如烧土块、石块、木炭等，但它们无疑都是人工遗物或受人为影响的自然遗物，只是无法单独成器。该遗址出土的这类遗物的数量和种类都很多，有古人猎食动物并取下骨器原料后废弃的动物骨头（图三〇）、人自身死亡后留下的骨骸、木柱、木块、树枝条、树叶、木屑、果核、孢粉、稻草、稻叶、谷壳、炭化米粒（图三一）、菱角（图三二）、菱壳、橡子、酸枣、芡实、葫芦、野草、草籽、芦苇、麻栎果、豆类等。它们与当时人的生产、生活以及生存环境密切相关，是全面复原当时社会面貌、生态环境的重要材料。

图三〇　龟腹甲出土情况

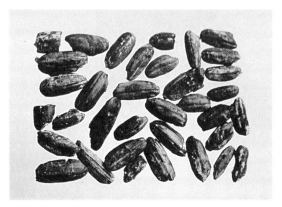

图三一　T204 第⑥层底部出土炭化米粒

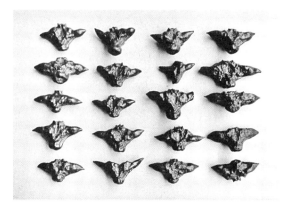

图三二　菱角（DK3⑦）

四、第二期遗存

（一）遗迹

1. 木构建筑

⑤、⑥层的堆积由于受地下水浸润，木质遗物的保存状况较好，为我们判断木构建筑遗迹提供了条件。在 T203 东部和 T303 西部的④层下、⑤层表面有 10 多个柱坑开口（图八），分布不规则，坑口多呈不规整的方形或圆形，边长或直径、深均约 0.6 米，坑底多有一块以上厚薄不一的垫板（图三

三），其中一个柱坑内错向摞叠 6 层垫板，总厚度约为 0.5 米（图九）。从柱坑的形态和垫板的加工、处理技术看，它们代表了史前时代以挖坑、垫板、立柱作为木构建筑基础营造技术的成熟形式。虽然在有限的发掘范围中很难看清单体建筑的平面形状、规模和走向，但这些柱坑很可能属于同一个建筑单元，暂编号为 F2（图三四）。在这些柱坑的周围分布着很多大小相似的食物处理和储藏性质的灰坑。这些柱坑和灰坑所在的⑤层堆积的表面松软且潮湿，不可能作为稳定的日常居住地面，而从个别柱坑旁仍竖立着早期木柱的情况看，这个阶段的建筑应是干栏式的木构连体长屋，而且年代可能早至河姆渡文化第二期，即距今约 6500 年。

图三三　T303 西南角④层下柱坑

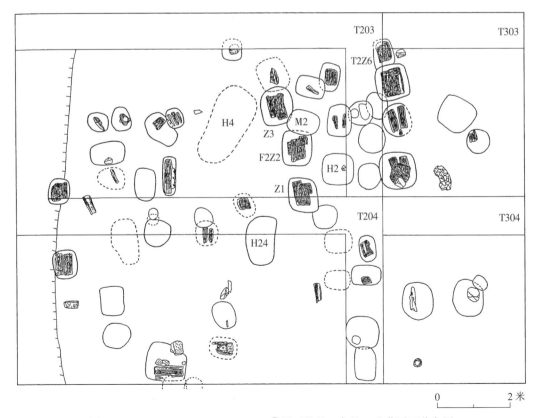

图三四　T203、T303、T204、T304 ④层下柱坑、灰坑、墓葬平面分布图

图三五　M5（由西向东摄）

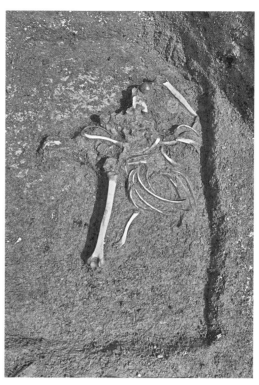

图三六　M6（由西北向东南摄）

图三七　M9（由北向南摄）

2. 墓葬

⑤层下的遗迹较少，在 T203 的偏西位置发现了几座位于居住区附近的简单墓葬。这几座墓葬均没有明显的墓坑、葬具和随葬器物。多数肢骨残缺不全且散乱无序，骨骸的形态特征显示其多为青少年，它们很可能属于非正常死亡的二次葬。

M5　骨架呈屈肢状，方向 95°，骨架长 70、宽 50 厘米（图三五）。

M6　骨架呈堆状，方向约 130°（图三六）。

M9　肢骨叠放在一起，方向约 60°，骨架长 40、宽 35 厘米（图三七）。

3. 灰坑

在④层下有许多与柱坑一起开口的灰坑，大小和形态与柱坑相似，只是底部没有垫板，而多有较薄的淤沙层和橡子，有的有 2~3 件残破的陶器，它们多数可能是位于干栏式建筑居住面下方和周围的食物储藏坑。在⑤层下有几个灰坑的形成也与日常生活有关。

H7　开口在⑤层下，坑口近圆形，圜底，深约 0.4 米。堆积有原生灰褐色烧土和黑色草木灰、木炭，可能是一处室外土坑式灶址（图三八）。

H9　开口在⑤层下，坑口呈圆形，深约 0.2 米。在坑口西北部出土一堆由原料、半成品和燧石钻等 41 个个体组成的萤石和燧石制品，中部出土一件残陶釜，周围出土一些夹杂在灰白泥中的细碎鱼骨（图三九）。

（二）遗物

由于埋藏的深度略浅，第二期遗物中有机质遗物的数量和质量都不如第一期，但陶器和石器相对较多。按性能和材质将出土的遗物分为计件实用器物和不计件人工和自然遗物两大类。

第一类：计件实用器物。按材料分为陶器、骨器（含角、牙器）、石器（含用各种矿物制作的玉器），木器和编织物基本不见。

图三八　H7（由南向北摄）

图三九　H9（由南向北摄）

1. 陶器

夹砂灰黑陶最多，夹炭陶次之，泥质陶基本不见。器形比第一期相对规整，凸脊减少并弱化成附加堆纹，纹饰明显简化，素面陶器增多。多见短线纹、戳印纹、旋纹、蚶齿纹，釜、罐、钵的口沿外缘多饰锯齿状花边。器类与第一期基本相同，有釜、罐、盆、盘、钵、器座、支脚、豆、纺轮、小件玩具等。

敛口釜　数量比第一期有所减少。口径显大，器高变小，形体逐渐变宽。标本 T103⑥：58[①]，素面。口径 13.4、高 13 厘米（图四〇）。

敞口釜　数量比第一期有所增加。腹部的形态多样。标本 DK1⑤：1，筒形腹，双脊。口径 23.4、高 25.2 厘米（图一二）。

直口釜　口微侈，口颈竖直一体，颈下部和中腹部饰凸脊，脊上压印锯齿状花边。标本 T205⑤：39，口径 20.4、高 20.7 厘米（图四一）。

单耳小口釜　形体小，单耳位于口沿外侧，略束颈，球形小腹，圜底饰绳纹。标本 T303⑥：8，口径 11.6、高 10.6 厘米（图四二）。

钵　标本 T302⑤：50，口径 27、高 14.8 厘米（图四三）。

盘　标本 T103⑤：82，平底。口径 27.2、高 5.7 厘米（图四四）。

罐　标本 M2：1，夹炭陶。形体高大。侈口，双耳，深腹。口径 15.4、最大腹径 37、高约 92 厘米（图一〇）。标本 T205⑤：40，口径 13.8、底径 16.4、高 36.2 厘米（图四五）。

2. 骨器（含角、牙器）

骨器（含角、牙器）仍是当时主要的生产工具和生活用具，数量多于石器、木器等。主要器类、器形与第一期基本相同，有些骨器的加工技术有所进步。

---

① 经核查田螺山资料，应为 T204⑥：58。（编者注）

图四〇　陶敛口釜（T103⑥：58）

图四一　陶直口釜（T205⑤：39）

图四二　陶单耳小口釜（T303⑥：8）

图四三　陶钵（T302⑤：50）

图四四　陶盘（T103⑤：82）

图四五　陶罐（T205⑤：40）

耜　6件。均残破或磨损严重。标本 T301⑤：17，用牛的髋骨制作而成（图四六）。

镞　数量较多。形制和大小多种多样。

梭形器　取鹿角的尖端作为材料，用切割缺口、挖槽、穿孔等方法制作而成，似为纺织用具（图四七）。

3. 石器（含用各种矿物制作的玉器）

石器占出土器物总数的比例仍很小，这与石器在生产、生活中很大程度上被骨器取代有关。当时在砍伐和加工木材、营建木结构房屋以及加工骨器的过程中，石器具有优势，骨器无法取而代之。器类有锛、斧、凿、楔等。石材除了用较硬的青灰色硅质岩外，也开始用硬度适中的泥岩。有的石器经过磨光，且器形规整。

锛　与斧在形制上没有明显分化，难以区分，唯两面起刃不对称，厚度略薄（图四八）。

斧　多呈长方形，器身中段较厚，略显转折，双面刃略偏锋，刃宽多为 4~5 厘米（图四九）。

图四六　骨耜（T301⑤：17）

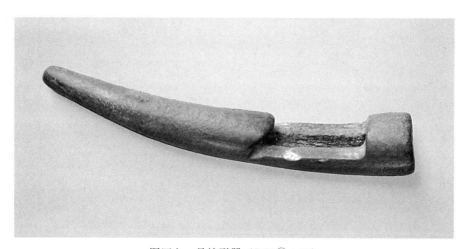

图四七　骨梭形器（DK3⑥：37）

凿　长条形，较厚实，对称双面刃。

楔　形制似斧，但一般比斧窄长。整体较厚，顶端多有麻点状的击打痕，可能是一种剖裂长木材的工具。

球　多用硬度较大的燧石、石英、硅质岩制作而成，表面粗糙，多麻点。直径多为 3~5 厘米。

砺石　材料为砂岩。主要用于加工骨器和石器，有的磨面平缓，有的残留因磨制条形骨器而形成的条形浅槽。

饰件　一般用石英、萤石、叶蜡石等制作而成。器类有玦、璜、管、珠、坠等，无纹饰。

图四八 石锛（T301⑤：11）

图四九 石斧（T301⑤：5）

第二类：不计件人工和自然遗物。由于文
化堆积埋藏的深度仅 1 米多，地下水不能长期稳
定在这个深度，有机质遗物的保存状况较差。
除了柱坑底部的垫板和动物遗存外，木屑、果
核、种子、草叶等只残留在较深的灰坑和柱坑
底部（图五○）。

图五○ H5 出土橡子

五、第三期遗存

（一）遗迹

第三期的遗迹较少且零散，只有一片较密
集的石块、红烧土块分布区和少量的灰坑、柱坑、墓葬。

1. 建筑残迹

在②A 层下、③A 层表面有近南北向密集排列的石块，可能与遗址晚期的建筑有关，也可能是村
落居住区的边界。

在③A 层下有 9 个不规则分布的柱坑，其中 2 个柱坑近方形，边长约 0.6、残深 0.15 米，坑底有
条状垫木，其余 7 个柱坑底部均有单块垫板（图五一）。它们与第二期的柱坑有明显的传承性，应是一
种建筑遗迹，暂编号为 F1。

2. 墓葬

　　M3　在 T304 东北角②A 层下开口。坑口近圆形，圜底，直径约 0.8、残深约 0.3 米。出土 3 件陶器，其中 2 件是上下叠压的夹炭红褐陶盘口釜，在河姆渡遗址附近的鲞架山遗址中也出土过类似的陶釜，当时推测是一种比较特殊的瓮棺葬（图五三）。

　　M4　在 T304 北部③A 层下开口，坑口被一个柱坑打破。残长 0.85、宽约 0.65、深约 0.2 米。出土一具骨架，方向 90°，肢骨集中堆放，未见葬具和随葬器物，应为二次葬（图五二）。

图五一　第三期柱坑

图五二　M4（由西向东摄）

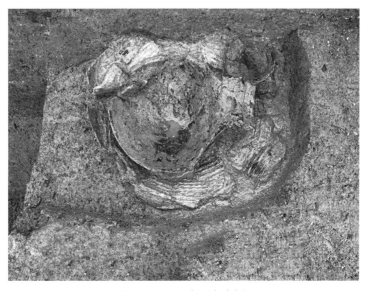

图五三　M3（由西向东摄）

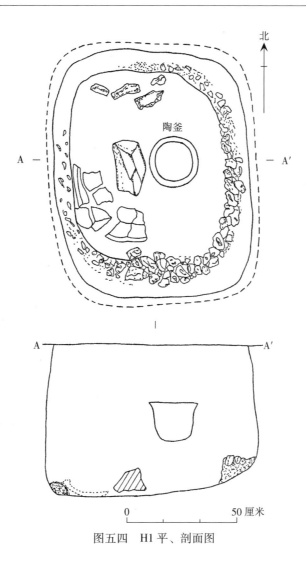

图五四　H1 平、剖面图

3. 灰坑

H1　在 T303 东北部②A 层下开口。坑口为圆角长方形，坑壁略呈袋状，长 1.05、宽 0.85、深约 0.65 米。坑底有较多的红烧土块和草木灰，出土 1 件夹砂红褐陶筒腹釜和许多陶釜、盘的碎片。H1 可能是一处土坑式灶址（图五四）。

H22　在 T204 东北角③A 层下开口。坑口为圆角长方形，坑壁近直，圜底，长 0.8、宽 0.6、深 0.85 米。坑底有许多橡子（图五五）。

（二）遗物

③A、④层出土的有机质遗物较少，主要是灰褐色泥质陶、红褐色夹砂陶、烧土块、石块、残石器等遗物，仅在 T103③B 层出土了一些骨器和木头。另外，在个别较深的灰坑底部出土了一些木头、橡子、草叶等有机质遗物。按性能和材质将出土的遗物分为计件实用器物和不计件人工和自然遗物两大类。

图五五　H22（由西向东摄）

第一类：计件实用器物。按材料分为陶器、骨器（含角、牙器）、石器（含用各种矿物制作的玉器）。

1. 陶器

夹砂陶、泥质陶和夹炭陶的比例相当，其中夹炭陶的质地疏松，多有红衣，并多饰繁复的附加堆纹；夹砂陶以夹砂灰陶为主，含砂粒较粗，胎质多硬实；泥质陶有红、黑两种，前者多是外壁红、内壁黑，后者一般是泥质灰胎黑皮陶。器表装饰已明显简化，以素面为主，部分器物上有绳纹、短线纹、锯齿纹、戳印纹、附加堆纹等。陶釜中的敞口釜仍为主流炊器，但形制、装饰风格、制作工艺与前期相比有较大的区别，新出现了以不规整柱状足为特征的鼎、多角沿釜等炊器，另有罐、支脚、灶、陶塑等。

敞口釜　夹细砂灰黑陶。形体较大。敞口，粗颈，垂腹，圜底近平。沿下饰附加堆纹，腹部和底部饰绳纹。标本 H4：2，口径 32.6、高 24.4 厘米（图一三）。另有一种形体较小者。敞口，浅筒形腹。饰绳纹。标本 T203④：4，口径 31.6、高 22.6 厘米（图五六）。

盘口釜　标本 M3：3，夹炭黑陶，器表红褐衣已脱落。盘口，束颈，宽肩，圜底。肩部饰附加堆纹和蚶壳印纹，腹部饰细绳纹。口径 24、最大腹径 38、高 43 厘米（图一四）。

鼎　夹粗砂陶。宽沿，沿面大多内凹，以柱状足为主，未复原。

罐　形体多矮胖。有牛鼻形双耳，未复原。

支脚　标本 T303③A：1，夹砂红褐陶。下部为中空的喇叭形，上部捏塑成动物头形，肩部有一半环形耳，其下方用戳孔加刻划的方法饰人面形。底径 18、高 20 厘米（图一五）。

灶　残。表面有指甲剔刻纹，有的有拱形投柴孔，未复原。

陶塑　多以动植物为原型制作而成，有的单独成件，有的是陶器的纽、耳、流等部件。标本 T204③A：2，象头形陶塑。夹砂红陶（图五七）。

图五六　陶敞口釜（T203④：4）

图五七　象头形陶塑（T204③A：2）

图五八　骨耜（T203③B：1）

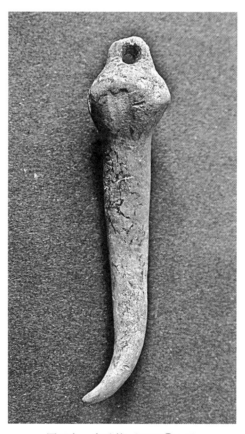

图五九　角坠饰（T203④：1）

2. 骨器（含角、牙器）

骨器（含角、牙器）很少，有耜、坠饰等。

耜　标本 T203③B：1，形制与第二期基本一致。中部有明显的用于安柄的凹痕（图五八）。

坠饰　标本 T203④：1，用麂类动物的角略加修磨和钻孔制作而成（图五九）。

3. 石器（含用各种矿物制作的玉器）

石器在选料、工艺方面与第二期相比有明显的改进，高硬度的石料基本被淘汰，多选用沉积岩等硬度适中的岩石，但锋利程度有所提高。石器大多形体规整，磨制光洁，有斧、锛、凿、砺石、球、弹丸等。用各种矿物制作的玉器多采用线锯切割和片锯切割工艺，有玦（图一六）、管、璜、珠、坠等，其中玦、管、珠等还采用实心钻或点式旋钻工艺。

第二类：不计件人工和自然遗物。除个别较深的灰坑底部有木头、草叶等外，还有红烧土块和石块，数量较多。它们对于认识该遗址晚期的聚落形态有一定的价值。

六、结　语

近年来，在宁绍地区西部、南部和金衢盆地边缘的浦江小盆地，相继发现和发掘了跨湖桥①、上山②、小黄山③等重要遗址，出土了约距今10000~7000年的新石器时代较早期遗存，在学术界引起了很大反响。虽然它们均未能表现出与河姆渡文化的直接联系，但在一个空间不大的地理区域找到了诸多早于河姆渡文化的遗存，明确显示出钱塘江和杭州湾南岸早期史前文化格局的复杂性，也更加凸显出探索河姆渡文化源头的紧迫性和必要性。

对于田螺山遗址的发掘来说，河姆渡遗址既是一个考古发现的界标，更是史前文化学术研究难以超越的一个顶峰，但田螺山遗址2004年的发掘还是显现出非同寻常的意义。

第一，在300平方米的发掘范围里，在大部分尚未发掘到底的情况下，已出土各类器物1000多件。而在河姆渡遗址2600多平方米的发掘范围里出土6000多件遗物和不计其数的动植物遗存，虽为复原远古社会的生产、生活场景与生态环境提供了丰富的材料，但由于晚期遗存较单薄，早晚期文化的差异，至今仍有关于河姆渡遗址早晚期遗存的文化属性等问题的争议。田螺山遗址清晰和连续的地层关系以及第一至三期遗存中紧密衔接的文化内涵，特别是第三期以大量陶敞口釜为代表的核心因素，可以有力地平息上述争议。

第二，在河姆渡遗址发掘之后直至1996年鲻山遗址④的发掘，其间没有发现其他河姆渡文化早期遗存。2004年田螺山遗址的发掘实现了河姆渡文化早期遗址在姚江流域的空间分布"由点成线，再到面"的历史跨越，由此促使我们提出"河姆渡文化核心聚落群"的概念。发掘和钻探情况还表明，田螺山遗址是迄今为止发现的河姆渡文化中地面环境条件最好、地下遗存比较完整的一处依山傍水式的古村落遗址，在地理位置上与河姆渡遗址遥相呼应，并具有与河姆渡遗址相近的聚落规模和至少相似的年代跨度，对于研究河姆渡文化具有独特价值。

第三，在田螺山遗址普遍发现了叠压在文化层上、下的淤泥层——全新世海相沉积，它表明了

① 浙江省文物考古研究所：《萧山跨湖桥新石器时代遗址》，《浙江省文物考古研究所学刊》，长征出版社，1997年；浙江省文物考古研究所、萧山博物馆：《跨湖桥》，文物出版社，2004年。
② 浙江省文物考古研究所2001年、2004年、2005年发掘资料。
③ 张恒、王海明、杨卫：《浙江嵊州小黄山遗址发现新石器时代早期遗存》，《中国文物报》，2005年9月30日。
④ 浙江省文物考古研究所、厦门大学历史系：《浙江余姚市鲻山遗址发掘简报》，《考古》2001年第10期。

河姆渡文化在沿海地区形成和发展的特殊性，也为发掘区内东、西两部分早晚堆积的明显落差找到了距今 6000 年前后海平面快速上升、自然和人文环境突变的一个证据，并为解释河姆渡文化早晚期遗存面貌的较大差异找到了重要的切入点。我们结合萧山跨湖桥遗址类似的地层关系和 ^{14}C 数据，可以分析和修正对河姆渡文化已有的年代判断。跨湖桥遗址的多个 ^{14}C 数据显示其文化遗存在距今 7000 年以前，但这些数据和河姆渡遗址原有 ^{14}C 数据发生了矛盾，即导致跨湖桥文化消失或毁灭的海平面上升过程却与河姆渡文化在沿海地区出现和繁盛的过程同步。据古地理学等相关研究成果看，全新世海平面上升虽然是波动式的，但在宁绍地区这样一个小区域里应该是同步的，所以跨湖桥遗址和田螺山遗址的年代上限应该基本一致。据田螺山样品 ^{14}C 数据，⑧层标本的 2 个校正数据均在距今 8000~7500 年之间（表 2），这在一定程度上支持了河姆渡文化早期与跨湖桥文化平行发展的新认识。

表 2　^{14}C 年代测定表

实验室编号	原编号	标本物质	^{14}C 年代（BP）	校正年代（BC）68.2%
BK2004027	04YTT103⑧	木炭	6711 年±90 年	5720~5530 年
BK2004028	04YTT104③B	木炭	5081 年±66 年	3960~3790 年
BK2004029	04YTT204⑤	木炭	6362 年±117 年	5480~5230 年
BK2004030	04YTT304⑧	木炭	6949 年±73 年	5890~5730 年

BP 为距 1950 年的 ^{14}C 年代，^{14}C 年代计算所用半衰期为 5568 年。北京大学考古文博学院科技考古与文物保护实验室 2005 年 3 月测定

第四，经过发掘和钻探已初步了解了遗址的范围和布局，特别是在有限的发掘区内，发现了⑥层下两种性质的聚落遗迹——干栏式建筑和村落西侧通向外界的水岸木构设施，二者分处不同的空间位置，在使用功能上又有直接的联系。这为认识田螺山遗址的村落布局和进一步开展河姆渡文化聚落考古研究提供了重要材料。

第五，发掘出土的多层次柱坑遗迹，一方面有序地代表了以挖坑、垫板、立柱为建筑基础营建技术的阶段性特征和发展水平，另一方面间接地反映出河姆渡先民的生存活动与自然环境演变的密切关系。同时，由于这些遗迹的开口层位在发掘中得到可靠认定，因此可以证实此类建筑技术的起始年代应该至少在河姆渡文化第二期，即距今 6500 年前后。同时进一步表明南方地区史前木构建筑中，围护与承重功能分离的技术进步对后世建筑结构和形式产生了深远的影响。另外，已初步揭露的⑥层下以成排方体木柱为主要形式的，早期木构建筑遗迹的干栏式属性比较明确，建筑技术更加成熟，为复原建筑单元创造了良好的开端。

第六，在以往的考古发掘中通常会把纯净的淤泥层看作生土层。在田螺山遗址距地表 5 米多深的淤泥层下的地下山坡表面发现了一些微粒木炭，另外在 DK3（施工坑）一角的地质钻探中，在近 10 米深处发现了一些木炭和可能是小陶块的颗粒，这为我们在姚江流域寻找距今七八千年以前的古人生活遗存、揭开河姆渡文化起源之谜提供了线索。

第七，田螺山遗址得天独厚的埋藏环境和丰富的遗存，为我们开展多学科研究、把握当时社会经

济形态的复杂性提供了良好的条件。

　　30 多年来，河姆渡文化一直是宁绍地区史前考古的核心内容，田螺山遗址 2004 年的发掘对于河姆渡文化的深入研究、保护和宣传具有很大的促进作用。

领　队：孙国平

发　掘：孙国平　黄渭金　郑云飞
　　　　刘志远　徐志清　渠开营
　　　　张海真

整　理：孙国平　徐志清　渠开营
　　　　张海真

摄　影：孙国平　李永嘉　郑云飞

绘　图：刘志远　孙国平　许慈波

执　笔：孙国平　黄渭金

（原载《文物》，2007 年第 11 期）

浙江省慈溪市童家岙遗址 2009 年试掘简报

宁波市文物考古研究所　慈溪市博物馆

　　童家岙遗址位于慈溪市横河镇童家岙村（图一），于 1979 年 12 月至 1980 年 2 月开展的河姆渡文化遗址专题调查中被发现①。1986 年，该遗址被公布为县级文物保护单位。2009 年底，因开展第三次全国文物普查和申报省级文物保护单位工作需要，宁波市文物考古研究所联合慈溪市博物馆对遗址进行了 3 个多月的试掘。共布设正南北向探方三个，编号 T1、T2 和 T3，面积分别为 3×5、9×8 和 5×3 平方米（图二），发掘出土了丰富的河姆渡文化遗迹、遗物和动植物遗存。现将出土的遗迹、遗物简报如下，动植物遗存将另行刊文介绍。

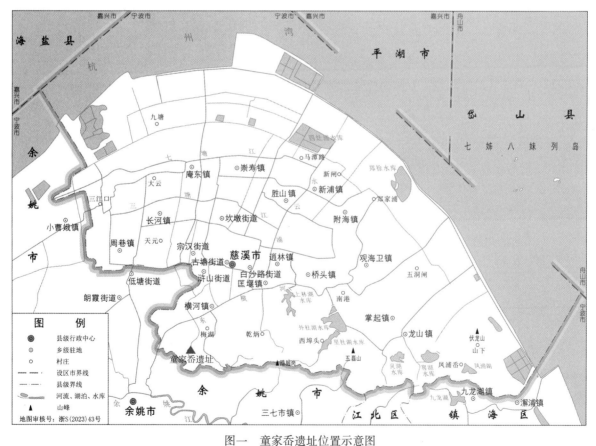

图一　童家岙遗址位置示意图

---

　　①　刘军：《河姆渡文化遗址调查概况》，浙江省文物考古研究所编《浙江省文物考古所学术交流专辑（1）》，1980 年。

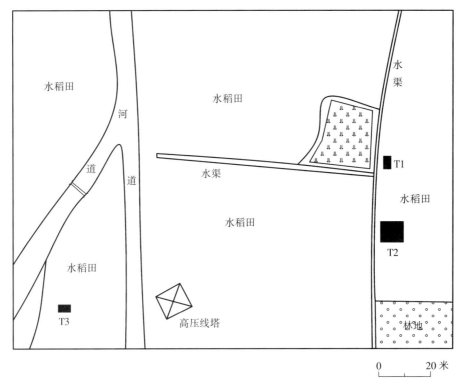

图二　童家岙遗址试掘探方分布图

一、地层堆积

T1 因靠近遗址中部的小山丘，地层堆积中含有较多的沙土，T2 和 T3 大致位于遗址西南部，两者的堆积层位与土质土色等基本相同。现以 T3 南壁为例介绍如下（图三）。

①层：现代农田耕作土，厚约 20 厘米。

②层：黄褐色黏土，土质较纯、较粘，为淤积层，厚约 60 厘米。

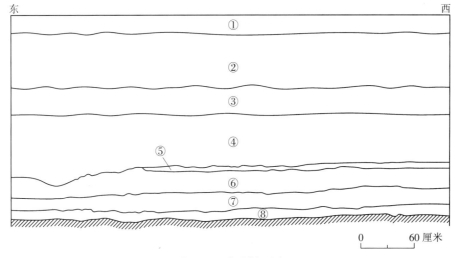

图三　T3 南壁剖面图

③层：黑色泥炭层，土质较疏松；距地面深约 110、厚约 30 厘米。

④层：黑褐色土，土质较致密；距地面深 163～188、厚 52～78 厘米；包含物有陶片、木器等，还有芦苇、树叶等植物茎秆。

⑤层：薄沙层，应是流水冲积层；厚约 6 厘米；包含物同上层。

⑥层：青灰色沙土层；距地面深 188～200、厚 15～30 厘米；包含物有陶片、木器、木桩等。

⑦层：褐色土，含沙，疏松；距地面深 210～218、厚 15～20 厘米；包含大量陶器碎片和少量动物骨骼等。

⑧层：青灰土，土质较疏松；距地面深 220～228、厚 8～12 厘米；包含物同上层相近。

⑧层下为青灰色淤泥质生土。

根据地层堆积、出土遗物等的比较分析，可以将童家岙试掘区的文化遗存划分为由早及晚连续发展的四个时期：T1④、⑤层，T2⑨层和 T3⑧层为第一期；T2⑧层和 T3⑥、⑦层为第二期；T1②A、②B、③层为第三期；T2⑥、⑦层和 T3④层为第四期。

下面分期介绍试掘成果。

二、第一期遗存

（一）遗迹

发现柱坑 1 个，编号为 Z3。

Z3　位于 T1④层下的中部偏北处，打破⑤层，坑口距地表 186 厘米。口部平面近圆形，直径约 100、深 64、底面直径 58 厘米。周壁呈斜坡状，底部平整，横置三块垫板，1 号垫板规格为 56×28×8 厘米，2 号 38×22×10 厘米，3 号 26×16×4 厘米（图四）。坑内填土为黄沙土与青泥混合物，夹杂木炭碎屑，较疏松，包含物有陶片、动物骨骼和石块。

（二）遗物

本期出土人工遗物数量较多，按质地可分为陶器、石器、骨器和木器等四类。

1. 陶器

均为夹炭陶和夹砂陶质碎片，未见泥质陶，共出土 2615 片，其中以夹炭陶为主，夹砂陶较少（附表 1）。均手制，普遍采用泥条盘筑法，陶胎质地松脆，厚薄不均，烧制火候不高，造型不甚规整。主要是釜类器的外表多

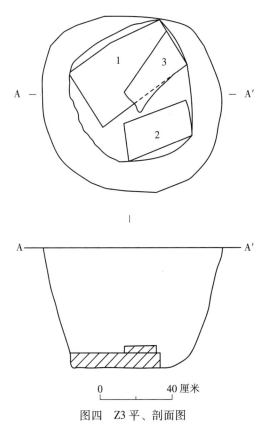

0　　　　40 厘米

图四　Z3 平、剖面图

用刻划、按压、拍印等手法装饰多种纹样；盘、盆、钵和豆等素面器的表面多经过泥浆抹光处理。器形多见圜底器和平底器，圈足器少见，不见三足器。器形以釜为大宗，还有罐、钵、盆、盘、豆、碗、杯、支脚和器座等。

釜 10件。均为口沿残片，不可复原。陶质多为夹炭陶，也有部分夹砂陶。器表颜色斑驳，常见一层烟熏痕迹。器物外部颈部和腹部之间常有一周突起的脊状堆纹，凸脊基部宽度在0.1~2.3厘米，常装饰弦纹、蚶刺纹和锯齿纹，腹部通常拍印绳纹（图五）。根据口部形态特征可分为敞口釜（A型）、敛口釜（B型）和直口釜（C型）三型。

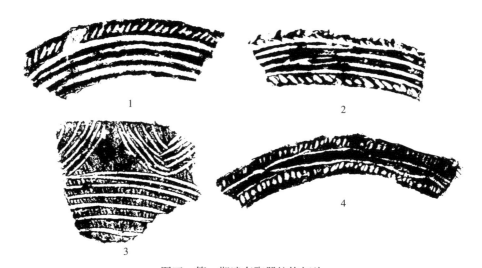

图五 第一期遗存陶器纹饰拓片
1、4. 蚶刺纹、弦纹（T1④-1、T2⑨-7） 2. 锯齿纹、弦纹、蚶刺纹（T2⑨-1） 3. 刻划纹、弦纹（T2⑨-6）

A型 敞口釜，5件。圆唇或方唇，折肩，鼓腹，窄脊。T2⑨：23，夹砂黑陶，弱脊唇面上压印连续的锯齿纹。口径26.4、残高15.4厘米（图六：1）。T2⑨：33，夹砂灰陶，弱脊唇面呈花边状，脊上压印连续的锯齿纹，腹部拍印整齐的竖绳纹。口径20、残高11.6厘米（图六：2）。T2⑨：11，夹砂灰陶，下腹部拍印细密的绳纹。口径18.4、脊宽0.2、残高14.4厘米（图六：3）。T2⑨：35，夹炭黑陶，口外侧安一舌状鋬。口径14.8、残高8.4厘米（图六：4）。T2⑨：36，夹炭灰陶，口下附加花边状弱脊，下腹饰斜绳纹。残高6.3厘米（图六：7）。

B型 敛口釜，3件。斜肩，鼓腹，窄脊。T3⑧：7，夹炭灰黑陶，沿面中部饰八圈弦纹，内外两侧各戳印连续的蚶刺纹，肩部内外两侧各戳印连续的蚶刺纹，中饰十五圈规整的弦纹。口径31.6、沿宽3.2、残高19.3厘米（图六：5）。T2⑨：40，夹炭黑陶，沿面饰四圈弦纹，外侧戳印一圈蚶刺纹，肩部饰四圈弦纹，脊上戳印隐约可见的蚶刺纹。口径18.8、沿宽3.3、残高15.1厘米（图六：9）。T2⑨：39，夹砂灰黑陶，沿面中间随意饰不连续的弦纹，内外侧各戳印连续的蚶刺纹，颈肩连接处和脊上分别戳印不连续的蚶刺纹，脊沿上压印不连续的锯齿纹，下腹部饰不规整的绳纹，局部抹光。口径28.6、沿宽3.4、残高20.4厘米（图六：10）。

C型 直口釜，1件。T1⑤：66，夹炭灰陶，圆唇，直腹。口外附加宽脊。腹部饰散乱的绳纹。口径22、残高11.8厘米（图六：6）。

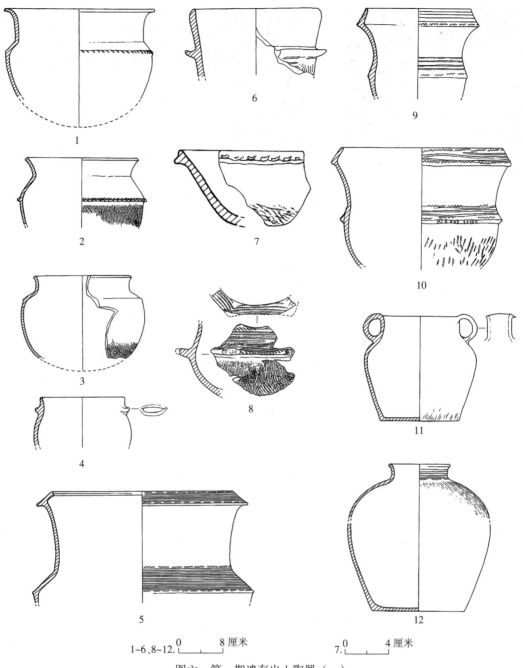

图六　第一期遗存出土陶器（一）

1~10. 釜（T2⑨：23、T2⑨：33、T2⑨：11、T2⑨：35、T3⑧：7、T1⑤：66、T2⑨：36、T3⑧：5、T2⑨：40、T2⑨：39）　11、12. 罐（T2⑨：54、T2⑨：59）

　　此外，还有一件陶釜标本 T3⑧：5，虽然口沿残缺，但是肩腹连接处附加多边形宽檐。肩部饰三圈印痕较深的弦纹，下部压印锯齿纹。宽檐各边分别饰三圈印痕较深的弦纹，腹部拍印绳纹。残高12.4厘米（图六：8）。

　　罐　2件，均可复原。夹炭灰黑陶，直口微侈，圆唇或方唇，弧肩，鼓腹。T2⑨：54，口外有对称的半环形耳，底部残留模糊的席状印痕。口径14.8、底径14、高18.4厘米（图六：11；图七）。T2⑨：59，颈部饰四圈不规整的弦纹，颈肩连接处戳印不连续的蚶刺纹。口径11、底径16.4、高24.2厘米（图六：12）。

图七 陶罐（T2⑨：54）

图八 陶钵（T2⑨：6）

钵 4件，均可复原。夹炭黑陶，敛口，圆唇或方唇，弧腹。T2⑨：80，口径19、底径12.6、高12.2厘米（图九：1）。T2⑨：79，器壁有两个钻孔。口径19.6、底径12.8、高9.1厘米（图九：2）。T2⑨：6，器形不规整，口外残存三个短舌状鋬。口径31、底径11、高8.8~10.3厘米（图九：3；图八）。T2⑨：76，曲腹，口外有弱鋬，鋬沿压印锯齿纹。口径29.2、底径14、高12厘米（图九：4）。

豆 1件。T2⑨：74，夹炭黑陶，浅盘，敛口内勾。豆把缺。口径22、残高3厘米（图九：5）。

碗 1件。T2⑨：71，夹炭灰黑陶，敞口，方唇，斜腹微弧。底缺。口径18.6、残高9.7厘米（图九：6）。

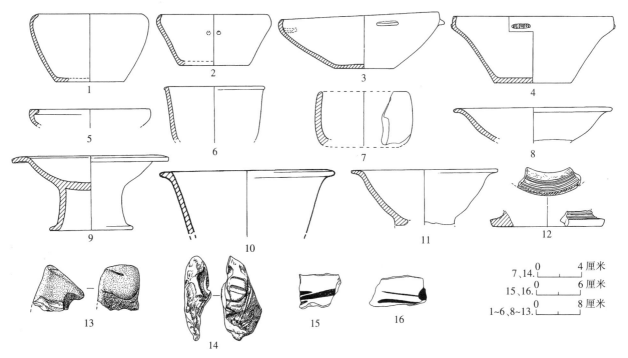

图九 第一期遗存出土陶器（二）

1~4. 钵（T2⑨：80、T2⑨：79、T2⑨：6、T2⑨：76） 5. 豆（T2⑨：74） 6. 碗（T2⑨：71） 7. 杯（T2⑨：90） 8、9. 盘（T2⑨：66、T2⑨：63） 10、11. 盆（T2⑨：65、T2⑨：64） 12. 器座（T1④：26） 13. 支脚（T2⑨：96） 14. 陶塑（T2⑨：97） 15、16. 彩陶片

杯　1件。T2⑨：90，夹炭灰黑陶，直口，鼓腹。底缺。口径8、残高4.8厘米（图九：7）。

盘　2件。夹炭黑陶，厚胎，敞口，平沿，圆唇或方唇，浅斜腹。T2⑨：66，底缺，口径29、残高6.1厘米（图九：8）。T2⑨：63，圈足盘，可复原。口径29、底径15.5、高13.4厘米（图九：9）。

盆　2件。夹炭黑陶，厚胎，敞口，窄平沿，圆唇或方唇，深腹，底缺。T2⑨：65，口径32.4、残高11.2厘米（图九：10）。T2⑨：64，底部残存圈足痕迹。口径26.8、残高10厘米（图九：11）。

器座　1件。T1④：26，夹炭灰陶，残存底座。表面饰四圈印痕较深的弦纹，外侧压印锯齿纹。底径21、残高3.4厘米（图九：12）。

支脚　数量较多，均为残片，其中以夹少量砂粒的红褐陶居多。T2⑨：96，夹砂灰褐陶，底部缺。厚6.6、残高8.2厘米（图九：13）。

陶塑　1件。T2⑨：97，夹炭灰黑陶，形象不明。长7.6、最宽3.5、最厚2.5厘米（图九：14）。

此外，T2⑨层中还出土了彩陶2片，夹砂灰黑陶，表面饰黑彩（图九：15、16）。

2. 石器

4件。器形有斧、锛和凿。

斧　2件。近长方形，表面磨光。T2⑨：17，刃部残，表面除刃部精磨以外，上部稍加磨制，残留打制疤痕。残长8.5、刃宽5.2、厚2.9厘米（图一〇：1）。T1④：1，刃部稍残，两侧面和顶面残留琢磨痕。残长8、刃宽4.4、厚2.6厘米（图一〇：2；图一一）。

锛　1件。T1⑤：3，完整。一侧面和刃部精磨，上部保留着琢制痕迹。长7.4、刃宽3、厚2.8厘米（图一〇：3）。

凿　1件。T2⑨：5，刃部稍残，保留着崩裂后的残迹。单面与两侧边磨制光滑，另一面修琢成弧形。长7.8、刃宽2、厚2.7厘米（图一〇：4）。

3. 骨器

8件。器形有耜、镞、凿、匕、牙锥和牙钏。

耜　2件。T1⑤：2，稍残。体形厚重，肩臼顶和周缘削平加工较好，臼下两侧向里直削较甚，与肩臼部位呈"T"字形相接，有明显的斜肩。骨椎缘两侧凿有横銎，正面浅凹槽两侧各钻有一个圆形孔。前部磨损成双齿刃。长19.3、齿距5.8厘米（图一〇：5；图一二）。T1⑤：1，残。骨质轻薄，呈"人"字形。肩臼顶部未削平，保持原来的弧凹面。脊椎缘两侧无横銎，中部浅槽两侧有圆形孔，一孔残，二孔位置偏上端较窄处。残长19.4、刃宽5.6厘米（图一〇：6）。

镞　2件。T2⑨：10，扁平柳叶形，锋与铤的界限不明显。铤部残留有精磨痕迹。残长10.8厘米（图一〇：7）。T1④：2，锋尖稍残。锋与铤界限明显，锋部形体呈等腰弧边三角形，铤部较长，表面有两道横向凹槽。通体磨光。残长6.6、锋厚0.8厘米（图一〇：8）。

凿　1件。T3⑧：1，以动物的肢骨为原料制成，仅在一端磨成略细圆的锥尖即成。长12.4、刃宽0.5厘米（图一〇：9）。

匕　1件。T2⑨：2，整体弧曲，前端呈圆舌形，后端平刹。表面留有细小的磨制痕迹，后端有两道刻划纹。长25.4、刃宽0.8、厚0.8厘米（图一〇：10）。

牙锥　1件。T1⑤：5，一端磨成尖角状。残长7.4、刃宽0.6厘米（图一〇：11）。

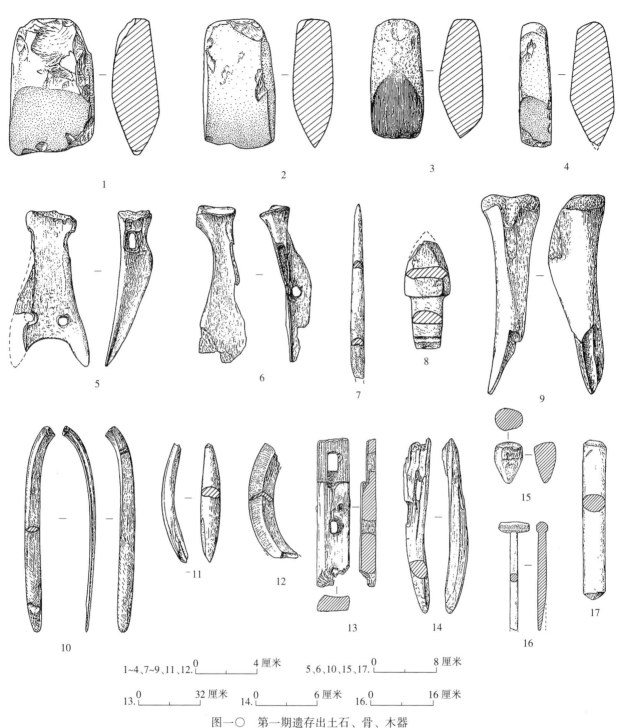

图一〇　第一期遗存出土石、骨、木器

1、2. 石斧（T2⑨：17、T1④：1）　3. 石锛（T1⑤：3）　4. 石凿（T2⑨：5）　5、6. 骨耜（T1⑤：2、T1⑤：1）
7、8. 骨镞（T2⑨：10、T1④：2）　9. 骨凿（T3⑧：1）　10. 骨匕（T2⑨：2）　11. 牙锥（T1⑤：5）　12. 牙钏（T2⑨：13）
13. 卯孔板（T2⑨：1）　14. 梭形器（T2⑨：12）　15. 陀螺（T2⑨：3）　16. 器柄（T2⑨：8）　17. 木棍（T2⑨：7）

牙钏　1件。T2⑨：13，表面光滑，两端残。残长7.1、宽1.6厘米（图一〇：12）。

4. 木器

5件。分别为卯孔板、梭形器、陀螺、器柄和棍。

　　卵孔板　1 件。T2⑨：1，木板顶端保存完好，底端残。长方形，表面有两个长方形卯孔。残长 73、宽 16.8、厚 4~8.5 厘米。上侧卯孔规格为 8.8×5 厘米，下侧为 5.9×3.2 厘米（图一〇：13；图一三）。

图一一　石斧（T1④：1）

图一二　骨耜（T1⑤：2）

图一三　木卯孔板（T2⑨：1）

　　梭形器　1 件。T2⑨：12，微弯曲，断面近椭圆形，表面有一个长方形孔。长 16.3、刃宽 1 厘米（图一〇：14）。

　　陀螺　1 件。T2⑨：3，上半段呈柱形，下半段呈锥形，器形不甚规整，表面一半发黑，似经火烤。高 5.1、宽 3.5、厚 2.6 厘米（图一〇：15）。

　　器柄　1 件。T2⑨：8，"T"字形，直杆残，横断面呈圆形，制作规整。直径 2、残长 26.9 厘米（图一〇：16）。

　　棍　1 件。T2⑨：7，上端较平，下端削尖，断面呈椭圆形，表面光滑平整。长 19.5、直径 2.9 厘米（图一〇：17）。

三、第二期遗存

　　未发现遗迹，出土遗物依然以陶器为主，有少量石器、骨器和木器等。

1. 陶器

　　均为夹炭陶和夹砂陶，未见泥质陶，共出土 1782 片（件），其中仍以夹炭陶为主，夹砂陶少量

（附表 1）。但与第一期遗存相比，本期夹砂陶数量明显增多。陶器制法没有变化，器型和器形变化不显著，基本保留了第一期的风格。器形多见圜底器和平底器，圈足器少见，不见三足器。器形以釜为大宗，还有罐、盆、盘、钵、豆、碗、杯、支脚、器座、器盖等。

釜　7 件。均为口沿残片。陶质夹砂和夹炭。器表颜色斑驳，常见局部烟熏痕迹。凸脊基部宽度在 0.1~1.2 厘米，常加饰弦纹、蚶刺纹和锯齿纹，底部通常拍印绳纹。根据口沿形态特征可分为敞口釜（A 型）、敛口釜（B 型）和直口釜（C 型）三型。

A 型　敞口釜，4 件。圆唇或平唇，弧肩，鼓腹，窄脊。T2⑧：7，夹砂灰陶，厚胎，无肩。颈部饰六圈印痕较深、不甚规整的粗弦纹，脊上压印连续的粗锯齿纹。口径 33、残高 19.4 厘米（图一四：1）。T2⑧：10，夹炭黑陶，颈部和肩腹连接处均附加弱脊，颈肩连接处残留两条竖向鸡冠状泥条。口径 16.6、残高 9.8 厘米（图一四：2）。T2⑧：8，夹砂灰陶，下腹部隐约可见绳纹。口径 21、残高 11.2 厘米（图一四：3）。T3⑥：11，夹砂灰陶，肩部中间饰斜线纹，两侧分别戳印连续的蚶刺纹。口径 18.4、残高 8.3 厘米（图一四：4）。

B 型　敛口釜，2 件。夹炭灰陶，弧颈，折肩，鼓腹，窄脊。T3⑦：16，翻唇。沿面压印两圈连续的锯齿纹，肩部饰四道竖弦纹和五道横弦纹组合，不甚规整。颈部有钻孔。口径 30、沿宽 3.6、残高 15 厘米（图一四：5）。T3⑦：15，沿面中部饰六圈弦纹，内外两侧戳印连续的蚶刺纹。颈肩连接处戳印连续的蚶刺纹，肩部饰七圈弦纹。脊上戳印连续的蚶刺纹，腹部拍印绳纹。口径 25.6、沿宽 2.7、残高 17.2 厘米（图一四：6；图一五）。

C 型　直口釜，1 件。T3⑦：14，夹炭灰陶，口微敛，鼓腹。口部中间附加弱脊，脊上戳印间断的蚶刺纹。口径 16、残高 9.2 厘米（图一四：7）。

豆　1 件。T3⑦：30，夹炭灰陶，敞口，圆唇，浅盘。豆把缺。口径 27.8、残高 6.7 厘米（图一四：8）。

盘　3 件。敞口。T3⑦：22，夹炭灰陶，方唇，弧腹。口径 11、底径 5、高 3.8 厘米（图一四：9）。T3⑥：3，夹炭黑陶，厚胎，宽沿，圆唇，浅斜腹，平底。口径 34.4、高 8.1 厘米（图一四：10）。T3⑦：7，夹炭黑陶，厚胎，圆唇，浅斜腹，底部残存圈足痕。口径 31.6、残高 8.4 厘米（图一四：11）。

盆　2 件。夹炭黑陶，敞口，方唇，斜腹或弧腹。T3⑥：1，可复原。口径 19.6、底径 10、高 5.8 厘米（图一四：12）。T3⑦：28，底部缺。口径 24.2、残高 8.7 厘米（图一四：13）。

罐　1 件。T3⑦：2，夹炭灰陶。小口微侈，圆唇，鼓腹，口径小于腹径。可复原。口径 10.4、底径 11.2、高 10.6 厘米（图一四：14）。

钵　3 件。敛口。T3⑥：2，夹炭黑陶，口外残存两个小鸡冠状錾，弧腹。口径 26.4、底径 11、高 9.6 厘米（图一四：15）。T2⑧：31，夹炭灰陶，尖圆唇，鼓腹。口径 10、底径 7.6、高 4.9 厘米（图一四：16）。T3⑦：32，夹炭黑陶，弧腹，器壁有一钻孔，底缺。口径 26.2、残高 8.8 厘米（图一四：17）。

碗　1 件。T3⑦：24，夹炭灰陶，直口微敛，方唇，弧腹。底缺。口径 19.4、残高 9.7 厘米（图一四：18）。

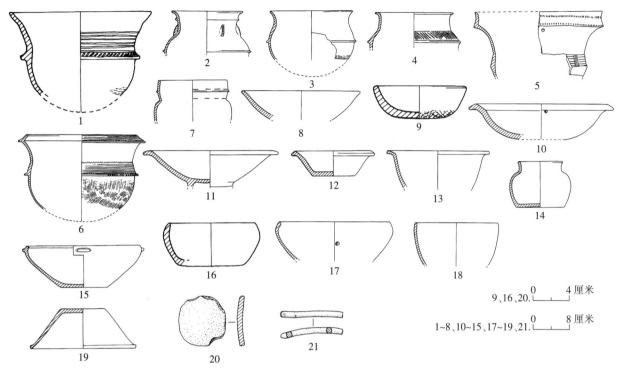

图一四　第二期遗存出土陶器

1~7. 釜（T2⑧：7、T2⑧：10、T2⑧：8、T3⑥：11、T3⑦：16、T3⑦：15、T3⑦：14）　8. 豆（T3⑦：30）　9~11. 盘（T3⑦：22、T3⑥：3、T3⑦：7）　12、13. 盆（T3⑥：1、T3⑦：28）　14. 罐（T3⑦：2）　15~17. 钵（T3⑥：2、T2⑧：31、T3⑦：32）　18. 碗（T3⑦：24）　19. 器盖（T3⑦：25）　20. 饼（T2⑧：34）　21. 棒（T2⑧：6）

器盖　1件。T3⑦：25，夹炭灰陶，覆盆形。顶面平，盖沿微外撇，深腹。口径 24.6、高 9.1 厘米（图一四：19）。

饼　1件。T2⑧：34，夹砂灰陶，圆形。表面露出砂胎。直径 5.7、厚 0.7 厘米（图一四：20）。

棒　1件。T2⑧：6，泥质灰陶，表面光滑。圆柱形，稍弯曲。直径 1.4、长 14.7 厘米（图一四：21）。

2. 石器

3件。有斧和砺石。

斧　2件。平面呈梯形，形体扁薄。T3⑦：1，表面和刃部精磨，两侧面和顶端保留打制疤痕。长 5.9、刃宽 5、厚 1.6 厘米（图一六：1）。T2⑧：3，刃部稍残，表面和两侧面经过精磨，局部保留着琢制痕迹。长 8、刃宽 6.7、厚 2 厘米（图一六：2）。

砺石　1件。T2⑧：1，残。中间薄，两侧厚，正反两面均有斜向磨损凹槽。残长 8.4、宽 6.8、厚 2.2 厘米（图一六：3）。

3. 骨器

3件。有耜和凿。

耜　1件。T2⑧：5，骨质轻薄，双齿形，无明显的肩部，肩臼顶部未削平，保持原来的弧凹面，表面钻孔残，脊椎缘两侧无横銎。残长 19.7、刃宽 8.2 厘米（图一六：4）。

凿　2件。T3⑦：5，系用动物肢骨制成，仅在一端磨成略细圆的锥尖。残长 7.9、刃宽 0.2 厘米

（图一六：5）。T3⑥：5，顶端残。刃部稍加磨制而成。残长8、刃宽0.6厘米（图一六：6）。

4. 木器

2件。有器柄和饼。

器柄　1件。T2⑧：2，仅存顶端，扁椭圆形，表面光滑。残长6、宽4.8、厚3.2厘米（图一六：7）。

饼　1件。T3⑦：4，扁平圆形，中心微内凹。直径5.4、厚1.8厘米（图一六：8）。

图一五　陶敛口釜（T3⑦：15）

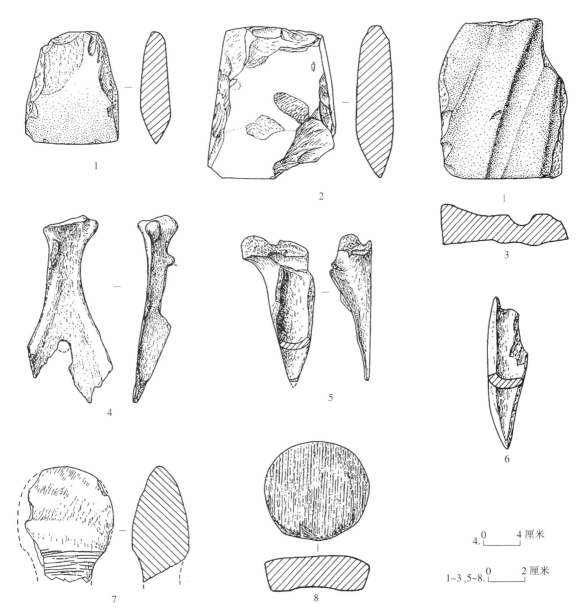

图一六　第二期遗存出土石、骨、木器

1、2. 石斧（T3⑦：1、T2⑧：3）　3. 砺石（T2⑧：1）　4. 骨锄（T2⑧：5）　5、6. 骨凿（T3⑦：5、T3⑥：5）

7. 木柄（T2⑧：2）　8. 木饼（T3⑦：4）

四 、第 三 期 遗 存

（一）遗迹

发现柱坑 2 个，分别编号为 Z1 和 Z2。

Z1　位于 T1③层下的中部偏东处，打破④、⑤层，坑口距地表 130 厘米。口部平面近椭圆形，长径 85、短径 62、深 80 厘米，底面长径 60、短径 43 厘米。周壁呈斜坡状，中间竖置一根近长方体木柱，规格为 44×26×100 厘米，木柱西侧中央直插一小木榫，高 58 厘米（图一七）。坑内填土系为黄砂土与青泥混合物。包含物有少量陶片、动物骨骼、卵石和条石块。

Z2　位于 T1③下的中部偏西处，局部被东壁叠压，打破④、⑤层，坑口距地表 134 厘米。口部平面近椭圆形，长径 120、短径 96、深 79 厘米，底面长径 80、短径 60 厘米。周壁呈斜坡状，底部不甚平整，横置一块近长方形垫板，规格为 40×22×6 厘米（图一八）。坑内填土系为黄砂土与青泥混合物。包含物有少量陶片、动物骨骼和木屑。

（二）遗物

本期出土遗物数量相对较少，种类也较为单一，仅有陶器和石器。

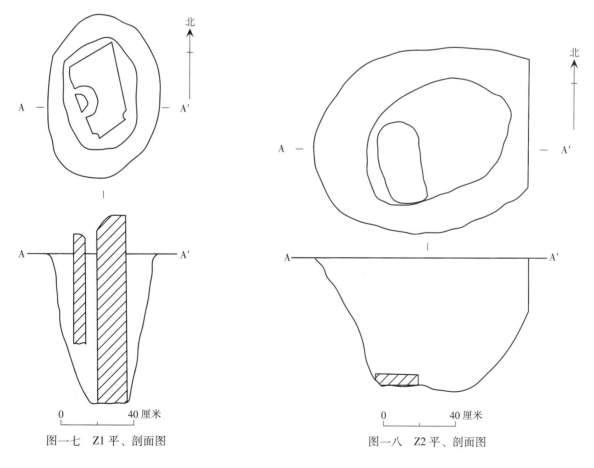

北

A — A'

0　　40 厘米

图一七　Z1 平、剖面图

北

A — A'

0　　40 厘米

图一八　Z2 平、剖面图

1. 陶器

夹炭陶和夹砂陶几乎各占一半，还有极少量泥质陶，共出土 1077 片（件），其中夹炭陶 538 片，夹砂陶 530 片，泥质红陶 9 片（附表 1）。与前两期遗存相比，第三期的夹炭黑陶和夹砂灰陶数量均有所下降，红陶增加较多，并新出现了泥质陶。陶器器形中圜底器和平底器数量较多，圈足器极少，未见三足器。器形仍以釜居多，还有罐、盆、钵、豆、支脚和器盖。

釜　4 件。均为口沿残片。陶质以夹砂灰褐陶为主，红褐陶和夹炭陶数量较少。脊部宽度在 0.2～2.5 厘米。基本不加装饰，少量加饰弦纹、蚌刺纹和锯齿纹。部分器表有一些烟熏痕迹。根据口沿形态特征可分为敞口釜（A 型）、敛口釜（B 型）和直口釜（C 型）三型。

A 型　敞口釜，2 件。圆唇，弧肩，弱脊。T1②B：6，夹砂红褐陶，沿下附加弱脊。表面沾满泥锈。口径 22、脊宽 0.2、残高 8.6 厘米（图一九：1）。T1③：6，夹砂灰陶，弱脊隐约可见。沿外附加花边状錾，脊沿压印锯齿纹，腹部下侧饰较粗且散乱的绳纹。残高 8 厘米（图一九：2）。

B 型　敛口釜，1 件。T1②B：11，夹砂红褐陶，翻唇。沿面饰弦纹并压印锯齿纹。表面沾满泥锈。口径 18、沿宽 2.8、残高 5.5 厘米（图一九：3）。

C 型　直口釜，1 件。T1②B：9，夹砂灰陶，斜颈，平唇，折肩。口颈连接处附加弱脊。口径 19、沿宽 2.8、脊宽 0.2、残高 10.8 厘米（图一九：4）。

支脚　1 件。T1②B：1，夹砂红褐陶，胎极厚。圆角方形，中空。上壁缺。底宽 11.2、残高 11.2 厘米（图一九：5）。

器盖　1 件。T1②B：2，夹砂灰陶，腹部极浅。器钮断面呈三角形。盖径 10、高 3.9 厘米（图一九：6）。

2. 石器

3 件。有斧、锛和凿。

锛　1 件。T1③：2，刃部稍残。近长方形，狭长，较厚。表面和两侧边均磨光。长 12.5、刃宽 3、厚 2.9 厘米（图一九：7）。

斧　1 件。T1③：1，保存完好。扁薄梯形，通体磨光。长 7、刃宽 7、厚 1.5 厘米（图一九：8）。

凿　1 件。T1③：3，顶端窄，尖端宽，厚度大于宽度。通体磨光，局部保留琢磨痕迹。长 8.1、刃宽 0.8、厚 2.5 厘米（图一九：9）。

五、第四期遗存

（一）遗迹

发现柱坑 4 个和道路 1 条，分别编号为 Z4、Z5、Z6、Z7 和 L1。

Z4　位于 T2⑦层下的东北部，打破⑧、⑨层，坑口距地表 190 厘米。口部平面呈椭圆形，长径 83、短径 50、深 170 厘米，底面呈圆形，直径 56 厘米。周壁呈斜坡状，中部竖置一木柱，底部垫有一块柱础石。木柱三面经加工较平直，一面未加工而呈弧形，规格 19×16×88 厘米。顶部已被火烧成木

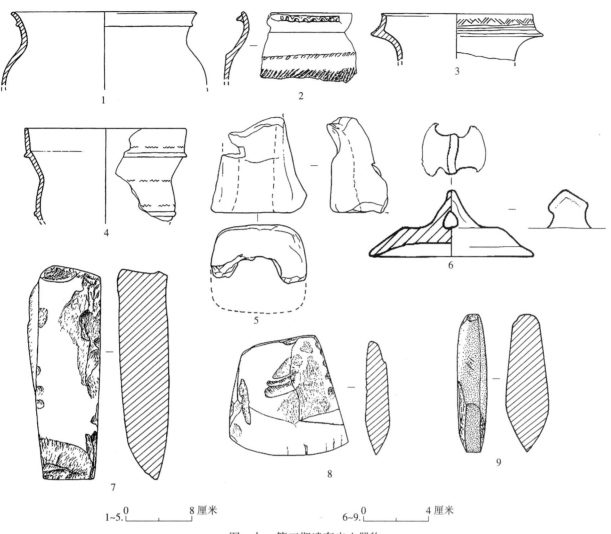

图一九　第三期遗存出土器物

1~4. 陶釜（T1②B：6、T1③：6、T1②B：11、T1②B：9）　5. 陶支脚（T1②B：1）　6. 器盖（T1②B：2）

7. 石锛（T1③：2）　8. 石斧（T1③：1）　9. 石凿（T1③：3）

炭状，中部下凹（图二〇）。坑内填土上层为黄砂土，下层为黄砂土与青淤泥混合填充。包含物有少量陶片，可辨认出釜、罐和盘等器形。

Z5、Z6、Z7 均位于 T2⑦层下的西南部，打破⑧、⑨层，口部平面均近圆形，坑内填土都为黄砂土与青淤土混合物，都没有发现包含物。

L1　位于 T2⑤层下，叠压在⑥、⑦层上，从 T2 中部斜穿而过，西北—东南走向，呈西北高、东南低的倾斜状，经清理的路面长度约 10.5 米，未全面揭露，仅在西北端进行局部解剖（图二一，图二二），其路基堆积可分为三层：

①层：青灰色土，土质较硬；深度 150~186、厚度 30~60 厘米；包含有大量的陶片、粗砂粒、红烧土块和少量小块河卵石块。

②层：黑褐色土，土质坚硬；深度 170~176、厚度 20~26 厘米；包含有陶片和红烧土块；该层从西北向东南方向逐渐变薄终至消失。

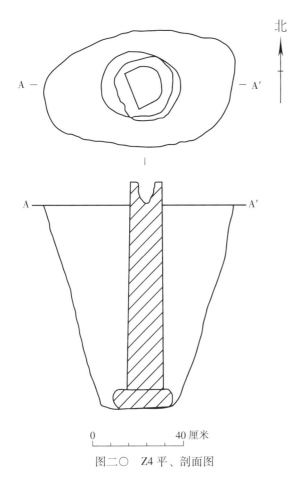

图二〇　Z4 平、剖面图

③层：杂色土，土质较硬；深度 180～190、厚度 10～14 厘米；包含有大量的陶片、粗砂粒、红烧土块。

观察 L1 西北端解剖面，L1 结构如下：

L1③、②、①层应该分别是基础层、垫土层和路面踩踏层。先筑 L1③路基，再在其上垫土形成 L1②，L1①则是在此基础上加宽、加固而成的路面。

L1①路面西北端宽 290 厘米，向东南收窄至 190 厘米。两侧以木桩夹横木为护路边墙（图二三）。边墙横木断面近圆形，直径 12～22 厘米。边墙外侧木桩紧贴横木垂直竖立，内侧木桩直立或向内斜立，上端斜靠在横木上。边墙木桩断面为圆形或近似长方形，直径或长度多为 8～10 厘米，个别粗达 12 厘米，间距不等。另外，为加强固基护土的效果，在 L1 内侧个别斜桩稀疏处密竖粗芦秆，西北端内侧木桩上竖直加贴编织的苇席，已清理的苇席长 240、宽 54～58 厘米，并向探方外延伸。

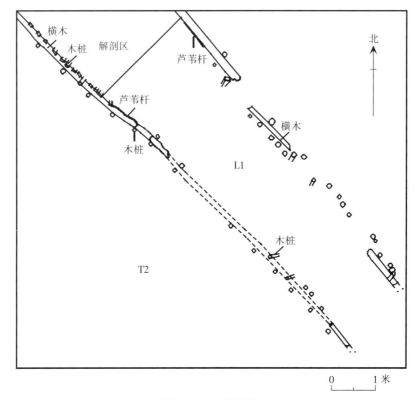

图二一　L1 平面图

图二二　T2③层下 L1（东→西）

图二三　L1 两侧的护路边墙（南→北）

L1 因未逐层全面揭露，出土的陶器不多，亦没有明显年代差别，均可归入第四期。现将出土的 14 件小件分别介绍如下。

釜　5 件。均为口沿残片。根据口沿形态特征可分为敞口釜（A 型）和敛口釜（B 型）两型。

A 型　敞口釜，3 件。折沿，圆唇或方唇，束颈，沿外侧素面，颈部以下拍印绳纹。L1②：5，夹炭灰陶，口径 21.2、残高 5.7 厘米（图二四：1）。L1③：2，夹砂红陶，肩部饰粗乱的绳纹。残高 5.7 厘米（图二四：2）。L1①：3，夹砂红褐陶，多角形口缘，残高 5 厘米（图二四：3）。

B 型　敛口釜，2 件。L1③：6，夹炭灰陶，沿面饰五圈不甚规整的弦纹，外侧压印连续的锯齿纹，残高 4.9 厘米（图二四：4）。L1①：1，夹砂灰褐陶，脊沿压印连续的锯齿纹。口径 22、脊宽 1.2、残高 6.4 厘米（图二四：5）。

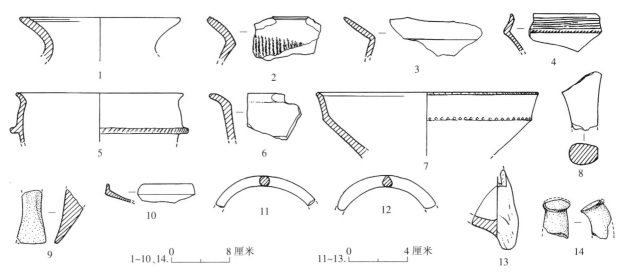

图二四　L1 出土陶器

1~5. 釜（L1②：5、L1③：2、L1①：3、L1③：6、L1①：1）　6、7. 盆（L1②：8、L1③：1）　8、9. 鼎（L1②：1、L1③：3）
10. 豆（L1③：7）　11、12 环（L1①：5、L1①：6）　13. 袋足（L1②：2）　14. 支脚（L1②：3）

盆　2件。L1②：8，夹砂灰褐陶，斜折沿，圆唇，斜腹。残高 6 厘米（图二四：6）。L1③：1，夹砂黑陶，口微侈，方唇，折腹。底缺。口腹连接处压印锯齿纹。底缺。口径 29、残高 8.1 厘米（图二四：7）。

鼎　2件。L1②：1，夹砂灰褐陶，扁柱状足。残高 7.6 厘米（图二四：8）。L1③：3，夹砂红陶，凿形足。尖宽 4、残高 6.9 厘米（图二四：9）。

豆　1件。L1③：7，泥质灰陶，敛口，尖唇，浅盘。豆把缺。残高 2.4 厘米（图二四：10）。

环　2件。泥质灰陶，残。L1①：5，直径 0.6 厘米（图二四：11）。L1①：6，断面一端成三角形，一端呈弧形。宽 0.8、厚 0.6 厘米（图二四：12）。

袋足　1件。L1②：2，夹砂灰褐陶，断面呈圆形，足根圆柱形。残高 5.1 厘米（图二四：13）。

支脚　1件。L1②：3，夹砂灰褐陶。支物面呈倾斜椭圆形平面。底部缺。残高 5 厘米（图二四：14）。

（二）遗物

本期遗物数量众多，种类丰富，以陶片居多，也有少量石器、骨器和木器。

1. 陶器

夹砂陶占多数，其次是夹炭陶，少量是泥质陶，共出土 3175 片（件），其中夹炭陶 845 片，夹砂陶 1850 片，泥质陶 480 片（附表1）。与第三期遗存相比，本期泥质陶的数量明显增多，陶器制法也有显著变化，虽然仍以手制为主，但是除流行泥条盘筑法外，已有相当一部分器物的口沿采用慢轮修整，还有些器物可能使用轮制技术。陶胎质地较坚硬，厚薄均匀，烧制火候较高。器物造型规整。纹饰简化趋势明显，以往常见的弦纹、锯齿纹和蚶刺纹大大减少，新出现了方格纹和三角纹。器形中原有的圜底器和平底器数量减少，圈足器和三足器的数量增多。器形有釜、鼎、罐、盆、盘、钵、豆、碗、杯、支脚、器座和器盖，鼎是新出现的一种炊器。

釜　10 件。均为口沿残片。陶质以夹砂灰褐陶为主，夹砂红褐陶和夹炭陶数量较少。脊部宽度在 0.2~1 厘米，基本无装饰。根据口沿形态特征可分为敞口釜（A 型）、敛口釜（B 型）、直口釜（C 型）和盘口釜（D 型）四型。

A 型　敞口釜，5 件。折沿，圆唇或方唇，束颈，沿外侧素面，颈部以下常拍印绳纹，表面陶衣多脱落。T2⑦：28，夹砂红褐陶，绳纹较粗。口径 27.8、残高 9.2 厘米（图二五：1）。T2⑦：31，夹砂灰褐陶，沿面饰四圈规整的弦纹。口径 28、残高 4.8 厘米（图二五：2）。T2⑦：50，夹炭红褐陶，灰胎，沿面内凹。口径 23、残高 5.7 厘米（图二五：3）。T3④：7，夹砂灰褐陶，侈沿，器表饰稀疏的绳纹。口径 19.2、残高 8.2 厘米（图二五：4）。T2⑦：33，夹砂灰褐陶，齿状花边口，表面露出砂胎。残高 7 厘米（图二五：5）。

B 型　敛口釜，2 件。夹砂灰褐陶，弧颈，斜肩，鼓腹，弱脊。T2⑦：39，沿面饰五圈随意刻划的细线纹，颈部下侧饰散乱的细线纹。口径 22、沿宽 3.7、残高 13 厘米（图二五：6）。T3④：15，口颈连接处附加弱脊，脊沿压印连续的锯齿纹，口外戳印不连续的蚶刺纹。口径 24、残高 7.7 厘米（图二五：7）。

C 型　直口釜，1 件。T3④：14，夹砂灰褐陶，方唇，矮颈，口颈和肩腹连接处均附加弱脊，斜肩。口部下侧和肩部上下侧各戳印不连续的蚶刺纹，腹部饰交错绳纹。口径 26.4、沿宽 4、脊宽 0.3、残高 14.2 厘米（图二五：8）。

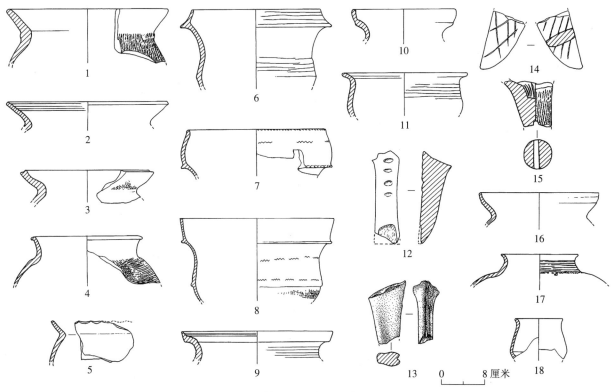

图二五　第四期遗存出土陶器（一）

1~10. 釜（T2⑦：28、T2⑦：31、T2⑦：50、T3④：7、T2⑦：33、T2⑦：39、T3④：15、T3④：14、T2⑦：42、T3④：17）
11. 鼎（T2⑦：49）　　12~15. 鼎足（T2⑦：53、T2⑦：57、T2⑦：58、T2⑦：51）　　16~18. 罐（T2⑦：71、T3④：18、T2⑦：68）

D 型　盘口釜，2件。夹炭灰褐陶，圆唇或方唇，束颈。T2⑦：42，厚胎，颈部饰四圈附加堆纹。口径26、残高5厘米（图二五：9）。T3④：17，口径18、残高5.4厘米（图二五：10）。

鼎　5件。口沿1件。T2⑦：49，夹炭红褐陶，黑胎。卷沿，圆唇，腹微鼓。沿面与腹部均饰较粗的弦纹，表面陶衣脱落。底缺。口径21.8、残高7.5厘米（图二五：11）。鼎足4件。夹砂陶。T2⑦：53，灰褐色，凿形足，足尖残，表面有四道横向凹槽。宽4.2、残高15.6厘米（图二五：12）。T2⑦：57，灰褐色，扁柱形足，残缺足尖，内侧有斜向凹槽。宽6.4、残高10.7厘米（图二五：13）。T2⑦：58，灰褐色，整体呈鱼鳍形，外表两面分别刻划斜线纹和交叉线纹。宽5、残高9.8厘米（图二五：14）。T2⑦：51，红褐色，圆柱形足，残缺足尖，与鼎身连接处有数道竖向刻槽，外表刻划竖线纹。直径4.8、残高7.8厘米（图二五：15）。

罐　3件。T2⑦：71，泥质红陶，口微敛，尖圆唇，束颈。腹部不存。口径21、残高5.4厘米（图二五：16）。T3④：18，夹炭灰陶，卷沿，尖圆唇，弧肩，口径远小于腹径。颈部饰四圈不规整的弦纹，颈肩连接处压印连续的锯齿纹。肩部挖一未穿透的小孔。腹部不存。口径13.4、残高5.2厘米（图二五：17）。T2⑦：68，泥质黑陶，侈沿极窄，尖圆唇，折腹。底缺。口径8.4、腹径10、残高6.8厘米（图二五：18）。

小罐　2件。T2⑦：104，泥质灰陶，侈口，圆唇，鼓腹，素面。口径7.2、残高4.4厘米（图二六：1）。T2⑦：105，夹砂灰褐陶，直口，方唇，鼓腹，表面饰绳纹。口径6.2、高6厘米（图二六：2）。

豆　10件。豆盘6件。泥质陶，圆唇，陶衣多脱落。T2⑦：73，黑陶，敛口，口径29、残高3.9厘米（图二六：3）。T2⑦：75，黑陶，敞口，折腹上下侧各饰两圈弦纹。口径23.2、残高4.6厘米（图二六：4）。T2⑦：80，红陶，口径15、残高5.8厘米（图二六：5）。T2⑦：100，夹炭红褐陶，黑胎。直口，折盘。口径20、残高3.6厘米（图二六：6）。豆把4件，泥质陶，中空。T2⑦：97，灰陶，表面刻划细线组成的图案。残高6.6厘米（图二六：7）。T2⑦：84，灰陶，表面刻划两组圆形和三角形镂孔，分别以两圈弦纹分界。残高6.3厘米（图二六：8）。T2⑦：98，红陶，黑胎。表面有凸棱。残高8.5厘米（图二六：9）。

钵　2件。夹炭陶，敛口，圆唇或方唇，弧腹。底缺。T3④：22，红褐陶，腹部安半环形耳。残高10.1厘米（图二六：10）。T3④：24，黑陶，口径26.8、残高4.2厘米（图二六：11）。

盆　2件。夹炭陶，厚胎，敞口，圆唇，深腹，素面，器表粗涩。底缺。T3④：40，灰褐陶，斜沿，外壁有数圈模糊的弦纹。口径22、残高5厘米（图二六：12）。T2⑦：62，黑陶，卷平沿。口径23.6、残高5.7厘米（图二六：13）。

盘　1件。T2⑦：63，夹炭黑陶，厚胎，宽沿微卷，方唇，浅斜腹。底缺。口径24.6、残高4.8厘米（图二六：14）。

器盖　1件。T2⑦：65，夹砂灰褐陶，浅盘形。盖顶缺。盖径17、残高2.8厘米（图二六：15）。

支脚　数量较多，均为残片，其中以夹少量砂粒的褐陶居多。T3④：4，夹砂灰褐陶，支物面呈倾斜椭圆形平面，底部有圆孔横穿器身。表面拍印绳纹。厚4.6、残高9.2厘米（图二六：16；图二七）。

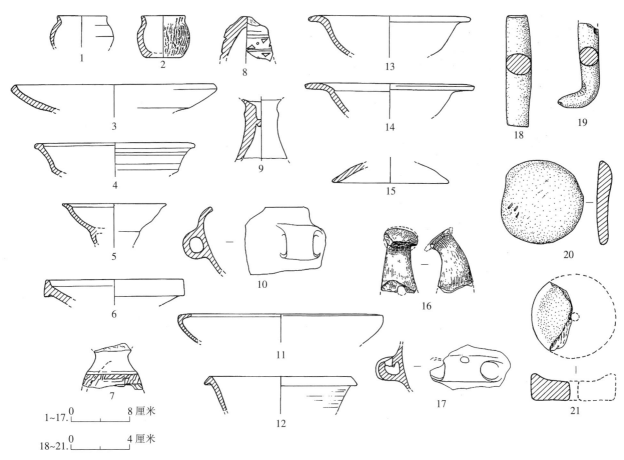

图二六　第四期遗存出土陶器（二）

1、2. 小罐（T2⑦：104、T2⑦：105）　3～6. 豆（T2⑦：73、T2⑦：75、T2⑦：80、T2⑦：100）　7～9. 豆把（T2⑦：97、T2⑦：84、T2⑦：98）　10、11. 钵（T3④：22、T3④：24）　12、13. 盆（T3④：40、T2⑦：62）　14. 盘（T2⑦：63）　15. 器盖（T2⑦：65）　16. 支脚（T3④：4）　17. 器耳（T2⑦：85）　18. 棒（T2⑦：23）　19. 钩（T2⑥：4）　20. 饼（T2⑦：107）　21. 纺轮（T2⑦：26）

器耳　1 件。T2⑦：85，泥质红陶，牛鼻形耳，上有一个穿孔。耳宽 4.2～7.4、残高 6.4 厘米（图二六：17）。

棒　1 件。T2⑦：23，泥质灰陶，圆柱形。表面光滑。长 8、宽 1.8、厚 1.5 厘米（图二六：18）。

钩　1 件。T2⑥：4，泥质灰陶，应为构件。直径 1.4、残长 6 厘米（图二六：19）。

饼　1 件。T2⑦：107，夹砂灰褐陶，圆形。直径 6、厚 1 厘米（图二六：20）。

纺轮　1 件。T2⑦：26，夹砂灰褐陶，圆形，一面内凹，中间有一个小孔。厚 1.4～2 厘米（图二六：21）。

2. 石器

7 件。有斧、锛、凿、刀和研磨器。

锛　2 件。近长方形。T2⑦：2，通体磨光，局部修琢，留有明显的琢制痕迹。残长 9.3、刃宽 3.7、厚 3.1 厘米（图二八：1）。T2⑦：3，刃部稍残。通体磨光，刃部残留使用后的弧形疤痕。残长 7.3、刃宽 3.4、厚 2.5 厘米（图二八：2）。

斧　2 件。近长方形。T2⑥：6，圆弧刃较宽，刃部稍残。通体磨制。长 18.8、刃宽 9、厚 3.8 厘

图二七 陶支脚（T3④：4）

米（图二八：3）。T3④：5，刃部残。表面磨制，局部有打制痕迹，两侧面有琢制痕迹。残长8.8、刃宽5.9、厚2.1厘米（图二八：4）。

刀 1件。T2⑦：21，残存局部，刃部残。通体磨光。残长4.2、宽5.4、厚0.9厘米（图二八：5）。

凿 1件。T2⑥：5，厚度大于宽度，刃部残。通体磨光。长7、刃宽2.4、厚3厘米（图二八：6；图二九）。

研磨器 1件。T2⑦：7，椭圆形，表面光滑。长径9.7、短径8.5、厚5.2厘米（图二八：7）。

3. 骨器

锥 1件。T2⑦：1，形状不规则。系用较短的碎肢骨制成，仅在一端磨成略细的锥尖即成。长6、刃宽0.2厘米（图二八：8）。

4. 木器

4件。有锹、桨、杵形器和器柄。

桨 1件。T3④：1，柄部残。桨叶呈长方形，底端削出一个斜面。表面一侧平整光滑，另一侧弧曲。残长38.1、柄部宽3.4、厚1.6、桨叶宽10、厚0.9~2.8厘米（图二八：9）。

杵形器 1件。T2⑥：2，底面不规整，保留多个劈裂面。直径6、长70.8厘米（图二八：10）。

锹形器 1件。T2⑥：1，保存完好。柄部较短，断面呈方形，器身呈宽舌形。长67.6、柄部厚44、器身中宽34、厚0.8~2.8厘米（图二八：11；图三〇）。

器柄 1件。T3④：2，"T"字形，直杆残，横杆与直杆交界处呈倒等边三角形，直杆断面呈半圆形，横杆断面呈圆角长方形。长50.3、宽2.8、厚0.8厘米（图二八：12；图三一）。

六、结语

对比属于同时期的河姆渡遗址，童家岙遗址第一期至第四期遗存的陶器面貌分别与河姆渡遗址④层至①层的基本一致，这主要体现在陶系构成、主要器类、器物形态和器物组合等的一致性，尤其是最具分期和年代意义的陶釜。比如，童家岙遗址第一期遗存敞口釜标本T2⑨：23、11、33和T3⑧：2分别与河姆渡遗址④层的T242（4A）：237、T234（4A）：181、T226（4A）：131和T213（4B）：118基本相同，敛口釜标本T2⑨：40和T3⑧：7分别与T33（4）：103和T234（4B）315基本相同，多边形宽腰沿釜标本T3⑧：5与T30（4）：75类似。童家岙遗址第二期遗存敞口釜标本T2⑧：7和鲻山遗址的T6⑧：8基本相同，T2⑧：10、8和T3⑦：13分别与河姆渡遗址第③层的T212（3B）：24、T235（3B）：184和T233（3B）：58基本相同，敛口釜标本T3⑦：15、16分别与河姆渡遗址的T213（3B）：131

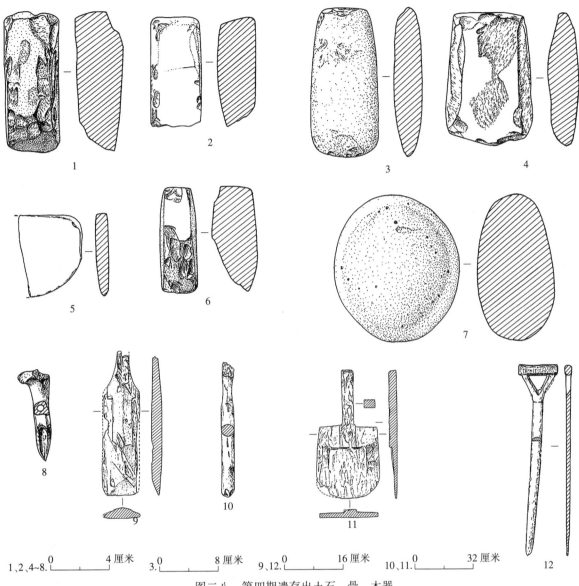

1、2. 石锛（T2⑦：2、T2⑦：3） 3、4. 石斧（T2⑥：6、T3④：5） 5. 石刀（T2⑦：21） 6. 石凿（T2⑥：5） 7. 研磨器（T2⑦：7） 8. 骨锥（T2⑦：1） 9. 木桨（T3④：1） 10. 杵形器（T2⑥：2） 11. 锹形器（T2⑥：1） 12. 器柄（T3④：2）

图二八 第四期遗存出土石、骨、木器

图二九 石凿（T2⑥：5）

图三〇 木锹形器（T2⑥：1）

图三一　木器柄（T3④：2）

和 T231（3B）：47 基本相同。童家岙遗址第四期遗存敞口釜标本 T2⑦：28、31、33、50 分别与河姆渡遗址第①层的 M10：1、M2：4、T214（1）：1 和 T24（1）：4 基本相同，盘口釜标本的 T2⑦：42 和 T3④：17 分别与 T32（1）：1069 和 T36（1）：1074 基本相同。另外，根据 ¹⁴C 测定，T2⑨经树轮校正后年代为 4620BC~4440BC、4850BC~4700BC 等。因此，童家岙遗址第一、第二、第三和第四期遗存的年代分别与河姆渡遗址第一、第二、第三和第四期遗存相当。

童家岙遗址的整体文化面貌虽然与河姆渡遗址基本相同，但是有其明显的特点：石器、骨器和木器所占比重小；有相当数量的敛口釜口沿残片，这在以往发掘的河姆渡文化各遗址中鲜有发现；第四期遗存中夹炭陶和泥质灰陶数量偏多，而且夹砂陶以灰褐陶为主，这与河姆渡遗址常见夹砂红陶有明显区别；木锨的发现尚属首次，其形态类似于现代的铁锨，但木柄很短，用途值得进一步探讨；道路遗迹在慈湖遗址①和鲞架山遗址②都曾发现过，且与童家岙遗址 L1 的时代大致相当。不过 L1 的修筑技术更为考究，道路两侧有木桩夹横木构成的护围边墙设施，并在内侧木桩上衬贴了苇席和芦苇秆等固基护土的人工编织材料。在依山傍水的聚落周围采用此类技术手法铺设的比较讲究的村间道路，在以往河姆渡文化的考古发现中还是很少见的。

童家岙遗址的试掘为河姆渡文化的聚落形态考古和全新世中期中国东南沿海人地关系研究提供了又一处鲜活的案例。

（浙江省文物考古研究所孙国平研究员和宁波市文物考古研究所丁友甫副研究员在试掘现场、室内整理、简报撰写等各个阶段都给予了悉心指导与无私帮助，特此致谢！）

发掘人员：林国聪　丁友甫　谢纯龙

姚宗亚　彤海元　刘文平

---

① 浙江省文物考古研究所、宁波市文物考古研究所：《宁波慈湖遗址发掘简报》，浙江省文物考古研究所编《浙江省文物考古研究所学刊》，科学出版社，1993 年。

② 孙国平、黄渭金：《余姚市鲞架山遗址发掘报告》，《史前研究（2000）》，三秦出版社，2000 年。

资料整理：林国聪　雷　少
绘　　　图：刘晓红　肜海元
修复拓片：刘文平
摄　　　影：谢纯龙
执　　　笔：林国聪　雷　少

附表 1　童家岙遗址各期陶系统计表

陶系 / 期别	夹炭陶			夹砂陶			泥质陶			总计
	黑	灰	红	黑	灰	红	黑	灰	红	
第一期	797	1308		139	371					2615
	30.48%	50.02%		5.32%	14.18%					
第二期	241	1127		3	411					1782
	13.53%	63.24%		0.17%	23.06%					
第三期	46	397	95		332	198			9	1077
	4.27%	36.86%	8.82%		30.83%	18.38%			0.84%	
第四期	510	333	2	100	1740	10	3	365	112	3175
	16.06%	10.49%	0.06%	3.15%	54.8%	0.31%	0.1%	11.5%	3.53%	

（原载《东南文化》，2012 年第 3 期。本文用了作者提供的线图，与原发表的略有不同）

浙江宁波镇海鱼山遗址Ⅰ期发掘简报

宁波市文物考古研究所　镇海区文物保护管理所

吉林大学文化遗产保护研究中心

　　鱼山遗址位于浙江省宁波市镇海区九龙湖镇河头村，坐落在一座当地居民俗称为鱼山的山脚东南麓，东距现海岸线直线距离约 7.3 千米，地理坐标北纬 30°02′，东经 121°33′（图一）。2010 年夏，当地村民在鱼山南麓捡拾到一些商周时期的印纹硬陶和原始瓷器等遗物，据此初步判定这是一处商周时期遗址，并定名为鱼山遗址。2013 年夏，为配合镇海区九龙湖镇御水龙都二期项目地块的开发建设，宁波市文物考古研究所对该遗址进行了大规模考古勘探，确认鱼山遗址的分布面积约 16500 平方米，并新发现了河姆渡文化时期的遗存①。经协商，遗址约 3/4 面积予以原址保护，其余部分实施抢救发掘。发掘计划分为Ⅰ、Ⅱ两期进行，拟发掘面积 4300 平方米。

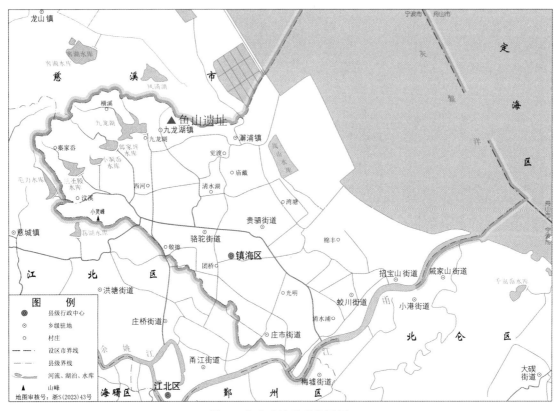

图一　鱼山遗址地理位置图

---

　　① 林国聪、王光远：《宁波新发现两处河姆渡文化遗址》，《中国文物报》2013 年 10 月 11 日第八版。

2013年12月至2014年5月，经国家文物局批准，宁波市文物考古研究所、镇海区文物保护管理所和吉林大学文化遗产保护研究中心组成联合考古队，对建设地块所占压的遗址西南部进行了Ⅰ期抢救性考古发掘（项目编号2013ZY），布方面积1500平方米，探方规格为10×10米，正南北方向，东、北各留2米隔梁，实际发掘1480平方米（图二）①。本次发掘共发现史前至唐宋等四个不同时期的文化堆积，以及44处遗迹单位。现对此次发掘的主要情况简报如下。

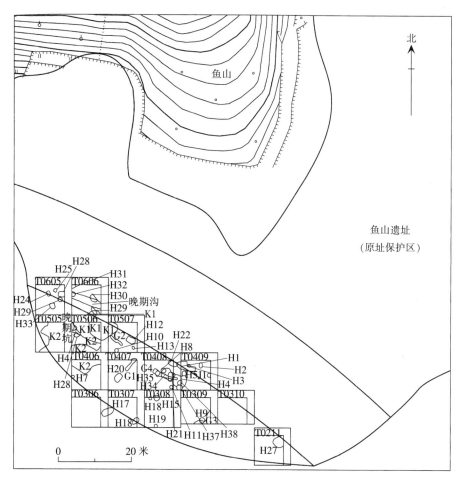

图二　鱼山遗址Ⅰ期遗迹分布总平面图

一、地层堆积情况

鱼山遗址地层堆积深度约2～2.7米，可分为九层，时代由早至晚分别属于河姆渡文化、良渚文化、商周和唐宋等四个时期。各探方的地层堆积情况大致相同，现以T0308北壁为例介绍如下②（图三）。

①　雷少：《宁波发现距海岸线最近的河姆渡文化遗址——鱼山遗址Ⅰ期发掘的阶段性成果》，《中国文物报》2014年8月1日第八版。

②　T0308探方四角的现海拔高度均使用全站仪进行了测量，数据分别为：西北角1.847米，西南角1.819米，东北角1.846米，东南角1.852米。

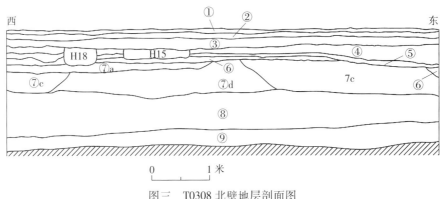

图三　T0308 北壁地层剖面图

①层：耕土层，浅灰褐色，土质较疏松。厚 5~10 厘米。出土陶片和现代青花瓷片等。

②层：浅黄色土层，土质致密、坚硬。距地表深 5~27、厚 10~22 厘米。局部包含少量炭粒。遗物有商周硬陶片、原始瓷片和唐宋越窑青瓷片等，为唐宋时期堆积。

③层：灰褐色土层，土质较疏松。距地表深 15~42、厚 15~28 厘米。局部包含粉砂和红褐色锈状斑。遗物有商周硬陶片、夹砂陶片和原始瓷片等。H15、H18 开口于该层下。

④层：青黄色土层，土质致密、坚硬。距地表深 50~79、厚 10~44 厘米。包含大量粉砂和褐色锈状斑。偶有陶片出土。

⑤层：青灰色淤泥层，土质致密。距地表深 50~85、厚 5~18 厘米。北边厚南边薄。十分纯净，未见人工遗物。

⑥层：灰黑色土层，土质松软。距地表深 58~106、厚 8~26 厘米。包含有丰富的植物茎、叶和木头等有机质。遗物有零星良渚文化时期夹砂陶片。

⑦层：砂土层，根据土质、土色的差异，可细分为四个小层。

⑦a 层：黄褐色粗砂层，较为坚硬。距地表深 72~98、厚 0~24 厘米。仅分布在北部，自东至西逐渐变薄。未见人工遗物。

⑦b 层：黑褐色土层，较松软。仅分布在东部，北壁未见。未见人工遗物。

⑦c 层：灰褐色砂土层，较松软。距地表深 66~150、厚 0~72 厘米。砂中含有一定比例的泥土，包含较多黑色炭粒。遗物中夹砂和泥质红陶片较多，为河姆渡文化晚期堆积。

⑦d 层：灰黄色细砂层，非常松软。距地表深 66~155、厚 0~74 厘米。仅分布在北部。未见人工遗物。

⑧层：灰黄色淤泥层，较致密。距地表深 133~240、厚 57~118 厘米。十分纯净，未见人工遗物。

⑨层：灰黑色土层，较疏松。距地表深 208~270、厚 25~56 厘米。遗物中夹炭和夹砂黑陶片较多，为河姆渡文化早期堆积。该层在其他探方中可细分为三小层，本探方相当于其⑨a 层。

⑨层下为细腻、纯净的青灰色海相淤积层。

二、河姆渡文化遗存

河姆渡文化遗存可分为早、晚两期，分别以⑨、⑦层堆积为代表，遗迹仅发现 1 处灰坑。

（一）河姆渡文化早期遗存

1. 陶器

以夹砂和夹炭黑陶为主，复原器不多，可辨器形有釜、盆、罐、钵、盘和器座等。陶釜口沿外多施蚶齿纹，下腹部常施绳纹，其余器形多以素面为主。

釜　根据口沿差异，分为两型。

A型　敞口。圆唇，鼓腹。T0408⑨b：1，夹砂黑陶。上腹间断施蚶齿纹，下腹施交错绳纹。口径16、最大腹径 17.6、高 13 厘米（图四：2；图六：1）。T0408⑨b：5，夹炭黑陶。沿外侧有桥形耳。口径15、最大腹径 17、高 9.5 厘米（图四：3；图六：2）。

B型　直口。夹砂黑陶。颈部外附加一圈凸脊。T0507⑨：1，方唇，筒腹。口径 22.4、最大腹径26、高 16.8 厘米（图四：1）。

盆　均敞口，根据肩部有无，分为两型。

A型　无肩。T0507⑨：3，夹砂黑陶。方唇，唇面施绳纹。口径 27.2 厘米（图四：5）。

B型　折肩。T0409⑨b：15，夹炭黑陶。尖圆唇，束颈，斜腹。口径 15.7 厘米（图四：9）。

罐　夹炭黑陶。根据口沿差异，分为三型。

A型　敞口。T0409⑨b：8，卷沿，圆唇。口径 24 厘米（图四：7）。

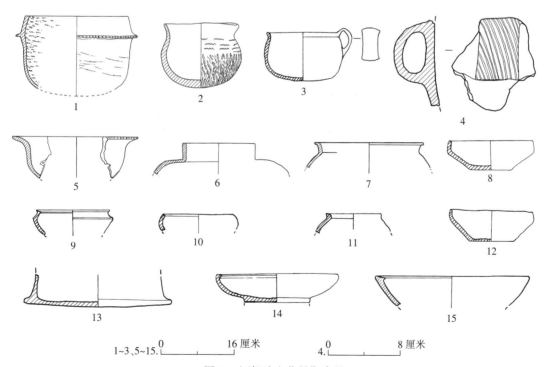

图四　河姆渡文化早期陶器

1. B 型釜（T0507⑨：1）　2、3. A 型釜（T0408⑨b：1、5）　4. 器耳（T0507⑨：5）　5. A 型盆（T0507⑨：3）　6. B 型罐（T0409⑨b：9）　7. A 型罐（T0409⑨b：8）　8、12. A 型钵（T0310⑨b：3、2）　9. B 型盆（T0409⑨b：15）　10. B 型钵（T0409⑨b：5）　11. C 型罐（T0409⑨b：10）　13. 器座（T0409⑨b：13）　14. A 型盘（T0310⑨b：1）　15. B 型盘（T0409⑨b：12）

B 型　直口。T0409⑨b：9，方唇，鼓肩。口径 15.5 厘米（图四：6）。

C 型　侈口。T0409⑨b：10，圆唇，束颈，溜肩。口径 12.2 厘米（图四：11）。

钵　夹炭黑陶。根据口部差异，分为两型。

A 型　直口。斜腹，平底。T0310⑨b：3，圆唇。口径 18.1、最大腹径 19、底径 9、高 6 厘米（图四：8）。T0310⑨b：2，方唇。口径 18、最大腹径 18.4、底径 9.4、高 6.6 厘米（图四：12；图六：3）。

B 型　敛口。T0409⑨b：5，方唇。口径 15.4 厘米（图四：10）。

盘　夹炭黑陶。敛口，尖圆唇。根据腹部差异，分为两型。

A 型　弧腹。T0310⑨b：1，圈足残。口径 26.1、底径 14.4、残高 5.8 厘米（图四：14）。

B 型　斜腹。T0409⑨b：12，口径 33.6 厘米（图四：15）。

器座　T0409⑨b：13，夹炭黑陶。壁较直，底近平。底面直径 32、残高 3.3 厘米（图四：13）。

器耳　均为桥形耳。T0507⑨：5，竖桥形耳，夹炭黑陶，表面有斜向弦纹（图四：4）。

2. 石器

石锛　长条形，两侧微弧，不对称双面刃。T0409⑨b：1，一侧刃部表面有疤痕。长 5、厚 2、刃宽 2.6 厘米（图五：5；图六：4）。

3. 骨器

骨锥　长条形，刃部磨尖，系用动物肢骨劈裂制成。T0408⑨b：3，长 11.2、上端宽 2.4、壁厚约 0.3 厘米（图五：3；图六：5）。

骨管　近圆柱形，两端磨平，表面光滑，似用鸟类肢骨削凿、打磨制成。T0409⑨b：4，长 6、直径 1.65、壁厚约 0.1 厘米（图五：4；图六：6）。

4. 木器

木凿形器　扁柱形，不对称双面刃，顶部残损。T0409⑨b：3，残长 10、宽 3.6、厚 2.8 厘米（图五：1）。

木锥　刃部削尖，顶部残损。T0408⑨b：4，残长 11.2、宽 2.7、厚 1.2 厘米（图五：2）。

木构件　近半圆形。T0408⑨b：2，长 39.6、宽 11.4、厚 3.8 厘米（图五：6）。

（二）河姆渡文化晚期遗存

1. 遗迹

仅见 1 个灰坑。

H37　平面椭圆形，坑口长径 1.35、短径 1.04、深 1 米。直壁，平底。填土灰黑色，土质较疏松，出土少量陶片、石头、炭粒和木头等（图七）。

2. 遗物

基本为陶器，以泥质红陶和夹砂灰陶居多，可辨器形有釜、豆和罐等，复原的很少。少数器表施绳纹、水波纹、菱格纹或按窝等，部分器耳上面有刻划或戳镂的人面纹和猪面纹。

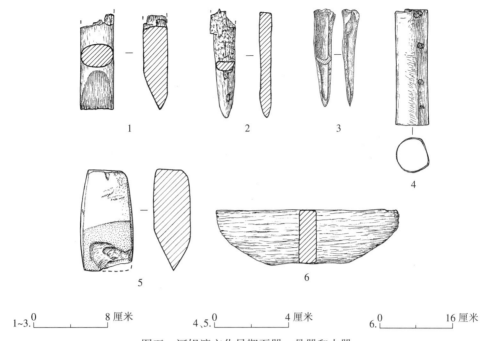

图五　河姆渡文化早期石器、骨器和木器

1. 木凿形器（T0409⑨b：3）　2. 木锥（T0408⑨b：4）　3. 骨锥（T0408⑨b：3）　4. 骨管（T0409⑨b：4）
5. 石锛（T0409⑨b：1）　6. 木构件（T0408⑨b：2）

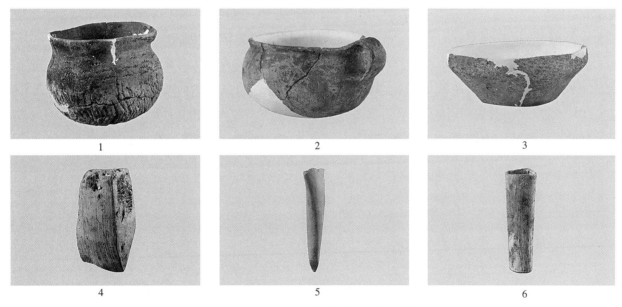

图六　河姆渡文化早期陶器、石器和骨器

1. A 型陶釜（T0408⑨b：1）　2. A 型陶釜（T0408⑨b：5）　3. A 型陶钵（T0310⑨b：2）　4. 石锛（T0409⑨b：1）　5. 骨锥
（T0408⑨b：3）　6. 骨管（T0409⑨b：4）

罐　均敞口。T0308⑦c：17，泥质红陶。卷沿，圆唇。口径 28 厘米（图八：1）。

釜　根据口沿差异，分为三型。

A 型　敞口。T0308⑦c：11，夹砂灰陶。斜方唇。内壁贴附一圈泥条。口径 28 厘米（图八：3）。

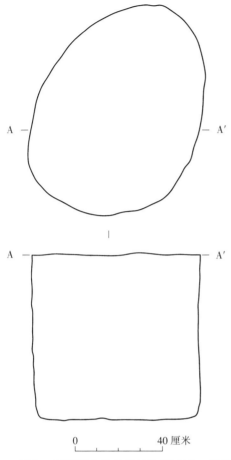

图七　河姆渡文化晚期灰坑 H37 平、剖面图

B 型　直口。T0308⑦c：23，夹砂红陶。方唇。口径 18 厘米（图八：4）。

C 型　盘口。夹砂灰陶。束颈。T0308⑦c：7，方唇，沿外有一道凸棱。口径 23 厘米（图八：5）。

豆　均残存豆盘。泥质红陶，外红里黑。根据腹部形态分为两型。

A 型　浅腹。T0308⑦c：15，小平沿，尖圆唇。沿面等距分布椭圆形按窝。口径 31.2 厘米（图八：6）。

B 型　深腹。T0307⑦：3，尖圆唇。口径 24 厘米（图八：2）。

除以上可辨器形外，还发现有较多豆柄、圈足、鼎足、器耳、鋬、流、足、捉手和支座等。

豆柄　T0308⑦c：14，泥质红陶。柄身有三个圆形镂孔。残高 8.8 厘米（图九：1）。

豆圈足　T0308⑦c：13，泥质红陶，残高 5.6、底径 18 厘米（图九：6）。

鼎足　T0408⑦c：7，夹砂红陶。足体为圆形，周身捏出三条凹槽。高 16、直径 3.5 厘米（图九：10）。

器耳　根据形态差异分为两型。

A 型　牛鼻形。均为泥质红陶。T0308⑦c：9，外表戳镂人面纹。残高 6.4 厘米（图九：3）。T0308⑦c：8，外表刻划三道斜向凹槽。残高 6 厘米（图九：7）。T0409⑦c：7，外表刻划猪面纹，下部钻一圆孔。残高 6.6 厘米（图九：13）。

B 型　桥形耳。T0308⑦c：21，泥质黑陶，表面磨光。上端有三个圆形按窝。残高 5.6 厘米（图九：9）。

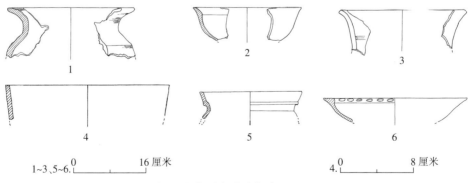

图八　河姆渡文化晚期陶器（一）

1. 罐（T0308⑦c：17）　2. B 型豆（T0307⑦：3）　3. A 型釜（T0308⑦c：11）　4. B 型釜
（T0308⑦c：23）　5. C 型釜（T0308⑦c：7）　6. A 型豆（T0308⑦c：15）

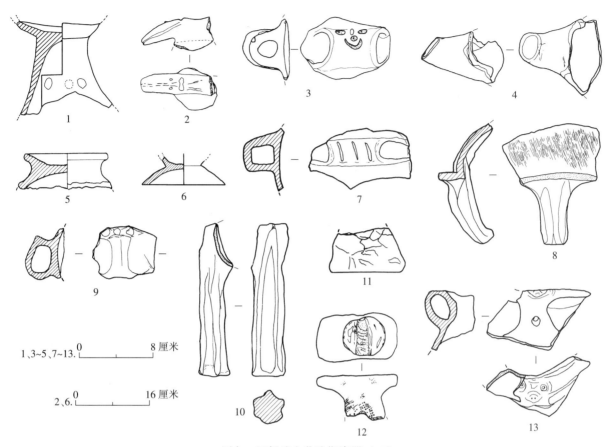

图九　河姆渡文化晚期陶器（二）

1. 豆柄（T0308⑦c：14）　　2. 器錾（T0408⑦c：4）　　3、7、13. A 型器耳（T0308⑦c：9、T0308⑦c：8、T0409⑦c：7）

4. 器流（T0408⑦c：1）　　5. 捉手（T0409⑦c：6）　　6. 豆圈足（T0308⑦c：13）　　8. 器足（T0408⑦c：6）　　9. B 型器耳

（T0308⑦c：21）　　10. 鼎足（T0408⑦c：7）　　11、12. 支座（T0408⑦c：3、T0409⑦c：2）

　　器錾　T0408⑦c：4，夹砂红陶。器形不明，仅残留局部动物造型。残长 16.4 厘米（图九：2）。

　　器流　T0408⑦c：1，泥质红陶，局部黑色。管状流。残长 8.9、外径 4.8~8、内径 3.2~5.4、壁厚 0.8 厘米。应为陶盉残件（图九：4）。

　　器足　T0408⑦c：6，夹砂红陶，厚胎。周身捏出两条凹槽。腹部施绳纹。应为陶灶残件。残高 13 厘米（图九：8）。

　　捉手　T0409⑦c：6，夹砂红陶，圆形，方唇。应为器盖残件。直径 8.4 厘米（图九：5）。

　　支座　T0408⑦c：3，泥质红陶。底面直径 9.5 厘米（图九：11）。T0409⑦c：2，夹砂红陶。"T"字形，顶面长方形，足跟圆柱形，中有一贯穿圆孔。表面施绳纹。顶面长 8.6、宽 5、足跟直径 4~4.5厘米（图九：12）。

三、良渚文化遗存

　　良渚文化遗存堆积单薄，未发现遗迹，仅在⑥层中偶见遗物出土。

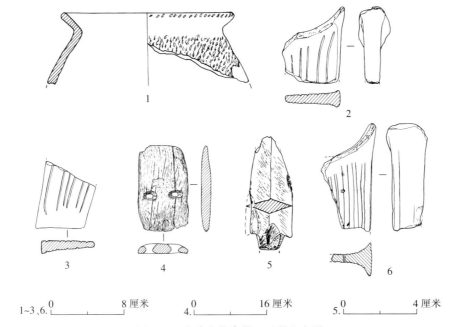

图一〇　良渚文化陶器、石器和木器

1. 釜（T0606⑥：7）　2、3. Ⅰ式鼎足（T0309⑥：10、T0409⑥：13）　4. 木屐形器（T0506⑥：1）
5. 石镞（T0606⑥：1）　6. Ⅱ式鼎足（T0606⑥：6）

1. 陶器

零星出土，均不可复原，基本为夹砂红陶，主要器形有鼎和釜。

鼎　均为足部，夹砂红陶，表面刻划斜线纹。分为两式。

Ⅰ式　鱼鳍形。T0309⑥：10，残高8.2、宽6.8厘米（图一〇：2）。T0409⑥：13，残高7.2、宽5.8厘米（图一〇：3）。

Ⅱ式　T字形。T0606⑥：6，残高11.6、残宽4.4厘米（图一〇：6）。

釜　仅见口沿。T0606⑥：7，夹砂灰陶，敞口，圆唇，束颈。唇面、腹部均施绳纹。口径19厘米（图一〇：1）。

2. 石器

石镞　T0606⑥：1，通体磨光，扁铤，窄翼，截面呈菱形，尖部、铤部和一侧翼残。残长6、残宽2.4、厚0.8厘米（图一〇：5）。

3. 木器

木屐形器　T0506⑥：1，圆角长方形，表面弧起，背面平整，近中部对凿两孔。长18.2、宽11.2、厚2.4厘米（图一〇：4）。

四、商周时期遗存

商周时期遗存以③层堆积为代表，共发现41处遗迹，出土遗物数量较多，种类丰富。

1. 遗迹

主要分布于发掘区东北部，均在③层下开口，计有灰坑36座，灰沟4条和水井1口。

（1）灰坑

大多数坑壁略斜，底较平。根据平面形状差异分为两型。

A型　平面不规则形。H34，坑口最长3.6、最短2、深约0.65米。填土分为两层：①层为青灰色，厚56厘米，出土少量泥质灰陶和夹砂红陶片；②层为黑色，厚8厘米，无包含物（图一一：1）。

B型　平面椭圆形。H8，坑口长径1.25、短径1.2、深0.26米。填土黑褐色，土质黏软，出土少量陶片和木头（图一一：2；图一二：1）。

（2）灰沟

G4　平面不规则长条形。长7、最宽处1.4、最窄处0.4、深0.3米。壁微斜，平底。填土黑褐色，土质黏软，出土少量泥质灰陶、夹砂红陶片和木头等（图一一：3；图一二：2）。

（3）水井

J1　局部叠压于T0409东壁下。平面应近圆形，口径1.1、深1.9米。直壁，圜底。填土灰黑色，土质黏软，出土少量泥质灰陶片和木头（图一一：4）。

2. 遗物

以泥质陶和原始瓷为大宗，夹砂陶较少，还出土有少量石器和铜器。泥质陶和夹砂陶器多为残片，

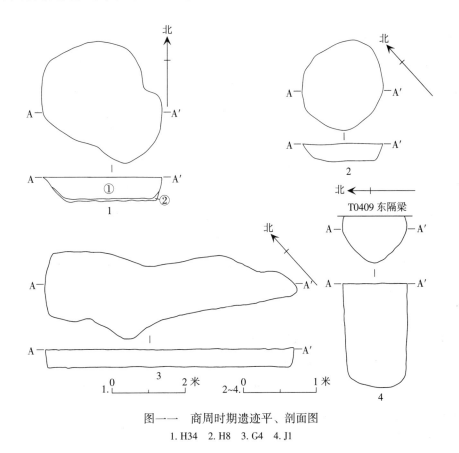

图一一　商周时期遗迹平、剖面图

1. H34　2. H8　3. G4　4. J1

1　　　　　　　　　　　　　　　　　　　　2

图一二　商周时期遗迹
1. H8（南—北）　2. G4（南—北）

可修复的不多，可辨器形有鼎、罐、盆、钵、釜和豆等。原始瓷器可复原的相对较多，主要器形有豆、盂、钵、杯和碟等。

（1）泥质陶

根据器壁相对硬度的不同，可分为普通陶质和硬陶质两种。其中，普通陶质器物以灰陶居多，红、褐陶较少。硬陶质器则多为红褐色，少量为灰褐色。泥质陶器可复原器数量较少，可辨器形有罐、盆、钵和豆等。多数器表压印有一种或多种纹饰组合，主要有席纹、方格纹、弦纹、云雷纹、"米"字纹、"回"字纹、叶脉纹、折线纹、米筛纹和麻布纹等（图一三）。

罐　侈口。T0408③：11，泥质硬灰陶。高领，卷沿，圆唇。颈部有五圈凹槽，肩部拍印云雷纹。口径22.4厘米（图一四：1）。H1：1，泥质硬灰陶。卷沿，圆唇，溜肩，球腹，内凹底。口沿以下和器底皆拍印席纹。口径19.4、最大腹径30.5、底径7、高27厘米（图一四：11；图一七：1）。

盆　T0409③：9，泥质灰陶。直口，斜方唇。腹外壁施斜向刻划纹。残高7.4厘米（图一四：5）。T0409③：4，泥质灰陶。侈口，尖圆唇，弧腹，圈底。沿下施一道凹槽。口径25.2、高11.8厘米（图一四：10）。T0409③：3，泥质黄褐陶。敛口，圆唇，斜腹。腹部拍印方格纹。口径36.4、底径33.4、最大腹径39.4、高14厘米（图一四：9）。

钵　泥质灰陶。折敛口，斜腹，平底。T0308③：1，圆唇。口外壁施一道弦纹。口径10.2、最大腹径11.8、底径7.4、高3.4厘米（图一四：2）。T0407③：2，尖圆唇。口径11.2、底径5.2、高3.6厘米（图一四：3）。

豆　残存豆盘。T0409③：8，泥质灰陶。敞口，尖圆唇，斜弧腹。口径15厘米（图一四：4）。

除以上可辨器形外，还发现有较多豆柄和器足。

豆柄　T0507③：9，泥质灰陶。圆柱形。两端均残。残高9、直径3厘米（图一四：7）。

器足　泥质灰陶。应为三足盘的足部。T0408③：12，舌状，足跟外撇。高10、宽2~5、厚1厘米（图一四：6）。T0507③：11，锥状。高15.5厘米（图一四：8）。

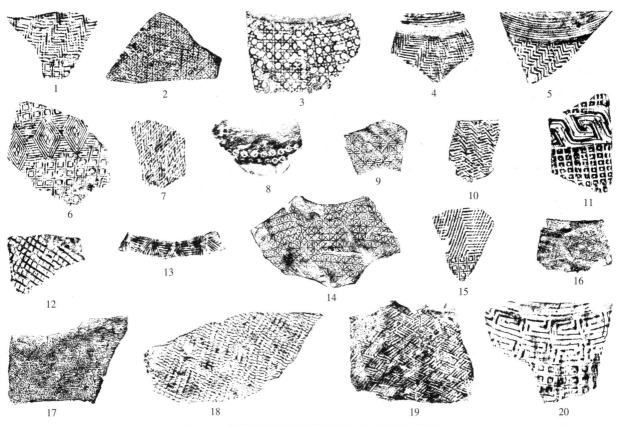

图一三　商周时期泥质陶器纹饰拓片（均出自③层）

1. 折线纹加方格纹　2. "回"字纹　3. 网筛纹　4. 折线纹　5. 弦纹加折线纹　6. 方格纹、弦纹叠套复线菱形纹　7. 叶脉纹　8. 连珠纹　9. 双线"米"字纹　10. 折线纹　11、20. 方格纹加云雷纹　12. 网格纹　13. 弦纹加菱格纹　14. "米"字纹　15. 方格纹加折线纹　16. 布纹　17. 云雷纹　18. 长格纹　19. 席纹

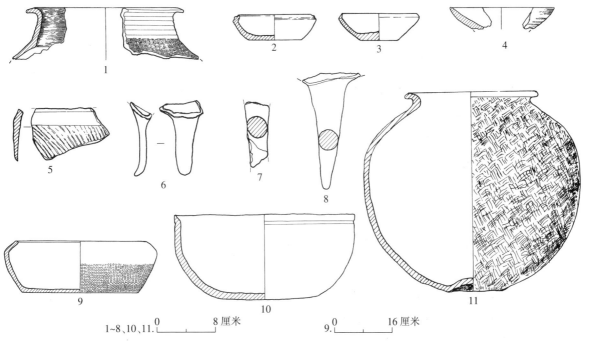

图一四　商周时期泥质陶器

1、11. 罐（T0408③：11、H1：1）　2、3. 钵（T0308③：1、T0407③：2）　4. 豆（T0409③：8）　5、9、10. 盆（T0409③：9、T0409③：3、T0409③：4）　6、8. 器足（T0408③：12、T0507③：11）　7. 豆柄（T0507③：9）

（2）夹砂陶

基本为红陶，仅有少量灰陶，大多素面。可辨器形有鼎、罐和釜等。

鼎 夹砂红陶。敞口，圆唇，束颈，圜底。三足均残。G4∶1，垂腹。口径 23.6、最大腹径 24.4、残高 22.4 厘米（图一五∶2；图一七∶2）。T0408③∶20，球腹。外壁和内沿有较重的黑色烟炱。口径 15.2、最大腹径 16.8、残高 11.8 厘米（图一五∶7；图一七∶3）。

罐 夹砂黄褐陶。均侈口，束颈。T0507③∶12，尖圆唇。口径 15 厘米（图一五∶1）。

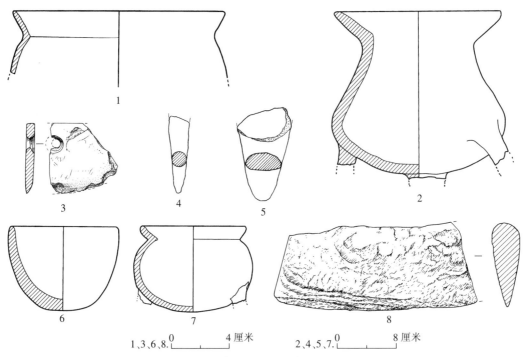

图一五 商周时期夹砂陶器和石器

1. 罐（T0507③∶12）　2、7. 鼎（G4∶1、T0408③∶20）　3、8. 石刀（T0606③∶2、1）　4、5. 鼎足（T0507③∶16、14）　6. 釜（T0507③∶20）

釜 T0507③∶20，夹砂红陶。侈口，圆唇，弧腹，圜底。内、外壁均有较重的烟炱痕。口径 8、高 5.8 厘米（图一五∶6；图一七∶4）。

除以上可辨器形外，还发现有大量夹砂红陶鼎足。T0507③∶16，圆锥形。残高 12.6、直径 2.6 厘米（图一五∶4）。T0507③∶14，扁柱形。残高 15.2、最大径 8.6 厘米（图一五∶5）。

（3）原始瓷

基本为灰白色胎，墨绿色釉，施釉不及底，釉层剥落较常见。可复原的较多，可辨器形有豆、盂、钵、碟、盘和碗等。器表纹饰有弦纹、附加堆纹、波浪纹、篦点纹及"S"形泥条贴饰等，施纹手法以刻划、贴塑和戳印为主。

豆 根据口部差异，分为两型。

A 型 微敞口。根据腹部差异，分为两式。

AⅠ式 折腹。T0605③∶2，尖圆唇。圈足外撇。内沿面和内壁有多圈凸棱。口径 10.2、底径 5.4、高 4 厘米（图一六∶8）。

AⅡ式 斜弧腹。圆唇。T0408③：6，圈足略外撇。内底有凸棱。口径10.4、底径4.8、高4.3厘米（图一六：1）。T0308③：2，直圈足。内底有凸棱。口径8.6、底径5.4、高3.6厘米（图一六：7）。

B型 直口。根据腹部差异，分为两式。

BⅠ式 深腹。T0306③：1，圆唇，口外侧有两圈凹槽。内腹有多道凸棱。口径12、残高4.8厘米（图一六：10）。

BⅡ式 浅腹。T0507③：4，腹较直，直圈足。底厚实平整。口径10.2、底径5、通高3.5厘米（图一六：5）。

盂 折肩，弧腹。根据足部差异，分为两型。

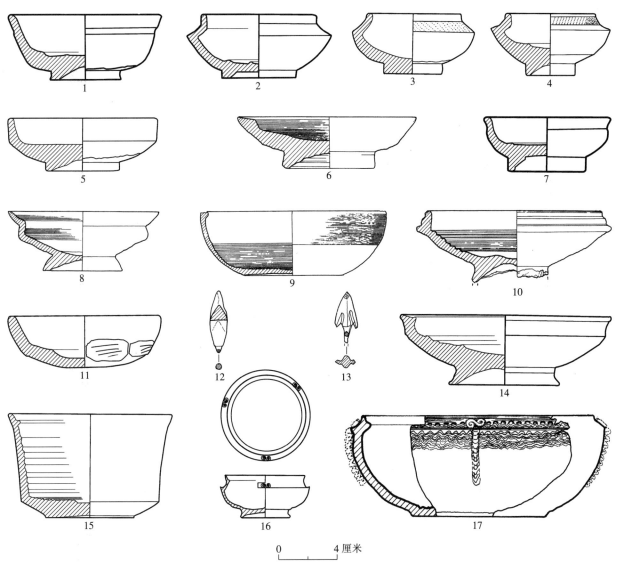

图一六 商周时期原始瓷器和铜器

1、7. AⅡ式豆（T0408③：6、T0308③：2） 2、4、16. A型盂（T0408③：2、T0409③：1、T0308③：5） 3. B型盂（T0408③：4） 5. BⅡ式豆（T0507③：4） 6、14. 盘（T0408③：7、T0309③：2） 8. AⅠ式豆（T0605③：2） 9、17. 钵（T0309③：1、T0310③：1） 10. BⅠ式豆（T0306③：1） 11. 碟（T0408③：5） 12. A型镞（T0408③：3） 13. B型镞（T0211①：1） 15. 碗（T0309③：3）

A 型　圈足。T0408③：2，直口，圆唇。内底有两道凸棱。口径 7.6、最大腹径 9.8、底径 5、高 4.2 厘米（图一六：2）。T0409③：1，直口，圆唇。口、肩中部戳印斜向篦点纹。口径 6.2、最大腹径 8.2、底径 3.4、高 4.1 厘米（图一六：4）。T0308③：5，敞口，尖圆唇。肩部有凸脊，等距离贴饰三个"S"形泥条。口径 10.8、最大腹径 12、底径 6.8 厘米（图一六：16）。

B 型　假圈足。T0408③：4，口微侈，圆唇。肩部施斜向篦点纹。口径 6.4、最大腹径 8.4、底径 4、高 4 厘米（图一六：3）。

盘　敞口，方唇，斜弧腹，矮圈足。T0408③：7，内壁、底有多圈凸棱。口径 12、底径 6.2、高 3.3 厘米（图一六：6）。T0309③：2，内壁有三道凸棱。口径 14.9、底径 7.6、高 4.6 厘米（图一六：14；图一七：5）。

钵　敛口，深弧腹。T0309③：1，方唇，平底略内凹。外壁有密集的细线，内底有数道凸棱。口径 11.6、底径 6.6、高 4.8 厘米（图一六：9）。T0310③：1，圆唇，平底。口外壁内凹，刻划三圈水波纹，其上贴塑一"S"形泥条。上腹刻划多圈水波纹，其上贴塑绳索状泥条。内底有多道弦纹。口径 16、最大腹径 18、高 6.7 厘米（图一六：17）。

图一七　商周时期陶器、原始瓷器、石器和铜器

1. 泥质灰陶罐（H1：1）　2. 夹砂红陶鼎（G4：1）　3. 夹砂红陶鼎（T0408③：20）　4. 夹砂红陶釜（T0507③：20）　5. 原始瓷盘（T0309③：2）　6. 原始瓷碗（T0309③：3）　7. 石刀（T0606③：1）　8. A 型铜镞（T0408③：3）

　　碟　T0408③：5，敞口，圆唇，弧腹，圈底。腹底交接处刻划短斜线纹。口径 10.3、高 3.4 厘米（图一六：11）。

　　碗　T0309③：3，侈口，圆唇，斜腹近直，平底。内壁、内底有多圈凸棱。口径 11.2、底径 6、高 6.9 厘米（图一六：15；图一七：6）。

　　（4）石器

　　石刀　单面刃。T0606③：2，表面磨光，一侧残留圆孔，系双面对钻。残长 4.9、宽 4.9、厚 0.7 厘米（图一五：3）。T0606③：1，平面近梯形，一端残。表面稍加琢制，保留原始岩石面。残长 11.4~14.4、最宽 6.2、最厚 2 厘米（图一五：8；图一七：7）。

　　（5）铜器

　　镞　分为两型。

　　A 型　三棱型。T0408③：3，镞身平面呈棱形，横截面为三角形，柱状铤。长 3.8、宽 1.2 厘米（图一六：12；图一七：8）。

　　B 型　两翼型。T0211①：1，镞身平面近三角形，中脊截面呈菱形，锥状铤。残长 3.2、宽 1.3 厘米（图一六：13）。

五、唐宋时期遗存

　　唐宋时期遗存以②层堆积为代表，遗迹仅见两处形状不规则的大坑 K1 和 K2。遗物多为青瓷器残片，少量可复原，主要器类有盘、钵、碗、盒、碟和器盖等，其中包含少量六朝时期的青瓷器标本，在此一并介绍。

　　盘　敞口，弧腹，圈足。根据口沿差异，分为两式。

　　I 式　无沿。T0407②：2，尖圆唇。内底有支钉痕迹。口径 11.4、底径 5.6、高 3.3 厘米（图一八：2）。T0507②：2，青瓷。圆唇。口沿外壁有凸棱。口径 12.6、底径 6.4、高 8 厘米（图一八：4）。

　　II 式　出沿。T0408②：4，圆唇。内底带支钉痕迹。口径 23.4、底径 3.8、高 3.8 厘米（图一八：1）。

　　钵　敛口，弧腹，平底。T0308②：1，圆唇。口径 9、最大腹径 9.4、底径 6.2、高 3.2 厘米（图一八：3）。T0306②：1，尖唇。口径 10、最大腹径 10.4、底径 5.2、高 4 厘米（图一八：6；图一九：1）。

　　碗　敞口。分为两式。

　　I 式　K1：2，方唇，斜腹，矮圈足，玉璧底。内底和足底均有支钉痕迹。口径 15、底径 6.8、高 4 厘米（图一八：5）。

　　II 式　T0408②：3，外撇沿，尖圆唇，斜弧腹，圈足较高。口径 13、底径 6、高 5.2 厘米（图一八：7）。

　　盒　均失盖。子母口微敛，方唇，浅腹，平底。T0408②：6，腹较直。口径 6.2、底径 3.4、高 2.2 厘米（图一八：8）。T0606②：1，弧腹，底微内凹。口径 8.3、底径 4.4、高 2.7 厘米（图一八：10）。

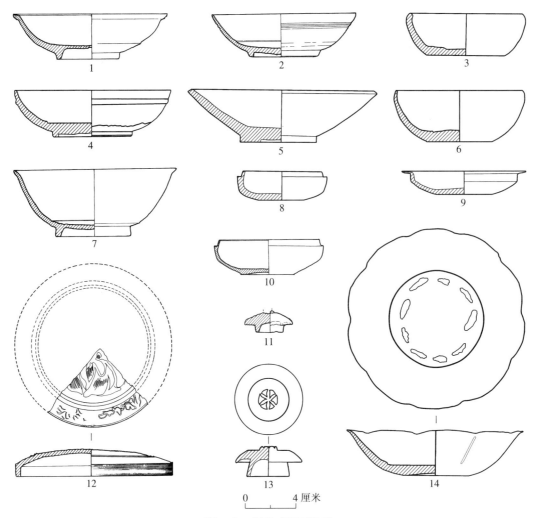

图一八　唐宋时期青瓷器

1. Ⅱ式盘（T0408②：4）　　2、4. Ⅰ式盘（T0407②：2、T0507②：2）　3、6. 钵（T0308②：1、T0306②：1）　5. Ⅰ式碗
（K1：2）　7. Ⅱ式碗（T0408②：3）　8、10. 盒（T0408②：6、T0606②：1）　9、14. 碟（T0409②：1、T0507②：1）
11、13. A型器盖（T0407②：4、T0407②：3）　12. B型器盖（T0407②：1）

　　碟　T0409②：1，直口，平沿，尖圆唇，折腹，平底。口径 9.8、底径 4.8、高 1.8 厘米（图一
八：9）。T0507②：1，花口，尖圆唇，斜弧腹。内壁起筋，外壁对应处有长条形凹槽。凹底，内底有
一道凹槽，残留支钉痕迹。口径 14.1、底径 5.14、高 4 厘米（图一八：14；图一九：2）。

　　器盖　弧形盖面，方唇。按捉手的有无，分为两型。

　　A型　有捉手。子母口。T0407②：4，捉手残。直径 3.8、残高 1.4 厘米（图一八：11）。T0407
②：3，花瓣状捉手。最大径 5.4、高 2.3 厘米（图一八：13）。

　　B型　无捉手。T0407②：1，盖面以三道凸棱为界，内外侧刻划花草纹。应为盒盖。口径 12.6、
高 2.6 厘米（图一八：12）。

图一九　唐宋时期青瓷器
1. 青瓷钵（T0306②：1）　　2. 青瓷碟（T0507②：1）

六、结　语

（一）遗址年代

鱼山遗址的地层堆积较深厚，出土遗物较丰富，四个时期的文化面貌差异显著。以下对各时期的相对年代做一探讨。

1. 河姆渡文化遗存

早期遗存堆积较单薄，遗物种类和数量不丰富。从该期出土陶器来看，陶系以夹砂和夹炭黑陶为主，纹饰常见蚶齿纹和绳纹。陶釜数量最多，也最具代表性。其中敞口釜和直口釜占主流，敛口釜基本未见。A 型釜与河姆渡遗址二期的 GV 式敞口釜［T212（3B）：24、T222（3A）：245 和 T224（3A）：56］的形态相似；B 型釜与河姆渡遗址二期的 E 型敛口釜［T30（3）：16］的整体风格类似①。此外，其他陶釜、罐、钵、盘和器座等标本，以及其他质地的遗物也都能在河姆渡和傅家山遗址二期遗存中找到相似或相同的器物。因此，鱼山遗址河姆渡文化早期遗存，年代应与河姆渡和傅家山遗址第二期相当，属于河姆渡文化二期。

晚期遗存堆积虽较早期深厚，但是遗物种类和数量则较早期减少，特别是陶器的陶系、种类和器形等都发生了明显变化。陶系转变为以泥质红陶和夹砂灰陶为主，并新出现了鼎、"外红里黑"的豆和"牛鼻形"器耳等新器形。其中最具代表性的陶釜虽然没有完整器，但是口沿形态的变化十分显著。C 型釜的盘口形态分别在河姆渡遗址第三期和塔山遗址新石器时代下层中都能见到类似标本；相

---

①　GV 式敞口釜和 E 型敛口釜，分别参见浙江省文物考古研究所编：《河姆渡——新石器时代遗址考古发掘报告（上）》，文物出版社，2003 年，第 235 页图一六四和第 237 页图一六五。

同质地和形态的陶豆和器耳，也是这两处遗址同期遗存中的典型器物①。因此，鱼山遗址河姆渡文化晚期遗存，年代应与河姆渡遗址第三期、塔山遗址新石器时代下层相当，属于河姆渡文化三期。

2. 良渚文化遗存

这是鱼山遗址文化堆积最单薄的时期。零星出土的遗物中，鼎足最具代表性。Ⅰ式鼎足呈扁平状，外侧出现加厚倾向，是良渚文化中期的典型特征，Ⅱ式鼎足呈"T"字形，背面较宽大，是良渚文化晚期的典型特征②。因此，鱼山遗址良渚文化遗存，属于良渚文化的晚期。

3. 商周时期文化遗存

这是鱼山遗址文化堆积最为丰厚的时期。遗迹、遗物的数量和种类，均较史前时期遗存丰富。这些遗物中，印纹硬陶和原始瓷器最具代表性，对其年代的断定，可参考年代学研究比较成熟的土墩墓分期成果③。其中，印纹硬陶罐（H1：1）的卷沿、束颈、球腹、凹底，拍印直角相交席纹的特征，与江山县南区第四单元的Ⅰ式陶瓿［江地（平）2：1、3］基本一致，时代相当于商代中晚期；AⅠ、BⅠ式原始瓷豆分别与长兴便山土墩墓出土的Ⅱ式豆（D494②：19）、萧山柴岭山土墩墓出土的BⅡ式豆（D6M1：3）形态相同，时代相当于西周中期；AⅡ、BⅡ式原始瓷豆分别与柴岭山的AⅣ式豆（D4：39）和CⅡ式豆（D2M1：15）形态类似；B型原始瓷盂与柴岭山的BⅠ式盂形态一致，时代相当于西周晚期；原始瓷钵（T0309③：1）和原始瓷碗（T0309③：3），分别与德清亭子桥窑址出土的B型钵（T302①：10），柴岭山的AⅣ式碗（D27M1：16）形态基本相同，时代相当于春秋末至战国初期④。因此，鱼山遗址商周时期文化遗存的时代跨度较大，上限不超过商中晚期，下限则可至战国初期。

4. 唐宋时期文化遗存

这是鱼山遗址文化堆积较单薄的时期。出土遗物基本为青瓷器，数量和种类相对较少。其中包含有极少量年代较早的青瓷器，如青瓷钵（T0308②：1、T0306②：1），在宁波地区六朝墓随葬品中常见。其余均为唐宋时期的越窑青瓷器，以碗和盘最具代表性。Ⅰ式碗与慈溪寺龙口越窑出土的Ⅰ式碗（T4⑦：14）形态相同，年代相当于晚唐时期；Ⅱ式碗与寺龙口的BⅣ式碗（T6⑤：60）形态相同，年代相当于北宋早期；Ⅰ式盘与寺龙口的AaⅠ式盘（T5③c：18）形态相同，年代相当于五代时期；

---

① 陶釜、豆和器耳相关标木，分别参见浙江省文物考古研究所编：《河姆渡——新石器时代遗址考古发掘报告（上）》，文物出版社，2003年，第300页图二〇二、第305页图二〇五和第309页图二〇八；浙江省文物考古研究所、象山县文物管理委员会编：《象山塔山——新石器至唐宋遗址发掘报告》，文物出版社，2014年，第60页图七〇，第67~70页图七五—七七和第73页图七九。

② 朔知：《良渚文化的初步分析》，《考古学报》2000年第4期。

③ 陈元甫：《论浙江地区土墩墓分期》，浙江省文物考古研究所编《纪念浙江省文物考古研究所建所二十周年论文集（1979—1999）》，西泠印社，1999年。

④ Ⅰ式陶瓿，参见《江山县南区古遗址墓葬调查试掘》，浙江省文物考古所编：《浙江省文物考古所学刊》，文物出版社，1981年，第79页图一一；Ⅱ式豆，参见《浙江长兴县便山土墩墓发掘报告》，浙江省文物考古研究所编著：《浙江省文物考古研究所学刊——建所十周年纪念（1980—1990）》，科学出版社，1993年，第140页图一八；BⅡ式豆、AⅣ式豆、CⅡ式豆、BⅠ式盂、AⅣ式碗，分别参见杭州市文物考古研究所、萧山博物馆编：《萧山柴岭山土墩墓》，文物出版社，2013年，第25页图2-2-11、第22页图2-2-8、第27页图2-2-13、第33~35页图2-2-19至2-2-21和第36页图2-2-22；B型钵，参见浙江省文物考古研究所、德清县博物馆编：《德清亭子桥——战国原始瓷窑址发掘报告》，文物出版社，2011年，第65页图五三。

Ⅱ式盘与寺龙口的BaⅣ式盘（T2⑥a：11）形态类似，年代相当于北宋中期①。因此，鱼山遗址唐宋时期文化遗存的时代跨度较大，上限不超过唐代晚期，下限则至北宋中期。

（二）主要认识

第一，鱼山遗址发现的河姆渡文化二期遗存，系首次将该文化早期的空间分布范围扩展至近海区域。同时，它也是目前所知距离现代海岸线最近、年代最早的河姆渡文化遗存。这为研究河姆渡文化在沿海地区的分布、发展和演变问题提供了十分重要的基础性资料。

第二，鱼山遗址的河姆渡文化二、三期堆积之间，良渚文化晚期和商周时期堆积之间均存在较厚的淤泥层。这种文化层间隔自然层的堆积特点，在宁波地区史前至商周遗址中甚为少见，可能与该遗址分布于滨海地带有密切关系②。这对于研究宁波沿海地区史前至商周时期社会的人地关系演变问题提供了绝佳案例。

第三，鱼山遗址良渚文化晚期堆积，与宁波平原地区自然形成的"泥炭层"特征一致③。结合该层仅出土零星人工遗物，自然遗存埋藏十分丰富的特点，可以认为其并非人类活动所形成的文化层，在本次发掘区周边可能分布有良渚文化时期人群的活动区。这对于研究良渚文化在沿海地区的分布具有重要意义。

第四，鱼山遗址发现的商周时期遗存，出土遗迹和遗物虽然较为丰富，但是由于该时期地层堆积距地表较浅，相对较薄，且人类活动连续不断，特别是春秋末至战国初期古人的活动对晚商、西周时期遗存扰动较大，因此出土遗物的时代跨度也较大。宁波地区历年来较大规模发掘的商周时期遗址极少，该时期文化面貌尚不清晰。从这个角度来讲，鱼山遗址商周时期遗存的发现，对进一步厘清本地区该时期文化面貌具有重要意义，特别是其处于滨海地带，对于探索越文化在沿海地区的起源和传播具有重要价值。

领　队：王结华

发　掘：丁友甫　雷　少　张华琴

吴　敬　丁风雅　冯建科

孙明山　任瑞波　白玉川

---

①　Ⅰ式碗、BⅣ式碗、AaⅠ式盘和BaⅣ式盘，分别参见浙江省文物考古研究所、北京大学考古文博学院和慈溪市文物管理委员会编：《寺龙口越窑址》，文物出版社，2002年，第40页图二二、第64页图三八、第82页图五〇和第102页图六二。

②　相同类型的堆积，曾经在位于宁波姚江谷地东北缘的傅家山遗址有所发现。该遗址⑤层堆积被描述为"青灰色淤泥土，质细腻纯净，无遗物出土"，发掘者认为该层属于海相淤积土，时代介于河姆渡文化二、四期之间。可与鱼山遗址的同时期堆积相互对应。参见宁波市文物考古研究所编：《傅家山——新石器时代遗址发掘报告》，科学出版社2013年，第6~10、157~158页。

③　这种"泥炭层"分布较广，尤以宁波至余姚一带相对集中，曾经在童家岙遗址③层和傅家山遗址第二层中发现过这种堆积，均叠压在河姆渡文化层之上。作为研究海平面变化的间接指标，该层具有显著的优越性。参见张树夫：《宁绍平原的泥炭层及其对海面变化的反映》，《南京师大学报（自然科学版）》第14卷第1期，1991年。

何　强　车亚风　文　璋

郭梦雨　吴景林　张国喜

绘　图：刘小红　张　政　邵海波

丁风雅

摄　影：雷　少　丁风雅　胡冬青

修　复：冯建科　吴景林　张国喜

拓　片：吴景林

执　笔：雷　少　丁风雅　吴　波

（原载《东南文化》，2016年第4期。本文用了作者提供的线图，与原发表的略有不同）

浙江宁波奉化方桥何家遗址 2017 年发掘简报

宁波市文物考古研究所　宁波市奉化区文物保护管理所
南京大学历史学院考古文物系

遗址位于浙江省宁波市奉化区方桥街道何家行政村境内,时为宁波宁南贸易物流园区建设用地范围,与名山后遗址及下王渡遗址相距不远。这里地处四明山脉和天台山脉间的丘陵平原地带,地势平坦,剡江与东江在此汇聚成奉化江后流入宁波城区中心三江口,与余姚江交汇而成甬江,再向东北注入大海(图一)。

遗址于 2016 年 12 月配合宁南贸易物流园区建设时勘探发现,2017 年 3 至 9 月宁波市文物考古研究所联合奉化区文物保护管理所、南京大学进行了发掘。现将有关发掘情况作一简要报告。

一、地层堆积

勘探显示遗址分布区共四片,其中 Ⅰ 区面积 2200 平方米、Ⅱ 区面积 4000 平方米、Ⅲ 区面积 300 平方米、Ⅳ 区面积 3000 平方米。其中, Ⅰ 、Ⅱ 区内包含物较少,应为次生堆积区;Ⅲ 区现为池塘,地层已被破坏,仅发现零星遗物;Ⅳ 区遗迹遗物分布密集,应为中心堆积区。本次发掘重点位于Ⅳ 区(图三),同时为免遗漏,也对 Ⅰ 、Ⅱ 两区进行了布方发掘,共布设 10×10 米探方 10 个、8×10 米探方 1 个、6×10 米探方 1 个,总发掘面积 1140 平方米(图二)。

遗址所在地势北高南低,北部地层简单,南部相对复杂。地层堆积可分八层,现以Ⅳ T0101－Ⅳ T0301 西壁为例介绍(图四):

①层:耕土层。厚 10~25 厘米。内含青花瓷片、石块、砖瓦等。

②层:土质较黏硬,土色黄灰。厚 10~120 厘米。近现代扰乱堆积层。全方分布。该层下发现 5 座灰坑和 2 座地面建筑,出土青瓷片、青花瓷片、釉陶片等,其中 H3 出土釉陶敛口钵 1 件。

③层:土质较疏松,土色灰褐,夹杂大量铁锰结核,斑块较细碎。厚 0~50 厘米。因被②层扰乱,仅局部分布。该层下发现良渚文化墓葬 5 座。出土遗物以夹砂红陶和夹砂灰陶为主,包含原始瓷片、印纹硬陶片等。

④层:土质较疏松,土色黑褐,夹杂少量铁锰结核,斑块颗粒较粗。厚 0~55 厘米。本层上受②层扰乱,下又扰乱了其他地层,局部直接扰乱至生土。Ⅰ 、Ⅱ 区不见本层,仅Ⅳ 区局部分布。该层下发现灰坑 1 座。出土遗物以夹砂陶为主,可占 70%,器形主要见有鱼鳍形鼎足、高领圆腹圈足陶罐等。

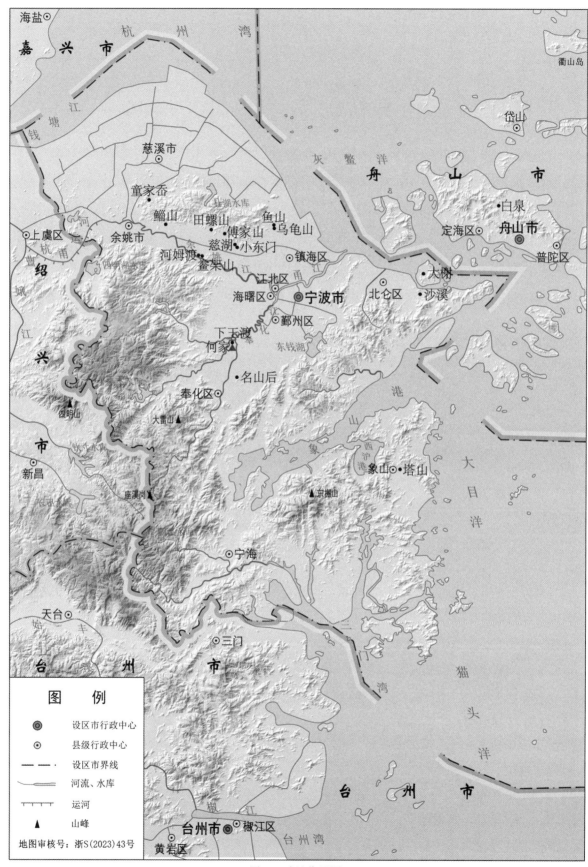

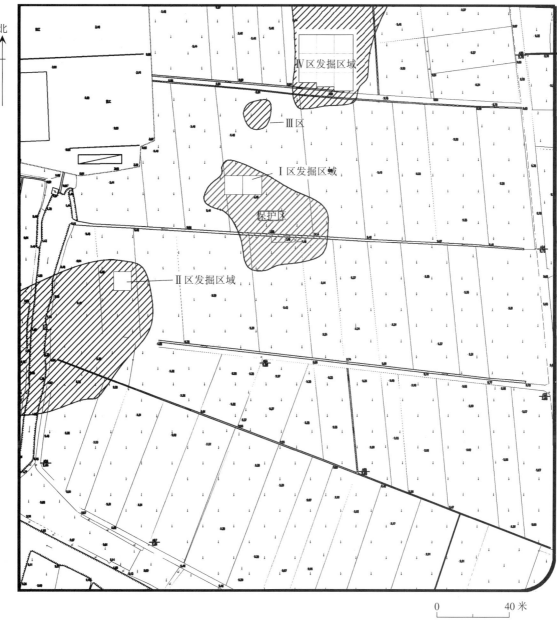

图二　遗址分布范围及布方位置示意图

图三　遗址Ⅳ区发掘区全景（上为北）

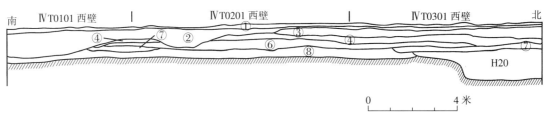

图四　Ⅳ区 T0101~T0301 西壁剖面图

⑤层：土质较黏湿，含砂，土色青灰。厚 0~50 厘米。淤泥土层，局部分布，主要分布于南部地势较低处，Ⅰ、Ⅱ区分布较普遍。本层出土遗物极少，器形见有"T"字形鼎足等。

⑥层：土质较疏松，土色红褐，夹杂大量铁锰结核和少量灰白色斑块，斑块较大。厚 0~45 厘米。分布范围较广，Ⅰ区亦有零星分布。出土遗物以夹砂灰陶和泥质磨光黑陶为主，器形主要见有磨光黑陶豆、刻划纹扁锥状足等。

⑦层：土质较黏湿，含砂，土色灰白，夹杂少量晕染状铁锰结核斑块。厚 0~40 厘米。仅局部分布。该层下发现遗迹丰富，包括 12 座灰坑（有些可能为水井或窖藏）、4 座水井和 316 个柱洞，或为同一大型干栏式建筑的组成部分。出土遗物较少，以夹砂灰黑陶为主，有少量泥质红陶。器形主要见有扁锥状足、釜、鼎、罐、支座等。

⑧层：土质较黏湿，土色黑灰，夹杂大量细小铁锰结核和草木灰。厚 5~40 厘米。全方分布。出土遗物较多，以夹砂或夹炭黑陶为主，有少量泥质灰陶。器形主要见有釜、鼎、支座、罐等。

⑧层下为青淤泥生土层。

二、遗迹遗物

根据地层堆积形成的早晚，结合遗迹相互关系和器物组合综合分析，遗址Ⅳ区遗迹遗物大致可分为五期。各期遗存如下：

（一）第一期遗存

包括⑦、⑧层和打破这两层的遗迹，Ⅰ、Ⅱ区也有这两层分布。Ⅳ区中⑧层以下北侧的生土面为一个稍高的土坡，并向北延伸出发掘区，南侧较为低平，地形可能为高台地。

1. 遗迹

（1）灰坑

13 座，编号 H1、H8、H10~H20。深度多在 1 米左右，有的接近 2 米，均开口于⑦层下并打破⑧层和生土。除 H1 可明确为灰坑性质外，其余 12 座可能另有用途。在 H10、H11、H12 和 H18 中出有木框架构件，H13、H14 和 H18 内有大量植物腐殖质，坑中出土器物均较少且破碎，不排除为窖藏或水井的可能。H20 面积较大，出土大量日常生活炊煮类陶器，可能原为水塘，后成为抛弃生活垃圾之地。

H11　位于Ⅳ区 T0102 北部和 T0202 南部。平面近似椭圆形，口径长轴 4、短轴 3.6 米，底径长轴 3.5、短轴 3.2 米，深 1.6 米。青灰色淤泥填土，包含较多木框架构件，不少带有加工痕迹（图五）。陶器较破碎，以泥质黑陶为主，兼有少量泥质红陶和夹砂红陶。填土中也浮选出少量桃子和楝树的果核（图六）。

H19　位于Ⅳ区 T0201 东北部。平面呈长方形，长 1.66、宽 0.58、深 0.26 米。灰黑色填土，夹杂较多草木灰和烧土粒。该灰坑被 F3 之 ZD117 打破，又打破 F3 之 ZD118。ZD117 为浅方形坑，底部铺垫木板，ZD118 为圆柱形深坑。因此，H19 亦可能是 ZD118 的柱坑。ZD118 属支撑柱，ZD117 属加固柱。坑内陶片极少且较细碎（图七）。

图五　H11（西→东）

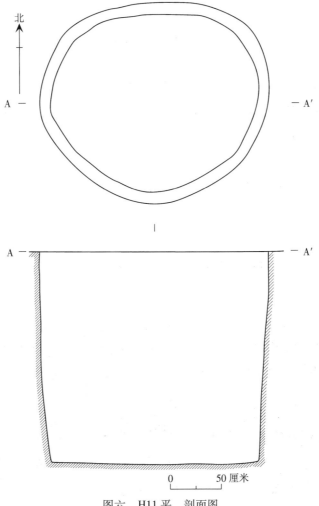

图六　H11 平、剖面图

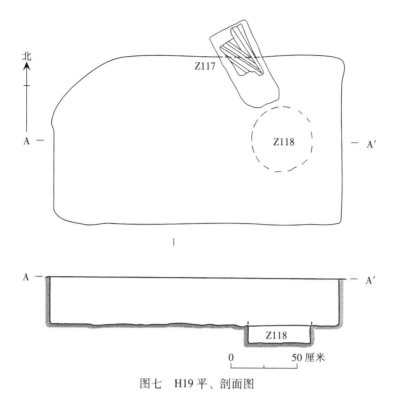

图七　H19平、剖面图

H20　位于Ⅳ区西北角。探方内部分呈1/4圆形，分内外两圈，外圈呈缓坡状，内圈呈直壁深坑，外圈最大半径8米，内圈最大半径4.5米，深1.6米。外圈缓坡填土为灰黑色淤泥，内圈深坑填土为青灰色淤泥。缓坡边缘可见F3的5个柱洞分布。灰坑内出土大量陶器及残片，主要分布于缓坡上（图八）。陶片共收集443片，其中夹砂陶占比74.7%，泥质陶占比25.3%，修复完整器物23件，器形有釜、鼎、罐、支座、豆、带把器、器盖、盆、盘、杯、石锛等，其中以夹砂陶的炊器数量最多，且多数陶片较大（图九）。

（2）水井

4口，编号J1~J4。其中J2、J3、J4中均包含大量植物腐殖质、橡子、楝树种子和碳化稻米等，其他包含物较少，其性质可能为窖藏。

图八　H20（东南→西北）

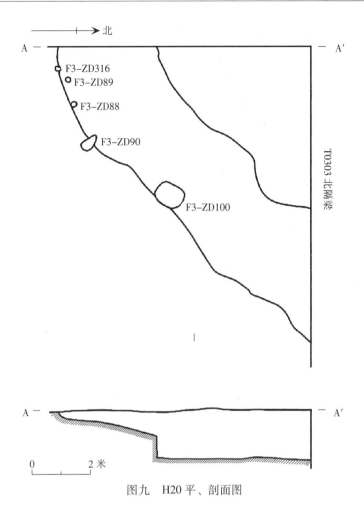

图九 H20 平、剖面图

J1 位于Ⅳ区 T0203 西北部，开口于⑦层下，打破⑧层和生土。开口近似圆形，口径 1.08、深 1.62 米（图一〇）。填土为灰黑色淤泥。陶片包括夹砂红陶、夹炭陶和磨光黑皮陶，器形有磨光黑皮 折腹罐、彩绘口沿鼓腹罐、鼎足、釜、豆等（图一一）。

图一〇 J1（南→北）

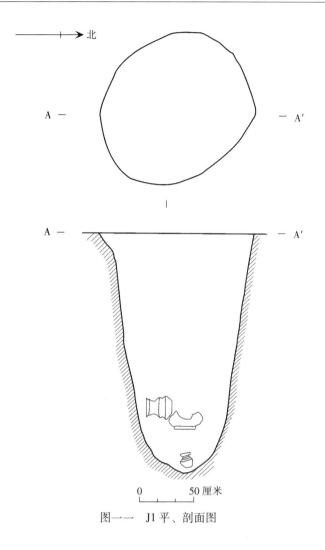

图一一　J1 平、剖面图

（3）房址

1 座，编号 F3。分布于整个Ⅳ区，部分延伸出发掘区西部和北部。该房址为干栏式建筑，由 316 个柱洞、柱坑或木桩围成一个向东敞开的圆形院落，院落中心为小广场，没有发现柱洞和其他遗迹。东侧敞开处密集分布着 13 处灰坑、水井或窖藏，另有 3 处分散于南部和西部。柱洞可分为圆形、长方形、不规则形 3 种，深浅不一，浅者底部垫有 1~2 根横木或木板作为柱础，深者为木桩直接打入地下或挖柱洞栽桩。柱洞有的被⑧层覆盖，有的打破⑧层，这一现象说明房子延续时间较长且使用过程中作过多次修补。柱洞内可见少量陶片。属于使用时期堆积的⑧层中可见大量夹炭陶、夹砂陶和泥质陶片，器形有釜、鼎、支座等日用炊器，与 H20 所出器物相同（图一二）。

2. 遗物

（1）陶器

以夹砂陶为主，泥质陶次之，有少量夹炭陶和夹蚌陶。从出土位置来看，地层中夹砂陶的数量多于遗迹，而遗迹中的泥质陶多于地层，且有较多数量的泥质黑皮陶。炊煮类器物数量最多，以夹砂陶和夹炭陶为主，器形包括釜、鼎、支座、器盖、灶等。釜和鼎都有共同的特征，即均为宽沿，沿面内凹，呈盘口状。若不带足，鼎和釜类器物较难区分；其他生活类器物以泥质陶和夹砂陶为主。器形有

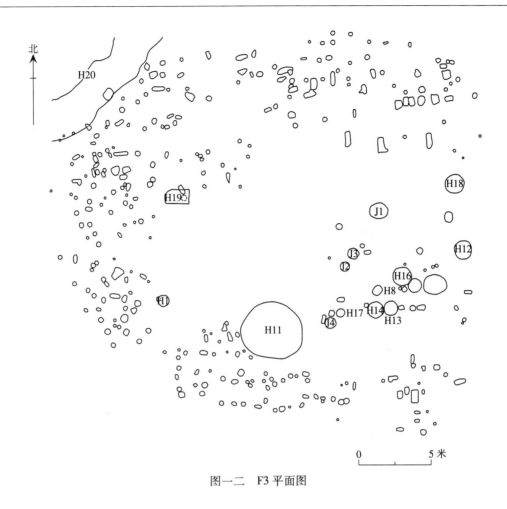

北
H20

H19

H18

J1

J1

H13

H12

H16

H8

H17 H14

H13

H11

0　　　　5 米

图一二　F3 平面图

　　罐、壶、豆、杯等。夹砂陶类器物上多见附加堆纹、锥刺纹、凸棱、竖向刻划纹，也有少量绳纹；泥质陶类器物上常见圆形或三角形镂孔、弦纹和凸棱等，有少量泥质陶罐的口沿下部饰有带状黑彩。

　　釜　无完整器，以夹砂褐陶为主，大小不一。基本形制为大敞口，宽折沿或微卷沿，沿面内凹，高领，束颈，鼓腹，圜底，腹部常饰绳纹，器表均布烟炱。H20:1，夹砂红褐陶，方唇，底部残缺，通体饰绳纹，器表满布烟炱。口径 15、残高 10 厘米（图一三:1；图一六:1）。H20:2，夹炭灰褐陶，圆唇，腹及底部残缺。口径 27.2、残高 9 厘米（图一三:2；图一六:2）。H20:3，夹砂红褐陶，圆唇，上腹部饰两周凸棱，腹及底部残缺。口径 15、残高 8 厘米（图一三:3；图一六:3）。

　　鼎　以夹砂红褐陶为主，盘口，宽沿，鼓腹，圜底，器表饰绳纹，有烟炱，鼎足常为扁凿状或扁三角形，足面常饰刻划纹。ⅣT0301⑦:5，鼓腹，上腹和下腹各有一周凸棱，仅余一残足，足横装，足外侧平直。口径 26.5、残高 14.6 厘米（图一三:4；图一六:4）。J1:5，横置三棱体鼎足，外侧面内凹，饰复线方框及曲线纹，残高 12 厘米（图一三:6；图一六:5）。ⅣT0303⑧:1，横置扁凿形鼎足，外侧面内凹，左右边缘饰锯齿状凹槽。残高 8 厘米（图一三:8）。

　　器盖　均为夹砂陶，器表均有烟炱痕。按腹部、口沿和器纽的差异可分为三型：

　　A 型　覆碗形，鼓顶，敞口。H20:7，夹砂红陶，喇叭形器纽较矮，顶中部饰一周凸棱。口径 24、通高 4.5 厘米（图一三:7；图一六:6）。

　　B 型　覆碟形，凹顶，侈口。H20:12，夹砂黄褐陶，喇叭形器纽较高，顶中部和器纽颈间各饰一

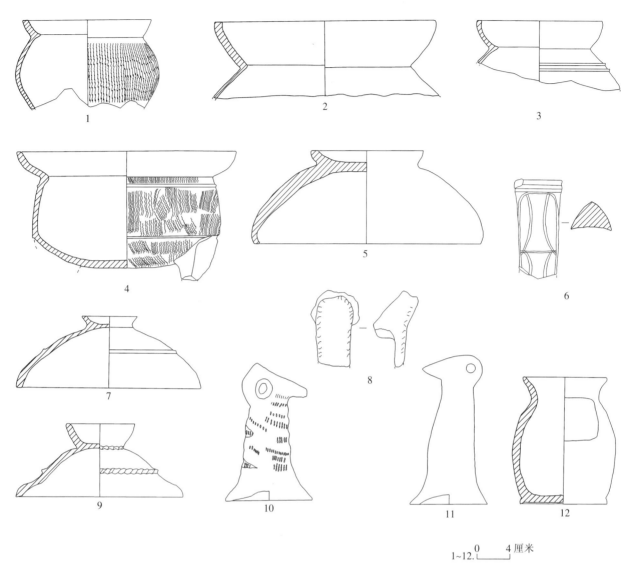

图一三　第一期遗存器物

1-3. 陶釜（H20：1、H20：2、H20：3）　4、6、8. 陶鼎（ⅣT0301⑦：5、J1：5、ⅣT0303⑧：1）　5、7、9. 陶器盖（H20：10、H20：7、H20：12）　10、11. 陶支座（H20：18、H20：21）　12. 陶灶（ⅣT0301⑦：2）

周凸棱。口径20.5、通高8.6厘米（图一三：9；图一六：7）。

C 型　覆钵形，弧顶，敛口。H20：10，夹砂灰褐陶，圈足形器纽较矮。口径27.4、通高11厘米（图一三：5）。

支座　均为鸟头形，顶部形成斜平面，后部上端钻孔形成捉手。上细下粗似喇叭形圈足。器表多有烟炱，通体多饰绳纹。H20：18，夹砂灰褐陶，通体可见制作时的指窝纹和拍印绳纹。通高16、底径10.6厘米（图一三：10；图一六：8）。H20：21，夹砂红陶，中部略粗。通高17.7、底径9.4厘米（图一三：11；图一七：1）。

灶　1件。ⅣT0301⑦：2，夹粗砂黄褐陶，敞口，束颈，弧腹，饼形平底。上腹部开方圆形孔，部分器表可见烟炱痕。口径10.4、底径10.8、通高15.2厘米（图一三：12；图一七：2）。

豆　均为泥质灰黑陶，豆盘多折腹，圈足多饰弦纹、凸棱和镂孔。H1：1，泥质灰陶，柄及圈足残缺，宽沿，沿面内凹，折腹，上腹部内凹，下腹部斜弧。口径 22、残高 8.4 厘米（图一四：1；图一七：3）。H20：28，泥质红陶，豆盘残缺，喇叭口形圈足，饰长方形、三角形镂孔及凹弦纹。底径 12、残高 10.2 厘米（图一四：2；图一七：4）。H20：32，圈足残缺，泥质红陶，敞口，圆唇，大圈足，腹部饰凸棱。口径 20、残高 4.4 厘米（图一四：3）。H20：35，泥质黑皮陶，微敛口，平沿，弧腹，腹中部折，腹和圈足间饰凸弦纹。口径 16、残高 7 厘米（图一四：4）。H20：24，泥质黑衣红陶，豆盘大部分残缺。圈足较粗矮，足底外撇，饰圆形镂孔和刻槽眼形纹。底径 14.6、残高 8.8 厘米（图一四：5；图一七：5）。H20：17，泥质黑陶，敛口，宽沿，弧腹，矮喇叭形圈足。口径 20.4、底径 11.8、通高 9.5 厘米（图一四：6）。ⅣT0301⑦：1，泥质灰陶，豆盘和圈足底部残缺，算盘珠形豆柄，喇叭口形圈足。豆柄饰 8 个对称长方形镂孔，圈足饰弧线三角形镂孔，残高 11 厘米（图一四：7）。H20：27，泥质黑皮陶，豆盘残缺，喇叭形圈足，足下部外撇，足与豆柄间明显收缩。圈足上部饰三角形镂孔及刻划。底径 16、残高 10.8 厘米（图一四：9）。

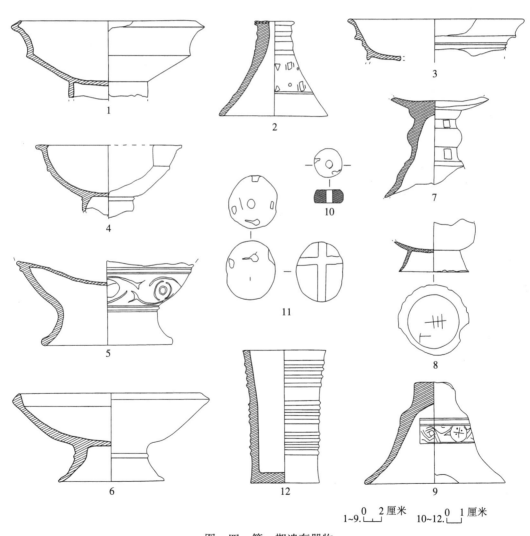

图一四　第一期遗存器物

1~7、9. 陶豆（H1：1、H20：28、H20：32、H20：35、H20：24、H20：17、ⅣT0301⑦：1、H20：27）
8. 陶壶（ⅣT0203⑧：2）　10. 陶纺轮（J2：1）　11. 陶网坠（J2：2）　12. 陶杯（H20：9）

壶　ⅣT0203⑧：2，泥质黑皮陶，仅余下腹及圈足。弧腹，喇叭口圈足较高。足内腹底饰"丰"字形刻划符号。残高6、底径8厘米（图一四：8；图一七：6）。

杯　H20：9，泥质黑皮陶，侈口，直腹略内弧，平底。腹部饰三组纹饰，每组由4周凸弦纹组成。口径5.8、底径4.8、通高9厘米（图一四：12；图一八：1）。

纺轮　J2：1，泥质灰陶，圆台形，中间穿孔。外径2.1、孔径0.4厘米（图一四：10；图一七：7）。

网坠　J2：2，泥质灰陶，橄榄形，器表共有6个镂孔相互连通，最大腹径4厘米（图一四：11；图一七：8）。

罐　可分为泥质陶和夹砂陶两种，多为敞口、高领、束颈、折腹。泥质陶多带圈足，夹砂陶多平底并有烟炱痕。H20：22，泥质灰褐陶，敞口，高领，束颈，溜肩，折腹，平底。肩腹部饰多道凸棱，折腹处饰对称贯耳。口径19.4、底径11.6、通高23厘米（图一五：1；图一八：2）。H20：16，夹砂红陶，局部有烟炱痕。敞口，高领，束颈，斜鼓肩，折腹，平底，领肩间和中腹饰凸棱。口径15、底径8.6、通高18.6厘米（图一五：2；图一八：3）。J1：4，泥质黑皮陶，敞口，圆唇，高领，折肩，折腹，平底，肩及腹部饰多道凸棱。口径7.8、底径5.8、通高8.7厘米（图一五：3；图一八：4）。J1：3，泥质红陶，盘口，束颈，球形腹，圈足。口沿外侧饰多道黑彩条带纹。口径21.2、底径12、通高19.6厘米（图一五：4；图一八：5）。ⅣT0301⑦：6，泥质黑皮陶，敛口，高领，束颈，丰肩，鼓腹，矮圈足。肩及中腹饰凸棱。口径8.8、底径8、通高15.4厘米（图一五：5；图一八：6）。J1：2，泥质黑皮陶，圈足残缺，敞口，高领，束颈，折肩，折腹，领、肩和腹部饰多道凸棱。口径14.4、残高18.8厘米（图一五：6；图一八：7）。

（2）石器

器形有石锛和石楔。H20：13，石锛，黑色变质岩，通高9.5厘米（图一五：8；图一八：9）。ⅣT0302⑧：2，石锛，青灰色泥岩，通高10.6厘米（图一五：9）。ⅣT0301⑦：3，石锛，青灰色泥岩，通高4.6厘米（图一五：10）。ⅣT0302⑧：1，石楔，长条形，双面刃，通高10.4厘米（图一五：12）。

（3）木器

J4：1，木陀螺形器，中部有一周砍琢的凹槽。通高9、直径5.3厘米（图一五：7；图一八：8）。H10：2，木陀螺形器，中部有一周砍琢的凹槽。通高5.1、直径8.4厘米（图一五：11）。

（二）第二期遗存

包括⑤、⑥层和房址F1、F2。其中⑤层主要分布在Ⅰ、Ⅱ区，Ⅳ区中仅分布在南部地势低洼区域，并向南延伸至Ⅰ、Ⅱ区；⑥层主要分布在Ⅳ区，但被④层严重破坏，分布零散且高低不平。Ⅰ区⑥层也有局部分布。

1. 遗迹

房址2座，编号F1、F2。均位于Ⅳ区北部地势较高处，开口于④层下，打破⑦、⑧层，且F1打破F2。房址地面均经多层铺垫，垫土中含较多草木灰和红烧土（图一九）。惜破坏较为严重，仅见无

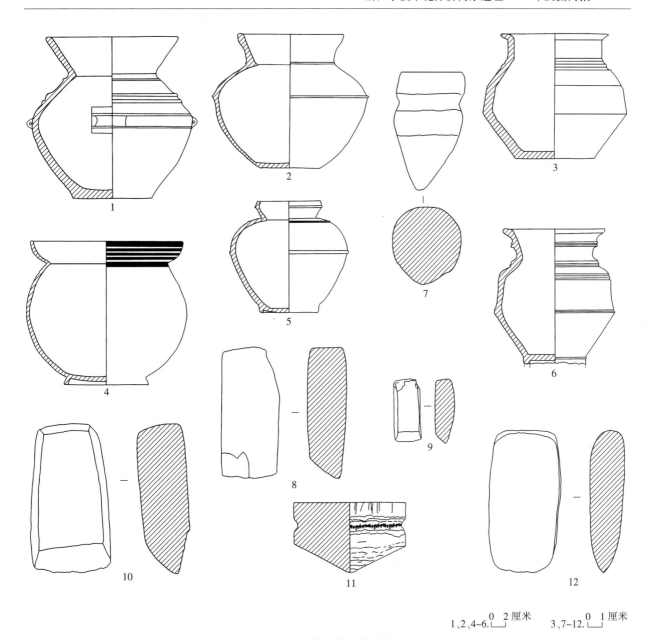

1、2、4~6. ⌊0　2厘米⌋　　3、7~12. ⌊0　1厘米⌋

图一五　第一期遗存器物

1~6. 陶罐（H20：22、H20：16、J1：4、J1：3、ⅣT0301⑦：6、J1：2）　7、11 木陀螺形器（J4：1、H10：2）　8~10. 石锛
（H20：13、ⅣT0302⑧：2、ⅣT0301⑦：3）　12. 石楔（ⅣT0302⑧：1）

序的柱洞若干，整体面貌不甚清晰。柱洞均为圆形深坑，部分底部尚保留残木桩，其位置上下叠压，可能是同一座房屋重复修葺使用。

2. 遗物

（1）陶器

本期陶器与第一期陶系基本相同，器形有鼎、豆、釜、罐等。区别是数量上有所变化，比如鼎足的增加反映了鼎形器的增加，支座的减少反映了釜类器的减少等。

鼎　ⅣT0202⑥：8，夹砂红陶，盘口，沿外侧饰多道凸弦纹。口径 21.8、残高 5.6 厘米（图二〇：1）。ⅣT0101⑥：6，夹砂红陶，盘口，弧腹，底及足残缺，腹部饰多道凸弦纹。口径 10.5、残高

图一六　第一期遗存陶器

1. 釜（H20：1）　2. 釜（H20：2）　3. 釜（H20：3）　4. 鼎（ⅣT0301⑦：5）　5. 鼎足（J1：5）　6. 器盖（H20：7）
7. 器盖（H20：12）　8. 支座（H20：18）

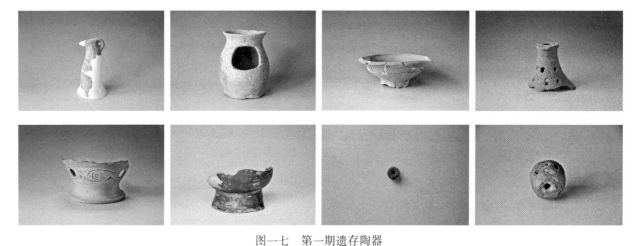

图一七　第一期遗存陶器

1. 支座（H20：21）　2. 灶（ⅣT0301⑦：2）　3. 豆（H1：1）　4. 豆（H20：28）　5. 豆（H20：24）　6. 壶（ⅣT0203⑧：
2）　7. 纺轮（J2：1）　8. 网坠（J2：2）

7.4厘米（图二〇：5）。F1：7，横置扁凿形鼎足，夹砂红陶，足面中部凸起，两侧饰指窝纹。残高
8.6厘米（图二〇：7）。ⅡT0101⑤：2，横置扁三角形鼎足，夹砂红陶，正面饰刻划纹，两侧饰锯齿
纹。通高12.8厘米（图二〇：9）。ⅣT0201⑥：3，方凿形足，夹砂红陶，足面饰斜向平行刻划纹。通

图一八　第一期遗存器物

1. 陶杯（H20：9）　2. 陶罐（H20：22）　3. 陶罐（H20：16）　4. 陶罐（J1：4）　5. 陶罐（J1：3）

6. 陶罐（ⅣT0301⑦：6）　7. 陶罐（J1：2）　8. 木陀螺形器（J4：1）　9. 石锛（H20：13）

图一九　F1（南→北）

长 10.7 厘米（图二〇：10）。ⅣT0103⑥：3，侧扁三角形鼎足，夹砂红陶，正面饰刻划纹，外侧饰锯齿纹。通高 11 厘米（图二〇：11）。F2：7，横置扁凿形鼎足，夹砂红陶，足面中部凸起，两侧饰指窝纹。残高 11 厘米（图二〇：12）。ⅣT0103⑥：13，侧扁三角形足，夹砂红陶，外侧边稍宽于内侧边，足面饰交错刻划纹。残高 9.9 厘米（图二〇：13）。F1：3，扁凿形足，夹砂红陶，两侧锯齿状，足面饰竖向刻划纹。残高 12.3 厘米（图二〇：14）。

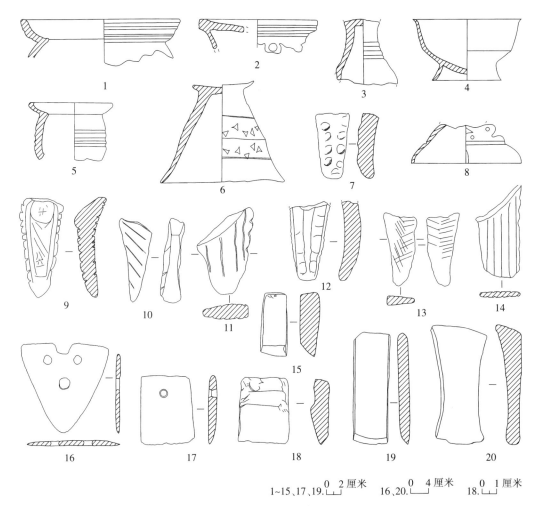

1~15、17、19.┗0╌2厘米　16、20.┗0╌4厘米　18.┗0╌1厘米

图二〇　第二期遗存器物

1、5、7、9~14. 陶鼎（ⅣT0202⑥：8、ⅣT0101⑥：6、F1：7、ⅡT0101⑤：2、ⅣT0201⑥：3、ⅣT0103⑥：3、F2：7、Ⅳ
T0103⑥：13、F1：3）　2~4、6、8. 陶豆（F2：5、ⅣT0102⑥：7、ⅠT0102⑤：1、F2：3、ⅡT0101⑥：3）　15、18、
19. 石锛（F1：1、ⅣT0103⑥：1、ⅣT0102⑥：2）　16. 石犁（ⅣT0102⑥：1）　17. 石钺（ⅣT0102⑥：3）　20. 砺石
（ⅣT0101⑥：4）

豆　F2：5，泥质灰陶，仅余部分圈足、豆柄及豆盘底部，柄部饰镂孔，盘底饰凸弦纹。残高 4.2
厘米（图二〇：2）。ⅣT0102⑥：7，泥质灰陶，余喇叭形圈足和豆柄部分，柄部饰多道凸弦纹。残高
8.5 厘米（图二〇：3）。ⅠT0102⑤：1，泥质灰陶，敞口，窄折沿，斜腹下内折，喇叭形大圈足。口
径 14.4、通高 8 厘米（图二〇：4；图二一：1）。F2：3，泥质红褐陶，仅余大喇叭形圈足及豆柄部
分，柄部饰三角形镂孔和凹弦纹。残高 13 厘米（图二〇：6）。ⅡT0101⑥：3，泥质灰陶，仅存矮喇叭
形圈足部分，表面饰凹弦纹、刻划纹和镂孔。残高 5 厘米（图二〇：8）。

（2）石器

主要见有石犁、石钺、石锛、砺石等。数量较第一期明显增多，功能也更为多样。

石犁　ⅣT0102⑥：1，黑色变质岩，扁正三角形，两侧边双面刃，上缘中部有凹缺，犁面等距钻
3 个圆形镂孔。通长 20、宽 20.2 厘米（图二〇：16；图二一：2）。

石钺　ⅣT0102⑥：3，青灰色泥岩，近扁正方体，双面刃，上部正中有一个圆形镂孔。通高 9.2

厘米（图二〇：17；图二一：3）。

石锛　F1：1，青灰色泥岩，扁长方体，通长 8.2 厘米（图二〇：15）。ⅣT0103⑥：1，青灰色泥岩，扁正方体，带段，段上部带凹槽。通高 3.6 厘米（图二〇：18）。ⅣT0102⑥：2，青灰色泥岩，细扁长方体，通长 15 厘米（图二〇：19；图二一：4）。

砺石　ⅣT0101⑥：4，黄灰色细砂岩，长条形六面体，两端宽，中间窄，四面均有不同程度的磨砺凹陷。通长 28 厘米（图二〇：20；图二一：5）。

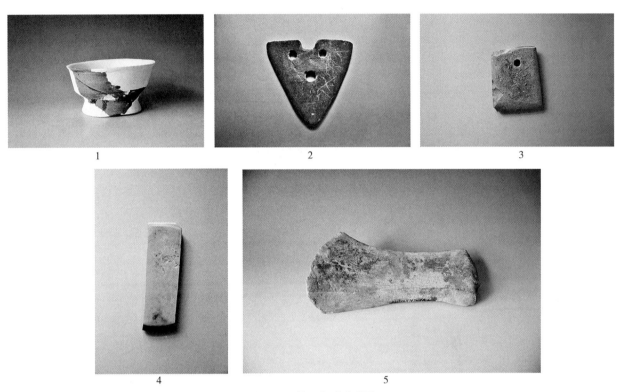

图二一　第二期遗存器物
1. 陶豆（ⅠT0102⑤：1）　2. 石犁（ⅣT0102⑥：1）　3. 石钺（ⅣT0102⑥：3）　4. 石锛（ⅣT0102⑥：2）
5. 砺石（ⅣT0101⑥：4）

（三）第三期遗存

包括④层及墓葬 M1~M5。④层对⑤、⑥层的破坏较为严重，而墓葬均分布在未被破坏的⑥层面上。Ⅰ、Ⅱ区缺少本期遗存。

1. 遗迹

墓葬 5 座，编号 M1~M5。墓葬方向一致，均为东南—西北向；葬式一致，均为长方形竖穴浅坑墓，墓底均铺有一层树皮，未见葬具。树皮颜色棕红，有纵向条纹，内壁向上，外表向下，或为整体剥取。树皮大小不同决定了墓葬规格的差别，但差别不大。人骨保存很差，仅在 M3 中发现一段上肢骨，M4 中发现一段上肢骨和少许人牙，由此可判断头向东偏南。随葬品一般置于腰部及以下，均为小型石器和陶器，石器一般为石锄、石锛、石钺组合，陶器为釜或圈足碗组合。

　　M3 长方形竖穴浅坑，头向 107 度。墓口长 2.3、宽 0.36、深 0.09～0.12 米。随葬品有 1 件石锛、1 件石钺和 2 件陶碗。人骨架仅见一小段上肢骨（图二二，图二三）。

　　2. 遗物

　　包括墓葬和地层堆积出土遗物两大类，地层中出土遗物根据质地又可细分为地层陶器、地层石器两类。

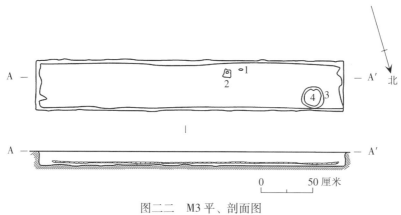

图二二　M3 平、剖面图
1. 石锛　2. 石钺　3. 陶碗　4. 陶碗

图二三　M3（东→西）

（1）墓葬出土器物

M1 为石锄、石锛、陶碗组合。M1：1，石锄，青灰色变质岩，横长方形，双面刃，刃部较平，上端正中有一个管钻圆孔。宽 8.4 厘米（图二四：1；图二六：1）。M1：2，石锛，灰白色泥岩，近正方形，体型较小，刃口较高。通高 2.8 厘米（图二四：2；图二六：2）。M1：3，陶碗，泥质黑衣红陶，直口，弧腹下收，圈足。口径 9.4、底径 6、通高 5 厘米（图二四：3；图二六：3）。

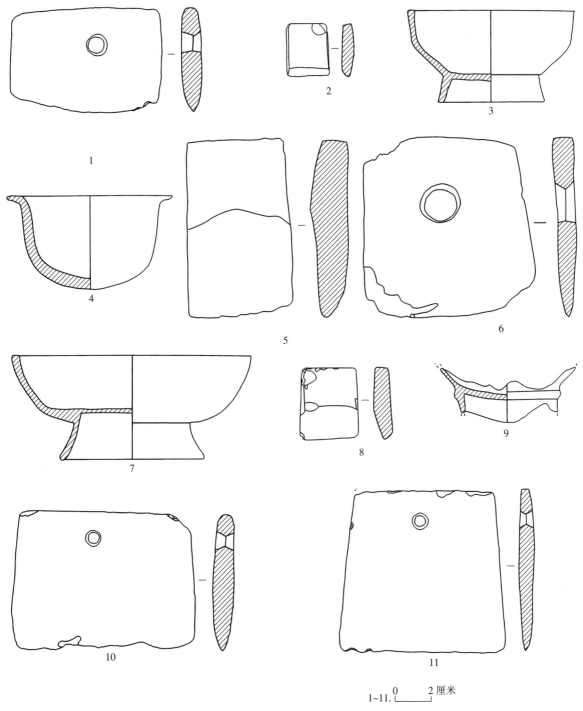

图二四　M1~M5 出土器物

1、10、11. 石锄（M1：1、M4：1、M5：1）　　2、5、8. 石锛（M1：2、M3：1、M5：2）　　3、7、9. 陶碗（M1：3、M3：3、M3：4）　　4. 陶釜（M2：1）　　6. 石钺（M3：2）

M2 仅发现一件陶釜。M2：1，陶釜，夹砂黑陶，敞口，卷沿，弧腹，圜底。口径 9、通高 4.9 厘米（图二四：4；图二六：4）。

M3 为石锛、石钺、陶碗组合。M3：1，石锛，灰白色泥岩，刃部有明显崩茬。通高 9.5 厘米（图二四：5；图二六：5）。M3：2，石钺，黑灰色泥岩，近正方形，刃部外弧，偏上部中间有一个管钻圆孔。通高 10.6 厘米（图二四：6；图二六：6）。M3：3，陶碗，泥质黑衣红陶，敞口，弧腹，高圈足。口径 14.6、通高 6.2 厘米（图二四：7；图二六：7）。M3：4，陶碗，泥质红陶，仅余下腹和圈足，弧腹，高圈足。残高 3 厘米（图二四：9）。

M4 仅发现一件石锄。M4：1，石锄，青灰色变质岩，横长方形，双面刃，刃部略内弧，上端中间偏一侧有一个管钻小圆孔。通宽 10.8 厘米（图二四：10；图二六：9）。

M5 为石锄、石锛组合。M5：1，石锄，黑色细砂岩，平面呈上窄下宽的梯形，双面刃，刃部平直，上端正中有一个管钻小圆孔。通高 10 厘米（图二四：11；图二六：10）。M5：2，石锛，灰白色泥岩，竖长方形，刃部位置较高。通高 3.8 厘米（图二四：8；图二六：8）。

（2）地层出土陶器

主要为鼎、豆、罐。陶系较第二期发生较大变化，釜类器基本不见，鼎类器大量增加，鼎足多为侧装三角形或圆锥形。豆多高柄带凸棱，柄部不见镂孔装饰。泥质红陶或泥质黑衣红陶数量较多。

鼎足 ⅣT0101④：3，夹砂灰陶，横置扁凿形，足面中部略内凹。通高 12.5 厘米（图二五：1）。ⅣT0103④：10，夹砂红陶，侧装扁足，足下部残缺，足面饰多道竖向刻划纹。残高 11.8 厘米（图二五：2）。ⅣT0202④：6，夹砂红陶，鱼鳍形侧装扁足，足下部残缺，足面饰多道竖向刻划纹。残高 6.5 厘米（图二五：3）。ⅣT0203④：10，夹炭红陶，凿子形，足下部残缺。残高 9.6 厘米（图二五：4）。ⅣT0301④：6，夹砂红陶，侧装扁三角形，足面饰竖向刻划纹。通高 19.8 厘米（图二五：5）。

豆 ⅣT0103④：12，泥质灰陶，仅余豆柄和部分圈足及豆盘，豆柄部饰凸棱。残高 8.5 厘米（图二五：6）。ⅣT0203④：6，泥质灰陶，豆盘残，喇叭形矮圈足，圈足饰凹弦纹，残高 7 厘米（图二五：7）。ⅣT0203④：1，泥质黑衣红陶，敞口，折腹，细高柄，喇叭形圈足，柄部饰数周凸棱。口径 16.8、底径 14.7、通高 19.8 厘米（图二五：8；图二八：1）。ⅣT0203④：11，泥质灰陶，仅余豆柄及部分喇叭形圈足，柄部饰多道凸棱。残高 9 厘米（图二五：9）。

罐 ⅣT0301④：5，泥质红陶，直口微敛，短颈，丰肩，圆鼓腹，假圈足平底。上腹部饰对称附加堆纹鋬手，圈足饰杂乱绳纹。口径 12、底径 14.4、通高 27 厘米（图二五：15；图二八：7）。

（3）地层出土石器

以石锛、石楔为主，较上期新增加了石锄、石纺轮、玉环残件。

石锛 ⅣT0101④：1，灰白色泥岩，中上部带段，刃口崩茬。通高 4 厘米（图二五：10；图二八：2）。ⅣT0303④：4，灰白色泥岩，长方体。通高 3.4 厘米（图二五：11；图二八：3）。

石纺轮 ⅣT0301④：1，黑色砂岩，圆台形，单面钻孔。外径 4、孔径 1.2 厘米（图二五：12；图二八：4）。

石楔 ⅣT0201④：1，灰色变质岩，近长椭圆形，中部略厚，双面刃。通高 11.4 厘米（图二五：13；图二八：5）。

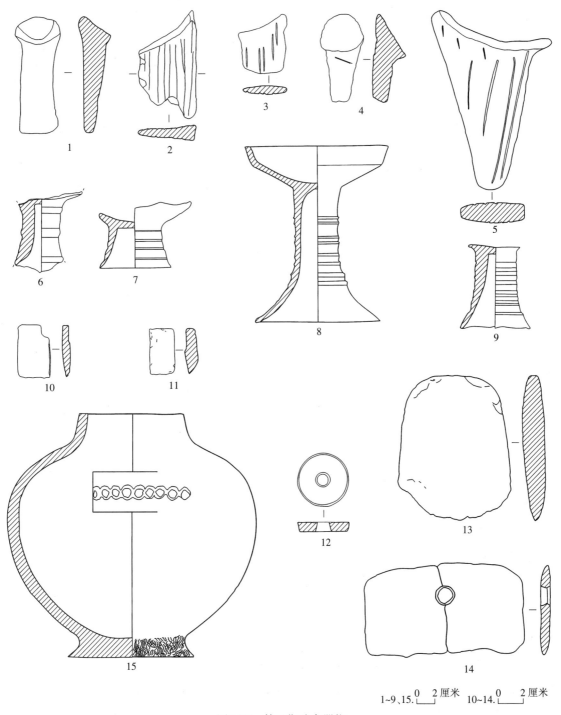

1~9、15. 0 ___ 2 厘米   10~14. 0 ___ 2 厘米

图二五　第三期遗存器物

1~5. 陶鼎足（ⅣT0101④：3、ⅣT0103④：10、ⅣT0202④：6、ⅣT0203④：10、ⅣT0301④：6）　6~9. 陶豆（ⅣT0103④：12、
ⅣT0203④：6、ⅣT0203④：1、ⅣT0203④：11）　10、11. 石锛（ⅣT0101④：1、ⅣT0303④：4）　12. 石纺轮（ⅣT0301④：1）
13. 石楔（ⅣT0201④：1）　14. 石锄（ⅣT0301④：2）　15. 陶罐（ⅣT0301④：5）

石锄　ⅣT0301④：2，灰白色泥岩，扁长方形，刃口略内凹，上部中间有一个管钻圆孔。通宽
12.5 厘米（图二五：14；图二八：6）。

图二六 第三期遗存器物

1. 石锄（M1：1） 2. 石锛（M1：2） 3. 陶碗（M1：3） 4. 陶釜（M2：1） 5. 石锛（M3：1） 6. 石钺（M3：2） 7. 陶碗（M3：3） 8. 石锛（M5：2） 9. 石锄（M4：1） 10. 石锄（M5：1）

（四）第四期遗存

③层。由于受到第②层扰乱，在Ⅳ区仅局部分布，Ⅰ、Ⅱ区分布较普遍。本期无遗迹发现，出土遗物较少。

1. 陶器

器形以鬲、鼎、器盖为主，兼有少量的硬陶、原始瓷片。

鬲足　ⅣT0201③：7，夹砂红陶，袋足较矮，无实足尖。残高4.9厘米（图二七：1）。

鼎足　ⅠT0101③：6，夹砂红陶，锥形。通高9.2厘米（图二七：2）。

器盖　ⅠT0101③：12，夹砂灰黑陶，圈足形器钮，弧顶残。残高4厘米（图二七：3）。

原始瓷片ⅣT0102③：3，灰胎，青黄色釉，饰方格纹和窗格纹。最宽4.5厘米（图二七：7）。

2. 石器

见有石锛和石刀。

石锛　ⅣT0201③：3，灰白色泥岩，窄长条形，有段，段上部有凹槽。通高11.4厘米（图二七：4；图二八：8）。ⅣT0201③：4，灰白色砂岩，窄长条形，单面刃。通高9厘米（图二七：6；图二八：

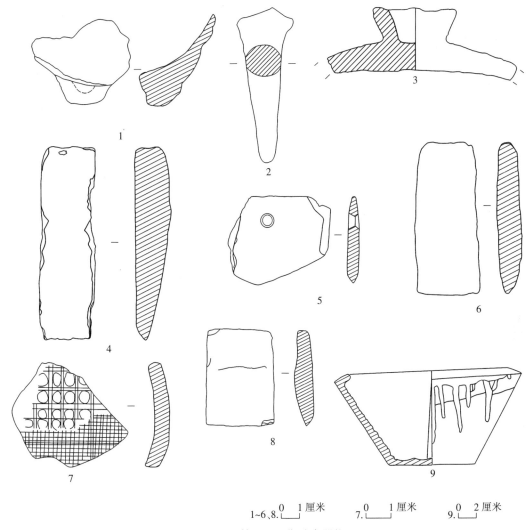

1~6、8. 　0　1 厘米　　　7. 　0　1 厘米　　　9. 　0　2 厘米

图二七　第四、五期遗存器物

1. 陶鬲足（ⅣT0201③：7）　2. 陶鼎足（ⅠT0101③：6）　3. 陶器盖（ⅠT0101③：12）　4、6、8. 石锛（ⅣT0201③：
3、ⅣT0201③：4、ⅣT0201③：2）　5. 石刀（ⅣT0102③：1）　7. 原始瓷片（ⅣT0102③：3）　9. 釉陶钵（H3：1）

10）。ⅣT0201③：2，灰白色泥岩，长方形，有段，段上部有凹槽。通高 5.7 厘米（图二七：8；图二
八：11）。

石刀　ⅣT0102③：1，灰黑色泥岩，残缺 1/3，平背，弧双面刃，整体似犁铧，上部中间有一个
对钻小圆孔。通高 4.8 厘米（图二七：5；图二八：9）。

（五）第五期遗存

包括②层下开口的 5 个灰坑。灰坑中除 H3 出土 1 件完整釉陶钵外，并无其他遗物。

1. 遗迹

H3　位于Ⅳ区 T0203 中部，打破 F1 和 F2 垫土。平面近椭圆形，平底。口径长轴 0.7、短轴 0.6、
底径 0.6、深 0.4 米。填土呈灰色，土质疏松，包含大量烧土颗粒、草木灰等。坑内出土 1 件完整的施
釉陶敛口钵。

图二八　第三、四、五期遗存器物

1. 陶豆（ⅣT0203④：1）　2. 石锛（ⅣT0101④：1）　3. 石锛（ⅣT0303④：4）　4. 石纺轮（ⅣT0301④：1）　5. 石楔（ⅣT0201④：1）　6. 石锄（ⅣT0301④：2）　7. 陶罐（ⅣT0301④：5）　8. 石锛（ⅣT0201③：3）　9. 石刀（ⅣT0102③：1）　10. 石锛（ⅣT0201③：4）　11. 石锛（ⅣT0201③：2）　12. 钵（H3：1）

2. 遗物

釉陶钵　H3：1，红胎。敛口，内折沿，斜腹，平底。内壁有数周凹旋纹。肩部施青黄色釉，有流釉现象。口径16.8、底径9.2、通高10厘米（图二七：9；图二八：12）。

三、初 步 认 识

（一）对于各期遗存时代的认识

第一期遗存。陶器中以夹砂红陶为大宗，夹砂灰陶和泥质黑衣红陶次之，有一定数量的夹炭陶。泥质陶器流行灰黑陶或磨光黑皮陶。鼓腹盘口釜数量较多，盘口的特征也表现在鼎和罐等器形上。鼎足以侧装扁四棱锥体或横置扁凿形为主，装饰花纹丰富，以刻槽组成各种图案。配合盘口釜和鼎的器盖亦形制多样。陶豆数量也较多，豆盘有盘形和钵形之分，外腹往往装饰凸棱，豆柄形制多样，但均较短，圈足外侈较大，豆柄和圈足上装饰纹样丰富，包括镂孔和刻槽，镂孔有圆形、三角形、长方形、弧边三角形等。釜支座也是一类较多的器物，支物面呈鸟首形，实心体，斜状支物面，下端呈覆置的臼状圈足。还有直腹磨光凸棱黑陶杯、腹部带凸棱的折腹罐等也是本期特色。本期遗存基本未见木器，但有木结构建筑的构件，有陀螺形器、钻孔和凿榫卯的木桩等。石器种类较少，主要为石锛和少量石楔。房屋建筑为干栏式。以上所有遗存的特征均与河姆渡遗址第四期相同①，并有一定的崧泽文化风格。因此本期年代大致为河姆渡文化第四期。

第二期遗存。出土遗物较少，大部分器物种类和类型都为第一期文化的自然延续，唯数量上有所变化，比如釜类器减少，鼎类器增加。鼎足也新出现了类似翅形足的形制。石器中新增加了石犁、石钺、砺石等。房屋建筑也变为带红烧土面的地面式。本期地层大部分叠压于第一期之上，时间上与第一期有一定间隔，可能已进入良渚文化早期。

第三期遗存。地层堆积较厚，并有墓葬等遗迹发现，但遗物不甚丰富。无论从器类还是形制都与前期发生了较大变化。釜类器基本不见，鼎类器数量大增，鼎足形制多样，以侧装三角形或鱼鳍形为主，也见有圆锥形鼎足，侧装三角形鼎足外缘往往较宽，鱼鳍形鼎足较扁宽。豆多高柄带凸棱，柄部不见镂孔装饰。罐多见窄沿或无沿的圆鼓腹，小平底或圈足的形制，装饰有绳纹或附加堆纹。新出现了泥质黑衣红陶的圈足碗或盘。石器种类新增加了锄、刀等。泥质红陶或泥质黑皮红陶数量较多。本期的器物特征尤其是圈足碗、罐、豆和鱼鳍形鼎足等与湖州钱山漾遗址所出的同类器有较多的共性，墓葬的形制和方向也相同，但仍有一定的差异②。综合判断，本期年代大致相当于良渚文化晚期至钱山漾文化时期。

第四期遗存。遗迹遗物较少，从鬲足、鼎足和原始瓷片装饰的风格看，本期年代已进入商周时期。

第五期遗存。遗迹遗物数量更少，据出土的釉陶钵判断，本期年代大致为汉代。

（二）对于文化变迁和文化性质的认识

河姆渡文化早期主要分布在余姚江的山前河谷地带，自三期开始向外扩散，尤其是四期时扩散更为迅速和广阔。迄今已经发掘的具有河姆渡文化四期和良渚文化早期遗存的地点主要有江北的慈湖遗址③、小东门遗址④、象山的塔山遗址⑤和奉化名山后遗址⑥，均分布在旁有低山的区域。而何家遗址则分布在三江交汇的冲积平原之上，地势稍高，相对平坦，这是对河姆渡文化类型分布区域的新补充。

居住形式虽然仍为干栏式建筑，但已变为防御性更强的圆形封闭式，可能反映了文化变革阶段的新面貌。第一期和第二期的文化面貌与相距仅 7 千米的名山后遗址⑦最为一致，代表了同样的文化性质，但无论遗迹或是遗物，何家遗址更为丰富多样。名山后遗址第二期遗存已有学者命名为良渚文化名山后类型，但有证据表明，其存在的时间仅限良渚文化早期。良渚文化中晚期的遗存在本区域发现

---

①　浙江省文物考古研究所：《河姆渡——新石器时代遗址考古发掘报告》，文物出版社，2003 年，第 364~369 页。

②　浙江省文物考古研究所、湖州市博物馆：《钱山漾——第三、四次发掘报告》，文物出版社，2014 年。

③　浙江省文物考古研究所、宁波市文物考古研究所：《宁波慈湖遗址发掘简报》，《浙江省文物考古研究所学刊》，科学出版社，1993 年。

④　浙江省文物考古研究所：《宁波慈城小东门遗址发掘简报》，《东南文化》2002 年第 9 期。

⑤　浙江省文物考古研究所、象山县文物管理委员会：《象山塔山——新石器至唐宋遗址发掘报告》，文物出版社，2014 年。

⑥　名山后遗址考古队：《奉化名山后遗址第一期发掘的主要收获》，《浙江省文物考古研究所学刊》，科学出版社，1993 年。

⑦　刘军、王海明：《宁绍平原良渚文化初探》，《东南文化》1993 年第 1 期。

不多，并且往往与早期遗存相互混合，不易区分，且面貌与典型的良渚文化也有一定区别，这种情况以沙溪遗址最为典型①。何家遗址的发现，有助于认识本地区良渚文化中晚期的发展演变。

本遗址第三期遗存有明确的钱山漾文化因素，以前对此未有明确的认识，结合大榭遗址②的发掘看，钱山漾文化在此区域的存在当可予以明确。从资料看，与大榭遗址相似的文化面貌广泛存在于沿海和舟山群岛上，作为脱胎于良渚文化的一支文化类型，正是良渚文化中晚期的衰落成就了钱山漾文化在此区域的兴盛。搞清楚这一文化的变迁过程，对于认识钱山漾文化的性质有着极其重要的作用，本遗址正好提供了这一方面新的研究材料。

总之，何家遗址延续时间较长，发展序列和文化谱系比较清晰。从遗迹遗物看，其既有与周边诸文化类型相似的文化面貌，也不乏代表地方特色的完整器物，这为研究浙东地区史前聚落的时空变迁提供了珍贵实证。发现的干栏式圆形聚落建筑功能齐全，是对河姆渡文化成排干栏式建筑形式的新补充。良渚末期-钱山漾文化时期的地层堆积、文化遗存也是本遗址的重要内涵，为认识当时的社会进化过程提供了丰富资料。各时期文化遗存与同时期周边文化既有联系又有区别，为深入探讨当地文化与周边文化的互动关系提供了参考借鉴。

附记：参与本次发掘和资料整理的有宁波市文物考古研究所罗鹏，奉化区文物保护管理所王玮、毛友定、毛迪凯，南京大学历史学院考古文物系赵东升，河南大学历史文化学院博士生贾一凡，南京大学历史学院硕士生张婉颖，厦门大学人文学院硕士生张夏彤，西北师范大学文博学院硕士生张博森，山东技工刘文平、王鲲、孙贵森，山西技工崔宋焕等。工地测绘摄影贾一凡、张婉颖等；电脑制图和航拍摄影张婉颖、张夏彤、赵东升；文物修复刘文平、王鲲；资料整理赵东升、罗鹏、张婉颖、张夏彤；考古领队罗鹏。发掘与报告编写工作得到浙江省文物考古研究所王海明研究员、孙国平研究员，南京大学马春梅副教授，宁波市文物考古研究所王结华所长、李永宁主任等领导和专家的指导，在此一并致以衷心感谢！

执　笔：罗　鹏　赵东升

（原载《南方文物》，2019 年第 1 期）

---

①　浙江省文物考古研究所、宁波市北仑区博物馆：《北仑沙溪新石器时代遗址发掘简报》，《南方文物》2005 年第 1 期。

②　雷少、梅术文：《宁波首次发掘海岛史前文化遗址——大榭遗址Ⅰ期考古发掘的主要收获》，《中国文物报》2016 年 12 月 30 日；雷少、梅术文：《我国古代海盐业的最早实证——宁波大榭遗址考古发掘取得重要收获》，《中国文物报》2017 年 12 月 29 日；雷少、王结华执笔：《我国古代海盐业的最早实证——宁波大榭遗址考古发掘专家论证会综述》，《中国文物报》2017 年 12 月 29 日。

浙江宁波市下王渡遗址方桥发掘区 2017 年发掘简报

宁波市文物考古研究所　中国人民大学考古文博系

宁波市奉化区文物保护管理所

下王渡遗址位于浙江省宁波市奉化区北端下王渡村。遗址区北为剡江，东为东江，东北方向约 1 千米处为奉化江、剡江和东江的三江交汇处，地势平坦，海拔约 2 米（图一）。

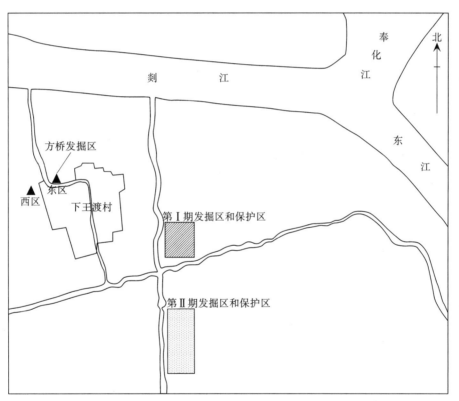

图一　下王渡遗址发掘区位置示意图

　　2016 年底，为配合宁波市"宁波宁南贸易物流区"的建设，宁波市文物考古研究所在下王渡村以东区域进行了考古勘探，发现了丰富的史前文化遗存堆积，并将其命名为下王渡遗址。2017~2018 年，宁波市文物考古研究所联合多家单位对下王渡遗址进行了两期（第Ⅰ、Ⅱ期）抢救性发掘①。发掘期间，宁波市文物考古研究所对下王渡村西的"宁波农副产品二期"建设区域进行了考古勘探，发现了

---

① 林海、何华军：《奉化下王渡村新发现一处史前文化遗址》，《宁波日报》2017 年 9 月 7 日第 8 版。

与下王渡村东已发掘区域内涵相似的文化遗存。2017 年 10 月至 2018 年 2 月，宁波市文物考古研究所联合中国人民大学、吉林大学、奉化区文物保护管理所对"宁波农副产品二期"工程建设涉及的遗存分布区进行了抢救性发掘，中国人民大学考古文博系承担了下王渡村西北部文化遗存分布点的发掘工作。为了与下王渡遗址此前的发掘区相区别，该发掘区定名为下王渡遗址方桥发掘区。

本次发掘面积共计 328 平方米，地层堆积年代从河姆渡时代晚期延续到南宋时期，遗迹和遗物主要发现于河姆渡文化晚期到良渚文化中晚期的地层中，遗迹有墓葬、灰坑和灰沟等，出土遗物有陶器和石器等。

一、地层堆积

发掘区被一条废弃的河道分成东、西两个区域，根据遗存分布的实际情况，河道西侧布设 5 个探方，其中 T740-650、T740-660 面积为 10×10 米，T730-650、T730-660、T740-670 面积为 5×10 米。河道东侧布设 2 个探方，T760-720 面积为 10×10 米，T770-720 面积为 5×10 米。

本次发掘的地层堆积厚约 2.5 米，根据土质、土色可分为八层。地表可见一条西北—东南向贯穿河道西侧发掘区的现代电缆沟，已废弃，打破①~⑤层。现以 T730-660、T740-660 东壁剖面为例介绍如下（图二）。

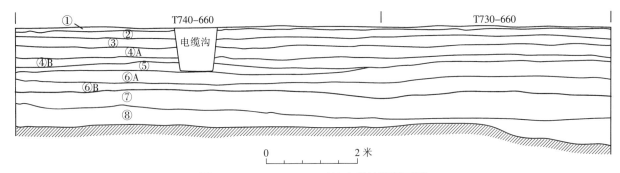

图二　T730-660、T740-660 东壁地层剖面图

①浅黄色砂质黏土　②黄褐色黏土　③浅灰褐色黏土　④A 深褐色黏土　④B 杂色黏土　⑤灰白色黏土　⑥A 灰黑色草木灰　⑥B 青灰色黏土　⑦深灰色淤泥　⑧灰黑色淤泥

①层：表土层，浅黄色砂质黏土，土质较硬。包含现代红砖碎片、植物根系等。厚约 0~0.14 米。

②层：黄褐色黏土，夹杂大量黄褐色锈斑，土质较硬。整个发掘区均有分布。厚约 0.07~0.65 米。该层出土少量青瓷片，胎色泛灰，釉层较厚，釉色青翠。

③层：浅灰褐色黏土，夹杂少量黄褐色锈斑，土质较软。除了 T760-720 西南角外，其余探方均有分布。厚约 0~0.3 米。该层出土原始瓷碗和大量印纹硬陶片，纹饰有米格纹、菱形条纹、方格条纹等。叠压于该层下的遗迹有 G2、H2。

④层：根据土质、土色分为两个亚层。

④A 层：深褐色黏土，夹杂大量黄褐色锈斑，土质较硬。整个发掘区内均有分布。厚约 0.19~0.4 米。该层出土石器种类丰富，有犁首、镰、锛、刀、楔、凿、纺轮等。出土陶器中夹砂红陶和夹砂灰

陶较多，夹炭夹砂陶、泥质灰陶、泥质红陶、泥质黑陶和黑皮陶较少；器形包括鼎、豆、盘口釜、甗、盆、罐、圈足盘、器盖等。其中夹砂红陶鼎的鼎足有直背扁足、弧背扁足、"T"形足三种，均饰纵向刻划纹。叠压于该层下的遗迹有 M1~4。

④B 层：杂色黏土，整体呈浅灰色，夹杂少量红褐色锈斑，土质较黏软。除了 T740-650、T730-650，其余探方均有分布，由东往西逐渐变薄。厚约 0~0.4 米。该层无文化遗物出土。叠压于该层下的遗迹有 G4。

⑤层：灰白色黏土，夹杂黑褐色泥团，土质细腻黏软。厚约 0~0.2 米。在西部发掘区分布于 T740-660、T740-670 和 T730-650 的西南角，在东部发掘区分布于 T760-720 北半部和 T770-720。该层出土石器有斧、锛、犁首和纺轮。出土陶器以夹砂红陶、夹蚌夹砂陶和夹炭夹砂陶较多，有少量泥质灰陶、泥质红陶和黑皮陶；器形包括鼎、豆、盘口釜、盆、罐、钵、圈足盘、器盖、支脚等，组合与④层相似，但器形和纹饰有明显差异。鼎足以饰刻划短线纹的锥形扁鼎足和截面为扁方形、饰纵向刻划纹的鼎足为主。

⑥层：根据土质、土色分为两个亚层。

⑥A 层：灰黑色草木灰，土质松软。除了 T740-650 西北角，其余探方均有分布。厚约 0~0.5 米。该层出土的石器仅有 1 件犁首。出土陶器以夹炭夹砂陶、夹砂红陶为主，有少量黑皮陶、泥质红陶、夹蚌夹砂陶和泥质灰陶；器形有鼎、豆、盘口绳纹釜、盂、罐、垫圈等。该层还出土了较多植物果核。叠压于该层下的遗迹有 H9~11、H13。

⑥B 层：青灰色黏土，较纯净，土质黏软。整个发掘区均有分布。厚约 0.1~0.7 米。该层出土少量陶片，与⑥A 层出土陶片的特征一致。

⑦层：深灰色淤泥，土质黏软。发掘区内均有分布。厚约 0.15~0.6 米。无文化遗物出土。

⑧层：灰黑色淤泥，土质黏软。整个发掘区内均有分布。厚约 0.1~0.85 米。无文化遗物出土。

⑧层下为海相沉积层。

根据出土遗物的特征，本次发掘的遗存可以分为四期，第一期遗存包括⑥A、⑥B 层及叠压于⑥A 层下的遗迹；第二期遗存包括④A、④B 层，⑤层和叠压于④A、④B 层下的遗迹；第三期遗存包括③层和叠压于③层下的遗迹；第四期遗存为②层。从胎质和釉色来看，②层中出土的青瓷片应为南宋时期龙泉窑系的产品，由于该层出土的青瓷片很少，且破碎严重，以下仅介绍前三期遗存。

二、遗　迹

本次发掘发现的遗迹较少，共计 11 处，包括⑥A 层下的灰坑 H9~11 和 H13，④A 层下的墓葬 M1~4，④B 层下的灰沟 G4，③层下的灰沟 G2 和灰坑 H2（图三）；其中 4 座墓葬最为重要，M1、M2 打破④B 层，M3、M4 打破⑥A 层。4 座墓均为东西向长方形竖穴土坑墓，墓圹痕迹不明显，葬具为弧底独木棺。随葬品集中放置在墓葬西端，有玉坠、石锛、石纺轮、泥质黑皮陶豆、夹砂陶罐等。M4 仅

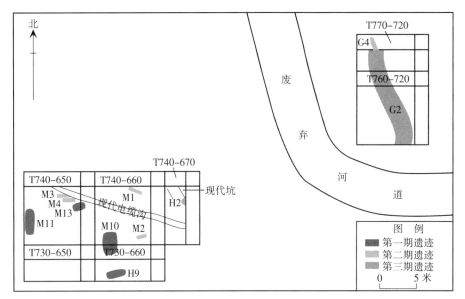

图三　发掘区探方及遗迹分布平面图

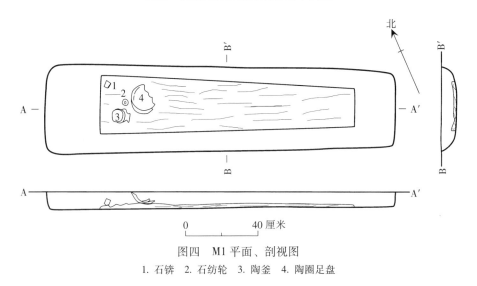

图四　M1 平面、剖视图

1. 石锛　2. 石纺轮　3. 陶釜　4. 陶圈足盘

见零星骨渣，其余 3 座墓未见人骨，头向和葬式不明①。下面介绍保存较好的 M1、M4。

M1　位于 T740-660 东北部，墓向为 110 度。口略大于底，斜壁。墓口长 1.92、宽 0.4~0.48 米，墓深 0.08~0.1 米。墓内填土呈灰色，土质黏软，包含少量炭粒。独木棺长 1.44、宽 0.2~0.31 米。随葬品集中放置在棺内偏北部。石器有锛、纺轮各 1 件；陶器均为残片，可辨认的器形有釜、圈足盘各 1 件（图四）。

M4　位于 T740-650 东北部，墓向为 90 度。清理时未见清晰的墓圹，但可见葬具表面的树皮，树皮厚实且形状规整，局部可见凸起的木质部分，据此确认了独木棺的范围。墓口长 1.84、宽 0.56~0.59 米，墓深 0.1~0.14 米。棺底有朽木和疑似席的编织物痕迹。墓内有零星骨渣。棺内中部偏西有 1 件玉坠，其他随葬品集中放置在木棺内西端，包括陶罐、陶豆、陶圈足盘各 1 件（图五，图六，图七）。

---

① 参考相关材料，一般情况下良渚文化墓葬的随葬品放置在墓主足下，因此暂定放置随葬品的一端为足端。

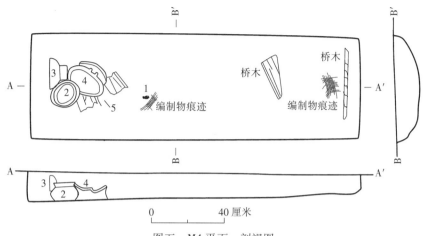

图五　M4 平面、剖视图

1. 玉坠　2. 陶罐　3. 陶豆　4. 陶圈足盘　5. 骨渣

图六　M4（北→南）

图七　M4 侧面（西→东）

三、出土遗物

本次发掘的遗物绝大部分出土于地层，少量出土于灰坑和墓葬（附表）。

（一）第一期遗存

第一期遗存出土的遗物主要为陶器和石器。陶器可辨器形主要有鼎、盘口釜、罐、豆、圈足盘、垫圈。石器有犁首等。该期遗存还出土了1件木桨、较多木桩、木板等，另发现30枚果核。

陶鼎　T740-650⑥A：11，夹炭夹砂陶。圆唇，斜沿，深弧腹，底近平，铲形足略残。口沿和腹部饰绳纹。口径20、高14.6厘米（图八：8）。

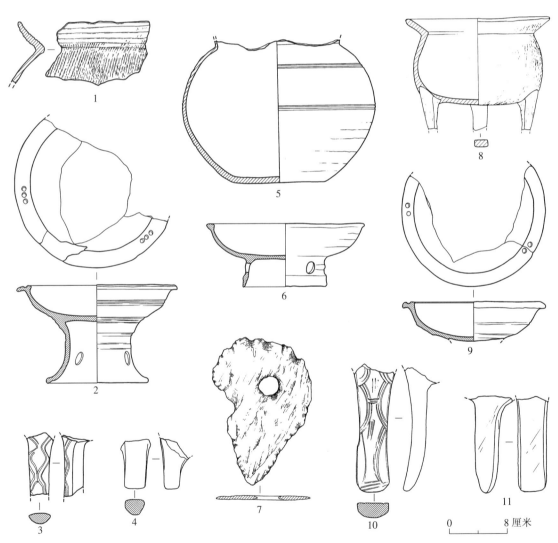

图八　第一期遗存出土遗物

1. 陶盘口釜（T740-650⑥A：9）　2、9. 陶豆（H10：3、H9：1）　3、10. 几何纹扁铲形陶鼎足（T730-660⑥A：2、T740-660⑥A：2）　4. 柱状陶鼎足（T740-670⑥A：1）　5. 陶罐（T730-650⑥A：1）　6. 陶圈足盘（H10：2）　7. 石犁首（T730-660⑥A：3）　8. 陶鼎（T740-650⑥A：11）　11. 素面凿型陶鼎足（T740-670⑥A：7）

陶鼎足　根据形制和纹饰差异可分为三类。

几何纹扁铲形鼎足　T740-660⑥A：2，夹粗砂红陶，胎内含白色结核颗粒。残，横截面略呈弧角长方形，侧边内凹。足身有烟熏痕迹，外侧面刻纵向几何纹。中部宽约 4.4、厚 2、残高 16 厘米（图八：10）。T730-660⑥A：2，夹粗砂红陶。残，横截面略呈尖椭圆形，侧边较直，外侧面微凸。外侧面刻两组纵向几何纹。残高 8.4 厘米（图八：3）。

素面凿型鼎足　T740-670⑥A：7，夹粗砂红陶。残，横截面略呈尖椭圆形，平面略呈凿形。足身有明显的烟熏痕迹。中部宽 3.7、残高 12.3 厘米（图八：11）。

柱状鼎足　T740-670⑥A：1，夹粗砂红陶。横截面略呈梯形。素面。中部宽 2.6、中部厚 2、残高 6.5 厘米（图八：4）。

陶盘口釜　T740-650⑥A：9，夹粗砂红陶，颜色较浅。圆唇，斜沿内凹，束颈。口沿内侧和外壁各有数周弦纹，口沿下饰竖向绳纹。残宽 14.4、残高 8.6 厘米（图八：1）。

陶罐　T730-650⑥A：1，泥质黑陶，施红色陶衣。口沿残，鼓腹，平底。腹上部和最大腹径处各有两周凹弦纹。底径 13.5、残高 19.5 厘米（图八：5）。

陶豆　H10：3，泥质黑皮陶。豆盘为敞口，圆唇，宽平沿中间有一周凹槽，折腹，圜底，豆柄中空，较粗，喇叭口状圈足。沿面有两组圆形戳点，每组 3 个，均未穿透，腹部和底部有两组弦纹，圈足上部有两道弦纹，其下有两个圆形镂孔。口径 22.5、圈足径 14、高 13 厘米（图八：2）。H9：1，泥质黑皮陶。仅存豆盘，敞口，圆唇，宽平沿，折腹，圜底。沿面有两组圆形戳点，每组 2 个，均未穿透。口径 20、残高 5 厘米（图八：9）。

陶圈足盘　H10：2，泥质黑皮陶。敞口，圆唇，宽沿，弧腹，圜底，圈足外撇。圈足饰两道弦纹，足根处等距离分布三个圆形镂孔。口径 21.6、圈足径 11.5、高 8.2 厘米（图八：6）。

石犁首　1 件（T730-660⑥A：3）。表面粗糙，刃部较残，上部有一个钻孔。最大宽 13.7、残高 19.6、厚 0.5、孔径 2.6~2.8 厘米（图八：7）。

木桨　1 件（H11：1）。长 108、桨头宽 16、桨尾宽 10.5、厚约 1 厘米①（图九）。

植物果核　30 枚。T740-650⑥A：3，椭圆形，表面粗糙。直径约 1.2 厘米（图一〇）。

（二）第二期遗存

第二期遗存可分为早、晚段。

图九　木桨（H11：1）

① 木桨出土后移交宁波市文物考古研究所进行保护处理，照片和数据由宁波市文物考古研究所马彪提供。

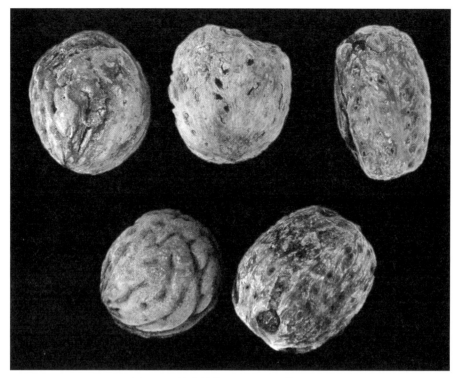

图一〇　植物果核（T740-650⑥A：3）

1. 早段遗存　遗物主要出土于⑤层。陶器主要有鼎足、罐、钵、盘口釜、支脚、圈足盘、器盖、豆、盆等。石器主要有锛、纺轮、犁首等。

陶鼎足　根据形制和纹饰差异可分为三类。

长线刻划纹鼎足　T730-650⑤：5，夹粗砂红陶，有白色结核颗粒。残，侧装足，横截面略呈三角形。足身两侧刻划疏密不一、较长的纵向直线纹。残高8.6厘米（图一一：6）。

短线刻划纹鼎足　T740-650⑤：6，夹细砂红陶。残，侧装足，侧边较直，横截面呈椭圆形。两侧面均刻划较短的纵向直线纹，局部有斜向雨点状纹。残高9.2、残宽5.8厘米（图一一：7）。

柱状鼎足　T740-650⑤：5，夹细砂红陶。残，圆柱状。素面。残高7.9厘米（图一一：10）。

陶罐　T740-660⑤：9，泥质黑皮陶。敛口，圆唇，宽斜沿，口沿内侧有一周凹槽，短束颈。口沿下有一周凸棱。口径16、残高5厘米（图一一：1）。T740-650⑤：20，夹炭陶，施灰色陶衣。口微侈，方唇，束颈。口沿下有一周凸棱和凹弦纹。口径18、残高6.4厘米（图一一：4）。

陶钵　T740-660⑤：12，夹炭陶，施红色陶衣。口近直，圆唇。口沿下有一周凹槽和凹弦纹。残高8厘米（图一一：3）。

陶盘口釜　T740-650⑤：29，夹炭陶，施灰色陶衣。圆唇，斜沿。口沿下饰细绳纹。残高5.4厘米（图一一：2）。

鸟头形陶支脚　T740-650⑤：16，夹粗砂红陶。残，整体略呈靴形，近底部有牛鼻状把手，平底。器表有明显的烟熏痕迹。底径6.7、残高4.8厘米（图一一：5）。

石锛　2件。T770-720⑤：1，通体磨制精细。平面呈梯形，平顶，弧背，刃部残。上部3.6厘米的部分内凹。长8.7、最大宽3.9、最大厚2.2厘米（图一一：11）。T740-670⑤：1，通体磨制精细。

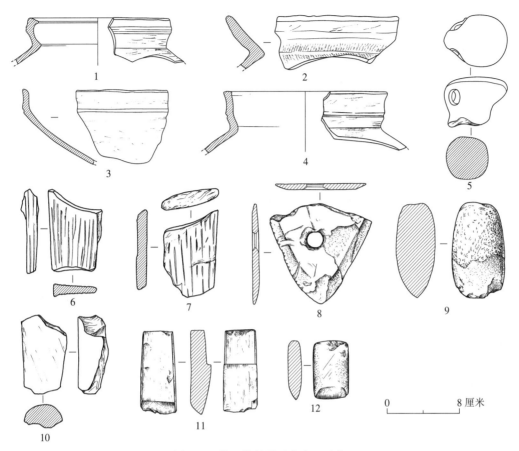

图一一　第二期早段遗存出土遗物

1、4. 陶罐（T740-660⑤：9、T740-650⑤：20）　2. 陶盘口釜（T740-650⑤：29）　3. 陶钵（T740-660⑤：12）　5. 鸟头形陶
支脚（T740-650⑤：16）　6. 长线刻划纹陶鼎足（T730-650⑤：5）　7. 短线刻划纹陶鼎足（T740-650⑤：6）　8. 石犁首
（T770-720⑤：2）　9. 石斧（T740-660⑤：15）　10. 柱状陶鼎足（T740-650⑤：5）　11、12. 石锛（T770-720⑤：1、T740-
670⑤：1）

残，平面呈长方形，顶部、背部微弧，弧刃。长 6.1、宽 3.9、厚 1.5 厘米（图一一：12）。

　　石斧　1 件（T740-660⑤：15）。通体磨制精细。横截面呈椭圆形，刃部崩缺，弧刃。长 10.1、
最大宽 5.8、厚 4.3 厘米（图一一：9）。

　　石犁首　1 件（T770-720⑤：2）。通体磨制精细。残，平面呈三角形，两侧为单面刃，中间偏上
部有一个钻孔。残高 10.5、宽 11.3、厚 0.6、孔径 1.7 厘米（图一一：8）。

　　2. 晚段遗存　遗物主要出土于④层及叠压于该层下的墓葬。陶器主要有器盖、鼎足、豆、罐、
盆、圈足盘、盘口釜、甗等。石器主要有锛、凿、镞、纺轮、楔、犁首、钺、刀等，另有玉坠等。

　　陶器盖　T740-660④A：8，夹粗砂红陶，施灰色陶衣。顶部有圈足状捉手。捉手直径 5.4、残高
3.4 厘米（图一二：8）。T740-670④A：2，泥质红陶。顶部有圈足状捉手。捉手直径 4、残高 2.4 厘
米（图一二：17）。

　　陶鼎足　根据形制和纹饰差异可分为四类。

　　弧背刻划纹扁鼎足　T770-720④A：6，夹粗砂红陶，有白色结核颗粒。残，外侧边较直。两侧面
刻划纵向直线纹，纹饰较深。最大宽 10.4、残高 17 厘米（图一二：4）。

"T"形鼎足　均残，横截面呈"T"形。T740-660④A：4，夹细砂红陶。外侧面较宽。内侧一面刻划较为细密的纵向直线纹，纹饰较浅。残高10.8厘米（图一二：9）。T740-660④A：7，夹粗砂红陶，有白色结核颗粒。外侧面有一道凹槽。刻划疏密不一的纵向直线纹。残高9.5厘米（图一二：15）。

直背刻划纹扁鼎足　T760-720④A：1，夹粗砂红陶。残，横截面呈扁长的椭圆形。一个侧面刻划疏密不一的纵向直线纹。残高7.8厘米（图一二：11）。

素面扁鼎足　T770-720④A：5，夹细砂红陶。残，横截面近椭圆形。残高8.6厘米（图一二：16）。

陶豆　M4：3，泥质灰陶。敞口，方唇，斜沿，腹略弧，圜底，高圈足外撇。足根处等距离分布三个圆形镂孔。口径15、圈足径9、高6.4厘米（图一二：2）。

陶罐　T740-650④A：4，泥质灰陶。圆唇，高领。口径22、残高7.6厘米（图一二：5）。H2：1，泥质红陶。圆唇，卷沿，束颈。口径18、残高4厘米（图一二：6）。T740-660④A：13，黑皮陶。敛口，圆唇。肩部有凸棱，上有穿孔。残高5.4厘米（图一二：12）。T740-660④A：16，泥质红陶。圆唇，卷沿外翻。沿面戳印点状纹饰。残高3厘米（图一二：10）。M4：2，夹砂灰陶，陶质硬。圆唇，斜沿，鼓腹，圜底。素面。口径11.8、高9.8厘米（图一二：1）。

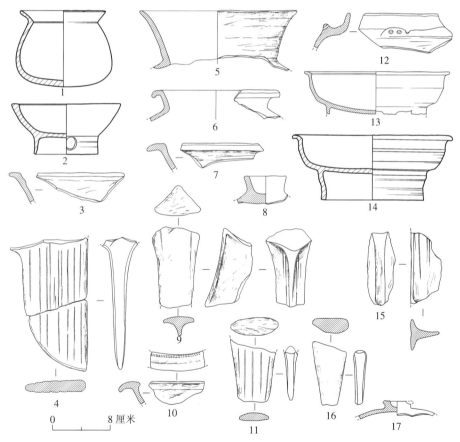

图一二　第二期晚段遗存出土陶器

1、5、6、10、12. 罐（M4：2、T740-650④A：4、H2：1、T740-660④A：16、T740-660④A：13）　2. 豆（M4：3）　3、7. 盆（T730-650④A：9、T730-650④A：8）　4. 弧背刻划纹扁鼎足（T770-720④A：6）　8、17. 器盖（T740-660④A：8、T740-670④A：2）　9、15. "T"形鼎足（T740-660④A：4、T740-660④A：7）　11. 直背刻划纹扁鼎足（T760-720④A：1）　13、14. 圈足盘（T740-660④A：28、M4：4）　16. 素面扁鼎足（T770-720④A：5）

陶盆　T730-650④A：8，泥质红陶。圆唇，宽沿外翻。残高 3.4 厘米（图一二：7）。T730-650④A：9，夹粗砂红陶，有白色结核颗粒，施灰色陶衣。方唇，宽平沿。内壁口沿下有一周凸棱。残高 4 厘米（图一二：3）。

陶圈足盘　T740-660④A：28，泥质红褐色陶。侈口，尖唇，斜沿，弧腹，圜底，圈足残。口径 20、残高 5.6 厘米（图一二：13）。M4：4，泥质黑皮陶。侈口，圆唇，斜沿，弧腹，圜底，圈足上部外鼓。圈足饰三道弦纹。口径 22、圈足径 14、高 8.4 厘米（图一二：14）。

石刀　7 件。通体磨制精细。残。T770-720④A：19，有斜柄。残长 10.6、宽 4.4、厚 0.7 厘米（图一三：1）。T740-660④A：23，双面刃微凸，另一侧中部凸起，器身中部稍厚。长 17.6、宽 7.7、厚 0.9 厘米（图一三：9）。T740-660④A：26，平面呈长方形，直背，双面刃，器身有对钻双孔，器身中部稍厚。长 19.6、宽 7.6、厚 0.8、孔径 1.5 厘米（图一三：10；图一四）。

石钺　1 件（T740-650④A：5）。通体磨制精细。平面近方形，刃部残，器身上部有一个对钻孔。长 12.5、宽 12.9、厚 0.7、孔径 2.9 厘米（图一三：12；图一五）。

石锛　11 件。T730-650④A：10，通体磨制，较粗糙。平面近梯形，平顶，弧背，刃部残。长 11.9、宽 5.8、厚 2.4 厘米（图一三：5）。T740-660④A：29，通体磨制，残存打制痕迹。平面近梯形，顶残，背微弧，平刃，上部长 3.3 厘米的部分内凹。长 9.3、宽 3.8、最大厚 2.5 厘米（图一三：4）。

石凿　4 件。T730-660④A：7，通体磨制精细。残，平面呈梯形，顶、背略弧，单面窄刃。长 7.7、宽 2、厚 1.6 厘米（图一三：11）。T740-670④A：5，通体磨制精细。残，平面略呈长方形，平顶，背略弧，单面窄刃。长 10、宽 1.4、厚 1.2 厘米（图一三：13）。

石镞　1 件（T740-670④A：9）。通体磨制精细。平面呈柳叶形，镞身及铤横截面均呈菱形，锋与铤均残，两翼锋利，镞身与铤分界不明显，中脊明显。残长 8.5、宽 2.4、厚 0.8 厘米（图一三：6；图一六）。

石纺轮　16 件。T770-720④A：27，残，横截面呈梯形，上下两面较平整。侧面有数道疏密不一的纵向刻划纹。直径 3~3.8、孔径 0.8~1、厚 1.2 厘米（图一三：3）。

石楔　1 件（T730-650④A：11）。通体磨制粗糙，有打制痕迹。平面近长方形，顶残，弧背，直刃。长 17.6、宽 4.6、最大厚 5 厘米（图一三：7）。

石犁首　1 件（T740-660④A：25）。通体磨制精细。残，平面略呈三角形，两侧为单面刃，器身有两个钻孔。宽 14.6、高 18.2、厚 0.9、上部孔径 2.1、下部孔径 1.6 厘米（图一三：8；图一七）。

玉坠　1 件（M4：1）。垂囊形，一端圆尖，另一端有凸榫，柄部有一个钻孔。器表有凹槽状弦纹。长 2.5、孔径 0.2 厘米（图一三：2；图一八）。

（三）第三期遗存

第三期遗存的遗物较少，主要出土于③层，包括原始瓷碗、印纹硬陶片等。

原始瓷碗　2 件。T740-660③：1，口近直，尖唇，弧腹，平底。碗内壁有轮制痕迹。口径 14.5、底径 6.2、高 5.6 厘米（图一九：1）。T770-720③：2，口微敛，尖唇，弧腹，平底略内凹。碗内壁有轮制痕迹。口径 14、底径 7、高 5 厘米（图一九：2）。

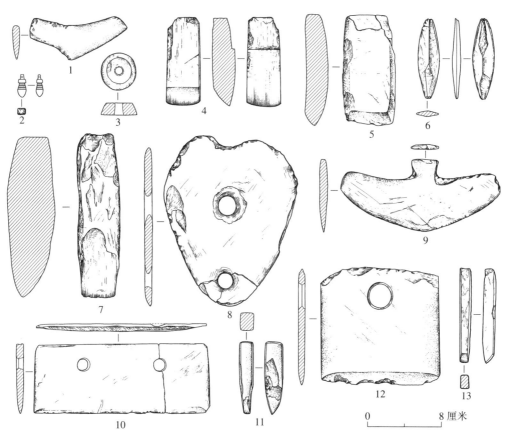

图一三　第二期晚段遗存出土遗物

1、9、10. 石刀（T770-720④A：19、T740-660④A：23、T740-660④A：26）　2. 玉坠（M4：1）　3. 石纺轮（T770-720④A：
27）　4、5. 石锛（T740-660④A：29、T730-650④A：10）　6. 石镞（T740-670④A：9）　7. 石楔（T730-650④A：11）
8. 石犁首（T740-660④A：25）　11、13. 石凿（T730-660④A：7、T740-670④A：5）　12. 石钺（T740-650④A：5）

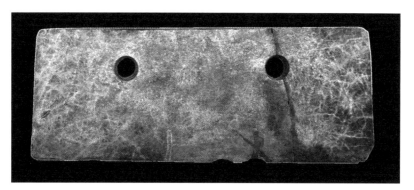

图一四　石刀（T740-660④A：26）

四、分期与年代

综合出土遗物的特征，可对各期遗存所属考古学文化及年代进行初步推断。

图一五　石钺（T740-650④A：5）

图一六　石镞（T740-670④A：9）

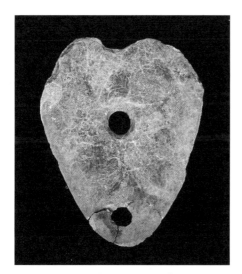

图一七　石犁首（T740-660④A：25）

图一八　玉坠（M4：1）

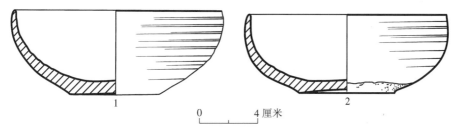

0　　　　4 厘米

图一九　第三期遗存出土原始瓷碗
1. T740-660③：1　2. T770-720③：2

　　第一期遗存出土的陶器以鼎、盘口釜、罐、圈足盘、豆为基本组合，陶质以夹砂红陶为主，夹砂灰陶和泥质红陶次之，有一定数量的夹炭陶，与河姆渡遗址第四期遗存的陶器特征基本相似。第一期遗存出土的大多数盘口釜沿面内凹，豆柄呈喇叭形，宽沿盘式豆盘的口沿外侈，都是河姆渡文化第四期遗存出土的陶釜、陶豆的典型特征①。因此，初步判断第一期遗存的时代相当于河姆渡文化晚期。

第二期遗存分为早、晚两个阶段，早段出土的陶鼎足有扁方足和刻划长、短线纹鼎足等几类，豆柄有镂孔和凸棱，与环太湖地区良渚文化早期的陶器特征②具有一定的相似性。因此，初步判断第二期早段遗存的时代相当于良渚文化早期。但值得注意的是，环太湖地区良渚文化常见的陶器组合是鼎、豆、壶，而本次发掘的第二期早段遗存出土陶器组合主要是鼎、高领罐、豆和盆。说明宁绍平原良渚文化早期遗存存在明显的区域特征差异。第二期晚段出现了弧背刻划纹鼎足（也称鱼鳍形鼎足）、"T"形鼎足、泥质黑陶竹节柄豆、浅腹圈足盘和口沿饰戳印纹的罐等，与太湖地区良渚文化中晚期的典型陶器③相似，故推断第二期晚段遗存的时代相当于良渚文化中晚期。

第三期遗存出土遗物数量较少，但原始瓷碗和印纹硬陶的时代特征明显。印纹以方格纹和"米"字纹占绝大多数，兼有麻布纹和复合纹饰，纹饰较为规整，反映的是春秋晚期到战国晚期的特征④。因此，推断第三期遗存的时代为东周时期。

五、结　语

宁绍地区的新石器时代考古学研究始自 1973 年余姚市河姆渡遗址的发掘⑤，考古工作者开展了大量的考古调查、勘探和发掘工作。早期研究的重点是河姆渡文化的分布范围、文化内涵及与其他考古学文化的关系。1988 年宁波慈湖遗址的发掘提供了宁绍地区良渚文化叠压河姆渡文化的地层关系，填补了宁绍地区河姆渡文化之后考古学文化的缺环⑥。20 世纪 90 年代，萧山跨湖桥⑦，慈城小东门⑧，余姚鲞架山⑨、鲻山⑩，北仑沙溪⑪等新石器时代到商周时期遗址的发掘和研究，为宁绍地区史前文化

---

① 浙江省文物考古研究所：《河姆渡：新石器时代遗址考古发掘报告》，文物出版社，2003 年，第 366 页。

② 浙江省文物考古研究所：《良渚遗址群考古报告之四：庙前》，文物出版社，2005 年。

③ 浙江省文物考古研究所：《良渚遗址群考古报告之四：庙前》，文物出版社，2005 年。

④ 浙江省文物考古研究所、绍兴县文物保护管理所：《绍兴陶里壶瓶山遗址发掘简报》，见《浙江省文物考古研究所学刊》，长征出版社，1997 年。

⑤ 浙江省文物考古研究所：《河姆渡：新石器时代遗址考古发掘报告》，文物出版社，2003 年。

⑥ 浙江省文物考古研究所、宁波市文物考古研究所：《宁波慈湖遗址发掘简报》，见《浙江省文物考古研究所学刊》"建所十周年纪念（1980~1990）"，科学出版社，1993 年。

⑦ 浙江省文物考古研究所：《萧山跨湖桥新石器时代文化遗址》，《浙江省文物考古研究所学刊》，长征出版社，1997 年。中国考古学会：《中国考古学年鉴（2002）》，文物出版社，2003 年，第 203、204 页。中国考古学会：《中国考古学年鉴（2003）》，文物出版社，2004 年，第 179 页。

⑧ 浙江省文物考古研究所：《宁波慈城小东门遗址发掘简报》，《东南文化》2002 年第 9 期。

⑨ 浙江省文物考古研究所、河姆渡遗址博物馆：《余姚市鲞架山遗址发掘报告》，《史前研究（2000）》，三秦出版社，2000 年。

⑩ 浙江省文物考古研究所、厦门大学历史系：《浙江余姚市鲻山遗址发掘简报》，《考古》2001 年第 10 期。

⑪ 浙江省文物考古研究所、宁波市北仑区博物馆：《北仑沙溪新石器时代遗址发掘简报》，《南方文物》2005 年第 1 期。

序列的梳理提供了基本的材料依据。2000 年以后，萧山茅草山①、下孙②、新坝③、老虎洞④，余姚田螺山⑤，慈城傅家山⑥，杨汛桥寺前⑦，嵊州小黄山⑧，慈溪童家岙⑨，象山姚家山⑩，镇海鱼山⑪等遗址的发掘，为完善该地区考古学文化序列、揭示考古学文化内涵以及古地理、古环境和人地关系等问题提供了丰富材料。

宁波下王渡遗址是在平原地形中首次发现的河姆渡时期到良渚时期的聚落遗存。聚落点分散、单个聚落面积较小是这种新发现聚落类型的重要形态特征。下王渡遗址是一个聚落群，而方桥发掘区是一系列同类聚落点中的一处典型代表。该遗址的重要性表现在三个方面。

第一，遗址文化序列完整，发展脉络清晰。从发掘的地层看，聚落的沿用时间较长。史前阶段包含河姆渡文化晚期、良渚文化早期和中晚期的文化层，较丰富的出土遗物展现了三个阶段文化特征的发展变化，有利于认识宁绍平原距今 5600~4500 年的文化特征和发展序列。

第二，文化内涵丰富，文化因素复杂。遗址出土陶器的质地、器形和组合表现出了复杂的文化因素⑫，反映了宁绍地区与浙北地区活跃的文化交流，为考察长江下游新石器时代文化格局的变化提供了新材料。

第三，通过对 M4 的发掘和解剖，可知此类墓葬没有清晰的墓圹结构，葬具为独木棺，使用的是约为三分之一到二分之一圆木。发掘过程中在棺底可见席类编织物，埋葬时有可能是用席裹尸体⑬。随葬品放置在墓内西端，随葬陶器组合为豆、盘口釜、圈足盘和罐，还可能随葬石锛、石纺轮等石质

---

①　浙江省文物考古研究所、萧山区文物管理委员会：《杭州市萧山区茅草山遗址发掘报告》，《东南文化》2003 年第 9 期。

②　中国考古学会：《中国考古学年鉴（2004）》，文物出版社，2005 年，第 177~179 页。

③　中国考古学会：《中国考古学年鉴（2010）》，文物出版社，2011 年，第 228 页。

④　杭州市文物考古研究所、萧山博物馆：《萧山老虎洞遗址考古发掘的重要收获》，《东方博物》2015 年第 1 期。

⑤　浙江省文物考古研究所等：《浙江余姚田螺山新石器时代遗址 2004 年发掘简报》，《文物》2007 年第 11 期。

⑥　宁波市文物考古研究所：《傅家山：新石器时代遗址发掘报告》，科学出版社，2013 年。

⑦　中国考古学会：《中国考古学年鉴（2005）》，文物出版社，2006 年，第 180、181 页。

⑧　中国考古学会：《中国考古学年鉴（2006）》，文物出版社，2007 年，第 201、202 页。中国考古学会：《中国考古学年鉴（2007）》，文物出版社，2008 年，第 213~215 页。

⑨　宁波市文物考古研究所、慈溪市博物馆：《浙江省慈溪市童家岙遗址 2009 年试掘简报》，《东南文化》2012 年第 3 期。

⑩　中国考古学会：《中国考古学年鉴（2013）》，文物出版社，2014 年，第 211 页。

⑪　宁波市文物考古研究所等：《浙江宁波镇海鱼山遗址 I 期发掘简报》，《东南文化》2016 年第 4 期。

⑫　例如夹炭夹砂陶盘口绳纹釜属于河姆渡文化晚期的典型遗物，主要见于方桥发掘区⑥层，而④、⑤层也出土盘口陶器口沿或饰粗绳纹的罐口沿，可见这种文化因素在宁绍平原不但出现在河姆渡文化晚期地层，也在良渚文化延续。⑥层出土的刻划几何纹扁鼎足表现出明显的崧泽文化晚期特征，而该层出土的凿型鼎足则一定程度吸收了马家浜文化柱形鼎足的因素。⑤层出现的刻划短线纹鼎足和刻划纵向纹扁鼎足则是典型的良渚文化早期器物。④层出现的刻划纵向纹扁方鼎足和"T"形鼎足都是典型的良渚文化中晚期因素。

⑬　良渚墓葬的葬具一般为独木凹弧棺，反山墓地还有一种凹弧形"棺床"。参见浙江省文物考古研究所：《良渚遗址群发掘报告之一：瑶山》，文物出版社，2003 年；《良渚遗址群发掘报告之二：反山》，文物出版社，2005 年；《良渚遗址群发掘报告之四：庙前》，文物出版社，2005 年。

生产工具或玉饰件。此前的考古报告中对宁绍平原发现的良渚文化时期墓葬的葬具描述比较模糊，为了明确此类墓葬葬具的具体情况，本次发掘对墓葬进行了细致解剖，从墓坑中的朽木残留、坑底的弧形树皮以及葬具两端尺寸略有差异不难看出，其葬具应该是一截树干的三分之一到二分之一纵剖，可确认为独木棺。

方桥发掘区作为下王渡遗址群的一个典型代表，地域特征明显。该遗址点的发掘和整理将有助于宁绍地区新石器时代晚期考古学文化的研究。

附记：该项目的考古领队为李永宁，参加发掘的有刘汉兴、刘翀、常璐、王爱梅、汪海伦、吴景军等，现场航拍和全站仪测绘由赵东海、王爱梅和汪海伦完成，资料由刘翀、王爱梅和汪海伦整理，器物由王庆华修复，线图由常璐和郝晓菲绘制，后勤工作由徐枫负责。

执　笔：刘　翀　李永宁　王爱梅

附表　出土遗物统计表　　　　　　　　　　　　　　（数量：件）

分期	层位	陶片				石器			其他遗物	
		总计	陶质、陶色	数量	比例	器类	完整（或可复原）	残片	器类	数量
第一期	第6层	335	夹炭陶	116	34.63%	犁首	1		果核	30
			夹砂红陶	97	28.96%	纺轮	1		漆器	1
			夹蚌夹砂灰陶	25	7.46%	锛	1		木桨	1
			泥质黑陶	52	15.52%					
			泥质红陶	16	4.78%					
			泥质灰陶	29	8.66%					
第二期	第5层	530	夹炭陶	195	36.79%	犁首	1			
			夹砂红陶	123	23.21%	斧	1			
			夹砂灰陶	4	0.75%	锛	2			
			夹蚌夹砂灰陶	95	17.92%	砺石		2		
			泥质黑陶	25	4.72%	纺轮	1			
			泥质红陶	34	6.42%					
			泥质灰陶	54	10.19%					
	第4A层	1044	夹炭陶	83	7.95%	犁首	1		玉坠	1
			夹砂红陶	676	64.75%	镞	1			
			夹砂灰陶	171	16.38%	楔	1			
			泥质黑陶	38	3.64%	钺	1			
			泥质红陶	27	2.59%	凿	4			
			泥质灰陶	49	4.69%	砺石		3		
						刀	5	2		
						耘田器	2			
						纺轮	16			
						锛	6	5		
第三期	第3层	97	夹砂陶	6	6.19%	镞	1		原始瓷碗	2
			泥质陶	11	11.34%	砺石		1		
			印纹硬陶	80	82.47%	纺轮	3			
						石球	1			

表中第一期遗存出土的漆器，出土时初步判断为木器，移交宁波市文物考古研究所进行科技保护处理，后经鉴定认为有可能是漆器，有待进一步检测确认

（原载《考古》，2019 年第 9 期。本文用了作者提供的底稿，并做了局部细节的处理，线图与原发表的略有不同）

浙江宁波奉化方桥上王遗址 2018 年发掘简报

宁波市文物考古研究所　中国人民大学考古文博系
宁波市奉化区文物保护管理所

上王遗址位于浙江省宁波市奉化区方桥街道上王村西南 500 米处，海拔 2 米。西距四明山余脉甬山 4.5 千米，南距名山后遗址① 5.3 千米。这里处于低山丘陵与平原交汇地带，地势平坦，水系发达。源出大公岙的县江流经遗址东南，在遗址东部 1.6 千米处与东江交汇，再向北经方桥街道与剡江汇入奉化江（图一）。

2018 年初，为配合宁波市第一医院异地建设一期项目，宁波市文物考古研究所对项目区域进行了考古勘探和试掘工作，确认上王遗址大致分为 I、II 两个片区，相距约 60 米，主体分布面积合计约 2300 平方米。2018 年 7 月 ~ 11 月，宁波市文物考古研究所联合中国人民大学和奉化区文物保护管理所，对遗址 I 区进行了发掘，布方面积 1000 平方米。本次发掘发现了较为丰富的史前文化遗存及少量历史时期遗存。

一、地层堆积

遗址所在区域地势平坦，发掘区地层起伏不大，各探方堆积情况类似，深度约 150 ~ 170 厘米，可划分为 5 层。下面以 T0401 北壁剖面为例介绍如下（图二）。

①层：耕土层。浅黄色土，土质疏松，富含植物根茎和腐殖质，厚 15 ~ 20 厘米，出土现代青花瓷片及砖瓦等。H10 开口于该层下。

②层：黄褐色土，土质致密、胶黏，厚 18 ~ 22 厘米。遗物有宋元时期的青瓷片、布纹瓦片、陶片等，也见有零星的商周印纹硬陶片、原始瓷。该层为宋元文化堆积。

③层：褐色土，土质较为致密，包含物有较多良渚文化夹砂陶和泥质陶片，按土色及包含物又可将该层分为③a、③b 两个亚层。

③a 层：灰褐色土，夹杂有些许草木灰和炭粒，厚 20 ~ 30 厘米。遗物有夹砂红陶、灰陶、泥质灰陶、红褐陶等。

③b 层：黄褐色土，土质坚硬，厚 10 ~ 20 厘米。遗物有少量夹砂红陶、灰陶和泥质灰陶等。

---

① 名山后遗址考古队：《奉化名山后遗址第一期发掘的主要收获》，《浙江省文物考古研究所学刊》，科学出版社，1993 年。

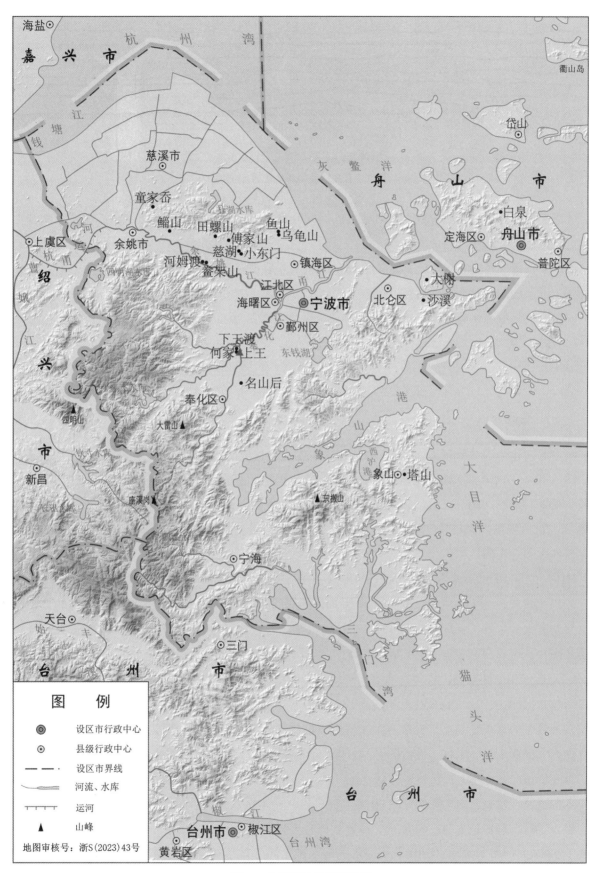

图一　上王遗址地理位置图

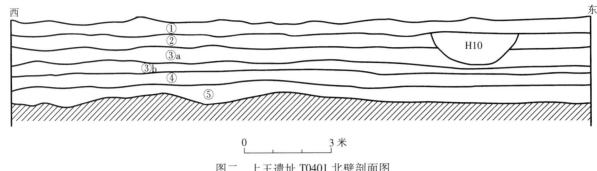

图二   上王遗址 T0401 北壁剖面图

④层：深灰色土，土质较致密，细腻，厚 17~30 厘米。遗物有夹砂灰陶、红陶、泥质灰陶和夹炭陶等，该层发现有木构道路。

⑤层：浅青灰色土，土质致密，厚约 18~35 厘米。遗物有少量夹砂灰陶和夹炭陶。

④、⑤层均属河姆渡文化遗存。

⑤层以下为细腻、纯净的自然淤积层。

二、河姆渡文化遗存

（一）遗迹

河姆渡文化遗迹主要有灰坑 3 个、灰沟 1 条、木桩群构成的木构道路 1 处、围栏 1 处。

H8   位于 T0402 东南角，延伸入东隔梁和南壁，开口于④层下，打破⑤层，同时又被晚期灰坑 H4 打破。弧壁、平底（图三：2）。H8 在探方内留存部分东西长约 170 厘米，南北长约 130 厘米。坑深 10 厘米。坑内堆积为深灰黑色黏土，土质疏松，夹杂有大量炭屑、植物根茎、小石子等。坑内出土少量夹砂红陶和夹炭陶。

H18   位于 T0302 南部偏西，开口于④层下，打破⑤层。平面呈不规则椭圆形，弧壁、平底（图三：3）。坑口长径约 110 厘米，短径约 80 厘米，坑深约 15 厘米。坑内堆积为土质较致密的棕褐色黏土，夹杂有大量木屑、少量小石子、炭粒、植物根茎等包含物。包含物有陶鼎 1 件及少量夹砂红陶和泥质灰陶片，可辨器形有釜、罐、钵、豆等。

G2   位于 T0502 东侧，延伸入北壁、东隔梁、南壁，开口于④层下，打破⑤层。平面呈长条形，壁呈斜坡状（图三：1）。长 850 厘米，宽 120~500 厘米，深度约 75 厘米。沟内堆积分两层，①层为土质较为致密的青灰色黏土，夹杂有少量炭粒、植物根茎等包含物；②层为土质疏松的灰黑色黏土，包含物有大量草木灰、炭粒、植物根茎、木屑、小石子，出土陶片以夹砂红陶、泥质灰陶、夹炭陶为主，也有少量泥质红陶，可辨器形有罐、釜、鼎、豆、支脚、器盖等，出土石锤 1 件。

木构道路   发掘区内揭露部分由 90 根木桩组成，主体呈东北—西南走向（图四）。木桩露头于④层，深入⑤层，残留长度 30~60 厘米，多数下部有火烧碳化或削尖的痕迹，木桩群较密集区域宽度近 5 米。分布在 T0402 南部和 T0301 北部的木桩与木桩之间发现了较多大块烧土，部分烧土块为一面平整，另一面有压印植物茎秆的痕迹。这些烧土块均发现于④层，推测木桩群的使用年代大致与④层堆

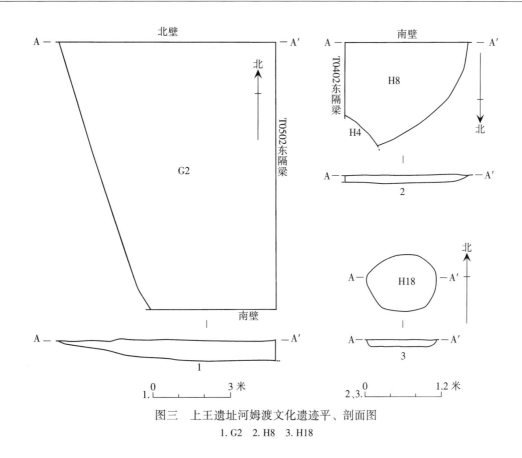

图三　上王遗址河姆渡文化遗迹平、剖面图

1. G2　2. H8　3. H18

积的年代相近。木桩整体体量都很小，可以排除是建筑主体遗迹的可能。木桩两侧均未发现干栏式建筑，应不是围护性设施。发掘区东北部出土遗存最丰富，木桩群走向又刚好由发掘区东北部延伸向西南，因此，其极可能是遗址生活区通往外界的一条通道。

围栏位于 T0402 东部，露头于④层。由 22 根直径 3~6 厘米，下部均削尖的细小木桩和 4 根直径 12~16 厘米的粗木桩组成。平面呈长方形，开口朝东（图四）。长约 480 厘米，宽约 210 厘米。围栏位于木构道路西侧，二者处于同一层位。可能属于水沟围边或者动物围栏等围护性设施。

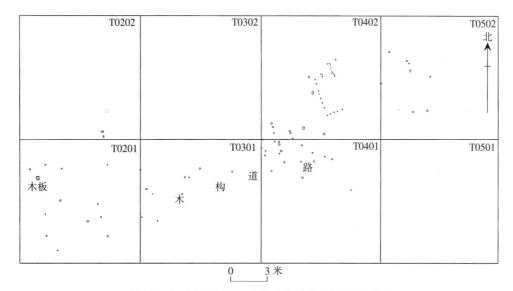

图四　上王遗址河姆渡文化木构道路和围栏平面图

（二）遗物

遗物以陶器、石器、木器等人工制品为主，另有少量动物骨骼和植物种子等。

1. 陶器

陶器以夹砂红陶、灰陶和泥质灰陶为主，还有部分夹炭陶。可复原器很少，可辨器形有釜、鼎、豆、盘、罐、盆、器盖等。器表纹饰以绳纹、弦纹、刻划纹、戳印纹、镂孔为主，另有少量附加堆纹、按窝等。绳纹饰于釜口沿以下部分，镂孔饰于豆盘口沿和豆把，弦纹多见于罐、钵，鼎足多见压印波浪纹、绞索纹或竖向刻划纹。

釜　依据口沿形态，分为 A、B 两型。

A 型　敞口。折沿，根据沿面是否内凹，分为 Aa、Ab 两个亚型。

Aa 型　沿面内凹。H18：2，夹砂灰陶，颜色较浅，外有烟炱痕迹。方唇，口沿下饰绳纹。残高 12.7 厘米（图五：11）。T0202④：34，夹砂红陶。圆唇，口沿下饰绳纹。残高 7.8 厘米（图五：12）。G2②：6，夹砂红陶。尖圆唇，口沿下饰绳纹。残高 7.7 厘米（图五：13）。

T0302④：12，泥质灰陶，外有烟炱痕迹。圆唇。口沿以下饰绳纹。残高 7.1 厘米（图五：19）。

Ab 型　沿面近直。T0302④：13，夹炭陶，外施灰色陶衣。尖圆唇，口沿以下饰绳纹。残高 7.9 厘米（图五：14）。T0502④：11，夹炭陶，外施红色陶衣。尖圆唇，腹略鼓，饰细绳纹。残高 14.1 厘米（图五：18）。

B 型　直口。T0502④：5，夹炭陶，尖圆唇，沿外侧饰有一周凹弦纹。残高 11.3 厘米（图五：15）。T0302④：11，夹砂灰陶。尖圆唇，折沿。沿面外侧弧起，弧起处有一周凹弦纹。残高 6.9 厘米（图五：17）。

鼎　根据腹部形态，分为 A、B 两型。

A 型　敞口、釜形腹。依据口沿特征，分为 Aa、Ab 两个亚型。

Aa 型　折沿。H8：2，夹砂红陶，外有烟熏痕迹。圆唇，弧腹，腹较深，口沿下部和腹部有两道凹弦纹。残高 17.5 厘米（图五：2）。T0302④：10，夹粗砂灰陶。圆唇，深腹。残高 8.1 厘米（图五：3）。T0301④：6，夹细砂灰陶。圆唇，弧腹近直，下部斜收，外有烟炱痕迹。残高 9.5 厘米（图五：4）。

Ab 型　卷沿。G2②：13，夹砂灰陶。圆唇，腹部上侧饰三道凹弦纹，下侧饰一周凸棱。残高 14.7 厘米（图五：5）。

B 型　盘形腹。H18：1，夹砂红陶。直口，方唇，浅腹。口沿有四个小錾，间距均匀，錾耳上有戳印纹。凿形足，足上饰刻划纹。高 9.2、口径 11.6 厘米（图五：6）。

罐　根据口沿的形态特征，分为 A、B 两型。

A 型　直口。T0302④：14，夹砂灰陶，外施红色陶衣。圆唇，口沿外侧饰两周凸棱纹。残高 8.0 厘米（图五：16）。

B 型　敞口。H18：5，夹砂红陶。方唇，折沿，沿面内凹。外饰红黑彩，口沿外侧饰数周凸棱纹。残高 8.2 厘米（图五：20）。

豆　依据口沿形态，分为 A、B 两型。

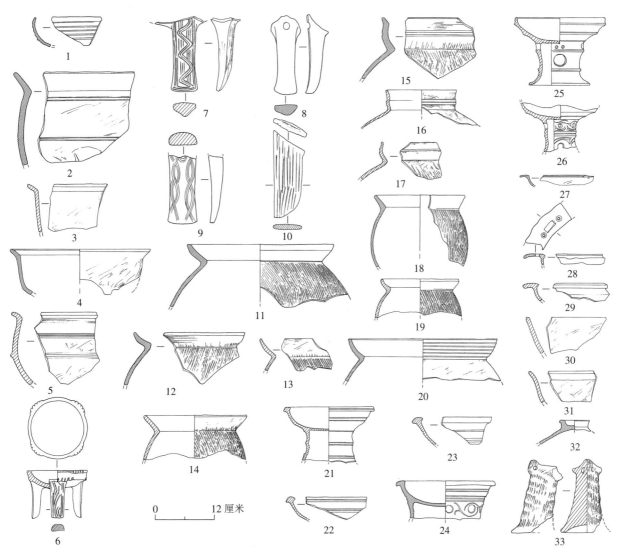

图五　上王遗址出土河姆渡文化陶器

1. 钵（H18：7）　2~6. 鼎（H8：2、T0302④：10、T0301④：6、G2②：13、H18：1）　7~10. 鼎足（T0301④：1、T0502④：16、T0401④：3、G2②：26）　11~15、17~19. 釜（H18：2、T0202④：34、G2②：6、T0302④：13、T0502④：5、T0302④：11、T0502④：11、T0302④：12）　16、20. 罐（T0302④：14、H18：5）　21、24、25. 豆（G2②：22、T0202④：37、T0302④：1）　22、23. 豆盘（T0302④：4、T0302④：5）　26. 豆柄（T0101④：5）　27~29. 盘（T0202④：30、T0202④：32、G2②：23）　30、31. 盆（G2②：10、G2②：11）　32. 器盖（T0202④：19）　33. 支脚（T0202④：2）

　　A 型　唇部外撇明显，近折沿。G2②：22，泥质黑皮灰陶。直口，尖圆唇，平沿，弧腹，腹较浅。豆盘腹部有两圈凹弦纹，豆把有两道瓦楞状凸起和一个长方形镂孔。残高 9.3 厘米（图五：21）。T0202④：37，泥质黑皮灰陶。直口，尖圆唇，口沿外卷，沿面微鼓，斜弧腹。豆盘外饰弦纹若干道，豆把宽矮，饰镂孔与刻划弧线组成的纹饰带。残高 7.3 厘米（图五：24）。

　　B 型　直口。T0302④：1，泥质黑皮灰陶。方唇，折腹，豆把较宽。豆把有两道瓦楞状凸起，上部饰方形、圆形镂孔，下部饰圆形小镂孔，两两相连①，底座饰一圈凹弦纹。残高 13.2、口径 18.1、

①　原文描述有误，应为豆柄饰方形、圆形镂孔和两两相连小圆形镂孔。（编者注）

圈足直径 12.0 厘米（图五：25）。

盘　均为宽平沿。T0202④：30，泥质黑皮灰陶。平沿略翻，沿面较窄。尖圆唇，敞口。残高 2.2 厘米（图五：27）。T0202④：32，泥质灰陶。尖圆唇，敛口。沿面上饰方形镂孔，两侧为戳印圆圈纹。沿宽 4.3 厘米（图五：28）。G2②：23，泥质黑皮灰陶。圆唇，敛口。残高 5.4 厘米（图五：29）。

盆　敞口，深腹。G2②：10，夹砂灰陶。圆唇。残高 7.7 厘米（图五：30）。G2②：11，夹砂红陶。圆唇，口沿外撇。残高 6.5 厘米（图五：31）。

钵　H18：7，泥质黑皮灰陶。方唇，敛口，弧腹内收，外饰数周凸棱纹。残高 5.4 厘米（图五：1）。

支脚　均为鸟首形。T0202④：2，夹砂灰陶，通体遍施绳纹，下部微残。整体为柱状，截面近圆形。顶端平齐，上有一凸起，平面近椭圆形，侧视似鸟嘴。支脚顶部两面同一位置各有一未穿透的圆孔，孔径 0.8 厘米。下部内空，周缘外撇。残高 13.8、最大径 5.8 厘米（图五：33）。

除上述可辨器形外，还发现较多豆盘、豆柄、器盖、鼎足等。

豆盘　T0302④：4，泥质灰陶。残高 5.3、壁厚 0.6 厘米（图五：22）。T0302④：5，泥质灰陶。尖圆唇，沿面略鼓。残高 7.0 厘米（图五：23）。

豆柄　T0101④：5，泥质黑皮红陶。柄上饰两周弧边三角纹和圆形镂孔。两周组合纹饰间隔一道凹弦纹。残高 7.5 厘米（图五：26）。

器盖　T0202④：19，夹砂灰陶。盖为圆形纽，盖身斜直。残高 4.1 厘米（图五：32）。

鼎足　依据整体形态可分为 A、B 两型。

A 型　凿形足。T0301④：1，夹砂红陶。截面为近三角形。平整的一面饰数道竖向刻划纹，中间为刻划三线水波纹。长 12.9、厚 1.4 厘米（图五：7）。T0502④：16，夹砂灰陶，上部有凹窝。长 15.1、厚 2.3 厘米（图五：8）。T0401④：3，夹砂灰陶。外侧分别饰三线水波纹，两两组合成绞索状。长 13.4、厚 1.7 厘米（图五：9）。

B 型　鱼鳍形足。G2②：26，夹砂灰陶。截面近扁长方形，两侧饰疏密不一、长短不同的纵向刻划纹。残高 15.8、厚 1.1 厘米（图五：10）。

2. 石器

主要有刀、锛、锤、磨石等。

刀　T0502④：1，磨制，刃部残。平面近长方形，近刀背处有双孔，对钻而成，孔径均为 1.3 厘米，两孔间距 6.5 厘米。长 14.8、宽 5.5、厚 1.1 厘米（图六：1）。

锛　T0202④：1，磨制，残。器身平面呈长方形，横截面呈扁长方形。上端顶部平齐，下端为单面刃。长 11.8、宽 4.3、厚 2.8 厘米（图六：2）。

锤　G2②：1，磨制，上部残。横截面为长方形。长 9.6、宽 4.1~4.3、厚 3.1~3.5 厘米（图六：3）。

磨石　T0402④：1，残。平面为长方形，截面为扁方形。两端均残。中部有磨制凹窝。长 7.3、宽 4.0、厚 0.9 厘米（图六：4）。

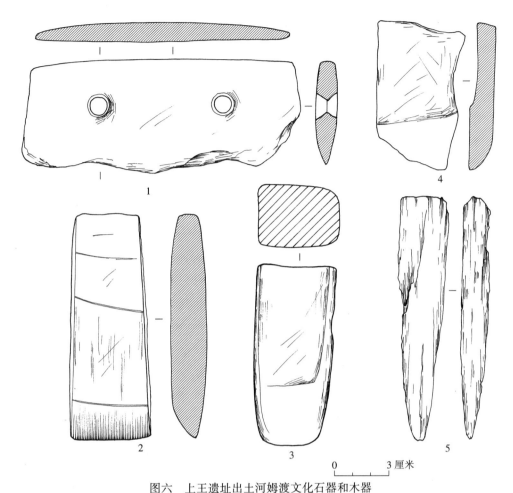

图六　上王遗址出土河姆渡文化石器和木器

1. 石刀（T0502④∶1）　2. 石锛（T0202④∶1）　3. 石锤（G2②∶1）　4. 磨石（T0402④∶1）　5. 木楔
（T0502④∶2）

3. 木器

木楔　T0502④∶2，残。器身细长，上窄下宽。平面呈三角形，横截面近梯形。长 12.9、宽
1.2~2.7、厚 1.3 厘米（图六∶5）。

三、良渚文化遗存

良渚文化遗存以第③层堆积为代表，共发现 6 座灰坑，出土遗物主要为陶器和石器。

（一）遗迹

灰坑平面形状多为不规则椭圆形，出土遗物较少。

H2　位于 T0301 北部西侧，开口于③a 层下。平面为椭圆形、斜直壁，平底。坑口长径 90、短径
62、深 20 厘米（图七∶1）。坑内堆积为土质较疏松的灰黑色黏土，夹杂有小石子、炭粒、草木灰等包
含物。

H19　位于 T0501 东北部，开口于③b 层下。平面呈椭圆形，斜弧壁，近锅状底（图七∶2）。坑口

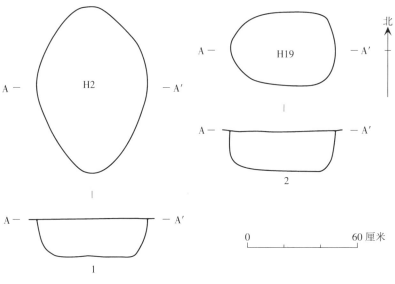

图七　上王遗址良渚文化遗迹平、剖面图
1. H2　2. H19

长径 56、短径 38、深 20 厘米。坑内堆积为土质较为致密的浅灰黑色黏土，夹杂有木炭、钙化物、植物根茎等包含物。

（二）遗物

1. 陶器

出土陶器数量较少，多为夹砂红陶、灰陶，有部分泥质灰陶、红陶和黑皮陶。可修复陶器很少，可辨器形有鼎、罐、圈足盘、器盖等。纹饰简单，素面为主，有少量刻划纹和凸棱纹。

鼎　折沿，敞口。依据腹部的形态分为 A、B 两型。

A 型　鼓腹。T0302③a：4，夹砂红陶。尖圆唇，腹较深，最大径偏下，腹部饰有一周凸棱纹，下部有烟炱痕迹。残高 17.2 厘米（图八：1）。

B 型　斜直腹。T0302③a：5，夹砂灰陶。尖圆唇，斜腹近直。残高 10.2 厘米（图八：2）。

罐　根据领部高矮分为 A、B 两型。

A 型　高领罐。T0402③b：1，泥质黑皮红陶。敞口，尖唇，束颈，鼓腹，最大径在腹中部，小平底。腹部有一道凸棱。高 9.1、口径 6.4、最大腹径 8.4、底径 4.5 厘米（图八：10）。

B 型　矮领罐。T0201③a：12，泥质灰陶。敞口，圆唇，束颈，鼓肩。残高 3.5 厘米（图八：9）。

壶　T0302③b：1，泥质黑皮灰陶。直口，方唇，鼓腹，圈足。高 7.9、口径 7.4、底径 7.5、最大腹径 10.5 厘米（图八：8）。

圈足盘　T0401③a：2，泥质红陶。敞口，圆唇，唇下有一圈凹陷。斜弧腹，腹较深，矮圈足。高 6.3、口径 13.3、底径 8.8 厘米（图八：12）。

器盖　1 件。T0302③a：10，泥质黑皮灰陶。盖为圆形纽，盖面微鼓。残高 4.6 厘米（图八：11）。

鼎足　依据整体形态分为 A、B 两型。

A 型　鱼鳍形鼎足。T0401③a：11，夹砂红陶。器体扁平，截面近扁圆形，饰竖向刻划纹。残高

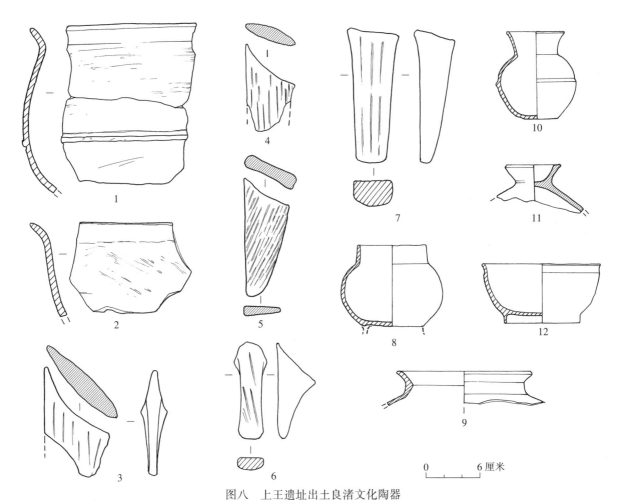

图八　上王遗址出土良渚文化陶器

1、2. 鼎（T0302③a：4、T0302③a：5）　3~7. 鼎足（T0401③a：11、T0301③a：5、T0502③a：2、T0201③a：7、T0401③a：14）　8. 壶（T0302③b：1）　9、10. 罐（T0201③a：12、T0402③b：1）　11. 器盖（T0302③a：10）　12. 圈足盘（T0401③a：2）

10.6 厘米（图八：3）。T0301③a：5，夹砂红陶。横截面为近长条形。两侧面均饰纵向刻划纹。残高 8.5 厘米（图八：4）。T0502③a：2，夹砂红陶。足身扁平，饰有斜向刻划纹。残高 10.4 厘米（图八：5）。

B 型　扁柱状足。T0401③a：14，夹砂红陶。截面呈扁长方形。上宽下窄，外侧饰有数道竖向刻划纹。残高 13 厘米（图八：7）。

另外，发现一件凿形足，可能是人类活动自下层扰动至上层。T0201③a：7，夹粗砂红陶。截面近梯形。外侧饰有数道斜向刻划纹。残高 11.3 厘米（图八：6）。

2. 石器

均为磨制石器，以农具和工具居多，主要有石犁、石刀、石锛、石钺等。

犁　平面大多为近三角形。T0102③b：1，两侧有刃，均为双面刃。器体扁而薄，顶边有一豁口，长 9.6、宽 5 厘米，应为木柄连接处。器身上部有三个单向钻孔，三孔径均为 2.7 厘米。石犁腰长 31、边长 29、厚 1.1 厘米（图九：1）。T0501③a：1，上部残缺，表面有褐色锈迹。器体扁平，面略鼓。两边有刃，单面平刃。中部有两穿孔，孔径分别为 1.9、2.1 厘米。残高 19.6、宽

16.1、厚 0.5 厘米（图九：2）。T0501③a：2，器体扁平。中间有两处钻孔，孔径分别为 2.2 厘米和 2.5 厘米。两侧各有一残余一半的钻孔。残长 13.5、宽 19.2、厚 0.5 厘米（图九：3）。T0501③a：5，器体轻薄扁平。上、下两侧各有一豁口，可能为残孔，口径约 4 厘米。残长 16.8、宽 14.8、厚 0.3 厘米（图九：4）。

　　刀　通体磨光，平面近长条形。T0301③a：1，刀背较平，刃部残缺。一端有孔，对钻而成，孔径 0.9、残长 9.3、宽 3.7~4.9、厚 1.4 厘米（图九：5）。

　　锛　平面为长方形，单面刃。T0401③b：1，残长 7.0、宽 0.5~2.2、厚 1.3 厘米（图九：6）。T0301③b：1，上端残缺。长 5.4、宽 4.3、厚 2.0 厘米（图九：7）。

　　钺　只发现一残件，根据残存器体，判断其为石钺的上部一角。T0301③a：2，残余部分平面近方形，扁而薄。上端平齐，下部有孔，双面对钻，孔径 1.6、边长 6.5、厚 0.5 厘米（图九：8）。

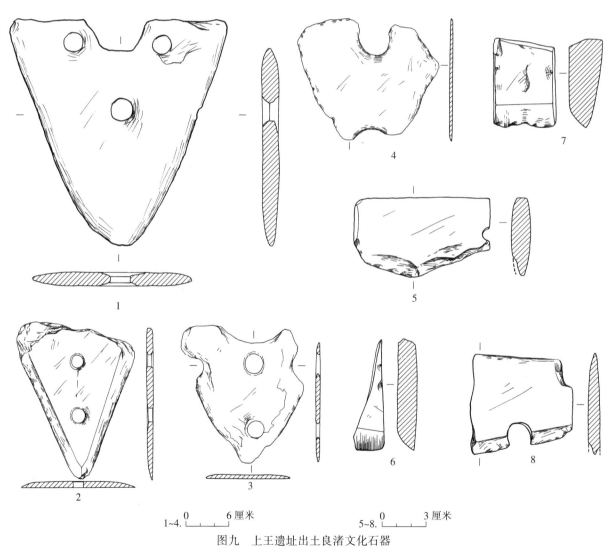

0　　　6厘米
1~4.
0　　　3厘米
5~8.

图九　上王遗址出土良渚文化石器

1~4. 犁（T0102③b：1、T0501③a：1、T0501③a：2、T0501③a：5）　5. 刀（T0301③a：1）　6、7. 锛（T0401③b：1、T0301③b：1）　8. 钺（T0301③a：2）

四、历史时期遗存

出土历史时期遗存较少，以第②层堆积为代表。遗迹见有灰坑和灰沟，遗物以宋元时期青瓷片为主，同时夹杂有少量商周时期原始瓷和印纹硬陶片，推测可能受宋元时期人类活动扰动或自然力作用而混入。

（一）遗迹

遗迹包括 3 个灰坑和 1 条灰沟。

H1　位于 T0501 西北部，开口于②层下。平面为椭圆形，斜直壁，平底（图一〇）。坑口长径 100、短径 64、深 40 厘米。坑内堆积为土质较为松软的灰黑色黏土，包含物有炭粒、青瓷片等。

（二）遗物

青瓷盏　T0202②：1。外施青釉，釉厚度较薄。敞口，尖圆唇，斜弧腹。器底略内凹。高 3.3、口径 10.8、底径 3.8、厚 0.6 厘米（图一一：1）。

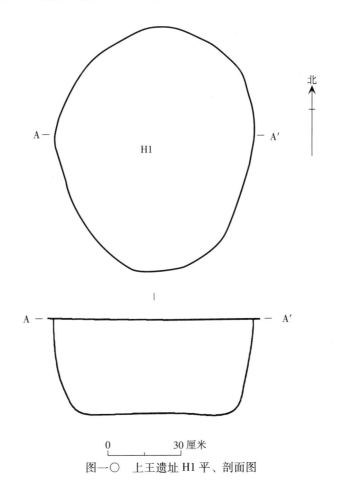

图一〇　上王遗址 H1 平、剖面图

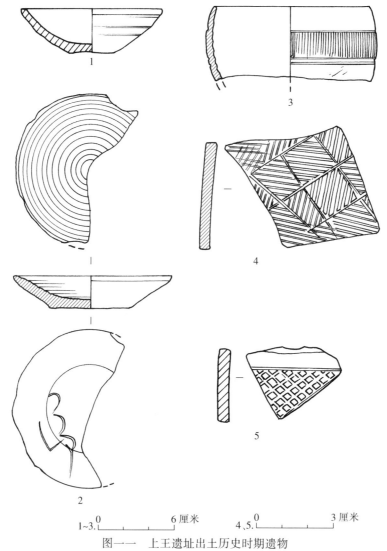

图一一   上王遗址出土历史时期遗物

1. 青瓷盏（T0202②：1）   2. 原始瓷盅（T0301②：1）   3. 原始瓷钵（T0301②：2）
4、5. 印纹硬陶（T0301②：4、T0401②：1）

　　盅   T0301②：1，原始瓷。仅残留底部，内底有数圈凸棱。残高约4.3、底厚约1.2厘米（图一一：2）。

　　钵   T0301②：2，原始瓷。敛口，尖圆唇，弧腹。腹部有两条凹弦纹，之间刻画间距均匀的竖线。内部轮制痕迹明显。残高5.4厘米（图一一：3）。

　　印纹硬陶，主要为纹饰标本。T0301②：4，腹片，红陶，纹饰由内填竖线或横线的大方格纹组成，长约4.1厘米（图一一：4）。T0401②：1，近口沿残片，灰陶。方格纹，残高2.2厘米（图一一：5）。

五、结语

（一）遗址年代

　　上王遗址地表遗物较少，地层堆积简单，出土史前遗存年代特征明确，而历史时期遗存只有零星的发现，尚不能推断其具体年代。因此，以下仅就史前遗存的相对年代做简单探讨。

1. 河姆渡文化遗存

这一阶段，虽然出土可复原陶器不多，但从大量的陶器标本上能看出它们大致属于两个类群。一类属于典型的河姆渡文化，陶系构成中以夹砂红陶、灰陶、泥质灰陶居多，也有少量夹炭陶。可辨器形中以釜为大宗，另有少量罐、盆、盘、器盖、支脚等。釜多为折沿敞口釜，沿面内凹近盘口，自口沿以下通体饰绳纹，部分腹部见有附加堆纹。鸟首形支脚通体饰绳纹。这些陶器在河姆渡遗址①第四期较为多见，年代应相近。折沿罐外施红黑色陶衣，口沿外侧饰数周凸棱纹，与何家遗址出土河姆渡文化四期 J1∶3 罐②特征一致，说明它们应处于同一时期。另一类陶系以夹砂红陶、泥质灰陶、黑皮陶为主，夹砂陶中砂砾含量较少。可辨器形有鼎、豆、盘等。鼎足多为凿形足和鱼鳍形足，饰竖向刻划纹、三线水波纹、绞索纹等。豆把饰圆形、长方形镂空或弦纹、弧线三角纹和小圆形镂空。无论鼎足造型与纹饰特征还是豆把施纹风格都与南河浜遗址③崧泽文化晚期同类陶器接近，年代应相当。综上，上王遗址出土河姆渡文化遗存年代大致在河姆渡文化四期偏晚阶段，与崧泽文化晚期年代相近。

2. 良渚文化遗存

良渚文化陶器发现数量较少，只有个别可复原。T0302③b∶1 壶，虽口沿大部残缺，两侧是否有耳不得知，但器身矮胖、圈足的造型与良渚文化早期双鼻壶比较接近。另外，鱼鳍形鼎足多为扁平状，截面近扁圆形，饰竖向刻划纹，也属于良渚文化早期特征。因此，上王遗址出土良渚文化遗存的年代处于良渚文化早期。

（二）初步认识

从地理环境来看，上王遗址处于低山丘陵与平原交汇地带，河流湖沼较多，山林水产资源都相对丰富，比较适合古人生活。该遗址的发现为我们以后在奉化江流域调查寻找新的史前遗址提供了借鉴和经验，也为研究奉化江流域史前人地关系和生业模式演变增添了新的资料。

以往宁绍平原的史前考古工作主要集中在北部的姚江流域和东部沿海地区，而西南部的奉化江流域只在 1989 年和 1991 年对名山后遗址开展了两次考古发掘。近几年，随着奉化江流域考古工作的开展，先后发现了下王渡④、何家等遗址，并分别开展了大规模考古发掘，出土了大量史前遗存，极大丰富了我们对该区域史前文化的认识。上王遗址是该区域发现的第三处河姆渡文化旷野类聚落址，为研究河姆渡文化在平原地带的分布特征、演变过程和人群扩散、迁徙路线提供了新的案例。

钱塘江北岸与宁绍平原史前文化交流、互动演变格局一直是学界的研究热点，以往由于材料有限，学界对宁绍平原腹地的奉化江流域关注不多。上王遗址出土的河姆渡文化晚期遗存中见有较多崧泽文

---

① 浙江省文物考古研究所：《河姆渡——新石器时代遗址考古发掘报告》，文物出版社，2003 年。

② 宁波市文物考古研究所、奉化区文物保护管理所、南京大学历史学院考古文物系：《浙江宁波奉化方桥何家遗址 2017 年发掘简报》，《南方文物》2019 年第 1 期。

③ 浙江省文物考古研究所：《南河浜——崧泽文化遗址发掘报告》，文物出版社，2005 年。

④ 宁波市文物考古研究所、中国人民大学考古文博系、奉化区文物保护管理所：《浙江宁波市下王渡遗址方桥发掘区 2017 年发掘简报》，《考古》2019 年第 9 期。

化因素，年代相对集中，处于崧泽文化晚期阶段，且其上直接叠压有良渚文化早期遗存。此类文化层堆积特征在宁绍平原较为少见，这不仅为细化河姆渡文化分期和构建宁绍平原史前文化序列增添了基础材料，也将推动钱塘江两岸文化变迁和区域文化进程研究取得新进展。

　　附记：参与本次发掘和资料整理的有宁波市文物考古研究所李永宁、丁风雅；中国人民大学考古文博系魏坚教授，博士研究生付承章，硕士研究生于柏川、周睿麟、张羽、武彤、曹彧；奉化区文物保护管理所王玮、毛友定、张牵牛；中国文化遗产研究院博士后刘汉兴；吉林大学本科生陈卓尔；内蒙古师范大学本科生张旭；技工徐刚等。工地测绘摄影于柏川、周睿麟；器物修复王庆华；线图绘制郝晓菲、于柏川；资料整理张羽、武彤、曹彧、周睿麟；考古领队李永宁。资料整理和简报编写工作得到浙江省文物考古研究所孙国平研究员、宁波市文物考古研究所王结华所长等专家和领导的指导，在此一并致谢！

　　　　　　　　　　　　　　　　执　笔：丁风雅　李永宁　于柏川
　　　　　　　　　　　　　　　　（原载《南方文物》，2020 年第 1 期）

宁波市奉化区下王渡遗址第Ⅲ发掘区发掘简报

宁波市文化遗产管理研究院　吉林大学文化遗产保护研究中心

下王渡遗址位于宁波市奉化区方桥街道剡江东南岸的下王渡村，地处奉化江、剡江、鄞奉江的交汇处（图一：1）。2016年底，宁波宁南贸易物流园区建设方在下王渡村以东区域的施工过程中发现了一些陶器和石器残件，宁波市文物考古研究所随即对这一区域进行了考古勘探，发现了丰富的史前文化堆积，并将其命名为下王渡遗址。2017年3月至8月，宁波市文物考古研究所等单位对下王渡遗址进行了第1期（Ⅰ区）抢救性考古发掘①。发掘期间，宁波市文物考古研究所对Ⅰ区南侧以及下王渡村以西区域进行了考古勘探，又发现了四处遗存（Ⅱ~Ⅴ区）。2017年10月至2019年3月，宁波市文物考古研究所联合武汉大学、复旦大学、南京大学、中国人民大学、吉林大学、奉化区文物保护管理所等单位对上述四区进行了抢救性考古发掘，其中，以吉林大学为主，承担了第Ⅲ区的发掘工作②（图一：2）。

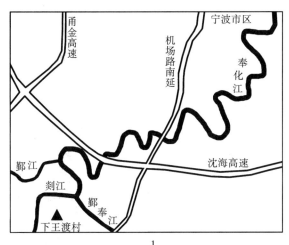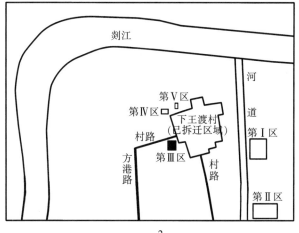

图一　宁波市奉化区下王渡遗址第Ⅲ发掘区位置示意图
1. 下王渡遗址位置示意图　2. 第Ⅲ区位置示意图

---

① 林海、何华军：《奉化下王渡村新发现一处史前文化遗址》，《宁波日报》2017年9月7日第8版。

② 下王渡遗址第Ⅲ、Ⅳ、Ⅴ区的发掘工作从2017年10月开始至2018年2月结束，三区墓葬、灰坑、灰沟采取统一、顺序的方式进行编号。Ⅳ、Ⅴ区以中国人民大学为主承担发掘工作，发掘简报已见诸报道（宁波市文物考古研究所、中国人民大学考古文博系、奉化区文物保护管理所：《浙江宁波市下王渡遗址方桥发掘区2017年发掘简报》，《考古》2019年第9期），凡本简报中遗迹有编号缺省者，均位于Ⅳ、Ⅴ区，本简报不再涉及。

第Ⅲ区中心地理坐标为北纬 29°46′10.47″，东经 121°26′08.33″，海拔 0 米。共布设 10×10 米探方 5 个，探方分南北两排，以探方西南角大地坐标的横纵坐标点对探方进行编号，南排从西往东依次为 2017NN①T620.690、2017NNT620.700，北排从西往东依次为 2017NNT630.690、2017NNT630.700 和 2017NNT630.710，现将此次发掘情况初步简报如下。

一、地层堆积

本发掘区各探方的地层堆积较为统一，从上至下可划分为 9 层，其中④层和⑨层可分为两个亚层，以 2017NNT630.710 西壁为例（图二），简要介绍Ⅲ区的地层堆积情况：

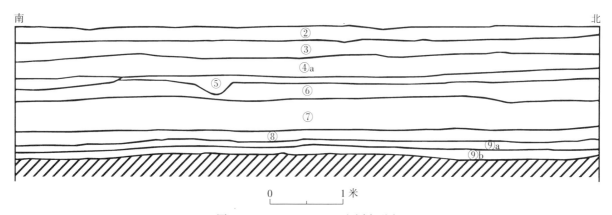

图二   2017NNT630.710 西壁剖面图

①层：耕土层。浅黄色土，土质疏松，厚 10~20 厘米，包含大量植物根系和小石子。发掘前地表已经经过多次清理，因此本探方西壁已没有耕土层。

②层：宋元文化层。黄褐色土，土质较硬，厚 10~20 厘米，包含少量夹砂陶片、印纹硬陶片、青瓷片和白瓷片。

③层：商周文化层。青灰色土夹杂黄土，土质较硬，厚 15~20 厘米，包含少量夹砂陶片、印纹硬陶片等。H1、G1 开口于该层下。

④a 层：良渚文化层。棕褐色土，土质较硬，夹杂大量铁锈色颗粒，厚 15~20 厘米，出土夹砂陶片、泥质陶片以及一些磨制石器等。M5、M6 等墓葬开口于该层下。

④b 层：良渚文化层。浅褐色土，土质较硬，夹杂少量铁锈色颗粒，厚 0~10 厘米。

⑤层：良渚文化层。浅黑色土，土质较软，厚 0~20 厘米，出土夹砂陶片、泥质陶片以及一些磨制石器等。H5、H8 开口于该层下。

⑥层：良渚文化层。灰色淤泥夹杂浅黄色土，土质细腻，厚 5~20 厘米，包含少量陶片。

---

①   2017 年下王渡遗址Ⅰ区抢救性考古发掘的地点编号方式为 2017F（奉化）X（下王渡），Ⅲ、Ⅳ、Ⅴ区位于下王渡村西侧，采取了不同的发掘地点命名方式，以建设项目名称"宁波农副产品二期建设地块"命名，即 2017N（宁波）N（农副产品二期建设地块）。

⑦层：河姆渡文化层。灰色淤土，土质细腻纯净，厚40~50厘米，包含少量陶片。H4、H14、G3等遗迹开口于该层下。

⑧层：河姆渡文化层。深灰色土，土质细腻纯净，厚10~15厘米，包含少量陶片。

⑨a层：浅灰色土，土质细腻纯净，厚10厘米，遗物较少。

⑨b层：黑土，土质细腻纯净，厚10厘米，遗物较少。

⑨b层以下为生土层，青灰色淤土，土质纯净疏松，应为自然淤积而成。

二、遗迹遗物

本次发掘的地层堆积中虽有宋元时期和商周时期的遗物，但数量稀少，而且不见同时期的遗迹。因此，该地点应是一处以史前文化堆积为主的遗址，根据地层堆积和遗迹出土遗物的特点，可以将本发掘区的遗存分为早、晚两期。

（一）第一期遗存

以⑦~⑨层及其下开口遗迹为代表。

1. 遗迹

灰坑2个。

2017NNH4　位于2017NNT630.710东北角，延伸入东隔梁和北隔梁，开口于⑦层下，弧壁，平底，探方内存留部分东西长约1.92、南北长约1.2、深约0.6米。坑内为灰色淤泥，土质细腻纯净，未见人工遗物（图三：1）。

2017NNH14　位于2017NNT630.710东南部，开口于⑦层下，平面近圆形，弧壁略直，平底，东西长约0.72、南北长约0.75、残深约0.7米。坑内为暗灰色淤泥，土质细腻，夹杂部分木屑、水草，坑壁近底部及坑底铺有细沙。坑内出土石镞1件、残陶片2件及植物果实若干（图三：2）。

灰沟1条。

2017NNG3　位于2017NNT630.690中部偏北，开口于⑦层下，斜壁，圜底。西部延伸至发掘区以外，东、北延伸入东隔梁和北隔梁，但在东侧的T630.700未见踪迹。G3在探方内长8.64、宽2.75、深0.75米。坑内填土为深灰色黏土，有少量木屑，未见人工遗物（图三：3）。

2. 遗物

（1）陶器

本期遗存出土陶器多集中于⑦层，以残片为主，无可复原的器形，⑧层仅见夹砂红褐陶绳纹残片1件。出土陶器可辨器形者有釜、缸、器盖等。

釜　均为口沿残片，根据口部形制差异可分为两型。

A型　侈口，颈部外折明显。标本2017NNT620.700⑦：1，夹炭灰黑陶，颈部以下残，口径24、残高4.2、厚0.7厘米（图四：1）。

B型　敞口，颈部外卷。标本2017NNT630.690⑦：3，夹炭灰黑陶，口沿部分及颈部以下均残，残

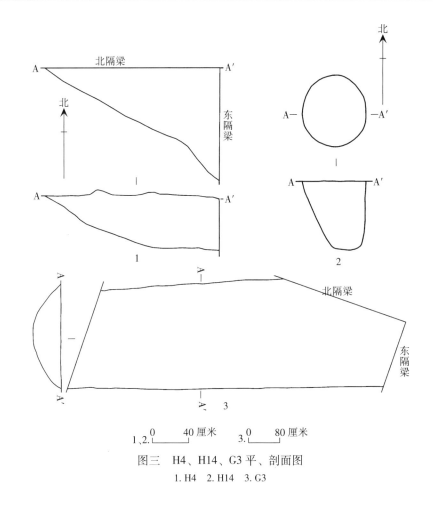

图三 H4、H14、G3 平、剖面图

1. H4 2. H14 3. G3

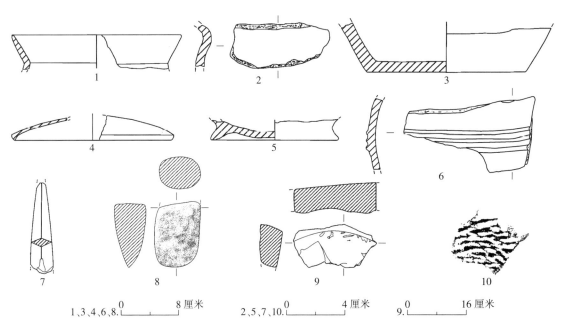

图四 第一期遗存出土陶器和石器

1. A 型釜（2017NNT620.700⑦：1） 2. B 型釜（2017NNT630.690⑦：3） 3. 缸（2017NNT630.690⑦：11） 4. 器盖（2017NNT630.690⑦：6） 5. 圈足（2017NNT630.690⑦：9） 6. 弦纹陶片（2017NNT620.690⑦：1） 7. 石镞（2017NNH14：1） 8. 石斧（2017NNT630.690⑦：1） 9. 砺石（2017NNT630.690⑦：2） 10. 绳纹陶片（2017NNT630.690⑧：1）

长 7、残高 3、厚 0.7 厘米（图四：2）。

缸　标本 2017NNT630.690⑦：11，泥质灰陶，仅存底部，底径 22、残高 6、厚 1.2 厘米（图四：3）。

器盖　标本 2017NNT630.690⑦：6，泥质陶，内胎红色，外壁灰色，盖顶已残，口径 22、残高 3.6、厚 0.3 厘米（图四：4）。

圈足　标本 2017NNT630.690⑦：9，夹砂灰黑陶，矮圈足，圈足外撇，底部微凹，底径 9、残高 1.4、厚 0.4 厘米（图四：5）。

除了上述可辨器形或部位的陶器以外，还有一些无法分辨器形或部位的腹部残片，有少量腹片在外壁有纹饰。标本 2017NNT620.690⑦：1，泥质灰黑陶，外壁有三道凸弦纹，残长 18、残宽 3~4.8、厚 0.8 厘米（图四：6）。标本 2017NNT630.690⑧：1，夹砂红褐陶，残长 5.2、厚 0.3 厘米（图四：10）。

（2）石器

镞　1 件（2017NNH14：1），黑色凝灰岩，截面呈菱形，刃尖和尾部略残，残长 6、最宽 1.6、最厚 0.7 厘米（图四：7）。

斧　1 件（2017NNT630.690⑦：1），上部残，磨制双面刃，上部残，残长 8.3、宽 5.5、最厚 4.3 厘米（图四：8）。

砺石　1 件（2017NNT630.690⑦：2），残，一面磨制，微凹。残长 20.6、残宽 9.8、高 7 厘米（图四：9）。

（二）第二期遗存

以③层下开口遗迹、④~⑥层及其下开口遗迹为代表。

1. 墓葬

2 座，2017NNM5 和 2017NNM6，南北平行，M5 在南、M6 在北，相隔仅 20 厘米（图五）。

（1）墓葬形制

2017NNM5　开口于④a 层下，正东西向，墓圹平面近长方形，长 3.62、宽 0.9、深 0.2 米。墓圹内先发现一层树皮，应为棺盖板，长 3.1、宽 0.78 米，树皮中部已下陷。墓底也铺一层树皮，南北两侧上卷，长 2.1、宽 0.62 米，未见人骨，仅在东侧发现一块疑似为头骨的残迹。树皮东西两端以外的

图五　2017NNM5（下）和 2017NNM6（上）位置关系

墓底，发现一些炭灰痕迹，在西部炭灰附近还有一件残陶碗。随葬品中 2 件陶器位于西部，2 件石器位于中部，3 件玉器位于东部疑似头骨旁，除此以外，下层树皮上还发现一些凸起的木头，但是已完全呈泥状，整体提取后经实验室清理也无法辨认其形态（图六）。

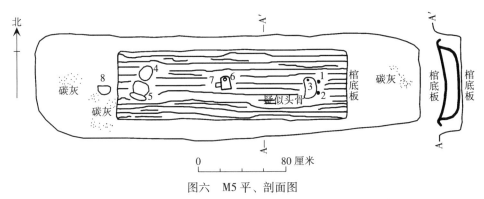

图六　M5 平、剖面图
1、2. 玉玦　3. 玉珠　4. 陶豆　5. 陶釜　6. 石钺　7. 石锛　8. 残陶器

2017NNM6　位于 2017NNM5 北侧，开口于④a 层下，正东西向，墓圹平面近长方形，长 2、宽 0.64、深 0.15 米。墓圹内铺上下两层树皮，铺设方式与 2017NNM5 相同，上层树皮长 1.76、宽 0.6 米，下层树皮长 1.08、宽 0.48 米。下层树皮上未见人骨迹象，有席状物残迹。随葬品均放置于下层树皮的西部，陶器 3 件，石器 2 件，也有一些木质残件，同样无法辨认其形态（图七）。

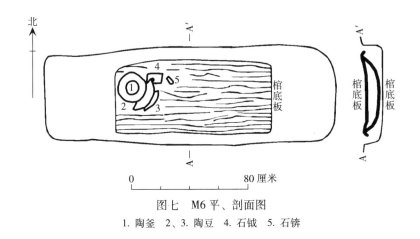

图七　M6 平、剖面图
1. 陶釜　2、3. 陶豆　4. 石钺　5. 石锛

（2）随葬品

两座墓葬内的陶器均已呈泥状，无法复原，石器、玉器共计 7 件。

石钺　2 件。标本 2017NNM5：6，竖长条形，边缘略残，刃部在短边一侧，上部对钻一孔，长 12.4、宽 7.8、最厚 0.7、孔内径 1.3~1.5、孔外径 1.8~1.95 厘米（图八：1）。标本 2017NNM6：4，略呈梯形，刃部在长边一侧，上部对钻一孔，上缘略残，长 8.4、顶宽 11.7、刃宽 13.2、孔内径 1、孔外径 1.3 厘米（图八：4）。

石锛　2 件。标本 2017NNM5：7，整体呈扁平长方形，边缘略残，弧背，有段，单面斜刃，通长 4.5、宽 2.4、最厚 0.9 厘米（图八：2）。标本 2017NNM6：5，一侧略残，弧背，有段，单面斜刃，通长 5.8、残宽 1.7、最厚 1.1 厘米（图八：3）。

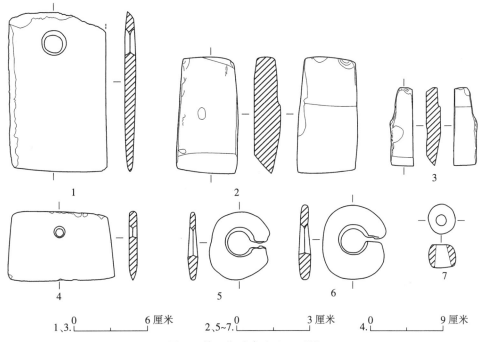

图八　第二期遗存出土玉石器

1、4. 石钺（2017NNM5：6、2017NNM6：4）　　2、3. 石锛（2017NNM5：7、2017NNM6：5）

5、6. 玉玦（2017NNM5：1、2017NNM5：2）　　7. 玉珠（2017NNM5：3）

玉玦　2件。2017NNM5：1，中部有双向对钻的孔，一侧留缺，直径2.3～2.7、最厚0.5、钻孔直径1.1、缺口宽0.1～0.25厘米（图八：5）。2017NNM5：2，中部有双向对钻的孔，一侧留缺，直径2.5～2.9、最厚0.5、钻孔直径1.1、缺口宽0.1～0.2厘米（图八：6）。

玉珠　1件（2017NNM5：3），上下两个截面有线切割痕，单面钻孔，直径1.1、高0.8、孔径0.4～0.6厘米（图八：7）。

2. 其他遗迹及遗物

（1）遗迹

第二期遗存共发现灰坑6个（H1、H3、H5～H8）、灰沟1条（G1），灰坑有圆形和不规则形，现将保存较为完整的H1、H5、H8、G1简介如下。

2017NNH1　位于2017NNT630.690，开口于③层下，平面为不规则的圆形，近直壁，平底，直径0.94、深0.2米。坑内出土少量夹砂陶片和泥质陶片（图九：1）。

2017NNH5　位于2017NNT630.710，开口于⑤层下，平面近方形，弧壁，平底，东西长1.36、南北长1.26、深0.25米。坑内出土少量夹砂陶片、泥质陶片（图九：2）。

2017NNH8　位于2017NNT630.690，开口于⑤层下，平面近椭圆形，斜壁，圜底。东西长0.52、南北长0.62、深0.36米。坑内出土少量泥质陶片和夹砂陶片（图九：3）。

2017NNG1　位于2017NNT630.690，开口于③层下，平面为长条形，斜壁，平底，北部延伸至探方北隔梁内，南部延伸到2017NNT620～690北隔梁内。已发掘部分长8.36、宽1.3、深0.22米。沟内未见遗物，但是从遗址整体来看，③层商周时期遗物非常少，推测该沟的年代与④a层相同的可能性

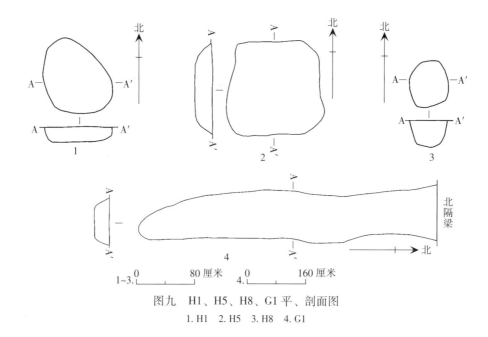

图九　H1、H5、H8、G1 平、剖面图
1. H1　2. H5　3. H8　4. G1

较大（图九：4）。

（2）陶器

陶器以夹砂陶和泥质陶为主，均为残片，无可复原的器形，从特征较为明显的陶片可以辨识出器形主要有鼎、罐、盆等。

鼎　均为夹砂陶，多数为口沿残片，根据形制差异可分为两型。

A 型　外折沿。根据折沿外翻程度差异可分为三个亚型。

Aa 型　口沿外折近平。标本 2017NNT630.690⑤：7，夹砂灰陶，口径 24、残高 6、厚 0.6 厘米（图一〇：1）。

Ab 型　口沿外折斜直。标本 2017NNT630.690⑤：3，夹砂灰黑陶，口径 22、残高 4.8、厚 0.8 厘米（图一〇：2）。

Ac 型　外折沿微弧。标本 2017NNT630.690④a：3，夹砂红褐陶，外沿有一周凸弦纹，口径 24、残高 4、厚 0.8 厘米（图一〇：3）。

B 型　敞口外翻。标本 2017NNT630.690④a：2，夹砂灰黑陶，口沿下方有一周凹弦纹，口径 18、残高 5.2、厚 0.8 厘米（图一〇：4）。

盆　均为泥质陶，多数为口沿残片，根据形制差异可分为三型。

A 型　卷沿。标本 2017NNT630.690④a：8，泥质灰陶，口径 20、残高 1.6、厚 0.3 厘米（图一〇：5）。

B 型　敞口，束颈，深直腹。标本 2017NNT630.690⑤：13，泥质红陶，外沿下有两个圆形凸起，口径 20、残高 3.2、厚 0.3 厘米（图一〇：6）。

C 型　直口。标本 2017NNT630.710④a：10，泥质红陶，口径 16、残高 2.2、厚 0.4 厘米（图一〇：7）。

罐　以口沿居多，根据形制差异可分为两型。

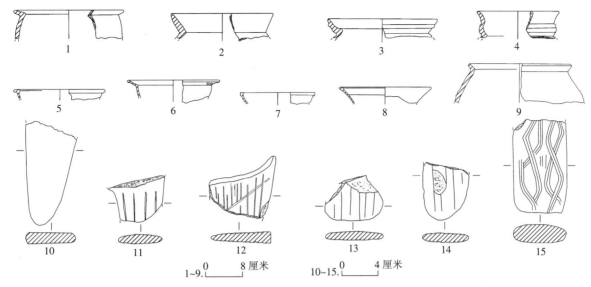

图一〇　第二期遗存出土陶器

1. Aa 型鼎（2017NNT630.690⑤：7）　　2. Ab 型鼎（2017NNT630.690⑤：3）　　3. Ac 型鼎（2017NNT630.690④a：3）　　4. B 型鼎
（2017NNT630.690④a：2）　　5. A 型盆（2017NNT630.690④a：8）　　6. B 型盆（2017NNT630.690⑤：13）　　7. C 型盆
（2017NNT630.710④a：10）　　8. A 型罐（2017NNT630.700⑤：17）　　9. B 型罐（2017NNT630.710⑤：2）　　10. A 型Ⅰ式鼎足
（2017NNT630.700⑤：23）　　11. A 型Ⅱ式鼎足（2017NNT630.690④a：17）　　12. A 型Ⅲ式鼎足（2017NNT630.700⑤：25）
13. A 型Ⅳ式鼎足（2017NNT620.690④a：2）　　14. B 型鼎足（2017NNT630.700④a：8）　　15. C 型鼎足（2017NNT630.690⑥：1）

A 型　敞口。标本 2017NNT630.700⑤：17，夹砂红褐陶，内沿有一周凸棱，口径 20、残高 3.2、厚 0.5 厘米（图一〇：8）。

B 型　折沿。标本 2017NNT630.710⑤：2，夹蚌灰陶，腹部有两周凸弦纹，口径 22、残高 8、厚 0.8 厘米（图一〇：9）。

除了上述可辨器形的陶片以外，第二期遗存的堆积中还出土了一些鼎足，根据形制差异初步可分为三型。

A 型　直背鱼鳍形足。可分为四式。

Ⅰ式　略呈鱼鳍形，上宽下窄，截面扁平。标本 2017NNT630.700⑤：23，夹砂红褐陶，素面，残长 11.5、残宽 6、厚 1 厘米（图一〇：10）。

Ⅱ式　截面中部略厚，侧面均有刻划的竖向线条。标本 2017NNT630.690④a：17，夹砂红陶，残高 4.5、残宽 5~6、厚 1 厘米（图一〇：11）。

Ⅲ式　截面呈扁三角形，侧面均有刻划的竖向线条。标本 2017NNT630.700⑤：25，夹砂红陶，残高 5.3、宽 6.8、最厚 1.8 厘米（图一〇：12）。

Ⅳ式　截面呈扁长条形，侧面有刻划的竖向线条。标本 2017NNT620.690④a：2，夹砂红陶，残高 4.7、宽 6.3、最厚 1 厘米（图一〇：13）。

B 型　弧背鱼鳍形足。标本 2017NNT630.700④a：8，夹砂红陶，残高 5.7、宽 5、最厚 0.9 厘米（图一〇：14）。

C 型　厚扁足，截面近长方形。标本 2017NNT630.690⑥：1，夹砂红陶，侧面有刻划的交叉线条纹，残高 9.8、宽 6.9、厚 2.2 厘米（图一〇：15）。

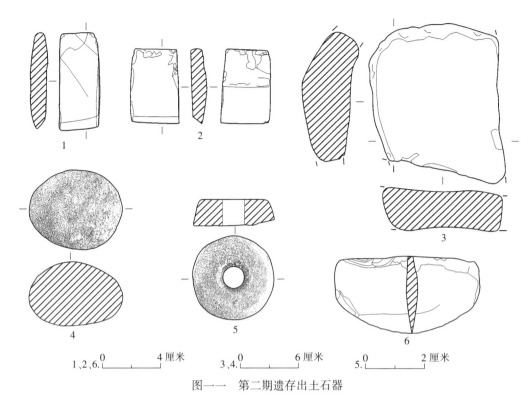

1、2、6.　0┣━━━━┫4 厘米　　3、4.　0┣━━━━┫6 厘米　　5.　0┣━━━━┫2 厘米

图一一　第二期遗存出土石器

1、2. 锛（2017NNT620.700④a：1、2017NNT620.700⑥：2）　3. 砺石（2017NNT630.700⑤：8）　4. 球（2017NNT630.700⑤：4）　5. 纺轮（2017NNT630.700④a：1）　6. 刀（2017NNT630.700④a：3）

（3）石器

均为磨制石器，数量较少，以石锛和砺石残件居多，另有石刀、石球、石纺轮等。

锛　标本 2017NNT620.700④a：1，背微弧，单面斜刃，通长 6.2、宽 2.5、最厚 1 厘米（图一一：1）。标本 2017NNT620.700⑥：2，有段，单面斜刃，通长 4.9、宽 3.2、最厚 1 厘米（图一一：2）。

砺石　标本 2017NNT630.700⑤：8，已残，一面磨砺成凹弧状，残长 12.2、残宽 14.3、最厚 4.9 厘米（图一一：3）。

球　标本 2017NNT630.700⑤：4，近球体，表面不甚规整，长径 9.5、短径 7.2 厘米（图一一：4）。

纺轮　标本 2017NNT630.700④a：1，截面呈梯形，中间有穿孔，短径 2.5、长径 3、孔径 0.7、最厚 0.9 厘米（图一一：5）。

刀　标本 2017NNT630.700④a：3，半成品，表面剥落较为严重，刃长 9.9、宽 5.3、最厚 0.9 厘米（图一一：6）。

三、结语

（一）遗存年代

1. 第一期遗存

第一期遗存以⑦层为代表，⑧层仅出土一件绳纹陶片。从陶质陶色来看，夹炭陶具有明显的河姆渡文化传统。从纹饰上来看，虽然仅在少数器物上发现了绳纹，这却是本地区河姆渡文化从早到晚最为流行的纹饰。从陶器器形来看，夹炭陶釜较有代表性，数量也相对较多，这些陶釜均为侈口，是河姆渡文化第四期遗存的典型器物①。因此，⑦层和⑧层遗存的年代应与河姆渡文化第四期大致相近。

2. 第二期遗存

第二期遗存以④a 层和⑤层为主，⑥层仅在个别探方有所分布。由于出土陶器较为残破，没有可复原的器形，鼎足是为数不多的具备年代意义的典型器物。因此，以鼎足为切入点，对第二期遗存各地层的年代作如下初步判断。

⑥层在发掘区分布范围较小，出土遗物也较少，从 C 型鼎足的形制和纹饰来看，与吴江龙南88H22 出土陶鼎的厚方足刻划交叉纹饰者较为相似②，除此之外，⑥层未见其他更有年代特征的陶器。龙南 88H22 的年代约为良渚文化早期，因此我们初步判断本发掘区⑥层的年代可能相当于这一时期。

⑤层和④a 层这两个地层是本发掘区出土遗物最多的地层堆积，陶器的陶质、陶色和器形基本相似，并以 A 型鱼鳍形足最具特色。结合良渚文化的分期研究③，这些鱼鳍形足既有良渚文化中期的类鱼鳍形足（A 型Ⅰ式）和条形鱼鳍形足（A 型Ⅱ式），也有良渚文化晚期的三角鱼鳍形足（A 型Ⅲ式）和扁长条形鱼鳍形足（A 型Ⅳ式）。因此，④a 层和⑤层的主体年代应大致属于良渚文化中晚期。M5和 M6 均开口于④a 层下，虽然随葬陶器已无法复原，但是结合地层年代，两座墓葬应与地层的年代基本相当。

与此同时，④a 层中出土的 B 型的弧背鱼鳍形足，虽然数量不多，但此类鼎足却是湖州钱山漾遗址第一期遗存的典型器物④，④a 层的年代下限可能已进入钱山漾文化时期。

（二）遗址性质

1. 河姆渡文化遗存

本发掘区的河姆渡文化第四期遗存并不丰富，无法与 2017 年下王渡遗址第Ⅰ期的发掘相比。从位置上来看，虽然都属于下王渡村，但是有一条南北走向的河道相隔。如果说 2017 年下王渡遗址第Ⅰ期发掘区域位于整个遗址的核心分布区，那么南北走向的河道有可能就是当时的古河道，这一时期村落主体应主要分布于河道以东，而位于河道以西的区域仅仅是有零星的人为活动，并未形成村落或是聚落。

2. 良渚文化遗存

良渚文化遗存虽然较河姆渡文化第四期遗存要丰富一些，但是，未见房址，且灰坑、灰沟中出土的人工遗物极少，陶器、石器等遗物的数量和类型也不丰富。从这一点来看，这一区域也不是当时人类活动的主要区域，极有可能是处于村落外围的小型活动区，灰坑的性质可能更倾向于集水坑或是临

---

① 浙江省文物考古研究所：《河姆渡——新石器时代遗址考古发掘报告》，文物出版社，2003 年，第 364~369 页。

② 苏州博物馆、吴江县文物管理委员会：《江苏吴江龙南新石器时代村落遗址第一、二次发掘简报》，《文物》1990 年第 7 期。

③ 朔知：《良渚文化的初步分析》，《考古学报》2000 年第 4 期。

④ 浙江省文物考古研究所、湖州市博物馆：《钱山漾第三、四次发掘报告》，文物出版社，2014 年。

时开挖的小坑，与聚落内长期使用的灰坑相比，遗物极不丰富①。

综上所述，宁波市奉化区下王渡遗址第Ⅲ发掘区应是一处以河姆渡文化第四期遗存和良渚文化遗存为主的史前文化分布点。虽然两个时期的遗存均不丰富，但却为研究整个宁波地区史前遗址的聚落分布和功能分区提供了重要线索，也为进一步探索宁绍地区河姆渡文化晚期及其结束以后良渚文化先民的活动轨迹提供了重要证据。

附记：本文得到了吉林大学交叉学科科研团队资助计划项目（10183JXTD202006）的资助。参加发掘的人员有：赵东海、贾领、丁凤雅、徐婧、冯方涛、罗雅馨、郭梦雨、吴敬、李永宁。工作期间，浙江省文物考古研究所孙国平研究员对发掘和整理进行了业务指导，宁波市文物考古研究所王结华所长和张华琴、罗鹏、梅术文等同志也多次到场进行指导、协助和慰问，在此一并致谢。

执　笔：李永宁　吴　敬　丁凤雅
　　　　赵东海　贾　领
绘　图：赵东海　贾　领　付亚瑞
　　　　吴　敬
摄　影：赵东海　贾　领

（原载《江汉考古》，2021年第1期。发表时曾删除了遗迹的平剖面图，在此将遗迹平剖面图一起发表）

---

① 在本发掘区西北角T630.690的⑤层下，发现一片很薄的黄色土壤区域，我们对其进行了植硅石采样，推测该区域可能与水田有一定关系。如是，则正好与这一区域遗迹遗物稀少的特点吻合。

浙江余姚施岙遗址古稻田

浙江省文物考古研究所　宁波市文化遗产管理研究院

余姚市河姆渡遗址博物馆

施岙遗址古稻田位于浙江省余姚市三七市镇施岙自然村西侧山谷中（图一），东南距田螺山遗址约 400 米，面积约 8 万平方米，发现了河姆渡文化早期、晚期与良渚文化时期的大规模稻田。尤其在河姆渡文化晚期与良渚文化时期的稻田中，发现了纵横的田埂和灌溉排水系统。不同时期稻田之间均有自然淤积层间隔。施岙古稻田是目前世界上发现的面积最大、年代最早、证据最充分的大规模稻田，是史前考古与农业考古领域的重大发现。

图一　施岙古稻田与田螺山遗址环境

一、工作缘起

施岙遗址古稻田中心地理坐标为北纬 30°01′39″，东经 121°22′31″，地表海拔约 1.4～4.2 米。经勘探发现，施岙古稻田堆积分布面积约 8 万平方米，附近古稻田总面积近 90 万平方米。为探索史前稻作农业的发展和农耕方式的演变，并为后期建设规划提供文物依据，经国家文物局批准，2020 年至 2021 年，浙江省文物考古研究所、宁波市文化遗产管理研究院、余姚市河姆渡遗址博物馆联合对其进行了考古发掘。发掘采用了长探沟解剖与探方发掘相结合的方式，较大面积地揭露了河姆渡文化早期、晚期与良渚文化时期的三期稻田，河姆渡文化早期、晚期稻田仅在西区进行了较大面积揭露，其他区域做了局部解剖（图二）。

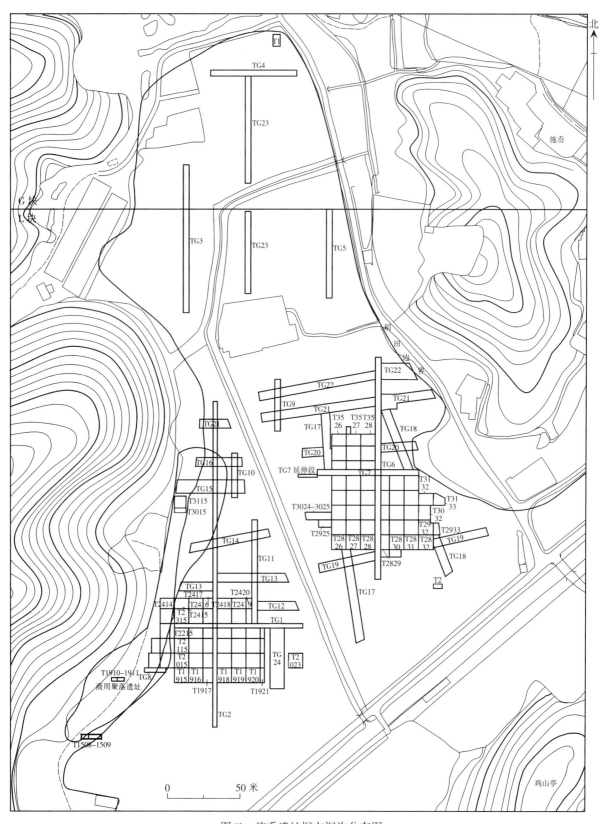

图二　施岙遗址探方探沟分布图

二、古稻田介绍

考古发现了具有明确叠压关系的三期大规模稻田，清晰展现出河姆渡文化早期、晚期与良渚文化时期的田块形态和稻田结构。另外，在古稻田西边坡脚发现一处商周时期村落遗址。

古稻田区域虽然面积广大，但整体地层较为一致，到位于河姆渡文化早期稻田层之下的淤泥层，总体可以分为13层。①层，近现代耕土层；②层，汉代及以后时期灰黄色粉质黏土层；③层，商周时期深灰色粉质黏土层；④层，灰黄色自然淤积层；⑤层，灰黑色泥炭层，局部区域发现残留的树桩、树根；⑥层，良渚文化时期灰褐色稻田层，含大量腐殖物；⑦层，河姆渡文化晚期浅灰色稻田层，含较多腐殖物；⑧层，河姆渡文化晚期深灰褐色稻田层，含大量腐殖物；⑨层，青灰色自然淤积层；⑩层，灰黑色泥炭层；⑪层，河姆渡文化早期深灰褐色稻田层，含大量腐殖物；⑫层，灰褐色泥炭层，局部区域有残留的树桩；⑬层，青灰色自然淤泥层（图三，图四）。

图三　TG2 西壁地层局部

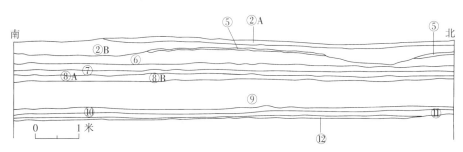

图四 TG2T1717 西壁地层剖面图

根据研究农田和古环境变迁的需要，我们设计了多学科研究方案，与北京大学、中国社会科学院考古研究所、华东师范大学河口海岸研究院、中国科学院南京地理与湖泊研究所、伦敦大学考古学院等单位合作，从 ^{14}C 测年、植物考古、环境考古、地质考古、农业考古、器物分析等方面进行综合研究。

第一期稻田（⑪层）属于河姆渡文化早期，绝对年代约为公元前 4800～前 4500 年。在西区发掘区南部和部分探沟中揭露（图五）。西区南部稻田堆积整体比较平整，表面略有起伏，西部略高，东部较低，发现一段宽约 2.2～2.3 米的田埂（图六，图七）。另外，在西区稻田边缘发现 13 个灰坑。稻田堆积和灰坑中出土少量陶片，可辨器类有口沿下部装饰附加堆纹的敞口陶釜、陶罐等（图八，图九）。

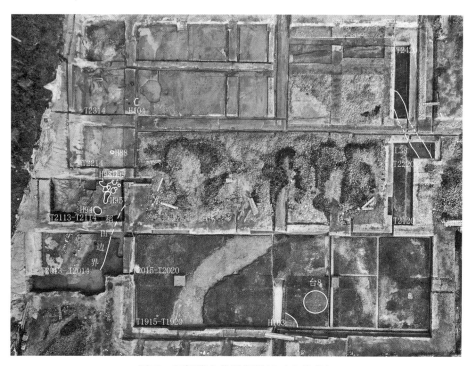

图五 河姆渡文化早期稻田（上为北）

图六　河姆渡文化早期路 38（由东南向西北拍摄）

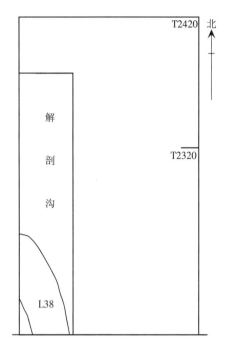

TG1

图八　河姆渡文化早期稻田出土的陶釜口沿

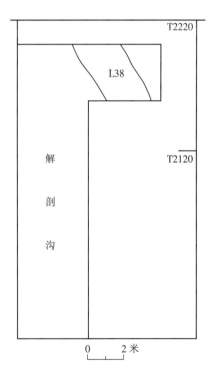

图七　河姆渡文化早期路 38 平面图

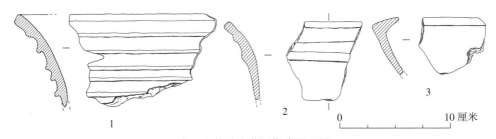

图九　河姆渡文化早期陶器口沿
1. 釜（TG3⑪：1）　2. 釜（T1916⑪：1）　3. 钵（T2014⑪：1）

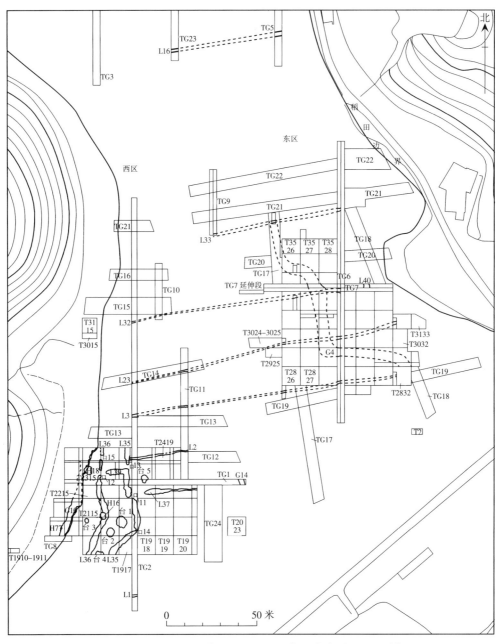

图一〇　河姆渡文化晚期稻田平面图（灰坑为商周及以后时期）

第二期稻田（⑧、⑦层）属于河姆渡文化晚期，绝对年代约为公元前3700~前3000年。发现了由田埂、河道、灌排水口组成的稻田系统（图一〇）。⑧层田埂共发现12条，东西向田埂9条，一般宽0.3~1米；南北向田埂3条，一般宽1~3米（图一一）。东西向田埂基本纵贯东西，两端与南北向田埂交汇，间距约16~41米，由稻田土堆筑，部分田埂下铺垫有较粗大的树枝（图一二）。南北向田埂分布在两侧靠山区域，系利用黄灰色土堆筑。西区与东区稻田中各发现1条总体呈南北走向的河道，是稻田的水源。另外，大面积揭露的西区田埂之间发现5处灌排水口。稻田边缘堆积与西区河道堆积中出土较多陶片、石块、木头、植物种子等，出土陶片可辨有绳纹陶釜口沿、豆柄、鼎足、澄滤器、罐等（图一三，图一四）。

图一二 河姆渡文化晚期路33（由西往东拍摄）

图一一 河姆渡文化晚期路2（由西往东拍摄）　　　图一三 河姆渡文化晚期西区河道G10出土的残陶豆

第三期稻田（⑥层）属于良渚文化时期，绝对年代约为公元前2900~前2500年。发现了纵横交错的凸起田埂组成的"井"字形结构，由河道、水渠和田埂中的灌排水口组成的灌溉系统（图一五）。共有7块田块较明确，一般在700平方米左右，最小的S5面积约230平方米，最大的S3面积约1750平方米。发现的田埂有22条，田埂宽约1~4米，间距15~40米之间。绝大多数田埂由稻田土堆成，个别田埂由黄黏土堆筑（图一六，图一七）。靠近两侧山体的地方，田埂往往变得不明显，未直接延伸到山坡脚，而是在这些区域有意铺垫东西向的树枝和竹子作为道路（图一八）。靠近西侧山脚，发

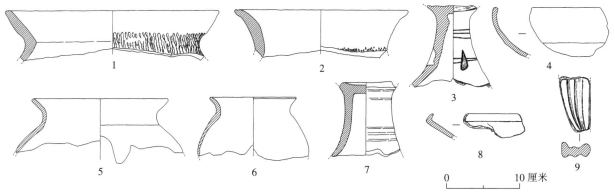

图一四　河姆渡文化晚期陶器

1. 釜（T3132⑧B：1）　2. 釜（T2832⑧：1）　3. 豆柄（T2014G10①：3）　4. 钵（T2114⑧：1）　5. 罐（T2114⑧：2）
6. 罐（T2215⑧：2）　7. 豆柄（T1920⑧：1）　8. 豆（T2014G10①：10）　9. 鼎足（T2014G10①：7）

现一条南北向的古河道，是良渚稻田的水源（图一九）。西区稻田西部边缘发现少量稻田的沟渠。另外，在稻田田埂之间发现 10 处灌排水口，良渚河道边缘发现 1 处木构排水设施（图二〇）。稻田边缘和古河道中出土较多陶片，可辨有陶鼎口沿、鱼鳍形鼎足、泥质红陶罐、黑皮陶豆等（图二二）；并发现石刀、石斧、石锛、磨石等石器，其中石刀是水稻的收割工具，数量较多（图二三）。路 12 东端发现一条用作田埂中垫木的残独木舟，船头、船尾均残缺，残长 5.6 米，最宽 0.8 米，厚约 3 厘米（图二一）。

经检测，古稻田堆积中含有较多水稻小穗轴、颖壳、稻田伴生杂草等遗存。植硅体分析结果显示，稻田堆积中水稻植硅体密度很高，尤其河姆渡文化晚期和良渚文化时期一般有 10000～20000 粒/克，远高于一般认定的土壤中含水稻植硅体超过 5000 粒/克即可判定为稻田的标准。

另外，在古稻田西区西侧山坡台地上发现一处商周时期的聚落遗址，发掘了 61 个灰坑、3 条灰沟，这些遗迹打破了叠压在良渚文化晚期泥炭层之上的自然淤积层，为判断稻田的相对年代提供了标尺。其中，H70 出土一件马桥文化的硬陶鸭形壶。H63 是一个窖藏坑，出土一批春秋时期较完整的陶器、原始瓷器、木器等，有陶釜、陶鼎、陶罐、硬陶尊、原始瓷碗、原始瓷盂、木盆、木铲形器等。

三、年代

施岙遗址古稻田包括河姆渡文化早期、晚期及良渚文化三个时期，从距今约 6700 年一直延续到距今 4500 年左右。不同时期古稻田之间普遍有自然淤积层间隔。河姆渡文化早期稻田层之上的泥炭层，绝对年代约为公元前 4450～前 4300 年，早期稻田层下也有一层更早的泥炭层。良渚文化时期稻田层之上是一层良渚文化晚期的泥炭层，绝对年代约为公元前 2500～前 2200 年。在泥炭层中发现了一些较大的原生树木，表明泥炭层均延续了较长时间。河姆渡文化早期泥炭层和良渚文化晚期泥炭层之上均有海相沉积层，局部区域河姆渡文化晚期稻田与良渚文化时期稻田之间也有比较薄的淤积层。

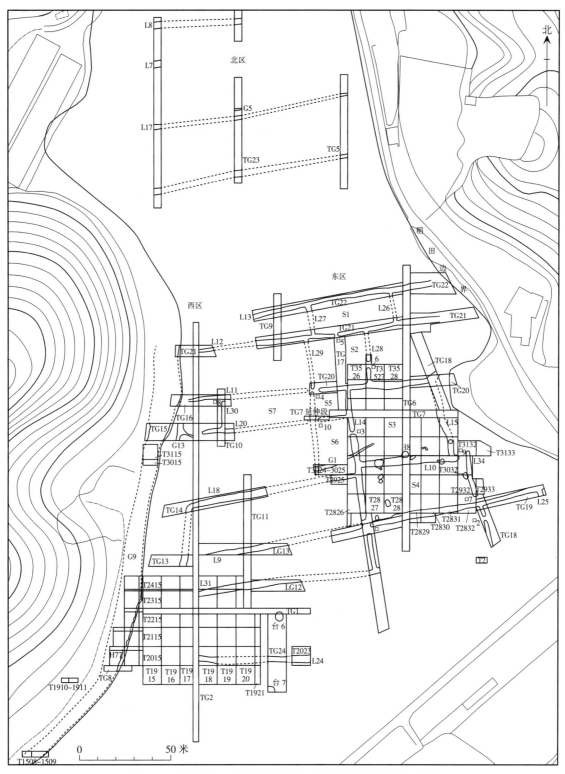

图一五　良渚文化时期稻田平面图（灰坑为商周及以后时期）

图一七　良渚文化时期丁字路口
（上为北）

图一六　良渚文化时期路 13（由西往东拍摄）

图一八　良渚文化时期铺垫树枝和竹子的路 11
（由东往西拍摄）

图一九　良渚文化时期河道 G9
（由西南往东北拍摄）

图二○　良渚文化时期河道 G9 中的木构排水设施
（由西往东拍摄）

图二一　良渚文化时期独木舟（由东南往西北拍摄）

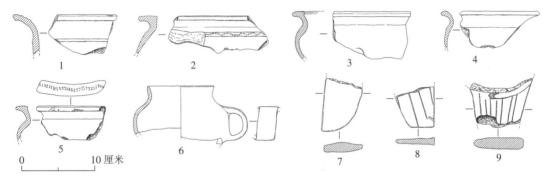

图二二　良渚文化时期陶器

1. 罐（T2013⑥C：2）　2. 罐（T2013G9②：2）　3. 盆（T2315⑥C：1）　4. 盆（T2014⑥C：5）　5. 盆（T2013G9②：5）　6. 罐（T2314G9②：2）　7. 鼎足（TG4⑥：2）　8. 鼎足（TG3⑥：1）　9. 鼎足（TG4⑥：1）

图二三　良渚文化稻田边缘堆积与古河道出土的石斧、石刀

四、结语

施岙遗址古稻田的发现具有多方面的重要价值与意义。

1. 施岙遗址古稻田是目前世界上发现的面积最大、年代最早、证据最充分的大规模稻田，是史前考古的重大发现。

2. 河姆渡文化大规模稻田的确认，是河姆渡文化考古与稻作农业考古的新突破。大规模稻田起始年代可追溯到 6700 年以前，发掘揭示了从河姆渡文化到良渚文化的稻田结构变化，反映出史前稻作农业发展的脉络，与以往环太湖流域发现的古稻田从小型稻田演变为大块稻田的结构变化不同，刷新了学术界对史前稻田和稻作农业发展的认识。

3. 古稻田的发现表明，稻作农业是河姆渡文化到良渚文化社会发展的重要经济支撑，是养活众多人口的主要食物增长点，为全面深入研究长江下游地区史前社会经济发展和文明进程提供了极其重要的材料。高度发达的湿地稻作农业经济和农业生产技术，催生和促进了这一地区的社会复杂化和文明化进程，并对这一地区独特的观念意识形态和原始宗教信仰的形成产生了重要影响。

4. 施岙古稻田考古，是由配合基本建设考古转为主动性考古的范例。工作过程中始终有科技考古工作者参与，采用了勘探、长探沟解剖与大面积揭露相结合的方式；技术上，形成和完善了以钻探结合发掘、植物大遗存和植硅体分析的古稻田寻找技术，具有示范意义。

5. 根据姚江河谷调查勘探和宁波地区考古发掘成果来看，这一区域在山前平原地带，普遍存在古稻田层，从侧面反映了这一区域史前文化的发达。这一地区得天独厚的保存条件，为完整保存古代农耕遗迹创造了条件。

6. 施岙遗址古稻田发现了古稻田堆积与自然淤积层的间隔，反映了距今 7000 年以来发生了多次波动比较大的环境事件，为研究人地关系提供了新材料。河姆渡文化早期和良渚文化时期稻田层之上发育泥炭层，为研究河姆渡文化与良渚文化的发展转变提供了环境方面的证据。

执　笔：王永磊　宋　姝　张依欣

梅术文　陆雪姣　郑云飞

（原载《考古中国重大项目成果（2021）》，文物出版社，2022 年。文字局部做了修改完善，删改了部分配图）

浙江宁波市何家遗址 2019 年的发掘

南京大学历史学院考古文物系　宁波市文化遗产管理研究院
宁波市奉化区文物保护管理所

　　何家遗址位于杭州湾南岸，宁绍平原东南部，连接四明山脉和天台山脉的东西向高地之上。地理位置为北纬 29°45′20″、东经 121°26′10″，海拔高度约 5 米。隶属于浙江省宁波市奉化区江口街道方桥社区何家村。现整体位于宁波市区南部宁南贸易物流区内（图一）。该遗址于 2016 年下半年配合当地

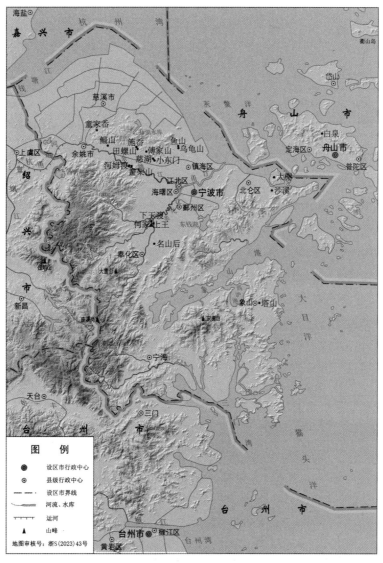

图一　遗址位置图

基本建设过程中被发现，2017 年 3~9 月，南京大学历史学院考古文物系配合宁波市文物考古研究所（现宁波市文化遗产管理研究院）、宁波市奉化区文物保护管理所对工程涉及范围进行了发掘，发掘面积 1140 平方米，分为四个区①。2019 年 2~7 月，又对工程西延区域进行了发掘，布设 10×10 米探方 5 个、5×10 米探方 2 个，发掘面积 729 平方米。考虑到遗址所在的应家村已被拆迁，故将此区命名为何家遗址第Ⅴ区（图二）。现将此次发掘的主要收获简报如下。

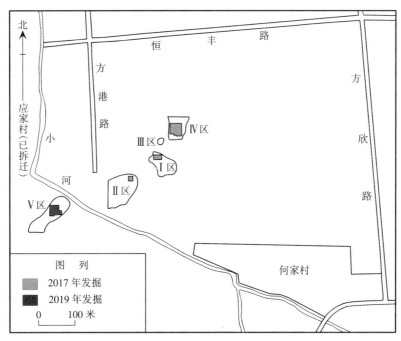

图二　遗址分区及发掘区位置图

一、地 层 堆 积 与 遗 存 分 期

（一）地层堆积

何家遗址Ⅴ区的原生地势北部较高、东南部偏低，间断、局部分布的地层较多。遗址区文化堆积共分 7 层，以 T0102 和 T0202 的东壁剖面为例进行说明（图三）。

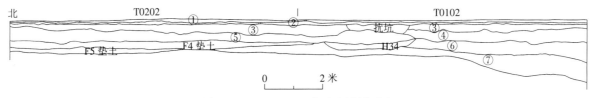

图三　T0102、T0202 东壁地层剖面图

①耕土层　②黄灰色黏土　③浅灰褐色黏土　④灰褐色砂质黏土　⑤黑灰色砂质黏土　⑥青灰色黏土　⑦青黑色黏土

---

① 宁波市文物考古研究所等：《浙江宁波奉化方桥何家遗址 2017 年发掘简报》，《南方文物》2019 年第 1 期。

①层：耕土层。黑灰色土，土质松软。厚0.04~0.16米。

②层：黄灰色黏土，夹红褐色水锈斑，土质较硬。厚0.04~0.25米。仅含少量红烧土粒，未见其他遗物。该层下分布有现代扰坑。

③层：浅灰褐色黏土，夹红褐色水锈斑，土质较硬。厚0.1~0.45米。含青花瓷片、砖块、铁钉等。

④层：灰褐色砂质黏土，夹较多红褐色水锈斑块，土质较硬。厚0~0.56米。含青瓷片、砖块等。

⑤层：黑灰色砂质黏土，夹较多红褐色水锈斑，土质较硬。厚0~0.6米。含较多陶片和红烧土块，陶片可见磨光黑陶和三角形鼎足。叠压于本层下的遗迹有F4和F5等。

⑥层：青灰色黏土，土质略硬，近淤泥质。厚0~0.7米。含较多陶片、红烧土块，陶器可见较多的凸棱、磨光和镂孔等装饰，器形可见扁凿状鼎足、鸟首形支座等。

⑦层：青黑色黏土，土质较松软，近淤泥质。厚0~0.8米。含较多陶片，可见外红内黑的高柄豆和釜、灶等。叠压于该层下的遗迹有F6等。

⑦层下为生土。

⑥、⑦层仅分布于发掘区东南部地势较低的T0102、T0103中。⑦层呈中部厚、四周薄的凹陷状。第⑥层范围略小于⑦层，与F4、F5的垫土无明显叠压打破关系。⑤层未分布于东南部，主要叠压在F4和F5之上。

从各层出土遗物看，⑦层至⑤层应属新石器时代，大致相当于河姆渡文化晚期至良渚文化早期阶段，④层和③层属历史时期，分别相当于六朝和明清时期。

（二）遗存分期

本次发掘共清理遗迹31处，包括房址3座、灰坑19个、水井9座。遗迹编号接续2017年的第一次发掘，即房址为F4~F6，灰坑为H21~H41（其中H26和H27销号），水井为J5~J13。

所有遗迹可分为四个阶段。第一阶段为叠压于生土面上以F6为代表的遗迹，同时期的其他遗迹还包括H36~38、H40、H41；第二阶段为叠压于⑤层下以F4和F5为代表的遗迹，包括J7~J12、H29、H31~H35、H39；第三阶段为叠压于④层下以J13和H30为代表的遗迹；第四阶段为叠压于③层下以H28为代表的遗迹，包括H21~25、J5、J6。

结合文化堆积综合分析，何家遗址此次发掘的遗存可分为四期。第一期为⑦层和第一阶段所含遗迹，第二期为⑥层、⑤层和第二阶段所含遗迹，第三期为第三阶段所含遗迹，第四期为③层、④层和第四阶段遗迹。其中第四期遗存因为材料较为单薄，且扰乱了早期地层，包含物不单纯，本文不做报道。

二、第一期遗存

（一）遗迹

本期遗迹均位于生土面上，但因为生土面不平，所以叠压遗迹的层位很不一致。通过对层位和包含物的分析，确定以 F6 为主的共六处遗迹属于本期（图四，图五）。

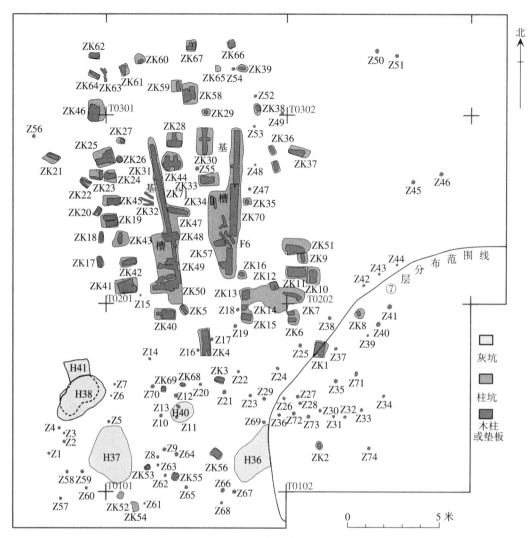

图四　第一期遗迹平面分布图

图五　第一期遗迹（上为北）

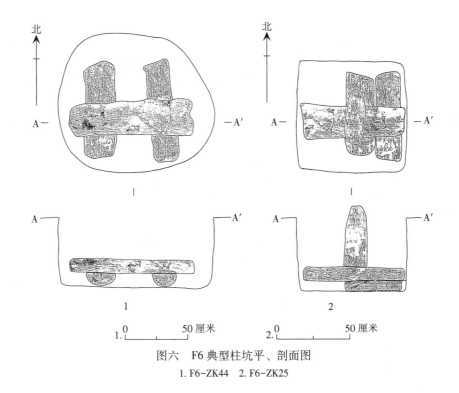

图六　F6 典型柱坑平、剖面图
1. F6-ZK44　2. F6-ZK25

图七　F6-ZK44（南→北）

图八　F6-ZK25（西→东）

1. 房址（干栏式建筑）　1 座（F6）。该建筑直接建于生土面上。生土面为青灰色淤泥土，未见垫土处理痕迹，不适合人类直接在其上居住生活。F6 是由 71 个柱坑（编号为 ZK）、2 条基槽和 74 个木柱（编号为 Z）组成的一组建筑。柱坑的基本形制呈方形或圆形，底部垫以 1~3 层木板或圆木，上立柱（图六至图八）。大部分垫板和立柱都经过钻凿或砍削，表面平整，制作考究，有些木头上的钻凿痕迹表明它们是从别处移来重新用于该建筑（图九：7），有的为方便移动而设置有牛鼻形系，有的为修补断裂木柱而设有燕尾形榫卯（图九：5、6；图一〇；图一一）。基槽为南北向，形制不甚规整，内铺垫长方形垫板或地梁，其上立木板。Z1~74 的木柱不设柱坑，底部削尖，直接砸入地面以下 0.3~0.6 米（图九：1）。

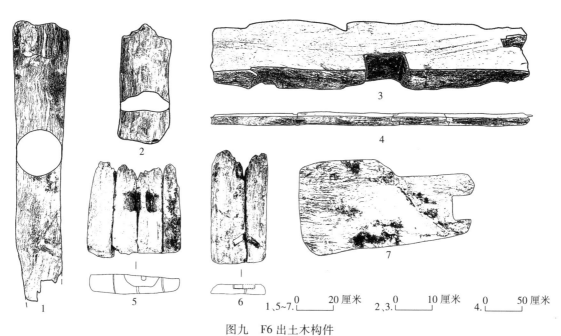

图九　F6出土木构件

1. F6-Z31圆木柱　2. 西侧地梁企口板　3. 西侧地梁榫卯　4. 西侧地梁错口和企口　5. F6-ZK6立柱牛鼻系　6. F6-ZK24立柱燕尾榫卯　7. F6-ZK33垫板方槽

图一〇　F6-ZK6立柱牛鼻系　　　　　图一一　F6-ZK24立柱燕尾榫卯

　　F6的中心主体建筑位于地势较高的发掘区北部。以两条基槽为中心，周围围以柱坑。平面近长方形，以外围柱坑所围成的面积计算，约280平方米。南侧地势较低处以圆形木柱群为主，构成大致呈东北-西南走向的廊桥式通道，西南方向延伸出发掘区之外。推测F6的入口应在南侧，经过"廊桥"后进入主体建筑。

　　两条基槽不完全平行，基槽内的地梁垫板由若干块组合而成。东边基槽长8.5米，宽窄不一，地梁由三块厚约7厘米的木板对接而成，南部主梁之下设两组垫板与主梁垂直交叉。地梁北部仍保留有立板2根，残高0.5米。西边基槽长约8.5、北部宽0.6米，南部不太规则，最宽处近2米。西侧地梁宽度小于东侧地梁，但厚度大于东侧，亦由三段相接而成。相比于东侧地梁的连接方式，西侧地梁更为复杂，采用企口板相接、榫卯相接和错口相接等多种方式（图九：2~4；图一二）。地梁南部有四组

图一二　西侧地梁企口和企口板（西→东）

垫板置于主梁之上或之下，与主梁垂直交叉。从走向看，此四组垫板与东侧地梁的两组垫板相对应，其上的主体建筑在此位置应该有构件相连。

　　总体来看，该建筑主体的基础部分保存基本完整，尤其是较深的垫板部分保存完好。推测主体建筑以地梁为"墙体"，外部围以檐廊。南侧设廊桥通往生活区外。生活垃圾堆积在建筑外的东南侧，形成⑦层（见图四）。

　　2. 灰坑 5 个（H36~H38、H40、H41）。H36、H38 和 H40 内有遗物，出土数量均较少。H36 叠压于⑦层下，打破生土，是目前发掘地层关系中最明确的最早期遗存。

　　H36　位于 T0101 东隔梁南部。东部小部分被⑦层叠压，西部大部分叠压于⑤层下。现存坑口平面形状不规则，斜壁，圜底。最长 2.4、宽 1.6、深 0.47 米（图一三）。填土上部为黑灰色淤泥土，中部为黑灰色淤泥土和青灰色淤泥土混杂，底部渐变为青灰色淤泥。包含物中可见少量草木灰、植物腐殖质和陶片。

　　H38　大部分位于 T0101 西扩方内。叠压于 F4 垫土下，打破生土。现存坑口平面近椭圆形，斜壁，平底。长轴 1.46、短轴 1、最深 0.28 米（图一四）。填土为黑灰色淤泥土，包含较多草木灰。陶片可辨器形有釜、灶等。

　　H40　位于 T0101 中部。叠压于 F4 垫土下，打破生土。东半部被 J9 打破，F6 的两个木柱和一块垫板置于此坑内。现存坑口平面呈不规则椭圆形，斜壁，圜底。长轴 1.28、短轴 1.2、最深 0.46 米（图一五）。填土为黑灰色淤泥质黏土。包含物有草木灰、红烧土颗粒、腐烂的植物根系等。陶片可辨器形有外红内黑的豆盘等。

（二）出土遗物

　　有陶器、石器和木器。

　　1. 陶器　以夹砂陶为主，泥质陶较少，常见夹炭和夹蚌陶。夹砂陶以黑陶为主，红陶也较多。泥质陶可见少量黑陶和灰陶，以及红黑彩陶。器表以素面为主，纹饰可见篮纹、绳纹、捺窝、弦纹、刻划纹、附加堆纹等。炊煮类器物包括鼎、釜、灶等。其中釜的数量最多，均为夹砂陶。鼎的数量较少。其他生活类器物可见豆、盆等。

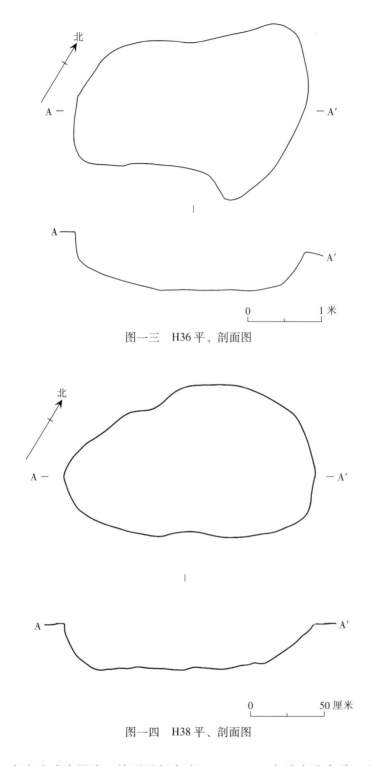

图一三 H36 平、剖面图

图一四 H38 平、剖面图

　　釜 均为圜底，宽扁腹或窄深腹，均可见烟炱痕。H38：2，夹砂夹炭灰陶。外折内卷沿，沿面内凹，扁鼓腹。外沿中部有一周凸棱，中腹饰泥条附加堆纹，下腹饰篦纹。上腹外表以橙黄色陶衣抹平，下腹可见烟炱痕。口径31.7、高22.4厘米（图一六：4；图一七）。H36：1，夹砂夹炭灰黑陶。上腹灰黑色，下腹橙黄色。折沿，圆鼓腹，圜底较尖。素面。表面磨光。口径22.6、高21.4厘米（图一六：3）。T0102⑦：11，夹砂夹炭灰黑陶。折沿，沿面略内凹，扁鼓腹。外沿偏下部有一周凸棱，下腹

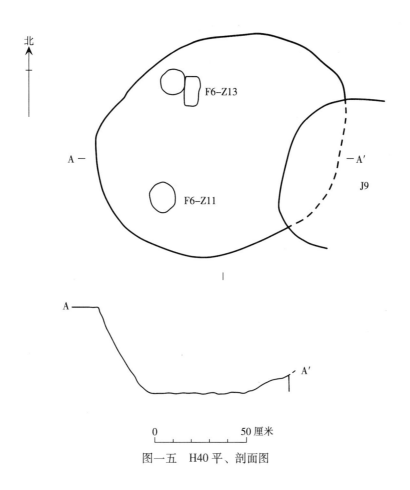

北

F6-Z13

A —

F6-Z11

— A′

J9

A

— A′

0　　　　　　　　50 厘米

图一五　H40 平、剖面图

饰篦划纹，篦划纹上方饰一周双线月牙纹。通体施黑灰色陶衣。口径 13.2、高 8.8 厘米（图一六：1）。

　　鼎足　鼎仅见鼎足，未见可复原器。T0103⑦：3，夹砂红陶。扁锥状，足尖外撇。足根部外侧饰对称指窝纹，外侧面正中有一道竖刻槽。残高 14.6 厘米（图一六：7）。

　　器盖　均有圆形捉手。T0102⑦：4，夹砂夹炭灰黑陶。盖顶较扁平，圆唇。捉手径 4.5、高 3.3 厘米（图一六：12）。T0102⑦：7，夹砂夹炭灰黑陶。盖顶弧度较大。捉手直径 8、残高 5.6 厘米（图一六：6）。

　　灶　1 件（H38：1）。夹砂夹炭橙黄陶。方唇，口后部敛口，喇叭形圈足。口沿上有三个蘑菇状支钉，用以支垫陶釜。口前部呈簸箕状，用以添加燃料；后部口沿可见烟炱痕。腹部有对称鸡冠鋬。足墙中部对称分布有三组共六个圆形镂孔。高 21、圈足径 21.7 厘米（图一六：9；图一八）。此器与H38：2 釜共存，应为配套使用的炊器组合。

　　豆　可分为泥质黑陶和泥质橙黄陶。器形可分为细高柄和矮圈足，也可见少量黑红彩陶豆腹片。T0102⑦：10，泥质黑陶。圆唇，平沿，浅腹，矮柄，小喇叭形圈足。腹部外侧饰一周凸弦纹。口径 22.6、圈足径 9.9、高 8 厘米（图一六：2）。H40：1，泥质橙黄陶。残留少量红色陶衣，豆盘内部呈黑色。圆唇，唇面外高内低，略敛口，弧腹，细高柄，大喇叭形圈足。柄中部饰对称的圆形镂孔。口径 25.6、圈足径 21.5、高 26 厘米（图一六：8；图一九）。

　　盆　1 件（T0102⑦：3）。泥质夹炭灰陶。方唇，口微敛，上腹略鼓，下腹内弧收成平底。制作不甚规整。口径19.4、底径10.8、高6厘米（图一六：5）。

钺形器　T0103⑦：2，泥质灰陶。残存部分呈扁长方体，一端正中有一个圆形镂孔。宽4.8、残长8.5厘米（图一六：10）。

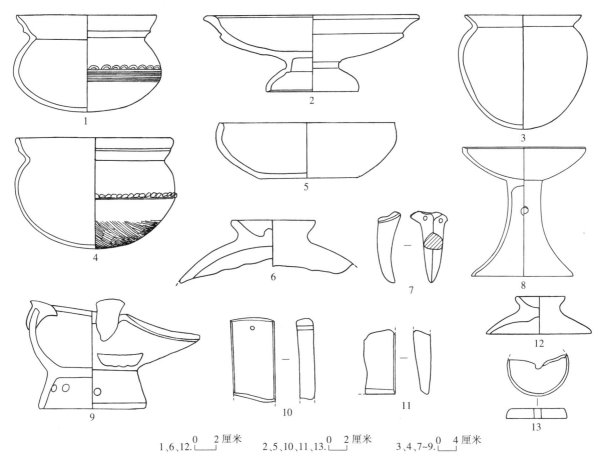

1、6、12.└─┘ 2厘米　　2、5、10、11、13.└─┘ 2厘米　　3、4、7~9.└─┘ 4厘米

图一六　第一期遗存出土遗物

1、3、4. 陶釜（T0102⑦：11、H36：1、H38：2）　2、8. 陶豆（T0102⑦：10、H40：1）　5. 陶盆（T0102⑦：3）　6、12. 陶器盖（T0102⑦：7、4）　7. 陶鼎足（T0103⑦：3）　9. 陶灶（H38：1）　10. 陶钺形器（T0103⑦：2）　11. 石锛（T0102⑦：1）　13. 石纺轮（T0103⑦：1）

图一七　陶釜（H38：2）

图一八　陶灶（H38：1）

图一九　陶豆（H40∶1）

2. 石器　数量较少，仅有锛和纺轮两类。

锛　1 件（T0102⑦∶1）。青灰色泥岩。残高 6.2 厘米（图一六∶11）。

纺轮　1 件（T0103⑦∶1）。紫红色沉积岩。圆台状，边缘中部略凸。直径 6.3、孔径 0.8 厘米（图一六∶13）。

3. 木器　除 F6 中见有大量的木制建筑构件外，还发现有 1 支木桨（T0101⑦∶1）。前部为扁平状桨叶，背较厚，刃锋利；中部为圆柱状柄；后部为渐趋扁平的把手。把手中部有线切痕迹，可能本意想缩短桨把，但并未完成。长 104 厘米（图二〇）。

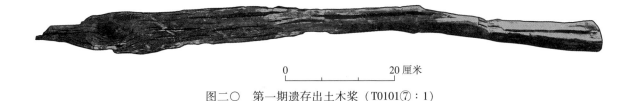

0　　　　　　　20 厘米

图二〇　第一期遗存出土木桨（T0101⑦∶1）

三、第二期遗存

（一）遗迹

包括房址、灰坑和水井。因本期地层均未遍布全探方，各遗迹的叠压、打破层位不完全一致。各遗迹主要以叠压于⑤层下，打破 F4 垫土为主。只有 J10~12 叠压于 F4 垫土下，打破生土；H39 叠压于 F5 垫土下，打破生土（图二一至图二四）。

1. 房址　2 座（F4、F5）。两座房址均位于北部地势较高的区域，叠压于⑤层下。均为经过铺垫的地面式建筑，使用柱网组成墙体。F4 为直接叠压于 F5 上的地面式建筑，是在破坏 F5 的基础上扩大再建的。其中有的立柱为两个时期房址共同使用，两者之间应该有一定的连续性或共存关系，时代不会相距太远，⑥层分布于房址外部地势较低处，与两座房址均无叠压打破关系，推测可能是 F4、F5 使用期间的堆积。

F4　绝大部分叠压于⑤层下，少部分叠压于④层下。垫土分为铺垫于生土面、铺垫于⑦层和铺垫

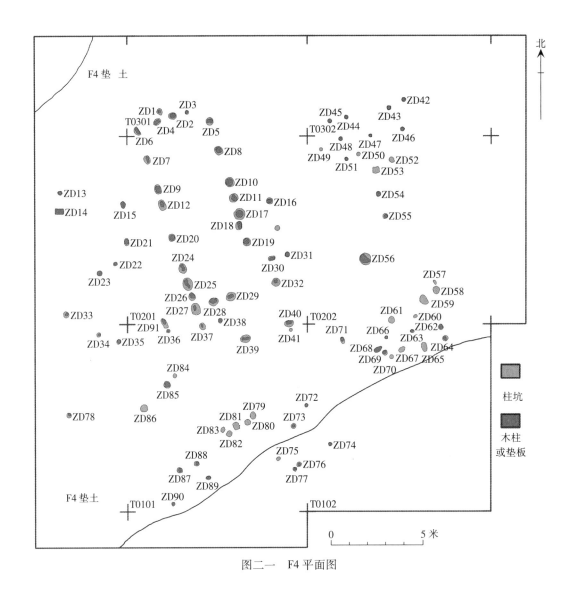

图二一　F4 平面图

于 F5 垫土上三种情况。发掘区内的分布范围约为 600 平方米。发现 92 个柱洞，柱洞内多残留有木柱和柱础，木柱为圆形或长方形。在发掘区北部偏西的一组柱洞分布最为规整，由 21 个柱洞组成一个长方形结构，长 10、宽 4 米。其他 71 个柱洞或集中或散布四周，房屋结构不明确（图二一，图二二）。垫土为黄灰色土，土质较硬，含有大量红烧土块、陶片与炭屑。清理完成后修复出较多的完整器物，以陶釜类器和石器为主，陶釜以沿面较宽、沿面内凹、圜底的形制为主，石器大多为半成品或残次品。

F5　叠压于 F4 垫土下，被 F4 打破较甚，叠压于⑦层或生土之上。发掘区内的分布范围约为 300 平方米。由于被 F4 破坏较甚，原有形状和结构不辨。共发现 25 个柱洞，柱洞内木柱分方形和圆形两种，方形柱洞下往往设有柱础（图二三，图二四）。垫土为较纯净的灰黄色土，异常坚硬且无包含物。

2. 灰坑　7 个（H29、H31~H35、H39）。除 H29 和 H39 外，其他灰坑均较浅且未见文化遗物。H29 为两座房址废弃后形成，H39 为两座房址形成前使用，均较大、较深（图二三）。

H29　位于 T0202 中西部。叠压于⑤层下，打破 F4 和 F5 垫土，以及 F6 和生土。现存坑口平面

图二二　F4（上为北）

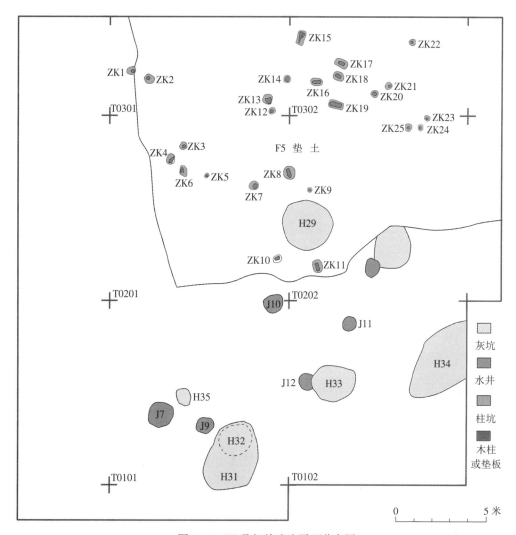

图二三　F5 及相关遗迹平面分布图

图二四　F5 及相关遗迹（上为北）

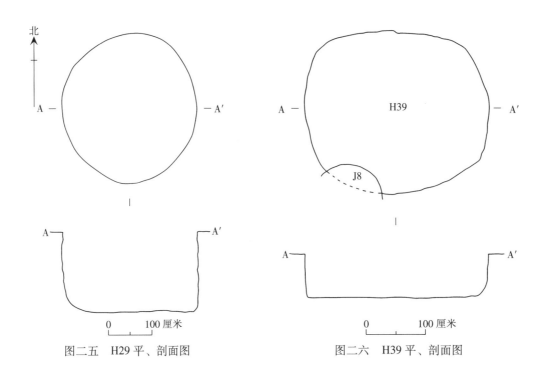

图二五　H29 平、剖面图　　　　　图二六　H39 平、剖面图

基本呈圆形，近直壁，平底。长 3.3、宽 3.2、深 1.9 米（图二五）。填黑灰色土，上部土质较疏松，下部土质渐趋淤泥质。因该灰坑打破了三座房址，因此填土中可见较多的残建筑木构件，陶片亦较多，以夹砂灰陶和泥质黑陶为主。

　　H39　位于 T0202 中部偏南。叠压于 F5 垫土下，打破生土，西南部被 J8 打破。现存坑口平面近圆形，近直壁，平底。长 3.1、宽 2.64、深 0.7 米（图二六）。填土为黑灰色淤泥土，较黏湿。出土有少量陶片。

3. 水井　6 座（J7～12）。J7～9 位于 F4 垫土面上，J10～12 叠压于 F4 垫土下（图二三）。水井深 1～1.5 米。

J8　位于 T0202 中部偏南。叠压于⑤层下，打破 F4、F5 垫土、H39 和生土。平面近圆形，近直壁，圜底。长 0.86、宽 0.8、深 1.3 米（图二七）。填土为黑灰色黏土，较致密。出土陶器多为泥质黑陶，可见 2 件完整的双鼻壶。

（二）出土遗物

本次发掘中第二期遗存最为丰富。出土遗物有陶器和石器。

1. 陶器　本期陶器仍以夹砂红陶和泥质黑陶为主，夹砂陶和泥质陶数量大增，而第一期时流行的夹炭和夹蚌陶比例大减。不见彩陶。釜的数量仍然较多，形态大多为扁鼓腹、沿面内凹，不见第一期的深腹釜。鼎和罐的数量大增。鼎足形制多样。罐以泥质黑陶为主，有少量夹砂侈口罐，泥质陶罐的高领和矮圈足多为与腹部分开制作后粘接而成。细高柄的豆消失，取而代之的是大量矮粗柄的敞口豆。泥质陶罐腹部和豆盘外部多有折棱，豆圈足上多饰圆形、三角形或曲线镂孔。器类有釜、鼎、罐、豆、壶等。

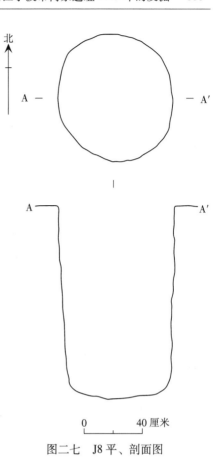

北

图二七　J8 平、剖面图

釜　均为宽沿，扁鼓腹，圜底。沿面大多内凹呈盘口，中腹及下腹部均见烟炱痕。F4 垫土：6，夹砂黑陶。折沿。口径 25.9、高 17.9 厘米（图二八：4）。F4 垫土：8，夹砂夹蚌红褐陶。折沿，沿边呈连弧五边形。中腹及下腹饰凹弦纹和交错篮纹。通体可见烟炱痕。高 18.6 厘米（图二八：3；图二九）。F4 垫土：11，夹蚌红褐陶。中腹饰凹弦纹，下腹饰交错篮纹。通体可见烟炱痕。口径 23.4、高 17.2 厘米（图二八：1）。F4 垫土：9，夹砂红陶。折沿，圜底略尖。沿外壁有一周凸棱，下腹部饰交错篮纹。腹部有烟炱痕。口径 15、高 10.4 厘米（图二八：2）。

盆　H29：2，夹蚌橙黄陶。圆唇，近直口，弧壁，平底。中腹有四个对称舌形錾。下腹可见烟炱痕。口径 28.4、底径 17.2、高 14.8 厘米（图二八：11）。

支座　H31：3，夹蚌红褐陶。通体饰条形刻槽。残高 13.5 厘米（图二八：9）。T0102⑥：17，夹砂红褐陶。鸟首形，通体饰斜向粗绳纹。残高 11.2 厘米（图二八：10）。

器盖　T0103⑥：2，夹炭灰白陶。圆形圈足状捉手，盖顶斜，盖面较高，圆唇。捉手直径 6、口径 20、高 7.8 厘米（图二八：12）。

鼎　T0201⑤：1，夹砂夹蚌红褐陶。尖圆唇，外卷内折沿，沿面较平，鼓腹略垂，圜底，三扁足较高，粗壮外撇。腹部饰斜向刻划纹。口径 12.9、高 14.2 厘米（图二八：5；图三〇）。T0102⑥：19，夹蚌灰褐陶。横装扁凿形鼎足，足面呈亚腰长方形。边缘以双线刻槽为界，内饰交错刻划纹。高 15 厘米（图二八：7）。T0102⑥：20，夹砂红褐陶。横装凿形鼎足。足面有竖刻槽。高 9.4 厘米（图二八：8）。

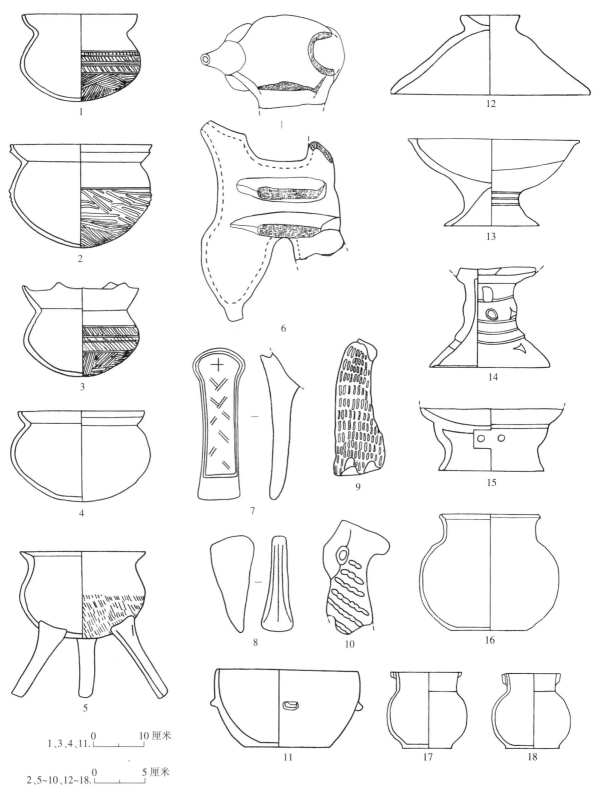

图二八　第二期遗存出土陶器

1~4. 釜（F4垫土：11、9、8、6）　5. 鼎（T0201⑤：1）　6. 盉（T0103⑥：7）　7、8. 鼎足（T0102⑥：19、20）
9、10. 支座（H31：3、T0102⑥：17）11. 盆（H29：2）　12. 器盖（T0103⑥：2）　13~15. 豆（T0103⑥：3、
H29：10、H29：7）　16~18. 壶（J9：1、J8：1、J8：2）

图二九　陶釜（F4垫土：8）

图三〇　陶鼎（T0201⑤：1）

图三一　陶壶（J8：1）

图三二　陶壶（J8：2）

　　壶　J9：1，泥质磨光黑陶。圆唇，侈口，高领，圆鼓腹，平底。唇面内侧有一周凹槽。口径10.2、底径7.2、高11.6厘米（图二八：16）。J8：1，泥质磨光黑陶。圆方唇，直口略侈，高领，领腹间折壁，圆鼓腹，饼形底。领外壁近口处置对称竖孔系。口径6、底径4.9、高7.3厘米（图二八：17；图三一）。J8：2，泥质磨光黑陶。近直口，圆方唇，高领，领腹间折壁，圆鼓腹，饼形底。领外壁近口处置对称竖孔系。口径5、底径5.3、高7.4厘米（图二八：18；图三二）。

　　豆　H29：7，泥质灰陶。豆盘上半部分残，大圈足较矮。圈足饰对称双镂孔和弦纹。圈足径10.8、残高6.1厘米（图二八：15）。H29：10，泥质磨光黑陶。豆盘残，豆柄较高，喇叭形圈足。豆柄中部有一周宽凸棱，柄部和圈足饰圆形、方形、弧边三角形镂孔和凹弦纹。圈足径12.5、残高10厘米（图二八：14）。T0103⑥：3，泥质磨光黑陶。方唇，唇缘外侈，腹部较深，矮喇叭形圈足。中腹和柄部饰凹弦纹。口径18、圈足径9.9、高8.7厘米（图二八：13）。

　　盉　T0103⑥：7，泥质灰褐陶。整体似鸟形，保存管状流和前袋足，尾部和后袋足残。尾部上翘，

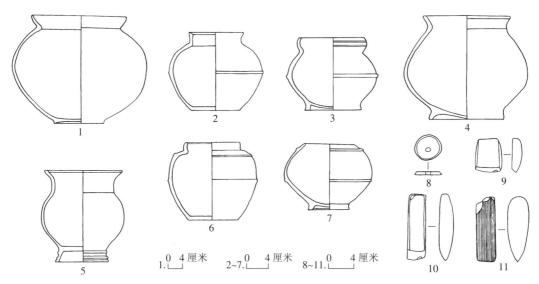

图三三　第二期遗存出土遗物

1~7. 陶罐（H33：1、H39：2、H29：5、H33：3、H32：2、H39：1、H29：6）　8. 石纺轮（F4 垫土：3）
9、10. 石锛（T0101⑤：2、H31：1）　11. 石楔（F4 垫土：1）

侧鋬部分残断，形制应为双泥片，上泥片向下弯曲交于下泥片上，下泥片向下弯曲至底作为支撑足。通体可见烟炱痕。高 19.4 厘米（图二八：6）。

　　罐　H33：1，泥质黑陶。尖圆唇，宽折沿，沿面内凹，圆鼓腹略扁，矮圈足。口径 25.6、圈足径 13.6、高 28.5 厘米（图三三：1）。H39：2，泥质磨光黑陶。斜方唇，近直口，高领，鼓腹，平底。腹中部有一周凸棱。口径 9.4、底径 8.6、高 13.2 厘米（图三三：2）。H29：5，泥质磨光黑皮陶。圆唇，敛口，高领，扁鼓腹，圈足。领部、腹中部均饰双线凸棱。口径 11、圈足径 10、高 12.5 厘米（图三三：3）。H33：3，泥质磨光黑皮陶。圆方唇外斜，外折内卷沿，垂腹，圈足。口径 13.7、圈足径 11.7、高 16.1 厘米（图三三：4）。H32：2，泥质橙黄陶。圆唇，斜沿，高领外撇，鼓腹，圈足。沿面有一周凹槽，圈足外壁有数周凸棱。口径 13.8、圈足径 9.3、高 15.6 厘米（图三三：5）。H39：1，泥质磨光黑皮陶。圆唇内垂，矮领，鼓肩近平，肩腹间折壁，鼓腹，平底。肩部和中腹部饰凸弦纹。口径 9.4、底径 8.8、高 13.3 厘米（图三三：6）。H29：6，泥质磨光黑皮陶。圆唇，敛口，扁鼓腹，圈足。圈足内壁呈台阶状，上腹和中腹各有一周凸棱。口径 8.2、圈足径 6.9、高 11 厘米（图三三：7）。

　　2. 石器　数量较第一期增多，以泥岩为主，使用痕迹明显。有纺轮、锛、楔。

　　纺轮　F4 垫土：3，紫红色大理岩。不规则圆台状，穿孔不居中。直径 4、孔径 0.7 厘米（图三三：8）。

　　锛　T0101⑤：2，青灰色泥岩。扁长方体，正面近正方形。长 5.2 厘米（图三三：9）。H31：1，青灰色泥岩。细长方体。长 10.5 厘米（图三三：10）。

　　楔　F4 垫土：1，沉积页岩。两面刃。长 10.5 厘米（图三三：11）。

四　、第三期遗存

（一）遗迹

第三期遗存仅有 2 处遗迹，J13 和 H30。均叠压于④层下 F4 垫土面上。

J13　位于 T0101 南扩方东部。袋状，近圆口，斜壁，平底。现存井口直径 0.95、井底直径 1.1①、深 1.36 米。井内填土为灰黑色淤泥土，包含有大量植物腐殖质（图三四）。

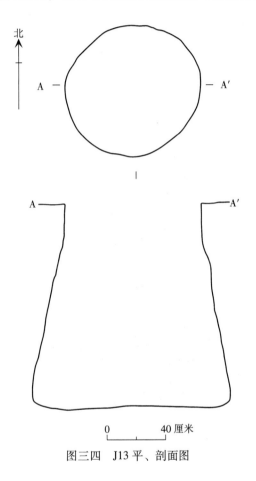

图三四　J13 平、剖面图

（二）出土遗物

本期遗物很少，仅在 J13 中出土有陶双鼻壶和残半的罐各 1 件及少量陶片。陶片均为泥质灰陶，可能为豆盘残片。

陶双鼻壶　J13：1，泥质磨光黑皮陶。圆唇，侈口，高领，垂腹，圈足。领、圈足和器腹系分开制作后粘接而成，口沿外侧置竖孔纽。口径 6.4、圈足径 6.3、高 10.4 厘米（图三五：1；图三六）。

───────────────

①　井底直径应为 1.3 米。（作者补注）

陶罐　J13：2，夹砂灰黑陶。口及上腹残，下腹弧收成圈足，圈足残。表面可见烟炱痕。残高7.3厘米（图三五：2）。

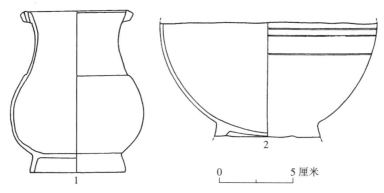

图三五　第三期遗存出土陶器

1. 双鼻壶（J13：1）　2. 罐（J13：2）

图三六　陶双鼻壶（J13：1）

五、结语

（一）年代推断

与2017年第一次发掘相比，本次发掘发现了更早的文化遗存，而较晚期的遗存相对贫乏。本次发掘的第一期遗存较第一次发掘的第一期遗存有更早的特征，第二期遗存与第一次发掘的第一期遗存特征相近，第三期遗存与第一次发掘的第二期遗存相当。而第一次发掘的良渚文化中晚期、钱山漾文化时期以及商周时期的遗存在本次发掘中未见。

　　第一期遗存以夹少量砂的泥质红褐陶为大宗，夹炭和夹蚌灰黑陶较多见，但植物掺合料的炭化程度普遍不高，有些仍能看到明显的植物形态。泥质黑皮陶基本不见。纹饰较少见，仅见少量交错绳纹、篮纹、附加堆纹，有少量镂孔。炊器中釜的数量和种类最多，口沿可分为盘口和侈口，腹部可分为深鼓腹、扁鼓腹和垂腹等多种；鼎的数量很少，鼎足为圆锥状。灶和釜是河姆渡文化的标准器物组合，自河姆渡文化第二期至第四期都存在，本期发现的灶和釜的形制具有河姆渡文化第三期的特征①。另外，夹砂红陶釜形鼎、泥质红陶牛鼻耳罐、高圈足的盘式和钵式豆，少量的附加堆纹、捺窝纹和镂孔装饰，都和马家浜文化晚期有一定的相似性。另外，丰富的木器以及地梁、立柱、企口板、榫卯等木建筑构件也表明干栏式建筑的盛行。因此，本期年代大致相当于河姆渡文化第三期。

　　第二期遗存陶器以夹砂红陶为大宗，夹砂灰黑陶和泥质红陶次之，有一定数量的夹炭和夹蚌陶，火候普遍较前期变高。泥质陶流行灰黑陶或磨光黑皮陶。附加堆纹、交错篮纹、刻划纹和各式镂孔是本期陶器的主要装饰特征。扁鼓腹或垂腹的盘口釜数量较多，盘口的特征也表现在鼎和罐等器形上。鼎足以横置扁凿形为主，足面装饰花纹丰富，以刻槽组成各种图案。陶豆数量也较多，豆盘有盘形和钵形之分，腹外壁往往装饰凸棱；豆柄形制多样，但均较短；圈足开口较大，豆柄和圈足上装饰纹样丰富，包括镂孔和刻槽，镂孔有圆形、三角形、长方形和弧边三角形等。釜支座也是一类较多的器物，支物面呈鸟首形或猪嘴形，实心体，斜状支物面，下端呈覆置的臼状圈足。泥质陶罐和陶壶大多为磨光黑皮陶，器物形制与釜类似，具有垂腹或扁鼓腹的特点，高领和圈足往往与腹部分别制作后黏结。另外还发现了第一次发掘时不见的鸟形盉，形制特征与河姆渡遗址第四期出土的同类器物②基本一致。房屋建筑为铺垫居住面的地面建筑。以上所有的遗存特征均与河姆渡遗址第四期③相似，并有一定的崧泽文化风格。而矮胖体双鼻壶的发现说明本期已进入良渚文化早期阶段，因此本期的年代应为河姆渡文化第四期至良渚文化早期。

　　第三期遗存出土领部较高、腹部较扁的磨光黑皮陶双鼻壶，比第二期的同类器具有更晚的形制特征④。本期应处于良渚文化早期偏晚阶段。

（二）地层堆积成因及特点

　　本次发掘区原生地貌为北部地势较高，南部地势较低，东南部地势尤低的不平坦地形。北部为聚落核心区域，位于较高的台地上，向南向东渐低，为聚落边缘与外围。⑥层和⑦层仅分布于聚落外围，即发掘区的东南部，地势较低，并向东南倾斜。⑦层应为 F6 使用时期的堆积，⑥层应为 F4 和 F5 使用时期的堆积。⑤层集中分布于较高的台地上，也就是发掘区的北部与西南部，而在聚落东南较低区域则少有分布，此层可能为建于北部较高区域建筑的废弃堆积。④层集中于南部边缘地区的较低地势。②、③层为晚期地层，分布于整个发掘区，地势平坦，晚期堆积覆盖了早期的台地，形成了近现代的

---

①　浙江省文物考古研究所：《河姆渡：新石器时代遗址考古发掘报告》，文物出版社，2003 年，第 292~326 页。

②　浙江省文物考古研究所：《河姆渡：新石器时代遗址考古发掘报告》，文物出版社，2003 年，第 344 页，彩版六九-1，图版一九八-1。

③　浙江省文物考古研究所：《河姆渡：新石器时代遗址考古发掘报告》，文物出版社，2003 年，第 364~369 页。

④　朔知：《良渚文化的初步分析》，《考古学报》2000 年第 4 期。

平坦地貌。

（三）初步认识

本次发掘对认识河姆渡文化的地域变迁以及与马家浜文化、崧泽文化、良渚文化的关系等问题提供了新的资料。通过对本遗址文化因素的分析，以及对周边下王渡遗址、上王遗址、双马遗址和下庙山遗址内涵的认识[①]，证明自河姆渡文化第三期开始，河姆渡文化即开始向东南沿海地区扩散，第四期时的扩散更为迅速和广泛。这一过程可能既受到环境变迁的影响，也受到来自钱塘江北岸和宁绍平原西部的文化势力的影响。由于周边文化势力的介入，使得宁绍地区的文化面貌发生了一些变化。比如建筑形式由河姆渡文化早期开放的干栏式排房建筑发展为晚期封闭的干栏式圆形四合院式建筑[②]，再发展为良渚文化早期的地面式单体建筑；器物也可见明显的外来因素。但总体上看，本地以陶釜为主要特征的文化因素却始终保持着强大的生命力，外来文化因素始终未能取得主导地位。这一文化对峙局面在河姆渡文化向良渚文化早期过渡的阶段表现最为明显[③]。而之后的良渚文化中晚期文化异常衰弱，面貌较为独特，性质不明确。从沙溪、大榭等遗址的情况看，此时的浙东沿海可能存在着一支属于良渚古国的以海盐为生计的族群，这支族群可能也与良渚古国之后的钱山漾文化族群有着较为密切的关系[④]。

附记：本文得到国家社会科学基金重大项目"长江下游社会复杂化及中原化进程研究"（项目编号 20&ZD247）的资助。此次考古发掘领队为李永宁，现场负责人为赵东升。参加考古发掘和室内整理的人员有宁波市文化遗产管理研究院丁风雅、梅术文；南京大学 2017 级研究生王伯强、周洁，2018 级研究生刘欢珍、孙丽萍，技师刘文平、李海生。宁波市文化遗产管理研究院王结华、林国聪和宁波市奉化区文物保护管理所王玮等为田野发掘和室内整理做了大量指导和协助工作，特此致谢。

执　笔：赵东升　李永宁

（原载《考古》，2022 年第 10 期。本文用了作者提供的线图，与原发表的略有不同）

---

① 宁波市文物考古研究所等：《奉化江流域史前考古新发现》，《中国文物报》2020 年 1 月 17 日第 4 版；《浙江宁波奉化方桥上王遗址 2018 年发掘简报》，《南方文物》2020 年第 1 期。

② 宁波市文物考古研究所等：《浙江宁波奉化方桥何家遗址 2017 年发掘简报》，《南方文物》2019 年第 1 期。

③ 名山后遗址考古队：《奉化名山后遗址第一期发掘的主要收获》，《浙江省文物考古研究所学刊：建所十周年纪念（1980~1990）》，科学出版社，1993 年；刘军、王海明：《宁绍平原良渚文化初探》，《东南文化》1993 年第 1 期。

④ 浙江省文物考古研究所、宁波市北仑区博物馆：《北仑沙溪新石器时代遗址发掘简报》，《南方文物》2005 年第 1 期；雷少、梅术文：《宁波首次发掘海岛史前文化遗址——大榭遗址Ⅰ期考古发掘的主要收获》，《中国文物报》2016 年 12 月 30 日第 5 版；雷少：《我国古代海盐业的最早实证——宁波大榭遗址考古发掘取得重要收获》，《中国港口》2017 年第 S2 期。

浙江宁波市八字桥发现新石器时代遗址

林士民

一九七六年三月，宁波市妙山公社八字桥大队，在开河挖渠时，发现了大量陶片，还有石器、木桩、稻谷、红烧土和兽骨。当地群众向市文物部门做了报告，我们先后三次对该遗址进行了调查，现将调查情况简述如下。

八字桥遗址位于钱塘江以南，姚江以北的宁波平原，在妙山八字桥村。遗址南面 9 千米是余姚河姆渡遗址①，往东 23 千米是市区，西北为黄金山、阮家山所环抱。遗址从暴露的陶片情况看，面积在一万平方米以上。在遗址附近农耕土下发现大面积泥炭层，有的泥炭层中间夹着淤泥层。从这些迹象判断，这里古代很可能是沼泽地带。

八字桥遗址文化堆积，从新河土层断面暴露，以东段为例，耕土层厚度约 35~50 厘米。文化层上部为黄褐色亚黏土，厚度约 20~30 厘米。中部为灰色松土，厚度约 40~50 厘米。下部黑褐色沙土，厚度 30 厘米以上（未挖到底）。

陶器　从碎片看，以夹砂陶为主，泥质陶次之。陶器的形制主要有釜、鼎、罐、钵、豆和盆等。

釜　釜的数量特别多，腹部或肩部有明显的烟熏痕迹。可分敞口、侈口和敛口三种（图一：1~5）。敞口釜，夹砂红灰陶。有多角沿和凹沿等。一般肩部饰有绳纹、划纹和谷穗纹。侈口釜，夹砂红灰陶。一种凹沿，沿外边饰弦纹，肩部拍印细绳纹。另一种腹部安有对称的两个鸡冠耳。敛口釜，夹砂红灰陶。斜宽沿，腹部有的安有对称鸡冠耳或附加两个錾。

鼎　只发现鼎足。夹砂红陶。可分圆锥形、圆柱形、扁圆形、扁凿形和鱼鳍形五种（图一：9、10）。扁圆形足大部分在根部附近捺两个指窝，犹如兽目。有的正面划双线纹。鱼鳍形足的两边刻数道深凹纹。还有腹部饰附加堆纹的炊器残片，圜底圆孔的甑片和三足器。

罐　泥质红灰陶居多。分侈口、直口两种（图一：6、7）。侈口罐一般在肩部饰绳纹、谷穗纹和划纹。直口罐在宽沿上施有规律对称的点线纹。陶器把手以牛鼻式为最多，鸡冠耳次之。牛鼻式在上面或正面有一到三个圆形镂孔或指窝纹（图一：11~15）。

钵　夹砂红灰陶为主，泥质红陶次之。均敛口。有的在口沿到肩部划有上下对称的凹弦纹，中间划鱼纹组成朴素的图案。有的口沿上施圆窝纹和双弦纹。有的深刻点线纹图案（图一：16、17、22）。

豆　泥质红陶为主。泥质灰陶次之，亦有少量泥质黑陶。红陶一般施红陶衣。有细把和粗把两种。喇叭状圈足细把豆，泥质红陶。侈口、折腹、盘身较浅，近足处有圆形、三角形镂孔装饰。竹节状细

---

① 浙江省文管会、浙江省博物馆：《河姆渡发现原始社会重要遗址》，《文物》1976 年第 8 期。

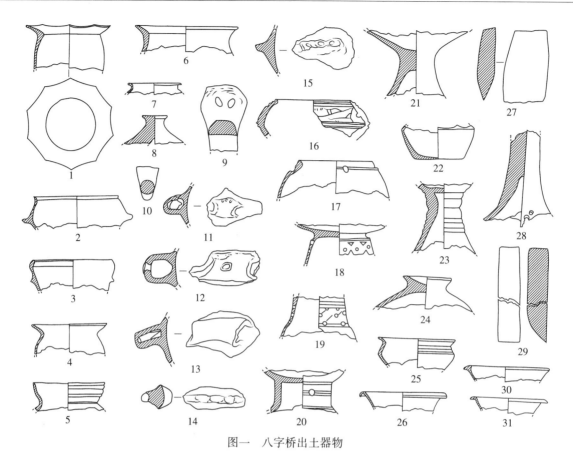

图一　八字桥出土器物

1~5. 陶釜　6、7. 陶罐　8、24. 陶器盖　9、10. 陶鼎足　11~15. 陶把手　16、17、22. 陶钵　18~21、23、28. 陶豆　25、26、30、31. 陶盆　27. 石刀　29. 石锛（1~7、16、17、22、25、26、30、31.1/10，8~15、18~21、23、24、28、29.1/5，27.4/10）

把豆，多泥质灰陶。一般把上施多道凹凸弦纹。粗把的泥质红陶豆，有的在圈足四周围有对称的人字形戳印纹，梯形镂孔，有的在把上有圆形、方形、长方形、三角形和"V"字形组成对称戳印纹和镂孔装饰（图一：18~21、23、28）。

盆　泥质红陶占多数，也有泥质灰陶和橙黄陶，分侈口折腹，侈口卷沿和直口宽沿三种（图一：25、26、30、31）。宽沿盆上施有划线波浪纹、点线纹。

支座　夹砂红陶。有猪嘴形和象鼻形两种。猪嘴形，支物面倾斜，中间和腹部有圆孔。象鼻形，形似朝天的象鼻，支物面倾斜一边，足部成喇叭状。

器盖　夹砂红陶。器身均为喇叭形（图一：8、24）。

陶玩具　泥质红陶。陶球，中间有圆洞。陶狗，背腹部有对称的波浪纹双线图案。

石器　石料系变质岩和砂岩，以磨制为主。主要有斧、锛、刀、杵、砺石等（图一：27、29）。

在遗址中还发现夹在陶片中炭化了的稻谷，红烧土块，猪的上下颌骨，牛角，足骨，鹿角以及加工过的木器残片、凸榫的建筑残构件。

此遗址与相邻的余姚河姆渡遗址出土第一、二文化层遗物相比，不仅陶器的陶质、陶色相同，而且有许多器物也一样。如多角沿釜，腹部安鸡冠耳把的侈口釜，敛口釜，猪嘴形支座，饰有指窝纹的扁圆形鼎足，圆锥状鼎足，喇叭形器盖，牛鼻耳罐，敛口钵，细把圈足豆，折腹盆等属河姆渡二层文化。宽沿釜，象鼻形支座，扁凿形鼎足，鱼鳍形鼎足，喇叭状器盖，侈口罐，竹节状细把豆，方形、圆形、三角形镂孔粗把豆等属河姆渡一层文化。石器中部分斧、锛、凿与河姆渡一、二层一致。有錾的敞口釜、宽斜沿的敛口釜，其时间可能早于河姆渡二层文化。

（原载《考古》，1979 年第 6 期）

河姆渡文化遗址调查概况

刘 军

　　1979 年 12 月至 1980 年 2 月初，浙江省文物考古研究所、宁波市文物管理委员会和余姚县文物管理委员会分别派出文物干部共 5 人，对余姚境内姚江两岸，狭长的丘陵和平原的宽阔地带进行了河姆渡文化遗址的普查，2 个多月的时间，我们走过了 19 个公社，跑了 650 多千米，在余姚和慈溪县境内发现了 24 处遗址（见图一和附表）。

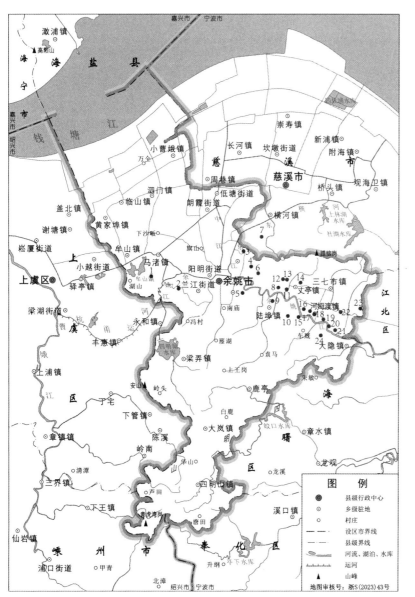

图一

1. 乐安湖
2. 前溪湖
3. 兵马司
4. 黄家山
5. 下衰埭
6. 桐山
7. 童家岙
8. 翁家山
9. 傅家
10. 支溪岙
11. 坑山垅
12. 朱山
13. 东岙
14. 新周家
15. 东江沿
16. 张界
17. 田屋
18. 汪界
19. 相山佛堂
20. 周家汇头
21. 王其弄
22. 下庄
23. 云山头
24. 车厩一中

现将采集的遗物，对照河姆渡遗址四个文化层出土物的特征，按早晚关系汇报如下。

一、河姆渡文化第一、二期类型遗址（即相当于河姆渡遗址第三、四层，距今 6000 至 7000 年）

这一类型遗址过去没发现过。这次调查中也发现不多，只有童家岙和朱山遗址①的第二文化层。童家岙遗址进行了试掘，开了 2 个小探方，T1 为 3×3 米，T2 为 2×3 米，两方相距 50 米左右。T1 为空方。T2 第一层为耕土层，第二层为泥炭层，厚 25 厘米，褐泥炭；第三层为文化层，厚 25 厘米，灰黑色土，当地群众称之为"乌沙泥"；第四层为沙土层，厚 30 厘米，灰白色；下为生土层，朱山遗址亦进行了试掘，挖了个 5×5 米的探方，第一层耕土层厚 90 厘米，第二层为第一文化层，厚 20~30 厘米，红褐色土，质坚硬；第三层为第二文化层，厚 25~30 厘米，灰黑色土，质软粘；其下为生土。

这 2 个遗址出土和采集到的遗物，有石器和陶器 2 种：

（一）石器

石斧   黑色变质岩，打琢痕迹明显，平面似梯形，顶端较窄，刃部较宽（图二：1）。
石锛   长条形，两端残（图二：2）。

（二）陶器

分夹炭灰黑陶和夹砂灰黑陶两种。全为手制，烧成温度较低。有的外表泛红，多素面，部分经刮削打磨。纹饰也简单，仅见绳纹、弦纹和锥刺纹。

从碎片观察，器形较简单，主要有釜、罐、钵、器盖、釜支座等。

釜   夹炭灰黑陶，有的为大敞口，口径大于腹径，颈部带小鋬（图二：3）。有的颈腹间饰有凸脊，颈下部饰弦纹和锥刺纹（图二：4）。有的是敞口高颈、颈饰瓦棱纹，圜底近平，内底壁留有明显的烧焦了的锅巴（图二：5）。有的是敛口釜，唇内折（图二：6）。有的是夹砂灰黑陶釜，颈腹之间饰有凸脊（图二：7）。

敛口钵   夹炭黑陶。弧敛口（图三：1）。
双耳罐   夹炭灰黑陶。口微敞，双环耳，短颈圆肩，大平底（图三：2）。
带嘴器   夹炭黑陶。形似双耳罐，肩下部饰有一管状嘴（图三：3）。
器盖   夹炭灰黑陶。形似浅碗（图三：4）。
釜支座   夹粗砂红陶。体形硕大，如大腿，内胎橙红色，酥松（图三：5）。
豆把   泥质灰陶。细长喇叭豆柄（图三：6）。
还采集到一些鹿角等兽骨。

从上述调查试掘获得的遗物来看，童家岙和朱山遗址第二层的堆积和河姆渡遗址第三、四层的包

---

① 朱山遗址即后来发掘的鲻山遗址。（编者注）

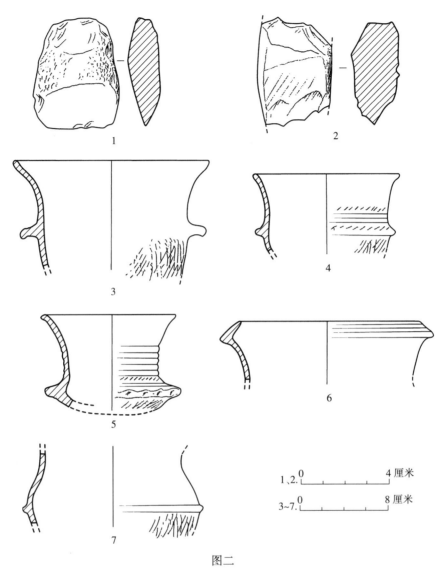

图二

1. 石斧（童家岙）　2. 石锛（童家岙）　3. 敞口釜（童家岙）　4. 敞口釜（童家岙）

5. 敞口釜（童家岙）　6. 敛口釜（童家岙）　7. 釜（朱山）

含物雷同。诸如河姆渡遗址第三、四层的陶系、炊器、盛贮器、釜支座等，在这 2 个遗址里都可见到，而且在造型上也没有多大区别。至于石器那就更加相似。但值得注意的是河姆渡遗址第三、四层出土骨器众多，而这 2 处遗址却未见一件骨器，这可能是我们挖的范围太小，也可能存在地区差别。

童家岙和朱山遗址的发现，给河姆渡文化增添了新线索。为在宁绍平原上找到更多的河姆渡文化第三、四层遗址增强了信心。

二、河姆渡文化第三期类型遗址（即相当于河姆渡遗址第二层，距今 5000 多年）

这一类型遗址采集到的标本较多，现以朱山遗址第一层和下庄遗址采集到的标本为主，分述如下。

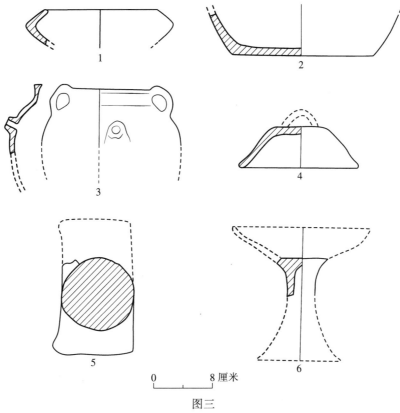

图三

1. 钵（朱山）　2. 罐（朱山）　3. 带嘴器（朱山）　4. 器盖（童家岙）　5. 釜支
座（童家岙）　6. 豆把（童家岙）

（一）石器

石斧　青灰色石料，有的是穿孔石斧，通体磨光，两面管钻法作孔，刃残（图四：1）。有的是粗坯，孔未穿透（图四：2）。

石锛　青灰色石料，通体磨光，长条形，弧背，单面刃（图四：3）。

石斧、石锛多为残件。

石纺轮　紫红色石料，磨制，孔系一面钻，半残（图四：4）。

（二）陶器

有夹砂红陶、泥质红陶、夹砂灰陶、泥质灰陶、夹砂黑陶、泥质黑陶等五种。以夹砂灰、红陶和泥质红陶为主。制法仍为手制，纹饰仍是绳纹和弦纹。

从碎片观察，可辨器形有釜、鼎、钵、罐、器盖、釜支座、灶支座等。现介绍如下。

敞口釜　夹砂灰陶。有的口沿有凸脊一道，扁圆腹（图四：5）。有的卷沿、方唇（图四：6）。有的卷沿、方唇，内壁有一圈档（图四：7）。这几种敞口釜腹部都施有绳纹。

罐　夹砂灰陶，仅见平底（图五：1）。

器盖　夹砂灰陶。提手为浅杯纽（图五：2）。

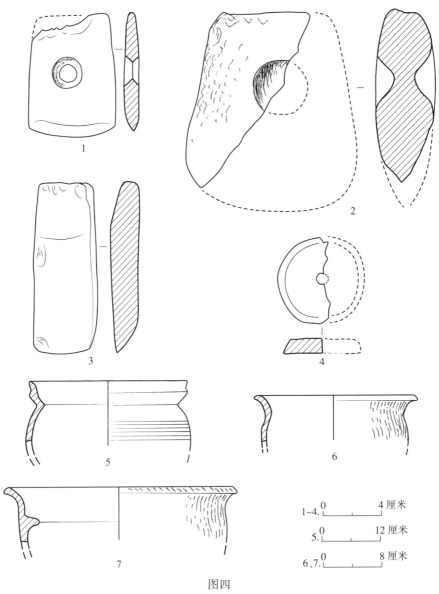

1~4. 0 ├──┤ 4 厘米
5. 0 ├──┤ 12 厘米
6、7. 0 ├──┤ 8 厘米

图四

1. 穿孔石斧（朱山）　2. 有孔石斧（朱山）　3. 石锛（下庄）　4. 石纺轮（下庄）　5. 敞口釜
（下庄）　6. 敞口釜（朱山）　7. 敞口釜（朱山）

圈足器　泥质灰陶。内壁施有红衣，外壁亦涂有一层灰褐色物质（图五：3）。

豆　泥质黑陶。大口、折沿、圆唇、浅腹，内壁打磨光亮（图五，5）。

钵　泥质黑陶。饰牛鼻耳，内壁打磨光亮（图五：7）。

盉嘴　泥质黑陶。呈管状（图五：4）。

牛鼻耳　泥质红陶（图五：6）。

豆柄　泥质红陶，喇叭形。有的瘦长，上部实心（图六：1）。有的上部空心（图六：2）。

灶支座　夹砂灰陶。系灶内一支物面（图六：3）。

器把　夹砂灰陶。有的呈半圆柱形（图六：6）。有的呈圆柱状（图六：7）。

釜支座　夹砂灰红陶，呈猪鼻形。一种体形稍大，断面呈肾形，支物面略斜较宽，空心（图六：4）。

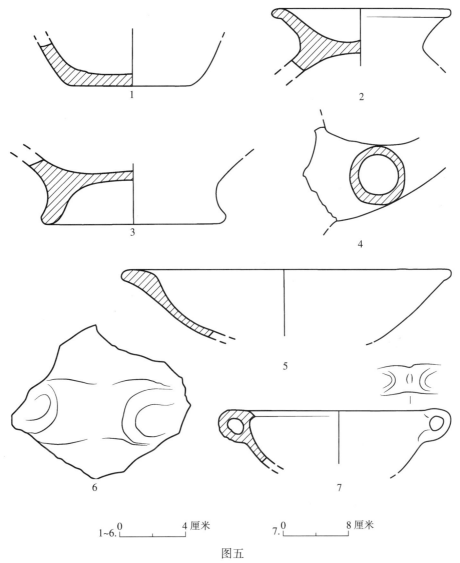

图五

1. 罐（朱山）　2. 器盖（下庄）　3. 圈足器（朱山）　4. 盉嘴（朱山）　5. 豆盘（朱山）

6. 牛鼻耳（朱山）　7. 钵（朱山）

另一种支物面较小，上部为实心，下部为空心（图六：5）。

此外，还有多种夹砂灰红陶鼎足，有的呈半圆锥形，根部作"双目"（图七：1）。有的呈圆锥形（图七：2）。有的呈鸭嘴形（图七：3）。有的呈羊角形（图七：4）。

上述外红里黑的喇叭形圈足豆、猪鼻形釜支座、器把和灶支座等，都是河姆渡遗址第二层常见器物，也是第二文化层富有特征性的一些器物。朱山遗址第一文化层比河姆渡遗址第二文化层更厚，包含物丰富，它除了包含有河姆渡遗址第二文化层的遗物外，还有一些第三层的器物。因此，朱山遗址的发现，提供了解决河姆渡遗址第三文化层与第二文化层之间的某些缺环的可能。

三、第四期类型遗址（即河姆渡遗址第一层，距今约 4000 年）

这一类型遗址在调查中发现较多，可能是它们距地表较浅，易于暴露的缘故。

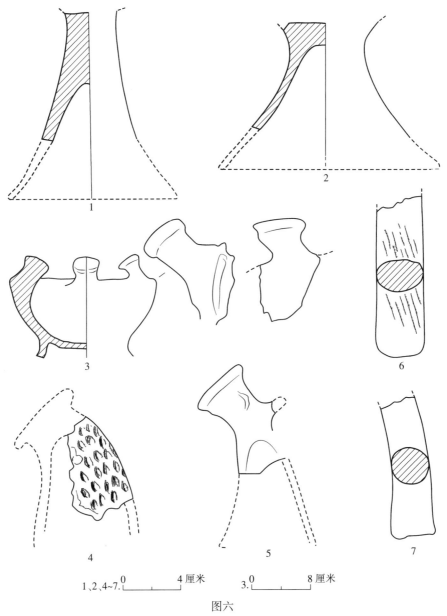

图六

1. 豆柄（下庄）　2. 豆柄（朱山）　3. 灶支座（下庄）　4. 釜支座（下庄）
5. 釜支座（朱山）　6. 器把（朱山）　7. 器把（朱山）

在调查过程中，发现有石器、骨器和陶器。这里仅以兵马司、汪界和前溪湖遗址的采集物为代表，作如下叙述。

（一）石器

有段石锛　灰色石料。长条形，通体磨光，单面刃（图八：1、2）。

石镞　断面菱形，长锋，短圆铤（图八：3）。

骨凿，以骨关节为柄，斜刃（图八：4）。

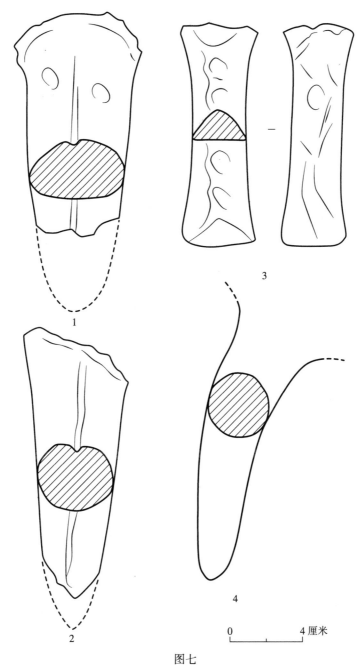

图七

1. 半圆锥形鼎足（朱山）　2. 圆锥形鼎足（朱山）　3. 鸭嘴形鼎足（朱山）　4. 羊角形鼎足（下庄）

（二）陶器

分夹砂红陶、夹砂灰陶、夹炭黑陶（外表涂有一层红衣）、泥质灰陶和泥质灰胎黑皮陶等五种陶系。陶片总的感觉偏红，大量的是夹砂红陶，以手制为主，但一些器物有明显的慢轮修整痕迹。烧成温度一般都比较高。纹饰有绳纹、斜线纹、波浪纹和十字纹等。

从碎片观察，可辨器形不多，大部分是鼎足。现简述如下：

釜　夹砂红陶。有的小敞口，折沿，腹部最大径近底部，腹施细绳纹（图八：5）。有的夹砂灰陶

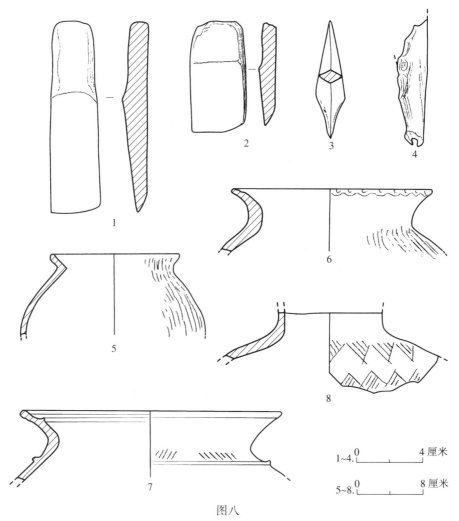

图八

1. 有段石锛（前溪湖）　2. 有段石锛（前溪湖）　3. 石镞（前溪湖）　4. 骨凿（前溪湖）　5. 敞
口釜（前溪湖）　6. 敞口釜（坑山垅）　7. 罐（汪界）　8. 罐（田屋）

敞口釜，卷沿，施齿状缺口，腹施绳纹（图八：6）。

　　盆　有的泥质灰陶，宽平唇，弧曲腹。唇上施有纹饰和未穿透的小圆孔（图九：1）。有的是泥质灰胎黑皮陶，器壁剖面呈"丁"字形，宽唇，曲腹（图九：2）。

　　豆　泥质红陶，浅盘（图九：3）。

　　罐　夹炭黑陶，器形厚重。有一种罐，器壁内外均有一层0.1~0.2厘米厚的泥质红色陶衣覆盖，卷沿并饰几道弦纹，肩部有斜线纹（图八：7）。有的罐广斜肩，肩部饰三角纹（图八：8）。

　　袋足　泥质红陶（图九：4）。

　　豆柄　泥质灰胎黑皮陶。饰镂孔（图九：5）。有一种，上部实心，饰竹节纹，外壁打磨光亮（图九：6）。还有一种豆柄，也是泥质灰胎黑皮陶，空腹，瘦长呈喇叭状，素面，漆黑光亮（图九：7）。

　　圈足器　泥质灰胎黑皮陶（图九：8）。

　　釜支座　夹砂红陶。呈象鼻形，内底呈臼状圈足，中腰实心（图一〇：1）。

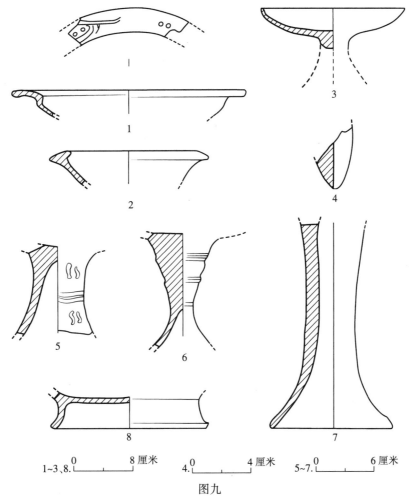

图九

1. 盆（新周家）　2. 盆（傅家）　3. 豆（兵马司）　4. 袋足（黄家山）　5. 豆柄（兵马司）
6. 豆柄（汪界）　7. 豆柄（前溪湖）　8. 圈足器（汪界）

鼎足　夹砂红陶。有的呈三棱形并饰波浪纹（图一〇：2）。有的在根部刻有"十"字纹（图一〇：3）。有的宽扁形，两边饰齿状（图一〇：5）。有的方扁形，饰斜线纹（图一〇：4）。有的扁凿形（图一〇：6）。大量的是鱼鳍形足（图一〇：7）。

从上述器形来看，如那种夹砂红陶、腹部最大径近底部的敞口釜，在根部刻有"⊕"纹的夹砂红陶鼎足，鱼鳍形鼎足，象鼻形釜支座，外表涂一层泥红的夹炭黑陶罐、镂孔豆等，都是河姆渡遗址第一文化层习见器物。因此，这些遗址的相对年代距今 5000 年左右。

另外，在调查过程中也还发现了一些印纹陶遗址。印纹陶分软、硬二类。硬印纹陶火候较高，质地坚硬，击音清脆，分紫、红、灰三种颜色。外壁印有不同纹饰（图一一，图一二）。

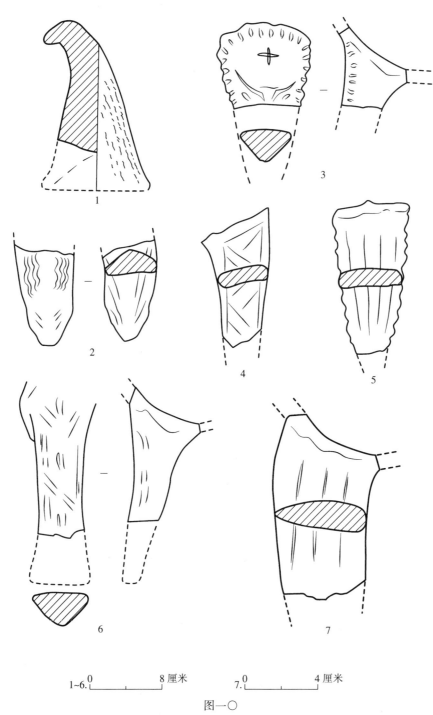

1~6. 0 ⊢———————⊣ 8厘米　　7. 0 ⊢———————⊣ 4厘米

图一○

1. 釜支座（汪界）　2. 三棱形鼎足（兵马司）　3. 三棱形鼎足（兵马司）　4. 方扁形鼎足（傅家）
5. 方扁形鼎足（兵马司）　6. 扁凿形鼎足（前溪湖）　7. 鱼鳍形鼎足　（兵马司）

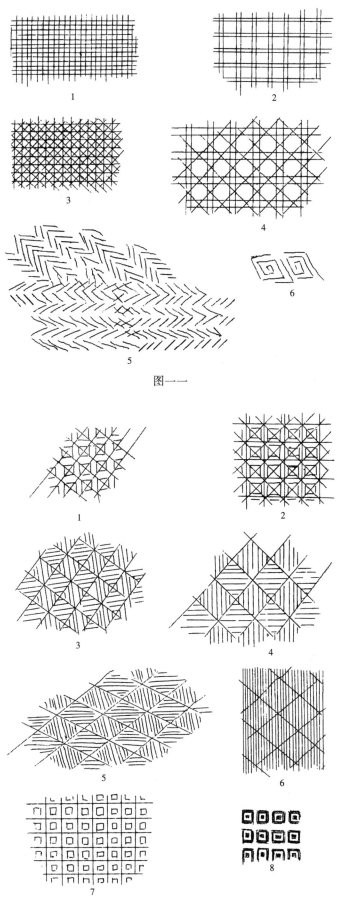

图一一

图一二

河姆渡文化遗址调查登记表

遗址名称	面积	文化遗物	时代	地点
童家岙	约4000平方米	夹炭黑陶敞口釜、夹炭黑陶器盖、夹炭黑陶宽半环形耳釜支座、夹砂黑陶釜、泥质灰陶豆柄，还有黑色变质岩石斧等。	相当河姆渡遗址第三、四层	慈溪县龙南公社童家岙大队
朱山	约3000平方米	夹炭黑陶罐与钵、夹炭黑陶带嘴器、夹炭黑陶釜片，还有石锛等。	相当河姆渡遗址第三、四层	余姚县龙山公社西岙大队
朱山	约3000平方米	里黑外红喇叭形圈足豆、牛鼻形罐耳，猪鼻形支座，夹砂灰陶敞口釜，夹炭黑陶钵，夹砂灰陶器盖、器把、圆锥形鼎足等，还有通体磨光的小型石锛和穿孔石斧等。	相当河姆渡遗址第二层	同上
下庄	约10000平方米	夹砂灰陶敞口釜、牛鼻形器耳、有实心和空心的猪鼻形支座、灶支座、有"双目"装饰的夹砂灰陶圆锥形鼎足、夹砂黑陶钵，还有磨光石锛二件，纺轮一件等。	相当河姆渡遗址第二层	余姚县罗江公社红星大队下庄村
翁家山	约5000平方米	砂红空腹圆锥形鼎足、外壁施指捺纹的猪鼻形支座，砂灰敞口釜腹片、器嘴，泥灰盆，口沿外红里黑豆把，泥质灰胎黑皮陶圈足等。	相当河姆渡遗址第二层到第一层	余姚县龙山公社翁家山
田屋	不明	外红里黑的喇叭形豆柄、夹炭黑陶（器表施红衣）罐一类口沿及腹片、夹砂红陶鱼鳍形鼎足。	相当河姆渡遗址第一、二层	余姚县江中公社田屋附近
周家汇头	不明（破坏较甚）	泥红细长喇叭形豆柄、砂红器盖纽、外表施红衣的夹炭陶。	相当河姆渡遗址第二层	余姚罗江公社东方红大队
兵马司	约1800平方米	砂红三棱形鼎足、鱼鳍形鼎足、浅杯形器盖纽象鼻形釜支座，泥红长柄浅盘豆、罐、盆，泥灰黑皮陶竹节纹豆柄，还有通体磨光石锛和少量印纹陶。	相当河姆渡遗址第一层到东周	余姚县双河公社东昇大队
前溪湖	不明	砂红鱼箅形釜、扁锥形、圆锥形和凿形鼎足，泥灰黑皮陶竹节状豆柄圈足，泥灰罐等，还有通体磨光的有段石锛、石镞、骨锥。	相当河姆渡遗址第一层	余姚县肖东公社郭相桥附近
坑山垅	不明	砂红圆锥形鼎足、敞口釜、喇叭形捉手器盖纽、猪鼻形支座，砂灰敞口釜、鱼鳍形鼎足，外红里黑的泥红豆把，外表施红衣的夹炭陶敞口釜，泥灰黑皮陶敛口钵等。	相当河姆渡遗址第一、二层	余姚县文亭公社下徐塔大队
傅家	不明	砂红鱼鳍形鼎足、象鼻形支座，砂灰鼎腹片，泥灰黑皮陶盆、罐，泥灰敛口钵等。	相当河姆渡遗址第一层	余姚县陆埠公社傅家大队
桐山	不明	砂红圈足小碗、圆锥形鼎足、扁锥形鼎足、釜、鼎口沿，泥灰原始瓷小盅，还有印纹陶等。	相当河姆渡遗址一层到东周	余姚县双河公社桐山大队

续表

遗址名称	面积	文化遗物	时代	地点
黄家山	不明	砂红鱼鳍形、羊角形、圆锥形、凿形鼎足，一件小袋足泥质红陶腹片，泥质灰陶圈足片，有石镞一件。	相当河姆渡遗址第一层	余姚县双河公社徐家村
支溪岙	不明	砂灰红扁锥形鼎足，敞口釜泥红残片和泥灰残片。还有印纹陶片。	相当河姆渡遗址一层到东周	余姚县沿江公社支溪岙
乐安湖	不明	夹砂红陶鱼鳍形鼎足、腹片，泥质灰陶圈足和腹片等。	相当河姆渡遗址第一层	余姚县云楼公社红星大队
云山头	约500平方米	夹砂红陶鼎、釜口沿残片、鱼鳍形和圆锥形鼎足，泥质红陶罐片等。	相当河姆渡遗址第一层	余姚县二六市公社云山东麓
东岙	不明	夹砂红陶鱼鳍形鼎足、腹片，还有夹砂灰陶和泥质灰陶碎片，柳叶形石镞。	相当河姆渡遗址第一层	余姚县龙山公社东岙大队
新周家	约2000平方米	夹砂红陶鱼鳍形鼎足、鼎、釜口沿残片，泥质红陶罐、豆柄残片，泥质灰陶细长喇叭形圈足豆柄、盆口沿，夹炭黑陶圈足、腹片等。	相当河姆渡遗址第一层	余姚县丈亭公社新周家村
王其弄	不明	夹砂红陶鱼鳍形鼎足、鼎、釜腹片、浅杯形器盖纽，泥质红陶罐、豆残片，还有不少是印纹硬陶，穿孔磨光石斧一件。	相当河姆渡遗址第一层到东周	余姚县罗江公社轧石场
张界	不明	夹砂红灰陶鼎、釜口沿片、圆柱状器把，还有泥质灰陶碎片。	相当河姆渡遗址第一层	余姚县江中公社张界村
汪界	约4000平方米	夹砂红陶鱼鳍形、丁字形鼎足、象鼻形釜支座，夹砂灰陶敞口釜口沿，泥质灰胎黑皮陶喇叭形豆把、圈足器，器表涂红衣的夹炭陶大敞口罐。	相当河姆渡遗址第一层	余姚县江中公社钱家槽附近
相山佛堂	约500平方米	夹砂红灰陶鱼鳍形鼎足、敞口鼎、釜口沿，泥质红陶豆盘，泥质灰陶豆盘，打磨光亮的泥质灰胎黑皮陶圈足、腹片等。	比河姆渡遗址一层稍晚	余姚县江中公社李家大队第二生产队
东江沿	不明	印纹硬陶有云雷、米字、细方格、双钱方格与水波纹组合、羽毛、绳纹、田纹、编织等纹样，还有砂红腹片、扁锥形鼎足，砂灰鼎、釜口沿片，泥红罐片。	约周	余姚县沿江公社翻水站
车厩一中	约10000平方米	砂红鱼鳍形鼎足、象鼻形、釜支座，泥红罐口沿、器嘴、小鼎足，泥灰腹片，大量的是印纹硬陶片纹样（同上），也有印纹软陶。	相当河姆渡遗址第一层到东周	余姚县车厩公社车厩一中
下袁埭	不明	印纹硬陶，纹样同车厩一中，东江沿采集的印纹陶标本相同。	约周	余姚县东风公社

（原载《浙江省文物考古所学术交流专辑（1）》，1980年）

舟山群岛发现新石器时代遗址

王和平　陈金生

　　舟山群岛位于长江口以南，杭州湾以东，象山港以北，岛屿星罗棋布地点缀在浩瀚的东海上，由舟山、岱山、大巨、泗礁、乘山、普陀山、桃花、六横、蚂蚁、滩许等大小 670 个岛屿组成。

　　随着兴修水利，搞农田基本建设和其他大量取土工程的进行，在定海区、岱山县、嵊泗县陆续发现新石器时代遗址和遗物（图一）。我们根据群众提供的线索，对舟山本岛的定海区白泉遗址、岱山县大巨岛太平公社的孙家山遗址等进行了调查，现以这两处遗址为例，将有关调查情况简报如下。

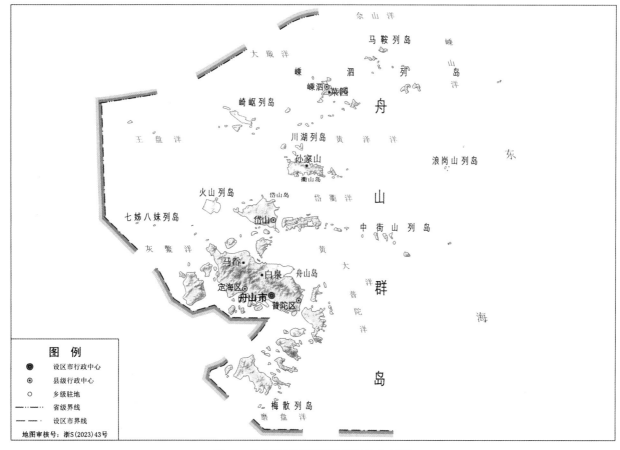

图一　舟山群岛新石器时代遗址分布图

一、白泉遗址

该遗址位于舟山本岛中部的白泉，北距最近海岸线 4 千米，三面环山，泉流溪水很多，在靠近河口的低台地上，由于新开河道而暴露遗物。1975 年 5 月，浙江省博物馆会同我们对白泉遗址进行了一次试掘。从断面看，包含文化遗物的层次比较平整（仅约 10~35 厘米），其上、下都是沉积的淤泥层。出土遗物有陶器、石器、红烧土、木桩和兽骨等。

陶器　完整器（包括遗址附近采集一件鸟形盉在内）仅两件。陶片较多，从陶片看以夹砂红灰陶为主，泥质红灰陶次之，还有少量的夹炭黑陶。陶片以素面为主，还有一些有用裹着绳索的印棒自上而下转动压印出来的绳纹、手指捺纹和圆镂孔纹。陶器的火候较低，陶质粗松，均属手制。

鸟形盉　1 件。头部实心体，高出盉面 3 厘米，左右两侧钻两个小圆孔为鸟眼睛，尾部盉边较宽，圈足，素面，泥质灰陶。口径 9.4、通高 8.5 厘米（图二：1）。

陶纺轮　1 件。扁平圆形，中间稍凸。直径 4、厚 0.8 厘米。

在陶片中可辨器形的有釜、罐、鼎、豆、支座等。

釜　分二式。Ⅰ式，敞口，溜肩，腹底无存。口径 25 厘米（图二：3）。Ⅱ式，多角沿，敞口，溜肩，沿腹间折线清晰，口沿宽处 4.6、口径 29.5 厘米。均为夹砂红陶（图二：2）。

豆　泥质红陶为主，泥质灰陶次之。分为喇叭形豆和细把豆，豆把在陶片中占数量较多。均素面（图二：4）。

罐　无完整器和复原器，器耳较多，大多数是牛鼻形。陶质粗松，器壁较厚，有夹砂陶，也有夹炭黑陶。在夹炭陶土中掺合草类、谷壳等有机物，在器壁中还可以看到炭粒结晶，说明当时制陶技术还较原始。这与余姚河姆渡遗址出土的牛鼻式双耳罐相同①（图二：6）。

器把　夹砂灰陶。上扁下略宽，近中间施有一圆孔（图二：5）。

鼎　无完整器和复原器。其口与釜很难区别。鼎足较多，有圆锥形、三棱形、宽扁形等（图二：7、8、13）。

支座　分二式。Ⅰ式，形如象鼻，实心，圆形支物面一侧倾斜，近上端有一小孔，夹砂红陶。Ⅱ式，形如猪鼻，圆形支物面向一边倾斜，支物面中部有一圆孔，下部残。夹砂灰陶（图二：10、11）。这与余姚河姆渡遗址第一、二层出土的支座相同②。

还有在遗址试掘中出土了一件泥质猪头型的陶片，制作精细，形态逼真。

石器　以磨制为主，完整器仅石斧 1 件。石锛、石纺轮等均为采集品。

石斧　1 件。长条形，刃部有明显的使用痕迹，断面呈长方形。长 6.5、宽 3.2 厘米（图二：12）。

石锛　8 件。完整器 4 件。有段，长条形，大小不一，大的长 11、宽 3 厘米，小的长 6.4、宽 3.2 厘米（图二：9、14）。

---

① 浙江省文物管理委员会、浙江省博物馆：《河姆渡遗址第一期发掘报告》，《考古学报》1978 年第 1 期。
② 浙江省文物管理委员会、浙江省博物馆：《河姆渡遗址第一期发掘报告》，《考古学报》1978 年第 1 期。

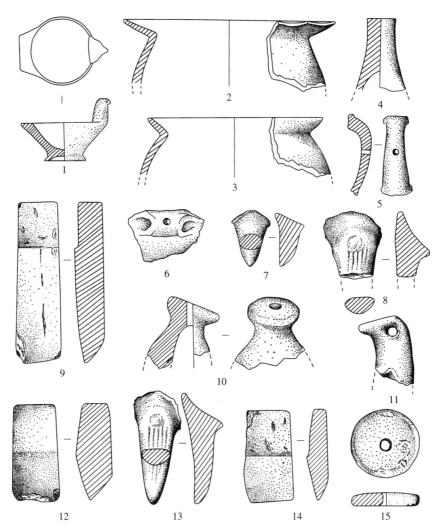

图二 白泉遗址出土器物

1. 陶鸟形盉 2. 陶多角敞口釜 3. 陶敞口釜 4. 陶细把豆 5. 陶器把 6. 陶牛鼻式器
耳 7、8、13. 鼎足 9、14. 有段石锛 10. 陶猪鼻形支座 11. 陶象鼻形支座 12. 石斧
15. 石纺轮（1～5、7、8、10～13、15. 1/5，余 2/5）

石纺轮 1 件。扁平圆形，直径 4.6 厘米，厚 0.9 厘米（图二：15）。

白泉遗址出土的石器大部分为磨制，有的磨制粗糙。

二、孙家山遗址

1978 年发现。该遗址位于岱山县大巨岛。地面遗物比较丰富，散布面较广，出土器物主要有陶器、石器、骨器、红烧土、螺蛳、贝壳等。还发现有残灰坑一个，呈锅底状，深 30～105 厘米，复原器较多。这批遗物大部分属采集品。

陶器 完整器和复原器 19 件。碎陶片很多，分为夹砂红灰陶、泥质红灰陶二系。夹砂红陶数量最多，陶质较硬；泥质灰陶次之，质细腻。器形以圜底器为最多，圈足器、平底器次之。纹饰以绳纹为最多，其次是弦纹、方格纹、附加堆纹、箅刺纹、划纹。制法有手制和轮制。现以完整器和复原器简述如下。

鼎　复原2件。分二式。Ⅰ式，敞口，直腹，圜底，口沿部、腹部施弦纹，三棱形三足施有规则的人字划纹。高34、口径37厘米。Ⅱ式，侈口，溜肩，鼓腹，圜底。腰沿上施一周附加堆纹，腹底部施绳纹，圆柱三足。高21.2、口径18厘米。均为夹砂红陶（图三：1、2）。

鼎足　数量较多，主要有三棱形，长方形等（图三：3、4）。

支座　1件。形如象鼻，实心体，椭圆形支物面一侧倾斜。施绳纹和手捺纹，近上端有一圆孔。高18厘米（图三：5）。

豆　复原3件。分三式。Ⅰ式，浅盘，盘壁外敞，圈足逐渐外撇，器形比较规整，可能是轮制，豆把上施两个长方形镂孔，豆盘外壁有凸棱两道。盘径22.5、高11厘米（图三：11）。Ⅱ式，盘较深、圈足较矮，豆把中部微鼓，下部逐渐向外敞开，豆把施弦纹。盘径18、高7.7厘米（图三：7）。Ⅲ式，鸡笼形豆，豆盘较浅，把部有二排匀称的圆镂孔装饰，胎质很薄，造型美观。盘径14.5、高10厘米。均为泥质灰陶（图三：13）。这与青浦崧泽遗址中层出土的陶豆相同①。

簋　复原2件。盘口，圈足。在圈足部施对称的三角形镂孔和圆镂孔。在器物外壁有凸棱两道，均泥质灰陶。大的口径23.5、高7.2厘米。小的口径18、高8.4厘米（图三：8）。

盆　复原1件。夹砂红陶，敞口，大平底，在盆底边缘施一周指捺纹，器物比较厚重，盆底有明显的火烤痕迹。口径43、高7厘米（图三：9）。

盘　复原1件。夹砂红陶。敞口，平底。在盘壁外施一圈附加堆纹，左右对称部位安上一个鋬，制作较粗，底部有火烤痕迹。器物较大，造型别致，它既可以作为炊器，又可以作为饮食器。口径58、高12厘米（图三：6）。

罐　1件。侈口，溜肩，球腹，圈足，制作较粗，整个器物素面，手制。夹砂红陶。口径12、圈足9厘米（图三：14）。

器盖　完整及复原3件。分三式，均夹砂红陶。Ⅰ式，器纽似菱形，盖径18、高6厘米（图三：12）。Ⅱ式，似倒置碗，制作很粗糙，手制，不规整。盖径15、高6.5厘米（图三：15）。Ⅲ式，盅形纽，器形较小。盖径10.8、高4厘米（图三：10）。

陶纺轮　1件。泥质灰陶，圆形，断面似梯形。直径3.5厘米。

在大量的碎陶片中，可辨器形的还有敞口釜、单把釜、泥质灰陶双耳壶等。

石器　六十多件。其中有石斧、石锛、石凿、石刀、犁形器、耘田器、石环、石箭头等。石料系页岩、角砾岩、砂岩等。

石斧　10件。分二式。Ⅰ式，有孔石斧9件，舌形，大部分上窄下略宽，刃部圜形，双面刃。上部均对面钻有一圆孔，大部分都通体磨光，有的有明显的打击痕迹。最大的全长15、通宽9.6、厚1.3、孔径2.4厘米。最小的全长11.2、通宽6、厚1.2、孔径1厘米（图四：2、3）。Ⅱ式，1件。有肩，上窄下宽，中间残断，有明显的琢打痕迹（图四：5）。

石锛　20件。分四式。Ⅰ式，1件，长条形，单面刃，通宽7、厚2.1厘米，磨制较粗（图四：

---

① 黄宣佩、张明华：《青浦县崧泽遗址第二次发掘》，《考古学报》1980年第1期。

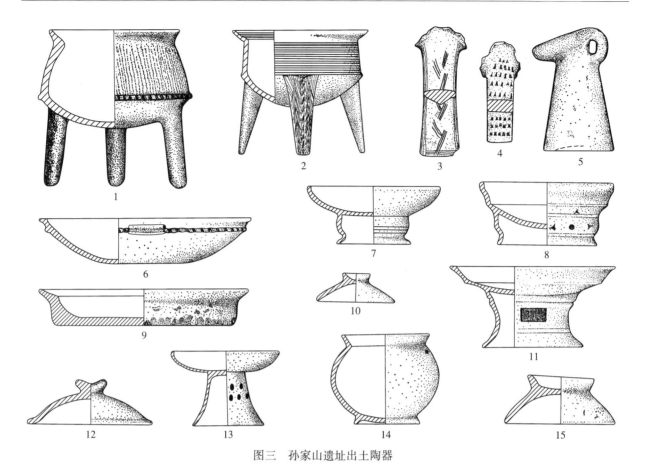

图三 孙家山遗址出土陶器

1、2. 鼎 3、4. 鼎足 5. 支座 6. 盘 7. Ⅱ式豆 8 簋 9. 盆 10、12、15. 器盖 11. Ⅰ式豆 13. Ⅲ式豆 14. 罐（1、3~5、7、8、10~15. 1/5, 2. 1/10, 6、9. 2/15）

6）。Ⅱ式，15 件，有段，长条形，单面刃，背面平直。大的长 16、宽 5.6、厚 3.2 厘米。小的长 5.5、宽 2.4、厚 1.7 厘米。磨制比较精致，有的器形很薄（图四：4、7、10）。Ⅲ式，2 件，长条形，背面平直。长 9、宽 5.8、厚 1.2 厘米（图四：9）。Ⅳ式，2 件，长条形，断面似方形，器物厚重，背面呈弧形，长 9、宽 3.2、厚 3 厘米（图四：8）。

石凿 5 件。形状大小不一，分二式。Ⅰ式，长条形，断面近方形，正背二面弧形，双面刃。长 11、宽 3.4、厚 3.8 厘米（图四：1）。Ⅱ式，细长条形，断面长方形，刃部残，单面刃，背面平直。长 14.2、宽 2、厚 2.6 厘米。

石刀 2 件。分二式。Ⅰ式，长条形，器物中部上、下有两条切割凹痕，半成品，通体磨制，残成两段。长 44、宽 7、厚 1.8 厘米（图四：12）。Ⅱ式，制作较粗，稍加磨制，有明显的琢打凹痕。高 14、刃宽 15 厘米（图四：11）。亦称斜把破土器。

石环 1 件。白色光亮，磨制比较精致，白玉制成。内径 6 厘米。

石镞 6 件。长短、大小不同，尖锋，四棱身，椭圆铤。有的磨制锋利、光滑。最大的长 8.6、最短的长 5.7 厘米（图四：16、17）。

犁形器 1 件。三角形，单面刃，近上部钻有直径 2 厘米的圆孔。整个器物平薄。高 25、刃宽 31 厘米（图四：18）。

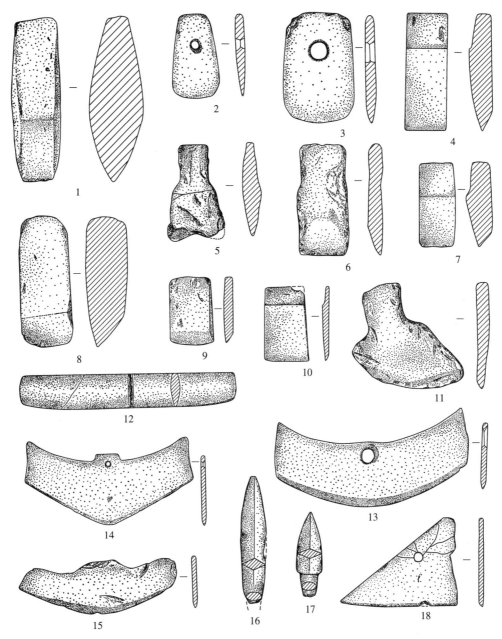

图四　孙家山遗址出土石器

1. Ⅰ式凿　2. 有孔石斧　3. 有孔石斧　4、7、10. Ⅱ式有段石锛　5. 有肩石斧　6. Ⅰ式锛　8. Ⅳ式锛
9. Ⅲ式锛　11. Ⅱ式刀　12. Ⅰ式刀　13. Ⅰ式耘田器　14. Ⅱ式耘田器　15. Ⅲ式耘田器　16、17. 镞
18. 犁形器（1、7、8、13~17. 2/5，2~6，9~11. 1/5，12. 2/15，18. 1/10）

石耘田器　3件。分三式。均双面刃似石铲，石料大都为火成岩。Ⅰ式，刃部似弧形，上部有一圆孔，器物很薄。长13.5、孔径1.5厘米（图四：13）。Ⅱ式，刃部成钝角，上部有凸脊，钻一小圆孔，孔径0.4、长11.6厘米（图四：14）。Ⅲ式，刃部似弧形，上部无圆孔。长11厘米（图四：15）。

孙家山遗址出土石器大部分是通体磨制，有的磨制得比较精致光亮。

三、结　语

白泉遗址出土器物种类不多，但文化内容很值得注意。从出土的陶器来看，陶质比较粗松，烧制火候较低，以素面为主，陶质以夹砂红陶较多，泥质红灰陶较少，还有一些少量的夹炭黑陶。出土器物简单，仅釜、鼎、罐、豆、支座几种。如牛鼻式罐耳、多角沿釜、猪鼻形、象鼻形支座等器物与余姚河姆渡第一、二文化层出土物相比，在造型和陶质上都基本相同[①]。这处遗址石器出土不多，仅石斧、石锛、石纺轮几种。该遗址的相对年代我们认为和余姚河姆渡第二文化层年代大致相当。

孙家山遗址出土的陶器很多，陶质较硬，仅夹砂红灰陶、泥质红灰陶二系。纹饰花样多，出土器物器形也很多，有鼎、釜、罐、豆、簋、盆、盘、器盖、支座、壶等。尤其是一件大盘，口径达 58 厘米。豆、簋等器，与青浦崧泽遗址中层出土的器物相同，有的纹饰也相似。我们认为该遗址的相对年代与余姚河姆渡第一文化层[②]、青浦崧泽遗址中层文化相同[③]。从遗址附近采集的遗物来看，有的器物表现出较晚的因素，有的已经晚至良渚文化阶段。其间关系如何，有待进一步发掘来证明。

孙家山遗址石器出土数量、器形多，磨制精致。器形有斧、锛、箭头、凿、刀、犁形器、耘田器、环等。出土的一件石器半成品，很可能是用一长条石块琢打、磨制完成后，再一段段切割制成同样大小的许多石器，从而提高制作石器的功效。

在白泉遗址和孙家山遗址中，鹿角、猪骨、螺蛳、蛤蜊等都有发现，孙家山遗址还发现了一件骨锥。

从以上两处遗址的实物和遗址的位置来看，当时的生产方式要包括狩猎、农耕、家养畜牧业、鱼捞和大量的蛤蜊等水生动植物的采集在内。这也能说明海岛和沿海地区主要是依靠自己特殊的自然资源而生存。

舟山群岛新石器时代遗存，过去是一片空白地区。定海区白泉遗址、岱山县的孙家山遗址和嵊泗县菜园镇等新石器时代遗址以及定海区马目公社、皋泄公社、岱山县东沙镇馒头山等遗迹的发现，给这一地区增加了考古资料。

（原载《考古》，1983 年第 1 期）

---

① 浙江省文物管理委员会、浙江省博物馆：《河姆渡遗址第一期发掘报告》，《考古学报》1978 年第 1 期。

② 浙江省文管会、浙江省博物馆：《河姆渡发现原始社会重要遗址》，《文物》1976 年第 8 期。

③ 黄宣佩、张明华：《青浦县崧泽遗址第二次发掘》，《考古学报》1980 年第 1 期。

浙江定海县唐家墩新石器时代遗址

王明达　王和平

唐家墩遗址位于舟山本岛的北部——定海区马岙公社安家大队，东临西码头，西靠小沙庄，南接近中峰山，北距海3.25千米，遗址面积4000平方米左右，墩台高出地面1.3~1.6米。该遗址因烧窑取土被发现。1979年9月，浙江省文物考古所和舟山地区文物管理委员会对该遗址作了试掘。参加人员有王明达、陈金生和王和平。

（一）地层堆积

T1堆积层次清楚，可分四层。①层为耕土层，厚约18~20厘米。②层呈黄褐色，厚88~94厘米，遗物有夹砂红陶片、炭灰、兽骨及砺石等。③层呈深黄褐色，黏性较强，厚48~52厘米，遗物有石器、夹砂红灰陶片、泥质红灰陶片、猪骨、贝壳。以上两层为文化层，③层下即为生土（图一）。

该遗址②层及③层之间，在不等距离内发现有3层薄淤泥层，厚0.2~0.4厘米之间。

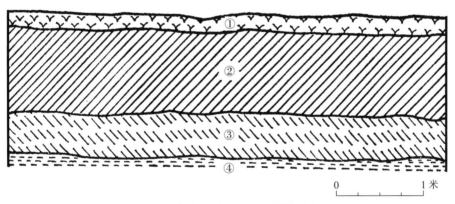

图一　唐家墩遗址西壁地层剖面图
①耕土　②、③文化层　④淤土层

（二）出土器物

由于试掘面积不大，复原完整器仅2件。②层出土陶器为夹砂红陶，还有极少的泥质红陶。③层有夹砂红灰陶和泥质红灰陶，还有零星的夹炭陶。该遗址出土陶器烧制火候都较低，陶质粗松，色泽呈橘红，器形简单，仅釜、鼎、盘几种。文化层中出土的小口釜，在陶片中占有很大数量，陶片以素面为主，还有饰绳纹、划纹和弦纹的。

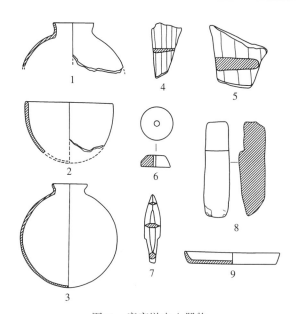

图二　唐家墩出土器物

1、3. 陶小口釜　2、3. 陶直口釜　4、5. 陶鼎足　6. 陶纺轮　7. 石镞　8. 石锛
9. 陶盘（1、2、4、5.②层出土，余③层出土）（1~4.1/8，余1/4）

②层出土器物

釜　分小口和直口二种，均夹砂红陶。小口釜无复原器，口部较小，圆唇，侈口短颈，广弧肩，腹底无存，器壁内有手指制作痕迹，陶色橘红，质地粗松。口径9厘米（图二：1）。直口釜（鼎）为夹砂红陶，平唇，直口，腹底平弧，形如圜底钵，底残。口径20、高13.2厘米，可复原（图二：2）。

鼎　口沿和釜口沿很难区别，鼎足数量较多，出土的均鱼鳍形，剖面斜扁平状，两侧各有直线划纹，陶质粗松，大的长11.7、小的长7.3厘米（图二：4、5）。

同时还发现有砺石、兽骨等。

③层出土器物

釜　夹砂红陶，出土时因陶质疏松，只余轮廓，可复原。小口，圆唇，侈口，短颈，球腹，圜底，器壁较薄。口径8、高22.8厘米（图二：3）。

鼎　鼎足数量较多，均为鱼鳍形，这和第二层出土的相同。

盘　复原一件，泥质灰陶，浅腹，平底，素面，高2.5、径21厘米（图二：9）。

纺轮　1件。夹砂灰陶，圆形，断面似梯形，直径3.5、孔径0.7厘米（图二：6）。

石镞　1件。磨制精致，石质为燧石，长7.5厘米（图二：7）。

石锛　1件。有段，长条形，单面刃，背面平直，剖面方形。磨制精细，刃部有使用痕迹。石质为页岩。长10.4、宽2.5厘米（图二：8）。

该遗址文化层堆积较厚，但内涵较单纯，可能延续时间较短。出土的鱼鳍形鼎足，和河姆渡遗址第一文化层出土的基本相同，该遗址的相对年代与良渚文化大致相当。唐家墩遗址的发现对研究舟山群岛新石器时代增添了新资料。

（原载《考古》，1983年第1期）

浙江定海唐家墩又发现一批石器

王和平

唐家墩新石器时代遗址位于舟山本岛西部的定海县马岙公社安家大队附近。1979年5月，浙江省文物考古所、舟山地区文物管理委员会对该遗址进行了试掘工作①。后来，又在这处遗址及附近的五一、茂盛大队出土了一批新石器时代的石器，有的石器在舟山群岛还是第一次发现。现择要介绍如下。

石器　近20件。主要有石斧、石锛、石犁（破土器）、玉镞、石铲等，均系采集品，石质主要是变质岩、火成岩等。

石斧　2件。分二式。Ⅰ式，有肩，上窄下宽，双面刃。通体磨光，其用途可能如耙。高20.7、刃宽11厘米。Ⅱ式，长条形，横断面呈椭圆形，双面刃，刃部磨制较精，长16、宽8厘米（图一：2、7）。

石锛　3件。分二式。Ⅰ式，2件。有段，长条状，断面方形，背面平直，斜平刃。有一件磨制光亮，有研磨之痕。大的长11.4、宽2.7厘米，小的长7.7、宽3厘米（图一：5、8）。Ⅱ式，1件。平面呈长方形，主要特征是背面平直，另一面近中部起刃。长10.8、宽4.2厘米（图一：6）。

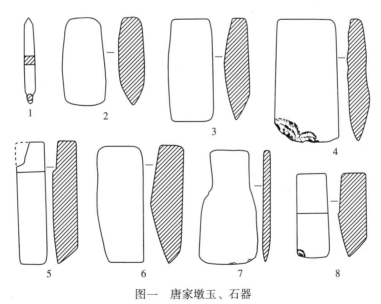

图一　唐家墩玉、石器
1. 玉镞　2~4、7. 石斧　5、6、8. 石锛（2、7.1/5，余2/5）

---

① 王明达、王和平：《浙江定海县唐家墩新石器时代遗址》，《考古》1983年第1期。

玉镞 1件。圭形，尖锋，方身，圆铤。用白玉制成，磨制极精。长8厘米（图一：1）。

石犁（破土器） 2件。形似马面鱼头，底边（刃部）最长，呈弧形突出，背面平直，单面刃，上侧即为短小的柄把，柄把向后倾，器身前均有一穿孔，刃部磨制较精。大的长35.5、通高17.5厘米。小的长24.2、通高14.7厘米（图二：1、3）。

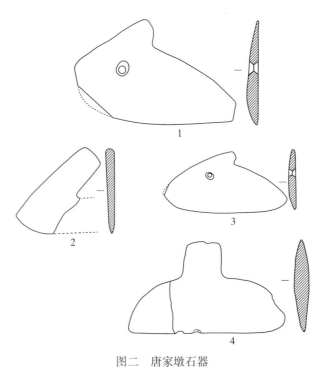

图二 唐家墩石器
1~3. 石犁 4. 石铲（1、4.1/5，2、3.1/10）

此外，在唐家墩遗址附近的五一、茂盛两地，还发现了石铲、石犁等。

石斧 2件。分二式。Ⅰ式，平面呈长方形，主要特征是背面呈弧形隆起，双面刃，通体磨制较粗。长9.4、宽4.3厘米。Ⅱ式，平面呈长方形，背面呈屋脊状隆起，有使用痕迹。长11.5、宽5.7厘米（图一：3、4）。

石犁 1件。平面略呈正三角形，柄把较粗，刃部最长，略呈弧形突出。双面刃，后段尤为肥大。柄把与刃部之间有一呈三角形的槽沟分开，通体磨光，残（图二：2）。

石铲 1件。形如"凸"字，两肩斜出呈弧形，柄部两面上削如刃，可能作安装木柄之用，刃部平直，单面刃，一面通体磨光。高13、长23厘米（图二：4）。

这次唐家墩遗址及其附近出土的石器，形式多样，尤其是三件石犁，如马面鱼头形石犁确属不多见，其制作形状分别与浙江富阳新联龙岗头、余杭潘畈余家堰出土的破土器基本相似①。这些石犁（破土器）的发现，是继岱山县大巨岛太平公社孙家山遗址出土石犁的又一次新的发现②。它的发现表

---

① 牟永抗、宋兆麟：《浙江的石犁和破土器——试论我国犁耕的起源》，《农业考古》1981年第2期。
② 王和平、陈金生：《舟山群岛发现新石器时代遗址》，《考古》1983年第1期。

明，在当时舟山群岛一些较大的岛屿上已经进入犁耕农业阶段，这为研究海岛原始农业的生产发展情况提供了重要的实物证据。

（原载《考古》，1984 年第 1 期）

浙江余姚市鲞架山新石器时代遗址调查

河姆渡遗址博物馆考古调查组

1994 年 1 月，河姆渡遗址博物馆考古调查组对河姆渡遗址周边遗址、遗存进行调查（复查）中，在距河姆渡遗址东北约 1 千米处的鲞架山东南侧山脚发现了一处新石器时代遗址，采集了一批标本，现将资料介绍如下。

一、遗址概况

鲞架山遗址位于余姚市河姆渡镇东部，东邻芦山寺，南距姚江 500 米，西南邻近著名的河姆渡遗址，西北紧靠鲞架山。遗址南北长约 200、东西宽约 70 米，面积 14000 平方米。惜因砖瓦厂取土，遗址破坏甚重。

新石器时代文化层堆积可分上、下两层，厚 70~130 厘米。从取土断面观察，遗址西北部文化堆积较薄，东南部较厚。现以东南面近中部断崖为据，将地层堆积介绍如下。

①层：表土层，厚 10~30 厘米。土色灰黑、疏松，为现代耕作层。

②层：为扰乱层，厚 30~50 厘米。土色灰褐色，含有自商周的印纹硬陶、唐宋青瓷至近现代的陶瓷碎片。

③层：上层文化，深 60~100 厘米，厚 20~50 厘米。土色青灰，内含夹砂红陶，泥质灰陶及石器，陶系以夹砂红陶为主。

④层：为下层文化，深 80~200 厘米，厚约 50~80 厘米。土色黄褐，坚硬，含较多铁质。以夹炭红衣陶为主，亦有夹砂红陶和泥质红陶。在此层的西北部山脚断崖处，还发现锅底状红烧土灰坑一个及平面呈"品"字形排列的陶罐 3 件。

④层以下为生土层（图一）。

二、上层文化

（一）石器

采集到石质生产工具 10 件。

石锛　1 件。萤石质，磨制不精，器身残存打坯时留下的疤痕，刃部已残失。残长 6.6、宽 4.7、

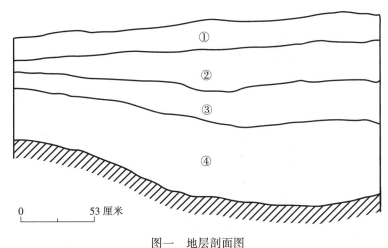

图一 地层剖面图
①耕作层 ②扰乱层 ③上层文化 ④下层文化

厚2.5厘米（图二：8）。

斜柄石刀 1件。器身厚重，以大块板岩石磨制而成，表面留下多处打制痕迹，刃部残损严重，顶端突出较长的柄部。残长23.6、厚2.9、柄宽8.2厘米（图二：2）。

石犁 1件。器形扁薄，平面呈三角形，两边磨出刃部；双面刃，正面因长期使用而形成光滑面，底部磨制较粗糙，尾部已残失。残宽9.8、长6.6、厚1.1厘米（图二：1）。

石耘田器 1件。器物一半已残失，器形呈月牙形，磨制精细，双面刃，顶部有半圆孔；背面圆孔部有一凹槽，便于系绑木柄。残宽11.4、高6.0、厚1.2厘米（图二：10）。

石镰 1件。系页岩磨制而成，直背，弧刃，双面刃，装柄一端较长，且在近刃下部磨成半圆状凹形缺口，前端已残失。残长12.5、宽6.6、厚1.0厘米（图二：3）。

石铲形器 1件。器物残损严重，器身扁薄，柄部有一半圆孔。残长16.2.宽0.8厘米（图二：9）。

网坠 1件。器身扁薄，一面磨制较精，两端各有一半圆形孔。残长4.5、宽4.5、厚0.9厘米（图二：4）。

石刀 2件。其中长条形石刀一件，刃部不对称，背部残存打坯时的疤痕，柄部已残失。残长4.6、宽3.3、厚0.9厘米（图二：7）。另一件为残损刀头，器身为四分之一的圆形，刃部圆弧，磨制不精，柄部已残失。残长5.9、厚1.9厘米（图二：5）。

砺石 1件。萤石质，上、下两面为磨砺后留下的光滑平面。残长9.6、宽6.4、厚3.3厘米（图二：6）。

（二）陶器

鼎足 共12件，分4式，均为残足。

I式 5件。圆锥状。标本1，夹细砂黄褐陶，足根部饰斜向篦纹两组。残高9.6厘米（图三：10）。标本2，夹粗砂红陶，火候低，足根饰一按窝纹，胎质中掺合大量粗砂粒。高8.2厘米（图三：8）。

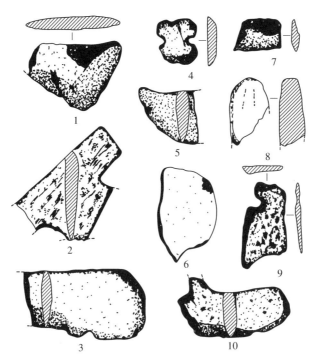

图二　上层文化石器

1. 犁　2. 斜柄刀　3. 镰　4. 网坠　5、7. 刀　6. 砺石　8. 锛　9. 铲形器　10. 耘田器（1、2、9.1/5，3、6、10.2/5，4、5、7、8.4/5）

　　Ⅱ式　3件。圆柱状。标本3，夹砂黄褐陶，表面见有粗砂粒。残高13.1厘米（图三：9）。

　　Ⅲ式　3件。扁凿状。标本4，夹砂红陶，火候低，陶质松软，根部捺印斜向蓖纹。残高6.0厘米（图三：5）。

　　Ⅳ式　1件。新月形。夹砂红褐陶，表面砂粒突起。高8.0厘米（图三：4）。

　　釜　仅见一件口沿残片。夹砂红陶，大敞口，圆唇，直腹，胎内掺合大量石英砂，素面，口径27.0厘米（图三：3）。

　　有裆器　1件。仅见器内有裆的残陶片，器形不明，夹砂红陶，胎内掺合大量粗砂，器表面布满砂粒，器内部捏成高1厘米的裆。残高11.1厘米（图三：11）。

　　豆　3件。均为泥质灰陶，仅见豆把及圈足。标本8，较矮，喇叭形，素面。残高6.4、底径9.3厘米（图三：6）。

　　罐　2件。均为口沿残片，可分两式。

　　Ⅰ式罐　1件。直口，圆唇，颈部有一凸脊，素面，为泥质灰陶。残高4.5厘米（图三：1）。

　　Ⅱ式罐　1件。口外侈，圆唇，束颈，器壁较薄，素面，为泥质灰陶。残高5.1厘米（图三：2）。

　　器耳　1件。呈牛鼻形，泥质灰陶，火候低，陶质松软（图三：7）。

三、下层文化

（一）遗迹

　　1. 在遗址西北部断崖上，发现红烧土灰坑一个。剖面呈锅底状，宽175厘米，最厚处48厘米，残

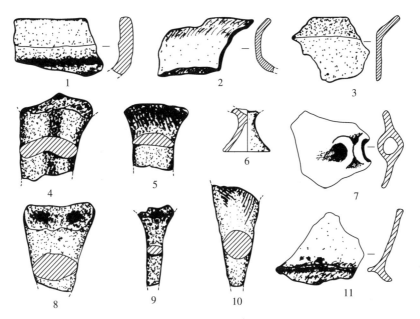

图三　上层文化陶器

1. Ⅰ式罐　2. Ⅱ式罐　3. 釜　4. Ⅳ式鼎足　5. Ⅲ式鼎足　6. 豆　7. 器耳　8、10. Ⅰ式鼎足
9. Ⅱ式鼎足　11. 有档器（1、2、5~10.2/5，3、11.1/5，4.4/5）

存平面呈月牙形，推测直径为 200 厘米左右。耕作层下即见坑口。内含大小不等的红烧土块，并夹杂有木炭、夹炭红衣陶和泥质灰陶。

2. 在红烧土灰坑以北 10 米，距地表 80 厘米的断崖上，发现呈"品"字排列的陶罐 3 件，间距 5~15 厘米，罐内充满泥土，并夹有红烧土块、豆把及陶片。有一陶罐下叠压一陶片、上有骨骸。在附近断崖上还分布有较多的夹炭红衣陶片。

（二）遗物

1. 石器

有段石锛　1 件。长条形，单面刃，刃部崩损，长 10.3、宽 2.5、厚 3.1 厘米（图四：3）。

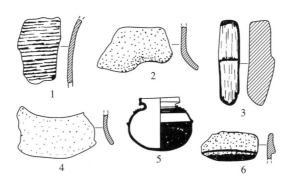

图四　下层文化遗物

1. 陶釜　2、4. 陶豆　3. 有段石锛　5. 陶罐　6. 陶盘（1.4/5，2~4、6.2/5，5.4/25）

2. 陶器

以夹炭红衣陶、泥质红陶为主，可辨器物有：

陶罐　3件。盘口，束颈，溜肩，鼓腹，圜底近平，肩部饰四条凸脊，并饰以斜线及网格纹，底部拍印绳纹，夹炭红衣陶（标本21）。通高30.5、口径23、腹径39厘米（图四：5）。

陶釜　1件，仅存底部陶片。拍印绳纹，夹砂红陶（标本24）。长7.5、宽4.9厘米（图四：1）。

陶豆　2件，仅存圈足残片。标本27，夹炭红衣陶，高5厘米（图四：4）。标本28，泥质红陶，高4.6厘米（图四：2）。

陶盘　1件，仅存口沿残片。标本29，圆唇，宽沿，泥质红陶（图四：6）。

四 、结 语

通过这次调查，使我们对鏊架山遗址的文化内涵有了初步的了解和认识。

关于遗址的年代。遗址上层文化采集到的石器，如三角形斜柄石刀，石耘田器，石镰等，皆属于良渚文化的典型器物，其年代应相当于良渚文化时期，距今约5000~4000年。其文化应属河姆渡文化范畴。下层文化出土的夹炭红衣陶，其陶色、陶质、纹饰同宁波慈湖遗址出土的夹炭红衣陶完全类同，其年代应相当于河姆渡遗址第三、四期文化，距今约6000~5000年。

从遗址西北部呈"品"字形排列的夹炭红衣陶罐及附近断面上分布的陶片分析，似为氏族墓地。距此10米处的红烧土灰坑似为祭祀坑。但有待考古发掘的证实。

在河姆渡遗址方圆1000米内，西有周家汇头遗址，东有王其弄遗址和鏊架山遗址共4处新石器时代遗址。说明当时这一地区人类活动频繁，社会、经济相对繁荣。

执　笔：姚晓强　黄渭金

（原载《考古》，1997年第1期）

浙江宁波慈城五星、妙山遗址调查与试掘简报

宁波市文物考古研究所　南京大学历史学院考古文物系

　　五星遗址与妙山遗址分别位于浙江省宁波市江北区慈城镇五星村和妙山村①，处于翠屏山丘陵（又称慈南山地）南缘向姚江谷地延伸的平原地段。两处遗址东南距宁波市区约 20 千米，西南距余姚河姆渡遗址约 7000~8000 米（图一）。20 世纪 70 年代，文物部门为配合当地农田水利建设开展考古调查时，继 1976 年在慈城镇八字桥村发现八字桥遗址后，1978 年 2 月又在该镇的五星、妙山、朱村岙、楼家沿、上王桥、倒牛桥等地发现古代遗址多处②。现就五星、妙山两处新石器时代遗址的调查和试掘情况简要报告如下。

图一　五星、妙山遗址地理位置图

---

① 在 1978 年调查、试掘时，五星村、妙山村隶属于宁波市江北区妙山公社管辖。

② 林士民：《浙江宁波市八字桥发现新石器时代遗址》，《考古》1979 年第 6 期。

一、五星遗址

五星遗址地处慈城镇郭塘河东岸，西距河姆渡遗址约 7 千米，北与八字桥遗址相距不足 1 千米。该遗址仅进行了调查，并未试掘。从当时开掘的新河道断面来看，遗址东西长百米以上，南北长度不详。文化层距地表深约 3 米，厚度 1 米以上，大致可划分为上、下两层。上层为黄褐色土，土质疏松，出土陶片多为施红衣的泥质红陶和夹砂红陶，可辨器形有外壁红色、内壁黑色的喇叭形泥质豆柄，夹砂红陶的圆柱形、圆锥形、扁圆形鼎足；下层为黑色土，土质松软，出土陶片多为夹炭灰黑陶，可辨器形有陶釜和盆。此外，还发现少量木桩、有卯孔的木构件和动物骨骼，以及疑似稻谷和植物果核等。

二、妙山遗址

妙山遗址地处慈城镇妙山河两岸，东为妙山，西距五星遗址仅 1.5 千米，妙山河由北向南穿过遗址注入慈江。该遗址是因上游英雄水库排灌需要而拓宽河床时发现的。为了搞清遗址内涵，当时文物部门在加宽河床的西岸进行了抢救性试掘，试掘面积约为 50 平方米。从陶片散布与加宽河道剖面情况看，该遗址文化层堆积南北长约 80 米左右，东西情况不详。

（一）地层堆积与遗迹

以试掘探方 T1 为例，介绍如下。

①层：表土层。黄褐色亚黏土，厚约 0.4~0.7 米。出土遗物除新石器时代陶片外，还有明清瓷片和砖瓦等。

②层：灰黄色土，质坚硬，厚约 0.2~0.4 米。出土有少量陶、石器，时代相当于良渚文化时期。

该层下发现一个灰坑。平面圆形，坑口直径 0.85、深约 0.35 米；坑底为锅底状；出土陶片、木头和动物骨骼等。

③层：灰白色土，质疏松，局部有锈斑。厚约 0.28~0.4 米。出土较多陶器，属于河姆渡文化四期。

④层：淤泥层。土色青灰，极黏，厚约 0.3~0.4 米。土质纯净，没有包含物。

⑤层：褐色黏土，厚约 0.9~1.05 米。根据土质、土色的差异，可划分为两个小层，出土较多陶器，器形没有明显差别，属于河姆渡文化三期。

在该层中还发现一层长约 0.55、宽约 0.3、厚约 0.02~0.07 米的草木灰。此外，还发现了较多木柱和木桩，有的还有卯孔和榫头，木柱直径 0.1~0.15 米。由于试掘面积有限，其布局不清。

（二）出土遗物

1. ⑤层遗物

均为陶器。以夹砂灰陶为主，占41.2%；夹砂红陶次之，占31.7%；泥质红、灰陶和夹炭黑陶各占14.3%和12.8%。可辨器形有釜、罐、豆、盆、盘、器盖、支脚、鼎足和陶拍等。

釜　均为夹砂灰陶。可分为敞口、盘口和侈口三种。

敞口釜　3件。标本T1⑤：1，口沿外施凸棱。口径24.3、残高15.3厘米（图二：1）；标本T1⑤：2，口径30.6、残高12.6厘米（图二：2）；标本T1⑤：24，肩部施谷穗纹。残长4.8厘米（图二：24）。

盘口釜　2件。标本T1⑤：3，口径27.9、残高9.9厘米（图二：3）；标本T1⑤：25，腹部施附加堆纹，上按捺谷穗纹和刻划纹。残长8.4厘米（图二：25）。

侈口釜　2件。口微侈，腹部均附加有两个对称的鸡冠形耳。标本T1⑤：4，口径21.6、残高9.9厘米（图二：4）；标本T1⑤：5，口径36.9、残高9厘米（图二：5）。

罐　1件。标本T1⑤：6，夹砂灰陶。侈口，溜肩。口径18、残高11.7厘米（图二：6）。

豆　2件。均为泥质红陶，外施红色陶衣。豆盘为宽沿，圆唇，坦腹，沿面施方形、椭圆形的戳印纹。标本T1⑤：10，口径28.8、残高13.8厘米（图二：10）；标本T1⑤：11，豆柄为喇叭形，表面施圆孔。残高10.8厘米（图二：11）。

盆　1件。标本T1⑤：14，夹砂红陶。敞口，宽沿，腹斜收。口径24.3、残高5.4厘米（图二：14）。

盘　1件。标本T1⑤：15，夹砂红陶。敞口，浅腹，平底。口径20.4、高3厘米（图二：15）。

器盖　3件。以夹砂红陶为主，泥质灰陶次之。标本T1⑤：7，桥形纽，残高9.6厘米（图二：7）；标本T1⑤：8，圆形捉手，残高6.6厘米（图二：8）；标本T1⑤：9，盅形纽，残高6.6厘米（图二：9）。

支脚　2件。均为夹砂红陶。似猪嘴形。标本T1⑤：12，支撑面近圆形，腹部对穿两孔，残高12.6厘米（图二：12）；标本T1⑤：13，支撑面有圆孔与腹部连通，残高12厘米（图二：13）。

器耳　4件。均为泥质红陶。标本T1⑤：16~18，牛鼻形，表面有圆孔，残宽5.4~12.6厘米（图二：16~18）；标本T1⑤：23，鸡冠形，残宽9.6厘米（图二：23）。另2件标本资料已散佚。

鼎足　2件。均为夹砂红陶。标本T1⑤：21，圆锥形，残高13.2厘米（图二：21）；标本T1⑤：22，扁方形，残高12厘米（图二：22）。

陶拍　2件。接触面上均有明显的使用痕迹。标本T1⑤：19，夹砂灰陶，圆杵形，高10.8厘米（图二：19）；标本T1⑤：20，泥质灰陶，水滴形，高7.2厘米（图二：20）。

2. ③层遗物

出土陶器中，泥质红、灰陶分别占60%和15%，夹砂红、灰陶占25%。可辨器形有釜、罐、盆、盘、钵、豆、盉、器盖和支脚等。

釜　1件。标本T1③：1，夹砂红陶，侈口，溜肩，口径31.5、残高10.5厘米（图三：1）。

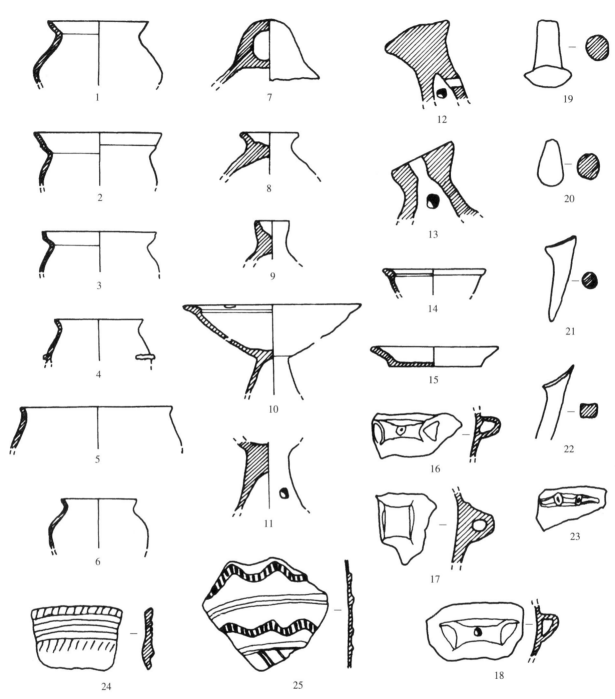

图二 妙山遗址⑤层出土陶器

1~5、24、25. 釜（T1⑤：1~5、T1⑤：24、T1⑤：25）　6. 罐（T1⑤：6）　7~9. 器盖（T1⑤：7~9）　10. 豆盘（T1⑤：10）
11. 豆柄（T1⑤：11）　12、13. 支脚（T1⑤：12、T1⑤：13）　14. 盆（T1⑤：14）　15. 盘（T1⑤：15）　16~18、23. 牛鼻形
耳（T1⑤：16~18、T1⑤：23）　19、20. 陶拍（T1⑤：19、T1⑤：20）　21、22. 鼎足（T1⑤：21、T1⑤：22）（1~6、14.1/9，
7~13、15~23.1/6，24、25.1/3）

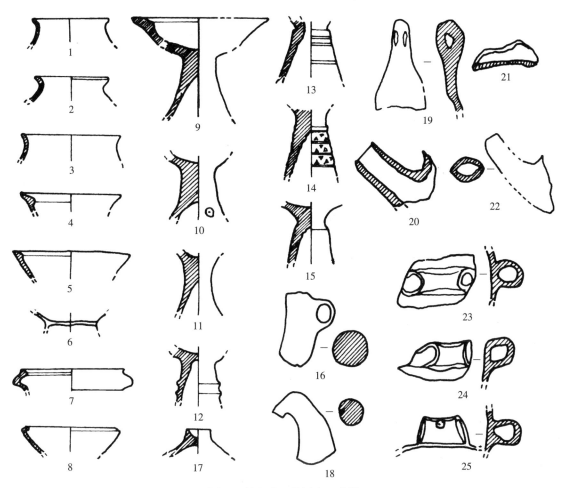

图三　妙山遗址③层出土陶器

1. 釜（T1③：1）　　2、3. 罐（T1③：2、T1③：3）　　4、5. 盆（T1③：4、T1③：5）　　6. 盘（T1③：6）　　7、8. 钵（T1③：7、T1③：8）　　9~15. 豆柄（T1③：9~15）　　16、18. 支脚（T1③：16、T1③：18）　　17. 器盖（T1③：17）　　19. 铲形器（T1③：19）　　20、22. 盉嘴（T1③：20、T1③：22）　　21. 鸡冠形耳（T1③：21）　　23~25. 牛鼻形耳（T1③：23~25）　（1. 1/15，2~8. 1/9，9~15、17~19、21~25. 1/6，16、20. 1/3）

　　罐　2件。均为泥质红陶。标本 T1③：2，敞口，口径 18、残高 6.3 厘米（图三：2）；标本 T1③：3，侈口，口径 24.3、残高 6.4 厘米（图三：3）。

　　盆　2件。均为泥质红陶。敞口，宽沿。标本 T1③：4，口径 16.8、残高 4.5 厘米（图三：4）；标本 T1③：5，口径 28.8、残高 6.3 厘米（图三：5）。

　　盘　1件。标本 T1③：6，泥质灰陶，坦腹，圈足，残高 5.4 厘米（图三：6）。

　　钵　2件。均为泥质红陶。敛口，斜腹。标本 T1③：7，口径 25.2、残高 5.4 厘米（图三：7）；标本 T1③：8，口径 21.6、残高 6.3 厘米（图三：8）。

　　豆　7件。以泥质灰陶为主，泥质红陶次之。标本 T1③：9，豆盘为宽沿，浅腹，喇叭状豆柄，口径 22.2、残高 15.6 厘米（图三：9）。豆柄标本分为细、粗两种。细柄多为泥质红陶，有的施圆形镂孔。标本 T1③：10、11，残高 9.6~10.2 厘米（图三：10、11）。粗柄全为泥质灰陶，表面常施凸棱，有的施三角形镂孔。标本 T1③：12~15，残高 8.4~10.8 厘米（图三：12~15）。

　　盉　2件。均为泥质红陶。仅残留盉嘴。标本 T1③：20，孔径 2.1、残长 6.3 厘米（图三：20）；

标本 T1③：22，孔径 5.4、残长 16.2 厘米（图三：22）。

　　器盖　1 件。标本 T1③：17，泥质灰陶，盅形捉手，残高 3.6 厘米（图三：17）。

　　支脚　2 件。均为夹砂红陶。标本 T1③：16，器身安圆形把手，残高 5.7 厘米（图三：16）；标本 T1③：18，象鼻形，支物面斜平，残高 10.8 厘米（图三：18）。

　　铲形器　1 件。标本 T1③：19，泥质红陶，把手有两个穿孔，残长 14.4 厘米（图三：19）。

　　器耳　4 件。均为泥质红陶。标本 T1③：21，鸡冠形，残宽 10.8 厘米（图三：21）；标本 T1③：23～25，牛鼻形，有的表面有圆孔，残宽 8.4～12 厘米（图二：23～25）。

　　3. ②层遗物

出土陶器以泥质黑陶为主，泥质红陶次之。见有少量石器。

　　陶豆　3 件。均为豆柄。磨光黑皮陶，器表常施凸棱。标本 T1②：1～3，残高 12.6～22.8 厘米（图四：1～3）。

　　石锛　1 件。标本 T1②：4，有段，通体磨光，长 9、宽 4.8、厚 3.2 厘米（图四：4）。

　　石刀　1 件。标本 T1②：5，双孔，残长 4.8、宽 10.8、厚 0.6 厘米（图四：5）。

　　石管　1 件。标本 T1②：6，长 5.4、孔径 0.6 厘米（图四：6）。

　　石钺　1 件。标本 T1②：7，残长 7.2、宽 4.2、厚 1.8 厘米（图四：7）。

　　石纺轮　1 件。标本 T1②：8，断面梯形，顶面直径 4.2、底面直径 6、孔径 1.2 厘米（图四：8）。

　　此外，在拓宽河床地段的堆土中，调查时还发现有较多的猪、牛、鹿等动物骨骼和禾本科的叶、茎、果实等。

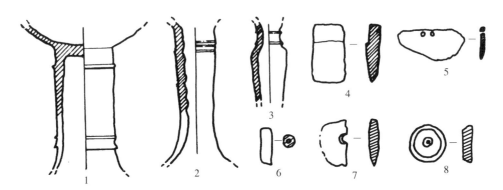

图四　妙山遗址②层出土陶、石器

1～3. 陶豆柄（T1②：1～3）　4. 有段石锛（T1②：4）　5. 石刀（T1②：5）　6. 石管（T1②：6）　7. 石钺（T1②：7）　8. 石纺轮（T1②：8）（均 1/6）

三、结　语

（一）关于妙山遗址

妙山遗址 T1⑤层出土陶器中，陶敞口釜和盘口釜的口、腹部形态与河姆渡遗址第三期文化遗存的

C Ⅲ 式［T223（2A）∶1］、E V 式［T226（2B）∶19］和 C V 式（H5∶2）敞口釜相似[1]。泥质红陶豆盘沿面施方形、椭圆形戳印纹的装饰风格，喇叭形豆柄表面常施圆孔的做法，以及牛鼻形器耳和圆锥形鼎足，均是河姆渡文化三期同类陶器的典型特征和常见形态。猪嘴形陶支脚与河姆渡遗址第三期文化遗存的 B Ⅲ 式［T242（2B）∶2、11］釜支架基本相同[2]。圆形捉手陶器盖常见于河姆渡文化三期，但是桥形和盅形钮器盖则常见于河姆渡文化一、二期，可能是早期遗留物，表明妙山遗址应该还有更早的文化遗存。据此推断，妙山遗址 T1⑤层年代相当于河姆渡文化三期。

妙山遗址 T1③层出土陶器中，陶豆盘、泥质红陶细豆柄和泥质灰陶粗豆柄与河姆渡遗址第四期文化遗存的 A Ⅷ 式陶豆盘［T25（1）∶1］、陶豆柄［T231（1）∶2083；T243（1）∶2080；T36（1）∶1042］形态基本一致[3]。陶侈口釜、支脚、盉嘴也是河姆渡文化四期常见的形态。而陶牛鼻形耳则是河姆渡文化三期的典型器，应是第⑤层陶器的遗留。据此推断，妙山遗址 T1③层年代相当于河姆渡文化四期。

妙山遗址 T1②层出土陶器中，泥质黑皮陶豆柄表面常施凸棱的装饰风格与良渚文化晚期常见的竹节形陶豆柄相同。石器中，有段石锛、石刀、石钺等也是良渚文化常见的石器类型。据此推断，妙山遗址 T1②层年代相当于良渚文化晚期。

此外，值得注意的是，妙山遗址 T1④层为淤泥层，其土质纯净且无包含物，年代介于河姆渡文化三、四期之间。推测该层堆积形成的原因，可能与遗址周边水位上涨而淹没当时的聚落有关，这对于研究河姆渡文化三、四期间的环境变迁具有一定参考价值。

（二）关于五星遗址

五星遗址上层出土的外红内黑的喇叭形泥质豆柄，夹砂红陶的圆柱形、圆锥形、扁圆形鼎足等陶器形态，与妙山遗址 T1⑤层出土的同类陶器基本相同，其年代应大体相当于河姆渡文化三期。

五星遗址下层出土的夹炭灰黑陶釜和盆，从叠压关系上看应早于上层，初步推断其年代可能早于河姆渡文化三期。

慈城镇位于翠屏山丘陵（又称慈南山地）南缘向姚江谷地延伸的平原地段，近山靠水，自然环境优越，适合人类定居生活。在这片区域内，除了五星、妙山遗址以外，文物考古部门还先后调查、发掘了八字桥、慈湖[4]、小东门[5]、傅家山[6]等遗址，遗址年代从河姆渡文化一直延续至良渚文化时期。

---

[1] 浙江省文物考古研究所：《河姆渡——新石器时代遗址考古发掘报告（上）》，文物出版社，2003 年，第 300 页，图二〇二，1、5、7。

[2] 浙江省文物考古研究所：《河姆渡——新石器时代遗址考古发掘报告（上）》，文物出版社，2003 年，第 312 页，图二一〇，1、2。

[3] 浙江省文物考古研究所：《河姆渡——新石器时代遗址考古发掘报告（上）》，文物出版社，2003 年，第 343、345 页，图二三三，4；图二三四，2、4、7。

[4] 浙江省文物考古研究所、宁波市文物考古研究所：《宁波慈湖遗址发掘简报》，《浙江省文物考古研究所学刊——建所十周年纪年（1980—1990）》，科学出版社，1993 年。

[5] 浙江省文物考古研究所：《宁波慈城小东门遗址发掘简报》，《东南文化》2002 年第 9 期。

[6] 宁波市文物考古研究所：《傅家山——新石器时代遗址发掘报告》，科学出版社，2013 年。

这些考古发现表明，慈城镇及其周边区域应是河姆渡文化聚落分布的密集区之一，这为进一步探索宁绍地区河姆渡文化的聚落布局与社会发展提供了重要线索。

　　附记：参加1978年五星、妙山遗址调查和试掘的为宁波市文物考古研究所林士民和丁友甫先生。这两处遗址的考古收获情况，林士民、丁友甫先生曾以《浙江宁波市妙山公社又发现新石器时代遗址》为题，发表于宁波市文物管理委员会考古组编辑的内部刊物《文物与考古》第104期（1980年3月）。2017年12月，经征求丁友甫先生同意，由南京大学历史学院考古文物系在读博士生、宁波市文物考古研究所雷少对原文作了修改、补充、完善，并由陕西文物保护专修学院学生张政对遗物线图作了重新绘制。需要说明的是，由于年代久远，以上两处遗址的原始文字和实物资料均已散佚，故简报中的遗物介绍只能依照原文，线图也只能参照原图描绘，出土遗物标本编号为执笔者重新整理资料时添加。原文字和线图中存在的一些问题难以得到全部解决，望读者见谅。

　　本次资料的重新整理和试掘简报的编写，得到了宁波市文物考古研究所所长王结华研究员的大力支持与悉心指导，在此深表谢忱！

执　笔：雷　少　丁友甫

（原载《南方文物》，2019年第1期）

河姆渡遗址第一期发掘工作座谈会纪要

本刊通讯员

一

在中共浙江省委领导下，浙江省文化局于1976年4月5日至12日在杭州召开了河姆渡遗址第一期发掘工作座谈会。

参加座谈会的有文物考古、历史、农业、古动物、植物、地质、水文、古建筑等方面的专家学者三十余人。

出席会议的代表一致认为，文物考古、历史、农业、古建筑、古动物、植物、地质、水文等许多学科的代表，齐集一堂，共同来探讨一处新石器时代文化遗址的有关问题，这是中华人民共和国成立以后的第一次，考古学已开始成为一门多学科的综合性科学。大家相信，随着我国文物考古事业的日益发展，考古资料会被越来越多的学科所利用所研究。

二

参加座谈会的代表就河姆渡遗址发现的重要意义及其科学价值等交换了意见，发表了自己的看法，对一些问题取得了比较一致的认识。

大家认为，河姆渡遗址由四个文化层组成，地层叠压关系非常清楚，每层遗物各有特色，前后互相联系，逐步发展。如生产工具，第四层出土大量骨耜，石器很少；第三层石锛的数量有了增加，骨器生产工具出土数量比第四层减少；第二层的石器，制作技术较前进步，数量也大大增多；第一层则主要是石器，骨器一件也未发现。从陶器上也可看出，第四层为单一夹炭黑陶，制法全部手制；第三层属同一类型；第一、二层则发展为夹砂红陶、灰陶和泥质红陶、灰陶、黑陶五类，制法除手制外，已有慢轮修整的技术。在器形上第三、四层主要有釜、钵、罐、盆、盘等五种，第一、二层则增加了鼎、豆、鬶、盉、圈足盆等，三、四层的活动足（支座）到一、二层演变成为固定的鼎足。生产工具和生活用具这种种有联系的发展，说明第一、二文化层渊源于第三、四文化层。代表们根据对其他几个邻近的新石器时代遗址材料的分析、研究，并对遗址现场的地层状况进行了实地考察，一致肯定河姆渡遗址第二层是这一带过去发现的新石器时代最早的文化层（约等于浙江省马家浜和邱城遗址的下层），压在这层下面的第三、四文化层是考古学上的新发现，应是长江下游东南沿海地区目前发现的新石器时代最早的文化遗存。这个新的文化类型，许多同志认为，可定名为"河姆渡文化"，其绝对年代根据中国科学院考古研究所和北京大学历史系^{14}C 测定，大约在距今 7000~6000 年间是比较合理的。另外，从第四层出土的陶器和石器来看，陶土未经淘洗，是单一夹炭黑陶，造型简单，不规整，全部手制；石器保留有较多的打制痕迹。这些出土物的原始性也说明这个遗址是比较早的。河姆渡遗址的发现，将我国新石器时代的考古又往前推进了一段，为研究我国南方原始社会面貌提供了重要资料。它打破了过去在唯心史观的影响下，认为江南文化发展一向较晚的观点。代表们一致认为，黄河流域、长江流域同是中华民族古老文化的摇篮。有的同志提出，河姆渡遗址一、二层体现了钱塘江以南的原始文化和长江下游、太湖四周各原始文化有非常相似的共同特点，因此三、四层的出现，为进一步探索这些文化类型的渊源，以及各类文化间的关系，具有重要的科学价值。河姆渡遗址出土的骨耜和骨匕，在西北地区也有过类似的发现，这也为了解南方文化和中原文化自古以来相互交流、影响的密切关系提供了新资料。我国越来越多的考古资料证明"从很早的古代起，我们中华民族的祖先就劳动、生息、繁殖在这块广大的土地之上"。中华民族的优秀文化是各民族共同创造的。河姆渡遗址的发现，又增添了一个重要的例证。

参加座谈会的同志认为，河姆渡遗址的发现，不仅在考古学上有重要的意义，而且为其他学科提供了有价值的重要的实物资料。

浙江农业大学的代表，把河姆渡遗址出土的稻谷与我国已发现的三种野生稻及现代栽培稻，进行了详细的对比研究，认为河姆渡遗址出土的稻谷是属于栽培稻中的晚籼稻。说明远在距今六七千年前，我国劳动人民就已掌握了种稻技术。这一具体事实批驳了国外学者关于我国籼、粳稻来源于印度、日本的观点。河姆渡遗址稻谷的发现，把我国栽培稻的历史大大地提前了，从而为进一步研究水稻起源问题提供了重要的科学资料。座谈会的同志们指出，河姆渡遗址当时面对沼泽，背靠丘陵，芝岭溪从旁流过，这样的自然条件是适宜栽培水稻的，特别是骨耜的大量发现，说明当时农业生产比较发达，早已脱离"火耕"，进入用骨耜翻土种稻的熟荒轮作的"耜耕农业"阶段。一些同志认为，河姆渡出土的生产工具——骨耜从一个侧面反映了当时社会性质尚处于以妇女从事主要农业劳动的母系氏族社会，因发展到犁耕阶段，农业劳动才主要由男子负担，进入父系氏族社会。

研究古建筑的同志认为，河姆渡遗址揭露出的一批木构建筑构件是个十分重要的发现。从榫卯技术来看，虽然当时尚处于榫卯和扎结结合的阶段，并且一般多是垂直相交的榫卯，但是，从已发现的双层凸榫以及同一构件上多处做出榫卯来看，当时的建筑结构已是十分复杂，原理相当科学，这在新石器时代的考古发现中，还是第一次见到。这些技术反映了当时人们丰富的木构建筑的营造经验。河姆渡遗址揭露出的大片木构建筑构件，是我们祖先通过长期营造实践得来的。有的代表同志从事古建筑研究几十年，看了河姆渡遗址出土的木构件，无比兴奋地说，我国现存最早的完整的木构建筑是山西五台唐代的南禅寺。河姆渡遗址木构建筑构件说明了我国古代建筑上的榫卯技术在六七千年前就达到很高的水平。河姆渡遗址出土的木构建筑遗存，为古建筑研究提供了一份难得的有价值的新材料，填补了我国乃至世界木构建筑史上的一个空白。

出席这次会议的研究动植物的同志认为，河姆渡遗址发现多达四十八种动物骨骼（其中绝大部分是渔猎所获得的野生动物）和大批的植物果实、种籽，说明狩猎和采集在当时的经济生活中还占有一定的地位。遗址中发现了犀牛的下颌骨和牙齿，这是新石器时代遗址中的重要发现，过去认为只有更新世时才有犀牛，现在首次证明我国在全新世时犀牛还未绝灭。这给我们提出了一些新的研究课题。这些丰富的自然遗存对研究当时的气候、地理环境等都大有帮助。根据鉴定，第三、四层出土的动物以水生动物和丘陵动物为多；植物以平原禾本科植物为主，其中有菱、芦苇等沼泽地带所产的水生植物，此外还有生长于丘陵地区、适应中亚热带气候的樟、榕树以及产于高寒山地的松树、铁杉等。这些遗存从一个侧面说明当时遗址地区的地貌是一片滨海平原，有不高的山丘散布于平原上。平原上湖沼密布，靠遗址的南边，就是山区。从植被和动物群来看，当时的气候是温暖湿润的亚热带气候，根据象和犀的存在，气温会比现在略高。这样的自然环境适宜于人们生活，河姆渡文化的存在，绝不是偶然的。

座谈中同志们认为，河姆渡遗址第一期发掘工作，由于只发掘了八百平方米，仅占遗址总面积的六十分之一。墓葬区还未发现，房子整体结构及其布局也还不清楚，这对于进一步探讨当时的社会性质、生产力发展水平、文化面貌等问题，都还缺少足够的资料。同时，对一些现象也同样因缺乏材料而难以解释清楚。例如：骨耜为什么比晚于河姆渡遗址的西北地区发现的骨铲要进步？陶器、石器制作粗糙，为什么骨器制造又那么精致？陶器那样原始，为什么会有那么进步的彩陶？鱼骨这样多，为什么捕鱼工具却发现甚少？大量骨耜的木柄为何一件也未发现？到会同志一致认为，仅八百平方米的范围内就出土了这许多珍贵文物，提出了这许多问题，文化内涵如此丰富的新石器时代遗址在我国还不算很多；因此，与会代表热切地希望进一步进行大面积发掘工作，以弄清河姆渡遗址全貌。

到会代表对下一期的发掘工作都寄予深切的期望并将给以热情的支持。

（原载《文物》，1976年第8期）

试论河姆渡文化

牟永抗

一、河姆渡文化的提出

1973 年 7 月，在浙江省余姚县发现了河姆渡遗址。它是中华人民共和国成立三十年来浙江新石器时代考古的一项重大发现。经过两期正式发掘，获得了大批遗物，扩大了我们认识原始社会物质文化的视野，丰富了新石器时代考古的研究材料。近年来，在鄞州的辰蛟、宁波的八字桥和舟山的白泉、大巨等地，都已发现属于河姆渡晚期的堆积。在余姚历山的茅湖，亦曾发现过相当于河姆渡早期的遗物。目前已知的分布范围还在宁绍平原的东部，可能跨过海峡到达舟山群岛①。鉴于河姆渡遗址第三、四层新颖而又独特的出土物，并有一定的分布地区，在 1976 年春河姆渡遗址现场学术讨论会上，提出并定名为河姆渡文化②。夏鼐同志在《碳-14 测定年代和中国史前考古学》一文中，第一次明确区分了河姆渡文化和仰韶文化主要器物群之间的差异③。因此，河姆渡遗址的发现，不仅对探索江南早期新石器时代文化迈出了可喜的一步，亦为我国新石器时代文化类型的研究，从而证明各地原始部落如何共同地创造发展了中华民族的远古文化，提供了新的资料。由于发现的时间不长，调查和发掘工作做得还很不够，许多问题仅仅是初露苗头，有待于深入探索。本文仅就河姆渡遗址第四文化层的内涵特征和四个文化层之间的关系以及有关问题进行一些探讨，希望得到同志们的指正。

二、河姆渡第四层的文化内涵

第四文化层是河姆渡遗址的主要堆积层。要剖析河姆渡文化，必须首先分析这一文化层的主要内涵特征。这里，选择若干带有典型性的基础材料进行探讨。

1. 生产工具

生产工具的质地、种类和制造工艺，反映了人们的生产经验、劳动技能，从而说明了当时的生产力发展水平。第四文化层的生产工具，其质地有石、骨（角、牙）、木、陶等四类。在这些工具中，除了一般用于砍劈、琢凿、刮削等之外，已经有相对专业化的农业工具、渔猎工具和纺织、缝纫工具，

---

① 浙江省文物管理委员会、浙江省博物馆：《浙江新石器时代文物图录》，浙江人民出版社，1958 年。
② 本刊通讯员：《河姆渡遗址第一期发掘工作座谈会纪要》，《文物》1976 年第 8 期。
③ 夏鼐：《碳-14 测定年代和中国史前考古学》，《考古》1977 年第 4 期。

同时还存在一器多用的现象。

第四层石器的种类单纯，数量较少，约为骨器的七分之一，体形亦较小。石料主要选用质地坚硬的黑色变质岩、辉绿岩、硅质泥岩。此类石材可以打制出尖锐的利刃，不易磨损，使用时间较长。缺点是难以磨光，如要磨成一个锋利的薄刃，费时极大。石器上常有麻点状琢痕，这是用锤、凿等工具在打制的石器粗坯上进行锤击剁琢的遗痕。粗坯经打制后，器表形成大体整齐的平面，以便于磨光。硬质石料和以琢辅磨是第四层石器的显著特征，表明当时石器制作方法较原始，磨制技术不很发达。石器多为双面刃，两面刃部的长短不一，很难凭借刃部的偏正、对称与否来区分斧或锛，故第一期发掘报告中只分斧、凿两大类。在第二期发掘中，发现了十三件木质、角质（可能还有骨质）的斧柄和锛柄，证明当时确有斧锛之别。斧柄选用鹿角或树杈制成，执手部分微微弯曲，前端有一个粗壮弯转的槌头，有的在槌头下端的右侧，做成榫状的捆扎面。在偏刃石斧的短刃一面，贴着器柄的捆扎面进行捆绑（图一：3、4）。这样较宜于斜向挥动，提高小型石斧砍伐树木的效能。在发掘出土的木构残件上的斜向砍削处的平直砍痕，应是这类石斧所致。锛柄仅发现木质残器一件，长度不明，亦采用树杈加工，唯弯转处的槌头较狭较厚，捆扎面在后侧，适宜于安装器身较厚较长的石器（图一：1、2）。残留在木构件平面上带弧凹的印痕应是这类石锛所致。石斧的器身比较扁薄，起刃处稍厚并有棱线，器身正面中段两侧微凹，刃部较宽，两侧面不甚平整。锛的器身较厚，刃部较狭，刃部角度较大。第一期报告中的Ⅲ式斧应是有段石锛的最早型式。梯形扁薄的偏刃斧、有段锛及它们安柄的特征，成为认识河姆渡文化石器的一个重要方面。

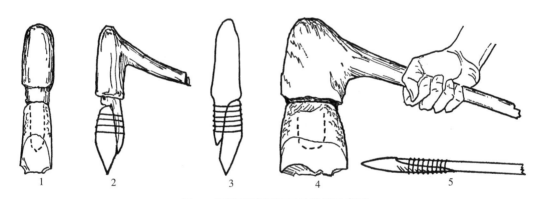

图一　河姆渡第四层工具安柄示意图

1. 石锛（T25④：51）　2. 木柄（T36④：28）　3. 石斧（T1④：65）　4. 木柄（T231④A：135）　5. 斜铤式骨镞（T3：11）

第四层出土骨（角）器1500余件，比之于石器，无论数量、品种都占明显优势。它们已经分化为农业、渔猎、纺织等各种专业工具，在当时各种生产领域里广泛地使用，成为该层生产工具的一个特色。骨耜是河姆渡文化中最具典型性的一种农具，它取材于三种大型偶蹄类哺乳动物的肩胛骨，也有一部分选用胯骨。其特征是，在骨耜正面中部从上到下有一道纵向浅凹槽，槽底修治平整，纵槽上端修磨成半月形或穿横向方銎，在纵槽下端两侧有两个长圆形凿孔。这些经过加工的部位，都保留着粗糙的加工凿琢痕迹，表明使用时曾被覆盖。纵槽的上下端应是安柄时分别捆扎的地方。在第二期发掘中发现了一些骨耜的长柄，有一件残柄还捆扎在骨耜上，确是安装竖向长柄的。宋兆麟同志对骨耜作了很好的复原①。事实上浅凹槽仅在耜冠的正面，并非"两侧正中都有"，因此耜柄不能夹着耜冠。在一件骨耜的方銎中，残存有捆扎用的藤条。方銎中可能不一定插有踏脚用的横木。耜柄顶端为"丁"字形，或透雕成三角形的捉手孔（图二）。有一件木铲，其形状类似现代的铁铲。推测骨耜的形态亦应如此，或可称作骨铲。耜、铲应是同源同义，耜是铲之特化形态。骨耜的刃部不甚锋利，有些可以看到许多细密的短条状擦痕，应是翻耕土地、同泥土接触摩擦的结果。有的刃部经过磨蚀露出了骨松质，甚至形成双齿，这并非有意加工的形式。

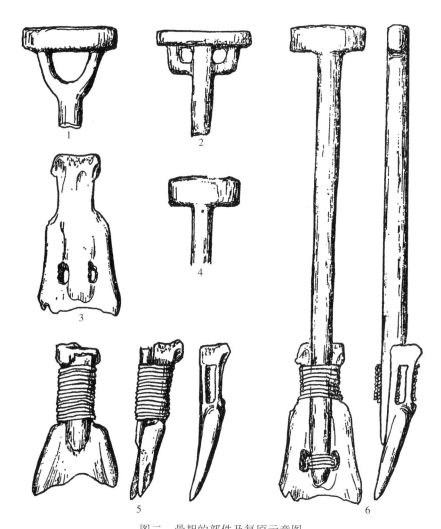

图二　骨耜的部件及复原示意图

1、2、4. 柄端（T33④：61、T225④：62、T19④：39）　3. 骨耜（T24④：31）　5. 骨耜　6. 骨耜安柄示意

第四层骨箭头有三种形制。斜铤式箭头的形制颇为特殊，铤部不对称，从侧面看和前锋的中心线成夹角，只能用斜面吻合捆扎法安杆（图一，5），它和骨耜、石斧、石锛的装柄有相近的特点。有一种柳叶形箭头的锋端特别尖细，突出如针状。考虑到第四层没有网坠而有大量鱼骨，这种针尖状前锋的箭头可能用作射鱼。骨哨、骨管状针和带柄骨匕也是具有代表性的骨器，前者应是吹奏乐器，也可

①　宋兆麟：《河姆渡遗址出土骨耜的研究》，《考古》1979 年第 2 期。

用于狩猎时吹声诱捕，后两者可能是纺织工具。还有一种用鹿角制成的靴形器，也有一定代表性。

　　木器是人类最早使用的工具之一，由于木质易朽难以保存。河姆渡第四层的地层条件，使我们能够窥见这批远古的木器，能辨认的器形有碗、筒、矛、矢、匕、槌、桨、铲等。一般均选用硬质木材。利器的前端似用火烧法硬化。木桨制作精巧，有的雕刻花纹。在木碗和筒上发现有一层光滑发亮的涂料，初步鉴定为生漆，这将我国用漆的历史大大提前，表现出河姆渡先民认识和利用野生植物的卓越成就。这里特别需要提到的是一批带榫的小杆件，它们显然不能单独使用，有一件已辨认出可能是织布腰机上的横杆。木匕的用途为纺织用的纬刀，加上大量出土的陶纺轮，当时已有原始的织机应不成问题。

　　第四层各种生产工具的制造方法。骨器较普遍地进行磨制加工。骨角料的裁割，大部分采用锉磨法。木器的最后一道工序也为磨制，不论木矛、木箭头、木器柄和木筒、木桨都是如此。对比之下，石器上的磨制工艺确实少得多。诚然，骨、木材料较软，单凭打琢很难得到合用的刃部，因而磨制工艺的运用较多或较早；石器质硬，磨制耗费工时，磨制应用较少或较迟。第四层出土物中有磨制极精的象牙器和玉器。象牙器二十余件，以蝶形器最多，正面制作较粗，背面常有精致的雕刻。凤鸟形的象牙匕状器确是当时艺术精品（图三）。象牙和玉器都是高硬度的材料，磨制之时绝不亚于同层石器，而且还有较多钻孔。玉器上的孔，多数用研磨法穿透，在骨（角）质生产工具上的穿孔，则多数采用挖凿法。玉器和象牙器中除蝶形器可能有实用意义外，其余都是装饰品。骨器中通体磨制精细的只有骨针、骨笄和鱼骨珠，除了骨针，其他也作装饰用。由此得到的印象是，骨、木器的磨制多于石器，装饰品磨制工艺更优异于生产工具。不过，装饰品的磨制，只是使表面光滑，未能造成锋利的刃部。

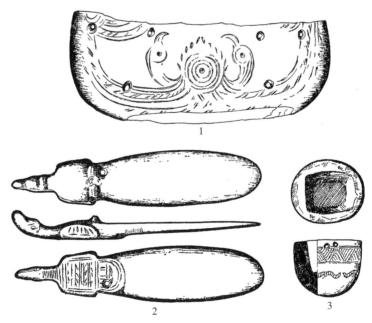

图三　河姆渡出土的象牙雕刻
1. 蝶形器背面鸟纹雕刻　2. 凤鸟形匕状器　3. 小盂形饰

2. 制陶工艺

第四层陶片的数量极多，已复原的器物达 500 余件。这些陶器有独具风格的造型和花纹装饰，是研究河姆渡文化的重要资料。

陶器的质地主要是在陶土中掺入大量炭化的稻壳和植物茎叶碎末的夹炭陶。由于烧成温度低，而且缺氧，炭末仅仅达到干馏的程度。在放大镜下，可以看见炭粒表面光亮的胶状物质。在一件没有完全烧结的陶胎中，我们曾发现其包含的炭化稻壳的体积甚至超过陶土。陶器的胎壁粗厚，胎质粗松，重量较轻，吸水性强，硬度也低。陶色黑，虽与烧成时缺氧有关，更是陶胎中存在大量碳素的必然结果。据测试其烧成温度在 850℃ 以下，而胎泥的含铁量竟低到 1.5% 左右（这与宋代某些瓷器含铁成分相近）。如此纯净的胎泥，不大可能就地随便取材。在文化层中，有一些黏性很强的白色胶泥团，可能是经过精细淘洗的制陶原料。

陶器主要采用泥条盘筑的手制法，没有轮旋或轮修的任何痕迹。大部分陶器不甚对称，器壁常常有不同程度的歪、斜、扭、偏，制作较为粗糙的罐类器，集中地反映了这种情况，表明当时对泥条盘筑法的运用还很不成熟。器腹较深的釜类器和部分盆、钵，均有杂乱的绳纹。这是和泥条盘筑法相适应的一道拍打工序的印痕，用以使各层泥条间紧密合缝，加固器壁。第四层制陶术的一个显著特征是对不同用途的陶器，采用不同的器表处理方法。陶釜底腹部保留着较深较粗的绳纹，能扩大与火焰的接触面积，增强吸热效果。陶釜的上半部和大部分食器（盘、盆、钵），器表经过刮削打磨，用以抹去绳纹并使器表结构致密，显出乌亮的光泽。这两种方法没有改变胎心和器表陶土的成分，因此烧成后胎表显现出相同的黑色。另外，在罐类和食器中的带把钵类，成形后随即沾水摩抹外表，使器表沁出一层泥浆。这层泥浆中掺合物的含量大为减少，器表陶土的成分有了改变。烧成后，胎心虽仍为纯黑色，含炭量较少的表层却呈现出较浅的灰黑色或灰褐色，胎表颜色不一。出土的彩陶数量较少，却具有浓郁的地方特色。胎表黑色，印有绳纹，绳纹上再涂一层灰白细泥，表面经过打磨，彩质浓厚有突出感，彩面有光泽。是河姆渡文化制陶工艺的精华。

陶器的种类单纯，主要有釜、罐、钵、盘、盆五种，还有釜支座、器盖、贮火尊和极少量的盉、"豆"。没有发现三足器，有带嘴器。釜是河姆渡文化的重要器皿，数量很多，器形颇具变化，纹饰也繁于其他器类。釜的基本特点是体形较高，多有粗壮的颈和斜宽的肩，肩的下部多有凸脊，口、颈、肩、腹之间界限清晰。腹部以下渐收，形成很深的圜底，近底部弧度甚大。罐的主要形式为双耳罐，器形缺少变化，制作也较粗劣，数量甚多，是该层主要器形之一。钵有两种，一为弧敛口钵，制作较好；一为带把钵，制作较粗。盘的特点十分显著，平唇外折，宽沿内斜，内壁的唇、沿、腹之间都有明显的折棱，有一定的代表性。"豆"在两次发掘中仅见数件，有盆式、钵式之分，但体型较小，在实际生活中作用不大。釜支座是断面作方形或圆形的块状体，全器略向一侧倾斜，顶端形成较宽的支物面，其外侧常有烟熏的痕迹，当以三个一组支撑圜底釜。另外还有一些略似馒头形的石块，一侧亦有烧熏痕迹，釜支座大概由此演变而来。贮火尊筒身敞口，底盘厚重稳固，外形似"尊"，容积较少，外壁磨光而内壁粗糙，内底有用火烧灼痕迹，似为贮存火种之用。带嘴器仅修复两件，一为罐形，一件似釜，器嘴粗短，数量少。

由于第四层堆积甚厚，第二次发掘时，将该层土色较浅的下半部划开。第四层下部陶器的特点，陶质较软，器表常有粉末状斑驳。器底特厚，底面斑驳情况更甚。在罐和钵上尤为明显。说明烧成温度更低，"烂底"的形成可能与着地烧造有关。陶色不如四层上部乌黑，器表处理较粗糙。例如，釜的内壁没有抹平；盘的外壁未经打磨，留下十分粗糙的刮削痕迹；弧敛口的钵只打磨外壁，折敛口的钵又仅在内壁抹平。在一件罐的近底部留有粗厚的泥条形状，没有拍打痕迹。有些钵似乎直接捏制成形。在一些陶片的断面可以看到片状的结构。这些迹象说明，第四层下部陶器的制法，可能还处在泥条技术很不成熟甚至还是捏制的阶段。陶胎中砂粒不多，但较粗大，这些砂粒可能和成形方法有关。第四层下部陶器的形态，与第四层上部也有一定区别，如陶釜的口颈较短，肩部不甚发达往往呈圆弧形，底腹较深，底部弧度较大近似较钝的尖底。弧敛口釜和筒腹深圜底带把釜的数量较上部地层为多。总的看，下部地层的陶器比上部地层的为原始，第四层经历了较长的发展过程，可以进一步探讨河姆渡文化陶器的发展序列。

3. 居住建筑

第四层的建筑遗迹，主要是成行排列的木桩和大量的梁、柱、地板等木构残件，总数有数千件之多。由于同层有同期建筑交错混合，再加上废弃后的大部分构件被拆除或再利用等原因，目前尚难对建筑物做出较全面的复原考察。详细材料已在第一期报告中发表，这里不再重复。判断为干栏式木构长屋应是可信的。它是原始巢居的直接继承和发展，不仅适合于河姆渡低洼潮湿的沼泽地带，可能也是江南多雨地区有代表性的建筑形式。大量榫卯残件的发现，标志着这时期的先民对木结构已有相当成熟的认识。

4. 经济生活

第四层发现的大量动、植物遗骸和遗物，为研究当时人们的生活情况提供了丰富的资料。稻谷数量之多，不仅在地层中伴随稻秆、稻叶共出，也为陶胎中含量甚高的掺合物所证实。游修龄同志已有专文论证这批稻谷是人工栽培的。孢粉分析中有较多大直径的禾本科孢粉，第二期发掘时又发现了薏仁米。证明当时被培植的禾本科植物，已不止稻谷一种。我国是世界最早栽培稻和薏仁米的地区之一。在孢粉谱中还出现了豆科植物，这是否能说明当时已种植油料作物或已能利用豆科植物的根瘤菌作肥料，目前还没有确切的证据。发现的骨耜达170余件。因此，我们推断当时的农业处于耜耕阶段，水稻种植业是当时的重要经济部门。从耕作制度来讲，应属于熟荒耕作制阶段。河姆渡第四层并不代表我国最早的农业生产，在它以前还有一个相当长的火耕——生荒耕作制阶段，那时正是人们开始从禾本科中培育水稻等作物的时期。

随着农业的发展，猪、狗可能还有水牛和羊已经驯化为家畜。以农业为主，畜牧业为次的生产经济，在人们生活中占着主导地位。渔猎和采集仍是当时相当重要的经济部门。第四层除出土成堆的野生植物果实外，还出土有千余件骨镞和五十多个种属的动物遗骨。人们捕猎的对象有游鱼、飞禽和走兽，既有凶猛的犀、象、熊、虎、鳄，也有机灵的水獭、麂鹿和猕猴，第二期发掘还发现了鲸鱼的遗骸。

艺术在一定程度上反映着人们的社会生产。第四层出土的饰物，既有自然形态的虎牙、熊齿和鱼骨珠，又有几何形状玉质和萤石的璜、玦、管、珠等饰物。器物的装潢中有写实性图像和图案性的花纹。花纹的母题有鸟、鱼、蜥以及谷穗、种子、树叶、禾苗等，还有比较刻板的直线和富有变化的曲线纹。而象牙雕刻中经常出现鸟的图形，可能含有某种图腾崇拜的意思。纹饰以刻划为主，构图紧密。植物性纹饰的数量大大超过动物性的纹饰，从侧面反映了农业经济的主导地位。

根据上面的分析，试将第四层的主要文化内涵表述如下：

1. 生产工具以骨器为主，数量多，用途广泛，已经有了专业工具的划分。石器数量少，种类少，体型小，多用硬质石料，仅有砍凿琢工具。木器在生产中占有相当重要的地位。典型工具有骨耜、偏刃石斧、有段石锛、斜铤式骨镞、骨哨、骨管状针、骨梭形器、靴形器等。各种质料的蝶形器和水上交通工具——木桨也有相当的代表性。

2. 生产工具的磨制工艺比较普遍，一般仅在刃部磨光。而骨、木器的磨光，相对较多。石器常保留较多的打制和锤击琢制的痕迹。琢、磨结合是这时石器制法的一个特点。骨耜、斜铤式骨箭头和偏刃石斧，均用斜面吻合捆扎法安柄。

3. 经济生活以农业为主，狩猎、捕鱼和采集还是相当重要的经济部门。农业处于耜耕阶段，栽培的主要作物是水稻，大米成为人们的主要食品，从一定意义上讲是一种稻作文化。

4. 夹炭黑陶是当时制陶的一个重要特点。陶器数量多而种类少。制法正处于由捏制进入泥条盘筑的阶段。纹饰以刻划纹和绳纹为主。按陶器的用途不同，采用不同的器表处理方法。彩陶的烧成，是当时制陶业的最高成就。陶器中没有三足器，出现了器嘴，代表性的器物有高颈带肩深腹圜底釜、颈侧附双耳的大平底罐、宽边折沿盘、弧敛口平底钵、块状体的釜支座和贮火尊。

5. 有长条形干栏式带榫卯木结构的居住建筑。

6. 出现玉质和象牙制作的装饰品，磨制的精细程度往往超过生产工具。玉或萤石质的玦、璜、管、珠以及凤鸟形的象牙装饰等都很有代表性。

三、河姆渡遗址四个地层之间的关系

为了弄清四个地层之间的关系，先将各层的特点及主要的异同进行一些比较。

第三层的出土物，无论生产工具、生活用具及装饰品都和第四层有很多共同点。生产工具仍以骨器为主，从取料选材、制造工艺、器物种类和器形的基本形态都和第四层一样，只是斜铤式箭头的数量明显减少。石器仍然数量少，器形小，型式简单，种类也与第四层同。但是，已经开始采用质料较软的石料，磨制程度较高，器身两侧常常磨得光滑平齐，较少见到打琢痕迹，石器的正背两面也较为平整光滑。陶纺轮中，断面呈梯形、"凸"字形、"工"字形等厚纺轮数量减少，扁圆形的薄纺轮比例增多。陶器的变化较大，就胎质、制法、种类、型式等主要方面，仍与第四层相似。但是，胎泥中碳素含量减少，器表色调偏灰，夹砂的数量增多，胎壁较薄，硬度亦较高。各种器形都有明显的演化，釜的形态既有见于第四层的敛口高颈斜肩带脊釜，又有新出现的直口筒式釜和小口扁腹釜。器壁脊棱明显减少，变成一圈附加堆纹。釜底弧度变缓，形成宽平的大圜底。釜支座仍为块状体，有的支物面呈圆形。在一件陶灶的内壁，塑有三个釜支座，证明釜支座确为釜的附件。豆的数量增多，体型明显增大，豆盘仍有钵形和盘形两种。罐的腹壁外鼓，双耳的部位降低，开始出现牛鼻式器耳。盘内壁的折棱逐渐消失，为宽圆边所取代。新出现的器形有甑。利用蒸气的热力加工食物，是人类物质文化发展史上的重大进步。陶器上的刻划纹显著减少，变成以素面为主，而釜的腹底仍然普遍拍印绳纹，新出现用短绳纹捺印的鱼鳞状纹样。装饰品的种类和形状同第四层，但多用萤石，未见自然形态的钻孔小石子。因此，第三层确有自己的特点，它和第四层之间有着直接因袭关系，将它划入河姆渡文化是不会有异议的。过去一般所指河姆渡文化只限于河姆渡遗址的第三、四层。我们认为，河姆渡第三、四层共同构成了河姆渡文化的早期阶段。

第一层的出土物和第二层的联系较多，发展的脉络比较清楚，主要区别是以泥质灰陶取代泥质红陶，器形也有一些变化。石锛中出现了平背的常型锛。穿孔石斧较多，还没有全部用管钻法穿孔。第一层和第二层一样，装饰品也是玦、璜、管、珠。陶釜的形式简单，只有两种扁腹大圜底釜，均无肩脊而有绳纹。釜支座变为朝天象鼻形。鼎的数量增加，鼎足加大了与器腹的接触面，尽量减轻鼎足的重量，如凿形、鱼鳍形足等。豆把上出现了以弧边三角形、方形和圆孔组成镂孔纹带，同时还出现了竹节形的豆把。有的杯底出现花瓣形圈足。有一件大体完整的两袋足异形鬶，一侧附有器嘴。如果以流或嘴作为盉和鬶的主要区别，则可称为两袋足的盉（这种器形在第二层亦见残块，只是未见完整器）。第一层的居住建筑，先在柱洞内填筑砂粒和陶片，再行埋置木柱，这种方法亦应是从第二层先在柱洞内垫板，再在板上立柱发展而来。我们认为河姆渡第一、二层组成了河姆渡文化的晚期阶段。

第二层的出土物和第三层有明显的差别，该层发现的生产工具不多，骨木器的数量更少，这可能和地层的保存条件有关，因而石器的数量和种类就相应地增多。石料的选用，已基本不见硬质的变质岩，被沉积岩之类软质石料取而代之。磨制工艺相当进步，往往通体磨光，器形规整不见琢制痕迹，而有管钻后留下的圆形石芯。石器种类以锛为主，新出现了穿孔石斧、双孔石刀和石纺轮，石器进一步分化出各种专门用途的工具。陶器的变化更加明显，按器物的不同用途而分别选用夹砂陶和泥质陶，陶器表面均呈现不同程度的红色，制法仍为手制，可能已使用慢轮修整。以素面为主，出现镂孔等新的装饰手法。器形中增加了鼎、盉和鬶等三足器和袋足器，常见牛鼻形或鸡冠形器耳。直观的感觉，第二层与第三层的陶器泾渭分明，断然有别。目前看来，河姆渡文化的早、晚期之间尚不紧密衔接。

另一方面，第二、第三两层的出土物，亦有部分共同点或互有联系之处。第二层的弧背石锛，可能从第三、四层有段石锛演变而来。有段石锛的发展趋势可能是其背脊逐渐消失。生产工具中有纺轮而无网坠、石镞，也是二、三两层的共同特点。第二层有一件木耜，耜身正面挖有一道纵向浅槽和两个长圆孔，安柄方法和第三、四层的骨耜完全一样，可见耜在河姆渡文化中的地位。装饰品的种类有玦、璜、管、珠。陶器的共同点更多。第二层的陶釜，已经没有明显的颈和肩，体形似为第三层束腰釜和扁腹釜的结合。这是由第三层开始釜肩逐渐减弱的必然发展，而底、腹仍然拍印绳纹。第三层陶釜上的一圈附加堆纹，在第二层鼎壁上也还存在，而在同层的釜上则演化为鸡冠形器耳。第二层个别釜片上近似腰沿的凸饰，可能是第三、四层釜脊凸脊的孑遗。第二层的釜支座，其支物面亦为圆形，仅是器体由块状形变为中空的腰圆形，制作更是别具匠心。鼎腹的形态则较多地接近扁腹釜。当时的鼎并没有取代釜或釜支座，看来陶鼎并非由釜演变而来，可能也不是河姆渡文化的固有器物。第二层豆把较细较高，不见第三层那种垫座状圈足，以盘式豆为主，其盘边特征仍同第三层。第二层已有固定形态的盉，体形较小而胎壁极薄，均掺细砂，制作亦较精细，拟订为温酒器。盉的出现应和第四层出釜形、罐形带嘴器有关。第三层发现器嘴，推测可能也有自己特定形状的带嘴器。可见盉在河姆渡有久远的传统和源流。第二层不见带把钵和弧敛口钵，但折敛口钵仍然存在。

综观河姆渡四个文化层之间，其器物的变化趋势大体可寻。在第三、四层的生产工具中，骨器种类多样化，有专业的分工，得到相当广泛的使用，而石器还处于相对次要的地位。当时选用易打难磨的硬质石料，应是渊源于旧石器时代的石料选用传统，它影响和限制了磨制工艺的发展，于是出现了以琢辅磨的情况。随着磨制工艺的进步，新的战胜旧的，第二层出现通体磨光的软质石器，由此提高了石器的制作效率，增进了石器的数量和质量，同时也促进了石器朝着多样化的专业工具发展，穿孔石斧、双孔石刀和石纺轮就应运而生，原先相对次要的石器一跃成为主要生产工具。

陶器的变化亦是如此，随着生产的扩大而对日用器皿需求的增长，胎泥的单一性和陶器用途多样化之间的矛盾不断加剧。第四层主要是夹炭陶，对不同用途的陶器采用不同的器表处理方法，已经萌发着陶系分化的因素。从第四层到第三层，夹砂陶的比例逐渐增长。到第二层夹砂陶系已占首位，同时泥质陶系显著增多。第二层陶器仍然用还原焰烧成，器表的红色应是停火后突然与多量空气接触之故，也可能和胎泥中含铁量增加有关，所以形成外红里黑或表红胎黑等特征。总之，第二层的制陶术比第三层进步。

四个文化层陶器的种类由少到多，共见的陶器有釜、釜支座、双耳罐、豆和带嘴器，这几种陶器大体都有各自的演化序列。第四层釜的型式很多，第四层下部的釜为圆肩，口颈较短，底腹较尖锐，肩脊不甚突出。第四层上部釜的颈部相当高大，肩脊很突出，釜壁的转角多呈斜直折角，腹部较浅而圜底较钝。第三层釜的肩脊明显减弱，圜底加大，弧曲度变缓，有体形较高的束腰釜和体形较矮的扁腹釜。第二层陶釜颈部明显缩短，体形为第三层两种釜的结合，除了口、耳有些变化外，陶釜的型式渐趋一致。第一层的两种釜，其实只有上腹部弧度略有变化而已，第四层繁杂多变的釜类，此时已开始规范定型了（图四）。豆的演变和盘、钵的消长互相交错在一起。第四层盘、钵数量极多，豆的数量很少体形亦小。第三层豆的体形加大，数量增多。三、四层的豆盘，各自相同于本层的盘和钵，两者的演变过程是一致的。第二层豆的数量继续增加，盘、钵数量减少，豆把与三层有区别，而豆盘与三层特别近似。第一层豆盘变化不大，豆把的形态很明显是由第二层发展而来。双耳罐的变化主要在腹部，随着时间的推进，腹壁的弧曲度逐渐加大，器底变小，罐耳由半环形继而牛鼻式到窄梁牛鼻形，双耳部位亦随之降低（图五）。其他如各层的釜支座和一、二层的鼎足演变等等，兹不一一列举。此外，我们还将各层的陶片标本，送请中国科学院硅酸盐化学和工学研究所作分析、考察，他们的研究成果亦会有助于我们认识四层间制陶业的发展关系。

四、河姆渡与马家浜文化的比较

在长江以南的新石器时代遗址中，江西万年仙人洞下层年代最早。尽管对它测出的 ^{14}C 年代数据有不同的看法，但那里的陶器还是相当原始的。据我所见的标本，在一些陶片的断面上，隐约可以看到分层的片状结构，陶胎掺有少量粗砂，有些砂粒的最大径超过器壁的厚度，可能和成型方法有关。河姆渡第四层个别陶器也曾见到类似的情况。由于仙人洞下层发现的材料太少，目前还不能对两者的文化面貌进行比较，但是它说明长江以南的新石器时代文化不一定晚于黄河流域。

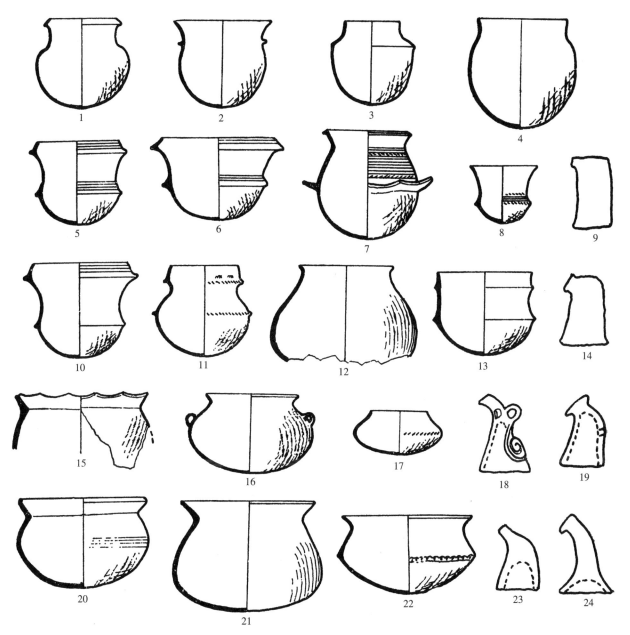

图四　河姆渡各层的陶釜和釜支座

1~4. 第四层下部釜（T216④B：154、T212④B：206、T223④B：133、T242④B：384）　5~8. 第四层上部釜（T33④：103、T223④A：121、T30④：75、T23④：65）　9. 第四层上部釜支座　10~13. 釜（T235③：134、T226③：71、T28③：13、T18③：86）　14. 第三层釜支座　15~17. 釜（井1：204、T234②：15、T222②：34）　18、19. 釜支座（T18②：85、第二层）　20~22. 釜（T24①：4、T29①：2、T225①：5）　23、24. 第一层釜支座

　　河姆渡文化晚期阶段的内涵和马家浜文化有比较密切的联系。马家浜文化的生产工具中，骨器较多，但仍以石器为主，磨制较精，器形以背部弧突的锛为主，出现穿孔石斧和石刀。陶器有夹砂陶和泥质陶，以外红里黑、表红胎黑的泥质红陶最具特色，主要器形有鼎、釜、豆、盉、鬶、罐、盘、钵、盆等。鼎、釜共存，早期以釜为主，晚期鼎的数量增加。鼎足有圆锥形、扁锥形和宽扁形，近根部往往有双目式装饰。釜以腰沿釜最为突出，也有一定数量大圜底的扁腹釜。豆为喇叭形高圈足，豆把上常有小圆孔或长方形镂孔装饰。盉以平底带把短嘴盉为主，也有垂囊式平底盉。鬶为两袋足的异形鬶。

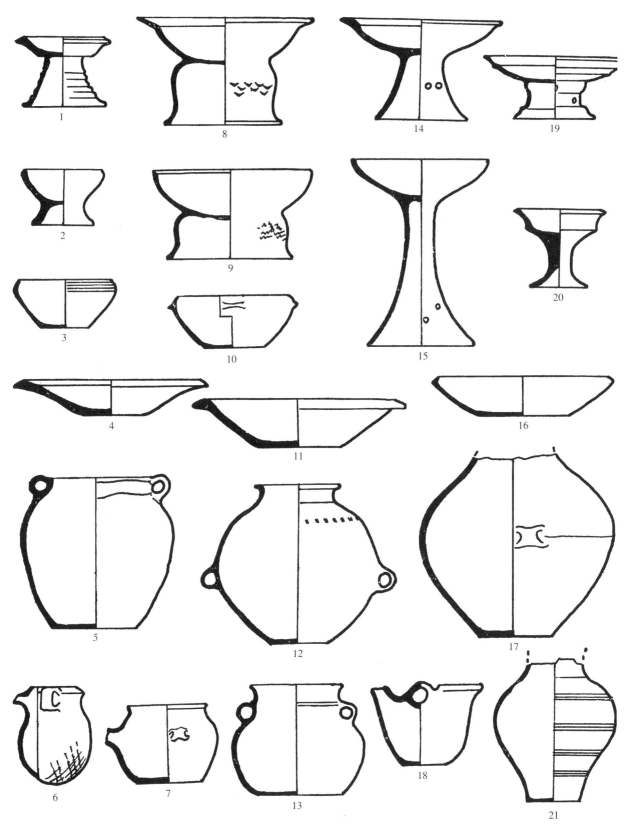

图五　河姆渡各层的陶豆、钵、盘、罐和带嘴器

1、2. 豆（T211④B：447、T212④AH27：1）　3. 钵（T223④B：160）　4. 盘（T223④B：161）　5. 罐（T225④A：125）　6、7. 带嘴器（T231④A：320、T243④B：253）　8、9. 豆（T243③：377、T243③：86）　10. 钵（T27③：66）　11. 盘（T18③：20）　12、13. 罐（T35③：27、T216③：48）　14、15. 豆（第二层 H8：1、T243②：12）　16. 盘（T20②：42）　17. 罐（第二层）　18. 盉（T21②：23）　19、20. 豆（T35①：1、T25①：1）　21. 罐（T37①：1039）

罐的腹部常有牛鼻形器耳。有玉质或萤石的玦、璜、管、珠等装饰品。居住建筑的构造亦在木柱之下垫板。河姆渡第二层也含有这些因素。可以说，河姆渡二层相当于马家浜文化。据研究，在浙江北部，马家浜文化经由崧泽阶段发展成良渚文化①。崧泽阶段，实际上是马家浜文化的晚期。河姆渡一层的出土物，不论在石锛的形状，陶器的质地、颜色，豆把上的镂孔图案，花瓣形圈足，凿形鼎足等等，均与崧泽阶段相同。厚边鱼鳍形和断面三棱形鼎足，似可看作良渚文化中鱼鳍形和断面丁字形鼎足的前身。近年，在浙江桐乡市罗家角遗址，找到早于马家浜遗址的堆积，出土物亦具有河姆渡第三层的若干因素。在河姆渡遗址附近的王其垄，曾找到一些类似良渚文化的遗物。现在，已明确长江下游南岸新石器时代几个文化的相对早晚关系是：河姆渡文化（早期）—马家浜文化—良渚文化。

　　还需进一步指出，河姆渡第一、二层和马家浜文化之间，存在许多明显的差别。首先在生产工具中，河姆渡一、二层的穿孔石斧很少，其钻孔技术主要还不是用管钻法，显然比较落后，有纺轮而未见网坠、石箭头。马家浜文化中网坠、石镞则经常发现，而未见河姆渡二层那样进步的双孔石刀。陶器的区别更多，马家浜文化发展到晚期（崧泽阶段），鼎已经基本上取代了釜，鼎、釜的器表均以素面为主。河姆渡的炊器始终以釜占主导地位，而且全部有绳纹装饰。腰沿釜是马家浜文化的典型器，在河姆渡第二层只见到一片似乎腰沿的残片。河姆渡第四层釜肩的凸脊倒和腰沿有若干近似之处。河姆渡二层豆把上的三角形大镂孔，在马家浜文化中未见。马家浜的平底带把短嘴盉在河姆渡不见。河姆渡二层常见的垂囊式盉在马家浜仅见一例，其口部那种双道大圆圈纹装饰在河姆渡二层的豆盘上屡次发现。看来垂囊式盉在马家浜发现是偶然的现象。河姆渡第一层的轮制术，亦逊于马家浜文化的崧泽阶段。马家浜文化已知的 ¹⁴C 测定数据中，一般均比河姆渡第二层的数据为早，有些数据可以和河姆渡第三层相当。可以解释为河姆渡文化晚期阶段受马家浜文化的影响，出现马家浜文化因素的年代较晚。就浙江所见的印纹陶来看，用作炊器的夹砂陶均有绳纹装饰。特别值得注意的是，与印纹陶伴出物中有被称为"角形器"的釜支座②，它可能由河姆渡四至一层的釜支座演变而来。与此相反，马家浜文化和良渚文化的炊器则以素面为主，釜支座迄今尚未见到。总之，为了能比较充分地认识各地区原始文化的特点，目前似乎不宜将河姆渡文化的晚期阶段，简单地并入马家浜文化，很可能两者是既有互相影响，又有一定区别的两支原始文化。这个问题还有待于今后在发掘和研究工作中加以搞清。

五、河姆渡文化的年代

　　中华人民共和国成立后浙江的新石器时代考古编年，首先是吴兴钱山漾分出了良渚文化和印纹陶之间的层位关系，接着在吴兴邱城找到了马家浜、良渚和印纹陶的三叠层，河姆渡遗址的地层叠压关系，又将浙江新石器时代考古编年向前推进了一步。根据目前材料，浙江印纹陶年代的上限至少不会晚于商代③。在良渚文化和印纹陶之间还存在着一些缺环，因此不能把浙江新石器时代的下限定得

　　① 　牟永抗、魏正瑾：《马家浜文化和良渚文化——太湖流域原始文化问题》，《文物》1978 年第 4 期。

　　② 　浙江省文物管理委员会：《杭州水田畈遗址发掘报告》，《考古学报》1960 年第 2 期。

　　③ 　牟永抗：《浙江的印纹陶》，1978 年江南地区印纹陶问题学术讨论会材料。原载《文物集刊（3）》，文物出版社，1981 年。（编者注）

太晚。

黄河中游一带是我国进入阶级社会以来的政治中心。那么，我国的原始文化是否也都从那里派生出来的呢？我们从河姆渡文化的文化内涵看，其生产力发展程度，与黄河中游同时期的文化是基本一致的，有的如漆器、象牙雕刻等某些领域还可能比较先进。河姆渡文化在工具的制造、陶器的成形和以刻划花纹为主的装饰手法等方面，都带有时代较早的性质。目前河姆渡遗址已有 15 个出土层位明确的标本经 ^{14}C 测定，第四层有三个数据在距今 6900 年，四个数据在距今 6700 年，最晚的是距今 6570 年。第三层有两个数据在距今 6200 年左右，有一个早达距今 6800 年。第二层的两个数据为距今 5840 年和距今 5660 年[1]。这些测定数据所选送的标本，既有单年生的橡子，也有掺和在陶胎中的炭末。还特别请北京大学历史系考古专业 ^{14}C 实验室的同志到当地采集了现代标本作为比较参考，目的是为了避免如树木生长年轮及区域性偏高等可能造成误差的因素，力求取得比较准确的年代。

综合上面地层叠压关系、生产力发展水平以及 ^{14}C 测定的年代，把河姆渡文化的上限确定在距今 7000 年左右，可能比较符合真实情况。有人"对河姆渡遗址下层的年代提出怀疑"[2]，我们很希望能得到进一步的阐明和讨论。

（原载《中国考古学会第一次年会论文集（1979）》，文物出版社，1980 年；又载《牟永抗考古学文集》，科学出版社，2009 年）

---

[1]　北京大学历史系考古专业碳十四实验室：《碳十四年代测定报告（四）——河姆渡遗址年代的测定与讨论》，《文物》1979 年第 12 期。

[2]　本刊通讯员：《江南地区印纹陶问题学术讨论会纪要》，《文物》1979 年第 1 期。

从河姆渡遗址出土稻谷试论我国
栽培稻的起源、分化与传播

游修龄

浙江省余姚县河姆渡村新石器时代遗址的发现①，为我国长江流域下游的远古文化面貌揭开了崭新的一页，特别是遗址第四层的年代，据测定距今 6960±100 年～6725±140 年②。出土的文物十分丰富，在各个学科领域都有深刻的意义。与农业史有关的最重要的发现是骨耜和稻谷、葫芦、薏苡等植物遗存。本文先就出土的稻谷与我国栽培稻的起源及分布等问题试作初步论述。

一、河姆渡遗址出土稻谷的鉴定

在河姆渡遗址第四文化层的十多个探方、四百余平方米的范围内，普遍发现稻谷及谷壳的堆积，厚度从 10～20 厘米到 30～40 厘米不等，最厚处达 70～80 厘米。稻谷虽已炭化，还保持原有形状，从中可以分拣出完整的谷粒来。这些谷粒大小较不一致，不如现代品种整齐，个别谷粒还是有芒的。考虑到原始农业的特点是缺乏现代农业防治病虫杂草、增施肥料等技术条件，在一块田地里保持植株的多型性，成为栽培稻的自然混合群体，显然更为有利。说它们是栽培稻而非野生稻谷，其理由如下：

全世界的野生稻经鉴定命名的共 20 多个种，我国已发现鉴定的有三种：普通野生稻（*Oryza rufi-pogon*，以前文献中或称作 *O. sativa f. spontanea*），药用野生稻（*O. officinalis*）及疣粒野生稻（*O. meyeriana*）。由于药用野生稻和疣粒野生稻的稻谷是圆粒形的，河姆渡稻谷为长粒形的，二者根本不同，所以这点首先排除了。普通野生稻的谷粒也是瘦长形，但它的长宽比要大于河姆渡稻谷。普通野生稻的长宽比为 3.2 左右，河姆渡稻谷的长宽比经作者测定平均为 2.62。所以二者间的差别是明显的。其他可作为推断河姆渡稻谷是栽培稻的旁证有，河姆渡遗址的稻谷是大量堆积成层，靠近居住区，不可能是采集的遗存。同时出土有农具骨耜，如果当时还处于采集农业阶段，不可能有这样先进的加工制造的"复合农具"。河姆渡的木构建筑经鉴定属于干栏式建筑，表明已进入较长期的定居生活，这种定居生活的主要粮食供应已经来自种植，而非采集，虽然，采集及渔猎仍是重要的组成部分。

在初步确定为栽培稻以后，可以进一步探讨是籼稻或粳稻的问题。作者认为属于籼稻。理由是长宽比 2.62 是在籼的众数范围之内。因为通常的粳稻长宽比在 1.6～2.3 之间，很少在 2.3 以上。而一般

---

① 游修龄：《对河姆渡遗址第四文化层出土稻谷和骨耜的几点看法》，《文物》1976 年第 8 期。

② 浙江省文物管理委员会、浙江省博物馆：《河姆渡遗址第一期发掘报告》，《考古学报》1978 年第 1 期。

的籼稻长宽比多在 2.3 以上。对比我国考古出土的新石器时代稻谷和现代不同地区稻谷的长宽比也可以看出，河姆渡稻谷应属籼稻（表 1）[①]。

表 1　河姆渡稻谷与其他出土稻谷及现代稻谷长宽比的比较

地　点	时　代	长　宽　比	类　型
浙江余姚河姆渡遗址	新石器	2.62	籼
广东曲江石峡遗址		2.25	籼
湖北京山屈家岭遗址		2.01	粳
江苏东海焦庄遗址		1.61 *	粳
长江、珠江流域 3509 个籼品种	现代	2.38 **	籼
长江、珠江流域 114 个粳品种		1.95 ***	粳
印度冬稻（aman）	现代	3.07	籼
印尼"在来"稻（tjereh）		2.68	籼
印度秋稻（aus）		2.46	近粳
印尼"布鲁"稻（bulu）		2.17	近粳

* 为稻米；** 变幅为 1.75~3.60；*** 变幅为 1.60~2.55

　　需要指出的是，长宽比的变异幅度在稻种的多样性地区是较大的，并会有交叉现象。如云南省西南部[②]，籼与粳的长宽比出现其他地区罕见的交叉现象。籼的长宽比变幅为 1.92~3.41，粳也有 1.75~3.29，即粳稻中也有极长粒型。粳的农家品种如"三粒寸""二粒寸""天鹅谷"等都是长粒型。但这种情况只是少数，长江流域是稻种的扩散地区，籼与粳的变幅虽然彼此都很大，却很少交叉的现象，这对炭化稻谷的鉴定是一个有利的因素。

二、河姆渡遗址出土稻谷在稻作起源史上的意义

　　关于亚洲栽培稻 *Oryza sativa* 的起源问题，几十年来国外文献都以起源于印度的说法占多数，如华特（Watt，1892）[③]，瓦维洛夫（Vavilov，1926，1951），察脱吉（Chatterjee，1947，1948，1951），雷米及戈斯（Ramiah & Ghose，1951），松尾孝岭（Matsuo Takane，1951），茹可夫斯基（Zhukovsky，1975）等等都主张栽培稻发源于印度，再传至其他地区。加以日人加藤茂苞（Kato Shigemoto，1928）把栽培的两个亚种命名为 *O. sativa* subsp. *indica*（印度型）和 *O. sativa* subsp. *japonica*（日本型），在国际上影响很大。虽然定学名和考证起源是两回事，不能混为一谈，但加藤的命名和印度起源说合在一起，造成国际上只知有"印度型"（*indica*）和"日本型"（*japonica*）不知中国的籼和粳，好像中国的稻种最初是从印度传入的。

---

　　① 表内资料自上而下分别见：游修龄：《对河姆渡遗址第四文化层出土稻谷和骨耜的几点看法》，《文物》1976年第 8 期；丁颖：《江汉平原新石器时代红烧土中的稻谷壳考查》，《考古学报》1959 年第 4 期；南波：《江苏省东海县焦庄古遗址》，《文物》1975 年第 8 期；杨式挺：《谈谈石峡发现的栽培稻遗迹》，《文物》1978 年第 8 期。印度及印尼数据见：盛永及栗山：Japonica type rice in the subcontinent of India and Java，载 *Jap. J. Breeding*，1955：5。
　　② 云南省农业科学研究所：《云南西南部稻种资源考察报告》，1975 年 12 月，油印本。
　　③ 国外参考文献按人名的拉丁字母顺序附于本文参考文献页，以下同。

主张栽培稻起源于中国的学者有德康多尔（de Candolle，1886，他又转引自 Bretschneider 的材料），他在其《农艺植物起源》一书中指出中国的神农氏早在公元前 2800～前 2700 年已经知道种植"五谷"（麦、稷、黍、菽、稻)[①]。以后西方学者主张水稻起源于中国的如 Watt（1892）、Roschevicz（1931）、Wolf（1959）等，都是复述同一内容并重复引用安特生于 20 世纪 30 年代在河南渑池县仰韶村发现的稻谷痕迹（定为四千多年前）的报告[②]。至于 Chang（1976）引证河南庙底沟发现稻谷颖片（定为公元前 3280 年）则属谷子（粟）的误引。另有印度人 Mahdihassan 也提出印度水稻来自中国宁波方言的语言学依据[③]，丁颖曾作为文献加以介绍[④]，柳子明也作为论据加以引证[⑤]。事实上亚洲栽培稻作为我国早于印度的理由本来已多，河姆渡遗址稻谷的出土更进一步对这个问题提出有力的证据。这里试分四方面加以对比论证。

（一）考古发掘方面

印度次大陆最早的出土谷物是小麦和大麦，时间约在公元前 4000 年晚期（Allchin，1969）。稻的直接物证是留在泥块上的印痕和谷壳的残余（发现于古吉拉特邦），其时间定为公元前 2300 年（Ghose，1960）。在印度各地报道出土的稻谷大都是炭化米粒，共约 11 个样品（Chowdhury 及 Ghose，1953；Ghose，1960；Chowdhury，1961；Allchin，1969；Vishmo Mittre，1974），其时间都在距今 2000 年以前，有几个在 3000 年以前，其中最早的两个样品属于哈喇帕文化，约公元前 2200～前 1700 年（Allchin，1969）。它们的出土时间都不及我国长江流域新石器遗址出土的稻谷时间早。我国出土稻谷较晚的江苏东海焦庄遗址（炭化米）也已 3000 多年，其他如湖北京山屈家岭遗址出土的稻谷距今 4195±160 年，浙江吴兴钱山漾出土稻谷距今 4715±100 年，上海青浦崧泽出土稻谷距今 5360±105 年，江苏吴县草鞋山出土稻谷距今 6000 年[⑥]，更不用说河姆渡出土稻谷距今近 7000 年了。印度以外的亚洲

---

① "五谷"一词，最初见《论语》："四肢不勤，五谷不分。"在此以前，《诗经》《书经》都泛称"百谷"。《史记·天官书》中提到"五谷"，作：麦、稷、黍、菽、麻，不包括稻。汉以后的五谷，以稻代麻。但《吕氏春秋·审时篇》列举六种"得时之稼"包括：禾、黍、稻、麻、菽、麦。所谓五谷，是同阴阳五行说有关。

② 杨建芳：《仰韶文化的几个问题》，《考古》1962 年第 5 期，该文对稻谷痕迹的年代定为仰韶提出异议。

③ Mahdihassan（1950）说稻属 *Oryza* 一词系来自中国的宁波方言 Ou—li—zz，意指"好吃的食物"。他认为希腊语 Oruzz 即来自宁波方言。他又认为印度泰米尔语的 Arishi 也可能来自 Ou—li—zz 中的 Li—zz，以后转为 Ri—shi……他还认为南印度的 Sali 是从宁波的 Li—zz 倒转成 zz—li，再成为 Sa—li。这些孤立、主观的推断显然十分荒谬，因为宁波方言根本没有 Ou—li—zz 的三音节词，宁波方言称稻为"谷"，同其他地方一样。古希腊语和古汉语并无亲属关系，尤其不宜这样推断。如果要证明 Ou—li—zz 同 Oryza 在语音上有借用关系，至少应说明宁波这个方言在上古的语音面貌。但 Mahdihassan 的论点，还不时有人引用，这里不得不提及一下。（关于 Mahdihassan 的原文转见 N. M. Nayar，见西文参考文献）

④ 丁颖：《中国栽培稻种的起源及其演变》，《农业学报》1957 年第 8 卷第 3 期。

⑤ 柳子明：《中国栽培稻的起源及其发展》，《遗传学报》1975 年第 2 卷第 1 期。又，柳子明：《再论稻谷的起源和发展》，《农业科技》1977 年第 2 期，湖南农学院印。

⑥ 以上五处出土稻谷分别见：游修龄：《对河姆渡遗址第四文化层出土稻谷和骨耜的几点看法》，《文物》1976 年第 8 期；丁颖：《江汉平原新石器时代红烧土中的稻谷壳考查》，《考古学报》1959 年第 4 期；浙江省文物管理委员会：《吴兴钱山漾第一、二次发掘报告》，《考古学报》1960 年第 2 期；闵宗殿：《稻作漫话》，《遗传与育种》1978 年第 1 期。

国家如巴基斯坦出土炭化稻谷属公元前 2500 年（Chang，1976），是同印度差不多，其他如越南出土稻谷在公元前 2000 年以后，印尼、马来西亚、菲律宾在公元前 1500 年以后（Chang，1976），朝鲜和日本更迟，韩国出土稻米在公元前 600~前 500 年，日本在公元前 300~前 100 年，亚洲还有泰国的东北和印尼的苏拉威西岛出土有稻谷痕迹及炭化米，时间都较早，约公元前 4000 年。前者经复验属于野生稻谷（Chang，1976），后者被认为是采集的野稻米（Glover，1977）。

以上说明在考古发掘方面，亚洲任何地点出土的稻谷都没有我国河姆渡出土的早，绝非偶然。

（二）在文字记述方面

我国的历史纪年连绵四千余年。好多文字记述可与考古发掘互相印证。如甲骨文中的禾、黍、麦等作物与耒、耜、辰、蓐、耤等农具和农事操作可与出土的禾、黍、麦种子及耒耜辰蓐实物互相印证。文字记述如《诗经·豳风·七月》的“十有获稻，为此春酒，以介眉寿”和《战国策》的“东周欲为稻，西周不下水”可与出土稻谷（距今 4000~3000 年，现在河南、江苏北部一带已有稻谷生产，东周西周在今河南巩县、偃师一带）互相印证。其他作物及农具也莫不如此。而印度古代史是缺乏纪年的，正如李约瑟（Joseph Needham）所指出的：“中国所能提供的古代原始资料比任何其他东方国家，也确实比大多数西方国家都要丰富。比如，印度便不同，它的年表至今还是很不确切的。中国则是全世界最伟大的有编纂历史传统的国家之一[①]。印度最早的哈喇帕文化，可以肯定的农作物只有小麦和大麦。而著名的《梨俱·吠陀经》（Rig Veda）时期主要作物是大麦，只是到吠陀经的后期才提到水稻，但已经很晚了。

（三）在野生稻方面

栽培稻的祖先种普通野生稻在我国南起海南岛，东起台湾省桃园，北至广西梧州，西至云南景洪区勐海县，南北跨北纬 6°13′，东西跨东经 20°28′，包括了华南热带和南亚热带的 26 万平方千米面积[②]。由于普通野生稻的分布很广，遍及东南亚各地，一些研究者往往根据野生稻发现地点的多少作为证明栽培稻起源的依据（如 Harlan，1975）。其实，单纯就野生稻的分布地点多少论证栽培稻的起源是不全面的。因为凡是有野生稻分布的地区，只要历史上那里有人，都有可能曾经尝试使它们驯化，这种驯化的成果如何，应该结合考古发掘、文献记述等多方面的资料，予以综合分析。我国既有丰富的野生稻分布，又有蕴藏量极大的种质资源，结合上述考古发掘、文字记述和历史语言（详见下述）的证据，栽培稻以我国为最早是毋庸置疑的。

（四）在历史语言学方面

稻的语言系统可分中国、印度和南洋三大系统。稻从中国向东传播到日本的历史语言是清楚的，如日语的“Kome”即“谷米”的对音，“ho”（穗）即“禾”的对音。我国南方口语称稻为“谷”或

---

① 李约瑟:《中国科学技术史》，科学出版社，1975 年，第 153 页。
② 广东农林学院农学系:《我国野生稻的种类及其地理分布》，《遗传学报》1975 年第 1 期。

"禾"（及相近的"亳""后"等）。稻从印度向西传播的历史语言也是有迹可寻的，如印度的泰米尔语称稻为 arishi，传给阿拉伯人成为 arruzz 或 uruzz，希腊人据阿拉伯语成为 oruza（稻属的学名 Oryza 本此）（Chatterjee，1951）。阿拉伯人征服西班牙后引进水稻，西班牙语称稻为 arroz，以后欧洲人称稻如意大利语 riza，rizo，德语 reis，法语 riz，英语 rice，俄语 рис 等，都由 arroz 衍变而来。

至于南洋系统的稻，发音为 padi，米为 bras，属于马来-波利尼西亚语系（Malayo-Polynesian）。可能是马来人于史前时期迁徙到印尼时（约公元前 2000 年时）带入，稻的南洋语音系统局限于这一地区。最近，菲律宾国际水稻研究所对 15 个以 IR（国际稻）命名的品种进行其最初母本来源的追溯，发现这 16 个 IR 品种都有印尼品种 Cina（又名 Tjina）的血缘，而 Cina（或 Tjina）即中国的谐音，这一语至少有 2000 年的历史（即"秦"的谐音）①。

中国语"稻"是统一的书面语，南北通行。之所以取得统一书面语的地位，反映了是政治统一以后的产物，所以是较后起的，甲骨文中就找不到"稻"字②，到金文中才正式出现"稻"字也是一个证明。而我国南方口语习惯至今一直称稻为"穀"（即谷），河姆渡农民至今也称谷。南方各省地方志书上凡记载稻的品种名称的，大多数都称谷，少数称"禾"（或作"亳""后"等）。西南许多少数民族如景颇、傣、载佤、布衣、加戎等族及邻国泰、缅、越南等语也称谷，只是在发音的清浊或是否带喉音等方面有些许差异③。以我国民族的众多，方言的歧义，而谷的发音却都十分接近，表明它们都来自一个共同的原始母语"谷"的语音，这个原始母语的"谷"应该同原始种植稻谷同其起源。河姆渡遗址的时间已近 7000 年，这个原始母语"谷"的语音，其下限不能迟于距今七千年。

而印度则不然，印度各民族对稻的发音歧异很大，印度古梵语称稻有 dhanya，vrihi，shali，breehi 等；其后梵语中通行称稻的还有 Charaka，Susruta，Manu—Sanghita 等，其时间约在公元前 200~公元前 100 年。在印度语中，称稻最常用的有 dhan（来自梵语 dhanya），shali，sal，tandula，arishi（泰米尔语）等（Chatterjee，1951）。看不出它们之间有什么相互的演变继承关系。如果说，中国的稻作从印度传入，在语言史上应有所反映。比如佛教从印度传入中国，就带进许多来自印度的外来词如"浮屠""菩萨""舍利"等等。鉴于以上简略地论证汉语"谷"的语音早于印度，说稻从印度传入中国是不确切的。

日本学者近来用酯酶同功酶的电泳分析，根据亚洲各地 776 个水稻品种的电泳同功酶酶谱，加以整理归纳，分析水稻品种的遗传变异和地理分布，认为亚洲的中国西南、泰缅、印度东北是稻种的变异中心，由此而向各方传播，日本的水稻是经由长江口过海路传去的，与本文所讲的历史语言途径可以互相印证④。

此外，国际上研究稻作起源的学者中比较多的是主张稻种起源于沿喜马拉雅山麓的印度、不丹、

---

① IRRI3：4（August，1978）

② 甲骨文中有$\overset{\vee\vee\vee}{\underset{\wedge}{\parallel}}$等字，唐兰释为"稻"字，于省吾释为"菽"，丁颖主编《中国水稻栽培学》第二章"中国栽培稻种的起源与演变"中加以引用，笔者认为不足为据。

③ 关于历史语言的资料需要专文讨论，不仅是"谷"，还有"禾""亳"等问题。

④ 林健一：《利用酯酶同功酶的电泳分析研究作物品种的遗传变异及其地理分布,》《国外农业科技资料》（日本来华技术座谈选辑）1975 年 2 月，第 19 页。

尼泊尔、缅甸、中国西南一带，称这一带为亚洲稻的起源中心（如 Roschevicz，1931；Hamada，1949；Burkill，1953；Chatterjee，1951；Harlan，1975；Chang，1976）。可是最近以 Chang，T. T. 为代表，他绘制了一张亚洲栽培稻种的起源与传播示意图。提出把粳稻定名为 *sinica*（中国之意），即 *O. sativa* subsp. *sinica*。但仍旧用 *indica* 代表籼，并且认为籼来自印度①，重复了国际上自加藤（Kato，1928）以来的见解。

又，日本学者盛永（Morinaga，1955）另提出把亚洲栽培稻分为四个"基因生态群"（genecological groups）：

"冬稻"（aman，即原来的 indica）生态种（ecospecies）下面又分三个生态型（ecotypes），即冬稻、夏稻（boro）及"在来"（tjereh）

"秋稻"（aus）生态种

"布鲁"（bulu）生态种

"日本"（japonica）生态种，下分日本生态型及 nuda 生态型

这个分类法完全只考虑印度和印尼的生态种，外加一个日本生态种（即我国的粳），把中国的籼粳排除在外。苏联的茹可夫斯基（Zhukovsky，1975）和 Zeven 合编的《栽培植物及其多样性中心词典》（*Dictionary of Cultivated Plants and Their Centres of Diversity*）中完全采纳了盛永的观点。说明国际上认为籼起源于印度的偏见是十分牢固的。按照盛永的分类，亚洲栽培稻只有印度、印尼、日本三大生态种（秋稻也是印度的），中国的籼和粳不见了。河姆渡遗址籼稻的出土是给这种偏见一个新的强有力的回答。

三、河姆渡遗址出土稻谷与籼粳分化的问题

关于籼、粳的分化问题，不外两种意见，多数学者认为粳源自籼，但也有认为粳有其独立的起源。后者的理由是太湖、巢湖及苏北一带有粳型的野生稻，农民称为"稆稻"或"塘稻"。它们的形状同粳不易区别，早半个月抽穗，边成熟，边落粒，掉在田间的谷粒成为第二年的稆稻。其实，我国南方如广东海南岛，广东、广西一带也有类似的籼型野生稻，农民称为"鬼禾""落鹤""不归家"等。我国古籍上也有"野稻""野谷""稆""旅"等的记载②。根据现代研究作物驯化史的观点，这些野生型的粳或籼，不是真正的野生稻，而可能是所谓"杂草种系"（weedrace）。这种杂草种系常常是栽培作物田间的"伴生杂草"（company weeds），先于栽培作物成熟、落粒，其他性状与栽培作物一样。各种作物如高粱、大麦、燕麦等都有各自的伴生杂草。

---

① 张德慈：《亚洲和非洲水稻的起源、进化、栽培、传播与多样化》，中译文，见《农业科技译丛》1978 年第 1 期第 1~9 页。

② 《吴书·孙权传》："黄龙三年（公元 231 年）……由拳（今浙江嘉兴）野稻自生，改为禾兴县。"《南史·梁宗室传》："……中大通三年（公元 53 年），野谷自生武康凡二十二处。"《唐书·玄宗本纪》："开元十九年（公元 731 年）……是岁扬州稆稻生。"《三国志·王朗传》"董遇与兄采稆负贩……"《晋书·郭舒传》："采稆湖泽以自给。"等等。以上转引自陈祖槼主编：《中国农学遗产选集·稻》（上编），中华书局，1958 年。

粳源于籼是国内外较一致的意见。俞履圻、林权①认为籼粳同源于我国南方的普通野生稻 *spontanea*，其演变过程由籼演化成粳。粳可能是稻作开始的初期在山区水利条件不良的情况下，由籼变成光壳一类的陆稻，再演化为粳。云南光壳品种中有不少是陆稻，福建有光壳粳稻一类的水陆品种（山谷）既耐荫又耐旱。由于耐寒、耐旱在生理上有类似之处，同时陆稻生育期较短，因而有条件向高海拔的山区和高纬度的北方推进，从而演化成适于平原温带的粳稻。

在云南省籼粳的垂直分布规律是，海拔 1500 米以下为籼稻地带，1700～2000 米为粳稻地带，1500～1700 米是籼粳交混地带（据丁颖主编：《中国水稻栽培学》）。籼粳并存于同一地区的不同高度，意味着种系分化是在这样的环境中发生的，可能是通过"中裂选择"（disruptive selection）带来隔离和多型性，从多型性的群体出发，具有适应于不同"小生境"（ecological niche，或译"生态龛"）的个体，可以在一个异质的环境中发生"亚种形成"（subspeciation）。这些山区的地形显然为 *sativa* 种的种系分化作用提供了理想场所。因为山区相对较低的温度等于天然的实验室，海拔每升高 100 米，平均温度下降 0.5℃～1.0℃，不同海拔代表了从热带到温带的温度阶梯。海拔起了不同"房间"不同温度的"调节器"作用，使被引进的植物在其中接受"自然归化"（naturalization）。此外，山区昼夜的温差大，起到"促进剂"作用，加上山区的宇宙射线及紫外线比平地强，长期的积累也有促进基因改变的作用。

另一方面，从落粒性看，野生稻极易落粒，籼稻偏于易落粒，粳稻则不易落粒。不落粒性是栽培种系中最突出的性状，是分类上据以区别驯化亚种和野生亚种的依据，也是中裂选择有效地保持分离两个不同群体的关键，在克服落粒性方面反映了粳来自籼，籼来自普通野生稻的过程。云南籼粳交叉地带有容易落粒的粳稻如"冷水掉""胭脂掉"等，表明了籼向粳转化的过渡类型。

最近，梁光商、戚经文指出②，从野生稻花粉败育的雄性不育系与雄性不育恢复系的亲缘关系，也可以证明粳来自籼和籼来自普通野生稻的起源关系和稻作自南而北的地理传播关系。如从野生稻雄性不育系来说，雄性不育的恢复系以籼稻最多，粳稻极少。来自我国华南、西南以至东南亚各国的品种，恢复力较强，我国北方以及朝鲜、日本的品种恢复力极弱。

自然条件下野生稻的"生境"（habitat）是稳定的，它是以多年生的无性繁殖为主，有性繁殖依靠异花授粉，结少量的种子。农业从采集转入人工栽培以后，"生境"的稳定性破坏了，种子繁殖得到发展，无性繁殖逐渐淘汰。人们选择落粒性较弱、休眠性较低和结实率较高的种子，逐渐使得植株向自花授粉发展，并从多年生向一年生过渡，由此形成原始的栽培型。

原始的种稻业是经常迁徙的，定居则是相对的。河姆渡的种稻业正是处于这阶段。当一块土地种植多年，产量下降（由于不施肥），杂草增多，无法利用以后，人们便抛弃了这块土地，到新的地点去开垦，或者经过一定时间后再回来。这就是栽培群体比野生群体富于移动性的原因，这种迁徙很容易导致群体因地理隔离而发生的生态分化。在迁徙过程中也有机会导入其他驯化种系或野生亲缘的种质而形成新的生态种系。

---

①　俞履圻、林权：《中国栽培稻种亲缘的研究》，《作物学报》1962 年第 8 期。

②　梁光商、戚经文：《中国栽培稻种起源的研究》，华南农学院第八次科学讨论会论文，1978 年。

发源于我国西南边疆一带的种稻业，可以经由各条途径向北方传播①，就东南沿海一支来看，粤、闽、浙一带的史前原始氏族人，可以在平地低湿地区发展水稻种植，也可以在开山种植中发展依靠天然雨水的旱稻。不难想象，在山区周围为森林所包围的低温、弱光照、短日照的条件下，选择出耐冷、耐荫、生育期较短的生态型即原始粳型。这些原始粳型和低地的籼型稻随同迁徙农业和部落交流自南而北推进，在考古发掘中得以窥见他们残留下来的少数遗迹。

长江中下游、太湖地区新石器时代出土的粳稻稻谷，距今已四五千年，吴县草鞋山出土粳稻更早达六千年。说明粳稻在这一带的分化形成已经很早了。而河姆渡籼稻比粳稻又早一两千年，这种现象应怎样解释。鉴于这一带是稻作的扩散地区，它们都是从南方传播而来，则我国稻作的起源至少当有近万年的历史。因为驯化和栽培的历史是愈早愈需要更长的时间。太湖流域出土的稻谷虽然以粳为主，但也有籼的存在，河姆渡的籼又更早些，似可认为籼稻在越过钱塘江至长江南岸已经到了它的北界，出现了籼粳交叉的现象，犹如云南海拔 1500~1700 米地带的籼粳交叉现象一样，再往北，便是粳的分布地带了。剩下的问题是，从广东、云南、福建、江西出土的新石器时代稻谷，其时间都较太湖流域为迟，有待进一步探索。

四 、结 语

河姆渡稻谷的出土对于稻作究竟最早起源于印度或中国做出了明确的回答，也为探讨籼粳的分化和传播提供了新的线索。此外，它的意义还超出稻作史的范畴，涉及对中华古代文明的孕育的再评价问题。

从农业史的角度看，可以说在新石器时期的黄河流域是以粟文化为代表的旱地农业，而同时期的长江流域及其东南地区则是以稻文化为代表的水田农业。这两种文化在未接触以前是各自发展起来的。在四五千年前的黄河流域还只有粟的栽培，长江以南还只有稻的栽培。这表明，当时南北各原始氏族处于未充分接触交流的阶段。可是到了三千多年前，北方遗址（如东海焦庄）出现水稻稻米遗存，南方遗址（如安徽亳县钓鱼台，距今 2500 年）出现小麦遗存。可以同《诗经》（包括西周至春秋时）中出现不少讴歌水稻的诗句②及在南方的史事记述中也出现粟、麦等北方旱作的描述③互相印证。

如果说，我国水稻从西南发源，逐渐向北扩散，可能有几条途径：一是过五岭，沿华中一线北上，至长江中游一带；另一条是从东南沿海北上；还有可能从云南金沙江进入川陕等处。这些途径都或多或少可从考古发掘上获得支持④。要进一步明确，就需要多种学科的协作研究。总的说，我国古代自

---

① 关于稻的传播途径问题，同我国少数民族有密切关系，需要另作探讨。

② 《诗经》《豳风·七月》："十月获稻，为此春酒，以介眉寿。"《小雅·甫田》："黍稷稻粱，农夫之庆。"《周颂·丰年》："丰年多黍多稌"（稌即稻）《鲁颂·閟宫》："有稷，有黍；有稻，有秬。"《白华》："滮池北流，浸彼稻田。"

③ 东汉·袁康《越绝书》计倪内经篇中提到黍、粟、麦、稷等作物的价格。

④ 参阅我国考古界对江南地区新石器时代文化的讨论意见，如苏秉琦：《略谈我国东南沿海地区的新石器时代考古》，《文物》1978 年第 3 期；本刊通讯员：《江南地区印纹陶问题学术讨论会纪要》，《文物》1979 年第 1 期，等等。

从成为统一的多民族的国家以来，稻作农业已经从南到北遍及黄河、长江流域，同粟麦一样，为古代中国的灿烂文明做出贡献。

参考文献：

1. Allchin, F. R. 1969. Early cultivated plants in India and Pakistan. *The domestication and exploitation of plants and animals.* *

2. Bayard, D. T. 1972. Early Thai bronze：analysis and new dates. *Science*, Vol. 176, Issue 4042.

3. Burkill, I. H. 1953. Habits of man and the origins of cultivated plants of the old world. *Proceedings Linn Society London* 164（1）. *

4. Chang, T. T. 1976. The origin, evolution, dissemination and diversification of Asian and African Rice. *Euphytica* 25：425-441.

5. Chatterjee, D. 1947. Botany of wild and cultivated rices. *Nature* 160；234-237.

6. Chatterjee, D. 1948. A modified key and enumeration of the species of Oryza Linn. *Indian J. Agric. Sci.* 18：185-192.

7. Chatterjee, D. 1951. Note on the origin and distribution of wild and cultivated rice. *India J. Gen Plant Breed.* 11：18-22.

8. Chowdhury, K. A. and Ghose, S. S. 1953. Rice in ancient India. *Sci. & Cult.* 19：207-209.

9. Chowdhury, K. A. 1965. Plant remains from pre-and proto histloric sites and their scientific significance. *Sci. & Cult.* 31 P177-178.

10. De Candolle A. 1886. *Origin of Cultivated Plants.*

11. Ghose, R. L. M.；Ghatge, M. B. and Subrahmanyan, V. 1960. *Rice in India*：9-14.

12. Glover, I. C. 1977. The late stone age in eastern Indonesia. *World Archeology*. Vol. 9, No. 1：42-61.

13. Gustchin G. G. 1938. Le riz-origine et histoire de sa culture. *Riz et riziculture*, 12；61-69.

14. Hamada, H. 1949：Considerations on the origin of rice cultivation. *Japan. Jour. Crop Sci*, 1949, 18：106-107. *

15. Harlan, J. R. 1965. The possible role of weed races in the evolution of cultivated plants. *Euphytica* 14：173-176.

16. Harlan, J. R. 1975. *Crops and Man*, Chapter 4；10.

17. Morinaga, T. and Kuriyama, H. 1959. Japonica type of rice in the subcontinent of India and Java. *Jap. J. Breeding* 5：149-153.

18. Nayar, N. M.；Gopalakrishnan, R. and Sampath, S. 1966. Genetic studies in four interspecific hydrids of the genus Oryza. *Euphytica* 15；184-194.

19. Nayar, N. M. 1973. Origin and cytogenetics of rice. *Advances in Genetics* Vol. 17.

20. Oka, H. I. and Morishima, H. 1967. Variations in the breeding systems of a wild rice O. perennis.

Evolution 21：249-258.

21. Ramiah, K. and Ghose, R. L. M. 1951. Origin and distribution of cultivated plants of South Asia-Rice. *Indian J. Gen. Plant Breed.* 11：7-13.

22. Roschevicz, R. I. 1931. A contribution to the study of rice. *Turdy Prikl. Bot. Genet. Selek*, 27 (4)：3-133. *

23. Sampath, S. 1973. Origins of cultivated rice. *Indian J. Gen. Plant Breed.* Vol. 33, No. 2.

24. Sharma, S. D. and Shastry；S. V. S. 1965. Taxonomic studies in genus Oryza I. Asiatic types of sativa complex. *Indian J. Gen. Plant Breed.* Vol. 25, No. 3.

25. Vavilov, N. L. 1926. Studies on the origin of cultivated plants *Tr. prjkl. Bot. Selek.* 16 (2). *

26. Vavilov, N. L. 1951. The origin, variation, immunity and breeding of cultivated plants. 364 *Chronica Botanica.* *

27. Watt, G. 1892. Rice, *Dictionary of Economic of Products of India.* 5P：498-653. *

28. Wolf, T. K. 1959. *Production of Field Crops*, 300-301.

29. Zeven；A. C. and Zhukovsky, P. M. 1975. *Dictionary of cultivated plants and their centers of diversity*, 65-66.

（有 ＊ 者，转引自 Nayar, N. M. ，1973）

（原载《作物学报》，1979 年第 5 卷第 3 期；又载《稻作史论集》，中国农业科技出版社，1993 年）

河姆渡文化的再认识

刘 军

一、对河姆渡文化的认识过程

河姆渡文化因河姆渡遗址的发现而得名。河姆渡文化的发现与确立是考古工作的重大成果之一，现已引起中外考古学者和历史学者的关注和重视。对于河姆渡文化的认识是有一个过程的。1973 年第一次发掘河姆渡遗址，我们在编写这次发掘报告时认为，"河姆渡遗址有四个相继叠压的文化堆积，在文化面貌上，第三、四文化层有别于我省以前发现的任何新石器时代文化遗存，是一个完全新颖的文化类型，因此，我们暂将其命名为'河姆渡文化'……第二文化层的时代和文化面貌相当于嘉兴马家浜和吴兴邱城下层，第一文化层相当于吴兴邱城中层和崧泽中层墓地"①。由于当时宁绍平原还没科学发掘过其他类似这样的遗址，因此，对河姆渡遗址各层的文化面貌只局限于与我省杭嘉湖平原上的遗址作比较；另外，由于当时田野工作规模较小，对文化面貌的全面了解还存在一定的困难。这种看法也符合当时的客观情况。

1977 年冬到 1978 年春，对该遗址进行了较大规模的第二次发掘。1980 年，我们在附近地区又对河姆渡文化类型的遗址进行了调查和试掘，获得的资料更加丰富，对河姆渡文化的内涵有了进一步了解。我们觉得，一般认为长江下游地区新石器时代文化的编年序列，最早从河姆渡（三、四层）开始，然后到马家浜（下），发展到崧泽（中），再发展到良渚这个序列的意见值得讨论，为此，特冒昧地提出来请教诸师友和专家学者。最近，苏秉琦、殷玮璋两同志指出，长江下游地区的古文化，"似可分为三个区域，宁镇地区，太湖地区和宁绍地区。当然，它们之间既有差别，也有联系。"② 新近出土的浙江原始文化的材料证明了这种观点是正确的。罗家角遗址第四文化层年代，经 ^{14}C 测定距今七千多年，比河姆渡遗址第四层还早一百多年。河姆渡文化与太湖地区新石器时代文化面貌不太一样，似属另一文化系统。"我们有理由认为马家浜文化与河姆渡文化是二支完全不同的文化，它们各有自己的基本风格、特征和发展源流，构成了各自文化的主流方面。但是，由于马家浜文化与河姆渡文化仅仅是一水之隔的近邻，尽管有着自然条件设置的障碍，彼此间毕竟还是有可能互相交往、互相影响、取长

① 浙江省文物管理委员会、浙江省博物馆：《河姆渡遗址第一期发掘报告》，《考古学报》1978 年第 1 期。
② 苏秉琦、殷玮璋：《关于考古学文化的区系类型问题》，《文物》1981 年第 5 期。

补短的，因之也存在着不少的共性"。① 综上所述，我们认为，对河姆渡文化应赋予新的含义。河姆渡文化不能仅限于类似河姆渡遗址的第三、四层的内涵，同时应包括河姆渡遗址第一、二层的内涵。河姆渡遗址一、二、三、四文化层应是一个文化整体。

二、河姆渡文化的分布范围

经过几年来的考古调查和试掘，我们发现了河姆渡文化类型的遗址二十多处。在这些遗址中，相当于河姆渡遗址第四层的有慈溪市童家岙遗址。这里发现有明显打琢痕迹刃部精磨的石斧和石锛，以及夹炭黑陶质的有肩有脊敛口釜、敞口釜、筒颈扁腹圜底釜、半环形耳的双耳罐、圆柱状釜支座等。陶器花纹装饰风格，都类似于河姆渡遗址第四层。

相当于河姆渡遗址第三层的有余姚市朱山遗址下文化层，这里发现不少夹炭黑陶碎片，其中有肩有脊敞口釜口沿、钵腹片、罐式平底盉等，在河姆渡遗址第三层皆有发现。

相当于河姆渡遗址第二层的有余姚朱山遗址上文化层、下庄遗址、宁波妙山遗址等。这些遗址分别出土有长条形弧背石锛、穿孔石斧及断面略呈梯形的赭红色石纺轮，还有口沿带弱脊的扁圆腹釜、多角沿釜口沿残片、外红里黑的喇叭形豆把、敞口浅腹盘、器表施指捺纹的空心釜支座、腹部安牛鼻耳的罐、莲蓬头状的陶拍等，均为河姆渡遗址第二层的常见器物。

相当于河姆渡遗址第一层的有黄家山、兵马司、八字桥等遗址。这些遗址分别发现有通体磨光的双孔石刀等石器，还有鱼篓腹釜，口沿内壁坦张近平的敞口釜，有圆形、方形、弧边三角形等纹饰的镂孔豆把，敞口折腹盆，猪嘴形釜支座，覆碗形器盖及鼎足等，均为河姆渡遗址第一层的常见器物。

上述遗址分布在宁绍平原、萧甬铁路两旁及姚江两岸至舟山群岛一带，这个范围就是现在已知的河姆渡文化的分布范围。

三、河姆渡遗址四期是一脉相承的

本章以河姆渡遗址两次发掘材料为基本线索，参考童家岙、朱山、妙山、八字桥、下庄和兵马司等遗址调查试掘材料，谈一点粗浅认识。

第一次发掘河姆渡遗址时划分了四个文化层，第二次发掘时仍分四个文化层，不过在四大层中还分了些亚层。通过室内整理，我们认为田野工作中分的亚层没有多少实际意义，合并后更能看出各大层之间的内在联系。鉴于河姆渡遗址四个文化层基本上反映了河姆渡文化的连续发展过程，我们把河姆渡遗址四个文化层作为河姆渡文化发展阶段上的四期。

这四期是河姆渡遗址的第四文化层为河姆渡文化的第一期，河姆渡遗址的第三文化层为河姆渡文化的第二期，河姆渡遗址的第二文化层为河姆渡文化的第三期，河姆渡遗址的第一文化层为河姆渡文化的第四期。把河姆渡文化分为四期，不周之处可能很多。随着考古发掘工作的深入，还将逐步丰富

---

① 姚仲源：《二论马家浜文化》，《中国考古学会第二次年会论文集》，文物出版社，1982 年。

和提高我们对河姆渡文化分期的认识。

1. 河姆渡各期文化的主要内涵

一期，生活用具主要是陶器。陶器的主要特点以夹炭黑陶为主，夹砂黑陶次之，它们之间的比数是，前者占 78%，后者占 22%（据第二次发掘二十个探方的陶片统计数，下同）。陶器的种类，圜底器和平底器最为常见，圈足器较少，不见三足器。器形主要有，有肩有脊的敛口釜和敞口釜、唇沿腹起折棱的盘、半环形双耳罐、敛口弧壁平底钵、带有管状嘴的罐式和钵式盉、斜壁深腹盆、盂、豆、釜支座、器座和器盖等。器表多有装饰，多数是拍印的绳纹、刻划的几何形图案和少数动植物图像。纹饰一般多用线条的平行、交叉、弯曲的变化，加上贝齿纹，构成繁杂多变的几何形图案。几何形图案多施于有肩有脊釜的口沿、斜肩或弧肩的外壁；动植物图像多施于罐、盆、钵外壁；釜腹均施绳纹。陶器的烧成温度一般在 800℃～850℃ 之间，最高不超过 900℃。这期陶器采用泥条盘筑法为主，也有少数器物用手捏制而成。一般器物的部件都是分开制作的。盆、盘、钵内壁大部经过打磨刮削，显得乌黑发亮。另外，有些器物不仅外表有绳纹，就是胎心里面也有绳纹，这大概与加固器物、防止松散开裂有关。

生产工具主要有骨、木和石质三大部分。骨制生产工具特多，常见的有骨耜、骨镞、骨哨等。骨耜取材于鹿类肩胛骨和牛的肩胛骨。石制生产工具数量少，有石斧、石锛、石凿等，体形较小，一般制作粗糙，仅在刃部精磨，偶见通体磨光的石斧。偏刃斧最具特色，石锛没有明显棱线。木质生产工具有原始织机的部件、耜柄、斧柄、锛柄、木桨、木杵、木矛等。还有大小形状不一的陶纺轮，象牙制的和木制的蝶形器等。

装饰品中有石（玉）质的玦、璜、管、珠。这些装饰品大部取材于萤石。

遗迹发现最多的是长条形干栏式建筑构件。这里有个问题要说明，本期上部地层（④A）中，不少探方均发现有由木屑、小木片及稻秆、稻叶、谷壳（稻谷经鉴定有籼、粳两种）等植物叶茎与粉红色黏土相间组成多层的"夹心饼干"状的、厚一米左右的人为堆积，是否与建筑遗迹有关，值得探讨。

二期，陶器的主要特点是器表偏灰，仍以夹炭黑陶为主，夹砂 60.4% 黑陶为次。夹炭黑陶在本期的比数分别为 63.1%（③C），60.4%（③B），47.3%（③A）；夹砂黑陶的比数分别为 36.7%（③C），38.4%（③B），49.4%（③A）。新出现的泥质红陶的比数分别为 0.2%（③C）、1.2%（③B）、3.2%（③A）。陶器的种类和主要形制沿袭前期。总的看，有肩有脊的敛口釜和敞口釜都在减少（只有有脊无肩敞口釜在增加），其他器物的数量也都在下降。引人注目的是盘、钵的复原率与前期相比大幅度下降，可能与豆被普遍使用有关。这期的豆代替了前期的圆唇盘、折棱盘和弧敛口钵。实际上这时的豆就是用上述盘和钵加上覆置的有脊无肩釜作圈足形成的。新出现了灶、垫座式豆和实足器，增加了泥质红陶的小口广肩小平底罐、圆唇深腹盆等。器表的装饰花纹比前期简单、减少，素面陶增多，纹饰的种类仍袭前期，半环形器耳上部普遍发现细绳纹痕迹。陶器仍采用泥条盘筑法。但这期的豆盘和圈足器壁较薄，造型美观，制作精细，火候稍高。

生产工具的种类和器形基本上也承袭了前期，但各种质料生产工具的数量都在下降。只有石凿、"工"字形和中间弧凸的扁圆形陶纺轮略有增加。

石（玉）质的玦、璜、管、珠等装饰品，比前期有所增加。

遗迹方面，发现两种柱桩埋藏方式：一为栽柱式，先挖好洞，而后放入垫板，再放进柱子，或者挖好柱洞直接放进柱子；二为打桩式，不挖洞，直接将桩打入地下。除建筑遗迹外，还发现十三座墓，头向基本朝东，面向北，侧身屈肢葬，找不到墓边，亦未见葬具，绝大部分没有随葬品。

三期，陶器方面，除继续保留了前两期的陶系外，新添了泥质灰陶、黑衣陶和夹砂红陶。夹砂灰陶占了这期陶片总数的60%，夹炭陶下降到10%。陶器的种类除继续保存了圜底器、圈足器和平底器外，新添了三足器。陶器的种类比前期略有增加。虽然有肩有脊的敛口釜、敞口釜均已消失，但新出现了有弱脊或暗脊的扁圆腹釜、钵形釜、多角沿釜、釜形鼎和盆形鼎、异形鬶、垂囊盉、带把手的三足盉、里黑外红的盘形豆、牛鼻式的器耳、莲蓬头状的陶拍、猪嘴形釜支座等等。鼎足以圆锥形、扁锥形为主。器表多素面，动植物图像已绝迹，保留了釜腹绳纹、重圈纹。勾沿宽圆边豆盘的口沿多有凹月牙形、乳凸形、粗弦纹等装饰。陶器的制法以泥条盘筑法为主，有的可能已使用慢轮修整，器形显得比较规整。

生产工具，可能由于自然保存条件差的缘故，骨质工具数量骤减，骨哨已不见，骨镞还有一定数量，骨耜只一件。木器只见一件木耜。石质工具以长条形弧背石锛较多，新出现了通体磨光的穿孔石斧、扁薄的断面略呈梯形的赭红色石纺轮，不见工字形纺轮。新出现了石蝶形器。仍有玦、璜、管、珠装饰品。

遗迹方面，发现一些木桩构件。墓葬三座，都是侧身葬，面向北，找不到墓边，无随葬品。

四期，本期夹砂红陶数量激增，占52%，夹砂灰陶下降到10%，夹炭陶占18%，泥红、泥灰、泥黑陶分别占15%、3%、2%，夹炭陶器表呈橘红色。陶器的火候较高，种类和形制与三期基本略同，新出现了匜、杯和象鼻形釜支座等，完整的鼎仍少见，鼎足以圆锥、扁锥、凿形和三棱形为多，扁柱、圆柱和舌形鼎足也较多。纹饰以绳纹为主，还有附加堆纹和抽象性图案。陶器的制法为手制和慢轮修整相结合，有的器物可能已采用轮制技术。

生产工具，未见骨制品。多见通体磨光的石斧、背面带脊的石锛和石凿，穿孔石斧比前期略有增加。仍见陶纺轮，中间弧凸的陶纺轮未消失。

玦、璜、管、珠比前几期精致，玉质较多。

遗迹方面，发现头盔状的柱础。墓葬十一座，仰身直肢，大多数墓葬找不到墓边，且不见葬具，有少量随葬品，随葬品中大都有釜和豆。

通观以上各期，文化面貌基本一致，各期先后相继，一脉相承。虽然第三期出现了似马家浜的外红里黑的喇叭豆、牛鼻式的器耳等，但它们并没有构成当时文化的主流，何况马家浜的这些器形与河姆渡第三期同类器物也有所区别①。

2. 河姆渡文化主要器物的演变关系

从^{14}C测定的数据告诉我们，河姆渡文化至少延续了两千多年，在长期发展过程中自有早晚的变化。从陶器的演变上看，器物种类和形制都有自身发展过程。但有些器物变化不明显，如鱼篓形釜、

---

①　姚仲源：《二论马家浜文化》，《中国考古学会第二次年会论文集》，文物出版社，1982年。

球腹釜、钵、钵式盉、甑等。有的器物数量少，残片多，难观全形，其发展序列一时难以搞清楚。有些器物，则各期特征显著，变化清楚，如釜、釜支座和盘等。

河姆渡文化的釜，不但数量多，而且在整个文化发展过程中，各期特点较显明。一期釜，较早阶段（④B），显得制作粗糙、单调、不定型，可能原先是一些无肩无脊釜，稍后出现了有肩无脊釜，到较晚阶段（④A），则演变为有肩有脊釜。从观察到的釜的制作痕迹，可以这样认为，一期的有肩有脊的敛口釜是从无肩无脊的敛口釜发展来的，而有肩有脊的敞口釜可能是由无肩无脊的敞口釜发展而来。直观感觉，这期釜器身较高，肩脊明显，斜肩或弧肩，脊较凸，斜、弧肩上大都有贝齿纹和弦纹装饰，有的器身上部外表，可看到似篦状物的划痕。有肩有脊釜是这期炊器中的主流。二期釜，在一期的基础上发展得更加繁多，器身一般比前期矮，肩部渐趋消退，肩颈分界不那么明显，器脊近似附加堆纹。这期有肩有脊敛口釜逐渐消失，而有脊无肩的敞口釜则有所发展，体型逐渐向扁矮方向发展。与此同时，诸如呈竹筒状的筒形釜、盘口釜等，这些新出现的釜都没有肩，但器身外壁仍然有脊，口沿外壁多有贝齿纹。另外，这期釜的口部常留有短斜绳纹痕迹，形成毛粗的口，这种"毛口"应是本期釜的一个特点。此时的有肩有脊釜与前期相比较，在几何形花纹和肩脊的装饰方面，都处在衰退过程中。三期釜，通体扁矮，圜底的弧曲度变缓，腹的最大径偏下。如果说，一、二期釜都有较发达的颈部，那么，本期釜就不存在明显的颈部。但腹部或口沿外壁还保留有弱脊或暗脊，细细抚摸，可感觉到口沿内壁弧凹，口腹交接处的内缘较弧凸。四期釜，从外形看，与三期釜没有多大差别，区别之所在仅表现在圜底弧曲度较大，形成圜底较尖，腹的最大径偏上，口沿内壁坦张近平，口腹交接处内缘较三期弧缓。

釜支座是比较奇特的器物。早在河姆渡遗址第一期发掘以前，有些省的考古工作者，在新石器时代遗址里发现过这种器物，但不知其用途。釜支座在河姆渡遗址里出土较多（原叫它"支座"）。这些釜支座的上端都有斜状支物面，用三只这样的釜支座摆成三角形，上放一釜，便可烧火做饭。后来，又发现一只灶，灶内的左右及后壁分别有一似釜支座的支丁，这证明了釜支座的确是用来支撑釜的。河姆渡文化的釜支座从实体（一、二期）到空心或半空心（三期），发展到浅臼状圈足实体（四期）；由方柱形、靴形（一、二期）到猪嘴形（三期），发展到象鼻形（四期）；自器表多素面（一、二期）到注重装饰（三期），发展到装饰简单（四期）。各期特征明显，一目了然，观其形就知其相对年代。

盘的变化序列也比较清楚。一期盘，平唇外折，宽沿内斜，内壁的唇、沿、腹之间有明显的折棱。一期较早阶段（④B），盘的唇部起凸棱，到较晚阶段（④A），由凸棱变为折棱；二期，盘内壁的折棱逐渐消失，为宽圆边所取代；三期，发展为勾沿宽圆边，多见于豆盘，可见盘已为豆所替代。第四期未见盘的完整器和碎片。

纵观四期陶器，由黑陶（一期）发展为灰黑陶（二期），再发展成灰陶（三期），最后发展成红陶（四期）。夹炭黑陶逐渐减少，夹砂陶逐步上升。烧成温度由800℃上升到1000℃，这种陶色和温度的变化，反映了陶窑结构和烧成气氛控制等制陶工艺的改进，器形方面，以釜为例，从无肩无脊发展到有肩有脊（一期），再发展到有脊无肩（二期），最后发展成仅存弱脊或暗脊（三、四期）。装饰花纹由繁缛的几何形图案（一期），发展到纹饰简单（二期），再发展到多为素面（三期），最后发展到镂孔和抽象性图案装饰（四期）。

从上面对四期遗物的分析看出，四期是直接相承的四个发展阶段，同属于河姆渡文化。1980 年冬罗家角遗址的发掘表明，河姆渡文化和马家浜文化各有自己的渊源。它们之间只能是相互影响的关系，绝不可能是一前一后的发展关系。

另外，中国社会科学院考古研究所、北京大学历史系考古专业[14]C 实验室，分别为我们测定了河姆渡文化的年代数据二十余个。归纳起来，一期的绝对年代距今 6900～6500 年，二期的绝对年代距今 6200～5900 年，三期的绝对年代距今 5800～5600 年，四期的绝对年代 4700±90 年（未经树轮校正）。这些[14]C 年代提供的数据，证明了河姆渡遗址的四个相互叠压的地层（四期之间）是紧密衔接的，与我们对各期器物的初步认识也是相吻合的。

四 、河姆渡文化的要素

综合上述各期文化内涵，根据现有资料，河姆渡文化有如下要素：

陶器的陶系。未经炭化的稻壳等有机物作为羼和料、掺入陶土中烧成的夹炭黑陶系，从一期至四期数量逐渐减少，火候逐渐增高。采用这种陶系的陶土制成的陶器，主要有釜、罐、盆、盘、钵。

有一组独特的器物群。在作为生活用具的陶器中，作炊器的绳纹圜底釜和活动釜支座构成了当时的主要炊煮工具，鼎（三、四期）的出现也未能取代釜；作食器和容器的有敛口弧壁平底钵、弧敛口的钵形豆、宽圆边的盘形豆、双耳罐、垫座状豆（二期）、折棱盘（一期）、宽圆边盘（二期）；作酒器或水器用的有垂囊盉（二、三期）和侧向安把带管状嘴的盉。

生产工具中有陶纺轮、石器和骨耜。石器的数量少，体型小，偏刃斧、石锛和中间弧凸的陶纺轮是各期共见器物。穿孔石器不很发达，不见石镞和网坠。浅槽双孔骨耜（四期未见）是最具有特色的农业生产工具。

当时种植的农作物主要是水稻，籼稻和粳稻共见，可见长江流域栽培水稻的历史已相当久长。

河姆渡文化居民居住着广泛采用榫卯技术的木构建筑房屋。

玦、璜、管、珠是河姆渡人的主要装饰品，它取材于萤石的较多，个别的为玉质。另外，蝶形器（第四期未见）也是河姆渡文化中较有特点的器物之一。

以上，是我的初步认识，不妥之处，敬请指正。

（原载《中国考古学会第三次年会论文集（1981）》，文物出版社，1984 年）

《浙江余姚河姆渡新石器时代遗址动物群》序

贾兰坡

有许多古生物学者不很注意新石器时代和更晚期动物研究，认为多是现代种，没有什么搞头，甚至有的考古学家连古墓中人骨都给抛弃了，实在可惜。其实，从地下发现的材料只要能说明历史问题就是重要的，都不应当偏废。研究动物的遗骨不仅可以了解动物在区域上的变化，当时的自然环境，狩猎的情况，而且也为我们提供了当时人们的"菜单"。发现墓葬中的人骨，也并非辨认一下性别和年龄就能交了差，更重要的是，应从人骨了解其民族，从病理的角度来了解其死因。因此，我认为研究一个重要的遗址，不联合起来进行综合研究是不行的，因为它包括的门类太多，看来，任何一个单位也难以担负。

我看了这部书的文稿，感到十分高兴，因为作者认真地对待了河姆渡的动物群，描述的动物共有61 种之多，真可谓"洋洋大观"。据我所知，专一描述新石器时代或更晚的遗址动物群的专著，在我国发表的还不多，除了 1936 年德日进、杨钟健发表的《安阳殷墟之哺乳动物群》（中国古生物志，丙种第 12 号）之外，恐怕就是这一本了。河姆渡遗址距现在最多也不过 7000 年，可是当时的环境和现在相比却差别很大。如象和犀在当地不见了；出现了驯养的狗、猪和牛三种家畜，对说明家畜起源有所帮助；发现的四不像鹿，现在看来，恐怕是这种动物分布的最南界。作者还把中国新石器时代部分遗址的动物群做了横向比较，使人看了一目了然，会得到一个整体概念。

河姆渡遗址的发现，使人耳目一新，过去谁又想到远在距今 7000~5000 年，长江下游会存在着如此灿烂的文化呢！我曾到那里参观过，看到那些精美的陶器、丰富的骨器、木器以及石器等等，特别是大批带有卯榫的木构件和干栏式的建筑，都显示了河姆渡先人技术的高超，实令人惊异不上。

像这样丰富，在世界上也是罕见的遗址，应进行大量综合研究，值得出几部专著。写几篇短文是说明不了问题的。例如，在这样早的遗址里能有水稻种子发现也是不易多得的，在伊拉克北部距今8100 年的贾尔木（Jarmo）早期的村落遗址，发现了大麦和小麦的证据，认为达到了培育中途阶段水平。但是，据说河姆渡的水稻却达到完全培育阶段，研究它对水稻的起源大有裨益。

新石器时代村落都是泥土的房屋，连上述的贾尔木村落也不例外。而像河姆渡遗址那样的带卯榫的构件和干栏式的房屋实在难能可贵，如果不是有"绝对"年代测定和其他方面的证据，谁也不敢相信它有如此之早。这里的房屋可以肯定是建筑在水面之上的，如果把它恢复可以和瑞士的水上房屋相媲美。

1987 年 5 月 26 日

（原载《浙江余姚河姆渡新石器时代遗址动物群》，海洋出版社，1989 年）

《中国河姆渡文化》序

苏秉琦

　　《中国河姆渡文化》就要付印了，刘军和姚仲源同志请我作序，我有机会就这项工作、材料和这本书谈些粗浅的看法，我感到很高兴。

　　河姆渡遗址的发掘成果正式发布，意味着中国考古学这门学科已走向成熟，它的健康地发展的时期业已到来。

　　河姆渡遗址还在发掘中的 1977 年，在南京召开的长江下游考古学术讨论会上，参加该遗址发掘的牟永抗同志向与会同志介绍了遗址发掘情况，引起大家的浓厚兴趣，会后一部分同志去现场参观，又留下了深刻印象，尔后几位同志写的专题论述，包括新闻传导、学会活动以及学会年鉴诸媒介，更引起了中外学术界的广泛注意，也让我反复思考"河姆渡"作为一个独立的考古学文化在长江下游以环绕太湖流域为中心的大区系内的地位问题。

　　对于河姆渡遗址上、下两大层（指③、④层和①、②层）的分期问题，我倾向区别对待，但决不忽视两者间传承关系，因此，认为把上述两层直称马家浜、崧泽是不够准确的。

　　从学科建设及研究发展过程衡量，对东南这个大区系原始文化的认识，已不亚于对中国北部的 3 个大区系的认识水平。

　　6000 年前后是氏族到国家的转折点，相当前段的典型遗址，现有的可以河姆渡（下层）和苏州草鞋山（下层）代表，两者既是兄弟，可以上溯到更早的渊源关系，又有互相区别的鲜明特征，紧接的中转阶段可以江北的海安青墩、江南的崧泽为代表，而最具典型意义的新石器晚期，即 5000 年内向"古国"阶段转化的大遗址就是"良渚遗址群"。

　　《中国河姆渡文化》的出版，意味着这个课题走上一个新台阶，将会带动学科的进一步发展，鄙意是说，从区系的中国转入"世界的中国"考古学，是当代考古学者的共同任务，而长江下游正是这一任务的前沿阵地，学科要发展，既要面向全国，还要面向环太平洋文化圈，还要向多学科扩大研究领域，任重而道远。愿与朋友们共勉。

1992 年 12 月 10 日于北京

（原载《中国河姆渡文化》，浙江人民出版社，1993 年）

《中国河姆渡文化》序

严文明

　　《中国河姆渡文化》即将出版了，这对于急欲了解河姆渡文化全貌的考古学者是一件大好事，对于关心中国史前文化研究的广大读者，特别是难以见到实物的外国读者来说，也是很有意义的事情，所以我乐于在这里写几句话。

　　河姆渡文化赖以命名的浙江省余姚河姆渡遗址面积约 4 万平方米，在我国新石器时代聚落遗址中最多算个中型遗址。两次发掘的面积共为 2630 平方米，不到遗址总面积的 15%。规模也不算大，而发掘的收获特别丰富，引起学术界的极大注意，这种情况在考古工作中是不多见的，我想这首先是因为遗址本身具有很高的学术价值，同时也是因为两次发掘和其后的科学研究组织得比较好，使大家能够比较及时地认识遗址价值之所在。

　　河姆渡遗址原来位于杭州湾南岸一片由潟湖演变成的湖沼的南缘，现在地面高程仍接近于海平面。地下水位高，使文化层一直处在潜水面下；在文化层堆积过程中又曾两度发生中断，覆盖了两层泥质海相层，起了隔绝空气的作用。加上文化层的地球化学环境为弱酸性或中性与中性或弱碱性相间分布，此三者造成了特别良好的保存条件，使得一大批有机物得以保存下来。这在国内几千处新石器时代遗址中是仅见的，可以说河姆渡的一些最有价值的发现，都是与这个特别良好的保存条件分不开的。

　　举例来说，我国古代建筑的一大特点是大量使用木材，在建筑技术上逐渐形成一种梁柱结构的体系，但因木材不易保存，从新石器时代直到商周时代的房屋遗迹虽然发现了成百上千座，却只知道基址的情况，地上结构均不甚了了，至于曾经广泛流行于长江以南地区的所谓桩上建筑或干栏式建筑，就连平面布局也搞不清楚。在这种情况下要复原古代人民的居住条件和建筑技术就会十分困难，河姆渡遗址第一期文化遗存中恰巧保存有许多干栏式建筑的木构件，数目达好几千根，举凡各种地桩（方桩、圆桩、板桩等）、地龙骨、地板、房柱（转角柱、平身柱等）、大梁、窗棂等等应有尽有，不少梁柱上有很好的榫卯，根据这些木构件的特征和出土状况，不但可以大致复原当时的房屋，而且盖房用什么木材、怎样加工等一套建筑技术和建筑程序等方面的问题也可以弄得比较清楚，过去建筑界总以为榫卯结构要到商周以后才逐步形成，河姆渡的发现把这个年代提早了几千年，它使我们有必要重新审查先秦的各种建筑，看看是否有估计过低的情况，中国建筑技术史的这一章就需要重新编写！

　　河姆渡另一项重大发现是大量的稻谷遗存，这更与保存条件良好有密切的关系。在河姆渡遗址发掘之前，我国虽也在多处遗址发现过稻谷遗存，但多是红烧土中的稻壳或稻壳痕迹，全形的稻谷或稻米只有炭化后才可保存下来，数量极为稀少，这不但对鉴定稻谷种属带来一定的困难，而且很难对当时的稻谷生产水平做出估计。河姆渡稻谷遗存保存之好是出人意料的，其中有的稻谷呈金黄色，有的稻叶甚至还呈黄绿色！稻谷遗存的数量也十分惊人，根据其体积和密度再换算成新鲜稻谷估计有120吨左右，这数目虽不一定准确，总能给人以一个大致的量的概念。这样对河姆渡稻谷品种的鉴定和生产规模的估计便都有相当可靠的依据。更可贵的是河姆渡发现了大量平整水田和修整田埂的骨耜，有的耜上还装有木柄，形状同现代江南一带所使用的挖泥铁锹十分相似。江南遗址中土质多带微酸性不利于骨质遗物的保存，过去因不知道有木柄骨耜这种农具，往往把石钺误作平整水田的所谓石铲。河姆渡的发掘使这一问题得到了澄清。由于河姆渡稻作农业的资料特别丰富，年代又比较早，考古学家和农学家都格外重视，很快就引发起来了一场关于稻作农业起源的讨论，河姆渡遗址的学术价值于此可见一斑。

河姆渡的重要发现还有很多，例如那里的木胎漆碗便是迄今所知最早的一件漆器；还有我国最早的木桨、最早的纺织机具、最早的象牙雕刻制品和最早的彩陶等等。还有更多的资料需要进一步研究才能充分理解它们的意义和重要价值，所有这些都出现在远离中原和黄河流域的浙东滨海一隅的小小的河姆渡遗址，年代又偏偏那么早，这对于我国史前文化发展的所谓中原中心论或黄河流域中心论不能不是一个巨大的冲击，以至于有必要重新估价长江下游包括太湖和杭州湾一带在中国史前文化发展中的地位与作用问题。这是河姆渡遗址的发掘者对学术界的一大贡献。

由于河姆渡遗址地处稻田，地下水位很高，遗物非常密集，特别是许多有机物在出水和见到空气以后容易变形变质，给发掘工作带来极大的困难，加以过去缺乏发掘同类遗址的经验，因而把这次发掘工作做好的确是很不容易的，我们高兴的是浙江省文物考古研究所（当时属省博物馆）的同仁们在当地政府的支持和群众的关心下，倾注全力，使发掘任务完成得很好，发掘后对器物的保护、修复与研究工作也组织得很好，他们不但自己研究，还虚心请教各方面的专家，开展多学科的合作研究，取得了很好的成绩，刘军同志既是两次发掘的参加者和组织者之一，又是研究的主要担当者和组织者。《中国河姆渡文化》的出版，相信读者们从书中不但能获得许多新的知识，还能获得美的享受。对于关心此道的学者也可获得若干启迪和研究的资料。是为序。

1993 年 1 月于北京

（原载《中国河姆渡文化》，浙江人民出版社，1993 年）

中国河姆渡文化国际学术讨论会综述

陈旭钦　黄勉免

　　为迎接河姆渡遗址发掘 20 周年，充分展示关于河姆渡文化的最新研究成果和学术动态，由浙江省文化厅、宁波市政府、余姚市政府联合发起的"首届中国河姆渡文化国际学术讨论会"于 1994 年 4 月 22~26 日在浙江省余姚市举行。来自国内 20 余所科研机构、大学和日本有影响的考古、历史、农业、气象专家、学者 60 余人就河姆渡文化的时间分期、空间分布、内涵特征、与毗邻史前文化关系、对东亚沿海地区的影响；稻作起源、鉴定、籼粳分化、稻米东传路线；全新世气候特征、模式等方面展开了热烈的讨论。此次会议共收到论文 28 篇，会上专家、学者宏论迭出，对河姆渡文化的辉煌条分缕析，提出了许多新的见解。

一

　　本次讨论会中重点探讨的是河姆渡文化本身，提出的学术问题包括其时间、空间和文化特征的界定，与马家浜、崧泽、良渚、先越文化的关系等等。浙江省文物考古研究所刘军研究员等多数代表认为，河姆渡文化内涵应包括河姆渡遗址 1~4 期文化。1、2 期文化曾经一度辉煌，由于河姆渡先民过于倚重自然生态资源的简单喂养，虽农业已经发生，但尚不足以抵御自然灾害的侵袭。环境的变故削弱了河姆渡文化的生存基础，从而迫使以河姆渡为代表的宁绍地区先民接受杭州湾以北马家浜、崧泽文化的新鲜血液。故河姆渡遗址 3、4 期文化有较大规模的区域性文化融合，此后两者同步发展，最后共同步入统一的良渚文化时期。社科院考古所安志敏教授在提交的《论河姆渡文化》一文中则认为，河姆渡文化只是河姆渡遗址 1、2 期文化。3、4 期文化应归属马家浜、崧泽文化。宁波博物馆林士民研究员通过对妙山、慈湖、名山后、塔山等遗址的剖析，认为宁绍平原以 7000 年前河姆渡文化为起点，发展到距今 6000~5500 年之际，仍以其自身文化发展为主体，已与邻近的马家浜、崧泽文化相交融，在距今 5500~5000 年之际，孕育着良渚文化，在距今 5300~4900 年，为良渚文化的过渡阶段所代替。宁波大学杨成鉴副教授提出塔山文化是河姆渡的一个旁支，或称良渚文化塔山类型，两者在共同的基础上，各有自己的特色。并认为河姆渡人是越族先民中的内越人，塔山人是越族先民中的外越人。杭州大学毛昭晰教授在提交的《羽人源流考略》一文中提出："根据浙江鄞县出土的铜钺上的羽人纹饰和越南东山出土铜钺上的羽人纹饰分析，是前者影响后者。良渚文化玉钺的侧面头像上有羽饰。河姆渡遗址出土陶塑人头部五孔是用来插羽毛的，再结合古越族先民与鸟图腾有关的羽饰习俗，故羽人源流可追溯到距今 6500 年之前的河姆渡。"中国历史博物馆史树青教授对文献记载中"舜生姚丘""舜生姚墟"之说做了进一步的考证。并认为从河姆渡遗址中出土的黑陶、骨镞以及稻谷、稻秸等遗物，可看出当时私有制已经萌芽，与姚墟的地望和历史变化有许多相近之点，故提出了河姆渡遗址为姚墟的观点。

本次会议中浙江学者对河姆渡文化的研究极有挑战性。王海明提出"宁绍平原是河姆渡文化的中心分布区，境内的钱塘江、浦阳江、平水江、曹娥江、姚江、奉化江六水系中上游两岸及所流经的平原、低山丘陵区是河姆渡文化的渊源。"王明达就稻作农业、干栏式建筑是否是河姆渡文化的特征，河姆渡文化分布范围是否是宁绍平原，河姆渡文化 1~4 期与河姆渡遗址 1~4 期文化不同，河姆渡后续文化是否是良渚文化提出了自己的看法。牟永抗研究员提出"干栏式建筑是河姆渡文化的重要内涵"，"半榫卯"构件是由捆绑向榫卯发展的过渡产物。第二层的垫板柱洞或第一层"头盔"式柱础也是干栏式建筑遗存，干栏的"地下"基础并非稻谷场所。植物性食谱中还应增加浆果和块根、块茎植物，原始耕耕只能改善植株附近的土壤团粒结构。第二层"木耜"是桨叶，"彩陶"纹样是太阳，其涂料是漆，存在龟灵信仰的可能等多条全新的见解。俞为洁认为"以豕祈雨和以写祈日是河姆渡文化最显明的两个巫术特征。故河姆渡猪多与圆圈太阳纹、植物纹饰组合一起，以求雨水，光照充足，水稻丰收，民族繁荣，猪成为取用方便的万能祭品"。叶树望认为河姆渡的农耕稻作文化已达很大规模，因而提出"河姆渡先民必须掌握原始天文历法知识"的观点。董贻安在分析河姆渡文化原始艺术的审美特征时提出："写实性表现与对自然美追求相结合，线条的适用与对形式美的追求，象征性表现与对意蕴美的追求，这三个层次构成了河姆渡的原始审美特征。"陈忠来提出："太阳神崇拜源于河姆渡，原命名为'双鸟朝阳'的象牙雕刻件改称'双鸟舁日'更为妥当。"

本次会议中外省学者对河姆渡文化在中华文化缔造中的贡献，其发现的意义作了全面的评价。中山大学曾骐教授提出："河姆渡人创造的釜鼎文化与仰韶—龙山文化系统的罕鬲文化是长江流域与黄河流域新石器时代文化重要区别标志，创造东方文明的炊食器具应归功于河姆渡文化。在研究稻作农业的起源及传播时，河姆渡是座引人瞩目的里程碑。骨耜的发现，意味着最早的双肩式工具的起源和传播。"南京大学张之恒教授提出："国内首次发现的夹砂陶支座作为一种炊器构件，是鼎足的前身。骨耜的出土，反映了河姆渡早期先民已进入到'熟荒耕作'的'锄耕农业'阶段。"中国社会科学院考古研究所吴汝祚研究员通过列举大量的依据，如木构建筑上的榫卯构件，黑陶的实用化，漆器、象牙器、玉器等手工业的产生和发展，野蚕开始驯化为家蚕，海上交通的开展，水井的开凿等等，提出"河姆渡人已经有了一定的科学知识，以此改善生活条件，为其自身造福"的观点。

二

本次讨论会中其次探讨的重点是有关稻作农业的起源，植物蛋白石鉴定分析，籼粳分化、"稻米之路"东传路线问题等等。中国水稻研究所汤圣祥研究员，日本国立遗传所佐藤洋一郎教授，浙江省博物馆俞为洁合作利用电子显微技术对河姆渡出土炭化稻谷进行亚显微结构研究，发现炭化稻谷中有个别普通野生稻的谷粒，为证实河姆渡为代表的新石器早期长江下游——太湖地区存在普通野生稻揭开新的一页。浙江农业大学游修龄教授提出："河姆渡野生稻谷的发现，给稻作起源于长江下游说增加了支持。近 20 年来多学科和跨学科环绕河姆渡稻谷展开的探讨，已经把亚洲稻作的起源、分化和传播的研究推向一个前所未有的高潮，创造了一种不妨称之为是'原始稻作学'的专门领域。"佐藤洋一郎教授还提出："籼、粳是分别独立起源，粳起源于河姆渡为代表的长江下游，籼起源于热带。"并主张野生稻中也有籼粳之分，不同意"野生稻是栽培稻祖先种，在驯化过程中受气候温度和纬度的影响而分成籼、粳及'云南—阿萨姆'地区是栽培稻的起源中心"的观点，把研究的问题进一步深化。宫崎大学藤原宏志教授和江苏农科院汤陵华副教授介绍了植物蛋白石分析法的优点和用此方法在考古发掘前寻找水田遗址的可行性报告。静冈横须贺高校平野吾郎教授提出："日本的水稻耕作始于公元前 5 世纪，是由中国大陆传过去的。水田耕作工具的组成和演化情况与西日本到东日本的稻作发展过程几乎一样。"浙江省社会科学院林华东根据河姆渡文化、良渚文化和东南沿海考古文物，结合造船史、民族学资料，提出"传入日本的'稻米之路'是：长江下游→山东半岛→朝鲜半岛→日本九州。在距今 5000 年的河姆渡先民等向台湾开始文化拓展，越文化在距今 3500 年左右开始传至菲律宾，在距今 2500 年左右又逐渐从菲律宾分别向东及南传播，在距今 1000 年传至大洋洲的波利尼西亚。"

三

本次讨论中还对边缘学科古地质、古气候方面作了探讨。杭州大学周子康教授、刘为纶教授通过河姆渡遗址及邻近地区的考古发掘出土的孢粉、动物、植物、海洋沉积等资料，探讨了杭州湾南岸全新世温暖期（7.2~3.0KaB.P）气候的特征。并运用生物现生种分布周界法和植被类型位移法等，确定距今 7000~6000 年的河姆渡处于全新世最为暖湿的时期，可作为长江中下游地区下世纪气候变暖的经验模式。

与会代表认为，对河姆渡文化进行全面的综合研究，必须与史前考古学、民族学、自然科学紧密结合，从多学科、多层次、多角度来研究，定能取得更丰硕、更重大的成果。同时，代表一致公认河姆渡遗址的发现，为研究农业、建筑、纺织、艺术和东方文明的起源提供了丰富的实物资料，雄辩地证实长江流域和黄河流域一样也是中华民族的摇篮。

（原载《文物》，1994 年第 10 期）

稻作农业与东方文明

严文明

古代文明的发生与谷物农业的发展有非常密切的关系。世界上著名的文明古国无一不是建立在谷物农业高度发展的基础之上的。西亚是小麦和大麦的起源地，到公元前四千年之末，在两河流域、尼罗河流域和印度河流域，两种麦类的种植已经有了很大的发展，于是先后产生了苏美尔、阿卡德—巴比伦文明、古埃及文明和古印度文明。中美洲是玉米的起源地，后来由于玉米种植业的发展而产生了玛雅文明。东方文明（指东亚文明而不是古代东方文明）也是在谷物农业发展的基础上产生的。只是历来以为东方文明的摇篮在黄河流域，而黄河流域是粟和黍的起源地，似乎东方文明便是在粟和黍广泛种植的基础上发展起来的。然而近年来在长江流域的许多重要的发现，正逐渐改变着人们的认识。

长江是亚洲的第一大河，它的流域面积差不多是黄河的两倍半，水量则是黄河的 18 倍。它的河床远较黄河稳定，水患相对较少，居民的生活比较安定，给经济文化的发展提供了十分有利的条件。关于先秦时期长江流域的经济状况，人们常喜引用《史记·货殖列传》中的一段话来加以说明。其中写道："楚越之地，地广人稀，饭稻羹鱼，或火耕而水耨。果隋嬴蛤，不待贾而足，地势饶食，无饥馑之患，以故呰窳偷生，无积聚而多贫。是故江淮以南，无冻饿之人，亦无千金之家。"这段话正确地说明了长江流域的物产和生活的特点，但对其经济发展水平则估计不足。不少学者据此认为长江流域的经济曾经长时期落后于黄河流域，直到秦汉以后才逐渐赶上来，这一认识与当代考古发现的事实并不相符。商周青铜文化是东方古代文明的光辉代表，而商周青铜器的原料大都来自长江流域，江西瑞昌、湖北黄石和安徽铜陵等地发现的大型矿冶遗址便是最好的说明。四川广汉三星堆、湖南宁乡黄材和江西新干大洋洲发现的青铜器，其造型之精美与工艺之先进，较之黄河流域的商周青铜器毫不逊色。至于楚国和吴、越的青铜冶铸工艺，在某些方面还要超过黄河流域者。先秦时期长江流域的丝绸与漆器工艺也都处于领先的地位。在东周列国中，国土面积最大、人口最多、物产最为富庶的乃是长江流域的楚国而不是别的任何国家。由此可见长江流域在中国古代文明发展中，也同黄河流域一样处于十分重要的核心地位。这一情况是有其深层的历史背景的，其中最重要的也许就是稻作农业的发展。

现在已经有充分的证据证明，长江流域乃是稻作农业的起源地和最早发达的地区。湖南道县玉蟾岩和江西万年仙人洞都已发现了公元前一万年以前的水稻的植硅石，前者还同时发现了栽培稻的完整颗粒。到公元前 7000 年至前 5000 年的湖南彭头山文化、湖北城背溪文化和稍后的浙江河姆渡文化的许多遗址中，都发现了栽培稻谷的遗存。直到目前为止，在中国发现的一百几十处有栽培稻谷的遗址中，百分之八十以上是分布在长江流域的。如果把这些遗址按年代标示在地图上，可以很清楚地看出其分布是以长江中下游为中心，像波浪一样向周围展开的。正是因为长江流域比世界上任何地区都更早地栽培和发展了水稻生产，当地的经济文化也就很快地发展起来。长江流域史前的水稻生产究竟达到了什么样的水平，是很难准确地估计的。但从河姆渡遗址的情况可以略窥端倪。这遗址第四层的年代大约相当于公元前5000年至前4500年，在那里堆积的稻谷皮壳和炭化稻米等，如果换算成新鲜稻谷，估计可在十万千克以上。尽管那是多年形成的堆积物，并不是一年的产量，其数量之巨大也是很惊人的了。到大约公元前3300年至前2000年的良渚文化时期，各地出土了不少石制犁铧，说明那时已开始进入犁耕农业的阶段。其生产水平显然要比河姆渡文化高出许多，比同时期的黄河流域先进得多。稻作农业需要有明确的田块和田埂，田块内必须保持水平，否则秧苗就会受旱或被淹。还必须有灌排设施，旱了有水浇灌，淹了可以排渍。同旱地农业比较起来，稻作农业需要较高的技术和更加精心的管理，甚至稻谷的加工也比小麦、小米或玉米等困难得多。因此从事稻作农业的人们，易于养成精细和讲究技巧的素质，有利于某些技巧较高的手工业的发展。这或许可以解释为什么良渚文化有那么精致的玉器、漆器和丝绸织物，其工艺水平远远超出同时代的其他文化的产品。它所出产的黑陶，同样也是造型别致，美观大方，只有山东龙山文化的产品才可相比。当然，由于农业发展水平较高，能够给非农业劳动者提供比较充足的粮食和其他生活资料，也是手工业得以较快发展的一个重要原因。

　　农业和手工业的发展增加了财富的积累，刺激了人们占有财富的欲望。用战争的手段来掠夺他人财富的行为越来越经常发生，保护自己免受侵犯也便成为社会公众所关心的大事，费工耗时的城堡就这样从各地兴建起来。现知在长江流域发现的早期城堡有十多处，其中在湖北的有天门石家河、石首走马岭、荆门马家垸和江陵阴湘城，湖南有澧县城头山和鸡叫城，四川有新津宝墩、温江鱼凫城和都江堰芒城等处。浙江余杭良渚和江苏武进寺墩等处也可能有城址。这些城址的年代大约都在公元前3000年至前2000年，有的可能还要稍早一些。其中多数城的面积有二三十万平方米，较小的有十多万平方米，最大的石家河则有一百多万平方米。城外一般有较大的护城河，不少护城河还与天然河道相通，除有防卫的功能外，还是运输的重要通道。相比之下，黄河流域同时期的城堡面积要小一些，护城河往往较小或者干脆没有。通常把城堡的出现作为文明起源的重要标志之一，从这一点来看，长江流域文明的起源并不晚于黄河流域，某些文明因素的发达程度甚至还要超过黄河流域。而这都是以稻作农业的充分发展为基础的。

　　在龙山时代，也就是早期城址出现的时代，长江下游主要是良渚文化，中游主要是屈家岭文化和石家河文化，上游的文化名称未定，可暂称为宝墩文化。在中下游之间还有薛家岗文化和樊城堆文化等。这些文化相互之间尽管有不同程度的联系，但并不构成一个区别于黄河流域的整体文化。相反，有些长江流域的文化同黄河流域某个文化的关系，比同长江流域其他文化的关系更为密切。例如良渚文化同大汶口文化和龙山文化的关系，就比它同屈家岭文化和石家河文化的关系密切得多。在往后的发展中，长江流域对于商周文明的形成也起了十分重要的作用。例如在商周文明中占有十分重要地位的礼器鼎和在青铜礼器中经常出现的饕餮纹与雷纹，其实都是从长江流域的有关文化中吸收过去的。良渚文化中大量出现的琮、璧、钺、璜等玉器，以后也被商周文化继承而成为重要的礼器和瑞器。前面曾经谈到的某些青铜工艺、丝绸、漆器乃至瓷器等在中国古代文化中极具特色并且占有十分重要地位的因素，也是从长江流域首先发源的。要之，中国文明的核心地区在黄河和长江两大流域，在这个区域存在着若干既有联系又有区别的文明起源中心，后来又逐渐融会成以商周文明为主体的多种青铜文明的联合体。它的基础是两种农业体系的结合，即黄河流域以粟作为主的旱地农业和长江流域以稻作为主的水田农业体系的紧密结合与充分的发展，才出现了在世界上独树一帜的古代东方文明。

黄河、长江流域的古代文明发生以后，东亚许多地方也都酝酿着走向文明的进程。在东北亚，首先是粟、黍等旱地农业传入朝鲜半岛和日本，促进了当地文化的发展。但只有到后来稻作农业相继传入，加上青铜器和铁器的先后传入，才使那里真正进入文明社会。至于东南亚各国，则几乎完全是在稻作农业发展的基础上逐步进入文明社会的。从这个意义上来说，东方的古代文明的产生和发展，都是与稻作农业的发展密不可分的。至于在稻作农业基础上产生的文明的特点，那是一个需要深入研究的很有兴味的问题，应该有专门的文章加以论述，兹不赘述。

（原载《中日东方思想研讨会论文集》，上海三联书店，1997 年；又载《农业发生与文明起源》，科学出版社，2000 年）

河姆渡文化——我国稻作农业的先驱和"采集农业"的拓殖者[*]

石兴邦

一、河姆渡文化发现的意义

河姆渡文化的发现，是 20 世纪 70 年代中国新石器时代研究史上的突破性成果之一。当时我国有三个具有突破性的重要发现：一个是下川细石器文化遗存（1970~1973 年），当时被认为是典型的中石器文化；另一个就是河姆渡文化（1973 年）[①]，它是稻作农业文化最早而内涵丰富的文化遗存；还有一个便是磁山—裴李岗文化，它是前仰韶文化的首次露头（1976~1979 年）。其所以称它们的显世为突破性的发现，是因为这些文化遗存及其包含物，正是农业起源研究中的几个环节，而且是关键性的环节，它们填补了这个缺环，所以引起了当时学术界的特别重视。下川文化提供了由采猎经济向采集农业过渡性的文化丛体。磁山—裴李岗以及老官台文化提供了早期粟作农业的垦殖者和彩陶的发明者。河姆渡文化却是早期稻作农业的典型代表。这三个文化本身的内涵和特征，确定了它们在中国史前文化史研究上的地位和作用。从此，新石器时代文化的研究，不论在南方还是北方，一下开阔了视野，出现了一个新的局面，进入了一个新的发展阶段，把农业起源的研究，提到议事日程，并迅速地开展而取得成果。

河姆渡文化发轫滋长于钱塘江南岸的宁绍平原，聚落散布在滨江沿海和山麓下的平地和山坡上。这里是早期人类生活的丰富的食物采集区，很宜于早期人类生活和生产活动。河姆渡人本身居住的聚落，赋有优越的地理条件。这里海拔低，地下水位高，文化层长期浸泡水中，隔绝了土壤中的空气，大面积的腐殖质形成 4~5 度酸性成分，起着良好的防腐作用，使大量的文化遗存和品种丰富的动植物枝叶和遗骸，完好地保存下来。给我们留下探讨这一文化的珍贵资料。

根据发掘者的记录，河姆渡聚落遗址，分四个文化堆积层，第一、二层是晚期遗存，第三、四层是早期遗存，特别是第四层时间最早而包含物最丰富，是河姆渡文化得以命名的文化实体的存在层，代表了这一文化的主体文化面貌和模式。其内涵所体现的工艺技术之精，生产力水平之高和内涵的丰

---

[*] "采集农业"一词，是 1996 年初，田昌五同志与作者讨论问题时提出来的。我觉得他提的很有理论意义，并从实践中加以论证。

[①] 浙江省文物管理委员会、浙江省博物馆：《河姆渡遗址第一期发掘报告》，《考古学报》1978 年第 1 期；河姆渡遗址考古队：《浙江河姆渡遗址第二期发据的主要收获》，《文物》1980 年第 5 期。

富多彩，是任何一个稻作文化聚落遗存所不及的。所以，自发现 20 多年来，以其独特之内涵，丰富之埋藏，年代之久远和价值之珍贵而享誉学坛。

二、有关稻作农业文化的讯息及物化形态

河姆渡文化是早期稻作文化的遗存，其丰富的埋藏，给我们提供了这一文化完整模式的各种讯息和载体。

（一）保存了诸多与农业起源有关的植物标本和遗迹[①]

这里发现了丰富的稻作遗存，特别在主体文化堆积层中，普遍存在稻谷、谷壳、谷秆和枝叶的堆积，厚达 20~50 厘米，最厚达 1 米，有的还保存谷粒，有的已炭化，有的还保存叶、秆的原形，连壳上的秤毛和叶脉都依稀可见。其数量之多，保存之完好，实属罕见。经过鉴定，属于籼亚晚稻型水稻，是我国最古老的稻类实物遗存，此外还有野生稻种子、菱角、橡子、桃子、菌类、藻类、葫芦等植物，其中有些已为人们所栽培[②]。

（二）有一套木制、骨制和石制的稻作农业工具

其中木制和骨制工具特别突出，这是其他居址所缺乏或不多见的。它的数量多，且保存完整，有数千件之多，种类有耜、铲、刀、斧、锛、凿、镞、锥、针、锯、匕、桨等，其中以骨制的耜为最典型[③]。数量多，形制新颖，制工精巧，表示农业生产水平高。这种骨耜，是用大型哺乳动物的肩胛骨和胯骨制成的，是采用竖长安柄的方式使用，正面中间修出一道浅的凹槽，柄部有横穿的长方形銎，耜面刃上两侧穿凿两个圆孔，用以扎捆柄体，柄部手握部分做成了"T"字形或透雕成三角形把手，便于手持使用，是十分技巧而科学的工具。这种工具的作用，在水田中工作，能大大提高生产效率。它证明了河姆渡人是最早的耜耕农业者。

（三）制备了一套水乡定居生活的各种设备和条件

1. 干栏式的居室和聚落结构

河姆渡人居住的是栽桩架板式的干栏建筑，结构形制都相当进步，其营造技术，并不亚于今日南亚一带人住的干栏房屋。这种建筑是用圆柱、方柱和板桩作桩木，其上架横板和竖板，桩架交接处用卯榫套节，再上立柱，架梁，盖顶，高于地面。整个建筑呈长屋式。在早期遗存中，发现一座长 23、宽 7 米，前廊还有 1.3 米的过道，作西北-东南走向。这种建筑形式，体现了大家族式的社会组织。

另外还有一种居室是平地栽桩式的地面建筑，用木板垫作柱础，红烧土块和碎陶片铺地，层层加

---

① 游修龄：《对河姆渡遗址第四文化层出土稻谷和骨耜的几点看法》，《文物》1996 年第 8 期；宋兆麟：《河姆渡遗址出土骨耜的研究》，《考古》1979 年第 2 期。

② 浙江省博物馆自然组：《河姆渡遗址动植物遗存的鉴定研究》，《考古学报》1978 年第 1 期。

③ 宋兆麟：《河姆渡遗址出土骨耜的研究》，《考古》1979 年第 2 期。

垫打实，然后再在其上建筑，这是晚期的居室，这时可能气候变得干燥些，人们舍干栏而就平居。

在干栏建筑的遗存中，发现出数千件木质构件，这里面有长达 6 米，直径达 23 厘米的圆木立柱，板桩中有宽 10~50 厘米，厚 2~4 厘米的规则的板材。从其结构看，榫卯构件都是垂直相交。在承托木梁、屋梁柱头和柱脚上，还保留近似方形的榫头和卯眼。其中较进步的是燕尾榫和带销钉孔的榫，可以防止构件受拉脱榫，在两侧伸出规整的齿口的木板，还在两侧向里刳出了规整的齿口的木板，据建筑学家研究，这是高精度的密接拼板技术。

2. 来源多样的丰富的水乡生活资料

河姆渡人的生活资料，来源于居址附近丰富的自然库存。他们渔猎采集，获取各种品类的食物和衣着用品，主食是稻米，猎获的动物有 48 种之多，其中有十几种鸟类，七八种水生鱼类和蚌类，还有植物果实和叶茎、菱角、橡子等①，这些生活资料能充分满足人类体质需要的蛋白、脂肪和碳水化合物等营养素，对人们的体力和智力发育大有裨益，这也是河姆渡文化繁荣滋长的内在动力。

3. 轻便的水上交通工具

河姆渡人居住在水乡，河流纵横交错，湖泊沼泽相望，往来交通多靠水路，发现的木桨证明舟楫之制早已制备。

根据河姆渡人制木工艺水平和对机械原理的理解水平（从木构榫接技术中可知），不只是用木筏或独木舟，可能制造用木板结构的较大的船体，航行水中、聚落和部落之间，畅通无阻，甚至远航到近海岛屿和更远的地方去。河姆渡人是古越人的先驱，他们是潜水的能手，潜水捕鱼为其文化特点之一。越人重文身，其目的之一是在水中防鱼龙之害，所以习水性而乐于航海，是水乡民族的性格之一。对原始人来说，山林是交往的一大阻隔，而水甚至是汪洋大海，不仅阻挡不住他们之间的交往，而且能促其接触。因此，近海民族之富于冒险和开拓精神可以说是与生俱来的。

4. 简朴实用的一组日用生活器皿

河姆渡人的日用器皿，有形可据的是陶器。这些陶器，不算精美，造型古朴而很实用。从这些陶器上，表现出了河姆渡人独特的制陶工艺。她们创造的夹炭陶艺，在古代制陶工艺中独树一帜。这类陶器，是在烧造时，在陶土中羼和大量的草筋、植物杆碎叶和种子皮壳等有机物。烧成后，这些植物枝叶变成炭，陶器呈黑色，火候较低，器壁厚薄不匀，形制也不十分规整，表现出技术的原始性，器物种类以釜、罐、盆、盘、钵等常用器为主，还有少量的盂、豆和储火尊，此外还有器盖、器座。日常生活用的炊器、饮食器和储物器均有，以圜底器为多（原始性之一），主要器物是圜底釜，用支垫以供炊煮。这种支垫是河姆渡人的创造，以后向周围扩延，北可到淮海地区。可以想象，除陶器外，河姆渡人也用木制和编织的器物，其陶器中六角形口沿的盘，当是仿编织物或木制器物而制作的。

值得重视的是在这样的制陶工艺中，出现了彩陶，虽然是几块碎片，却不能忽视它的价值和意义。从迹象观察，彩陶制法，也较特别。它是在已饰绳纹或划纹的陶器外壁上，涂上一层稠浓的陶衣，打磨光滑后绘彩，烧成后，表面作灰白色的光亮面，纹彩则呈黑褐色或褐色。有着浓厚的地方特点，当为本地所制作。但从其纹样的风格看，很可能是与中原讯息交通后而制造的。这是我国稻作文化区最

① 浙江省博物馆自然组：《河姆渡遗址动植物遗存的鉴定研究》，《考古学报》1978 年第 1 期。

早的彩陶了。它的出现比白家文化的彩陶要晚数百年时间。

（四）有一套崇信的祭祀活动和信物

这些意识形态的物化形态，都体现在日用器物上并形之以图像，有陶器、象牙和骨板上刻划的动物和自然物的图像。过去总认为它们是一种艺术作品，实际它包含着寓意很深的观念形态，从已知的图像解释，至少有三种含义。

第一，祭祖意识，属图腾崇拜活动的遗留，主要是鸟类图形包含的寓意，有鸠和凤两种。这两种鸟是东南沿海地区，古代人们普遍的崇拜物①。这些崇拜物图像，总是作为氏族的标帜和徽号刻划于日用器物和法器上。

第二，生产性的祭祀活动（农业和渔猎采集活动），以农业祭祀活动为主（播种或收获季节）。表现这类活动的图像，有丛生的谷物，盆中栽种的植物，家畜类猪的图形，旁边还有侍祭的鱼或鸟。

第三，崇拜太阳的祭祀。这是吴汝祚同志最近提出的一种看法②。他认为，骨匕残柄雕刻的双头鸠中间的同心圆，就象征太阳。另一件双凤夹侍的周围有烈焰的同心圆也是太阳。这些图像，与中国古代的"鸟负日"的神话有联系。还有一个陶纺轮中间围绕圆孔，作一"十"字纹，外围以锯牙纹。根据民族学材料，这些符号是象征太阳和生命的，在纳西族东巴文中，太阳即"⊕"形，与此有相通之处。这些看法都值得重视。总之这些图形，有一定的含义，以已有的知识来说，较接近于这类崇拜。

意识形态上的种种表征物，说明在上层建筑领域里，和当时较丰富的物质生活一样，表现出思想范畴内的种种活动，根据不同目的、类别和需要而进行巫术祭仪活动。这种文化模式是氏族社会发展到一定时期的、相当普遍的社会意识形态。

三、有待探索的几个问题

河姆渡文化是发展阶段中的氏族部落文化，是相当成熟的稻作农业经济模式，这样一个典型的文化丛体，不论它存在多长时间，现在看来它还是孑然一身，与它相邻的诸文化及其特征，比较之下，尚难完全衔接起来，可以说"前无古人后无来者"，究竟这是文化系统的不同，还是发展阶段的断隔，都需要探索，对这个问题，学者多有论述，但未作定论。

就当前研究的现状看，长江下游的滨海地区，有两个主要的文化族群。一个是偏北的三角洲及太湖周围地区的马家浜文化传统，一个是杭州湾地区的河姆渡文化传统。前者是在这里占主导地位的文化族群，后者却是有创造业绩的先驱。在学者们的论述中，一般把河姆渡文化与罗家角文化遗存当成相并存的一个族群，发展的典型时期两者有较密切的关系，而后者的第一、二层堆积则和马家浜文化有密切关系。隔一杭州湾，两岸有如此不同的差异，是值得重视的。所以河姆渡文化的研究任务之一

---

① 石兴邦：《我国东方沿海和东南地区古代文化中的鸟类图像与鸟祖崇拜的有关问题》，《中国原始文化论集》，文物出版社，1989年，第234~266页。

② 吴汝祚：《略论长江、黄河流域史前时期的太阳神崇拜》，《华夏考古》1996年第3期。

是溯源追流。

（一）关于溯源问题

追溯河姆渡文化的源头，有两个途径，一个是陶器的祖源，二是农业起源。

关于陶器的祖源探索，是与农业定居生活相依伴发生和发展的，两者有较密切的联系。陶器是聚落生活的标示器，人们在定居后，必须解决炊煮和取水两件要事，陶器就应需而生。在一般聚落生活中都有陶器存在，它代表着一定的文化模式和经济生活的特点及地区的族群个性，各氏族部落都会相应地解决自己切身生活的问题，一旦突破，即蔓延开来，形成独具特征的文化类型品。

河姆渡文化的 ^{14}C 测年为距今 6960～6730 年，距今 7000 年左右，我们现在见到的陶器是跨了几个发展阶段而较为成熟的器用。根据已发现最早的陶器讯息，在它之前至少还有三四千年的发展历史。

中国陶器的起源，无疑是多源的。分布在各个文化形态下的氏族部落，以其自己地区的自然条件，生活习俗的需要和传统，而制造所需要的器用。目前全国发现几处 10000 至 12000 年前的陶器，各地区的文化各有特点，但其原始性和普遍型则是一致的。这些发现以南方稻作文化区的较多，所以在陶器的溯源问题上，在稻作农业文化中有最大的优势。

在稻作文化区发现较早的陶器遗址有广东英德的青塘遗址，距今 9000～7000 年，桂林的甑皮岩距今 9000～7600 年，特别是最近在万年仙人洞和吊桶杯遗址，出土的陶片距今有 10000 至 14000 年之久，是至今发现最早的陶器。这些陶片，胎体厚重，内夹粗砂，烧制火候低，表面用草具搓擦了紊乱的条纹装饰，多具陶制品原初形态的特征。还有一个地点是湖南道县寿雁镇白石寨村的玉蟾岩遗址[1]，也发现早期的陶片和打制石器。发现同志认为它是旧石器，以及人工干预的野生稻和初期栽培稻遗迹，时间距今 12000 年左右。这批资料我曾看过，有一大堆似为底器的底部，壁厚，色杂（黑褐夹灰褐，质松脆），内夹大砂粒，是用手捏成的，确为带原始性特征的陶器，我们把它视为最早的陶器标本。

从这些早期陶器的特点，与今日江西、湖南距今 7000～6000 年的陶器特征相比，相隔几个发展阶段，同样，河姆渡文化陶器的创始阶段可以上溯三四千年，从各地陶器特点看，都有自己的原初形态和特点。

制陶工艺专家，曾对中国早期陶器，作了分析研究[2]。专家认为，河姆渡和罗家角陶器，较之其他稻作文化早期遗存的陶器精致而进步。陶质的组成，除砂质陶和泥质陶外，还有颇有特色的夹炭陶和白陶。泥质陶以绢云母质黏土为原料，其中所含的绢云母晶片和石英颗粒都非常细。砂质陶是在绢云母质黏土中夹杂有颗粒较大的石英和长石。夹炭陶则是在绢云母黏土中夹有炭化的稻壳和植物的茎叶碎片，这种陶器中的 Fe_2O_3 含量只有 1.42%，比商代以高岭土为原料的白陶要低，而且也比后代的越窑青釉瓷还要低。这种较纯的绢云母质黏土，就是浙江地区后来烧制青瓷所用的原料。

从烧成的温度看，河姆渡陶器的烧成温度是 970℃～820℃，即 800℃～1000℃，根据实验研究，在

---

[1]　谷菽：《'95 全国十大考古新发现》，《文物天地》，1996 年第 2 期。

[2]　李家治、刘志刚、邓择群、梁宝鎏：《新石器时代早期陶器的研究——兼论中国陶器的起源》，《考古》1996 年第 5 期。

露天烧成的温度低。甑皮岩，仙人洞和青塘等处发现的陶器，从显微结构观察，陶片中的粗颗粒矿物角闪岩，云母石等结晶结构，保存十分完好，其温度大约在 600℃~700℃，而在窑内烧的裴李岗陶器（粟作文化系统）则在 820℃~920℃。河姆渡的陶温比裴李岗的还高，技术更为进步。但河姆渡陶器的原始性孑遗还是很明显的，如圜底器、袋囊形器和仿木及编织物（六角形口沿即仿物制品）的制品，还保留着。因此追溯河姆渡文化的陶器祖源，要以本地区所具有的自然条件和文化物中所利用自然条件的程度和工艺技术所显示的迹象来做探索。

探索陶器的原初形态与制陶方法是相关联的。一般人均依恩格斯提出编篮涂泥，经火烧过而成形以为制陶之始的说法，实际这是有据而合理的推测。事实上陶器的出现，是人们在生活实践中，经过多少次试验过程及设想而实现的。人们的创造往往是从自然的和人工制造的各种事物的形制，功能和制作技术的领悟而发明的，可以见知的有如仿效自然物如葫芦、颅骨的自然形状、皮囊和木制容器，在编织物中涂胶泥以防漏水，像几何印纹陶的形制及纹痕，只是远古制陶工艺中之孑遗。像在水乡的河姆渡人，当时用具在一些编织物涂泥以防漏水的事实是存在的，陶器的制法之一是采用这种办法有可能的，但不是因火烧后而偶发领悟而产生的，而是仿其形制而烧造的，恩格斯的说法是有民族学根据的。《事物的起源》（*Origin of things*）一书中，关于陶器的起源，说是仿照石制容器烧制的，又有一个故事说，人们用树叶卷起来盛水饮用的领悟而仿造的等等。人类最早使用的容器除自然物外，用石头制作是有可能的，对掌握制石技术的人，最早用石制造容器，比烧制陶器容易得多，但这必须在定居生活后，始能实现，我在希腊看到古代希腊墓葬里，为死者随葬一整套用石制的生活用的器皿。我想在生民初跻文化之域，用石头、木头和胶粘的泥土都做过容器，后来加火烧烤使之坚固而成陶制器皿。用火烧烤，使黏土硬坚成器，这在人们用火过程中是能体会到的。从发现早期的陶器形制中看，如玉蟾岩，陶器是随手捏成能容物的容器，形小而壁粗厚，后来技术进步了，才制造形美而壁薄的器物。

陶器发明的关键技术是火烧黏土使之成形而不至龟裂，所以在陶土中，加羼和料及掌握火候度，在人类原始技术史上，是弓箭发明之后的又一技术创造，这一创造对人类生活史的发展起了革命性的变化，这是人们在千万次的试误实验中得到验证才实现的，用火烧制陶器，是人类文化进步的一个标志，河姆渡人的这一技术，从后期的发展状态看，是相当早的，不会晚于其他氏族部落。

从河姆渡文化的陶器特点，以及与越系陶瓷的历史联系上看，它的发展序列是从夹炭陶—夹砂陶—泥质陶—几何印纹陶到原始瓷的出现，它是渊源有自而独成传统的陶瓷文化体系，应有一个发展过程。我们的任务是追溯夹炭陶之前的初始阶段的粗厚而质朴的原始陶，只要探索寻觅，问题是能够解决的。

初民社会的人把火广泛地使用于生活方面，是在烧制陶器成功之后，因为陶器成形后，知道了火作用于泥土会发生的有益效应，最早用火炊煮，烧烤食品，烧造陶器，烧红烧土块（有砖的功能），以铺垫场地，烘烤居室以加固建筑等等，作了不少推进文化发展的创造活动。

（二）关于农业的起源

解决中国稻作农业起源，长江中下游和东南沿海地区是最有希望的地区，目前发现较早稻作起源证据的是在长江中游，有两个地点①：即前面讲的仙人洞和玉蟾岩。仙人洞和吊桶环的孢粉中，发现了类似水稻的扁形体，为探索稻作农业起源提供了重要线索，在玉蟾岩遗址，发现两种稻谷遗存：一种是人工初期干预的野生稻；一种是栽培稻，兼具野生稻，籼稻，粳稻的特征，为一种由野生稻向栽培稻演化的古栽培稻类型，这是当前发现世界上年代最早的栽培稻品种，为水稻起源于我国增加了新的力证。

在我国南方野生稻普遍存在的情况下，水稻起源当是分头的，从现在稻作文化的资料讲，在河姆渡文化系统中找寻水稻起源较之其他稻作文化区当更有希望。

从理论上讲，实际上也是如此，栽培农业之前，还有一个"采集农业"阶段，它是高级采猎文化向农业文化发展的一个过渡阶段；第一，丰富的食物采集文化区的活动；是产生农业文化的重要条件，这两点河姆渡文化都具备。所以从河姆渡文化传统中，探索水稻起源的优势是，它所处的生态环境，是适于早期农业文化发展的丰富的食物采集地带；第二，它本身丰富的稻作农业文化内涵，有一定的文化模式规范，能规律地探讨它的来龙去脉。

"采集农业"的存在与丰富的食物产区是相联系的。

美国学者索尔（Carl O. Sauer）提出有关农业起源和传播学的一种新学说②，农业不是起源于贫瘠的食品缺乏的地区，因为在经常饥荒的情况下，人们无暇、也无力量从事有较长时间的试验或试误而获取食物的农业耕作。只有在较好的环境内，有丰富的食品来源，才能以选择的方式改进植物，以获取较好的不同的食物来源。所以农业的发明与出现"只能由在饥馑的水平之上有相当的余地来生活的人们来达到的"。这种富裕食物采集民族或部落领域是能够达到向农业转变任务的理想环境。索尔认为东南亚是具有农业最初起源的必要条件，植物和动物之显著的复杂性，以及具有淡水食物资源的森林、丘陵和山地的环境。他描写这些最早农人的生活图景是，"在淡水河边，温和气候之下生活进步的渔民……许多水路作为与其他村落彼此交往的路线，也就是新想法的交换与成长的路线……水禽，河边的哺乳动物，以及水边的植物，使得食物不致单调。树枝和纤维用来作渔网和绳索，而且合适的木材可用来作船舟和木桨。"

索尔所谈的东南亚的生态环境，和我国东南沿海地区是类同的，是属同一类型的生态环境区。把东南亚早期农人的这一段描述，换成河姆渡遗址（任何东南沿海一个遗址都可以）那将是十分合宜的。

索尔所说的早期农业垦殖者的环境，正好与河姆渡人的生活环境相同，是典型的丰富的食物采集文化环境。河姆渡聚落揭示出我国稻作先民，从事采集农业过渡到耕植农业的一个试验场地，在这里给我们提供了一些参考。

用于物质生活资料的丰富的动物资源③。包括家生的、野生的动物有狗、猪、水牛、羊、梅花鹿、

---

① 谷荻：《'95 全国十大考古新发现》，《文物天地》1996 年第 2 期。
② Carl Sauer：*Agreculture origins and Disporsals*，Cambridge：The MIT Press, 1969, pp. 20-24.（引自张光直：《中国考古学论文集》（台北）联经出版社 1995 年版，第 157～163 页，论述在《中国东南海岸的〈富裕的食物采集文化〉》一文）。
③ 浙江省博物馆自然组：《河姆渡遗址动植物遗存的鉴定研究》，《考古学报》1978 年第 1 期。

麋（四不像鹿）、水鹿、犀牛、象、虎、黑熊、貉、青鼬、猪獾、水獭、猫、灵猫、狸、黑鼠、豪猪、穿山甲等类。

鸟类有鹈鹕、鸬鹚、鹭、鹤、野鸭、雁、鸦、鹰。

鱼类有鲤、鲫、青鱼、鲶、黄颡鱼、鳢、裸顶鲷、鲻鱼。

爬虫类有扬子鳄、乌龟、鳖。

蚌类有无齿蚌等。

植物性的食物有稻类、葫芦、菱角、酸枣、橡子、栎、苦槠、天仙果、细叶香桂、山鸡椒、江浙钓樟等，这些植物都是属于亚热带常绿落叶阔叶林植被的组成部分。从孢粉分析得出结果，河姆渡比现在温暖，气温相当于今日两广和云南地区，水域广阔，湖泊相连，森林茂密发育，林下多繁衍热带蕨类，为人类提供了丰富的食物①。

植物学家李惠林先生认为②，这个地区的水生植物的菱角、茨菇、荸荠、菰、芹、茭、蕹、蒲和灯芯草等作物，在这一地区发展成为一种特殊的农业系统，即湿地农业，称为水植农业（Aquaculture）。这些作物，供给丰富的淀粉、糖质，富有蛋白质的果实、种子或多肉的地下茎，即在今日仍为主要作物被使用，在中国为人工栽培驯化为家生作物。

河姆渡人广泛地利用了附近环境所提供的条件。被森林覆的丘陵，布满沼泽的平原和淡水湖等各种地形中非常丰富的动、植物资源，创造了我国稻作农业文化的采集阶段而过渡到耕植阶段。

在河姆渡遗存中，发现的植物性食物中，由人工栽培的品种最多，水稻只是其中的一种。在其他任何一种稻作聚落文化遗存中，都没有它这样丰富而典型。李惠林先生所提出的水植农业，我想应该就是稻作农业的采集阶段。在这个阶段中，从诸多栽培物中选择最优良而稳定的品种水稻加以耕植是很自然的事，因此，在丰富的食物采集地区、农业的发展是经过采集农业阶段。

如何去找索这个"采集农业"阶段的源头呢。根据植物孢粉分析的证据来看，在距今10000~7000年期间，长江下游的自然环境没有多大变化，河姆渡人的先民在这样的环境中持续生活了三四千年，他们在改造自然的创造性劳动上，一定会留下足迹和创造品，因此，寻找河姆渡稻作文化的原初形态就在几个方面。

附近的宁绍平原，再扩大到三角洲地带，对同样性质的文化遗存作深入的发掘和研究，不断地整合它们发展的序列。特别要多学科地分析研究发现物中之迹象和性质，以要充实和纠正我们对之不断发展的正确认识，以求取得最佳成果的解释。

已有的证据证明，在农业文化之前，我国普遍存在过一个采猎经济时代。这一时代的特点是以细石器工具为特征的高级采集经济，农业是从它的发展实现的。因此，在长江下游特别是宁绍平原及其附近作一深入地勘查，寻找细石器文化遗存，并对洞穴遗迹特加重视，美洲玉米的最早遗迹是在洞穴堆积中发现的。上述我国其他几种早期遗存也如此。如果在这方面有所突破，那将有巨大的理论意义。

---

① 宋兆麟：《河姆渡遗址出土骨耜的研究》，《考古》1979 年第 2 期。

② Han-Lui Li："The demestication of plants in China：Elogeographical consideration" in *The Origins of Chinese Civilization*，ed. by David N. Reightly，University of California Press，1983，pp. 43-46.（引自张光直：《中国考古学论文集》（台北）联经出版社 1995 年版，第 161、162 页，论述在《中国东南海岸的〈富裕的食物采集文化〉》一文）。

研究了河姆渡文化发展情况，并相应地考察了其他各氏族部落文化。相较之下，我觉得河姆渡文化繁荣滋长的宁绍平原及其附近，与仰韶文化繁衍生息的渭水河谷的关中平原是稻、粟两大农作物诞生的摇篮，因为它们具有同样典型而不同类型的丰富的文化内涵，同样优越而不同特点的适于早期农业发展的生态环境。即适于采集农业发展的生物学条件。河姆渡已如上述，这里不再重述，仰韶文化与关中地区也是同型同格。在黄河流域再找不出像关中盆地那样形胜富庶之区，当时关中气候与今日长江流域相类，温暖而湿润，在东西狭长的小盆地中，横贯一条大河，两侧由数十条大小不同的羽状溪流汇注其中，集中散穿在两岸不同高程的肥美原地之间。关中平原所呈现的山川河流、湖泊沼泽，一应俱有。每组溪流谷地，均可视为粮仓菜地，滋养着世世代代的仰韶儿女，成为粟作农业文化中，最丰富的食物采集区。由采集而跻于栽培的作物品种也多，有粟、黍、油菜、白菜和芥菜等富有营养价值的食物，健壮着居民的体质和智力发育，不断地促进文化的发展，终于成长为中华原始文化共同体中的主体组成部分。

我们把这样的探索，再广延到全国其他氏族聚落文化发展的中心地区，如河洛地区、江汉地区、海岱地区、淮海地区、湘赣地区、陇右地区、燕辽地区、闽台地区和珠江三角洲地区等。我们就会找到更多的采集农业文化区，我们找到的源头越多，对其文化覆盖面及其内涵，了解的越广越深，族系间的融合关系越清楚，文化上的独创与借用，交流与传播的规律性也就越明确。这样，不论在指导研究实践，还是理论概括方面，都是很有意义的。

（三）关于追流问题

河姆渡文化的发展去向问题，也可从两方面考虑。一方面是原生文化的地区性承传，另一方面是衍生支系的分流和传播。关于前者，遗存本身晚期堆积层中，文化相似的一些因子与马家浜文化有相当明显的同一性，表现其两者之间有密切的关系，虽然中间还不能完全整合起来，但发展的趋势，当是融合马家浜文化传统之中，则是合理的，这一点，牟永抗同志在《论河姆渡文化》[①] 一文中，已作了详细的论证，兹不多赘。两支文化熔铸在一起，必然会产生历史冲力和创造活力，会促进文化的迅速发展。这就产生了后来成为东南地区文明中心的良渚文化族群，他们在先驱们最早垦殖的这堆土地上，创造了一系列值得辉耀的文化珍贵品——玉器、原始瓷和金属制品，代表中国文明产生时代的重要标志。在进入历史时期后，这里一直是中国农业上最富庶，经济上最富饶，文化上最进步和繁荣的地区。造成这样的历史必然，是优越的自然环境与人文智慧创造性的结合而出现的历史业绩。

至于文化的分流和传播问题，不少资料提供的线索，东方沿海地区的古代居民，其主要移徙方向，是附近海域和西南地区，即历史上古代越僚族系活动的地域，即今日江苏南部、浙江、福建、台湾、江西和两广地区。可据以探索的文化内涵有四方面。

第一，有干栏建筑结构形式及其工艺特点的文化遗存，工艺技术特点是有承传性的。形式结构是一定文化模式和生活方式的反映。虽辗转迁移，多保持固有特点。

---

① 牟永抗：《试论河姆渡文化》，《中国考古学会第一次年会论文集（1979）》，文物出版社，1980 年，第 97～100 页。

第二，在有鸟类崇拜的文化遗存中探索，特别有鸠和凤类的遗存，这种意识形态的特征，往往比物质文化因素保存的牢固而长久。

第三，保存或采用耜耕农业的聚落文化中探索。相同的生产工具与生产方式联系在一起，是有承传保守性的。

第四，日用器皿的典型性，与生活习俗和饮食习惯有关，是文化面貌的照片，最有典型代表性。

在文化分流过程中，同样的文化族群，因时移地异，不一定所有几种因素同存于一个聚落中，存在一二种或三四种亦可探其历史联系，究其移徙路线和时代序列。对古代越人先民的历史研究特别有价值。

科学的发展，总是不断前进的，考古学领域的诸多难题，也随着工作不断深入发展，逐渐为人们认识。新的发现，不断丰富和深化我们对问题看法和认识。新的科技手段和取得的成果，把古代文化与自然交互作用的辩证关系的规律性也揭示出来，新的科研成果，也不断启示和提出深层次问题，使我们能有更广阔的学术视野和更深邃的理论来探讨阐明问题，河姆渡文化所涉及的农业起源问题，每个文化传统都会提出一些值得探索的问题。这样，我们就会对一系列提出问题，不断地探索，逐步会得到较彻底的理解和认识。

（原载《河姆渡文化研究》，杭州大学出版社，1998 年）

塔山下层墓地与塔山文化

蒋乐平

一

塔山下层墓地存在三个墓葬组别。较具代表性的是甲、乙两组，甲组一律为泥质红陶豆，乙组则以绳纹釜为主要，陶器随葬品泾渭分明，各不相属。我们曾以之作为马家浜文化、河姆渡文化共同参与象山半岛（亦指距今 6000 年后的宁绍地区）开发的重要证据进行认识[1]。无疑，这一判断对于正确把握宁绍地区史前史很有意义，在考古学上，则关涉争论已久的河姆渡遗址第二层内涵的性质界定[2]。塔山下层墓地是宁绍地区迄今所发现的最具规模的新石器时代墓地资料。作为发掘者有必要针对《报告》（指《象山县塔山遗址第一、二期发掘》，下同）未能深入的方面作进一步的阐释与分析。

（一）墓葬的组别特征

甲组　包括 M3、M6、M11、M12、M14、M17、M21、M32、M34、M35、M36、M37、M38、M39、M54、M56 共 16 座。位置集中在墓区的西南侧（图一），墓向东偏南（100°~135°），泥质红陶喇叭形圈足豆是唯一的陶器随葬品，数量 1~3 件。此外，M11、M17、M34、M37 另随葬 1 件玉玦，M14 另随葬 1 件玉管。M10 的位置、随葬品两方面同甲组，墓向东偏北；M3 仅见 1 件玉管（图二）。

乙组　包括 M2、M15、M18、M19、M20、M22、M23、M24、M26、M31、M33 共 11 座。分布于墓地东北部，墓向东或东偏北（65°~95°）。随葬品一般为釜、盆、钵的组合，以绳纹釜为主要。另外亦见石凿、玉玦、陶壶、陶豆等随葬品。陶豆的形态与甲组豆绝不相类。M23 有 1 件盆形鼎，但三足齐根断去，充作盆用（图三）。

丙组　分布偏于中部位置，墓向不一致（17°~140°）。随葬品既不见甲组的豆，亦不见乙组的釜，

---

① 浙江省文物考古研究所、象山县文物管理委员会：《象山县塔山遗址第一、二期发掘》，《浙江省文物考古研究所学刊》，长征出版社，1997 年。

② 河姆渡文化主要有两种分歧意见。一种认为河姆渡遗址四至一层统属河姆渡文化，另一种认为仅指河姆渡遗址四、三层，分歧的要点即是对河姆渡遗址二层内涵的不同认识角度，参见浙江省文物管理委员会、浙江省博物馆：《河姆渡遗址第一期发掘报告》，《考古学报》1978 年第 1 期；刘军：《河姆渡文化再认识》，牟永抗：《浙江新石器时代文化的初步认识》，两篇论文均见《中国考古学会第三次年会论文集（1981）》，文物出版社，1984 年；汪济英：《良渚文化的回顾与探讨》，《良渚文化》，余杭县政协文史资料委员会编，1987 年。

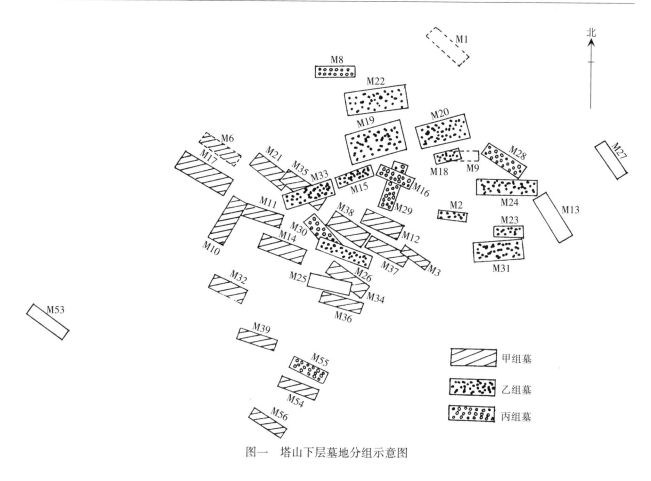

图一　塔山下层墓地分组示意图

本身缺乏统一的特征，包括 M8、M16、M28、M29、M30、M55 共 6 座。M30 被破坏，随葬品仅见 1 件器盖，形状与 M29 出土的鼎盖相似，故归入同组。丙组墓的主要随葬品为罐、豆（与甲、乙组豆亦非同类），出 1 件鼎（图四）。

　　没有随葬品的 M1、M9、M13、M25、M27、M53 共 6 座墓中，除 M9、M25 外，均分布于墓区外围，可能是一种特葬现象①。

（二）甲组墓的陶器随葬品

　　泥质红陶喇叭形圈足豆，在太湖流域马家浜文化中已形成特定的概念，含三方面特征。1. 弧腹钵式豆为主，圈足呈细高柄喇叭形。2. 泥质红陶胎，少部分夹细沙，外表比内胎颜色更深，出土时多见剥落，似涂有一层红衣，豆盘内壁多为黑色，这一特征通常被描述为"外红里黑"。所谓"里黑"，其实是覆置状态下还原焰的烧制结果，黏附力极强，与"外红"原因有别。3. 镂孔是常见装饰，一般为圆形小孔，见于圈足中下部位。豆盘的口沿面，亦可见到长方形或椭圆形的凹孔。少量器物的豆柄位置，起一周凸棱。由于发表材料不够详尽，诸项特征难作统计性说明。

----

　　①　关于特葬墓问题，王仁湘先生在《我国新石器时代墓葬方向问题》一文中有附论，《中国原始文化论集》，文物出版社，1989 年。

图二　塔山下层甲组墓葬随葬品举例

　　草鞋山①、梅堰②、圩墩③等遗址（墓葬）中，这类豆的出土数量很多，是马家浜文化的典型器。在时间上，草鞋山⑩层和圩墩早期墓葬最早出现这类豆，^{14}C 测定年代为距今 6200 多年。在钱塘江以南，河姆渡遗址二层始见这类豆，该层的年代不会超过距今 5900 年④。因此，将这类豆在宁绍地区的

①　南京博物院：《江苏吴县草鞋山遗址》，《文物资料丛刊（3）》，文物出版社，1980 年。
②　江苏省文物工作队：《江苏吴江梅堰新石器时代遗址》，《考古》1963 年第 6 期。
③　江苏省圩墩遗址考古发掘队：《常州圩墩遗址第五次发掘报告》，《东南文化》1995 年第 4 期。
④　中国社会科学院考古研究所：《中国考古学中碳十四年代数据集》，文物出版社，1983 年，第 52~53 页。

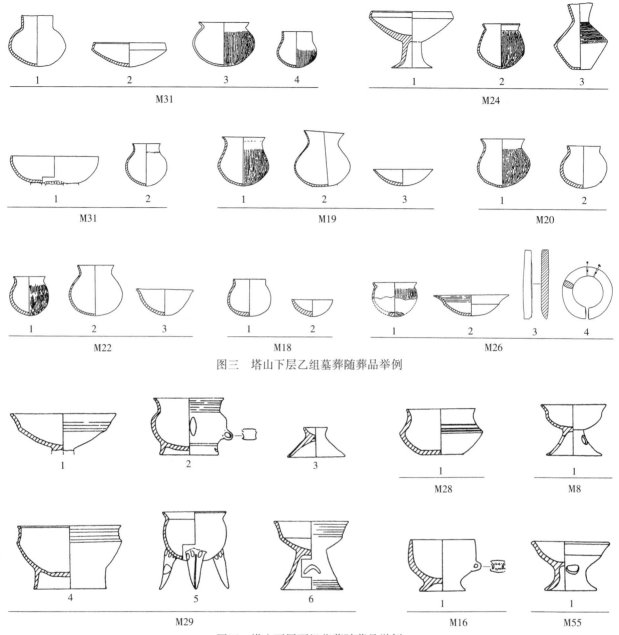

图三　塔山下层乙组墓葬随葬品举例

图四　塔山下层丙组墓葬随葬品举例

出现视作马家浜文化因素的向南传播，是当然之结论。之后，慈湖①、名山后②、小东门③、塔山等遗址又陆续发现这类豆，成为宁绍地区该阶段新石器时代文化的典型器物。但特征与太湖地区相比，有所差异。名山后遗址出土的这类陶豆，除镂饰小圆孔，还多见楔形镂孔，凸棱纹的圈足，则一件未见。

　　①　浙江省文物考古研究所：《宁波慈湖遗址发掘简报》，《浙江省文物考古研究所学刊》，科学出版社，1993 年。

　　②　名山后遗址考古发掘队：《奉化名山后遗址第一期发掘主要收获》，《浙江省文物考古研究所学刊》，科学出版社 1993 年。名山后遗址在 1991 年作第二期发掘，两期发掘的正式报告（简报）均未发表。

　　③　浙江省文物考古研究所发掘资料，1993 年。后以《宁波慈城小东门遗址发掘简报》，刊于《东南文化》，2002 年第 9 期。（编者注）

另外，还见到一定数量的折腹盆式豆。

塔山下层甲组墓随葬的陶豆，共计19件，其中具备外红里黑特征的有6件。这6件中，4件为唇部呈勾突状的浅斜腹钵式豆，2件为折腹盆式豆，制作均甚规整。另13件中，有2件的豆盘内壁上圈不施红衣，余10件均为内外一致的红衣陶。镂孔装饰方面，只有1件不见镂孔，单饰楔形孔1件，楔形孔与小圆孔组合1件，单饰小圆孔14件，分单孔、双孔、三孔组合等形式。因残破不能明确的2件。

比较钱塘江两岸泥质红陶豆的形态特征，具有本质的共同点，但也出现变异现象。需要指出的是，塔山甲组墓未见"里黑"特征的陶豆造型均不规整，豆盘部分有较明显的捏制痕迹。可见作为明器的随葬品用途，也是造成甲组豆个性特点的原因之一。

（三）乙组墓的陶器随葬品

绳纹陶釜是河姆渡文化的传统炊器。河姆渡遗址四、三层中，釜的主要形态为敛口（盘口）有脊釜，底腹部拍印绳纹，颈口位置常见谷粒纹、贝齿纹、树叶纹等，十分特殊，在同时期的史前考古学文化中，构成独具一格的面貌。一般认为，有脊釜在河姆渡遗址三层以后已趋消亡，二层中取而代之的是较简明的侈口圜底釜，这两种釜在形态上有继承关系，但尚存在"缺环"①。实际上，敛口有脊釜在河姆渡遗址二层阶段并未消失，同时期的名山后遗址⑫~⑩层、塔山遗址⑨、⑧层仍有出土，由于这两个遗址没有更早的地层单位，时间性十分明确。与之相应，侈口（无脊）圜底釜的基本形态在河姆渡遗址四、三层中早已出现。因此，河姆渡遗址中陶釜可分两大型，即敛口有脊釜和侈口无脊釜，前者在四、三层是典型器，后者在二层以后成为主要的炊器形态，两者各成系列②。

塔山下层乙组墓中，绳纹釜的基本特征为侈口、卷沿、瘦高，M26、M24陶釜有折沿、矮身的倾向，具备河姆渡遗址三、二层的过渡性特征。乙组墓随葬品中，另有一种素面的侈口圜底夹砂陶器，《报告》中亦称之为釜，但其中1件（M19：2）的圜底部有一圈足印痕。类似情形如M23的盆形鼎，断去三足，两者均宜视为釜、盆的替代物，以合乎一种特殊的观念形态。因为鼎不属于河姆渡文化传统炊器，而釜则是河姆渡文化陶器的典型。这种"削足适履"的变通方式强调了甲、乙组别区分的文化象征意义。

（四）丙组墓的随葬品

丙组墓的组别概念较勉强，随葬品有鼎、豆、罐，但没有固定的组合形式，唯不见甲组豆、乙组釜，墓向、分布亦未见规律。M29随葬品较多，陶鼎属马家浜文化传统③。陶罐器表橙黄光亮，矮圈足上镂月牙形镂孔，腹部又饰橄榄形凹窝，这些特征前所未见。陶豆M29：6、陶罐M28：1亦具有器表橙黄光洁的共同性。陶豆M29：6圈足有瓦棱纹，与河姆渡遗址四层豆有共同点。另外，陶豆M8：1、

① 有关观点主要见于下列文章：浙江省文物管理委员会、浙江省博物馆：《河姆渡遗址第一期发掘报告》，《考古学报》1978年第1期；刘军《河姆渡文化再认识》，牟永抗《浙江新石器时代文化的初步认识》，两篇论文均见《中国考古学会第三次年会论文集（1981）》，文物出版社1984年。

② 蒋乐平：《浙江史前文化演进的形态与轨迹》，《南方文物》1996年第4期。

③ 陶鼎在马家浜文化中始见于草鞋山遗址⑨层及圩墩遗址早期墓葬，距今6000余年。

M55：1均呈矮身夹炭质，也应视作河姆渡文化传统。综之，在文化因素上，丙组墓具有不同于甲、乙两组的复杂性。

从上面分析，塔山下层墓地的主要随葬品体现了河姆渡文化、马家浜文化这两种不同的文化传统在宁绍地区相持和交融的状态（图五）。

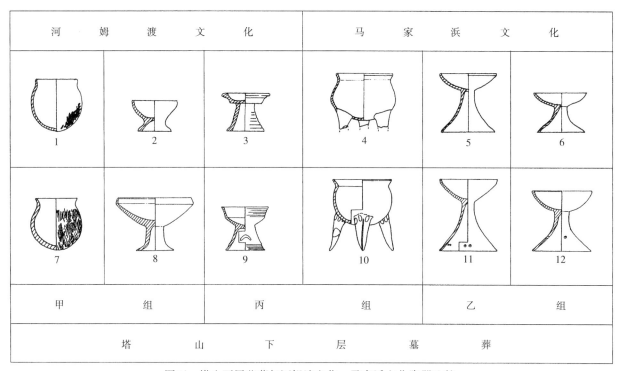

图五　塔山下层墓葬与河姆渡文化、马家浜文化陶器比较

1. 河姆渡遗址 T242④B：84　2. 河姆渡遗址 H27：1　3. 河姆渡遗址 T211④B：447　4. 草鞋山遗址⑧、⑨层墓葬　5. 草鞋山遗址⑧、⑨层墓葬　6. 吴家埠遗址 T43：5　7. 塔山遗址下层 M22：1　8. 塔山遗址下层 M42：1　9. 塔山遗址下层 M29：1　10. 塔山遗址下层 M29：5　11. 塔山遗址下层 M32：1　12. 塔山遗址下层 M54：2

（五）墓地的形成过程蠡测

甲、乙两组分处墓地的西南、东北部，中部位置相对密集。具体的分布规律为，打破甲组或深入甲组分布区的乙组墓均显示较晚的特征；被打破或分布于中心密集区的甲组墓则显示较早的特征。分析如下。

甲组墓　《报告》中 A、B 型豆的式别变化，基本对应了埋葬次序。规律有二。

第一，B 型豆的式别变化是豆盘由浅变深，由此窥见甲组墓的埋葬次序为由北向南。例如，靠北的 M37、M38 所出土豆盘较浅，稍南的 M34、M36 出土的豆盘稍深，最南的 M54、M56 的则口沿微敛。

第二，较晚墓葬开始偏离埋葬规则，表现在墓向上，A Ⅲ豆出于 M10，墓向东偏北，是甲组墓中唯一偏离主向的一座。M10→M11 的打破关系间接证明了这点。

乙组墓　表现为绳纹釜的型式变化以及与其他器类的组合关系上，规律有三。

第一，由北而南，陶器随葬品的组合由固定变随意。靠北的 M22、M19、M20 均随葬两件陶釜，一件饰绳纹，一件为素面，另添盘、钵等器，特别是一绳纹、一素面的双釜组合，耐人寻味。偏南的M24 不见素面釜，M31 出两件绳纹釜，M26 不见素面釜，多壶、凿、玦等随葬品。

第二，陶釜特征从卷沿向折沿、从瘦高向肥矮的式别变化，也呈现由北而南的分布趋向。靠北的M22 等墓中釜的形态是翻沿瘦高型，M24 陶釜始显折沿，M25、M31 陶釜形态明显肥矮，口沿亦均近折。

第三，晚期墓墓向随意化。墓向东偏北是乙组墓较稳定的特征，但 M26 是个例外。上面已作分析，M26 是乙组墓中较晚的 1 座。

丙组墓　随葬品、墓向、分布三方面均缺乏整体性特征，有悖于甲、乙两组墓葬为主体构成的、有较严格规范的墓地性质。丙组墓应该是墓地形成的晚期以后加入的。乙组墓 M26 打破了丙组墓 M30，这一现象可作两方面解释，M26 在乙组墓中已属晚期，说明丙组墓加入时乙组墓仍在沿用这一墓地。另外，M30 作为丙组墓之一，仅因为随葬 1 件与 M29∶3 相似的器盖，其组别归属尚有模糊性。

分处于墓地西南和东北部的甲、乙两组，埋葬过程均为由北向南。甲组的早期墓与乙组的晚期墓便相对集中于中部位置，更因为丙组墓的插入，终于造成塔山下层墓地中心密集、四周稀散的分布特点。

这样，在设定甲、乙组同时享用塔山墓地的前提下，可择典型墓例，将墓地的形成（埋葬）过程做粗略的阶段性划分（表1）。

表 1　塔山下层墓葬分期概略

期别　＼　组别	甲	乙	丙
早	M21 M35 M38 M37	M22 M19 M18	
中	M17 M11 M14 M34 M36	M24 M18	
晚	M54 M56 M10	M31 M26	M29 M8 M55 M16

二

新石器时代，塔山遗址所在宁绍地区是一个相对独立的文化区域。考古工作始于 20 世纪 70 年代。但在相当长的一段时期内，河姆渡遗址是唯一经科学发掘的遗址，河姆渡文化也成了该地区新石器时代文化的代名词。实际上，对河姆渡文化的认识一直是有分歧的。一种意见认为河姆渡遗址第四至一层统属河姆渡文化①，另一种意见认为河姆渡文化仅指河姆渡遗址四、三层内涵②。前种意见也注意到

① 浙江省文物管理委员会、浙江省博物馆：《河姆渡遗址第一期发掘报告》，《考古学报》1978 年第 1 期；刘军《河姆渡文化再认识》，牟永抗《浙江新石器时代文化的初步认识》，两篇论文均见《中国考古学会第三次年会论文集（1981）》，文物出版社，1984 年。

② 汪济英：《良渚文化的回顾与探讨》，《良渚文化》，余杭县政协文史资料委员会编，1987 年。

遗址三、二层间的差异，但认为这种差异的原因为存在"文化缺环"。在这一认识的趋导下，完善河姆渡文化的首要任务是寻找适时的遗存内容去填补"缺环"——这是一种典型的文化发展"渐变"观念所主导的认识方式。后种意见关注的是河姆渡遗址二层中出现的浓厚的马家浜文化因素，但简单地归之为马家浜文化，依然失之片面。侈口绳纹釜与素面腰沿釜的形态差别及其在各自文化中的重要位置一目了然，不容混淆。考古学作为一门实证的科学，资料的局限往往无法超越，"传播""影响"等描述文化间相互关系的一般性概念，在对具体的文化性质的界定上，就显得空洞、抽象。在这一意义上，塔山下层墓地的发现，或可成为宁绍地区史前史研究的里程碑。

塔山下层墓地的墓葬分组现象与墓主人的年龄、性别无关，随葬品亦无多寡之分，可见与社会等级亦无关。所对应的是一种血缘-族属关系，当无异疑。元君庙墓地在分期的基础上，按埋葬顺序，在有规律的五排墓葬中分出两组，但随葬品与墓向均基本一致[①]。可以肯定，同一墓地确实存在血缘为基础的墓葬分组。检视新石器时代墓葬资料，同一墓地一般归属同一文化并体现相同的埋葬制度。王仁湘就墓向问题综合了大量资料[②]，发现同一墓地墓向相异的情况极少，湖北下王岗墓地是一例。该墓地分为两个墓区，墓向分别为北向与东向，这一现象未能得到很好的解释。墓葬分组所体现的社会关系应该是多层次的。元君庙墓地对应的是氏族这一等级。塔山下层墓地的墓区、墓向、随葬品确立墓葬分组，尤其是甲、乙两组主要陶器随葬品截然分属于马家浜文化和河姆渡文化传统，应当反映了两个文化共同体在地域拓展中的一种相遇和不完全的相融状态。他们共同拥有一个墓地、一个村落，但又未能放弃各自的传统属性。这一重要资料正说明了马家浜文化因素在这一阶段突入宁绍地区，不是笼统意义上的"传播""影响"，而是伴随族体迁徙行为的文化开发。两种不同的文化势力均为宁绍地区史前文化新时期的创造者。这种考古学文化的特殊构成证明了以塔山遗址下层、河姆渡遗址二层等遗存内涵为代表的文化类型已不能简单归属河姆渡文化或马家浜文化。鉴于塔山下层墓地为解决这一延年已久的学术问题上所提供资料的特殊价值，我们建议将宁绍地区这一阶段的考古学文化直接命名为塔山文化。

下面从文化特征、地域分布、存在年代三方面对塔山文化进行考察，求证其独立于河姆渡文化、马家浜文化的文化性质。

（一）文化特征

由于塔山文化的特殊构成，必须充分关注河姆渡文化、马家浜文化两种因素的介入形式，在此基础上掌握作为独立考古学文化的本身面貌。

釜、豆、鼎、罐、盉、簋以及釜支座是塔山文化的典型陶器。釜、豆、鼎已在前面作重点分析。釜的基本形态是侈口（卷沿或折沿）圜底饰绳纹。多角沿釜是其变式，纵截面与一般陶釜完全一致，唯沿面呈多角瓣。多角沿釜是塔山文化带自身特点的器物，但这种多角瓣的形式在河姆渡文化陶釜的腰沿和陶盘的口沿位置曾经出现过，可见也存在间接的借鉴。陶鼎的绳纹形式亦不见于马家浜文化。

---

①　北京大学历史系考古教研室：《元君庙仰韶墓地》，文物出版社，1983年。

②　王仁湘：《我国新石器时代墓葬方向问题》，《中国原始文化论集》，文物出版社，1989年。

陶盉分平底、袋足、垂囊式三种，据研究，平底盉源自河姆渡文化，袋足盉是从马家浜文化发展而来①。垂囊盉则属于塔山文化独有的器形。罐的牛鼻耳形式在河姆渡文化、马家浜文化中均普遍存在，文化属性尚欠模糊。箅是容易被忽视的重要器物，河姆渡遗址一期发掘简报称之为盆②，名山后、塔山遗址均有发现，形态比较一致。这一器类纯粹地表现为夹细砂黑陶质，在塔山文化中可谓独一无二，这时期陶胎呈黑色的尚有夹炭陶和少量混杂炭质的夹砂陶，但器表均呈红色或黄褐色，唯有这类箅形器为胎、表如一且制作规整的黑陶夹细砂质。豆的主要形态为泥质红陶喇叭形圈足豆，已作介绍。在名山后遗址的地层中，这类豆的表现形式略为复杂，分为细泥陶的瘦高型和粗泥陶的偏矮型两种。后者沿面普遍较宽，并饰椭圆形或长方形的凹槽，这一特征近似马家浜文化（图六）。

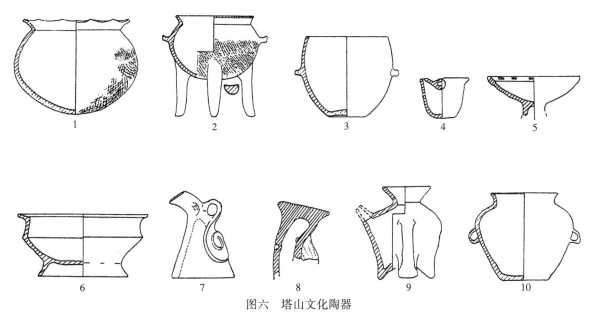

图六　塔山文化陶器

1. 名山后遗址 T0914⑩：2　2. 名山后遗址 H23：3　3. 名山后遗址 T1614⑩：2　4. 河姆渡遗址②：19　5. 名山后遗址 H2：2　6. 河姆渡遗址 T35②：55　7. 河姆渡遗址②：85　8. 河姆渡遗址②：219　9. 名山后遗址 T1514⑩：1　10. 名山后遗址 H22：1

夹砂红褐陶与泥质红陶是塔山文化陶器的两大陶系，但夹炭陶仍有相当比例，这也是异于同时期马家浜文化之处。石、玉器如斧、锛、凿、玦，与马家浜文化几无差别。值得一提的是，塔山文化诸遗址中磨石的出土数量普遍较多。

在葬俗上，河姆渡文化似流行十分特殊的侧身屈肢葬，偶见仰身，头向东。马家浜文化盛行俯身葬，头向北。塔山文化流行仰身直肢葬与二次葬，头向偏东。

塔山文化确立以前，河姆渡遗址二层内涵是更为学术界熟悉的文化类型。因此，关于塔山文化与河姆渡文化、马家浜文化异同的一般性比较，实际上早已形成热点③，兹不一一介绍。但考古学文化的比较研究必须掌握一种可比度。例如，河姆渡遗址四、三层出土丰富的有机质遗物——骨器、木构

①　王海明：《河姆渡文化与马家浜文化关系简论》，《东南文化》1991 年第 6 期。

②　浙江省文物管理委员会、浙江省博物馆：《河姆渡遗址第一期发掘报告》，《考古学报》1978 年第 1 期。

③　林华东：《河姆渡文化初探》，浙江人民出版社，1992 年。

件等，这是由特殊的保存条件决定的。我们很难对干栏建筑使用的时空维度作确切的界定。塔山文化诸遗址中，柱洞发现数量很多，属于建筑形式无疑，但木构件没有保存下来，便失去了更多的比较点。再例如，一般认为河姆渡文化生产工具中石器的分量较轻，这仅是与骨木器比较而言。绝对数量上，河姆渡遗址四层仅石斧就有 62 件，超过同时期较完整的骨耜，三层石器共出 54 件，二层石器仅有 41 件，反有递降趋势。缺乏与骨木器的比额数据，简单化的统计很难说明实质性的问题。

（二）地域分布

河姆渡文化遗址，目前仅发现河姆渡遗址、鲻山①遗址两处。调查资料中，慈溪童家岙遗址采集品较丰富②，早期遗物具有典型的河姆渡文化特征。另外，上虞牛头山、宁波八字桥亦采集过被认为具有河姆渡遗址三层特征的遗物③，但资料过于单薄，带鋬釜等器形，亦并不局限于河姆渡文化，塔山文化阶段同样存在。经发掘和调查确证的河姆渡文化遗址数量少，分布面窄。就目前所知，河姆渡文化的分布仅在姚江流域周围的一块不大的范围之内。

20 世纪 80 年代后期开始，宁绍地区展开一系列的考古活动，目的之一也是为了弄清河姆渡文化的分布范围。结果发现，被发掘的遗址基本上以河姆渡遗址二层阶段作为堆积（遗址形成）的共同起点。可见，塔山文化是宁绍地区新石器时代地域开发史上的一个新时期，亦应该是人口增长的一个新阶段。遗址密集程度与分布范围达到空前规模④。这一点，当与马家浜文化的南侵事件（人口迁徙）有密切关系。塔山文化遗址经调查发现的有 20 余处，经发掘的有 7 处，分布范围南至象山半岛，东抵舟山群岛，西达浙中丘陵区，在真正意义上遍及宁绍地区。而河姆渡文化的分布，只是宁绍地区的一小部分（图七）。

马家浜文化的分布以太湖为中心，包括浙江的杭嘉湖平原，与河姆渡文化、塔山文化有钱塘江之隔。

（三）时代

河姆渡遗址三层提供了较充分的 ^{14}C 测定数据，确定河姆渡文化的年代下限在距今 5900 年之际，塔山文化的上限不会超过这个时间。塔山文化的下限当距马家浜文化下限不远。河姆渡遗址二层有二个较晚的 ^{14}C 测定数据⑤，年代均在距今 5600 余年。塔山文化的存在年代可确定在距今 5900~5600 年的近 300 年间。

---

① 浙江省文物考古研究所发掘资料，1996 年。
② 参阅林华东：《河姆渡文化初探》，浙江人民出版社，1992 年。
③ 参阅林华东：《河姆渡文化初探》，浙江人民出版社，1992 年。
④ 发掘与调查资料中，属于或含有塔山文化地层的遗址有上虞牛头山遗址，余姚翁家山、鲻山、河姆渡、坑山垅、田屋、下庄、吴家岙遗址，宁波八字桥、慈湖、小东门遗址，诸暨楼家桥遗址，鄞县蜃蛟遗址、董家跳遗址，奉化名山后遗址，象山塔山、红庙山遗址，定海白泉遗址等。
⑤ 中国社会科学院考古研究所：《中国考古学中碳十四年代数据集（1965—1981）》，文物出版社，1983 年，第 52~53 页。

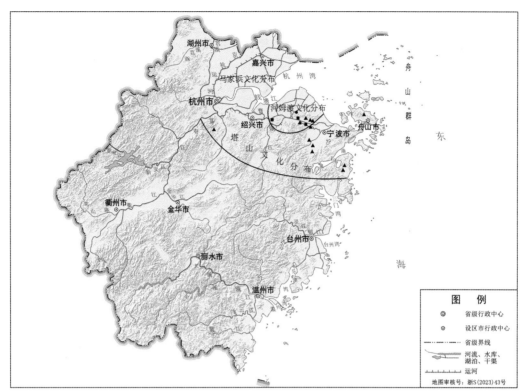

图七　塔山文化、河姆渡文化分布示意图

有两个问题，需作附带说明。

第一，在河姆渡文化四期说的主导下，虚拟于河姆渡遗址三、二层间的"缺环"概念根深蒂固。"缺环"的文化含义前面已作澄清，但对于同时所包含的时间性含义，必须作一判断。随着遗址资料的增加与分期研究的深入，塔山文化与河姆渡文化上、下限的时间"咬合"将会更趋紧凑，但不会改变两种不同考古学文化的交替性质。

第二，河姆渡文化与马家浜文化同时开始于距今7000年之际。从此，钱塘江南北形成平行发展的两支考古学文化，塔山文化的独立命名，使得"河姆渡文化"似乎短了一截，破坏原来的对称形式。实际上，崧泽文化的独立命名，早已在实事求是的研究道路上先走一步。因此，充分关注距今5900年之际，发生在宁绍地区的史前考古学文化嬗越，更具有发人深省的意义。

三

塔山文化的命名，是宁绍地区新石器时代考古研究中的一次突破性尝试。关于塔山文化的分期研究与类型划分等方面的工作，俟发掘资料充分发表，我们将另文探讨。也可以说，塔山文化的提出，仅可作为塔山文化研究的一个起点。但文化命名的意义本身，仍需作及时的总结。

在考古学上，塔山文化提出了一种史前考古学文化的形成模式。就一般现象言，是两种考古学文化共同参与，创造出一种新的考古学文化类型。就具体形式言，是某个地区的传统文化，遇到不可遏制的外来文化的介入，从而发生文化的全面转型。这就为普遍存在的考古学文化嬗变现象提供了一种新的认识角度。

在宁绍地区史前史研究上，塔山文化给一个抽象的时间刻度——距今 5900 年之际——赋予了特殊重要的意义。宁绍地区史前时期的整体开发，是从塔山文化开始的。河姆渡文化尽管一度达到相当的繁荣，但其性质可能是特殊生态环境哺育出的畸形的繁荣，它所创造的精神和艺术方面的高度成就，产生过深远的历史影响，但在文化实体本身，并未获得充分的发展。在外来文化的干预下，宁绍地区的新石器时代文化才出现进一步的生机。文化之间的碰撞与激荡，是保障历史延续发展的前提，这应该是一条普遍性的规律。与之相应，孤立的学术活动也是反文化本质的。

（原载《东南文化》，1999 年第 6 期）

二十年来河姆渡文化的认识与探索

河姆渡文化课题组

一、序言

1973 年，著名的河姆渡遗址被发现，并开始第一期发掘，立即轰动考古界。在距今六七千年前的地下文化层中，较完整地保存着古河姆渡人留下的，超出人们预料的文化创造成果及其相适应的生态环境资料①。归纳起来有如下几方面的内容。

独特的器物群。这是考古学文化最基本的观察标志，以有脊釜为代表的夹炭质陶器群和原始锛等石器形态，表明了杭州湾南岸存在着一支前所未识的史前部落。

稻作农业。遗址第四层保存大量的栽培稻遗存，对稻种的鉴定有分歧，主要有"栽培稻的籼亚种中晚稻型水稻"②、"籼粳并存，以籼为主的混合群体"③、"粳亚种"④ 几种意见，"这一矛盾现象可能涉及稻种起源与演化的机制问题"⑤。另有研究认为河姆渡炭化稻粒中存在普通野生稻⑥，这对研究稻作农业的起源问题十分重要。

木构技术与干栏建筑。榫卯技术殊为发达，梁柱交接榫卯、水平十字塔交榫卯、双层榫头、销钉、燕尾榫、企口板、4：1 的榫头截面，均开创了后世木作技术的先河。木构件的建筑主体是干栏式建筑，即以承重柱和桩木为基础，上架大小横梁、铺板材，在这架空的基座之上构筑梁架及人字坡屋顶⑦。

环境对文化的诠注。遗址出土了无脊椎、鱼、爬行、哺乳四大类 61 个种属的动物遗骸，大量的植

---

① 浙江省文物管理委员会、浙江省博物馆：《河姆渡遗址第一期发掘报告》，《考古学报》1978 年第 1 期；浙江省博物馆自然组：《河姆渡遗址动植物遗存的鉴定研究》，《考古学报》1978 年第 1 期。

② 游修龄：《对河姆渡遗址第四文化层出土稻谷和骨耜的几点看法》，《文物》1976 年第 8 期。

③ 周季维：《长江中下游出土古稻考察报告》，《云南农业科技》1981 年第 6 期。

④ 张文绪等：《河姆渡出土稻谷外稃表面双峰乳突的研究》，《中国栽培稻起源与演化研究专集》，中国农业大学出版社，1996 年。

⑤ 张文绪等：《河姆渡出土稻谷外稃表面双峰乳突的研究》，《中国栽培稻起源与演化研究专集》，中国农业大学出版社，1996 年。

⑥ 汤圣祥等：《河姆渡炭化稻中普通野生稻谷粒的发现》，《中国栽培稻起源与演化研究专集》，中国农业大学出版社，1996 年。

⑦ 杨鸿勋：《河姆渡遗址早期木构工艺考察》，《建筑考古学论文集》，文物出版社，1987 年。

物片叶及果实也被保存下来。动植物鉴定与孢粉分析表明，遗址处在靠山近海的森林湖沼区，气候条件比现在的宁绍平原温热湿润，植被属于热带亚热带类型①。不计其数的被食用的动物遗骨和芡实、橡子、老菱、酸枣等可食性果实，以及骨哨、骨镞、木矛、木桨等工具，均说明渔猎与采集业对农业经济的强有力补充。

其他类。包括编结、纺织、髹漆、水井、水上交通的实物证据。体现在陶、石、木、骨、象牙器上的雕刻、堆塑、装饰、音乐方面的成就以及相应的审美与宗教情愫的文明程度。

在20世纪六七十年代，同样著名的是西安半坡遗址②。半坡遗址距今6500年，河姆渡遗址第四文化层的 ^{14}C 测定年代为距今6900余年，作为旱作（黍、稷）与稻作两种不同的农业文明类型的代表，半坡遗址和河姆渡遗址证明了黄河流域与长江流域同样是中华文明的摇篮③。这一结论冲击了"黄河中心"的史学传统，调整了考古界乃至整个史学界的研究心态和认识视野，尤其对南中国新石器时代考古和中华文明起源的研究，产生了重大的影响。

河姆渡遗址的发掘成果，是浙江考古工作者胸前的一枚耀眼的勋章。客观地说，遗址特殊的保存条件是决定性的，河姆渡遗址海拔低，地下水位高，第四文化层长期浸泡在水中，隔绝了土壤中的空气，大面积的有机腐殖质形成了4~5度的弱酸性成分，起到了天然的保护作用，数量众多、品类丰富的植物果实、茎叶和动物遗骸、有机质工具、生活用具、木建筑构件均得以保存下来，成就了河姆渡遗址在农学、建筑学、生物学、地质学、美学等多学科研究中的特殊地位。20世纪70年代末中日邦交正常化，日本水稻向河姆渡溯源，成为两国文化交流在考古学领域的重要组成部分。河姆渡文化饮誉国内外。

河姆渡遗址的发掘为浙江新石器时代考古建立了一个高起点的坐标。将人类文化置于特定的生态环境中进行研究，正是20世纪末中国考古学的努力方向。但河姆渡遗址得天独厚的保存条件并不为更多的遗址所能具备，而类型比较是史前考古学研究的基础，因此，河姆渡遗址的特殊优势未能够全面开拓史前考古的探索视野，这是学科科技应用上的局限，也是时代的局限。遗憾属于过去，探索者的信念与足迹却是随时间的流逝而增值的。世纪回眸，我们仍然感到骄傲。

本篇所围绕的核心是以器物学为基础的考古学文化研究。河姆渡遗址所涉及的研究领域很宽，如瓜果的栽培、家畜的驯养、漆器的发明、航海业的端倪、纺织、音律等等，我们认为，凡此种种多属人类文明的阶段性成果或特殊性创造，不容易纳入具体的考古学文化范畴。甚至农业——新石器文明的基础，亦不在重点探讨之列。自从70年代确立栽培稻的概念以后，稻作农业一直是河姆渡研究热门话题，关于河姆渡文化农业发展水平，目前主要有三种观点。第一种观点是河姆渡农业已步入发达的"耜耕农业"阶段。④ 第二种观点是对耜耕说质疑，否认"骨耜"耕作功能，进而认为河姆渡农业尚未

---

① 浙江省博物馆自然组：《河姆渡遗址动植物遗存的鉴定研究》，《考古学报》1978年第1期。
② 中国科学院考古研究所：《西安半坡》，文物出版社，1963年。
③ 周国兴：《长江流域——中华民族远古文明的又一摇篮》，《史前研究》1983年第2期。
④ 游修龄：《对河姆渡遗址第四文化层出土稻谷和骨耜的几点看法》，《文物》1976年第8期。

迈出"刀耕火种"阶段①。第三种是"富裕的食物采集文化"说②。但这些争议与特定的"考古学文化"概念依然存在一定的距离。

"考古学文化"不同于一般的文化概念，是指考古遗存中观察到的复杂共同体。它是一群特定的类型品（包括生产工具、陶器、装饰器等，还可加入精神方面的特征如墓地、艺术风格等），反复出现于同一地区、同一时代。它们之间有着密切的共存关系，这种共存关系便可称为"考古学文化"③。这一源自柴尔德的阐述是中国传统考古学研究的核心内容，对它的理解与把握则往往体现着区域考古学的进步轨迹。

二、回顾与问题

从 1973 年河姆渡遗址发现，到 1978 年第一期考古发掘报告的发表，是河姆渡文化研究的第一阶段。第一阶段的最重要成果是确立河姆渡文化概念。但这一阶段的认识是粗略与轮廓性的，夏鼐在归纳河姆渡文化特征时主要与黄河中游的仰韶文化作比较，可见这一局限是时代性的④。浙江地区的新石器时代文化，则由此建立起河姆渡文化—马家浜文化（含崧泽类型）—良渚文化三个阶段性发展关系。这也是对太湖—杭州湾地区作为相对独立的地理文化区域的实践性回应。

1977 年，苏秉琦在南京召开的长江下游新石器时代文化学术讨论会上，提出太湖—杭州湾的古文化区域概念，与古吴越国相联系。这是苏氏区系类型构架的一部分。区系类型理论关注文化的源与流，关注发展关系，努力将考古学文化的理解纳入中华古文明形成的大格局中。在东南地区，泛青莲岗文化的争论从此悄然平息⑤。

浙江地区的史前考古研究者开始面临一个区域性文化的理解与认识问题，亦即如何将一个纲架性、假设性概念充实进具体的、实证的材料，这里有共同的源吗？怎样解释环太湖乃至钱塘江南岸文化统一性的历史基础与实现途径？流向何处？怎样认同考古学意义上的吴越文化？抑或反证之。这是一个大题目，没有或说缺乏条件直接切入正题，但这一问题不自觉地影响着浙江史前考古学的成长。河姆渡文化的研究轨迹也似乎必然地因循着一个预设的因果关系。

1979 年，浙江博物馆的专业队伍一分为二，成立浙江省文物考古（研究）所，考古研究的基本力量归考古所。1980 年前后发表一系列浙江新石器文化考古论文，证明了一个新兴学术单位的研究能力。浙江新石器时代文化的认识框架，这一时候基本建立起来。这是浙江史前考古走向成熟的开始，而这一过程所围绕的核心之一，正是河姆渡文化的研究。有必要列出几篇代表性文章题目：

① 汪宁生：《河姆渡文化的"骨耜"及相关问题》，《东南文化》1991 年第 1 期。
② 张光直：《中国东南海岸的"富裕的食物采集文化"》，《上海博物馆集刊》（总第四期），上海古籍出版社，1987 年。
③ 夏鼐：《关于考古学上文化的定名问题》，《考古》1959 年第 4 期。
④ 夏鼐：《碳-14 测定年代和中国史前考古学》，《考古》1977 年第 4 期。
⑤ 关于青莲岗文化的观点，参见《文物集刊（1）》，文物出版社，1980 年。

《三十年来浙江文物考古工作》（新石器时代部分，1979 年）①

《试论河姆渡文化》（牟永抗，1979 年）②

《二论马家浜文化》（姚仲源，1980 年）③

《浙江新石器时代文化的初步认识》（牟永抗，1981 年）④

《河姆渡文化的再认识》（刘军，1981 年）⑤

与前一阶段相比，河姆渡文化的概念有了变化，内涵从河姆渡遗址四、三层扩大为四至一层全部。这一认识上的变化在学术界是有争议的，但 1984 年夏鼐主编的《新中国的考古发现与研究》⑥ 与后来的《中国大百科全书·考古卷》⑦ 均尊重、认同了浙江同志的主体意见。原因似乎不仅是考古学文化概念的孤立问题，而关涉太湖以南新石器文化的认识体系。

河姆渡文化新概念的形成过程分两步。第一步，意识到河姆渡遗址二、一层内涵与马家浜文化的差异，不能归入马家浜文化，但浙江新石器时代文化依然可分为河姆渡（早期）文化—马家浜文化（含崧泽类型）—良渚文化三个发展阶段；第二步，正式形成宁绍地区的河姆渡文化与杭嘉湖（太湖）地区的马家浜文化是两支并列的考古学文化的认识。马家浜文化有自己的发展源头，这一认识与罗家角遗址的发掘有直接关系。

《试论河姆渡文化》第一次将河姆渡遗址四至一层作为有特殊发展关系的文化整体考虑，并将河姆渡文化分为早（四、三层）、晚（二、一层）两期，晚期与马家浜文化有较多的联系与共同点。因此，"长江下游南岸新石器时代几个文化的相对早晚关系是河姆渡文化（早期）—马家浜文化—良渚文化"⑧。与此同时的另一种表述是"浙江新石器时代曾经历了河姆渡文化（第三、四层，距今 7000～6000 年）、马家浜文化（距今 6000～5000 年）、良渚文化（距今 5000～4000 年）三个发展阶段"⑨。两种表述是有歧义的，其中掩盖着一层没有明确的意思：如果河姆渡遗址二、一层不属于马家浜文化，那么河姆渡早期文化是否应认为有双向发展的趋向，太湖地区演为马家浜文化，宁绍地区则为河姆渡晚期文化。这个时候太湖地区虽已发现罗家角遗址，"下层接近河姆渡遗址三层"⑩，但发掘工作尚未完成，文化性质与时代没有明确。可以认为，1979 年河姆渡文化的认识尚有含糊之处，虽然提出河姆

---

① 浙江省博物馆：《三十年来浙江文物考古工作》，《文物考古工作三十年（1949～1979）》，文物出版社，1981 年。

② 牟永抗：《试论河姆渡文化》，《中国考古学会第一次年会论文集（1979）》，文物出版社，1980 年。

③ 姚仲源：《二论马家浜文化》，《中国考古学会第二次年会论文集（1980）》，文物出版社，1982 年。

④ 牟永抗：《浙江新石器时代文化初步认识》，《中国考古学会第三次年会论文集（1981）》，文物出版社，1984 年。

⑤ 刘军：《河姆渡文化的再认识》，《中国考古学会第三次年会论文集（1981）》，文物出版社，1984 年。

⑥ 中国社会科学院考古研究所：《新中国的考古发现与研究》，文物出版社，1984 年。

⑦ 《中国大百科全书·考古学》，中国大百科全书出版社，1986 年。

⑧ 牟永抗：《试论河姆渡文化》，《中国考古学会第一次年会论文集（1979）》，文物出版社，1980 年。

⑨ 浙江省博物馆：《三十年来浙江文物考古工作》，《文物考古工作三十年（1949～1979）》，文物出版社，1981 年。

⑩ 牟永抗：《试论河姆渡文化》，《中国考古学会第一次年会论文集（1979）》，文物出版社，1980 年。

渡文化新概念，但仍处探索阶段。

1980 年，罗家角遗址发掘工作结束，文化性质有了较充分的分析条件，特别是早于河姆渡文化的 ^{14}C 测定年代，具有决定性的意义。《二论马家浜文化》明确了马家浜文化源于罗家角遗址第四层的发展关系，正式提出马家浜文化与河姆渡文化是长江下游南岸两支不同的原始文化[1]。同年发表的《浙江河姆渡遗址第二期发掘的主要收获》则有了河姆渡四期文化的概念[2]。

河姆渡文化的结论性表述完成于 1981 年杭州召开的中国考古学会第三次年会上，刘军的《河姆渡文化的再认识》将河姆渡文化分为一至四期，第一期相当于河姆渡遗址第四层，第二期相当于河姆渡遗址第三层，第三期相当于河姆渡遗址第二层，第四期相当于河姆渡遗址第一层[3]。

分析这一时期的学术轨迹，带有两个显明特点。第一，认识上的突破依赖于实证性材料，罗家角遗址的发掘对河姆渡文化的确立，并得到广泛认同，起到十分关键的作用[4]；第二，对考古学文化的理解服从于构建一个全局性的认识框架，具有强烈的学术倾向性。

举一个例子，河姆渡遗址二层新出现一种里黑外红的泥红陶喇叭形豆，形态特征与马家浜文化同类器基本一致，考虑到"马家浜文化已知的 ^{14}C 数据中，一般比河姆渡二层的数据为早，类似的共同性可理解为接受马家浜文化的影响"，这是 1979 年的认识[5]。1981 年，开始偏重于这类豆的豆盘形态与河姆渡遗址四、三层豆、盘钵的相似性与继承性，将两者形态或器类上的差异解释为演变衔接上的"缺环"[6]。陶釜是证明河姆渡四期文化一脉相承性最重要的依据，但对陶釜形态演变的把握上有所偏失，如强调"脊"的弱化趋势，应当说，二层陶釜的弱脊或暗脊特征见于个别的器物，没有典型性。二层的主型陶釜——侈口圜底绳纹釜，正是河姆渡四层出现的，三层数量明显增加的同型陶釜——一期报告称为敞口无脊釜——自然演变来的。片面强调河姆渡文化早晚期的继承性与发展关系，而对差异性分析不够，"缺环"这一虚设概念掩饰了文化因素分析上的不足，河姆渡文化的个案研究受制于钱塘江两岸文化各自体系的片面追求。

河姆渡文化新认识立即在学术界产生影响，1981 年，苏秉琦、殷玮璋发表《关于考古学文化的区系类型》一文，将宁绍地区与太湖地区作了区分[7]。

下面以刘军的认识为基础[8]，结合其他同志的研究成果，对河姆渡四期文化的内容作一概括介绍（图一）。

一期陶器以夹炭黑陶为主，余为夹砂黑陶，不见泥质陶。器形常见圜底器和平底器，圈足器少，

[1] 姚仲源：《二论马家浜文化》，《中国考古学会第二次年会论文集（1980）》，文物出版社，1982 年。

[2] 河姆渡遗址考古队：《浙江河姆渡遗址第二期发掘的主要收获》，《文物》1980 年第 5 期。

[3] 刘军：《河姆渡文化的再认识》，《中国考古学会第三次年会论文集（1981）》，文物出版社，1984 年。

[4] 罗家角考古队：《桐乡县罗家角遗址发掘报告》，《浙江省文物考古所学刊》，文物出版社，1981 年。

[5] 浙江省博物馆：《三十年来浙江文物考古工作》，《文物考古工作三十年（1949~1979）》，文物出版社，1981 年。

[6] 牟永抗：《浙江新石器时代文化初步认识》，《中国考古学会第三次年会论文集（1981）》，文物出版社，1984 年。

[7] 苏秉琦、殷玮璋：《关于考古学文化的区系类型问题》，《文物》1981 年第 5 期。

[8] 刘军：《河姆渡文化的再认识》，《中国考古学会第三次年会论文集（1981）》，文物出版社，1984 年。

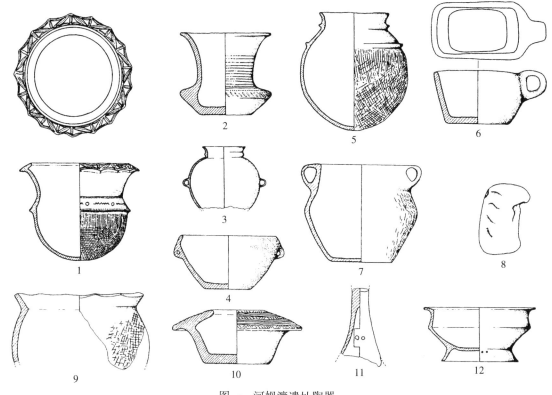

图一　河姆渡遗址陶器

1. 釜（T26④：34）　　2. 器座（T32④：62）　　3. 罐（T35②：12）　　4. 钵（T34④：31）　　5. 釜（T23④：44）
6. 钵（T37①：40）　　7. 罐（T23④：38）　　8. 釜支座（T29④：39）　　9. 釜井（1：204）　　10. 盂（T36④：31）
11. 豆（T34②：232）　　12. 盆（T35②：55）（1/12）

不见三足器。种类主要有釜、罐、钵、盘、盆，还有釜支座、器盖、贮火尊、盂、豆等。有肩有脊的敛口釜和敞口釜、唇沿腹起折棱的盘、半环形双耳罐、敛口弧壁平底钵、实体方形的釜支座，均为典型器。器表流行装饰，多为拍印的绳纹、刻划的几何形图案和少数动植物图案，陶器制法采用泥条盘筑兼用捏制法。一些器物不仅外表有绳纹，胎心亦有绳纹，因此有"贴塑"法一说①。陶器烧成温度较低，一般在800℃～850℃。骨木质生产工具发现最多，如骨耜、骨镞、骨哨、木矛、木桨等。石工具少而粗糙，见斧、锛、凿；发现玦、管、环等石质装饰品。居住形式是干栏建筑。

　　二期陶器仍以夹炭黑陶为主，夹砂黑陶次之，出现极少量的泥质红陶。陶器的主要种类与形制沿袭前期，有肩有脊的敛口釜减少，无肩无脊的敞口釜增加。豆普遍使用，取代了盘、钵的主要地位，这种豆的主要形式，是覆置的无肩无脊釜上安置盘、钵，很有特色。新出现陶灶、小口广肩的小平底罐。器表装饰比前期单调，素面器增加。生产工具、装饰品、居住形式基本沿袭前期。发现有侧身屈肢的墓葬形式。

　　三期陶器中夹砂灰陶的数量超过了夹炭黑陶，泥质陶增加，有肩有脊釜基本消失，器形中增加了鼎、盉、鬶等三足器和袋足器，垂囊盉、异形鬶富有特色。鼎足多呈双目式圆锥外撇型。常见牛鼻形、

① 牟永抗：《浙江新石器时代文化初步认识》，《中国考古学会第三次年会论文集（1981）》，文物出版社，1984年。

鸡冠形罐耳。纹饰以素面为主，陶釜的绳纹装饰一如既往，圈足器增加了镂孔装饰。釜支座以拱背猪嘴形最具特色。石器料的选用，以沉积岩等软石类取代硬质变质岩，磨制进步，穿孔石斧多见。木骨质工具骤减。

四期夹砂红陶数量占主要地位，泥质灰陶次之，新出现匜、杯。圈足豆流行弧边三角、圆、方形的组合镂孔，釜支座多呈象鼻形，鼎数量增加，鼎足以凿形、三棱形富有特征，足面多见装饰图案。陶釜形态与前期相仿。生产工具多见通体磨光的石斧、背面带脊的石锛和石凿、石镞，穿孔石斧增加。

上述河姆渡四期文化的内涵把握是正确的，但尚有修正之处。所谓夹炭黑陶，其中至少有一部分原应该有红衣，新发现一些标本，残留有脱落未尽的红衣。也就是说，特殊的埋藏环境可能使陶衣脱落或褪色，有些夹炭陶的器表偏灰，应该是陶衣褪色的结果。三层开始出现夹砂陶，二层夹砂陶数量占优，但一般被描述为夹砂灰陶，实际亦应该是夹砂红陶或红褐陶。除上述原因，使用过程的烟熏火烧亦起到作用，这是后来其他遗址证据所引出的话题。泥质陶类，二层的泥质陶基本为泥质红陶，部分因火候或褪色原因颜色偏淡、偏灰，仍应归为泥质红陶类。真正的泥质灰陶是一层出现的，泥性细滑，有粉腻感，圈足饰三角、圆、方形组合镂孔的陶豆多为这种泥质灰陶器，部分灰陶器出现稀薄黑衣。第一层出现有鱼鳍形（截面或呈"T"字形）鼎足，偏晚，地层当有细分的可能。

另外，骨木质生产工具在晚期骤减，应当更多地从保存条件上去理解。

对钱塘江以南宁绍地区的新石器文化认识问题，基本上达成了统一意见。但潜伏的分歧依然存在，并对以后的进一步研究产生了影响。牟永抗对浙江史前文化的体系性认识思考较早，成绩显著，颇有影响，在对河姆渡文化的态度上，偏向于从区域地理的意义上理解其统一性与连续性，这种区域意义实际上已超越了河姆渡文化本身，虽然对后续文化的良渚特征有所体察，"似乎存在着相当于良渚文化的第五期文化"①，但这种谨慎的表达本身已反映了对良渚文化概念向钱塘江以南移植的怀疑或否定倾向。这种倾向至少影响了1985年发掘的绍兴马鞍遗址良渚时期遗存的认识态度②。刘军是河姆渡文化研究的组织者和主持者之一，更多地从本体角度认识河姆渡四期文化的发展关系，这一阶段虽未对后续文化发表具体看法，实际上是认同良渚文化在宁绍地区的可能性存在的，这也从一个角度实现了钱塘江两岸新石器时代文化从对峙走向统一的历史整合趋势。牟永抗实际上也感觉到钱塘江两岸文化相似性的潜在意义，在论述马家浜与河姆渡文化关系时，认为"随着考古发现，或许还可以把它们归纳于更大范围的文化区域之中"③。如何归纳法，尚未见下文。这也反映了对太湖—杭州湾区文化共同性认识上"剪不断，理还乱"的矛盾情结。

林华东在1982年便提出河姆渡文化与先越文化的关系，并从鸟图腾崇拜、习水便舟、巢居、种植

①　牟永抗：《浙江新石器时代文化初步认识》，《中国考古学会第三次年会论文集（1981）》，文物出版社，1984年。

②　浙江省文物考古研究所：《绍兴市马鞍新石器时代遗址》，《中国考古学年鉴（1985）》，文物出版社，1985年。

③　牟永抗：《浙江新石器时代文化初步认识》，《中国考古学会第三次年会论文集（1981）》，文物出版社，1984年。

水稻、有段石锛、几何印纹陶以及珍狗、食猴脑方面加以论证①。河姆渡遗址四、三层发现不少鸟像图符资料，如雕刻在象牙质鸟形器上著名的"双鸟朝阳"。但鸟崇拜意识和有段锛的区域性演进均无法避过良渚文化。这实际上又将钱塘江两岸纳入一个认识整体，那么又怎样去理解前良渚时期两岸文化的差异性，问题最终还需归结到新石器时代。

不能漏过的是，桐乡罗家角遗址发掘后，浙江本土的研究者仍有坚持河姆渡遗址二层属于马家浜文化的观点者，代表人物是汪济英。他在1984年发表的《河姆渡文化——七千年前长江流域的史迹》②一文中坚持认为河姆渡遗址的第四、三层在文化面貌上不同于任何一个新石器时代文化遗存，命名为河姆渡文化是正确的。第二、一层虽是河姆渡文化的直接继承与发展，但已较多地融合了邻近文化的因素，地区特色有所减少。汪所关心的还是如何理顺文化的发展关系问题，他明确认为宁绍地区存在良渚文化，并试图有所解释。在后来的一篇文章中再次强调："原来把河姆渡遗址一、二层分别归属为马家浜文化的崧泽类型与马家浜类型，基本上是正确的，否则，就会使人感觉到河姆渡文化发展到后来不知所终，而实际存在于宁绍平原的良渚文化却成为突如其来的天外之物"③。但河姆渡文化无论演变为良渚文化，还是演变为马家浜文化，似乎均存在"不知所终"的问题。实际上，宁绍地区的"良渚文化"仍然存在对河姆渡文化传统继承性的一面。

从河姆渡遗址两期发掘到1987年，宁绍地区的考古工作没有进一步的开展④，1979年就河姆渡文化分布问题做了一次专题性的考古调查，在萧山、绍兴、上虞、余姚、宁波、鄞县、奉化、象山以及舟山地区发现了一批新石器时代遗址⑤。这次调查，基本形成河姆渡文化—宁绍平原（地区）的文化区域概念，这是确认一个考古学文化所必备的重要条件。因此，河姆渡文化研究在1980年前后形成了高潮，之后，客观上形成一段时间的沉寂。

三、探索与提高

1988年，浙江省文物考古研究所成立河姆渡研究课题组，以利于进一步开展宁绍地区的新石器时代考古工作，同时完善河姆渡文化的基本概念。当时提出三个研究方向：河姆渡文化的分布；河姆渡文化的后续文化；填补河姆渡文化二、三期之间的"缺环"。

河姆渡文化的分布范围，1979年的调查已做出一个明确的界定。但宁绍平原至舟山群岛的地域概念仍嫌笼统，分布其间的遗址年代不一，而以河姆渡文化晚期乃至良渚时期的遗址居多。河姆渡早期文化遗址十分匮乏，河姆渡遗址外，仅在鲻山（朱山）、童家岙等一两处遗址可确认有相当于河姆渡第四、三层的遗存，分布于姚江流域附近的范围内。早期文化是河姆渡文化的主体部分，这一现状与

① 林华东：《先越文化初探——河姆渡文化族属试考》，《浙江省文物考古所学术交流专辑（1）》，1980年；林华东：《试论河姆渡文化与古越族的关系》，《百越民族史论集》，中国社会科学出版社，1982年。
② 汪济英等：《河姆渡文化——七千年前长江流域的史迹》，《人民画报》1984年第2期。
③ 汪济英：《良渚文化的回顾与探讨》，《良渚文化》余杭文史资料第三辑，1987年。
④ 1984、1985年，绍兴曾发掘马鞍、仙人山遗址。
⑤ 浙江省文物考古研究所调查资料。

宁绍平原的区域文化概念不相符。应当说，遗址的一般性调查比较容易发现浅表层的晚期遗物，对于深埋于地下的早期文化遗址，只有通过正式的考古发掘，才有希望掌握更全面的资料，这样的考古发掘在宁绍地区急需加强。

河姆渡后续文化，这一待定概念，说明钱塘江（杭州湾）南区新石器时代文化发展中尚存在一段认识上的空白。河姆渡文化第四期的下限约在距今 5000 年左右，往后的发展情况如何，虽然发现了相当于良渚文化的遗物，但必须掌握更丰富的、能反映真实内涵的、具体化的遗址的材料，才能进一步做出定性的认识与判断。

在一个相对独立的地理区域内建立文化演进的基本序列，并围绕考古学文化的发展线索确定阶段性的分布范围，是一个地区新石器时代考古的基础性工作。在这个意义上，上面的两个问题无须太多的学术背景。那么，第三个问题，即河姆渡文化二、三期之间的"缺环"问题，却是一个争议性的学术问题。宁绍地区的新石器时代文化发展是"直线进化"，还是存在嫁接变异。河姆渡遗址二、一层的"马家浜文化说"赞同者渐少，但这并非河姆渡文化四期说得到充分认同。必须指出的是，当初河姆渡文化概念局限于四、三层内涵，二、一层尚归属马家浜文化时，崧泽文化是作为马家浜文化的一个类型看待的，后来崧泽文化被普遍认同为一个独立的考古学文化概念[1]，这一认识上的质变是否要求我们以新的视角去观察河姆渡遗址二、一层之间的差异。这里是否也有"缺环"。我们有理由认为，河姆渡文化早晚期说跃进为四期说，可能考虑到了这个问题（应当承认，浙江考古界对崧泽文化的认同有被动、滞后的倾向），后来是否又摒弃了太湖地区这个文化参照系了。因此，"缺环"问题不是一个狭隘的问题，其中隐含着对宁绍地区史前文化发展的逻辑环节作更准确把握的契机。

从 1988 年到 1997 年，宁绍地区一共进行了慈湖遗址、名山后遗址、塔山遗址、小东门遗址、鳌架山遗址、沙溪遗址、鲻山遗址共七个遗址的十次正式发掘。

慈湖遗址[2]，位于宁波市慈城镇西北，1988 年发掘。分上、下两个新石器时代文化层。上层出土鱼鳍形足鼎、截面呈"T"形足鼎、双鼻壶、宽耳杯、口沿饰锥刺纹图案的罐，与良渚文化同类器特征基本一致。绳纹与镂孔是该层主要装饰，绳纹见于釜（鼎）类炊器上，镂孔见于泥灰（黑皮）豆的圈足部位，这与典型良渚文化存在差异。仅有一个 ^{14}C 年代测定数据为距今 5365±125 年（树轮校正）。下文化层面貌复杂，器形有罐、釜、盆、钵、鼎、釜支座等，翻沿束颈红衣的罐很有特色，肩部一般饰附加堆纹间以刻划纹、中腹有鸡冠状或牛鼻耳，下腹多拍印篮纹。侈口圜底绳纹釜及釜支座等器形特征接近河姆渡遗址二层（图二），但又出土鱼鳍形鼎足。慈湖遗址上层被确定为良渚文化层，并提出了良渚文化钱塘江以南类型的概念，这是宁绍地区新石器时代考古研究向前迈出的重要一步。

慈湖遗址上、下文化层均发现数量较多的木质器具，说明只要具备相应的保存条件，有机质工具在新石器时代一直延续存在。

名山后遗址[3]，位于奉化市南浦乡，1989 年、1991 年两期发掘，遗址分出 11 个新石器时代地层。

① 上海市文物保管委员会：《崧泽——新石器时代遗址发掘报告》，文物出版社，1987 年。
② 浙江省文物考古研究所、宁波市文物考古研究所：《宁波慈湖遗址发掘简报》，《浙江省文物考古研究所学刊——建所十周年纪念（1980—1990）》，科学出版社，1993 年。
③ 浙江省文物考古研究所发掘资料。

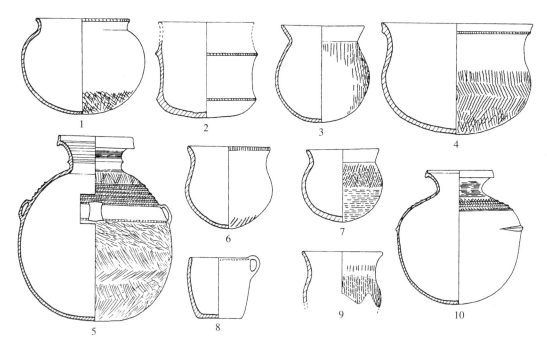

图二　慈湖、鲞架山遗址陶器

1. 釜 T42④：18　2. 釜 T144：3　3. 釜 M3：2　4. 釜 T42④：19　5. 罐 M2：4　6. 釜 T42④：9　7. 釜 T504
下：1　8. 罐 H8：1（以上鲞架山）9. 釜 T210：74　10. 罐 T402下：8（1~6、8为鲞架山；7、9、10为慈湖）
（1~9.1/8，10.1/12）

⑫~⑩层相当于河姆渡遗址二层；⑨、⑧层相当于河姆渡遗址一层；⑦~②层相当于良渚文化层。名山后遗址丰富了河姆渡文化三、四期内涵，为进一步的时间分段提供了依据。尤其重要的是进一步扩大了良渚时期钱塘江两岸文化比较范围，数量众多的鱼鳍形（截面或呈"T"形）足鼎、泥质黑皮陶竹节把豆、双鼻壶等器形特征与典型良渚文化别无二致。黑皮陶豆片上发现阴线刻划的"鸟首盘蛇体"图案，与福泉山、亭林等良渚文化遗址出土标本如出一辙，首次发现叠压于良渚层下的大型土台遗迹，证明了钱塘江两岸文化在新石器时代末期共同性的扩大（图三）。

　　塔山遗址①，位于象山县丹城镇东，1990 年、1993 年两期发掘，遗址分出五个新石器时代文化层，⑨、⑧层相当于河姆渡遗址二层，⑦层相当于河姆渡遗址一层，⑥、⑤层相当于良渚时期。⑨层下发现墓葬 40 座，均为单人葬（含二次葬）。依墓向、随葬品、分布的位置关系分作二组，甲组墓葬墓向朝东南，随葬泥红陶喇叭形圈足豆，间或有玉玦，分布在墓地的西南部；乙组墓墓向朝东北，随葬釜、盘、钵等，陶釜一般为侈口圜底，饰绳纹，分布于墓地东北部；丙组墓分布于中部位置，墓向不一致，随葬品的类型与特征迥异于甲、乙两组，有鼎、罐、豆等。这种分组现象应当反映墓主人血缘与族属的区别，甲组的泥红陶豆一般认为是马家浜文化的典型器，乙组绳纹釜沿袭河姆渡文化传统。这一珍贵资料对探讨河姆渡二层文化的形成很有裨益。中层亦发现 15 座墓，其中有合葬墓，随葬品以釜与圈足盘（豆）为主。良渚层发现鱼鳍形足鼎、双鼻壶、竹节把黑皮陶豆，但绳纹陶釜仍在炊具中

　　① 　浙江省文物考古研究所、象山县文物管理委员会：《象山县塔山遗址第一、二期发掘》，《浙江省文物考古研究所学刊》，长征出版社，1997 年。

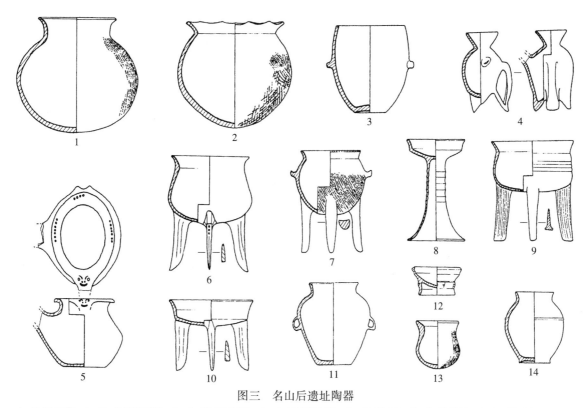

图三　名山后遗址陶器

1. 釜 T104⑩：1　2. 釜 T0910⑩：2　3. 釜 T1614⑩：2　4. 盉 T1514⑩：1　5. 盉 H2：1　6. 鼎 H12：1　7. 鼎 H23：3
8. 豆 H31：1　9. 鼎 H14：44　10. 鼎 T1715④：1　11. 罐 H22：1　12. 圈足盘 M4：4　13. 釜 M4：3　14. 罐 M：1（1/8）

占据一定的位置（图四）。

小东门遗址①，位于宁波慈城镇北，1992 年发掘，新石器时代遗存分三个时期，即相当于河姆渡遗址的二层的下层，相当于河姆渡遗址的一层的中层，相当于良渚时期的上层，三个阶段性的文化特征十分明确。

鲞架山遗址②，位于余姚市河姆渡镇，新石器时代文化层分早晚两期，早期的 ^{14}C 测定年代距今 6300 年至 6000 年，相当于河姆渡文化二期后段，内涵接近河姆渡三层，如出土数量较多的筒形有脊釜、侈口圜底釜等。晚期出土的侈口束颈红衣罐与慈湖下层陶罐比较接近（图二）。鲞架山遗址出土的夹炭陶器一般施有新鲜的红衣，这可能是特殊的保存环境决定。早期还发现围绕红烧土遗迹的"瓮棺葬"现象。

沙溪遗址③，位于宁波北仑区柴桥镇东，1994 年、1996 年两期发掘。遗址主体部分属于一种"多层灰面"的大型遗迹，相当于良渚时期，出土鱼鳍形（截面或呈"T"形）足鼎，竹节把豆、黑皮陶宽把杯等。绳纹釜与相应的釜支座数量亦不少。一种陶质疏松的粗泥红陶小口器，器类以矮圈足罐为主，亦见釜、鼎，构成了明显的地域特色，与舟山群岛的同时期遗存基本一致。

① 浙江省文物考古研究所发掘资料。
② 浙江省文物考古研究所发掘资料。
③ 浙江省文物考古研究所发掘资料。

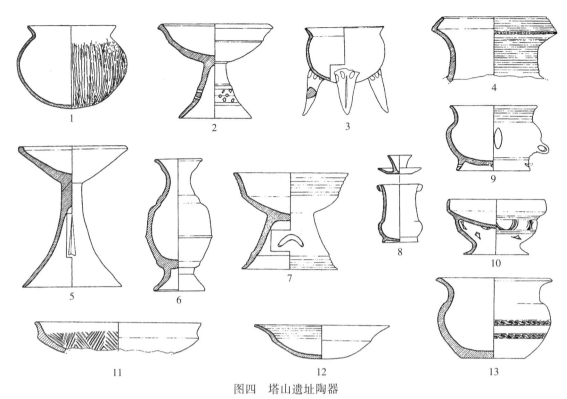

图四　塔山遗址陶器

1. 釜 M31：3　2. 豆 M41：2　3. 鼎 M29：5　4. 釜 T0910⑧：1　5. 豆 M17：1　6. 壶 M44：4　7. 豆 M29：3　8. 壶
T0810⑤：4　9. 罐 M29：2　10. 圈足盘 M43：1　11. 刻槽盆 F1：5　12. 钵 M26：2　13. 罐 M41：3（约 1/8）

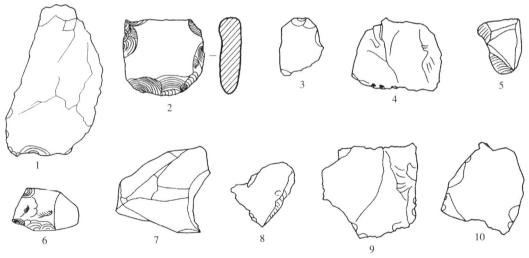

图五　鲻山遗址小石器

1. T13⑨：16　2. T14⑦：1　3. T14⑧：9　4. T13⑨：15　5. T14⑧：6　6. T14⑨：6　7. T14⑩：1　8. T13⑨：14
9. T13⑩：4　10. T14⑨：1 （1/1）

　　鲻山遗址①，位于余姚丈亭镇汇头，1996 年发掘。遗址的内涵与堆积特点接近河姆渡遗址，时间
跨度亦基本一致，地层划分更为细致，并增加了一个良渚时期的地层。遗址增加的最重要的资料是打

---

　　① 浙江省文物考古研究所发掘资料。

制石器（石片、石核）的发现，在早期地层中，发现数量很多的燧石质打制石器，以刮削器为主，分凹刃、凸刃、平刃等不同形式，石器长宽比例接近，长宽厚之和极少超过 9 厘米，属直接打击的细石器工艺（图五）。这些打制石器在名山后、塔山遗址中曾有个别发现，鲻山遗址确立了打制石器在宁绍地区新石器时代的特殊存在，这对探讨这一时期生活方式、追寻浙江早期新石器时代遗址，均提供了重要信息。

塔山、名山后等遗址的发掘，为认识宁绍地区新石器时代文化的发展面貌提供了更充分的资料。我们还是归结为河姆渡文化的分布、河姆渡后续文化、发展"缺环"三个主要问题进行总结。

关于河姆渡文化的分布范围，可作三方面的认识判断。第一，河姆渡文化早期（一、二期）遗址的分布，未有突破性发现。鲻山遗址是早已调查到的，鲞架山遗址是新发现，但就在河姆渡遗址附近。遗址分布依然局限于姚江流域一带，凡是超越这一区域的遗址，均未发现河姆渡文化早期遗存。第二，塔山、名山后、小东门、慈湖、沙溪等遗址的发掘表明，从河姆渡文化三期开始，宁绍地区新石器时代的遗址数量与分布范围有了空前发展，这是宁绍地区史前开发的一个新时期。第三，遗址大多分作有规律的连续性阶段，姚江流域遗址多从河姆渡文化一期开始，更大部分的遗址多从河姆渡文化三期开始，遗存堆积基本按河姆渡文化一至四期、良渚期的叠压次序，这一地域分布上的阶段性稳定也说明了宁绍地区新石器时代文化发展的稳定性。另外，良渚时期开始，遗址的分布范围与数量又有扩大、增加，反映宁绍地区史前开发又进入一个新时期。

慈湖、小东门、塔山、名山后、鲻山、沙溪等遗址均存在相当于良渚文化时期的地层，这充分证明了宁绍地区经历了一个相当于良渚文化的发展阶段，将宁绍地区纳入良渚文化的分布范围，已成为许多研究者的共识[①]。目前存在的问题是，良渚期墓葬发现较少，大墓未发现，名山后遗址采集（取土破坏，奉化市文管会办公室了解、收集）到成组的石钺，这是重要的信息。小墓零星发现几座，随葬鼎、豆、罐等，名山后遗址一座墓葬中还随葬一件绳纹陶釜。总之，与典型良渚文化缺乏更充分的比较条件。绳纹釜的延续使用说明依然存在地域性特征，这种地域性特征甚至还可区分出更小的类型，如沙溪遗址为代表的小口器形态，与宁绍腹地有明显差别，这说明了良渚期宁绍新石器文化的复杂性。

关于河姆渡三、二层的文化发展"缺环"问题，通过新的考古资料，可以形成更客观、明晰的陈述方式。两期文化的继承性关系得到了更准确的把握，同时，也获得了观察两者差异的更合适的学术视角。

鲞架山早期（相当于河姆渡遗址三层）占主要地位的侈口（无脊）圜底釜，证明了河姆渡文化三期的主型陶釜是二期陶釜的自然演变，必须纠正以往从有脊釜的消脊轨迹观察二、三期陶釜演变的认识角度。有脊釜是河姆渡文化早期（一、二期）的主型陶釜，它存在自身的形态演变，并一直延续到第三期，尽管数量很少，但塔山、名山后遗址的早期地层中均有发现。河姆渡文化早晚期陶釜的变化仅表现为有脊釜与无脊釜的互为消长，早期以敛口有脊釜为典型，晚期以侈口无脊釜为典型。这一变化是双线渐变的，不宜以"缺环"概念认识之。鲻山遗址的发掘资料表明，河姆渡文化中数量不多，但很有特色的扁腹釜从早到晚存在明确的演变关系。这种文化因素的直接继承还表现在绳纹装饰、夹

---

① 刘军、王海明：《宁绍平原良渚文化初探》，《东南文化》1993 年第 1 期；黄宣佩：《良渚文化分布范围的讨论》，《文物》1998 年第 2 期。

炭陶传统等。夹炭陶是河姆渡早期文化的重要特征，实际上，一直延续到良渚期，夹炭陶的数量仍可与夹砂陶相抗衡。宁绍地区新石器文化发展的地域传统十分明显。同时，河姆渡文化二、三期之间的文化差异也必须做出明确的陈述。除上述侈口无脊釜完成对有脊釜的取代外，侈口釜中又有一种多角沿釜，多角沿釜是这一时期十分典型的器物。鼎的发现具有一种象征意义，说明三足炊器在宁绍地区首次出现，从统计的数量看，陶鼎的位置没有取代釜，但已占据相当重要的位置。需要指出的是，这一时期鼎足跟部捺印凹窝十分流行，传统的叫法是双目式鼎足，这是根据足跟有两个凹窝的特征定的。但新的发掘资料表明，足跟的凹窝往往不止两个，许多是围作一圈。杭嘉湖马家浜文化出土的同类型鼎足，亦并非只有双目，许多是围成圈的。泥质红陶喇叭形圈足豆是这一时期最重要的器物之一。在塔山、名山后遗址中，只有陶釜的数量堪与相匹。这种豆有十分显著的特征，豆盘内侧往往呈黑色，开始可能是覆置烧制过程中氧化不充分所致，进而成为一种追求的效果。这种内黑的盘面比涂红衣的外观面要硬实，利于盛装食品。细柄喇叭形圈足上一般装饰镂孔。这种泥红陶豆与马家浜文化同类陶豆基本一致，它在太湖地区出现较早，出现在河姆渡三期文化中，一般认为是传播的结果。另外，垂囊盉、牛鼻耳罐、黑陶簋形盆、拱背猪嘴状釜支座，均为这一阶段的典型器。上述鼎、豆、牛鼻罐等，与马家浜文化有密切关系，尽管已出现变异因素，如泥红陶豆的楔形镂孔不见于太湖区，圆形镂孔的孔径亦较马家浜文化的大，且镂孔数量偏少，但我们还是强烈感受到河姆渡三期文化中马家浜文化因素的存在。塔山下层甲组墓透视着一条重要信息，即在距今 6000 年之际，马家浜文化的创造者以聚族迁徙的方式，向南参与了宁绍地区的进一步开发。

在澄清河姆渡二、三期间文化发展关系的同时，同样必须关注三、四期之间的区别。应当指出，河姆渡文化三、四期仅在陶釜等少数器形存在形态上的演变关系。许多重要的器物不是文化内部的发展所能解释，如泥红陶豆消失，取而代之的是矮圈足泥质陶豆（盘）。陶系变化的显著特征是泥质灰陶器的出现。很显然，这些文化新因素与文化大环境（如太湖区的崧泽文化）有直接影响。前面说过，崧泽文化原是作为马家浜文化的一个类型认识的，这一认识参照系对弥合河姆渡二、一层的关系肯定发生过影响，现在崧泽文化已作为一个独立的考古学文化，这一变化是否应对宁绍地区的新石器文化研究产生影响。"缺环"问题还原为考古学文化的原则问题，这是我们在河姆渡文化研究中必须重视的理论追求。

这一阶段出版了三册河姆渡文化的研究著作，这是前一阶段积累的必然结果，因此也主要体现了前一阶段的总结性成果。林华东《河姆渡文化初探》[1] 是关于河姆渡文化资料与研究的汇集，主线贯穿作者客观平和的分析。刘军、姚仲源的《中国河姆渡文化》[2] 的主题亦为资料性介绍，但作为原始资料的权威掌握者，作者对河姆渡文化的精华与阶段性特征做了更全面精确的把握，该书序作者苏秉琦赞同将河姆渡文化内涵限定在河姆渡遗址四、三层，引人注目。《河姆渡文化探原》[3]，著者陈忠来，从民俗学角度对河姆渡文化进行了研究。

---

① 林华东：《河姆渡文化初探》，浙江人民出版社，1992 年。
② 刘军、姚仲源：《中国河姆渡文化》，浙江人民出版社，1993 年。
③ 陈忠来：《河姆渡文化探原》，团结出版社，1991 年。

在具体的研究观点上，刘军在新资料的掌握基础上，进一步充实自己的观点，坚持河姆渡文化四期论①。王海明继承了前一阶段的学术思路，对河姆渡文化与马家浜文化作了更充分的比较研究，赞同河姆渡文化四期说②，并对河姆渡文化的分期研究有了新的认识，提出四期八段说。③ 一期前段，河姆渡遗址四 B 层；后段，河姆渡遗址四 A 层，鲻山遗址⑩、⑨层。二期前段，河姆渡遗址三层为典型单元，鲻山遗址⑧层亦可归入；后段，鲞架遗址④层为典型单元。三期前段，塔山遗址⑨层下墓地，名山后遗址⑫、⑪层分别代表该阶段的地层与墓葬情况；后段，名山后遗址⑩层为典型考古单元。四期前段，慈湖遗址下层遗存、鲞架山瓮棺葬为代表；后段，名山后遗址⑨、⑧层，塔山遗址⑦层下墓葬为代表。

蒋乐平通过对塔山下层墓地的分析，结合对河姆渡遗址二层内涵的历史争议，提出塔山文化概念④，即对原河姆渡遗址二层内涵定名为一个新的考古学文化类型。河姆渡文化概念限定在河姆渡遗址四、三层内涵，分布范围局限于姚江流域附近。对塔山文化的来源、地域分布、时间等方面作了如下分析与阐述：在跨过距今 6000～5900 年这道门槛之后，马家浜文化的创造者举族南下，突破了钱塘江两岸文化"相互影响"的旧格局，全面参与了宁绍地区的开发，促成了宁绍史前史新时期的到来，地域空前开拓，遗址成倍增加，分布范围遍及宁绍地区。塔山文化的时间概念相当于原河姆渡文化三期，是河姆渡文化的后续，并不包括原河姆渡文化四期。以河姆渡遗址一层、塔山⑦层下墓地等遗存单元为代表的文化内涵亦应进行新的考古文化命名⑤。塔山文化是河姆渡文化、马家浜文化这两种文化传统在特定历史条件下的融合与变异，具体还可分作不同的地域类型，如在河姆渡文化传统分布区——姚江流域附近地区，扁腹釜、垂囊盉多有发现，南部山区则不多见。这是一个有待补充的研究课题。

刘军、王海明通过对宁绍地区新石器时代末期遗存的分析，确认了良渚文化在这一地区的存在，鉴于与钱塘江以北良渚文化有不同的地方性特征，正式提出良渚文化名山后类型的概念⑥，从而为良渚文化研究增加了更丰富的学术涵量。

另外，牟永抗在该地区发现的留有磨面的自然块石中区分出砺石与石磨盘，进而认为作为农业加工工具的石磨盘的存在，是河姆渡文化区别于马家浜文化的重要区别特征⑦。

1986 年后，反山、瑶山良渚大墓发掘，学术界出现持续的良渚文化研究热。令人感兴趣的是，良渚文化著名的冠状饰，开始向河姆渡文化的蝶形器溯源⑧，良渚神徽与河姆渡文化以鸟·太阳崇拜为

---

① 刘军：《河姆渡陶器研究》，《东方博物》，杭州大学出版社，1997 年。

② 王海明：《河姆渡文化与马家浜文化关系简论》，《东南文化》1991 年第 6 期。

③ 王海明：《河姆渡文化新探索》待刊。后以《河姆渡遗址与河姆渡文化》为名，刊于《东南文化》2000 年第 7 期。（编者注）

④ 蒋乐平：《塔山下层墓地与塔山文化》，《东南文化》，1999 年待刊。后刊于《东南文化》1999 年第 6 期。（编者注）

⑤ 蒋乐平：《良渚文化与宁绍地区的史前考古学》，《良渚文化研究——纪念良渚文化发现六十周年论文集》，科学出版社，1999 年。

⑥ 刘军、王海明：《宁绍平原良渚文化初探》，《东南文化》1993 年第 1 期。

⑦ 牟永抗：《钱塘江以南的古文化及其相关问题》，《福建文博》1990 年增刊《闽台古文化论文集》。

⑧ 林巳奈夫著，黎忠义译：《关于良渚文化玉器的若干问题》，《南京博物院集刊》1984 年第 7 期。

主题的图刻资料的相互关系问题亦不乏研究者①。这种精神层面的文化继承关系从另一侧面强调了钱塘江两岸文化相似性的特殊背景。在具体的解释上，各有侧重，观点纷呈。蒋乐平对河姆渡文化著名的"双鸟朝阳"图刻中重圈图案与太阳的对应理解提出质疑，认为浙江史前圆形图符主要是蛋卵的象征符号，所谓的"双鸟朝阳"实为"生命孵化图"，表达的主题是对生命的赞美与祈祷；与此相应，良渚陶礼器上的"鸟首蟠蛇"图符的"蟠蛇"部分乃是"圆-重圈-旋圈"符号体系的一种变式。基本图式与河姆渡"生命孵化图"一致（图六）；进而认为充斥于良渚"神像"中的重圈符号所潜藏的是原始的生命崇拜意识②。这对理解良渚"尊神"的宗教涵义是一种有价值的启示。

图六　鸟像图符
1. 河姆渡 T226③：79　2. 名山后 H14

四、课题前瞻

回顾二十余年河姆渡文化的研究历程，我们并不在追求一个简单的结论。我们知道，任何一个概念都代替不了历史本身，概念仅仅是表述历史、表述人类文化、同时也是表述我们信念的工具。我们惊叹人类迷离而辉煌的童年，但决不迷失自己。

河姆渡文化的复杂性，河姆渡文化研究所蕴含的高质量的学术价值，是河姆渡文化所处的特殊位置决定的。客观地面对中国新石器时代文化分布的格局，我们发现，北部的黄河中下游、中西部的长江中游地区，均已找到了距今 8000 年以上的新石器时代遗址，但在东南沿海一片，仍为空白③。河姆渡文化代表着一种未知的、更原始的文化类型的重要线索。张光直将河姆渡文化与台湾的大坌坑文化

①　牟永抗：《东方史前时期太阳崇拜的考古学观察》，《故宫学术季刊》第十二卷第四期，1995 年 7 月；王宁远：《试论良渚神徽起源及意义》，《浙江省文物考古研究所学刊》，长征出版社，1997 年。

②　蒋乐平：《浙江史前鸟像图符的寓义及流变》，《浙江省文物考古研究所学刊》，长征出版社，1997 年。

③　黄宣佩在《关于河姆渡遗址年代的讨论》（《上海博物馆集刊》，第七期）中认为河姆渡遗址第四层年代上限应该提前，处于距今 8000 年～7000 年的阶段。

同归为"富裕的食物采集经济"文化①，是否也体现着这一背景与意识。在这种背景与意识下，钱塘江不但成为一条文化上的鸿沟，也成为一条认识上的鸿沟。明确河姆渡文化与马家浜文化的差异与区别是必要的，但发掘文化共同性的潜在意义同样重要。任何考古学文化必须通过自身的内涵与逻辑实现其存在的价值，但要准确把握体现其中的文化变迁的运动方式，又必须从更广阔的历史环境中进行分析，孤立的观念是反历史本质的。

蒋乐平试图通过以河姆渡文化为代表的土著文化和以鲁南苏北为代表的北方系文化的碰撞模式来解释浙江史前文化的发展面貌，并将钱塘江两岸的文化变迁纳入统一的认识领域。《浙江史前文化演进的形态与轨迹》通过对河姆渡文化与罗家角早期遗存内涵的共同性比较，提出先河姆渡文化概念。先河姆渡文化以河姆渡文化作认识蓝本，发展至距今7000年之际，它的分布北缘尚居留在杭嘉湖平原腹地，即如罗家角早期遗存所呈现的，但已迅速发生了变异。这种变异是以夹炭黑陶、绳纹装饰为特征的土著文化与以夹砂红陶、素面装饰为特征的北方系文化碰撞和能量交换的方式进行的。这种北方系文化的母体应该是鲁南苏北地区的后李文化和北辛文化。因此，先河姆渡文化的直接继承者便是局限于钱塘江南域一隅的河姆渡文化。在钱塘江以北，已演变为一种新的文化类型——马家浜文化。北方系文化通过马家浜文化继续向南施加压力，并在距今6000年及以后全面影响钱塘江以南地区，宁绍地区新石器时代文化进入一个新的历史发展阶段②。这一启发性的认识视角对进一步探讨浙江新石器时代文化是有益的，但仍具有一定的假设性，钱塘江两岸文化的亲缘关系要通过历史渊源的追溯来证实。先河姆渡文化的重要性具体化了。

因此，寻找与发现先河姆渡文化遗址已成为河姆渡文化课题研究的首要问题。陈桥驿通过他的海侵理论，认为先河姆渡文化遗址淹没在近海大陆架中③，但舟山群岛并未发现更早的遗址。已发现的多为良渚阶段遗址，可见向东部的开发相对较晚。1990年发掘的萧山跨湖桥遗址④，^{14}C测定年代接近距今8000年，早于河姆渡、罗家角遗址。陶器出现数量不少的彩陶，陶釜上交错拍印的绳纹形成有规划的菱格网面纹，数量较多的圈足器饰镂孔与彩绘。基本特征与浙江新石器时代文化任何一个阶段均不存在比较性，是一个全新的文化类型，目前只认为与长江中游早期遗存较为接近，进一步的研究尚未开展。对于浙江史前考古研究而言，跨湖桥遗址的发现有些突然，它无法与已积累的学术成果与学术思路作简单的联系。也有研究者对跨湖桥遗址的年代提出质疑，认为遗址发现的地面式建筑、木作形式的橡子坑、陶釜的基本形态等时代特征较晚，不应早于河姆渡遗址⑤。这种质疑是一种对学术负责的态度。20世纪70年代河姆渡遗址发现时，引起轰动的^{14}C测定年代经过了反复的检测求证，北京大学考古实验室、中国社会科学院考古研究所实验室均取得一系列基本一致的^{14}C年代数据。跨湖桥遗

①　张光直：《中国东南海岸的"富裕的食物采集文化"》，《上海博物馆集刊（第四期）》，上海古籍出版社，1987年。

②　蒋乐平：《浙江史前文化演进的形态与轨迹》，《南方文物》1996年第4期。

③　陈桥驿：《越族的发展与流散》，《东南文化》1989年第6期。

④　浙江省文物考古研究所：《萧山跨湖桥新石器时代遗址》，《浙江省文物考古研究所学刊》，长征出版社，1997年。

⑤　王海明：《河姆渡文化渊源思考》，《河姆渡文化研究》，杭州大学出版社，1998年。

址发现的学术意义当不亚于当年的河姆渡遗址（如果年代确凿的话），有必要选取合适标本由几家权威实验室再作检测。鉴于跨湖桥遗址对迄今为止的浙江史前文化未见直接影响，在本篇中我们不准备作进一步讨论。

应当说，器物学研究在考古学文化研究中的特殊意义是受客观条件决定的。几十年来田野考古的条件与设备限制了我们取得更丰富的资料与信息。随着国外考古学理论方法的介入，随着现代科技在田野考古中的应用，不断丰富的考古学资料将对中国新石器时代文化的研究产生根本性的影响，宁绍地区的考古工作期待着这一天的到来。最近我们与日本有关方面达成合作意向，计划对河姆渡文化水稻田遗存进行调查研究，这将是宁绍地区史前考古工作开创新局面有决定意义的一步。

本文谨献给浙江省文物考古研究所建所二十周年。

执　笔：蒋乐平

1998 年 9 月初稿

1998 年 11 月定稿

（原载《纪念浙江省文物考古研究所建所二十周年论文集》，西泠印社，1999 年）

河姆渡遗址与河姆渡文化

王海明

河姆渡遗址与河姆渡文化是既有联系又有区别的两个不同的考古学概念。河姆渡遗址不等同于河姆渡文化，后者内涵更丰富，外延更宽泛。河姆渡遗址并没有包括河姆渡文化发展的各个阶段，河姆渡遗址所含的河姆渡文化遗存的时间跨度并不代表河姆渡文化发展的全过程。本文试图通过宁绍平原经科学发掘的相关遗址的河姆渡文化遗存地层及内涵整合梳理，排比归纳，结合 ^{14}C 测年，来讨论相关问题。

一、河姆渡遗址

1973、1977 年两期发掘，揭露面积 2600 多平方米，出土各类文物 6300 余件。野外划分 4 个文化层。第二期发掘，将第②文化层细分为②B、②A 层，将第③文化层细分为 A、B、C 三小层，将④文化层区分为④A、④B 层。

第一期发掘报告将④、③文化层命名为"河姆渡文化"[1]。"第二文化层的时代和文化面貌相当于嘉兴马家浜和吴兴邱城下层，第一文化层相当于吴兴邱城中层和崧泽中层墓地"。

第二期发掘后，发掘者修正了第一期发掘报告的观点，第二期发掘简报指出[2]"河姆渡遗址四个文化层的器物共性较多，有它统一的风格，但在某些器物之间又存在着一定的差异，而这种差异正说明了事物的发展和进步。因此河姆渡遗址的四个文化层具有紧密地相互衔接的关系，四个文化层当是河姆渡的四期文化，它们是一脉相承的"。这是对河姆渡遗址、河姆渡文化认识的一个重大飞跃。

现在看来，第二期将④文化层区分为④A、④B 具有考古学的分期意义，④B 层、④A 层陶器形态特征区别明显。将河姆渡遗址堆积划分为五期，更能清晰反映河姆渡遗址文化发展的阶段性特征及其演变发展的脉络、轨迹。

试以陶器为主要指示器来归纳概述各期的特点。

第一期　④B 层。夹炭陶器占绝大多数，手工制陶，工艺原始，泥条盘筑、泥片贴筑并存，形制多歪、斜、扭、偏，器体厚重，"烂底"普遍。典型陶器有带肩脊的敛口釜和敞口釜、敞口无肩带脊釜、半环形双耳罐、唇部起棱的平底盘、敛口弧壁平底钵、斜壁深腹盆、釜支座、器座等。圜底器短

---

① 浙江省文物管理委员会、浙江省博物馆：《河姆渡遗址第一期发掘报告》，《考古学报》1978 年第 1 期。

② 河姆渡遗址考古队：《浙江河姆渡遗址第二期发掘的主要收获》，《文物》1980 年第 5 期。

颈、深腹，平底器均为圆角平底，不甚平稳。圜底器腹底部均有不规则的绳纹。④层^{14}C 测年数据共 12 个，最晚的一个数据距今 6570±120 年，明确为④B 层标本的^{14}C 测年距今 6955±130 年（数据均经树轮校正，下同）。

第二期 ④A 层。夹炭陶为主，少量夹砂陶。制陶工艺有所进步，器形规整，平底器腹底折角方正，置放平稳。典型陶器同④B 层，器形明显端庄精致。流行绳纹、刻划纹，刻划纹多见于口沿、肩脊部，有几何形图案和动植物图像两类。^{14}C 测年距今 6630±125 年。

第三期 ③层。夹炭陶为主，夹砂陶次之。夹炭陶的比例③C、③B、③A 依次减少，夹砂陶逐层增加。釜、罐、盆、盘、钵、支座仍是代表性陶器。陶器胎壁明显变薄。制作精细，造型美观。有肩有脊的敛口釜、敞口釜减少，带脊敞口釜数量明显增加，圈足豆开始出现。器表装饰趋简，刻划纹明显减少，素面增加。^{14}C 测年数据 5 个，其中距今 6800±130 年数值偏早，余 4 个数值接近，距今 5950±120 年、距今 6265±110 年是 4 个数据中的最小和最大值。

第四期 ②层。夹砂灰陶为主，夹炭陶仅占 10%，夹砂红陶、泥质红衣陶、泥质灰陶也有一定的数量。带弱脊或暗脊的敞口圆腹圜底釜成为主要釜形，钵形釜、多角沿釜、釜形鼎和盆形鼎、异形鬶、垂囊盉、外红里黑的盘形豆、牛鼻耳罐、猪嘴形支座都是常见的陶器。鼎足以圆锥形、扁锥形为主。器形规整，火候明显增高。绳纹是传统装饰，动植物图案绝迹。^{14}C 测年数据分别为距今 6015±135、5840±130、5660±130 年。

第五期 ①层。夹砂红陶为主，夹炭红衣陶占 18%，泥质红陶、泥质灰陶明显增加。陶器种类及形制与上期基本雷同，鼎足以凿形、舌形、三棱形居多，足面常见刻划纹，阶段性特征突出。釜仍是传统的主要炊器，绳纹依然是炊器上的主要装饰。开始出现慢轮修正制作陶器。^{14}C 测年距今 5330±130 年。

二、慈湖遗址（宁波慈城镇）

1988 年发掘，共揭露面积近 300 平方米[①]。野外划分 7 层，其中③层为商周时期的遗存，④、⑤层良渚文化堆积，⑥、⑦层属河姆渡文化遗存。

慈湖遗址河姆渡文化遗存陶器以夹炭红衣陶为主，夹砂灰陶次之。少量黑皮陶器。夹炭红衣陶的盘口尖唇丰肩圜底的罐（釜）数量最多，最具文化特征，肩部盛行附加堆纹和刻划纹，罐（釜）外腹中部有鸡冠状錾或牛鼻形耳把手，中腹以下饰篮纹。^{14}C 测年距今 5747±110 年。

三、名山后遗址（奉化市江口镇）

1989、1991 年两期发掘，发掘面积 600 余平方米[②]。堆积厚 2.8 米，野外分 12 个堆积层。以良渚

---

① 浙江省文物考古研究所、宁波市文物考古研究所：《宁波慈湖遗址发掘简报》，《浙江省文物考古研究所学刊》，科学出版社，1993 年。

② 名山后遗址考古队：《奉化名山后遗址第一期发掘的主要收获》，《浙江省文物考古研究所学刊》，科学出版社，1993 年。《奉化名山后遗址发掘报告》待刊。

文化的人工营建土台为界，其上为良渚文化堆积，其下即⑫、⑪、⑩、⑨、⑧共5层及相关遗迹属河姆渡文化遗存。

名山后遗址河姆渡文化遗存分三期。

一期　⑫、⑪层及⑪层下的H23、H26等灰坑遗迹。夹砂灰陶、泥质红陶分别占55.3%和44.7%，夹炭红衣陶几乎不见。敞口圜底釜、多角沿釜、半圆锥足釜形鼎、泥质红陶外红里黑大喇叭圈足豆、牛鼻耳罐、侧把平底盉、异形鬶、圈足盆（簋）、猪嘴形支座是常见陶器。炊器腹底部绳纹，肩上、颈部的绳纹拍印后重新抹平，可见绳纹与制陶工艺、工序有关。大喇叭豆圈足上常见圆形、弧边三角形镂孔。

二期　⑩层及⑨层下H4、H5、H31等灰坑。陶系和陶器的种类与一期相近。夹砂陶中夹砂红陶占相当比例，新出现少量的夹炭红衣陶器。多角沿釜形态略显瘦长，敞口釜口沿宽而内凹弧，卵腹，绳纹拍印规整、竖向，绳纹过颈。新出现小口束颈大圜底釜。鼎的数量有所增加，鼎足根部带捺窝的目式足较为典型。H31出土的鼎腹部绳纹外常见附加堆纹装饰。

三期　⑨层、⑧层。夹砂红陶为主，泥质灰陶次之，夹炭红衣陶占相当大的比例，达19%，泥质红陶很少，少量黑皮陶。釜仍是最主要的炊器，宽沿内弧球腹圜底釜最典型，竖向绳纹规则整齐。新出现泥质灰陶圈足盘、盆、圈足豆等具有崧泽文化因素的陶器。鼎足以舌形、凿形为特征，足面多见不规则的刻划纹，出现极少量的鱼鳍形鼎足。第二期发掘发现的随葬釜形鼎（三足均残）、圈足盘的两座墓葬可看作是名山后遗址河姆渡文化遗存年代的下限。

塔山遗址（象山县丹城镇）

1990年、1993年两次发掘，发掘面积545平方米。堆积厚2米，野外划分9层，③、④层商周时期堆积，⑤、⑥层为良渚文化遗存，⑦、⑧、⑨层及相关墓葬系河姆渡文化堆积。《报告》[1]将河姆渡文化堆积划分为下层文化和中层文化。根据遗址地层叠压关系及出土遗物的形态特征变化，将其划分为三期比较符合该遗址的实际情况，更能清晰揭示遗址的形成过程及文化发展变化的轨迹和阶段性特征。

一期　⑨层下墓地40座墓葬为代表。40座墓葬可依随葬品的异同区分为甲、乙、丙三组。甲组，墓向东偏南，以泥质红陶大喇叭圈足豆为基本随葬品，少量玉玦。乙组，墓向东偏北，釜为主要随葬品，部分釜、盘、钵组合随葬。丙组，典型墓葬仅M29、M28两座，随葬夹砂红陶鼎、夹细砂的圈足罐、豆，器表橙红色陶衣光亮鲜艳，圈足部饰半月形镂孔。三组墓葬分布相对集中，墓向基本统一。从乙组墓打破甲组、丙组墓，乙组墓M31出土泥质红陶豆圈足等层位关系和乙组墓陶釜的器形特征看，三组墓葬大体具有历时性早晚关系，甲组最早，丙组其次，乙组最晚。三组墓葬先后埋于同一墓地，其形成原因，三组墓葬主人的相互关系、社会组织结构是值得深入探讨的。如将墓地作为一个考古单元统计随葬品的陶系，夹砂红陶占38.5%，泥质红陶30.7%（包括外红里黑），夹炭红衣陶25%，夹细砂橙红陶5.7%。泥质红陶大喇叭圈足豆常见圆形、弧边三角形镂孔，外红里黑数量近半。夹砂绳

①　浙江省文物考古研究所、象山县文物管理委员会：《象山县塔山遗址第一二期发掘》，《浙江省文物考古研究所学刊》，长征出版社，1997年。

纹釜居多，少量夹炭红衣陶釜。部分陶釜形态较小，疑为特别制作的明器。罐、盘、钵数量不多。

二期　⑨层、⑧层。夹砂红陶占 46%，夹炭红衣陶 38%，泥质陶 16%。夹砂红陶敞口釜、多角沿釜、泥质红陶喇叭圈足豆、带目式足鼎、牛鼻耳罐等常见。少量夹炭红衣陶敛口釜的残片，器形硕大，胎体厚重。宽沿内凹弧是釜的基本特征。绳纹仅见于炊器。

三期　⑦层及⑦层下的 15 座墓葬。墓葬墓向东偏北，随葬品均为陶器，组合为釜、罐、盘、豆，绳纹陶釜多为明器。地层中绳纹釜、圈足盘、圈足豆、圈足罐、平底罐常见。宽沿内凹弧是炊器的普遍特征。绳纹仅见于炊器，圈足盘、豆上常见圆形、弧边三角形镂孔。随葬品陶系统计，夹砂红陶占 21.4%，泥质灰陶 57%，泥质黑衣陶 14.2%，泥质红陶 4.7%。地层及遗迹单位陶系比例，夹砂红陶 47%，夹炭红衣陶 19%，泥质灰陶 24%，泥质黑皮陶 5.9%，泥质红陶 3.1%。

小东门遗址（宁波慈城镇）

1992 年发掘，揭露面积近 200 平方米①。文化堆积厚 1.4～2.6 米，野外分 8 层，②、③层内涵及时代约当马桥文化，④、⑤层良渚文化遗存，⑤层下墓葬及⑥、⑦、⑧层属河姆渡文化堆积。

小东门遗址河姆渡文化堆积不甚丰富，但早、晚分期明显，分二期。

一期　⑥、⑦、⑧层。夹砂红陶、夹砂灰陶占多数，泥质红陶次之。多角沿釜、泥质红陶大喇叭圈足豆等典型陶器显示其年代与河姆渡遗址第②文化层相当。⑧层下圆木 ^{14}C 测年距今 5300±197 或 5298±197，年代可能偏晚。

二期　⑤层下的 2 座墓葬。M1 长方形竖穴浅坑，墓向东南，随葬绳纹釜、釜形鼎（三鼎足均残）圈足盘等 4 件陶器。M2 找不到墓坑，发现随葬陶器 3 件，其中 1 件绳纹釜与泥质灰陶圜底钵上下扣合，钵底留有一小孔，疑是瓮棺葬。

鲞架山遗址（河姆渡遗址东南 1 千米）

1994 年发掘，发掘面积 600 余平方米②。发掘分 A（北）、B（南）两区，野外分 4 层。A 区②层下灰坑，B 区②层属东周时期堆积，A 区②层下开口的瓮棺葬，③层、④层及 B 区②层下开口的灰坑，③、④层系河姆渡文化堆积。分三期。

一期　④层。陶器中夹砂灰红陶、夹炭红陶、泥质红陶分别占 57.7%、41% 和 1%。釜、罐、盆、盘、钵是常见的陶器组合。敞口弱脊、暗脊釜共存，直口筒形釜数量多。最能体现时代特征的是直口长颈扁腹圜底釜，唇下附加堆纹一周。双耳罐、单把钵、盆、盘等夹炭陶器器表均呈红褐色，色彩鲜艳。炊器底部拍印绳纹，肩、腹部常见是蚶壳缘刺印纹。^{14}C 测年 BC4335～BC4044 年。

二期　A 区 5 座瓮棺葬。其中 1 座瓮棺葬 2 件陶釜上下扣合，余 4 座瓮棺葬均以数件夹炭陶盘口大釜为葬具（随葬品），另有 1 件泥质灰陶圈足豆或器盖。陶釜器表均有橘红色陶衣，肩部附加堆纹，中腹附加堆纹上按鸡冠状錾或牛鼻耳，下腹饰篮纹。

三期　B 区③层、②层下开口的有关灰坑。器形以夹砂陶釜、鼎为主，泥质灰陶三角形镂孔圈足

---

①　《宁波慈城小东门遗址发掘简报》待刊。后发表于《东南文化》2002 年第 9 期。（编者注）
②　《余姚市鲞架山遗址发掘报告》待刊。后以《余姚市鲞架山遗址发掘报告》发表于《史前研究（2000）》，三秦出版社，2000 年。（编者注）

豆不少。②层下开口的 H11 水埠头护壁小桩木^{14}C 测年 BC2874~BC2498 年，是目前所知的河姆渡文化的最晚测年数据。

鲻山遗址（余姚市丈亭镇）

1996 年发掘，发掘面积 300 平方米[①]。堆积厚 3 米左右，野外划分 10 层。②层下局部存在商周堆积，并发现 2 座良渚文化小墓，鱼鳍足鼎、圈足盘随葬。③~⑩层均为河姆渡文化堆积，可分为四期。

一期　⑩层、⑨层。夹炭陶为主。敞口、敛口肩脊釜，敞口无肩带脊釜，双耳平底罐，平底盘，平底盆，单把钵是代表性陶器。陶器胎体较厚重，炊器底部拍印绳纹，口沿、肩脊部常见刻划的植物图案。在钵、盆的外表，尚可见到拍印绳纹后重新抹平的现象。

二期　⑧层。陶系及典型陶器组合与一期雷同。夹砂灰陶增加，夹炭陶色由黑变灰，陶器胎体明显趋薄，器物形态和一期有明显的递遭传承关系，均可找到对应的型式，刻划纹减少。

三期　⑦层、⑥层。夹砂陶为主，直口、长颈、扁腹圜底釜最具时代特征，泥质红陶粗把宽沿豆外红里黑，圆体直把盉也是该期的典型陶器。

四期　⑤层、④层、③层。夹砂灰陶大宗，泥质红陶占相当数量。敞口圜底釜、敛口扁腹釜、扁腹釜形鼎、牛鼻耳罐、泥质红陶大喇叭圈足豆、直把垂囊盉颇具时代特征。

跨湖桥遗址（萧山城厢镇）

萧山跨湖桥遗址位于宁绍平原西部旧湘湖湖底。1990 年发掘，发掘面积 330 平方米[②]。堆积厚 3 米，野外划分 9 层，除①层外，第②~⑨层均属新石器时代文化堆积。文化面貌及其显现的内涵特征自早至晚具有强烈的传承性和连贯性，发展脉络清晰明确，它们是连续发展的整体，属于同一文化。陶器形态早晚阶段性特征突出。可将其分为三期[③]。

一期　⑨~⑦层。

二期　⑥~③层、FB。

三期　②层、FA。

一、二、三期陶器陶系主要是夹砂陶、粗泥陶、夹炭陶。特征变化主要反映在最能代表跨湖桥遗址特色的盘口卵腹釜的形态特征上。一期溜肩，二期丰肩，三期丰肩变折肩。豆的形态变化集中表现在豆盘的棱脊从突出到退化及圈足的外撇程度上。盘口釜、直口釜、双耳罐、折腹豆、圈足盘是三期遗存始终如一的陶器组合，除釜上绳纹外，以素面为主。绳纹有竖向拍印和斜向交错拍印两种，绳纹斜向交错拍印成菱格状，数量多，颇具特色。发现不少彩陶，粗泥胎上红衣白彩、个别黑彩，白衣红彩。施彩集中在圈足外壁、盘内壁及少量罐的口肩部，圈足部彩往往与镂孔结合，彩绘纹样有条纹、曲折纹、"十"字形纹及太阳纹。

跨湖桥遗址碳素标本经国家海洋局第二海洋研究所^{14}C 实验室测定：T302⑨木块（HL91022），距

---

①　浙江省文物考古研究所、厦门大学历史系：《余姚鲻山遗址发掘简报》，待刊。后以《浙江余姚鲻山遗址发掘简报》，发表于《考古》2001 年第 10 期。（编者注）

②　浙江省文物考古研究所：《萧山跨湖桥新石器时代遗存》，《浙江省文物考古研究所学刊》，长征出版社，1997 年。

③　王海明：《二论萧山跨湖桥新石器时代文化遗存》，《东方博物》第四辑，浙江大学出版社，1999 年。

今 7618±242 年；H22 橡子（HL91001），距今 7282±155 年；FB 木桩（HL91026），距今 7069±210 年，上述数据未经树轮校正。T304②木块（HL91023），距今 6690±176 年，树轮校正年代距今 7310±176 年。

跨湖桥遗址新石器时代文化遗存是河姆渡文化的一个地方类型。[14]C 测年明显偏早①。

楼家桥遗址（诸暨市次坞镇）

遗址位于钱塘江支流——浦阳江支系凰桐江畔的诸暨市次坞镇楼家桥村②。遗址依山临江，受潮位影响明显。春、夏两季多雨季节，潮水顶托，江水回流倒灌，遗址常遭水淹，受涝严重。1999 年发掘 900 平方米。堆积厚 2~4 米，文化内涵跨新石器与商周两个时代，共分四期。四期，商周时期遗存；三期，良渚文化堆积，内涵不甚丰富；二期、一期遗存被青灰色淤泥（海相沉积）间隔，内涵丰富，是该遗址的主体堆积。

一期　遗物以陶器为主，少量玉（石）、骨（牙）器。陶器陶系夹炭红衣陶为主，夹砂红陶次之。圆柱足鼎、腰沿釜、带脊釜、双耳（鋬）罐、单把钵、圈足盆、深腹钵式豆、隔沿筒形深腹器座常见。鼎足根部带凸脊颇具特色。流行堆塑与刻划纹装饰，堆塑以环圈装饰多见，也有细泥条堆塑的几何形图案，"蜥蜴"状堆塑数量不少。绳纹不多，仅见于带脊釜的底腹部。夹炭红衣陶圈足盆外腹刻划类爬行动物的"龙"纹。

二期　陶器继承早期文化的传统，阶段性特征鲜明突出。夹砂红陶数量增加，鼎足根部的凸脊加长演化发展为扉棱，扉棱圆柱足鼎成为本期的主要炊器，也是最具时代特征的典型陶器。侈口凹弧沿釜、腰沿釜、喇叭形圈足豆、多角沿盘、器座常见。陶器素面红衣为主，堆塑、刻划仍是陶器装饰的传统技法。河湖、池塘水面常见的"跳鱼"是堆塑表现的主要题材，"跳鱼"摇头晃脑，形象逼真生动，匠心独具。绳纹数量更少。

楼家桥遗址一、二期遗存，文化内涵一脉相承，陶器形态演变轨迹清晰，阶段性特征明确。将楼家桥遗址一、二期遗存内涵与河姆渡文化、马家浜文化作一对比，我们不难发现内涵呈现二元倾向。陶器可明确区分为代表不同文化因素的 A、B 两组。A 组，夹炭陶绳纹带脊釜、侈口凹弧沿釜、单把钵；B 组，夹砂红陶圆柱足鼎、腰沿釜、泥质红陶喇叭圈足豆。A 组陶器从胎质、器形到纹饰均与河姆渡文化的同类陶器一致。B 组陶器，尤其是带扉棱圆柱足鼎、腰沿釜不见或很少见于河姆渡文化遗址，相反，在太湖流域的马家浜文化遗址屡见不鲜。夹炭陶胎、带脊、绳纹这三项构成河姆渡文化陶釜的基本特征。夹砂红陶、带腰沿、素面是马家浜文化陶釜的普遍特征。蜥蜴纹在河姆渡文化陶器上常有发现，楼家桥遗址出土的象牙小盅（柄帽）与河姆渡遗址发现的象牙小盅形状完全相同，加工技法一致。"跳鱼"堆塑在嘉兴南河浜遗址③也大量存在。显然，楼家桥遗址一、二期遗存的文化内涵具有河姆渡文化、马家浜文化的双重性。从一、二期遗存两种文化因素消长的趋势观察，B 组器物所代表的马家浜文化因素日益浓厚、强大，河姆渡文化因素有逐渐弱化的态势。楼家桥遗址一、二期遗存

①　王海明：《二论萧山跨湖桥新石器时代文化遗存》，《东方博物》第四辑，浙江大学出版社，1999 年。
②　蒋乐平：《浙江发现 6000 年前的"龙"》，《中国文物报》2000 年 1 月 23 日第 1 版。
③　本所发掘资料。蒙领队刘斌告知。

缺乏自身独特的文化因素，从而也不具备单独命名新考古学文化或类型的先决条件。该遗址所在的区域目前看来属于河姆渡文化、马家浜文化区的边缘与重叠地区。

依据 A、B 两组陶器在各自文化发展序列中的时间坐标，楼家桥遗址一、二期遗存的年代，约当河姆渡文化第二期偏晚阶段至第三期，马家浜文化的中晚期。

舟山群岛的河姆渡文化遗存目前仅见于定海白泉十字路遗址和大衢岛孙家山遗址两处。因未经科学发掘，对两遗址的堆积情况、文化面貌、内涵特征不甚了解，难作准确的分期。现有的资料表明，十字路遗址河姆渡文化遗存明显早于孙家山遗址的河姆渡文化遗存①。

十字路遗址获得的陶器有敞口釜、多角沿釜、半圆锥足鼎、泥质红陶大喇叭圈足豆、牛鼻耳罐、猪嘴形支座等。

孙家山遗址出土的陶器有圆柱足鼎、舌形足鼎和绳纹釜、泥质灰陶镂孔圈足盘、灰陶圈足罐等。

浙江南部（瓯江以北）也发现一些河姆渡文化的遗物与线索。乐清白石杨柳滩，农民掏沙获得大量河姆渡遗址③、④层常见的石器②。永嘉县大小楠溪江交汇处的坦下巨口村，距地表深 3 米处发现含陶片、石器、红烧土灰烬炭屑的文化层，陶器有夹砂红陶、器表橙红色夹炭陶和泥质灰陶，器形可辨有釜（鼎）、罐、豆等③。

依据上述遗址河姆渡文化堆积叠压的层位关系并按早晚加以整合，结合各遗址各典型单元代表性陶器釜、罐、盆、盘、钵和支座的器形变化，特别是陶釜形态的类型学排比及所反映的器形变化早晚发展演变的逻辑顺序，在各遗址分期的基础上，将河姆渡文化的分期由比较笼统的四期说充实修订为四期八段论，从而建立起文化内涵联系更紧密，发展环节更完整清晰，年代更精确的考古学文化分期与编年（附表）。

一期　夹炭陶占绝对多数，泥条盘筑、泥片贴筑手工制陶。高颈带肩深腹圜底釜、双耳大平底罐、宽折沿盘、弧敛口钵、单把钵、块状体支座为代表性陶器。石器制作打制磨制并行，燧石质打制石器、硬质石料以琢辅磨制作偏刃石器极具特征。骨器发达，木质工具常见。骨耜为主要农具，木耜已经出现，象牙雕刻艺术品引人注目。鸟形造型、鸟形图案表现太阳神崇拜。干栏式建筑，建筑方式经历打桩式、挖坑埋柱式的变化。绝对年代距今 7000~6500 年（图一）。

前段　河姆渡遗址④B 层。泥条盘筑制陶技术原始不成熟，陶器特厚重，器形歪斜扭偏，"烂底"严重。陶釜颈较短，肩部不甚发达，深腹。平底器腹、底圆角。釜底不规则绳纹。绝对年代距今 7000~6700 年。

后段　河姆渡遗址二期，鲻山遗址一期。泥条盘筑技术娴熟，陶器形制规整。陶釜肩脊发达，扁圆腹、圜底。敞口带脊圜底釜数量不少。平底器折角方正。盛行刻划纹，肩脊、口沿部常见刻划的动植物图案。绝对年代距今 6700~6500 年。

二期　夹炭陶为主，夹砂陶增加。陶色偏灰，器壁变薄，火候提高。制作讲究，造型美观。基本

---

① 王和平、陈金生：《舟山群岛发现新石器时代遗址》，《考古》1983 年第 1 期。
② 金福来、徐定水：《浙江乐清古文化遗址发掘简报》，《考古》1992 年第 9 期。
③ 王海明：《浙江南部先秦文化遗存浅析》，《纪念浙江省文物考古研究所建所二十周年论文集》，西泠印社，1999 年。

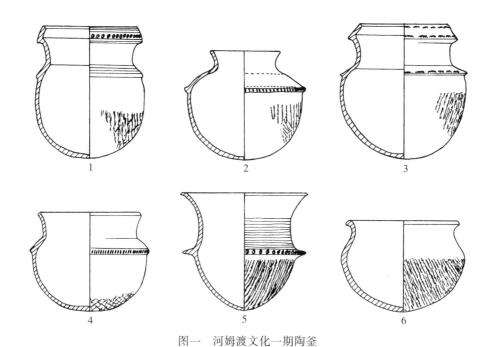

图一   河姆渡文化一期陶釜

1. 河 T224④B∶140   2. 河 T223④B   3. 河 T226④A∶48   4. 鲻 T9⑨∶27   5. 鲻 T9⑨∶25   6. 鲻 T8⑨∶14

陶器组合与一期相同，器形变化显著，陶釜肩脊明显减少趋弱，演变成一条脊线或附加堆纹，甚至鸡冠状錾，圜底由尖趋圆形成大圜底，敛口釜数量减少，敞口圜底釜、直口长颈扁腹釜增加。双耳罐按耳部位降低，新出现盘、钵和釜相结合的陶豆。刻划纹明显减少，釜腹底部拍印绳纹，蚶壳缘刺印纹常见。硬质石材石器减少，石器磨制光滑，骨器减少。干栏式建筑多采用挖坑埋柱并垫木板作础。墓葬散埋于居址周围，头东面北，侧身屈肢，未见墓坑，绝大多数墓葬无随葬品。绝对年代距今 6500~5900 年（图二）。

前段   鲻山遗址⑧层为典型考古单元，河姆渡遗址③C、③B 层归入此段。敛口釜为主要釜型。大部分陶器均与一期后段同类陶器有传承的式别关系，刻划纹明显减少。绝对年代距今 6500~6300 年。

后段   鲞架山遗址④层为代表。河姆渡遗址③A 层、鲻山遗址三期归入此段。夹砂陶超过夹炭陶成为第一陶系。直口长颈扁圆腹釜成为最主要的釜形，泥质陶外红里黑粗把豆、直把圆体盉开始出现，釜口唇下流行附加堆纹，蚶壳缘刺印纹流行。绝对年代距今 6300~5900 年。

三期   夹砂陶为主，夹炭陶少量，泥质红陶急剧增加，零星泥质灰陶。开始慢轮修整制陶。敞口扁圆腹圜底釜、釜形鼎、泥质红陶大喇叭豆、牛鼻耳罐、圈足盆（簋）、垂囊盉、异形鬶、猪嘴形支座成为代表性陶器。硬质石器消失，沉积岩类石器替代，以锛为主。骨器少见，木耜流行。地面建筑为主，柱础多样，红烧土墙体开始出现装饰层。开凿水井。发现集中埋葬的公共墓地，长方形竖穴浅坑，釜、豆、玉玦为主要随葬品。绝对年代距今 5900~5500 年。

前段   塔山遗址一期为代表。名山后遗址一期、河姆渡遗址②B 层大体同时。跨湖桥遗址大体相当。夹炭陶仍有一定的数量。陶釜绳纹一般不过颈。泥质红陶豆外红里黑的比例较大，豆把高大，盘壁斜直。绝对年代距今 5900~5700 年。

后段   典型考古单元名山后遗址⑩层及相关灰坑。河姆渡遗址②A 层、鲻山遗址四期大体同时。

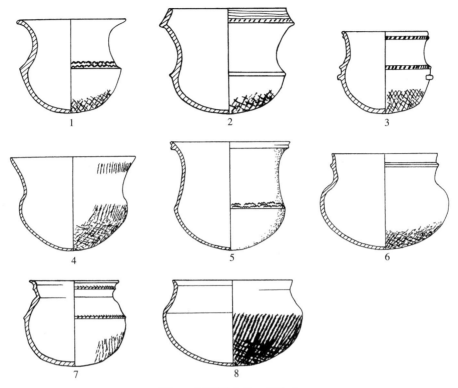

图二　河姆渡文化二期陶釜
1. 鲻T6⑧：7　2. 鲻T6⑧：3　3. 鲻T14⑧：8　4. 鲻T1⑦：1　5. 鲻T4⑦：5　6. 鲻T2⑥：1
7. 河T224③B：56　8. 鲻T9⑧：5

小口束颈大圜底釜、敛口扁腹釜、圆锥状目式鼎颇具特色。釜上绳纹过颈、竖向整齐。豆盘折腹，外红里黑少见。绝对年代距今 5700~5500 年。

四期　陶系主要为夹砂红陶、泥质灰陶、夹炭红衣陶，少量泥质黑皮陶。夹砂红陶垂腹绳纹釜，夹炭红衣陶盘口釜，泥质灰陶圈足盘、圈足豆、圈足罐为常见陶器，鼎数量增加，但釜仍然是主要炊器。夹炭红衣陶盘口釜的肩部流行附加堆纹、下腹底部篮纹，夹砂陶釜（鼎）绳纹上还有附加堆纹，盘、豆的圈足上盛行镂孔装饰。石锛常见，木耜继续流行。地面建筑营建讲究，地面防潮处理，室外石块护坡散水。墓葬既有集中埋放的公共墓地，也有散落于居址附近的零星墓葬。一般有长方形竖穴土坑，釜、罐、圈足盘为随葬陶器的基本组合，少量墓葬随葬三足鼎，但三鼎足均残，应是釜的替代品作釜随葬的，反映了河姆渡文化在观念意识上对釜眷恋的根深蒂固①。绝对年代距今 5500~4900 年（图三、图四）。

前段　慈湖遗址下层文化为代表。鲞架山遗址二期、名山后遗址⑨层归入此段。夹炭红衣陶敛口、盘口釜最具时代特征，足面刻划纹的舌形、凿形足鼎极具特色，绳纹陶釜仍占炊器的主导地位。象鼻形支座。绝对年代距今 5500~5200 年。

后段　塔山遗址⑦层下墓地为代表。河姆渡遗址①层 10 座墓葬、名山后遗址⑧层及 M4 等 4 座墓葬、小东门遗址⑤层下 2 座墓葬、鲞架山遗址 H11 均可归入此段。这是河姆渡文化的下限。泥质灰陶

①　王海明：《二论萧山跨湖桥新石器时代文化遗存》，《东方博物》第四辑，浙江大学出版社，1999 年。

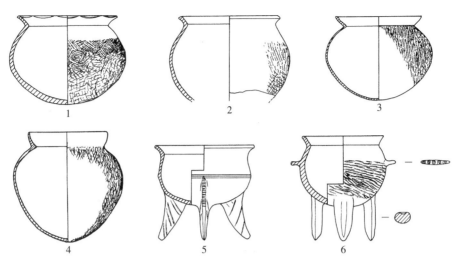

图三　河姆渡文化三期、四期陶釜、陶鼎

1. 名 T0914⑩：2　2. 名 T0814⑩：3　3. 名 H4：14　4. 跨 T204⑦：8　5. 名 H4：8　6. 名 H23：4

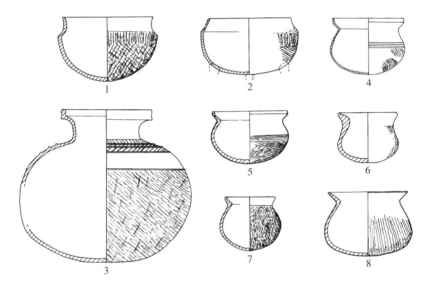

图四　河姆渡文化三、四期陶釜、陶鼎

1. 鲻 T2④：2　2. 鲻 T10③：4　3. 鳌 M1：1　4. 河 T226②B：19　5. 河 T24①：4　6. 名 M4：3
7. 塔 M50：2　8. 河 T29①：2

比例极高，泥质黑皮陶增加，地层中陶釜、陶鼎数量相近，鼎尚未取代釜成为主要炊器，新出现少量鱼鳍形足鼎。墓葬中釜、罐、圈足盘为常见随葬品组合，釜大多器形很小，似属明器，部分墓葬随葬三足均残的残陶鼎，是作为釜的替代品出现，三足应是特意打掉的。镂孔圈足盘数量多，形态丰富多样，极富断代特征。鳌架山遗址 H11 小木桩的^{14}C 测年 BC 2874～BC 2498 可以看作是河姆渡文化的下限。绝对年代距今 5200～4900 年。

此后各遗址堆积情况和文化内涵特征均表明宁绍平原新石器文化发展为良渚文化，鼎最终取代釜成为主要炊器，绳纹基本消失。名山后遗址良渚文化墓葬陶釜与"T"字足鼎同墓共存。北仑沙溪遗址、定海马岙等地夹炭、夹砂红衣陶小口球腹圜底釜（罐）均是该地区良渚文化时期的典型陶器，足见宁绍平原河姆渡文化积淀之深厚。

　　夹炭陶是河姆渡文化的显著特征之一，河姆渡遗址夹炭陶乌黑的呈色给人以夹炭陶必乌黑的印象。鲞架山遗址同时期同一类陶器由于埋藏环境的不同而呈现完全不同的陶色启迪我们重新审视夹炭陶，而长江中游彭头山文化、石门皂市下层文化夹炭陶呈色红褐光亮的事实，鼓励我们做出如下判断，河姆渡文化早期夹炭陶呈色乌黑是后天埋藏环境特殊造成的，长期处于地下水位线以下的弱碱环境中，原本器表红褐的氧化层逐渐还原为黑色。器表乌黑是变色，而非烧成时的本色①。至迟在河姆渡文化二期晚段出现特意施加的红衣，夹炭红衣陶是河姆渡文化晚期显著的文化特征之一。夹炭陶、绳纹釜自始至终是河姆渡文化最主要的文化因素、文化特征。

　　河姆渡文化、马家浜文化是钱塘江南北两支并行发展的新石器文化。宁绍平原这十几年来的史前考古发现证明，当年的推断是正确的，但目前史前考古工作不平衡的现状多少有些令人遗憾。工作比较多的是姚江谷地及其附近地区，发掘点多面广，河姆渡文化内涵、特征一致，发展序列清楚明确。而宁绍平原西部的浦阳江流域也有跨湖桥、楼家桥两遗址经科学发掘，文化面貌均有鲜明的地域特色。尤其是跨湖桥类型遗存与姚江谷地河姆渡文化差异明显，难作全面直接的对应比较。而作为过渡地带的宁绍平原腹地的绍兴、上虞两地史前考古工作相对较少，绍兴除了北部平原上属于良渚文化或后良渚的几处孤丘遗址②（绍兴马鞍、仙人山、陶里壶瓶山）经小规模发掘外，河姆渡文化遗址或河姆渡文化时期的遗址至今未被发现。萧山境内另一处经发掘的蜀山遗址③也是良渚文化及商周时代的遗址。上虞境内，虽在百官三棚桥牛头山、夹塘乡五星村、驿亭乡马慢桥等地发现河姆渡文化遗物④，但均未经科学清理和认真调查，也无详细的现场记录，堆积情况、文化面貌、内涵特征及年代都不甚清楚。且这三处地点均在曹娥江以东。曹娥江以西萧绍平原客观上考古工作的"空白"，造成主观认识上的"盲区"。在没有更多的材料发现以前，萧山跨湖桥遗存可暂作河姆渡文化的一个地方类型。

　　曹娥江将宁绍平原分隔为姚江冲积平原和萧绍平原两个更小的地理单元。姚江谷地、浦阳江流域河姆渡文化不同类型的存在与发现，其根源也许可以追溯到6000~7000年前的河姆渡文化时期。曹娥江是一条地理分界线，更有可能是一条重要的文化分界线。楼家桥遗址的发掘，为我们探讨河姆渡文化与马家浜文化的关系，提供了新线索。

　　杭州湾南北岸线变化，南坍北涨或北坍南涨沧海桑田的变迁，随涨坍而出现的人口迁徙客观上促进了钱塘江南北两岸的文化交流，这种交流模式是否在6000~7000年前已经出现，河姆渡文化与马家浜文化交流、渗透影响是否存在通过这种模式与途径进行的情况，海盐王坟遗址⑤出土大量的河姆渡文化特征明确的夹炭红衣陶盘口釜（罐）的事实证实了这些可能性。

---

　　①　王海明、孙国平：《鲞架山遗址发掘的启示》，《纪念浙江省文物考古研究所建所二十周年论文集》，西泠印社，1999年。

　　②　本所发掘资料。《绍兴市马鞍新石器时代遗址》，《中国考古学年鉴（1985）》，文物出版社，1985年。

　　③　本所发掘资料，笔者参加发掘、整理。

　　④　林华东：《河姆渡文化初探》，浙江人民出版社，1992年。

　　⑤　本所发掘资料。笔者数度观摩该批资料。

附表　宁绍平原主要遗址文化堆积分期统计表

文化分期	延续时间距今年代		河姆渡遗址	鲻山遗址	鲞架山遗址	慈湖遗址	小东门遗址	名山后遗址	塔山遗址	跨湖桥遗址	楼家桥遗址
良渚文化		—4500—									
河姆渡文化四期	后段	—5000—									
	前段										
三期	后段	—5500—									
	前段										
二期	后段	—6000—									
	前段										
一期	后段	—6500—									
	前段	—7000—									
先河姆渡文化											

（原载《东南文化》，2000 年第 7 期）

宁绍地区史前文化遗址地理环境特征
及相关问题探索

孙国平

前言

　　自河姆渡遗址①发掘至今，宁绍地区史前文化探索已走过了 20 多年历程，成绩斐然，可是也伴随着一些长期悬而未决的问题，如聚落形态特征研究②，特别是 7000 年前新石器文化渊源追溯等更处于一筹莫展的状况。其中一个重要原因是对本地区史前文化的历史地理环境特殊性不够重视。有关遗址分布与环境变迁相互关系的研究成果也出现了一些不准确甚至矛盾的说法。20 世纪八九十年代，宁波慈湖③、小东门④、奉化名山后⑤、萧山跨湖桥⑥、象山塔山⑦、余姚鲞架山⑧、鲻山⑨等遗址（图一）相继发掘，本人多次参加了这些工作，有机会关注与思索本地区史前文化独特的生态环境，努力收集和补充各遗址的环境信息数据。希望通过对它们的综合比较分析，总结出更加接近历史真实的本地区人地关系演化规律。

---

①　浙江省文物管理委员会、浙江省博物馆：《河姆渡遗址第一期发掘报告》，《考古学报》1978 年第 1 期；河姆渡考古队：《浙江河姆渡遗址第二期发掘的主要收获》，《文物》1980 年第 5 期。

②　严文明：《中国新石器时代聚落形态的考察》，《庆祝苏秉琦考古五十五周年论文集》，文物出版社，1989 年。

③　浙江省文物考古研究所、宁波市文物考古研究所：《宁波慈湖遗址发掘简报》，《浙江省文物考古研究所学刊》，科学出版社，1993 年。

④　浙江省文物考古研究所：《宁波小东门遗址发掘简报》，待刊。后以《宁波慈城小东门遗址发掘简报》为名，刊于《东南文化》2002 年第 9 期。（编者注）

⑤　名山后遗址考古队：《奉化名山后遗址第一期发掘主要收获》，《浙江省文物考古研究所学刊》，科学出版社，1993 年。

⑥　浙江省文物考古研究所：《萧山跨湖桥新石器时代遗址》，《浙江省文物考古研究所学刊》，长征出版社，1997 年。

⑦　浙江省文物考古研究所：《象山县塔山遗址第一、二次发掘》，《浙江省文物考古研究所学刊》，长征出版社，1997 年。

⑧　浙江省文物考古研究所、河姆渡遗址博物馆：《余姚市鲞架山遗址发掘报告》，《史前研究（2000）》，三秦出版社。

⑨　浙江省文物考古研究所、厦门大学历史系 1996 年联合发掘。王海明：《余姚鲻山河姆渡文化遗址》，《中国考古学年鉴（1997）》，文物出版社，1999 年。

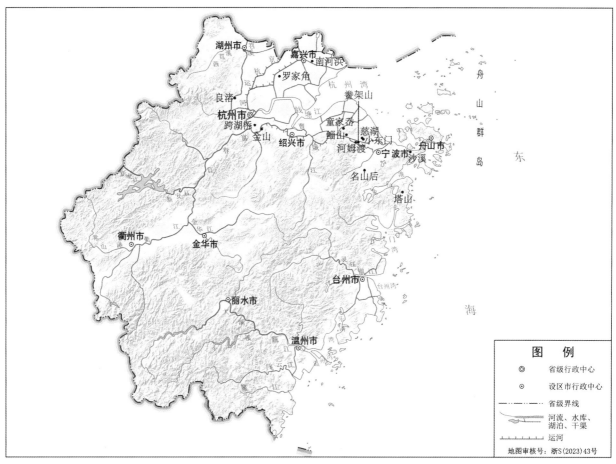

图一　宁绍地区及周围史前文化遗址地理分布

一、宁绍地区当今地理环境的基本特征

在探讨各遗址文化堆积的环境状况以前，先对"宁绍地区"的概念作一说明。本文所称"宁绍地区"，既有行政区划的内容，也含自然地理范围的界定，还兼顾以往研究中的一些习惯性指向。所以，它主要是指四明山、会稽山以北的余姚、绍兴两地，特别是宁绍平原地区，还包括属浙东沿海丘陵地区的象山、宁海、奉化、鄞州、镇海等地，还有位于东西两端的舟山群岛和钱塘江下游南岸龙门山以北的萧山中北部地区。南北宽约 40~80、东西长约 200 千米，总面积 1 万余平方千米，约占浙江省的十分之一强。从经纬度上看，它主要位于北纬 30°线和东经 121°线两侧；从空间位置看，东临东海，并正好处于全国大陆海岸线中段，南接浙东丘陵，更往南融入广袤的江南丘陵中，西靠浙西南丘陵山地，北隔杭州湾与杭嘉湖平原相望，并通过长江三角洲与中原大地和黄淮平原松散相连。从地形地貌看，主要有低山丘陵和低海拔平原两大类。总体地势南高北低，自南向北由低山丘陵向山麓冲积平原和沿海滩涂逐渐过渡，且大致呈横向条带状分布。但由于浙江大地构造骨架基本呈东北—西南方向，因此位于低山丘陵北缘和杭州湾之间的宁绍平原非常狭窄，较窄处仅 10 千米左右，总体不规整甚至地形破碎。不仅被一些低山余脉和入海溪流斜向分隔成相对独立的几小块，如余慈平原、宁波三江平原、萧绍平原、三北平原等，而且平原上还有不少低矮的孤丘分散坐落。在宁绍平原，人们无法体会到一马平川、一览无余的感受。东部舟山群岛紧靠陆地，岛屿数量众多，面积狭小，属东列山脉向大陆架的自然延伸部分，地形以丘陵为主，近海岸处往往呈环状分布小块平地和低缓台地①。

上述地形的总体态势从距今 1 万多年以来一直基本如此，对于人类活动的空间舞台而言，可称为硬环境，即在人类活动时期内基本不会改变的环境要素。另外，由于地表外营力持续不断的作用，土层堆积的速度、程度、规模、形态都会产生量变，尤其是某一环境受到人类活动影响后，会使活动区域的土壤、水文和动植物景观等环境因素产生一些变化。这种会随着外营力的作用和人为影响而改变形态、特征的部分环境因素，此处称它为软环境。由于土壤、水文等方面资料收集不易，下文将在提及硬环境特征的基础上重点关注古人选择生活空间的动态适应方式，即文化生态规律。为此，将从几个重要遗址不同时期文化堆积的海拔数据变化分析入手。

二、宁绍地区史前文化遗址不同时期遗存的空间分布

20 世纪 70 年代河姆渡遗址发掘后，曾对周围地区作过专题调查、试掘，掌握了遗址分布位置、文化内涵、分期年代等方面信息②。但未能借此深入探讨该地区史前文化发展、演进的动态过程。90 年代前后，慈湖、名山后等遗址发掘后，建立在层位学、类型学、年代学基础上的文化分期成果才为探讨不同时期遗存的空间分布规律创造了条件。

无论河姆渡文化四期说③，还是局限于③、④层说④，河姆渡遗址①至④层的堆积序列和名山后遗址中良渚文化地层叠压河姆渡文化遗存的明确层位关系，为宁绍地区史前文化找到了确定文化相对年代的地层标尺。类型学又为不同层位的遗存把握住了文化演进的脉络。多个 ^{14}C 测定数据使我们找到了与各期古遗存之间确切的历史距离感。

发掘表明，确属河姆渡文化第一期的遗存有河姆渡遗址④层、鲻山遗址⑨、⑩层两处，跨湖桥遗址⑦、⑧、⑨层大概也是。经查找大比例尺地图，河姆渡遗址发掘区现水田面海拔 2.2~2.7 米（数据选自发掘区低处，可能略有误差，下同），遗址西南面小山丘海拔 6.5 米（图二）。堆积整体厚度平均以 4 米计，其④文化层底界也就是生土面（即人在各地遗址上开始活动的地面，以下同）海拔经推算在 -1.5~-2 米，而第④层层面海拔在 0 米以下。据吴维棠先生推断，滨海地区适合人们居住生活的最低海拔要高于海平面 2 米⑤，因此，河姆渡人开始活动时期的海平面应低于今日海平面至少 4 米（图三）。若不计地层堆积形成后的沉降幅度，古人在此遗址开始活动时的地面要低于今人普通居住地面 4 米以上。鲻山遗址（图四）文化层底界（发掘区南部最低处，不含柱坑）海拔是如此推算的，现地面海拔 2.7 米，堆积总厚度 3.5 米左右，则底界海拔约为 2.7-3.5=-0.8 米。从堆积延伸趋势看，这数

①　陈桥驿等：《浙江地理简志》，浙江人民出版社，1985 年。

②　刘军：《河姆渡文化遗址调查概况》，《浙江省文物考古所学术交流专辑（1）》，1980 年。

③　刘军：《河姆渡文化的再认识》，《中国考古学会第三次年会论文集（1981）》，文物出版社，1984 年。

④　汪济英：《良渚文化的回顾与探讨》，《良渚文化》余杭文史资料第三辑，1987 年；安志敏：《河姆渡遗址浅析》，《河姆渡文化研究》，杭州大学出版社，1998 年。

⑤　吴维棠：《从新石器时代文化遗址看杭州湾两岸的全新世古地理》，《地理学报》，1983 年第 2 期。

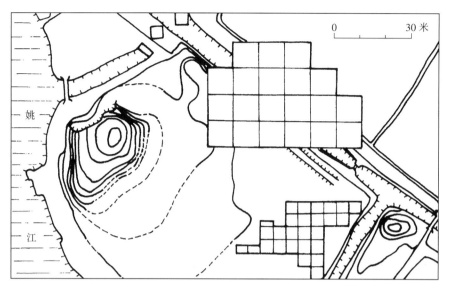

图二　河姆渡遗址地理环境

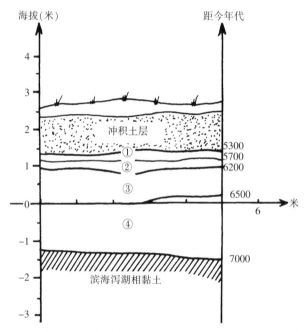

图三　河姆渡遗址 T14 南壁剖面及堆积海拔、年代标注图

字并非整个遗址堆积最深处的海拔，实际会超过-1 米。由此数字推算当时的最高海平面约-3 米（背靠的小山头海拔为 37.1 米）。跨湖桥遗址⑨层底界海拔约-0.5 米（现地面海拔约 4 米，堆积总厚度约4.5 米）。由此推算当时的最高海平面为（-0.5）+（-2）= -2.5 米左右。

从各遗址堆积剖面图上看，河姆渡遗址③层层表海拔已上升到 1 米左右；鲻山遗址⑧层层表海拔约 1.2 米。

经正式发掘含河姆渡文化第三期遗存的遗址有河姆渡、鲻山、跨湖桥（？）、鲞架山、慈湖、名山后、小东门和塔山等。各遗址此期堆积的海拔如下。

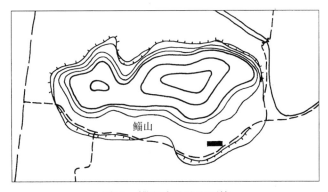

图四　鲻山遗址地理环境

河姆渡遗址②层的起始海拔在 1 米左右。鲻山遗址第⑦层的起始海拔约为 1.2 米。跨湖桥遗址②层的起始海拔约为 1 米。

这三个遗址相当于河姆渡文化第三期的堆积是在各自早期堆积的基础上形成的。而以下 5 个遗址同期的堆积直接叠压于生土层上。

鲞架山遗址（图五）现地表海拔 2~7 米，北侧山头海拔 61 米，发掘区南端生土面海拔为 2.5（记录堆积厚度处的地面海拔数）−1.5（堆积厚度）＝1 米，而文化层最高处伸展至海拔 7 米左右。

慈湖遗址（图六）现地表海拔为 2~5 米，西侧山头海拔 17.5 米，发掘区堆积底界（生土面）海拔为 3−1.8＝1.2 米。

小东门遗址（图七）现地表海拔 2.5~6 米，北侧山头海拔 15.1 米，发掘区南端堆积底界海拔为 3.5−2.5＝1 米。

名山后遗址（图八）现地表海拔 4~6 米，西侧小山头海拔 12 米，发掘区生土面海拔为 5−2.5＝2.5 米。

塔山遗址（图九）现地表海拔为 5~9 米，北侧山头海拔 69 米，发掘区生土面海拔为 5.2−2＝3.2 米。

上述遗址的河姆渡文化第三期堆积之上均叠压着相当于河姆渡文化第四期的遗存，且此期堆积分布海拔高度的上升幅度较小，这反映了河姆渡文化三、四期之间的密切关系和自然环境的相对稳定性。

含相当于良渚文化时期的河姆渡文化后续遗存的遗址已发掘多处，层位关系分两种情形，一是叠

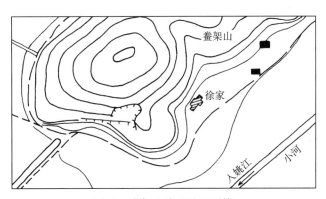

图五　鲞架山遗址地理环境

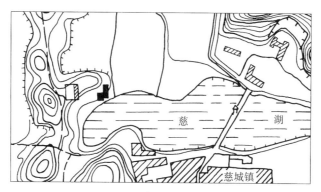

图六　慈湖遗址地理环境

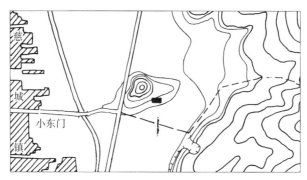

图七　小东门遗址地理环境

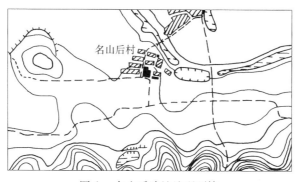

图八　名山后遗址地理环境

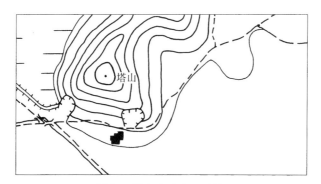

图九　塔山遗址地理环境

压于河姆渡文化四期堆积之上，有鲻山、慈湖、小东门、名山后、塔山等 5 处，姑且不论它们的文化性质与类型，以名山后遗址的内涵最为丰富。清楚的是，它们的堆积所处海拔高度均在 2 米以上，特别是在塔山遗址中此期堆积比河姆渡文化堆积分布有更往上的趋势。另一种是直接开始于生土层上，这样的遗址有北仑沙溪①和萧山金山②等，起始海拔也在 2 米以上。

通过上述遗址不同时期堆积的海拔高度的纵向对比，可得出如下认识。

（1）具有河姆渡文化一期遗存的三个遗址早期堆积环境的共同特征是，文化堆积底界（生土面）海拔均在-1 米上下，并据此判断，距今 7000 年的海平面最大值相当于今日海拔-3～-4 米。所以，堆积越早，埋藏越深的可能性就越大。与之相对应，早期的遗址数量较少。它们上面如果没有叠压更晚的堆积，发现和发掘的概率就会较低。

（2）早期各遗址所处的空间位置是近水向阳避风的小山头下当时海拔 2 米左右的平缓坡地。而河姆渡遗址附近的浪墅桥、王其弄、应家等现代村落的地基海拔也仅 2 米左右，只是由于现代建筑技术和驾驭水能力的大大提高，今天的村落很多已逐步深入平原腹地。由此看出，宁绍地区人们逐水而居这一生活方式古往今来没有明显的改变，选择生活环境首要考虑的是最经济原则。也就是说宁绍地区古今文化生态环境格局（聚落硬环境）具有高度的相似性，可以用"古今同理"来概括。

（3）古人对水位变动有着相当大的敏感度，尤其在农业经济尚处于低级阶段。彼时储水手段简陋，没有水井、水缸而仅靠陶罐等小件容器。因此，逐水而居几乎成了史前人们选择生活环境的第一原则。而且，各遗址堆积底界的海拔数字和基底堆积形成的粗略时间差显示，海平面上涨与古人活动面的上行（抬升）呈紧密的正比关系，这一趋势在相当于河姆渡文化一、二期的时段里最为明显（图一〇）。

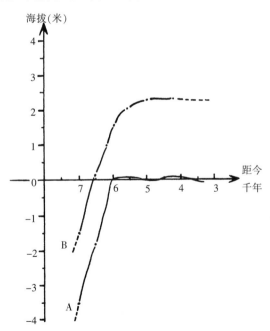

图一〇　海平面上涨（A）与遗址堆积底界上升过程（B）曲线示意图

①　蒋乐平：《北仑沙溪新石器时代遗址》，《中国考古学年鉴（1998）》，文物出版社，2000 年。
②　孙国平、王海明、王屹峰：《杭金衢高速公路萧山段考古获可喜成果》，《中国文物报》1999 年 10 月 6 日。

（4）比较一下宁绍地区史前文化遗址两大时期堆积分布垂直高度的变化，可发现遗址环境总体格局（硬环境）没有明显变化，而不得不惊讶于两期堆积的海拔高差之大，即河姆渡文化第三期堆积底界海拔高度要高于第一期堆积发生期的海拔达2米以上。深入这一现象背后，我们只能把这一原因与当时气候变化和海平面上涨过程联系起来①。古地理学上关于更新世晚至全新世气候和海平面变化过程的研究成果虽在海平面达到最大值的确切时间等细节上有些不统一，但对距今15000多年及以后的数千年间海平面总体上涨趋势是毫无疑问的。

（5）拥有河姆渡文化第三期遗存的遗址在地理环境方面有着非常一致的几项特征。背靠小山，这些小山头的海拔在10余米至70米，而且它们多与整片的丘陵山地分离，显得孤立、突出。周围多有平缓的坡地和小块平原。现植被景观分别为茶、果园和水稻田。遗址堆积均分布于向阳一侧的山麓坡脚，底界海拔1米以上，自此沿山坡向上伸展至海拔7米左右。所以说，宁绍地区的史前文化遗址几乎均属于山麓坡地型。

（6）有些学者认为卷转虫海侵达到最大值的时间在距今7000~6500年。而我们由多例考古发掘材料为基础推断，在河姆渡文化第三期开始前后，全新世海平面达到或接近最大值，且达到最大值的确定时间就在距今6000年前后。因此，宁绍地区的史前文化可分为海侵峰值前和峰值后两大时期。另外，从考古成果上我们确实看到，具有河姆渡文化第三期遗存的遗址单纯从绝对数量上与一、二期相比，已"增加"了不少。有学者因此对这一表面上的变化过程作了这样的理解："在跨入距今约5900年（河姆渡遗址②层年代上限）之后，不但在文化内容的创造方面发生了变异，而且在生活区域的开拓和人口繁衍上，都进入了一个新的历史时期"②。并简单地提出了"优势"说③、"恶化"说④，但未能符合逻辑地解释考古资料呈现的由盛而衰的文化发展过程及其原因，反而造成了理解上的模糊和矛盾。对于宁绍地区史前期发生的海侵给文化生态环境剧烈影响的判断，还可从我们国家前几年开始的浩大工程——三峡水库的库区移民主要方式得到佐证和启发。由于若干年后三峡库区水位的大幅度上涨，上百万移民除部分异地安置，多数采用了就地上靠的办法。由此笔者也相信，相当于河姆渡文化第三期的遗存在宁绍地区突发性增加的表面现象最大的可能也是受当时海平面上涨的影响，古人主要也采取了就地上靠这一适应环境变化最简单便捷的办法。有些学者关于这一时期的文化迁徙（内迁、外迁）、变异之说⑤至多也仅仅是说对了当时的一部分事实。何况安土重迁历来是中国传统农业社会臣民的一大秉性，在不到万不得已的情况下，很少会走上背井离乡之路。各处遗址距今6000年以后的堆积分布高程表明，海平面一直基本处于今天的高度上，中间短期小幅波动不会超过2米。那种"海平面上涨到最大值以后宁绍地区史前人们纷纷逃离这一地区，内迁……外迁……"，"河姆渡遗址即是他

　　① 冯怀珍、王宗涛：《全新世浙江的海岸变迁与海面变化》，《杭州大学学报》，1986年第13卷第1期；岳云章：《浙江沿海¹⁴C测年与全新世以来的海平面变化》，《东海海洋》，1988年，第6卷第6期。

　　② 刘军、蒋乐平：《宁绍地区新石器时代文化若干问题探讨》，《河姆渡文化研究》，杭州大学出版社，1998年。

　　③ 陈桥驿：《越族的发展与流散》，《东南文化》1989年第6期。

　　④ 陈桥驿：《于越历史概论》，《浙江学刊》1984年第1期。

　　⑤ 刘军、蒋乐平：《宁绍地区新石器时代文化若干问题探讨》，《河姆渡文化研究》，杭州大学出版社1998年。

们进入会稽、四明山地以前的最后一批聚落之一"的说法①与20年来的众多考古发现事实不符。至今，宁绍地区已发现有河姆渡文化三、四期遗存的遗址30多处，含相当于良渚文化遗存的遗址20多处，叠压于史前遗存之上的商周时期的堆积也有数十处。因此"越人内迁入山林"之说也不确切，而且发现于山林的那一大阶段的考古遗存还非常之少，连陈桥驿先生自己也说"越族进入山区以后的情况，当然还是相当模糊的"②。另外，宁绍地区各个遗址商周时期的堆积分布的垂直高度多超过史前堆积，因此很可能海平面波动的高幅也在商周时期的某一个阶段。

（7）名山后、塔山等5处遗址堆积叠压关系表明，公元前3000年前后，河姆渡文化向后续文化转变的阶段宁绍地区史前文化的自然环境已基本稳定。与浙北杭嘉湖平原相比，人文环境却出现了前所未有的变化，对文化的影响逐渐地超过了自然环境的制约力，后再详述。

三、关于环境与河姆渡文化"缺环"说

对河姆渡遗址四个文化层所代表的各期文化性质的认识，自遗址问世以后就附带着至今仍争论不休的"缺环"说③，而且还派生出了前后两期堆积分属不同的考古学文化的"变异"说④。争论的双方各执一词，甚至为了强调自己的观点，往往对依据的考古资料各取所需。确实，大家感到考古学上存在一个令人头疼的问题，即考古学文化概念的理论表述比较容易，但在对考古学文化特征认定的具体操作上有不小的难度，特别是经常找不到一个明确的量化标准。由此看来，这样的争论还得继续下去。那么，我们试着换一个角度来看待、分析、理解河姆渡文化二、三期之间的变异状况，环境分析不失为一个行之有效的手段。

上节对于河姆渡文化一、二、三期堆积分布高差的比较分析使我们相信，二、三期之间海平面上涨并达到或接近最大值这一过程的持续和完成曾对宁绍地区史前遗址的分布和史前文化的发展产生过重要影响。因为海平面3、4米的上涨幅度首先无疑会影响到稻作农业赖以进行的低水田的可利用面积，其次会连带性地影响到古人村落经济形态的转变，造成人群的生存压力和对环境资源的恢复压力。这在理论上肯定了二、三期文化变异的可能性。1994年毗邻河姆渡遗址的鲞架山遗址的发掘与各层堆积海拔高度的较精确复原为进一步分析"缺环"说和"变异"说找到了不可替代的可比较遗存。鲞架山第一期遗存既有河姆渡二期的文化特征也含河姆渡三期的一些因素，从类型学上判断，这期遗存很可能既略晚于河姆渡二期，又稍早于三期，即是一种承前启后的文化阶段的遗存。有一个 ^{14}C 数据也可支持它的年代在距今6300~6000年。下面再看两个遗址的堆积深度，河姆渡遗址第一期堆积底界约-1.5米，鲞架山遗址在1~1.5米，两者相差2.5~3.0米；河姆渡遗址第三期（②层）堆积底界近1米，鲞架山遗址底界1~1.5米，两者较接近，并且鲞架山遗址底界稍高于河姆渡遗址二期堆积表面海

---

① 陈桥驿：《越族的发展与流散》，《东南文化》1989年第6期。
② 陈桥驿：《于越历史概论》，《浙江学刊》1984年第1期。
③ 刘军：《河姆渡文化的再认识》，《中国考古学会第三次年会论文集（1981）》，文物出版社，1984年。
④ 刘军、蒋乐平：《宁绍地区新石器时代文化若干问题探讨》，《河姆渡文化研究》，杭州大学出版社，1998年。

拔。这几对数字的比较，有力地支持了鲞架山第一期遗存是河姆渡文化第二期的直接后续遗存。因此可以这么说，河姆渡文化本身不存在"缺环"，20 世纪八九十年代，几个遗址的发掘很大程度上补充和完善了河姆渡文化。河姆渡遗址的发掘，虽然由此命名了河姆渡文化，但实际上并非立即完整地找到了延续近 2000 年的河姆渡文化，也就是说河姆渡遗址作为考古学文化——河姆渡文化的主要载体本身在河姆渡文化二、三期之间确实存在一个不大的缺环，河姆渡文化在河姆渡遗址并不连续，而且河姆渡遗址三、四期堆积的内涵过于单薄，难以反映河姆渡文化的后期特征。考古学理论上也有类似的说法。某一遗址堆积的连续不一定整合于形成此堆积的主体——考古学文化的连续。其原因是多方面的，其中一个重要原因是遗址生态环境的变迁。

四、宁绍地区 7000 年前古文化地理环境的探索

宁绍地区史前文化的发现现状同整个浙江乃至江、浙、沪所在的长江三角洲（太湖流域）一样，早于 7000 年前的新石器时代早中期文化一直是一个谜，长期困扰着这里的考古工作者。尤其是 20 世纪 90 年代长江中游地区新石器时代早期遗存相继发现[①]深深地触动了我们。寻找长江三角洲地区 7000 年前的史前遗存成了一些人梦寐以求的愿望和史前研究课题中的当务之急。关键的原因是宁绍地区同整个江、浙、沪地区一样处于大陆海岸线中段的沿海地区。史前人类在这一地区的开拓活动与第四纪晚更新世至全新世以来海平面的高低变化紧密相关，但对环境变迁趋势与已发掘的史前遗址环境的具体相关程度关注较少，更不用说对整个阶段人地关系的规律性把握。在已有研究成果里，对于早期文化的分布空间、渊源的预测也有两种截然相反的观点。一种是近海大陆架和海拔五、六米深以下的地区[②]；另一种是宁绍平原南缘丘陵山麓（宁绍平原及其附近较河姆渡遗址④层底界标高 -1.5 米更低的地域 7000 年前是不具备人类生存条件的，这里还是汪洋一片，尚未成陆）[③]。这两种观点都过于强调7000 年前古人在宁绍地区活动地域的单一性和狭窄的垂直地带性，而未把它置于自然环境动态变化的系统中考察，实际上是不辩证和不全面的。

在旧石器时代末期、新石器时代早期或者说约 1 万年前，人类选择生活空间已普遍地完成了由山林向平原的过渡与转变。在此过程中无疑会在丘陵、山麓、坡地留下一些生产、生活遗物，在名山后遗址南侧坡麓采集到一件细石器——石镞，也就不足为奇，但其年代应与河姆渡文化有不小的距离。另外，河姆渡遗址发掘出来的早期遗物丰富多彩和精美成熟的特征表明，此前的古文化应确实已走过相类似环境下一段较长的发展道路。从遗物反映出来的农业经济形态、生产、生活方式看，这一过程主要不会在海拔更高处的平原南缘、丘陵坡麓区域内完成。这是一个看似简单，以前却一直不太注意

①　湖南省文物考古研究所等：《湖南澧县彭头山新石器时代早期遗址发掘简报》，《文物》1990 年第 8 期；王红星：《长江中游地区新石器时代遗址分布规律、文化中心的转移与环境变迁的关系》，《江汉考古》1998 年第 1 期；吴小平、吴建民：《洞庭湖区新石器时代遗址的分布与古环境的关系》，《东南文化》1998 年第 1 期。

②　浙江省文物考古研究所：《余杭吴家埠新石器时代遗址》，《浙江省文物考古研究所学刊》，科学出版社，1993年；石兴邦：《中国新石器时代考古文化与生态环境的考察》，《史前研究》1990—1991 年辑刊。

③　王海明：《河姆渡文化渊源思考》，《河姆渡文化研究》，杭州大学出版社，1998 年。

的问题。由宁绍地区各史前遗址堆积分布的海拔升高趋势证实了古地理学上关于全新世以来海平面上涨的基本趋势的正确性，也在很大程度上证明了这一阶段的古人在选择生活环境逐水而居的习性和对海平面变动的高度敏感性。而且，古地理学研究告诉我们，12000 年前以来，海平面上涨是持续缓慢而又不匀速地进行的。海平面由海拔 -50 米上涨到 4、5 米是在约 5000 年的长期过程中完成的①。因此完全可以相信，宽阔、平缓、温暖、湿润的近海大陆架平原台地型范围内应有足够的时间和资源作为新石器时代早期人类活动的大舞台，并充分地滋养出发育良好的早期史前文化。这 5000 年间古人的主要活动遗存很可能就在水进人退的情况下逐渐埋没于难见天日的浅海沉积层下（听说过海中渔网曾捞起过很久以前的陶器，未能核实）。按此推理，也就容易理解河姆渡文化早期遗址发现稀少和相当于河姆渡文化三、四期的堆积分布的海拔普遍抬高的主要原因。只要理解了这一点，也就会承认，考古发掘中所见的河姆渡文化前后期遗址数量相差悬殊，应是这一阶段这一地域的真实历史呈现于考古研究者面前的表面现象。另外，早已关注于此的林华东先生已看到，河姆渡遗址无论早期堆积还是生土层均未见被真正的海相沉积层叠压，也就是说河姆渡遗址所在地始终未直接遭受过海侵②。因此，可以肯定，河姆渡遗址并非形成于海水退却后出露的海相堆积上③，而是当时活动于山麓坡地近水环境中的古人在海水上涨过程中采取水进人退、就近上靠的环境适应方式而选择的一处村落居地。同样道理，相当于河姆渡文化三、四期遗址都形成于 6000 年前海侵最盛期之后，其分布点突然"增加"和范围空前扩大主要应是各个地点的古人活动场所受海平面迅速上升的影响而几乎同时就近上靠，并且容易被现代人发现的缘故。前节提到的当今三峡移民安置的经验和主要方式也是给我们理解河姆渡文化二、三期遗址环境变化特征的一条很好启示。当然，从理论上讲，古人当时活动环境垂直幅度绝非是如此狭窄和单一的。虽然迄今考古上未有突破性的相关发现，但可以肯定海拔较高处（几十米左右）的山麓平缓坡地也应该会有新石器早期人类的活动遗存。只不过显而易见的是，适宜于这一阶段的古人活动的最佳空间应在平原地区，那里具有地域广阔、资源丰富的特性④。因此，在海拔较高的山麓台地，早期人群活动规模一定是较小的，加上我们在考古工作中对此地带主动关注得很少，没有发现也是自然而然的。总之，根据对各个遗址不同时期堆积分布的海拔高度变化趋势分析，认为宁绍地区新石器时代早中期古人的活动环境主要应该归海拔 -2 米等深线以下已被后期沉积掩埋的低缓的古山麓平缓坡地，直至 -50 米等深线左右的开阔、平坦的今大陆架范围。当然，我们短期内将没有条件开展这种环境下的考古发掘。不过，以后发掘 0 米以下的坡地遗存时，若创造条件克服困难探掘到 -3 米等深线以下的地层中，也许会找到一点新石器早期遗存的线索。

五、宁绍地区史前文化遗址环境与聚落形态特征的关系

　　主要受发掘面积太小的限制，宁绍地区史前遗址的聚落形态特征均不清楚，聚落要素极不完整。

---

①　冯怀珍、王宗涛：《全新世浙江的海岸变迁与海面变化》，《杭州大学学报》，1986 年第 13 卷第 1 期；岳云章：《浙江沿海 ^{14}C 测年与全新世以来的海平面变化》，《东海海洋》，1988 年第 6 卷第 6 期。

②　林华东：《河姆渡文化初探》，浙江人民出版社，1992 年。

③　陈桥驿：《越族的发展与流散》，《东南文化》1989 年第 6 期。

④　裴安平：《湘西北澧阳平原新旧石器过渡时期遗存与相关问题》，《文物》2000 年第 4 期。

即使是发掘面积达 2000~3000 平方米的河姆渡遗址，也仅仅是发现了沿低丘坡地横向分布的长条形分间干栏式建筑和房屋附近少量的非正常埋葬的小型墓葬，而未能发现墓地、道路、窑场、活动广场等方面的聚落要素构成的村落整体布局形态。

综合河姆渡、慈湖、名山后等遗址的发掘情况，发现这些遗址坐落的地理环境形态非常一致，即均选择小山丘向阳一侧近水的低缓坡地。从这些遗址不同时期堆积的不同厚度和分布的不同高度看，河姆渡遗址第一期堆积厚度最大。这在很大程度上反映古人当时的活动垂直幅度较窄、地带性明显，由此形成的村落布局大致以沿山坡同一高度横向伸展的长条形为主，即呈线状形态①。河姆渡遗址和鲻山遗址中发现的建筑遗迹分布特征也基本如此。相当于河姆渡文化三、四期的几个遗址如慈湖、小东门、名山后、塔山、鲞架山等，也出土过一些房址、道路之类的遗迹。它们一般面积较大，虽揭露得不太完整，在遗址环境中往往呈现横向伸展的分布趋势。几条道路侧边的成排围护木桩和淤沙层都显示出它们处于山麓坡脚近水的空间位置。塔山遗址中、下层墓地处于海拔约 2~8 米的塔山南麓坡脚，作为遗存性质单一的遗址在反映遗址的聚落形态方面有它特别的意义。从它周围地形和堆积向南延伸趋势的海拔高度看，墓地下方坡地上存在同期村落居址的可能性较小。再观察墓地东西两侧的小环境地貌，推测墓地向东一二百米处低缓开阔的坡地比较适合古人居住。因此，塔山遗址的聚落形态大致也具有线状特征。而鲞架山遗址显示出一些不同特征。发掘区南部海拔 1.5 米左右的坡脚横向分布着道路、小水塘和成排小木桩遗迹，而在海拔 5 米左右的较高处坡地上埋设了大致呈东西向分布的 5 座瓮罐葬。可惜两区之间 40 米宽的取土带破坏了两区遗存的联系。但两种性质、功用的遗迹沿山坡上、下分区分布的方式启示我们，在比较低缓开阔的山麓坡地环境中，史前遗址的聚落布局形态可能会呈现双线状特征。又据各方面分析，河姆渡遗址西南侧约 100 米宽的姚江形成时间在河姆渡文化第四期之后②，因此，那里原来也可能是一处比干栏式建筑所在地海拔稍高的较开阔的山麓坡地。像鲞架山遗址中所见的一样，如此地形的位置原本很适合安排成该遗址的墓地。若果真如此，后人将永远无法找到河姆渡遗址曾有的那一片墓地了。

总之，从宁绍地区发掘的七八处史前遗址遗迹分布的有限情况作一综合分析推理，可做出有关遗址聚落形态总体特征的一些初步认识。各遗址的聚落布局形态受它们各自地理环境的制约多呈单线状地带性分布。有些活动空间较大的遗址的聚落形态很可能会呈现双线状甚至多线状特征，即同一遗址里不同性质的遗迹呈垂直地带性分布。整个聚落遗址的不同性质遗迹单纯位于平地上的现象在宁绍地区考古工作中尚未发现，这一现状与杭嘉湖地区的考古成果有很大差异。这些特征应是宁绍地区史前文化的创造者适应环境的独特方式。

（原载《东南文化》，2002 年第 3 期）

---

① 李旭旦等：《人文地理学》，中国大百科全书出版社，1984 年。

② 吴维棠：《七千年来姚江平原的演变》，《地理科学》，1983 年第 3 卷第 3 期。

稻作农业与中华文明

——贺兴邦老师八十寿辰

牟永抗

　　大米、小麦和玉米是当今世界三大粮食作物，根据联合国粮农组织公布的统计数字，1994 年大米的年产量为 550193000 吨，高于年产 542210000 吨的小麦 9073000 吨。亚洲大米的年产量为 501980000 吨，占世界总产量的 90% 以上。两者共同构成了人类植物性食物的主体。玉米的年产量为 515406000 吨，主要用作喂养人类食用动物的饲料①。就人类体质需要而言，以淀粉为主体的植物性食物，不能满足人体生长发育的营养需要。尽可能提高植物性食物中的蛋白质的数量与品位，在人类生存竞争中具有十分重要的地位。通过谷类作物的培育生产，在丰富人类淀粉质食物的同时也增加了动物的饲料。1995 年全球肉、乳、蛋三项的总产量为 783124000 吨，这不包括水产品在内的产量，大体约相当于同年大米加小麦总产量的 70%，极大地提高了人类的动物性食物水平，促进了摄入蛋白质的生物阶。

　　所以不能简单地将谷类作物的生产目的，仅仅认作人类获取植物性食物。虽然至今仍然无法证明畜牧业出现在农业以前，以往有学者提出麦类作物的培育是为了满足牲畜饲料的观点，还是很有意义的推测。通过谷类作物的生产，间接地提高人们动物性食物的比率，是人类在地球上立足于生物之林，提高自身体质条件的一项意义十分深远的重大措施。十分有趣的是，人类培育的所有谷类作物，分别起源于地球上不同的地区，大麦、小麦起源于西亚、北非，大米分别在东亚、南亚培育，玉米则起始于南美。培育它们的主人之间当时绝不可能有直接的交往或协助，但所选择的培育对象都在禾本科的植物之内。十分有意义的是，这几个不同谷物作物的诞生地区，恰恰又是人类历史上仅有的几个原生性文明古国的所在地。时至今日，好像还没有一个古老的原生性文明出现在非农业地区，说明谷物作物的培育和农业生产与古代文明的出现之间，存在着必然的内在联系。以不同谷类作物为标志的古老文明制度产生的特征、要素和进程、道路，也不一定完全相同，所以我们称之为原生性古文明。因此，稻作农业的起源与壮大，在考察研究东亚古文明的诞生过程中，起着不容忽视的重要作用。

一

　　我们在 1956 年发掘吴兴钱山漾遗址时，在下文化层发现了水稻籽粒②。著名农学家丁颖教授获知

---

①　《联合国粮食及农业组织生产年鉴》第 49 期，1995 年。

②　浙江省博物馆：《三十年来浙江文物考古工作》，《文物考古工作三十年》，文物出版社，1979 年。

这一信息，就敏锐地提出中国是栽培稻起源地之一的主张，揭开了这一学术命题讨论的序幕①。

1973 年冬，我们第一次正式发掘河姆渡遗址时，在第四文化层中又发现了稻谷堆积。当时虽然还来不及送 ^{14}C 标本测定，但是凭借同层包含物及层位叠压关系，我们就已得知其年代要比钱山漾下层早得多。而且在整个第四层堆积的有些部位，和稻谷一起发现的还有稻秆、稻叶和碎木片等有机质遗物，偶尔还能剥剔出稻穗状的痕迹，在这些部位有时还局部出现以瘪谷为主体的各种稻作遗物的薄层堆积。它们应该是以收割方式获取的稻作遗存。第二年春天，我们在初整发掘标本时，发现第四文化层所出陶器的胎料中掺合着大量的炭化后的稻壳及秆叶，因而呈现出自成特性的深黑色。于是将它们从传统陶系分类的夹砂陶、泥质陶中分离出来，单独称之为夹炭陶。同时还从安柄痕迹的判读将当初曾误称为骨斧的骨质工具，正名为骨耜。所以当我们初步综合以第三、四文化层为主体的这一支新发现的考古学文化特征时，在带榫卯的干栏式建筑、夹炭陶等自成系统的陶器、骨角器及精美的原始艺术品之外，还增加稻作农业这一条。在 1976 年春为举办有国内多学科著名学者参加的河姆渡遗址现场学术讨论会时，我们在现场特地切开一段完整的地层剖面，供与会代表全面考察地层堆积的实际情况。1977年在南京召开长江下游新石器时代文化学术讨论会之后，与会的北京大学和中国社会科学院考古研究所的许多著名考古学家都亲临河姆渡遗址第二次正式发掘的现场考察指导。由于当时发掘进程正在一、二层的阶段，他们没有能像 1976 年会议的代表那样全面考察包括第四文化层中稻作遗物在内的堆积状况。河姆渡稻作遗存的发现，使我们有缘结识浙江农业大学著名农史学家游修龄教授，他不但研究了第一手河姆渡考古发现的稻作标本，直接推动了栽培稻研究的热潮，还使我们获得许多农学及作物演化的知识并成为长期交往的良师益友。1979 年冬天，他还亲临了罗家角遗址发掘工地现场，直接目睹了比河姆渡遗址年代还要早一些的古稻谷标本出土状况。早在 1986 年就卓有见地地提出这些栽培稻"当时没有分化出粳和籼，处于一种'原始杂谷群体'状态"的合理论断②。

随着河姆渡文化的确立及长江下游新石器时代考古发现研究的深入，栽培稻起源逐渐成为国内外众多学者关注的热门课题。在取得众多学术的成果的同时，由于种种原因的综合作用，在一段时期内稻作农业似乎成为河姆渡发现众多有特色的文化因素之上的唯一闪光点。不但在当地出现过河姆渡稻、河姆渡酒之类现代商业品牌，在一份公开发行的省级党的机关报上还出现了将河姆渡发现红色陶器当作红色水稻加以报道的笑话。又如，考古资料的量化考察是我国以往考古研究中的薄弱环节，对河姆渡水稻的量化估算无疑是一项前所未有的有益尝试，但若单凭报告所公布第四文化层厚度作为计量的基础的任何演算方程式，必将得出与客观事实不一定有多少联系的结果，测算者没有亲眼看见第四文化层中稻作遗存的实际堆积状况，当然是客观存在的重要原因。很可能磁山遗址被认为具有储存功能的灰坑中发现粟颗粒痕的体量也不适合和文化层中发现的稻粒在计量上作换算比较。120000 斤以上的计量在宣传上具有轰动性的客观效应，即使数量压低到几万斤，好像也不是很有科学价值的数据。

再如河姆渡水稻标本当时是世界上年代最早的栽培稻，对研究稻作起源确实具有十分重要的意义。但是随着时间的推移，先后在湖南醴县城头山、八十垱，河南舞阳贾湖和湖南道县玉蟾岩发现年代都

---

① 丁颖：《中国栽培稻的起源及其演变》，《农业学报》1957 年第 8 期。
② 游修龄：《太湖地区稻作起源及其传播和发展问题》，《中国农史》1986 年第 1 期。

早于河姆渡，而且一处比一处更早的栽培稻的标本的事实，于是栽培稻的起源地就由长江下游先后迁移到长江中游、淮河上游，又回到长江中游的轮回状态。还从理论上概括出"稻作起源地必须具备：该地区发现我国最古老的原始栽培稻；该地区同时发现栽培稻的野生祖先种——普通野生稻；该地区或其附近有驯化栽培稻的古人类群体及稻作工具；该地区当时具备野生稻生存的气候与环境条件，四个前提条件"①。这项以"中国栽培稻的起源与演化"为题，有考古工作者、遗传和分子生物各学科众多学者参加的国家自然基金重点项目，取得了许多重要的学术成果。"长江中游——淮河上游最有可能是中国稻作发祥地的新观点"一直得到众多研究者赞同，似可认作稻作讨论四十年来阶段性重大成果的标志。人们从这四项前提条件的字里行间很明显地看到，第四项是第二项的解释性补白。如果已经有了第二项，那么第四项是没有意义的多余和重复。不知可否将第四项的出现认作倡立者对第二项立论的乏力、苍白和缺乏信心的自我表白。所以从河姆渡发现的105粒炭化米的庞大群体筛选出4粒普通野生稻，便被作为"证实在新石器时期（7000年前），长江下游——太湖确实存在普通野生稻"②的结论就不足为奇了。至于第三项，姑且不说迄今为止所有栽培稻的考古标本，无一不是从古人类居住址中发现的，如何在居住址外发现并确认栽培稻的相应年代，在中国考古学中尚属空白。无论从理论或实践的角度来看，说最早的栽培稻是否一定种植在居址附近，和当时是否可能出现专用的稻作农业生产工具，都是还没有提到讨论日程上来的新问题。所以这四项前提条件，实际上只剩下第一项，仍然围绕着年代最早的栽培稻的考古标本这一条转圈子。特别是在简单的单线传播论支持下，将各地点都看作单线传播的起始点，随着栽培稻最早年代更新而出现地点转迁，这幅传播的路线图就呈现出另外一种模式了。如果我们能冷静下来反省，就不难发现，有些研究者没有把稻作起源和最早的栽培稻的普及这两个既有内在联系而内涵又十分不同的学术命题区别开来。两年后在日本京都召开的"稻作、陶器和都市起源"国际学术讨论会上③，会议主题报告人对20世纪70年代以来稻作起源表述了长江下游说、长江流域起源说之后，承认"稻作农业的起源首先是应该在野生稻分布北部边缘……通常被称为稻作农业起源的边缘理论"。张文绪教授在论文的最后部分，以一个农学家严谨治学的立场，对"各种起源说的客观性和科学性"进行了客观地评估后指出："对古稻的深入研究分析，或许是解开起源之地的钥匙，这刚好是当前研究的薄弱环节。"④不妨暂作近半个世纪的稻作起源研究的初步总结。

二

根据有关资料，地球上的稻属可分为22个种，其中有两个是栽培种。这22种稻属植物有85个不

① 王象坤：《中国稻作起源研究中几个主要问题的研究新进展》，《中国栽培稻起源与演化研究专集》，中国农业大学出版社，1996年。
② 汤圣祥、佐藤洋一郎等：《河姆渡炭化稻中普通野生稻谷粒的发现》，《中国栽培稻起源与演化研究专集》，中国农业大学出版社，1996年，第81页。
③ 严文明、安田喜宪：《稻作、陶器和都市的起源》，文物出版社，2000年。
④ 张文绪：《水稻的双峰乳突、古稻特征和栽培稻的起源》，《稻作、陶器和都市的起源》，文物出版社，2000年。

同的名称，其中普通稻的名称就有 19 个。稻属的染色体基数是 12，有 5 个种是四倍体，其他种是二倍体。斑点野生稻由于生态差异而包括四倍体和二倍体两种类型。植物学家将它们分为亚洲的、非洲的、美洲的和大洋洲的四个地理类型。四个地理种系的共同祖先，可能在 5000 万年前产生于冈瓦纳大陆，说明非洲种系和美洲种系在很早的时候可能就已从亚洲和大洋洲种系中分化出来。在两个栽培稻种中，起源于亚洲的普通稻已经传遍了全世界。另一种叶舌短而坚硬、二次枝梗极少、穗轴粗、稃毛短的非洲稻，种植在西非的撒哈拉沙漠的南缘，都是一年生的。在许多不同的品种中可以大略地分成深水稻和陆稻两大类。而亚洲的普通野生稻基本上是多年生的。所以这两种栽培稻起源于不同野生稻祖先不存在很大的争论。

起源于亚洲的栽培稻情况就比较复杂。发现在亚洲的现生普通野生稻在生态上有多年生匍匐型、中间状态的倾斜型、一年生直立型三种。多年生的茎段再生能力强，穗发育低而籽粒小，落泥种子少，种子休眠及生产能力低。一年生野生稻则反之，茎段再生能力低而穗发育高，籽粒大，落泥种子多，种子休眠及生产能力强。一年生类型野生稻的繁殖效率为 38%～50%，而多年生类型只有 3%～12%，中间类型则为 10%～44%。农学家普遍认为一年生野生稻属于多年生野生稻和栽培稻杂交后的杂草类型，而且栽培稻种都具有各自的伴生杂草。杂草在许多情况下与栽培作物一起来源于它们的野生祖先。在我国境内普通野生稻的普查编号中，一年生直立型野生稻也占有一定的数量，但是对近 20 个普通野生稻地点的多年考察，未能找到一年生的普通野生稻的自然群体，而且一年生普通野生稻的种子后代多出现多样性分离。同功酶分析表明，一年生直立型多数为杂合体。因此中国的农学家也认为"多数中国一年生普通野生稻可能是多年生普通野生稻与栽培稻天然渗交衍生的杂草稻"[①]。因此从理论上说杂草在许多情况下与作物一起来源于它们的野生祖先，通过分化——杂交环起源于栽培植物与野生植物之间的杂交。环一旦建立起来，伴生的杂草种群就成为栽培植物的种质库。如果收集到的种子落到收集者住所附近的田地里，在干扰的生态环境中萌生的植物就会形成一个容易遭受栽培压力选择的群体。紧接着下一步就是人类有意识的选择了。有位农学家说得好："还不知一个育种家，是否能够利用现代育种技术，在他一生的时间内从典型的野生稻植株中培育出一个栽培品种来"[②]。可见从野生稻到栽培稻之间，有一个相当长的培育过程。所以，在亚洲栽培稻的起源从农学的角度来看，同样也是一个尚未得到实验上证实的课题。

上述农学界所提供的亚洲栽培稻起源研究的背景资料，使我们考古工作者介入这一课题研究受到很多有益的启发。例如，多年生匍匐型普通野生稻以无性繁殖为主，籽粒少而小，而且稻穗在成熟的两粒稻谷自然脱落后再继续结籽。古代的采集者只能采用定时摇曳或在地上捡拾等手段费力地收集。不能采用一次性收割的办法获取。这种采集只能是在成熟季节里、人们需要较长时间进行的季节性采集。可见野生稻和栽培稻必须采用完全不同的收获方式和手段。1984 年冬在海南通什召开的百越民族史研究会期间，我曾与江西的陈文华、四川大学的唐嘉弘三人一道溜到通什近郊参观船屋建筑时顺便

---

① 王象坤：《中国稻作起源研究中几个主要问题的研究新进展》，《中国栽培稻起源与演化研究专集》，中国农业大学出版社，1996 年，第 5 页。

② 参阅日本冈彦一著，徐云碧译：《水稻进化遗传学》，《中国水稻研究所丛刊之四》，1985 年 9 月。

看到黎族妇女用手镰收割稻穗的现场情况。但是稻秆还是被用来作为房屋建筑的辅助材料。古代人收割栽培稻的方法，也可能是这样的形式。因此采用收割的方式获取稻谷应是栽培稻进化成熟的一个重要标志。在河姆渡遗址中，确实还发现麻栎果、老菱、酸枣等植物种子被采集来用作食物，但它们的果实都较大、密集、采集效率较高。除非当地还有成片的野生物或者专门去较远的外地集体进行野生稻的季节性采集。对当地零星分布的野生稻人们还花许多精力进行采集的可能性是不大的。不知是不是可以这样说，只要采用收割的方式获取稻谷，就应该是栽培稻在进化上已经到了成熟的时期。

又例如种子落到收集者住所附近时，如果住所就在野生稻群落的附近，显然不能出现干扰性的生态环境使得萌生的植物形成栽培压力的选择。它们的后代植株仍然是当地的普通野生稻。只有收集者的住所远离野生稻祖先的时候，被散落在原住地或回原住地途中的种子，才会遇到那种干扰性的生态环境，遭受到栽培压力的选择。事实上古代野生稻的采集者是生活在有明显不易获取植物性食物的冬季地域的人群，在没有明显冬季的地域生活的人群是不会去采集籽粒如此细小、采集效率又不高，而且必须剥去坚硬的外壳才能食用的这类谷粒。有时他们也集体外出进行季节性的采集，而采集的对象往往是薯类块根植物，因为块根类植物的采集效率远远大于野生稻的籽粒。所以探索的地点就集中到有明显冬季的地域在稻作培育的初期是否存在普通野生稻。在不少研究河姆渡或贾湖的考古学家和生态研究者，时常反复地表述在各地该地层形成的年代里，当年的气温比现在高多少，而且接近现代热带或亚热带地区的气温。但是这些地段在地球上的纬度是不会变化的，在各相对高温期间，当地仍然有明显的冬季应是不争的事实。但是我国栽培稻的祖先是多年生的匍匐式普通野生稻，它以无性繁殖方式继续生存，是无法安全过冬的。早在1985年，就有学者明确指出，"稻作栽培有一万年历史，一万年前最后一次冰期刚结束，地球的气温恐怕要比现在低8℃～12℃，多年生野生稻是一种热带、亚热带植物，当年的长江流域和淮河流域是不可能有多年生野生稻分布的。"① 张文绪教授在指出："华南说欠古，长江说欠今，作为一种学说的完整性都受到了挑战"之后认为"古气候旁证，多重温度而轻日长，野稻北移受制于光、温两个因素的相互作用，往往是毁灭性的"，而且"现代栽培稻中粒形似野的品种常有"，分别是属于"故因急失全"或"故失客观性"的产物②。各位研究者用作论述当时气温的依据是相关地层中的孢粉资料，但同层所出的栽培稻已经被驯化到了可以和野生稻明确区分的程度。如果承认河姆渡或贾湖发现的栽培稻和它们的野生祖先之间存在着一个相当长的年代差距，那么在比河姆渡遗址或贾湖遗址要早得多的年代，至少比道县玉蟾岩发现的栽培稻要早一些的时候，当地的气温又是怎样。在大西洋暖期到来之前，当地是否也能适合野生稻大面积的存在。所以无论河姆渡、城头山或贾湖所发现年代古老的栽培稻都是客观可靠的历史事实，这些栽培稻是以种子繁殖的一年生类型，所以已经不存在"稻种才能安全过冬"的难题。但是目前都还不能认作是栽培稻的起源地，只能说当时当地已经种植经过长期驯化的栽培稻。

在西亚早期种植麦类作物的地点，都是离开社群原住地较远的地方，是一种季节性的临时营地。

① 李润权：《试论我国稻作的起源》，《农史研究》（第五辑），农业出版社，1985年；转引自陈文华：《中国稻作起源的几个问题》，《农业考古》1989年第2期。
② 张文绪：《水稻的双峰乳突、古稻特征和栽培稻的起源》，《稻作、陶器和都市的起源》，文物出版社，2000年。

考虑到民族志材料所反映热带的土著居民也存在着集体远距离季节性外出采挖块根植物的实例，很有可能居住在有明显冬季的最早野生稻的采集者，也和他们的采集对象之间，存在着较大的空间距离。他们不可能一开始就在原来的住地附近驯化培育野生稻。很有可能在现时还有野生稻分布地区附近的那些栽培稻，并不是从当地的野生稻直接培育的结果，而是从其他地区的栽培稻传播引进的产物。不知是否可以这样的假设，稻作农业的起源地很可能是在采集者的临时性住地和被他们采集的野生稻所在地的途中。这个地方是他们季节性临时宿营地。如果这一假设有几分道理，如何在调查、发掘中发现并确认这类季节性临时宿营遗址已经历史地提到考古工作者的面前。张文绪教授说得好："可能还有一个更古老的、接近于从采集向栽培的演化初期的栽培稻种阶段的存在，它的特征如何，正待考古工作去发现。"在这个待发现的考古学探索过程中，农学家的合作与帮助更显示出特别的重要性。

三

在人类的食谱中，淀粉类碳水化合物主要来源于植物性的食品，提供人体活动所消耗的热和能。人体生长发育和代谢需要的蛋白质则主要来源于动物性的食品。现代生物化学的研究表明，生物界蛋白质的种类在 10 的 10 次方到 12 次方之间，动物蛋白除明胶外都包含全部必要氨基酸，而植物蛋白则不全部包含必要氨基酸。但每公顷土地生产的肉类只有谷类的五分之一。因此古人在自己所处的自然环境中选择动、植物膳食配伍，是使自己得以生存最基本的法则。在喜马拉雅造山运动中，形成了被称为第三极的世界屋脊，使得亚洲东部地区在欧亚非旧大陆中形成一个相对独立、封闭的地理单元。

在进入新石器时代以后，这块位于世界最高峰和最大水域（太平洋）之间，呈现由西北向东南倾斜的地貌，提供给人们的主体生活环境是由同源同归的长江、黄河组成的这一对双子河流域。这里的下游有广阔的平原或沼泽，气候位于亚热带的北部和北温带的南部，季风气候显著。夏热和雨季同期，形成十分有利于栽培作物发展的水热共济的客观条件。按照栽培作物的不同，可以划出长江中下游及其以南的种稻文化和黄河中下游及其以北的种粟文化两大块。通过以猪为主的家畜饲养，必要的狩猎渔捞作业获取人体必需的动物类的食物。在它北缘的燕山南、北及其西部，是一个幅员广阔、农牧业交叉的混合地带。随着全球性的气候变化，农、牧业互为进退。据研究："平均气温每下降摄氏一度，北方的草原就要向南挺进数百千米，改牧场为农田，可农可牧业的地带就这样每四五百年的温度变化周期而相互争夺牧场或耕地。"[①] 在生态上是欧亚草原带的组成部分，丰富的食草类动物提供的营养，给当地的居民带来了强悍的体魄。在它的南面是以五岭为界的华南地区，虽然淀粉含量很高的块根、块茎类作物提供了足够的植物性食品，但却比谷类作物缺少更多的蛋白质。因此捕捞螺贝及鱼类的水产品，成为人们膳食链中不可或缺的重要部分。这支以贝丘、沙丘遗存为特征，并具有顽强开拓精神的居民，沿江东下直达珠江三角洲的态势，表现出充沛的生命力。他们与太平洋上的南岛语系诸部族很可能存在着某种联系。这幅形如汉字"互"字的古文化动态模式，进一步呈现出长江、黄河这组双子河流域的栽培作物区在东亚这块相对孤立、封闭地区的核心作用。最近看到严文明教授的《东方文

---

① 游修龄：《稻作文化和粟文化比较》，《农史研究文集》，中国农业出版社，1999年，第297页。

明的摇篮》，很是高兴。这一命题比著名华裔学者何柄棣先生 1975 年出版很受学术界重视和关注的《东方的摇篮》一书增加了文明两字，两者讨论的实质都是中国文明的起源。严教授将何先生认为"就像两河流域很合适地被称为西方的摇篮一样，华北的黄土地区也当作东方的摇篮"发展为"世界上最主要的农业起源中心……只有四个地方，一个是西亚，那里是小麦、大麦以及绵羊、山羊起源的地方……产生了美索不达米亚文明、尼罗河文明和印度文明。一个是中美洲，那里是玉米和南瓜等首先被栽培的地方……产生了玛雅文明和安第斯文明。其余的两个黄河流域和长江流域……产生了东方最古最老的文明"，并认为"黄河、长江这两个河流域……这个大核心地区就是一个大摇篮。摇篮里不止有一个文明，而是有好几个关系非常密切的文明，它们都是中国古代文明"①。这是近二十年关于中华文明起源这一热点课题讨论的一个阶段性的重要成果，这些论点势必受到学术界广泛的称赞和认同。目前笔者对好像是一个双子星座的长江的稻和黄河的粟这两个农业体系，而且结成了一种不可分割的关系的粗浅理解，认为东方文明就在长江、黄河这组双子河的农业摇篮里诞生、发育和成长起来的。作为一个农业区域，可以有中心地区和边缘地区之分。这个中心地区在新石器时代至少就可以分为长江中、下游和黄河中、下游四个文化区块，这应是铁一般的历史事实。况且东亚最古老的文明，也不完全出现在这四个文化区块。将红山文化纳入黄河下游的农业区，无论从哪个层面上解释，可能都不够妥当。似乎在东方文明诞生、发育阶段或以前，在地域上还没有中国或中华这两个文明形成以后才出现的名称，因而也没有中原或中原区这样的地理概念。至少在苏秉琦先生倡导并得到国内外考古界广泛认同的区系类型理论或张光直先生所划的几个文化圈中，在新石器时代这个时段里，都没有中原区这个名称或地域空间概念。如果说东亚文明是在长江、黄河这个栽培作物区的摇篮里孕育出"好几个关系非常密切的文明"，将这种模式是称之为多元一体（统），恐怕还是直接名之为一体多元为宜。再说若在龙山时代，这个摇篮里产生出若干文明或走向文明的因素，好像还应该称之为一体多元。除非将东方文明的概念，硬性安排在这个摇篮的范围内，各地都已进入文明社会这样的框架之中，不承认在此以前各地曾经产生过还不十分完善的文明社会。似乎也没必要在一体之前再加上多元两字。那么这个摇篮或一体（统）究竟是多大的地理范围。总不至于将进入历史时期以后的周、秦、汉、唐到元代的四大汗国或清王朝建立到鼎盛时期这一系列变数甚大的地域都和东亚文明起源这一命题一起纳入一体或一统之中吧。这里的一体或一统究竟是东亚文明起源时期特定的客观地域，还是我们研究者在传统观念的作用下某种潜在意识的再支配，不知是否值得我们大家深思。所以笔者至今不懂或无法领会，近些年在新石器时代特别划出一个中原文化区，以及仰韶时代、龙山时代的提出和区系类型理论以及苏先生曾以毕生精力尽力要挣脱的"中华大一统"怪圈之间，究竟是一种什么样的关系。这些粗浅的理解和疑问，很可能不符合原作者的本意，所以只好在这里提出来，向各位方家里手请教了。

在长江、黄河这组双子河栽培的两种主要作物中，来源于狗尾草和野生黍的粟和黍应该最早在黄河流域栽培成功。稻作的起源地应在长江流域的南缘，也不能完全排除起源于更南地带的可能性。只是在新石器时代已经在长江流域广泛地栽培普及。比较稻和粟、黍两类栽培作物在新石器时代的发展

---

① 严文明：《东方文明的摇篮》，《苏秉琦与当代中国考古学》，科学出版社，2001 年，第 633~652 页。

态势，贾湖的发现和发掘证明早在8000年前稻作农业已经发展到了淮河上游，贾湖遗址的总体面貌仍然属于黄河中游的裴李岗文化区块①。随后，在陕西华县泉护、郑州大河村和山东王因等遗址都发现稻作遗物，说明原属粟作农业区的黄河中游也变成了稻粟混作区。最后在山东栖霞的杨家圈遗址也发现了稻谷。但在长江流域的新石器时代中，至少目前还没有发现粟或黍作农业的报道。造成稻作优于粟作的原因，主要应取决于产量和质量两方面的因素。游修龄教授认为"稻谷单位面积产量潜力高于粟麦"，而且"稻米蛋白质的消化率高"。虽然不能据此判断史前时期两类作物的产量，但从现代的数据看稻作的单产及其经济效益都明显高于粟作。粟作农业只能在生态条件不适宜稻作的地域中生存等情况推测，史前时期的情况也大致如此。按照现代生物化学的研究，人体所需的蛋白质由20种氨基酸组成，其中有8种必要氨基酸和2种半必要氨基酸都来自食物，有了它们就可以合成其他10种氨基酸。动物蛋白中各种必要氨基酸齐全，而在人类食用的谷类食物中最缺乏的就是8种必要氨基酸中的赖氨酸，因而被称之为第一限制氨基酸。在稻米蛋白质中赖氨酸含量为210mg/g，高达40%，比小麦的150mg/g高出四分之一。按照食物中蛋白质被吸收后在人体内的利用程度（生物阶），测算得如下数据：动物类有鸡蛋94、牛奶85、鱼83、牛肉76、猪肉74；植物类有稻米77、小麦67、粟米57、玉米60、大豆64、花生59。稻米的生物阶不但高居植物类食品之首，而且还高于牛肉和猪肉②，可能这就是历年来稻米产量节节上升并位居谷类之首的原因所在。史前的人们当然没有这类现代的科学知识，但是生物阶的客观存在并不因人们是否得知必然地发挥着作用，这种作用很可能也会被古代人们模模糊糊地感觉出来。稻作最先在长江流域广泛栽培以后，很快地向黄河流域推进。在进入历史时期以后，不但在大陆地区凡是适合栽培稻作的地区，几乎都有种植，而且还东传到朝鲜和日本。在这样旺盛的前进力量背后，难道没有被人们感觉到的质量优势在发挥作用吗，很有可能从采集野生稻到栽培它的过程中就已经有了这类的感知。

　　谷类作物的出现，是人们进一步摆脱对自然的依赖。由依赖大自然赐予的掠夺性经济转变为依靠自己力量的生产性经济是划时代的大进步。但是在人口的给养需求大大低于环境容量的情况下，采猎生活比种植更方便。采猎者的膳食结构也好于种植者，因而健康状况也比种植者好。采猎生活从环境中获取资源有较高的安全性和总体上的可靠性，因而他们对物质的占有欲望也是极少的。所以谷物栽培在丰富人们冬季食物来源的同时，也培育了人们勤劳奋斗、顽强进取的精神和积累财富的观念。在人们对众多自然现象不认识、不理解的史前时期，谷物栽培是他们认识自然和自我信心增强的表现。但是栽培作物的增值效应只能在收获时才能体现，风险性比原先的采猎生活要大得多。于是大大地加强了人们对土地及自然界的"风调雨顺"的依赖，诸如太阳神崇拜、地母崇拜、生殖神崇拜等巫术活动就很快发展起来。民族志材料表明，在我国的西南以及泰国等近邻地带，稻作及有关谷类作物生产全过程中的每一个环节，都有形形色色的祭祀和巫术活动。直到20世纪中叶，浙江及长江流域各地的稻作农业区，还保留着多种多样这类古老的祭祀或庆祝礼仪。这些都是人们企图借以改变或驾驭未被自己认识的自然力量的精神产物，在心理上平衡了古人对大自然的恐惧，在精神上建立起自己是自然

---

① 河南省文物考古研究所：《河南舞阳贾湖新石器时代遗址第二至六次发掘简报》，《文物》1989年第1期。
② 摘自现行高校教材《生物化学》，工科类。

的主人的第一步。巫师在施行巫术的同时也增加了自己对谷类作物的科学认识。科学与迷信两种知识，共同增加了巫师们在社会生产活动中的地位，增加了他们对谷类作物为基础积累起来的社会财富分配及流向时的权力。有力地推动了东亚双子河流域走向文明社会的历程。现在我们已经无法直接对比史前时期在稻作和粟作两类农业中巫术作用和地位了。根据游修龄教授的研究，"对于祭祀用的稻米，必求精而又精……精是在米粒中选好米，粹是从米粒中去掉杂质。这就造成'精粹'的米粒了……粗是粝的同义词，不精之意，糙是未舂之粗米，所以粗糙就称为精粹的对立面……将稻米酿成酒，剩下的渣就叫糟粕，是精华的对立词。""在新版《辞海》中，从米旁的字共收 77 个，而和精搭配所构成的词却达 86 个之多。这种现象在其他字中是很罕见的。""成为中国所特有的从物质的稻米到精神文化转化的现象"①。具体地说明了稻作农业在汉字的形成和发展中特有的地位和作用，对于我们理解稻作农业在中华文明起源过程中的作用具有发人深省的作用。

四

　　1991 年冬，中国社会科学院考古研究所邀请来自辽宁、江苏、上海、浙江等地八名考古工作者与该所有关学者共同参观该所二里头、偃师商城、陶寺、曲村及安阳等地的最新考古发掘成果。事前约定参观后回北京在该所举行一次以中华文明起源为题的公开学术讨论会②，我十分高兴地获得参加这次难得的学术活动的机会，所以在 9 月初就拟以《水稻、蚕丝和玉器——中华文明起源的若干问题》为题目的文稿，而且还随身携带了一箱沉重的照相器材，被同行诸君引为笑料。由于会议主持人宣布，大家带来的论文将在 1992 年《考古》第 6 期全文正式发表，所以在只有一天的会期中，只能就此文主题及先我报告人论及的问题作了简要的发言。会后又对初稿进行了修改补充，并于 1992 年 1 月定稿寄《考古》杂志，刊登于该刊 1993 年第 6 期。事后经询得知，这次带论文去北京的，只有我一人。鉴于 1 年前（1990 年 6 月）我们写成了由苏秉琦先生命题的《试论玉器时代——中国文明时代产生的一个重要标志》一文③。两论文均以文明起源为主题。后文着重表述水稻和蚕丝两项前文未曾论及的内容之外也补充了对玉器的一些看法。当时并没有将水稻认作与成组玉礼器那样是进入文明时代的重要标志，只是觉得水稻在东亚文明起源过程中，曾经产生过不可或缺的因素。关于稻作起源我们认为，"稻谷籽粒细小，加工、食用方法较为困难……野生稻对于冬季不易找到食物而住地距离野生稻分布区不远的人们，则显得非常重要。""古代野生稻的采集者，很可能是生活在野生稻分布区北缘不远的居民。他（她）们才是最先的水稻栽培者。""中国已发现的早期稻作的地点，恰恰在现代野生稻北缘之外是完全符合的。"1991 年 4 月，也就是拙作起草前 5 个月和在《考古》刊出前两年，苏秉琦先生在白寿彝为总主编的《中国通史·第二卷·远古时代》所写的绪论中十分具体地指出"华南……全年无冬，雨量充沛，天然食物资料十分丰富，尽管野生稻到处都有，但因为收集和加工都很麻烦，比起其

---

①　游修龄：《稻米——从物质到精神文化》，《农史研究文集》，中国农业出版社，1999 年，第 320~323 页。
②　考古编辑部：《中国文明研讨会纪要》，《考古》1992 年第 6 期。
③　苏秉琦：《考古学文化论集（四）》，文物出版社，1997 年。

他食物来也不见得特别好吃，所以人们不一定采集它……不一定考虑进行人工栽培……也没有迫切地需要把它发展成一种继续不断的稻作农业。长江流域就不同了，那里有较长而寒冷的冬季，迫切需要有能够长期储藏以备冬天之需的食物。人们一旦发现野生稻的食用价值和能够长期储藏的优点，自然会加意培植并设法扩大再生产。"① 我们虽然无法在当时领受这一教导，但是 1994 年 10 月收到由苏先生签章和张忠培、严文明二位亲笔签名的赠书后才得能拜读，仍然激动万分。当然，一些新表述的观点，不会很快得到学术界的广泛认同是很自然的事。在同书的第 84 页就明白地写着："史前时期，长江中、下游是否也可能生长野生稻？答案是肯定的。""在公元前 5000 年前后，这里应与珠江流域一样，完全具备野生稻生长的自然环境……人们有可能将本地的野生稻培育成栽培稻。"可见苏先生倡导的稻作农业起源的边缘理论，当时还没有被大家接受。

1996 年 11 月中旬，我偕同老伴去北京探望大姊时遇到香港《明报月刊》总编辑古兆申先生，此前他曾派记者采访过我，在谈及有关编辑出版对我的采访稿之后，古先生希望我能陪他去拜访苏秉琦先生。我在当面征得苏先生同意后的第二天上午，就陪古先生到了昌运宫一幢二门 502 室。苏先生面对录音机，不但主动讲述了《远古时代》一书序言的写作过程，还坦率地回答了古先生的许多提问。两小时的时间显然无法完成这次采访，随后就委托邵望平女士继续进行。并在该月刊 1997 年 7 月号发表了由邵望平整理、俞伟超修订，以《百万年连绵不断的中华文化——苏秉琦谈考古学的中国梦》为题长达 15 项的专访②。在邵望平受古兆申委托向苏先生提的六个问题中，第三个问题就涉及《水稻、蚕丝和玉器》一文，第四个问题更直接点到"'玉器时代'的提法能否成立"。苏先生在回答这两个几乎占到总提问的三分之一的问题时，文字十分简要：在"'要素'者，缺一不可"之后，只用了"正如不必急于把'坛、庙、冢'说成是'中国文明因素'一样，也不必急于把'稻谷、蚕丝、玉器'说成是'中国文明因素'，更不必在中国史前史上另划出一个'玉器时代'"不到 70 个汉字。但是紧接着十分耐人寻味地补充了"当然也不要贬低甚至否定'坛、庙、冢'或'稻、丝、玉'在中国文明发展史上的地位。它们最终都成了具有中国特色的古文化、文明的重要因素"的一番言论③。而且还特别在 86、87 两页对"中华文明的精华是什么"这一问题的表述中，用粗体字标出"精于工艺、善于创造"的标题下列举了"如良渚玉器的细雕工艺、丝绸、漆器、瓷器"。并且再用占四分之一的页面突出表明"玉器体现美德是中华民族特有的文化现象，又是自史前时期以来一直承袭着的传统"。苏先生良苦用心，是要细细地去理解和体会的。《明报月刊》在编发这篇重要专论时，插入了 25 幅照相图版，其中玉器图版有 9 幅，恰好也超过了图版总数的三分之一，大概只能是偶然的巧合。

俞伟超先生在为北京三联书店重版苏先生《中国文明起源新探》一书所作《20 世纪中国考古学的一座里程碑》的序言中，再次收入《苏秉琦与当代中国考古学》一书。他认为《明报月刊》的"这个'访谈录'的内容，颇似《中国文明起源新探》的浓缩，而有些地方又发展了一些，如关于文明的要素，便明白地说不宜把城市、文字、青铜器说成三要素，也不要把稻谷、蚕丝、玉器说成是中国的文

---

① 白寿彝：《中国通史·第二卷·远古时代》，上海人民出版社，1994 年，第 8 页。
② 香港《明报月刊》1997 年 7 月号，第 73~88 页。
③ 香港《明报月刊》1997 年 7 月号，第 83 页。

明因素，更不必划出一个玉器时代"。我们在十分感谢苏先生、俞伟超和古兆申对我们这两篇小文章的关心和重视的同时，也深深地感觉到第二篇小文章没有将应该讲的稻作农业在东亚文明产生过程中的基础作用讲清楚，致使师友误将稻、丝、玉认作并列的因素。

1954 年秋，兴邦老师带领我们第三届考古训练班的同学，参加了著名的西安半坡遗址的第一次发掘，给我们上了古遗址发掘的第一课。从此开始了我毕生从事以新石器时代考古为主的学术生涯。兴邦考师一直关心支持我的工作，经常在学业上给予我帮助和鼓励。至今还清楚地记得 1973 年冬天，他在主持长办考古班之后，冒着严寒亲临河姆渡发掘现场，并且和我们一起住在工地的情景。这一古遗址自那年夏天试掘之后，方方面面对这个新发现遗址的年代及文化属性评价仍很不一致，我们在野外第一线作业时的心理负担也很重。他是第一位到工地的重量级学者，他对发掘现场及我们所划分四个地层的肯定认可，极大地鼓舞了全体发掘人员的信心和勇气。他为纪念良渚遗址发现六十周年国际学术讨论会所写的学术总结的字里行间，处处流露出他对浙江新石器时代考古倍加关切和呵护有加的炽热心肠。当 21 世纪来临之初，中国考古学需要通过多学科合作才能取得新突破的实现，它实际上也是对考古工作者如何充实自身多学科基础知识，扩展学术视野的一次检验。谨以此小文祝贺兴邦老师八十寿辰。

郑云飞博士是游修龄先生的高足，在完成博士后研究后来浙江省文物考古研究所工作，感谢他为本文提供了许多资料。郑博士和我们所里许多在考古第一线奋战的年轻人也都怀着对石先生崇敬之情，我们以这份蕴藏在心底的祝福共庆兴邦老师八十大寿。

2002 年 12 月 22 日于杭州朝晖

（原载《中国史前考古学研究——祝贺石兴邦先生考古半个世纪暨八秩华诞文集》，三秦出版社，2003 年；又载《牟永抗考古学文集》，科学出版社，2009 年）

（作者补记：关于水稻起源于野生稻分布区北缘的观点还有 1991 年秋接受《东南文化》采访时谈及。见《东南文化》，1992 年第 6 期）

专家谈田螺山遗址

余姚市文保所 河姆渡遗址博物馆

地处中国东南沿海的田螺山遗址，位于浙江省余姚市三七市镇相岙村村口。西距余姚市区 24 千米，东距宁波市区 23 千米，西南距著名的河姆渡遗址仅 7 千米。地理位置为北纬 30° 和东经 120° 附近。遗址坐落在杭州湾南岸宁绍平原东部的姚江流域，四明山支脉——翠屏山南麓的小块冲积平原上，目前距最近海岸 30~40 千米。遗址四面为海拔 300 米以下的丘陵，处在 1 平方千米左右小盆地的中部，自身以海拔约 5 米的田螺山为中心，南北伸展 220 米左右，东西延伸约 160 米，总面积 30000 多平方米。

2001 年底，田螺山附近的一家热处理厂为满足生产用水而打井，在挖土的过程中，距地表 3 米深的灰黑土中出土了不少陶片、木头和骨头。热处理厂主人董国民发现这一情况后马上停止了挖井并上报有关部门。经河姆渡遗址博物馆、浙江省文物考古研究所专家核实确定为一处新的河姆渡文化遗址，田螺山遗址就这样破土而出。

2003 年，田螺山遗址发掘获得国家文物局和浙江省文物局的批准。2004 年初，由浙江省文物考古研究所主持，联合宁波市文物考古研究所、河姆渡遗址博物馆的专业人员开始了对田螺山遗址的考古发掘。经过近 3 年的努力，至今合计揭露面积约 700 平方米，出土的遗物和遗迹相当丰富，取得了重大的考古成果。考古信息显示，田螺山遗址具有非常完整的地理环境和良好的保存状况，其丰富的地下遗存对于河姆渡文化研究有着重要的价值，不仅弥补了河姆渡遗址的某些缺憾，还具备开展河姆渡文化聚落形态考古研究的独特条件。因此，田螺山遗址对于充实和完善河姆渡文化有着不言而喻的重要性。

田螺山遗址初步考古成果经新闻媒体竞相报道，立即引起了社会的广泛关注，如同 30 年前的河姆渡遗址。一时间田螺山成了文化热点，余姚也因此以再次发现 7000 年前文化内涵非常丰富的古文化遗址吸引了人们的目光。为保护文化遗产，向人们宣传优秀历史文化，开展爱国主义教育，余姚市人民政府决定建设田螺山遗址现场馆，把它作为宣传研究河姆渡文化的新载体，为河姆渡文化申报世界文化遗产创造条件。2005 年 8 月，田螺山遗址现场馆建设工程正式开工。2007 年 5 月结束全部工程。

整个工程由保护展示棚和陈列大厅组成。展示棚为圆形网状钢结构建筑，直径跨度达 90 米，气势宏伟。陈列大厅外饰钢梁，和保护棚形制相呼应。现场馆总占地面积 20052 平方米，建筑面积 5025.5 平方米，其中保护展示钢结构大棚建筑面积为 3846.5 平方米，陈列大厅及管理用房建筑面积 1072.5 平方米，总投资约 1500 万。田螺山遗址现场馆陈列厅展出文物 110 件，配以雕塑场景和灯箱，向观众介绍田螺山的基本文化面貌，现场展示区则以边发掘边展示为理念，在各个层面保留遗迹和遗物，使观众能亲临体验考古的氛围和乐趣。

2007 年 6 月 20 日，由余姚市人民政府和浙江省考古研究所主办的田螺山遗址现场馆开放仪式暨田螺山遗址学术研讨座谈会隆重举行，浙江省文物局局长鲍贤伦等领导和众多知名文物专家参加了开放仪式和学术座谈会。田螺山遗址现场馆是我国南方实行原址保护和展示的第一处，开创了先建保护棚再发掘，并与展示相结合的考古新方式。它不仅为野外考古提供了优越的工作条件，也为观众参观考古过程、考察考古现场、普及考古知识提供了可能。

严文明（北京大学　教授）：

田螺山遗址在河姆渡文化里面是保存最好的一个遗址，有一个比较完整的聚落，虽然现在还没有完全揭露出来，但已有很多柱础、木柱，还有一个类似独木桥的遗迹，似乎露出了一个水边村落基本面貌的一角。遗址有非常多的动物和植物遗存，有家养的，也有狩猎得来的，还有大量的水生动物，说明当时人们的食物来源是多种多样的。特别是有很多稻作农业的遗物遗迹，当时农业究竟是已经比较发达了，还是处在一个比较初级的阶段，现在有不同的意见，需要进一步探索和研究。可喜的是这个地方有非常好的研究条件。一是有丰富的稻谷遗存；二是有与稻作有关的工具，如翻地的骨耜、木耜等。据说经过探测知道当时周围有大面积的水稻田，总面积约 90 亩，这更是一个重要的发现。我看了一下试掘的地方，的确有水稻的茎叶和谷粒等遗存，从地层关系和出土陶片来看也确实是属于河姆渡文化时期的。只是还没有发现田埂和灌排设施，暂时还不能肯定是人工开发的水稻田。从野生稻培育成栽培稻，中间应该有一个逐步驯化的过程，田螺山的稻作农业到底发展到了什么水平，还需要做许多研究。这里既然有那么大面积生长过水稻的环境，将来继续发掘和研究，是有可能把这个问题弄清楚的。这些课题都是史前考古非常重要的方面，有可能在这里得到突破，所以对这个遗址我们看得很重。

当地政府盖了这么好一个保护棚，考古工作者可以从从容容地开展工作，我作为一个考古工作者，由衷地感谢各有关部门和老百姓对文物考古工作的支持。考古工作只能慢慢来，要边发掘边研究，不能一下子都揭开。如果太快了，容易消化不良，会弄得乱七八糟。时间充裕一点，可以组织各方面的专家来发掘、研究。发掘一部分整理一部分，整理中发现问题后，有助于改进下一步的发掘工作。我前后来过两次，感觉这里的工作基本上是做得好的，各有关方面配合得也好，我对整个工作是满意的。作为一个考古工作者，能够有这样一个工作环境，那是非常难能可贵的。

田螺山遗址的文化内涵属于河姆渡文化，河姆渡遗址当年分了四期，第二、第三期之间有缺环，田螺山遗址基本上把这个空当填起来了，这是对河姆渡遗址的补充。河姆渡遗址发掘是 30 年以前的事了，那个时候的技术力量，对学科方面的认识，跟现在有相当大的差距。现在经济、技术力量都上去了，所以我们期待这里的发掘会有更大的收获。

根据发掘领队孙国平的介绍，在遗址"生土"层下面也有存在木炭、陶片等早期文化遗物的一丝线索，因此很可能有更早的人类在这里活动。但是现在上面有很好的建筑遗迹，动植物遗存也保存得非常好，不宜挖掉。要追溯更早的文化遗存，可以靠别的遗址来做，不必只盯着田螺山一个遗址。现在浙江已经发现了比河姆渡文化更早的上山、小黄山和跨湖桥等遗址，史前近一万年以来文化的递嬗，已经看得比较清楚了。但是，每个阶段在文化上有相当的差距，跨湖桥不像是由上山直接发展来的，河姆渡也不像是跨湖桥直接发展来的，与河姆渡年代相近的马家浜，也不像是河姆渡发展而来的。浙江史前多种文化都有一个辉煌时期，是一个相互发展、不断替代的过程，呈现出丰富多样的多元性文化现象，这个现象值得好好研究。总之，浙江是一个考古学者可以大显身手的考古圣地。

王巍（中国社会科学院考古研究所　研究员）：

首先，很难得。遗址各方面保存都非常好，遗迹、遗物保存如此丰富，应是一件非常难得的事。

第二，很重要。它的学术意义，从刚才几位同仁所讲的工作中已经展现出来了。我觉得如区域文化的自然环境、人地关系诸如此类，而且实际上还有很多方法和技术路线上面的内容。

第三，我觉得工作还是一步一步做得比较细、比较扎实。

第四，代表性。这个发掘，除了发掘方法上，特别是多学科科技手段的应用，可以说基本上涵盖了目前我们国内能够想到和能够做的一些自然科技手段，而且都有相当程度的实施，所以它具有代表性，代表了我们国家多学科能够做到的最高层次，这个需要高度评价。

最后，很艰巨。更多的遗迹、遗物的整理，包括木构件的保护，真是非常非常艰巨的工作。

具体几点：

1. 独木桥的定性。我在想，除了独木桥的用途，是否有别的用途，比如船桨集中在这里出土，这是要回答的问题，但我觉得它是不是多功能的。

2. 橡子坑。日本绳纹时代橡子也很多，我看过日本福井县的应井遗址，绳纹中期（距今 4500 年左右）。特点是，第一，出土大量木构件，包括很多榫卯结构的木构件。第二，它是当时一个村落边也有一个水道，这跟田螺山的格局很相似，橡子的脱涩就在水边水很浅的地方。据我所知，橡子放在储藏坑里不能自然脱涩，需要水才行。

3. 经济形态。是否以农业为主，或者早期是不是典型意义的栽培农业，还是严先生讲的野生稻的管理，在哪一个阶段。另外一千年又有一个怎么变化。早中晚期有否变化。如果没有水稻田的话，与日本绳纹情况很近似。早期的水田是小水田，非常小的地块平整平整就可以。田螺山的船桨很小，桨叶头是尖的，是否水面很浅，除了划船外，是否还有支撑的作用。

4. 淤泥层。严先生也讲了，所谓的两层海相淤泥是不是同样的成因，还是需要研究的问题。

赵辉（北京大学　教授）：

30 多年前，河姆渡遗址的发现震惊了学术界。遗址出土的大量与稻作农业相关的考古材料，不但引起了学术界有关中国史前稻作农业起源这一重大问题的探讨，也启发了对河姆渡文化所处的中国新石器时代发展程度重新进行总体评估，进而大陆发达文化对海外影响这一研究角度又引进到南岛语族起源问题的探讨中，河姆渡文化的研究遂成为国际性课题。

30 年后，田螺山遗址的发掘，将河姆渡文化研究置于一个新的高度上。之所以这样说，不仅是因为田螺山遗址的埋藏保存状况、所蕴涵资料信息的丰度，都不逊于河姆渡遗址。更重要的是，我们今天掌握了 30 年前尚不具备的多项新技术方法，以及在 30 年来河姆渡文化研究上形成的新的学术理念，将它们付诸实践，可望取得更多新的心得体会。此外，近些年来在绍兴以西陆续发现的上山、小黄山、跨湖桥等新的文化类型，以及钱塘江北马家浜文化研究的深入等，也为包括田螺山遗址在内的河姆渡文化的比较研究提供了远较 30 年前更丰富翔实的文化背景材料。因此，把田螺山遗址的发掘视为河姆渡文化研究的新起点，是一点也不过分的。

目前，田螺山遗址的发掘已经进行了两次。出土资料十分珍贵和丰富。说到今后遗址的工作，我个人认为，当务之急是加紧资料的整理和多学科综合分析，尽快拿出阶段性成果，通过刊布报告，召开国际学术会议，以及利用余姚市政府投资兴建的保护棚这一极好的硬件条件，建设田螺山乃至整个河姆渡文化的资料信息中心、科研基地等方式、手段，使学术界共享遗址的收获，以推动河姆渡文化的深入研究。工地领队的主要任务也要转移到组织实施资料整理和研究计划上来。要知道，现代学术发展要求对资料整理研究的投入远大于田野发掘。至于遗址今后的发掘工作，第一应当在已有资料研究的基础上提出一些问题，再有针对性地组织工作。第二，田螺山虽然是进行聚落研究不可多得的遗址，但发掘难度大，为了达到有效和全面复原遗址的聚落形态的最终目的，田野工作应当慎重，不着急，分阶段，慢慢做。最后，遗址发掘出土大量木柱、木桩等有机质遗存，现场的保护成为一个迫切问题。建议文物保护方面的专家尽快介入田野工作，立项开展这一专题的研究。

黄宣佩（上海博物馆　研究员）：

田螺山遗址发掘工作做得比较细，使我获得许多新信息和启发，同时也提出了很多问题，是一次非常成功的发掘。在余姚很小范围内有两个遗址博物馆，但并不重复。河姆渡遗址博物馆是以出土文物陈列和研究成果展示的博物馆，而田螺山遗址现场馆是以出土遗迹现场保护展示的博物馆，各有特点，相互补充，非常好。田螺山遗址木构建筑遗迹非常复杂，进行研究认识也非常困难，需通过对木材树种和加工方法的两个鉴定，把时间段分得更细，做出几个同时期的建筑单元来，摸清聚落形态概况。关于定名为"独木桥"的遗迹有待进一步认识，从迹象看，河埠头的木构建筑可能性较大，在如此远古时代发现河埠头已经相当了不起了。对木构建筑的保护是个问题，同样对遗迹做出合理解释也是个重要问题。在河姆渡文化中已有相当成熟的稻作农业，水稻是人工栽培植物应该肯定，但要加强稻作农业水平的研究，先民对稻作农业的依赖性已经很强，经济生活应以农耕为主，渔猎占很大比重也是可以肯定的。在年代问题上，从田螺山遗址出土陶片看，年代不会比河姆渡早，因此河姆渡的年代不会离跨湖桥很远，可能要早于距今 7000 年。

张敏（江苏省考古研究所　研究员）：

田螺山遗址的遗物、遗迹，尤其自然遗物如此丰富，这是其他遗址无法与之相比的，觉得非常震撼。田螺山遗址的发掘，极大地丰富、细化了河姆渡文化内涵，拓展了河姆渡文化的研究空间。这次考古发掘工作几乎把所有与考古学发生关系的现代科技手段都引进来，有着明确的工作目标和课题意识，尽可能地、全面地收集田螺山人生产、生活信息，非常赞赏。

田螺山遗址出土大量遗物、遗迹，给考古发掘工作和整理工作带来很大的压力，值得研究的问题和课题也非常多，建议在以后的工作中应注意以下几点。1. 要搞清楚各类遗迹之间的相互关系，特别是木构遗迹，最好请研究原始建筑的专家来合作分析。2. 田螺山人是多元的经济生活，要把各种经济方式细化到点上，用定性、定量的统计学方法来研究经济生活发展、演进和相互之间此消彼长的关系。3. 原始稻作农业的内涵是相当复杂的。从野生稻到栽培稻有一个缓慢的演化过程，要研究深、研究透，需要一系列的科学手段。4. 遗址背靠丘陵，面向海洋，处于环境变化相当剧烈的地区，在研究环境时不要离开人。古人适应环境变化的能力远比现在差，环境的变化可能改变人的整个生活方式。5. 在人类学研究上，不同于人类学家偏重于人的自然属性研究，考古应更注重跟人的行为有关的文化属性的研究。6. 要相信自然科学研究的技术和手段，但又不要拘泥其研究成果，要把研究成果放到文化的大环境中进行验证。

林华东（浙江省社会科学院历史研究所　研究员）：

余姚市政府投资建造遗址现场馆，使得考古发掘能够从容开展。同时，这也为提高全民素质，保护历史文化遗产，为全国人民树立起很好的榜样，建议有关主管部门应给予表彰。田螺山遗址具有重大的史前研究价值，地下埋藏文物之丰富，保存条件之良好，在全区其他史前遗址中是十分罕见的，是探讨长江下游南岸史前聚落形态和稻作农业的宝地，随着今后的进一步发掘，其科研价值有可能超过河姆渡。对于淤泥层堆积，建议邀请水文地质方面专家参与研究，搞清滨海地区环境的变化。在寻找河姆渡文化源头的同时，应关注河姆渡文化与跨湖桥文化和上山遗址之间的关系。对于定名为船桨的尖头木器，与河姆渡出土的木桨有很大区别，是农作工具的可能性较大。至于所谓的独木桥，则很难令人首肯。对木构建筑遗迹的保护，应邀请国内外专家进行论证，提出切实可行的保护方案。

刘军（浙江省文物考古研究所　研究员）：

河姆渡遗址经过先后两次发掘，只是打开了河姆渡文化的一扇窗，提出的问题比解决的问题还要多，现在田螺山遗址地层揭露的情况与当年河姆渡遗址基本相一致，对进一步深化河姆渡文化研究是一个不可多得的遗址。但要说价值超过河姆渡遗址的可能性不大。由于当年受经济和技术手段的限制，制约了对许多问题认识，田螺山遗址的发掘可以验证河姆渡的地层、补充增加新材料，求证原有的看法和认识，甚至改正错误的观点。以现在的科技水平，河姆渡遗址发掘后引出的许多问题有望得到解决，要尽量投入资金，在发掘现场多收集标本、多做检测，以利增加信息含量，基本搞清河姆渡文化的聚落形态。

张昌倬（文物出版社　编审）：

在田螺山看到了一个非常精彩的遗址，其地层堆积清晰，出土遗物丰富全面，包涵信息量大，是继河姆渡遗址后又一处研究河姆渡文化比较完整、重要的遗址。虽然要搞清楚田螺山遗址聚落形态非常难，但如果能达到一部分目标，就已经前进了一大步。就不仅是对河姆渡文化，也是对我国东南史前文化研究的一个突破。建保护棚虽然有利于发掘工作的展开，但对建保护棚后田野考古中可能出现的一些新情况要有考虑。田螺山遗址的保护是个大问题。一定要明确保护、发掘、研究之间的关系，保护是目的，发掘是前提，研究是手段，必须把保护放在第一位，研究放在第二位，发掘仅仅是为了更好地研究。

杨晶（故宫博物院　研究员）：

河姆渡文化是宁绍平原地区最具代表性的史前考古学文化，而余姚河姆渡遗址更是考古学者的圣地。田螺山遗址的发掘是继河姆渡遗址之后，这一地区史前考古学文化又一次重大的发现。在地方政府的大力支持下，田螺山遗址的发掘可谓最从容、最精心的一次考古发掘。这一次的发掘，计划详尽，组织周密，保障有力，实在是难能可贵的。关于今后的研究方向，希望在注重环境、生态等前沿性项目研究的同时，对于文化、社会等传统性课题研究不可偏废。希望一些新的手段、新的理念的加入，对于各种问题的探讨有所突破，并以田螺山遗址的发掘为契机，建立起宁绍平原地区史前考古学文化的序列，进而探索这一地区同长江下游三角洲乃至南中国之间的区域性互动关系。

曹兵武（中国文物报社 研究员）：

要对田螺山遗址与河姆渡遗址进行全面比较是相当困难的，可以肯定的是这是一个十分难得的遗址，我觉得目前将聚落考古放在工作的首要位置难度很大，尽管房屋建筑有不少线索，但是这种干栏式基础要搞清建筑形态很困难，而建筑遗迹的情况是开展聚落考古的关键环节，同时聚落考古也需要很大的发掘面积。我想，这个遗址可以在其他许多方面取得突破，因为遗址的内涵、保存状况、工作条件、前期工作基础等都是其他遗址难以相比的，尤其是有机质遗存丰富，遗迹现象丰富，应注意在局部上做得更细、更深入、更透，在生业类型、人类行为等细节上追求突破，深化我们对这个阶段的认识。此外，浙江的好几个遗址都有海侵地层的线索，在田螺山是上下海相沉积层之间夹着文化层，遗址所用水稻田的上下还有明显的沼泽泥炭化堆积层，这是研究全新世海侵与气候、环境波动变化十分难得的线索，如果通过文化与自然地层的结合与精确研究，能将大家普遍关注的全新世几次大的环境事件的确切时间、幅度等搞清楚，不仅解决了这个遗址聚落选址与兴衰变化等地区性问题，也将为全国性甚至全球性的一些全新世环境变化与文化适应问题提供精确的标尺。现场馆的建成为发掘提供了很好的条件，工作可以慢慢来，不必追求面积和速度，要做精工细活，要边发掘、边保护、整理、研究并将工作与成果向公众展示，将整个工作做成一个不断学习、不断改进的过程，成为一个考古范例和宣传普及考古知识的基地。

张忠培（故宫博物院 教授）：

首先要充分肯定两点。第一，不要说在浙江，就是在全国，一个县级市能投资1500万元盖田螺山遗址现场馆，这是一个创举，也是一个新的理念。现场馆有利于发掘、研究、保护和展示，如果全国都有这样的县来如此重视我们的考古工作，我们的文物考古事业就更有希望了。第二，这次考古发掘有多种学科的参与，以科学的手段去测定、鉴定、研究，意在全面搜集资料，研究人与环境的交往及碰撞关系，目标是正确的，工作态度是认真的。

有的记者问我，田螺山遗址的发现、发掘有什么意义，其价值是否比河姆渡遗址高。据现有的发掘状况，这个问题还回答不出来。要谈意义，首先要看结果，没有结果或者没有科研成果，怎么来谈意义呢。但至少不会改变河姆渡遗址列入教科书这一事实。目前，只能谈目标，还不到谈意义的时候。我们的目标是要站在现代科学技术水平上，追求比30多年前发掘河姆渡遗址时有更好的效果，这是时代给予我们的条件。

在今后的工作中要注意这样四个方面。第一，要对河姆渡遗址的发掘和河姆渡文化的研究现状搞清楚。明确哪些是优点，还有哪些不足，设定好发掘的方向，利用更科学的手段，得到更多的信息，实事求是地对遗迹现象做出解释。第二，在如何提高多学科研究上，明确我们的目标是什么，手段是什么，可能达到什么样的程度，对此要有清醒的估计。第三，保护是一个大问题，单单盖了保护棚是远远不够的，要有长远打算，尽量引进保护手段，研究新的保护技术，延长遗迹的保存时间。第四，关于遗址的年代问题、文化分期问题、遗迹之间的关系问题等等，都应充分考虑。河姆渡遗址分为四期，田螺山遗址分为三期，500年为一期，时间上太长了，不利于研究认识，应该尽可能分得更细一些。分期要以陶器、陶片的整理为基础，建立一个比较完整的发展演变序列，这样做或许能突破我们所处时代的局限性。发掘工作要一步一步地做，发掘资料要全面地搜集，田螺山遗址的发掘就要达到以扩大和提高从遗存中获取更多资讯的水平。一个学者的发掘水平高低，就是比在等量的遗存中，看谁吸收的信息量多，以及对信息解释的可信度高。

（原载《中国文物报》，2007 年 8 月 3 日第 3 版）

河姆渡干栏式建筑的思考和探索

——纪念半坡遗址发掘五十周年

牟永抗

"河姆渡文化的发现，是 20 世纪 70 年代中国新石器时代研究史上的突破性成果之一"，这是当年半坡遗址发掘主持人石兴邦先生为纪念河姆渡遗址发现 20 周年学术讨论会上提交论文的第一句话。此文被列为这次学术讨论会论文集《河姆渡文化研究》的第一篇。石先生认为，"当时我国有三个具有突破性的重要发现：一个是下川细石器文化遗存……另一个就是河姆渡文化……还有一个便是磁山-裴李岗文化……这三个文化本身的内涵和特征，确定了它们在中国史前文化史研究上的地位和作用。从此，新石器时代文化研究，不论在南方还是在北方，一下子开阔视野，出现了一个新局面，进入了一个新的发展阶段……并迅速地开展而取得成果。"[1] 我只是 1954 年半坡遗址第一次发掘的参加者，半坡发掘 19 年之后，有幸参加了河姆渡遗址的试掘及随后进行的两次正式发掘[2]。1979 年是半坡发掘 25 周年，在西安召开中国考古学会成立大会上，我递交了《试论河姆渡文化》一文。当出席这次盛会的半坡发掘人重新在半坡纪念馆前合影留念时，真是百感交集。当年两颊盈润的俞伟超，如不自报姓名，绝对不会相信他就是曾在小雁塔下相识聚谈的江南同龄人[3]。

2004 年初，接兴邦老师手书，嘱为半坡五十周年撰文，这是一项不可推诿的责任。这就使我想起 1994 年 4 月纪念河姆渡发掘二十周年的那次国际讨论会上，我曾提交了以干栏式建筑形态研究为中心以《二论河姆渡文化》为题的论文提纲，由大会印发给与会学者，并做了简要的大会发言。在 1998 年由杭州大学出版社以《河姆渡文化研究》为名，出版这次学术讨论会的论文集时，我已经三年前就退

---

① 浙江省文物局等编，《河姆渡文化研究》，杭州大学出版社，1988 年，第 1 页。

② 1977 年第二次发掘时，我先出席南京长江下游新石器时代学术讨论会，自南京回杭州后，又陪苏先生用二十多天时间考察第一期发掘的全部标本，后再到发掘现场时已是 11 月 12 日，发掘已进入第 3 文化层。《河姆渡——新石器时代遗址考古发掘报告》第 4 页，试掘时"随后增援的还有牟永抗和梅福根"，实为第二次发掘，我随后赶来参加之误。又试掘时的 T1 仅清理已开挖之现场，面积大于 5×5 平方米，T2 是我们另开的一条探沟，面积 2×2 平方米，看坑人劳伯敏。顺此更正。

③ 参加半坡第一次发掘的考古训练班的同学就有 100 多人，许多人当时都还不知姓名，对不是训练班的发掘伙伴，更加只是面熟而已。发掘结束即将离开西安时，几个江南的同学相约一游大、小雁塔。当年小雁塔为某一党校所在地。正当我们被门卫拒阻之时，随后又来了一个面熟的半坡发掘伙伴，幸亏他持有中国科学院考古研究所颁发的调查发掘证书，这就是俞伟超。我们被允许入校游览时，才知道他是出生于上海的江阴人。大家都是江南秀才，我们更是同年，他仅长我三个月。相聚交谈自然也就十分真切了。西安重逢之后，虽不能常见面，信息往还是多的。没想到半坡五十周年之前夜，我兄已驾鹤。呜呼！

休回家，所以这篇论文的初稿就一直保留在我的手边，同时也让我想起当年在半坡脱去鞋子后用只穿着袜子的双脚趴在建筑基址上剥剔"白灰面"的情景。正是半坡遗址的发掘，最先揭开了黄河流域史前时期半地穴式居住建筑的面目。在半坡发掘19年之后在河姆渡发掘到的干栏式建筑，则是长江以南地区史前时期一种典型的居住形式，使得以黄河、长江这对双子河流域为核心的史前诸文化中出现了西北和东南两种完全不同的居住模式，不能不成为史前文化研究的重要内涵。2003年8月《河姆渡——新石器时代遗址考古发掘报告》正式出版发行，使得在使用资料时比以前更丰富也更方便了。于是就借此良机改写十年前之旧稿，在偿清欠债的同时，也是对以往认识历程连同其中的不足、失误和教训进行自省和学习的最好机会。时至今日，中国境内的新石器时代的整体研究以及半坡、河姆渡的具体研究已取得了长足的发展，与会各位同仁都在不同程度上参与了这一过程，更希望诸位师友对拙作多多批评指正。

干栏式建筑是河姆渡文化研究的热门课题之一。这类先秦时期曾经广泛流行在长江及其以南地区，很有自身文化特色的建筑类型，在河姆渡发掘以前虽然也有不少发现，但是除了20世纪50年代在吴兴钱山漾遗址能隐约看到局部的平面分布外，它们的整体布局和单体结构基本上都不清楚。所以我们在1973年7月3日，站在救火车上赶到河姆渡现场时就注意到残存于排涝站基坑（T1）内密集成排分布的桩、柱。在第一次正式发掘时，桩上建筑自然成为参加发掘诸同仁共同关心的焦点之一。所以当T16~T27各探方清理出密集型排桩及T34~T37发现木构水井后，就毅然决定邀请上海同济大学陈从周教授到现场帮助我们读识判断。当时他还是"尚未解放的牛鬼蛇神"，由多名工宣队员"陪同"来到工地进行"座谈"。陈教授在连声检讨以往来浙江工作的缺点错误并对T34~T37木结构遗迹讲了多种与水井无关的功能之后，认定T16~T27的排桩是干栏式木结构建筑的基础。国家文物局派来发掘现场的刘启益同志回京以后，可能也将干栏建筑作为他一系列"不亲眼看到，打死我也不敢认"的内容之一汇报宣扬。1975年夏，工宣队带领一些发掘参加者携带标本赴京汇报。是年初冬谢辰生同志来杭州，住在离我家很近的大华饭店，一天饭后我前往探访时，周中夏同志也刚去看他。当老谢问完河姆渡干栏式建筑情况后问我："北京汇报为什么你不去？"随后他对中夏说："我们可以把北京及各地的专家请到杭州来！大家坐在一起谈谈。这次活动请省文化局出面，邀请哪些人员和经费由国家文物局负责。"这就是1976年4月河姆渡第一期发掘工作座谈会的缘由。老谢不仅亲自到会，还请来了刘治平、杨鸿勋两位建筑学家，他们恰好是梁思成先生最先和最后的研究生。我们准备的会议资料也专门有一份关于河姆渡的干栏式建筑。代表中国社会科学院考古研究所出席会议的是甘青队队长谢端琚和二里头队队长赵芝荃先生。会后杨鸿勋先生还专门来杭州，住在新新饭店和我们仔细研究第一期发掘有关建筑遗存的资料。1978年第一期报告的有关部分，就是这次闭门数天的交谈结果。在大华聊天时，老谢似乎已有让我们再次发掘河姆渡的意向。这自然也是座谈会上大家议论的中心之一。会后省文化局没有及时上报第二次发掘的申请，但第二次发掘专款仍然在第二年准时下拨。对于第二次发掘的学术取向，参加发掘的每个人可以有不同的理解，不能排除有人将"制石、陶作坊、公共墓地"认作发掘目标。根据笔者的记忆，干栏式建筑的结构布局是这次发掘的主要学术目标之一，至少在发掘之前去现场划定2000平方米的发掘区的几位同仁是这样认识的。所以在第二次发掘期间，罗哲文先生是最早到达发掘现场的古建专家，杨鸿勋先生稍后到达并在工地小住几日。当祁英涛先生率领几位古建研究者最后到达现场时，他们亲眼看到打隔梁时干栏式建筑材料出土的情况。这一情形从侧面反映了当时古建筑学家对这次发掘的高度重视。第二次发掘的队长兼总看坑刘军同志，也曾写文章承认："开挖面积 2000 平方米，试图弄清房子的布局及其结构，遗憾的是挖了这么大面积，仍未能达到预期的目的"，接着又指出"由于河姆渡木构建筑遗迹错综复杂，研究成果并不丰厚"①，其原因可能与已经发表的研究成果中，涉及干栏式建筑及聚落形态考察的内容寥若晨星有关。"错综复杂"很可能就是丰富多彩的同义词，这中间还可能不同程度地夹杂着野外操作及认识中暂时的盲区，它的背后可能隐藏着学科中有待突破或新视野的生长点，这就应该成为学科探索的目标。1994 年，笔者在《二论河姆渡文化》的文章里简要表述了第④层所反映的聚落形态及相关问题，内容涉及干栏式建筑的布局与演变、榫卯结构的出现和成因以及在干栏式建筑这种聚落形态中文化层的堆积机理三个方面。

1. 河姆渡干栏式建筑的布局与演变

考古学发现的干栏式建筑，往往是居住面以下由桩或柱组成的建筑基础，居住面以上的梁、柱、屋面的原状很难在史前遗址中保存下来。桩可以是干栏式建筑的基础，但也不能将所有被发现的木桩都认作干栏式建筑的组成部分。以高大乔木耸直树干为材料营造的木构建筑，它们的平面框架基本上均呈直线走向。河姆渡两次发掘所见木桩基本上也都是以直线方向布置，它们应该是干栏式建筑的基础部分，我们称之为排桩。但在第二期发掘区的北侧，T242、T243、T244 近 300 平方米范围内，发现了性状与上述排桩有别的三列细木桩。这三列木桩不但桩径偏细，大体自东向西呈弧形走向，而且各桩之间参差不一，亦可表述为一道大体由参差不齐三列呈东西向弧形走势的细桩群。劳伯敏先生认为是"一处紧濒湖沼的干栏式建筑的遗迹，……是河姆渡原始聚落停船和烧煮食物的地方"②。《报告》第 19 页有两行文字描述及插图九另注 A、B、C 说明。笔者认为：在桩群北侧已是青灰色的沉积土，基本上不见文化层或包含物，水平位置较低；桩群及其南侧土色深黑，属第四文化层的 a、b 层，其底端标高也比桩群北侧的沉积土高，而且在桩群附近不见横向排列的木板或与木桩走势近似的横向长圆木，特别是三道细木桩所呈现非直线型布列性状，说明它们不是干栏式建筑的基础，而是用作标志聚落边界的栅栏，推测当时聚落的营建地点是一处紧临湖沼的浅水部位或边缘的泥泞区域。这些排桩既可在季风季节减弱风浪对聚落的袭击、冲刷，同时也能加速原本水域的淤积和稳定。在聚落结构上，是半坡、姜寨那种环壕在江南沼泽相生态区域的反映。半坡、姜寨的环壕低于地面是地面的减弱，栅栏则高于地（水）面，是地（水）面的加高，两者的功能是相同的。估计在水上建立栅栏的时候可能还留有供船筏出入的通道，如若再在桩列中填筑泥土，那就成了后世的堤防或围堰。如果这一见解能够得到学界的认可，那么，这种栅栏就成为干栏式建筑聚落形态研究的重要组成部分，为我国境内不同生态条件下的聚落形态研究增加一项识别聚落边界（范围）的鲜明标志。按照现存栅栏的走向以及第一次发掘所确认的遗址南缘地段，河姆渡聚落南北宽约 80 余米。试掘时 2×2 米的 T2，似可认作当时聚落的西界，第一、二次发掘已经包括了聚落西段近 70 米的区域，面积约 6000 平方米。据此，估计在 T226、T216 和 T39 以东的长度不会超出 100 米。那么被姚江冲刷后的河姆渡古聚落，大约以西端

---

① 刘军：《河姆渡文化研究的回顾与前瞻》，《河姆渡文化新论》，海洋出版社，2002 年，第 11 页。

② 劳伯敏：《河姆渡干栏式建筑遗迹初探》，《南方文物》1995 年第 1 期。

小石山为依靠向东延伸 80×150 米的长向布局。按照第二次发掘所见灰坑的平面分布，北缘的 T242～T244 的 300 平方米内仅发现一座灰坑，中间的 T231～T236 两列，每百平方米不过一座灰坑。位于南部的 T211～T216 范围，平均每百平方米发现灰坑三座的状况分析，当初南部地形可能稍高于北侧。整体聚落可能和原本湖沼沿岸的等高线有关，残留的聚落面积大约不会超过 1 万平方米。这应是第二次发掘的一项大成果，它和第二次发掘前估计的遗址范围差距甚大。《报告》第 3 页所表述的遗址分布范围约 5 万平方米的估计，似乎也应该作必要的修正。

第一次发掘时，从 T16～T27 及与之相接的 T32～T39 为同时间开始发掘的探方，T28～T31 为后来再发掘的探方。由于 T32～T39 第二层发现木构水井而延期清理，所以仅在 T16～T27 这 300 平方米范围内清理出成片有序的干栏式建筑遗迹。这次发掘队的队长刘军与我们一样，也实际负责 T37～T39 发掘，但由姚仲源任总记录，而不担任具体的看坑任务，并在现场与各探方负责人随时交流。再加上三位看坑的发掘人能够认真地听取大家的意见，所以，能现场确认排桩 13 列。其中第 8、10、12、13 四列方向一致排列，组合相似，其中第 8、10 两列桩侧均有横向圆木布列，可认作同一座单体干栏式建筑的基础。第 1、3、5 三组排桩，方向近似，桩侧也有横向圆木。在紧密的圆桩之间，与第 8、10 两列相似的板桩错落其间，虽然不能完全确定为同一建筑单元，两者的营建年代应大致相似，似可认作两幢同期存在的干栏式长屋。第 9、11 两列排桩方向相近，桩距较疏，第 9 列各桩之间距大约相等，但均不见横向圆木伴出，可能同属与上述两座单体干栏之外另一座不完整的建筑单体。它与第 8、10、12、13 排桩组成的那座建筑在平面分布上互作交叉，说明两者之间明显存在着时间先后的叠压关系①。第 4、6、7 三列排桩均作正南北方向布列，桩距与第 9、11 排桩相似，也不见横向圆木。它们不但与 8、10、12、13 及 1、3、5 两组建筑重叠，而且也与第 9、11 那一组建筑交叉，说明在这块 300 平方米范围内出现过先后三次从面向东南、面向东稍偏南、到面向正东三种不同方向的干栏式建筑遗迹（图一）。由于我们当时没有能在现场寻找到这三组不同走向排桩间谁先谁晚明确的层位证据，所以无法排出不同方向建筑的先后序列。同时，也不能完全排除同时出现不同方向的干栏式建筑的可能性。如若审视第一次发掘木桩的平面分布图，就会发现在 T17 和第 1 列排桩之西、T19 和第 5 列排桩之北、T21、T22、T23 在第 10 列排桩的东西两侧，都还散布有大体呈南北向分布、间距比较稀疏的木桩。根据第二期发掘在④A 层所见各探方 1100 块横向短地板，各横板间呈南北向排列的有 303 块，多数南北向少数或部分东西向的占 938 块。扣除杂乱无序的 267 块以后，真正东西向的只有 92 块（见《报告》图九）。很有可能当时以排桩为基础的干栏式建筑，房屋面向正东一度成为河姆渡聚落的主流走向。

第二期发掘的时间比第一期晚四年（发掘前，第一期发掘的报告已经在北京定稿）。在第四层（包括④A、④B 层）发现以排桩形式表现干栏式建筑的范围近 2000 平方米，比第一期发掘扩大三倍多②。东西向分布距离达 60 米，是第一期干栏式建筑的三倍。获取的信息资料也比第一期丰富得多。《报告》中公布的排桩只有 12 列，比早先在一些专著中公布的 16 列少了 4 列，同时还认真地排除了

---

① 干栏式建筑的基础部分并不用于人们居住，在兴建另一座干栏时，不一定非要将原先干栏的基桩完全清除干净，只要它的高度低于新建筑的居住面，就可以听之任之。这是干栏式建筑打破叠压关系的特殊表现。

② 原文误为五倍，应为三倍。（编者注）

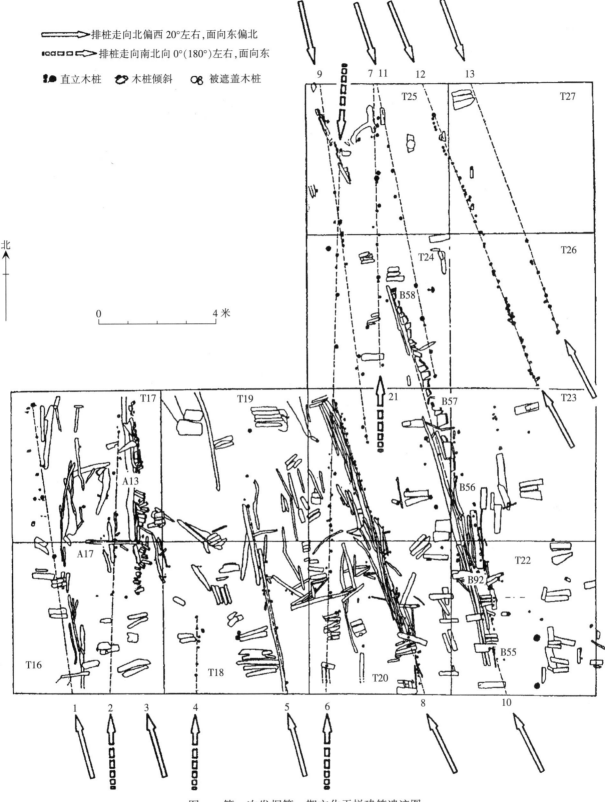

图一　第一次发掘第一期文化干栏建筑遗迹图

"干栏式长屋达百米面宽……，至少有 50 多个房间" 等论述①，反映了编著者可贵的治学态度。虽然第一期的发掘者大部分又参加了第二期的工作，但是发掘面积和缺乏遗址发掘经验的新手的骤然成倍增加，必然要增加现场读识辨认的难度②。《报告》公布的 12 列排桩中，2、3 两列同为北偏西 48°，或许可以与北偏西 45°的第 4 列及北偏西 50°的第 5 列组合成建筑单体，原建筑面向似应南向偏西。第 8、9 两列，为 35°、36°，有一定的偏角，原建筑面向可认作面向东北。第 10、11 两列能同为北偏西 30°，但行距相差近 10 米，而且现存长度两者之间也有空缺，现存遗迹很难认作同一建筑单体之遗存。虽然对第 6 列 "分两排向西北成弧形展开"，及第 7 排 "西北端（T231）拐弯向 T232 延伸……，形成个菱形空间"。笔者目前还不能理解读识。而且从文字表述及《报告》图七上标明各列的长度，似乎各列之间都不存在交叉叠压的时间先后关系，形成与第一期发掘结果完全不同的格局（图二）。如果我们暂时在《报告》图七中删除 12 列排桩及相应的横圆木等遗迹，那么就可以在 T231 的对角线附近看到两列近 45°的圆木桩。T232 南半部有两排接近正南北布列的圆木桩，其东列还可以与 T222 东侧连接成一列长度在 10 米以上的排桩。在第 8、9 两列排桩的东西两侧，都存在方向大体相似的圆木桩。在 T222 的东北角和相邻的 T223 西北角还有一片可以读成许多走向布列的排桩。在 T234 发现的众多木桩中，在偏北地段明显有一列由东北向西南以板桩为主体的排桩。至少在 T222 范围内，存在着不同方向排桩相互交叉的事实。如果我们再将《报告》图九中的横向木板暂时删除，并且与图七复合在一起，那么不但在 T233、T234 两探方内发现多列近似南北向的排桩，而且在 T213 到 T215 之间还有一列从东北到西南向长达 20 米，面向接近正南的排桩。T234 西北部也有一列从西南走向东北长约 10 米的排桩，各列排桩之间的重叠交错现象也就更加明显了（图三）。这就在第二期发掘中重现了与第一期发掘所见相似的交错叠压关系，再次证明在河姆渡第④文化层所发现众多排桩之间，存在着还可以进一步分期研究的几次重建的干栏式建筑。同时还证明当时在滨湖沼泽地区的干栏式建筑单体的面向并非 "是依坡面水沿等高线布置的"③。

综观第一期发掘 3、8、10 和第二期发掘的 4、6、7、12 这七列排桩，它们的排列方向大体处于北偏西 20°~45°。不但桩径偏细、桩距密集、圆木桩和板桩共存，而且桩侧均有横向圆木伴出，表明这些排桩在用作干栏式建筑基础时，兼有围护和承重两方面的功能。多数板桩并非原先横向木板的废物利用，它们的制作工艺及所耗工时均大于圆木桩，而承重功能却不一定比细木桩大，但是其围护功能及促使地基的稳固作用很可能优于细木桩。横向长圆木的现存标高可能略低了原先用作地梁时的高度。但各排板桩微微弯折部位的标高却大体相若，应是当时实际地面标高的读识标志。在发掘区第④层最初见到的横向铺陈短木板多为南北布列，与板桩组合排桩的走向明显有别，它与板桩曲折部位的高差，

---

① 刘军、姚仲源：《中国河姆渡文化》，浙江人民出版社，1993 年，第 5 页。

② 在规划第二期发掘时，为了提高野外发掘水平，在场诸同仁共同建议队长兼总看坑不担任具体看坑任务。但在总看坑之下再指定三位 "分管区长"，每人协助总看坑具体负责全列各探方的督促指导的设想方案供队长在发掘时参考。在杨鸿勋先生来工地小住的日子里，我们两人曾在清早发掘人员和民工没有到达现场的时间，观察发掘桩木较少的探方。在黎明时的侧射光线下，在前一天傍晚铲平刮光土色纯净工作面上微微渗出的地下水中，隐约看到早先已被古人拔除桩木留下的圆洞形痕迹。如若用手掌横向轻轻抚摸，这些圆洞内的土质呈糨糊状较周围柔软得多。似可补充排桩缺失的辅助手段，当时也曾得到总看坑及发掘诸同仁的首肯赞同。

③ 杨鸿勋：《建筑考古三十年综述》，《建筑考古学论文集》，文物出版社，1987 年，第 290 页。

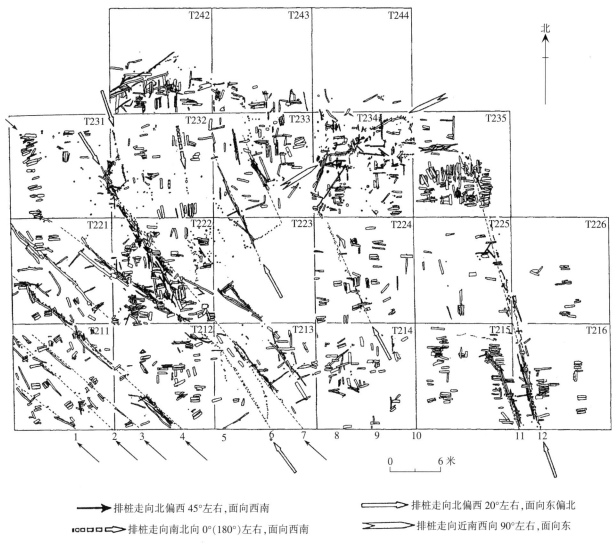

图二　第二次发掘第一期文化（4B层）干栏建筑遗迹图

似乎与当时干栏式建筑基础的高度没有什么必然关系。值得注意的是第二期发掘中的第 6 列排桩，"每隔一定距离有个比较粗大的桩木，而且打入生土比一般桩木深"；第 12 列排桩，"桩木间距似有一定规律，每隔 1.2~2 米有一根较粗的桩木，更确切地说应是承重桩木"。特别重要的是第一期发掘所见的第 10 列排桩，在 31 块板桩和 37 根圆桩之间，还有 5 根方桩（B55、B56、B57、B58、B92）间距 2.4~4 米，打进生土 1 米以上。清楚地表明这 7 列兼有围护和承重功能的干栏式建筑基础结构，已经开始了以承重功能为主，围护功能逐渐减弱的分化过程。不知是否可以暂时假设，这 7 列方向和排列模式近似的排桩，是同一时期若干单体干栏式建筑基础的遗存。再据此比照其他排桩，首先就会发现随着桩径明显增大的同时，桩距也逐渐增大，排桩的承重功能增加而围护功能日益减少。第二个特点是这些排桩的两侧都没有发现与之平行的长圆木，但在各排桩之间，可以常见布列方向与之相垂直的横木板。将这些横木板认作干栏式建筑的居住面，大概不会有很大的错误。唯一比较合理的推测就是这些个体较大的地梁事后已被拆除再利用。这种推测可以从④层发现的许多横木板或圆桩上残存的榫卯痕迹得到证明，而且这种再利用的传统在当地已经延续了一段较长的时间。那么，与 7 列排桩顺向

图三 第二次发掘第一期文化（4A 层）干栏建筑遗迹图

1. 第 1 号栅栏圈 2. 第 2 号栅栏圈 3. 第 3 号栅栏圈 4. 第 4 号栅栏圈

A、B、C 为 T242、T243、T244 第一期文化（4A 层）三排小木桩遗迹

的那些长圆木，就有可能不完全是原先加固在桩顶的地梁，有可能在地梁之下，还有长圆木捆绑在排桩近底部位，用作维护排桩的稳定性的同时达到集合加强排桩承重功能的目的。也有可能在建筑废弃时有些地梁已经跌落并陷入泥沼。如果将第二期发掘的第 9 列排桩"西侧一根最粗圆木两头都凿有卯眼，北端卯眼中打入两根桩木，南端卯眼中打入一根桩木，东侧一根圆木南端作榫。其两侧打入桩木各一根"。认作当时地梁的高度，可能太低。似可认作建筑损毁时地梁沿着桩木下滑的特例。那么，与 13 列排桩相联结的地梁的高程，可能要比那些南北分布的横木板要高一些。这些横木板是在拆除地梁散落在居住面以下的遗物，很有可能当时的地面还不太干燥，甚至处于比较泥泞的状态。不然的话这些可以用作地板的旧材料为什么不加以再利用呢。如若上面分析有几分道理，发现在④层中的干栏式建筑有关遗迹，可以识读出先后不同的三个时期。按照最简单的逻辑推理，大体呈正南北方向（即建筑面向东方）的排桩应该是④层最晚的干栏式建筑。在它之前，还有面向东南和面向西南两种建筑。建筑方向的转换，除了取暖保温和防风、稳固等实用功能之外，可能还包含着天象等与观念形态有关的因素。至于 T213~T215 和 T234 北部，那些接近东西布列的板桩或木桩，固然不能排除当地还出现过更早期干栏式建筑的可能性，也存在着居住建筑以外的另一类木构设施的可能性。

在排桩为特征的干栏式建筑之后，河姆渡还发现先后不同的两种形态的建筑基础。

较先的一种形态，《报告》称："有规律的排桩已经消失，横木、横板数量明显下降，而新出现的经过加工的木柱大量发现，同时伴出的有木桩、木板及长圆木等。""立柱方法（1）先挖柱坑，在坑底垫上一块或二、三块原木板（木楯——笔者注）……将原先挖出来的泥土和青灰泥掺和一起回填……（2）先挖柱坑，后栽埋柱……因填土系用原土回填，加大了柱洞范围的辨认难度……（3）不挖坑，沿用前期打桩方法……"既没有公布被发现确认柱坑的数量，也不见平面分布图。由两位《报告》执笔者编著的另一本专著的第 22 页，在介绍这三种方法之后，还明确指出"第 2、第 3 立柱方法多在②B 层下露头，③B 层下见底"，同时还说明："同时伴出的已有宽 8~28、厚 2~9、长 130~140 厘米规格的地板，这些木板可能是当时用来架在地龙骨上作楼板使用的"。还公布了一张垫楯立柱而未见柱洞的现场照片。同书第 29 页介绍第三期文化遗存（即第 2 文化层）第二节遗迹中介绍仅在②A 层下发现木柱残痕四五十根……立柱方法有两种，一是先挖柱坑后立柱……二是挖坑垫板后立柱……①不知可否作为《报告》的补充资料。

后一种形态虽然未发现木质建筑材料，《报告》介绍"T223 在①层下发现 6 个形同坩埚的柱础……T234 在①层近东南角与西北角对角线上，排列有序的 9 个形同坩埚的柱础"。根据《报告》图二一九所附比例尺推，其中 1~4、7~9 七础，连成一条直线。除础 4 与础 7 之间距不足 1 米以外，其余础间距都约 1 米。第 4~6 又可连成另一条与前一直线近 90°夹角的短线，各础间距不足 50 厘米。亦应属于木构建筑遗迹。特别值得注意的是这组柱础的布置恰恰与④文化层中的第 7 列排桩一致。其础间距离也在第一期发掘的第 10 列、第二期发掘的第 12 列的方桩和粗圆桩之间。充分有力地说明了由排桩演变为柱列是建筑基础功能的一项重大质变，柱列已经免却排桩承担的围护功能，承重已经成为它的唯一的职能。所以柱距亦明显小于第一期发掘的第 10 列排桩中的方桩。从理论上说，列柱应该是原先排桩的继承和发展，在建筑承重方式上的这先后两种施工手段可能体现了干栏式建筑基础营建技术早期具有有机联系的两个发展阶段。

两种栽柱方式的年代和建筑模式以及与发现在④层干栏式建筑的关系，是第二期发掘以后关于河姆渡聚落形态研究的关键问题。《报告》发表后便将这一问题的讨论提到大众的面前。坩埚式柱础晚于第二文化层的建筑，从地层关系获得了明确的证明。我们决不能像常用地层学来判读灰坑或墓葬那样将它们认作早于第一文化层的遗迹。《报告》将其列入第一文化层（即第四期文化）是正确的判读，必将得到学界的认同。第一文化层所属的坩埚式柱础没有发现木柱，清楚地表明，有机质的木材在不完全保存在地下水位以下时是很难保存下来的。值得讨论的是垫楯式栽柱方式究竟应该划入哪一文化层。无论《中国河姆渡文化》所列内容是《报告》偶然的"疏漏"，还是属于《报告》后记声明"一律以本《报告》为准"。目前还很难查考。根据《报告》第 223 页"（3）木柱的层位①有木板的大型木柱，大部分在③A 层下出现，……也有个别的直至生土层。②层有木板的小型木柱，大部分在②B 层下出现，③B 层见底。"按常理，②B 层出现垫板立柱的柱洞至少打破③A 层才能位于③B 层，实际

---

①　刘军：《河姆渡文化研究的回顾与前瞻》，《河姆渡文化新论》，海洋出版社，2002 年。应为刘军、姚仲源：《中国河姆渡文化》，浙江人民出版社，1993 年。（编者注）

也打破③B 层。其年代似乎不宜列入第 3 文化层"第二期文化"。前一种在③A 层下出现的柱坑"挖出来的泥土与青灰泥掺和一起回填"的应属直至生土层的那些柱洞，自然容易辨认。如若属"用原土回填，加大了柱坑范围辨认难度"这种情况，除了如《中国河姆渡文化》（编者注）发表的照片那样找不出柱坑开口之外，万一栽柱被拔除加工再利用，或者位于③A 层及其以上部分已经朽蚀掉，柱坑被同层泥土充填时，在第③层中发现那些"大型木柱"的柱坑不就更加困难了。那么，我们为什么不可以和《报告》第 328 页那样的地层读识方法那样，将它们认作②文化层（第三期文化）的建筑遗迹呢。这或许就是《报告》编者认为"错综复杂"的难点之一。如果我们暂时将开口层位及柱坑辨认困难等涉及地层学的资料搁置一边，运用类型学的方法观察河姆渡建筑基础的演变序列，就可以很清楚地看到由排桩到列柱的重大变化。在排桩阶段有三种不同布列方向的前后区别，在列柱阶段也可分为柱坑内垫"木榍"和柱坑内筑成坩埚式前后两期。其中，由桩到柱的变化，除了当地自然地貌可能有所改变这一因素之外，更重要的是反映出木结构建筑基础的营建技能上，已经完全摆脱了围护功能，独立地支撑起全部的承重功能，是一次具有质变意义的重大飞跃。据此，我们可以将排桩阶段建筑基础分为以板桩和木桩组合，木桩间紧密布列的第一期和板桩消失，木桩直径明显增大，桩距布列较疏朗的第二期。如果坩埚期的柱间距离不属偶然的例外，那么，在木榍期柱距可能不到 1 米。这一数据似乎还没有第一期发掘的第 10 列桩中方桩的间距那样大。这说明原先主要承担围护功能的板桩和小木桩同时也还承担着部分承重功能，一旦它们撤除之后必将会使木柱的承重量骤然增加。将直径较大的木材砍削成尖端的木桩，实际上是减弱了它原有的承重功能。木榍的出现明显地减少了地基每单位面积所承担的负荷，也等于加大了原木柱的承重面积。坩埚式的暗础硬度和强度都比木榍大得多，这就从两方面增加了木柱的质量。这两段四期的演变过程清晰可见，而且还可以从遗物特别是陶釜的演变过程得到旁证。综上所述，在没有获得明确可靠的地层学证据前，我们是否可以将这种柱坑内垫木榍再立柱的干栏式建筑，暂时认作②、③层（第三、二期文化）所共有的建筑形态。或许这将有助于我们对②、③层之间前后传承关系的认知。

以往笔者也和许多同仁一样，将地面开挖柱坑后栽柱的筑建模式，都简单地认作与干栏式建筑有别的地面居住式房屋建筑，而且还据此作为钱塘江以北的马家浜文化与河姆渡文化在文化面貌上的区别点之一。尽管当时还曾产生过一些疑虑，在认识上的主要误区有二。其一是只有底端削尖的木桩才是干栏式建筑的基础，其二必须发现横向铺陈的楼板。虽然 20 世纪 50 年代我们曾在钱山漾遗址确认干栏式建筑，但也只是认作古代建筑模式的孑遗。在逻辑的顺序上，排桩应该出现在栽柱之前，实际上却是营造时当地自然地貌有更大的决定性。在沼泽型十分泥泞的区域，只能采用排桩式的基础，排桩所表现的围护功能，在促进基础部位的淤积、稳定的作用中，实际上是在加大柔软地面的承载能力。在地面相对稳定干燥的区域，打桩的难度及所消耗的劳动力都较大。如若营造工艺的发展水平允许，挖坑栽柱显得方便省工。如在相同的营造工艺水平时，遇到沼泽型十分泥泞的地块，那也只得采用排桩的方式。不论采用排桩或栽柱哪一种方式，干栏式建筑基础部分的承载量绝对要比屋顶、梁柱结构相同的地面建筑的地基大得多。因为地面建筑架构承担整幢建筑的重量均由地面承担，而干栏式建筑的整体重量却要由地梁及铺设于地梁之上的地板来承担。所以干栏式建筑地梁以下基础部分的桩柱密度就要比地面建筑大得多。那么不论是木榍式或坩埚式栽柱，只要发现柱网分布过密影响居住空间的最低要求，或者在柱网间夹杂有高于地面的早期桩、柱时，此建筑即应排除为地面直接居住的房屋，应是干栏式建筑的基础。这是在缺乏梁柱等地上结构的情况下识别建筑性质的依据之一。地面直接居住的房屋在室内地面施工时的营建工艺，应优于室外，一般应多少保留着生活起居如炊煮、卧寝、出入门道等残迹，同时也不会在室内存储和室外构成我们发掘所见的文化层那样的堆积。所以当我们在柱洞或柱坑开口层位以上的堆积中及地面的营建工艺上无法辨识出室内和室外的区分时，一般也只能认作无法确认为地面直接居住的房屋。这是识别依据之二①。史前时期，并无上下两层同时用作居住的楼房，在柱网范围内或直接叠压在柱洞之上的原生堆积地层中发现横向铺陈的地板，应是读识干栏式建筑的第三项证据。由于此时的建筑环境已是相对干燥地段，不像完全处于沼泽地那样高程的地下水位，不易长期保存木材，再加上当时的木材重新利用，有时柱洞或柱坑内粗壮的木柱也很难保存下来，地板被保存的概率就更低。1979 年冬，我们在桐乡罗家角遗址③文化层（属马家浜文化早期）的木构建筑中虽然没有发现横铺的木板，但有一件"全形近似楼梯两侧之枋板"的锯齿形木板（T102：4），应该也是干栏式建筑的重要证据②（图四）。过去我们只知道，在广东一带的汉墓中还是有干栏式建筑模型。近些年的种种迹象表明从广东、福建到江苏一些地点，从相当于中原的商周到汉初这一时段，一些"宫殿型"高级建筑仍然保持着干栏式建筑的传统。重新评价干栏式建筑在我国东南温湿地带传统文化中的作用和地位，应该引起我们给予必要的重视和关注。

2. 榫卯结构是中国传统木结构建筑的重大创造

杨鸿勋先生认为："河姆渡遗址第四文化层发现的榫卯制作，说明当时木结构技术已达到相当高的水平。此时受力不同的构件已有不同的处理，其榫卯形式都基本符合受力情况的要求，甚至与晚期木构所见相同，只是加工较为粗糙而已……在世界建筑史上，中国古典建筑木结构技术是做出了突出贡献的。它之所以能取得优异的成就，正是因为有着像河姆渡遗址所看到的这样久远和深厚的历史渊源。"③ 这是很有见地的观点。利用木材自然形成的丫杈进行捆扎是榫卯结构的前身。第一期的发掘资料证明，不但在④文化层，与带榫卯构件同时还发现有便于扎结的凹槽。直到②文化层的木构水井中，四排用作井壁的排桩内侧的近底部位，原状保存着由榫卯构成的水平方框，用以支撑四周泥土对井壁排桩的侧向压力。而且在井壁排桩的上端，用作从内外两侧稳定加固井口的 16 根横向平铺的长圆木中，其中三面都有两根顶端带有自然的丫杈，另一面则有一根长圆木顶端加工成十字形岔口。显然仍然使用捆扎法加以固定④。在井内南侧横木中，发现有一根长约 60 厘米的短圆木，明显保留着两道束

---

① 1957 年冬，吴兴邱城遗址发掘中，曾在③层（属马家浜文化）人工修筑的硬土地上发现七个分东西两列垫木木质的柱洞。据柱洞垫板¹⁴C 测定（经树轮校正）年代为距今 6700±125 年。柱洞范围内外的地面没有任何区别。但在建筑之西有人工开凿之水渠，西北有石砌呈沟状的用火遗迹也应属干栏式建筑，但当时却认作地面房屋，并多次引证论述，应予纠正。

② 罗家角考古队：《桐乡县罗家角遗址发掘报告》，《浙江省文物考古所学刊》，文物出版社，1981 年，第 5 页。但报告仍然"认为当时可能存在着地面建筑"。此报告文字请姚仲源同志执笔，但因野外读识及判断均由我们两人共同商定，并应由我主要责任，此时已距邱城发掘整整二十年，这些错误仍然未能反省修正，足见一些不正确的看法形成以后，自己往往难以发现而且改正也是很困难的。

③ 杨鸿勋：《河姆渡遗址早期木构工艺考察》，《建筑考古学论文集》，文物出版社，1987 年，第 51 页。

④ 杨鸿勋：《河姆渡遗址早期木构工艺考察》，《建筑考古学论文集》，文物出版社，1987 年，第 51 页。杨鸿勋先生认为"是有意在井口增叠的木结构"。

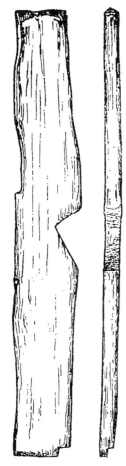

图四 桐乡罗家角遗址出土
锯齿形木板（T102：g4）

腰状的凹槽。这段短圆木应是用作捆扎固定井缘外侧南北对峙的202、207两根斜向入地的大木桩与位于井框内而且和这两根斜桩基本成一直线的第233号大木桩的联结体。说明从第4文化层到第2文化层之间长达1500年左右的时段里，先进的榫卯和古老的捆扎两种结构方法长期共存。这是合乎情理的历史现象。但却给人一种错觉，似乎从丫杈形捆扎到榫卯之间是一种直接的传承和进步，两者之间好像缺乏某种承前启后的过渡阶段。据《报告》，第一次发掘"出土的木构件总数在千件以上"，第二次发掘区内"出土的木构件总数达2583件之多"，"凿卯带榫的构件达百件以上"。但有榫卯的标本只公布了13例，可能与"木构件多属重复利用，……板上、桩上多有残破的榫卯"的认读有关，这也给全面读识当时的榫卯特征带来一定的困难。

1984年冬，百越民族史研究会年会在海南通什召开。与会的河南大学唐嘉弘、江西陈文华和我三人，觉得应该感谢自治区政府组织参观黎族新面貌和歌舞的同时，还想再找一些传统的习俗和遗迹。在看到钻木取火和妇女用手镰收割稻穗之外，还看到一些古旧的老房屋，有的屋顶已经坍塌，只留下些断梁残柱。其中，最使我感到惊喜的是，12月6日上午到宝成县加茂区毛列村访问时，看到杞黎族居民黄明辉家的木结构屋架上，竟然原状保留着当年河姆渡发掘时认作被后人改造再利用的凹槽状的"半卯"和仅在一侧有肩的"半榫"。有些房屋两侧立柱的顶端，顺柱身砍劈成与柱身垂直的"半榫"。柱身朝室外一侧完整无损，朝室内一侧则凿成一个台阶状的榫肩。横向联结构架于侧柱之上的额枋，则在与柱距相等的

部位凿有与柱身等宽的凹槽状半卯，卯口的宽度与柱端的"半榫"相等。当额枋构架在侧柱之上时，槽口正好与"半榫"吻合，榫肩承担起额枋的全部负荷。为了防止额枋向内侧移位，再在榫肩抬扛额枋的外缘，斜向打入一枚用竹枝制作当地称作"柱鼻子"的竹钉。竹枝的节成为竹钉的顶端，便于承受槌击之力。竹枝的前端削成尖舌形，便于钉入榫肩。实际上成了形似丫形的树杈，用于承担屋顶的重量。这种"柱鼻子"竹钉的形状和体量，与河姆渡③、④文化层发现40余枚以禽类肢骨制作的管状针十分相似。侧柱和额枋之上用以架设斜梁的部位，看不到是否凿有凹槽状的"半卯"，但在斜梁伸向屋外相当于椽口的部位都凿有这种凹槽式"半卯"，架设一根与额枋平行的长圆木，用于捆扎承担屋面茅草的细竹竿。这是一则意外的获益，但因当时没有携带照相机未能拍下照片，只好信手描下一张示意性的草图（图五）。所以回到广州找到了一本《海南岛黎族住宅建筑》，书中附有不少有关榫卯的测绘资料（图六）。因此就产生了希望在职之年能有一次专项访问考察机会的念头。直到2002年携家小随旅游团到海南观光时，没想到在三亚附近一处正在兴建的民族文化村中见到了一组黎寨建筑，其木构部分仍然保留着凹槽形"半卯"和单肩式"半榫"，但用竹枝制作的"柱鼻子"已经见不到了（图七）。

对比20世纪晚期海南黎族的住宅建筑和河姆渡的考古发掘资料，两者虽然有数千年的时间差距，

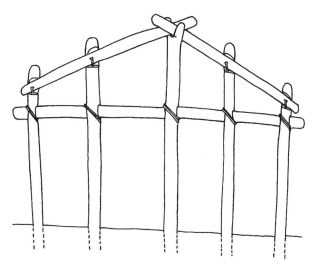

图五　海南岛宝成县加茂区杞黎族民居（黄明辉家）半榫半卯结构示意图

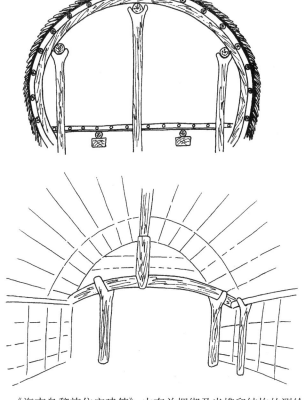

图六　《海南岛黎族住宅建筑》中有关捆绑及半榫卯结构的测绘资料

但在气候及生态环境方面仍然有不少共同之处。海南岛黎族不但存在"半榫"和"半卯"，而且还存在着以丫杈为立柱捆扎结构的楼居型干栏式建筑①。河姆渡发现被《报告》承认"凿卯带榫的构件达百件以上"的标本中，除了那些保存着完整的榫头和卯眼之外的构件，不一定全部都是被后人改造再

---

①　刘耀荃：《海南岛黎族的住宅建筑》，广东省民族研究所，1982 年，第 54、56 页及图 15。

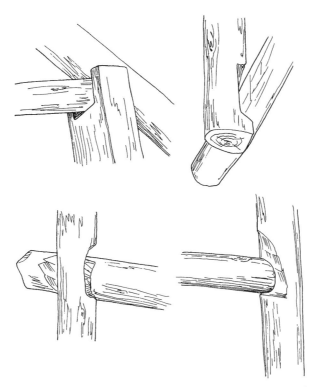

图七　2002 年 3 月在海南三亚民族村所见黎族建筑中的半榫半卯结构

利用的结果，其中一部分"半榫"和"半卯"应该是当时制作的原件。至少我们有理由推测那些横向铺陈地板的一端的"半榫"，很可能就是嵌架在地栿上凹槽状"半卯"的原件。那么很有可能在河姆渡时期也曾同时存在着丫杈式捆扎，半榫半卯和完整榫卯三个发展阶段的木结构干栏式建筑。更有意思的是海南岛黎族的木构干栏式建筑上用作炊煮的设施中，普遍地存在着三块呈品字形布列的石头的"三石灶"。这种传统的灶具"由一块敷有泥巴的方形木板承担，略低于楼面，是一种比较简单的防火处理"①。在河姆渡的四期文化中，也一直延续着以三枚釜支架支撑在圜底釜的炊煮传统。很有可能古代河姆渡人也在干栏式木结构的房子里，进行炊煮活动的。这又从生活习惯的侧面，证实两地聚落营建方式的共同性。干栏式建筑中榫卯结构的三段式发展的完整经历，形象地体现了它在中华传统木结构建筑体系的形成和发展中的重要性。今年 7 月下旬，在参加赤峰会议之后，有幸到内蒙古草原考察观光。在多处牧民蒙古包前的食物仓储架上都可以见到由丫杈榫和凹槽形半卯组合捆绑的构架形成（图八）。又一次证明了由捆绑向榫卯演变的这种中间形态的存在。

3. 干栏式建筑的地层堆积机理是聚落形态考古学研究的一项基础性内涵

　　干栏式建筑提供给人们的居住面和生活面均高于当时的水面或地面，人们的生活垃圾和废弃物（即后来形成的文化层）均堆积在居住面之下，而且现存文化层顶端标高往往要比当时的居住、生活面要低。发掘时在文化层中所发现的横向木板（原地板）不能被认作当时居住面的标高，它们仅仅是损毁、废弃后沉陷在垃圾堆中的包含物。如若当时沼泽、泥泞地面时，比重较轻以植物为主体的有机质废弃物往往沉积在淤积土之上，并与新沉积的淤泥共同组成呈色较深的文化层，其中比重较大的陶

---

① 刘耀荃：《海南岛黎族的住宅建筑》，广东省民族研究所，1982 年，第 54、56 页及图 15。

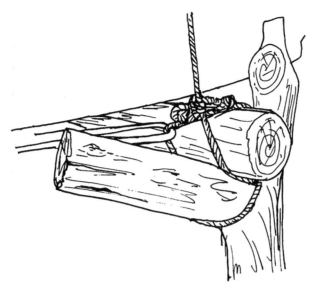

图八　2004年7月在赤峰访问时看见牧民蒙古包前"仓库"基架上的半卯捆绑结构

片或残石器等无机质废弃物，就往往沉陷入原先已经形成的稀松淤泥层中。基于自然的沉降作用，堆积在上面的一些碳素也可以慢慢地渗透下来。或许这就是河姆渡④B层色泽较浅以及它的下缘分界线不十分明显、清晰的原因。正因为整个④层当时就低于当时当地的水平面，而且在形成晚期堆积后又一直位于地下水位线之下，这就使得在这一层能够保存着大量的有机质遗物。在这种地貌环境中，装有婴儿骨架的釜、罐类瓮棺安置在居住区内是完全可能的事。当时怎样在④A层之下挖掘土坑就相当不便，而且也很难理解。这种地层的堆积机理，和以当时的实际地面作为生活居住面的地面建筑是截然不同的。当时的生活垃圾及废弃物，不会直接丢弃在室内的居住生活面上，因为室内外的地面高程相若，这些堆积物的高程则必定高于居住面。所以在发掘时，这些居住面往往位于文化层的底部，室内原先存放的是生活用具、生产工具及其产品。只有在这些住所废弃后，往往才有同期或后期堆积倾入。与此相反，干栏式建筑的居住面（即地板的高程），往往要比这一期建筑所形成文化层的上端还要高。试想一旦生活垃圾高于人们居住的楼板，他们是否还能生活。如果当时确实保存着未曾散落到地板下的那些遗物，它们就有可能被混在晚期的地层中。同时我们还应注意到，晚期干栏式建筑的排桩或柱洞，可以打入早期的地层堆积。这些桩或柱在同期堆积形成过程中，它们都应露头在同期堆积高程之上。如若这些桩、柱露头部位的高程位于当时当地的水平面之下，而且获得较为优良的保存条件，这些桩柱的顶端就有可能露头在比同期堆积晚的地层之中，并且在这些晚期堆积中形成这些桩柱的洞状痕迹。我们虽然可以在理论上把它们与桩柱打入地下的柱洞分开来读识，但是在野外操作时却很困难。所以桩柱的露头层位所见到的一些柱痕不一定就是这些桩柱直接打入地下的柱洞和柱痕，桩柱的实际年代往往要早于柱痕露头层位。那么我们在野外操作时，就有可能在早于、晚于或与建筑同期的先后三个不同年代的地层中找到同一桩柱，或者这些桩柱腐朽霉烂以后留下的柱痕和柱"洞"。而且它们在三个地层中保存和被发现认知状况的变化有很大的偶然性，例如③文化层干栏式建筑基础部分的排桩，它们一定会打入④文化层，并且在④文化层中留下它们的桩孔。这些排桩的高度一般应大于③层的厚度，它们会在③文化层中也保留着上下贯穿③文化层的木桩或它们保留下来的桩痕。这些木桩的顶端以及相应的地梁、地板，如果没有被拆除，它们的痕迹还可能保留在②文化层中（如果②文化层仍然是干栏式建筑，否则一定会被②文化层的居民拆除平毁），所以在②文化层中露头木桩的柱痕，不能据此认定为第 2 文化层的遗物，而应认作早于②文化层的③文化层时期的干栏式建筑。如果这个遗址对木质遗物保存状况恶劣，那么就会在②~④这三个文化层找到这些木桩留下的遗迹——桩孔和桩痕。我们在野外操作时是很难简单地加以判断、识读的。例如第二次发掘 T225②：10 这件陶釜，出土坐标为 4.4 米×7.3 米-1.8 米。T225②B 层和③层的分界深度为 1.82 米，似乎原报告判读该釜为②层没有什么错误。但该釜器高明显大于腹径，器腹有两道弱脊，器口留有明显的"毛口"，器腹戳印有贝齿纹等等③层陶釜的一系列特征（见《报告》下册图版一七五之二、彩版五八之 5），而且在同一深度相距 0.9 米地段还有一件陶釜，表明这一深度曾是居住建筑内的生活面。按照干栏式建筑居住面特征，这是一座年代属于③层的建筑，该釜的层位归属也就属于③层了，就是一个很好的例证。

　　应该说营建时在地面挖掘的柱坑或柱洞在发掘中是不难发现的。但是这些坑洞也可打穿较薄的地层深入到更早的地层之中，也可能如《报告》所说"但有些柱坑因填土系用原土回填，加大了柱坑范围的辨认难度"，难免发生一些疏漏，直到出现垫板才得知原来曾有柱坑是完全可能的。《报告》注［4］所公布这张坩埚状柱垫的照片说明，发掘过程中非但没有发现当时的居住面，而且这一列本来存在的柱洞始终没有在发掘过程中被发现确认。因此，垫板柱坑的开口层位被疏漏错位的可能性是不能完全排除，而且这种疏漏只能发生在较上层的堆积中。例如原来开口于③A 层的柱坑被疏漏后，因其深度已超过③A 层的厚度，我们就有可能在③B 层中发现这些柱坑，因而被误认为③B 层是它们的开口层位。这一些干栏式所特有的上下交错的地层堆积机理，在没有足够的认识之前，是会给野外发掘操作带来很大的困难。

　　土色、土质和包含物是新石器时代考古在野外作业时判读地层的三要素。如果在发掘者对那里陶片还不很熟悉时，土色就在三要素中占着优先领头的地位。干栏式建筑是古人在潮湿多雨地区的居住形式，所以这些地域的地下水也就特别丰富，常年地下水位线较高。这固然对保存包含在地层中的有机质文物标本十分有利，但也会在野外操作时对地层的读识产生一些困扰。我们在罗家角发掘时承浙江农业大学土壤专业老师到现场的指教得知，第一，由于自然土壤结构中毛细的存在，土壤中含氧量相对丰富，当这些氧离子和土壤中的铁离子结合成氧化铁时，就会使土壤呈现暖色调的黄绿色。这是江南地区在农耕土之下的表土层最常见的土色。第二，随着地面雨水顺着毛细向下渗透的同时，土壤中包含比重较大的铁、锰等金属离子也同时下沉。就会在地下水位线上下波动幅度内的深度，形成铁锰淋漓层，而且被氧化成色调较深的青绿色。如若这一层位于文化层之上，大家自然会将它划入表土层。如果这一层的深度位于文化层厚度之内，那么就会使包含较多的有机质遗物炭化后呈现深灰或浅灰的文化层中出现一条青绿色的分界线，而且在这条分界上下的土质往往较硬，当我们用手铲操作时就会产生类似刮到砂粒那样的"手感"。这就容易误导我们将它认作是"另一文化层"。其三是在铁锰淋漓层下面便是常年处在地下水位线之下，因缺乏氧离子而呈现还原气氛，原本呈暖色调的氧化铁就会被还原成呈冷色调的氧化亚铁。这也是地下水位线以下的文化层呈色要比水位线以上的文化层深黑的一个原因。虽然因地下水位线上下波动的铁锰淋漓层，具有大体呈水平状的天然特征，但是和干栏式建筑堆积在居住面以下的文化层的性状仍然比较近似。特别值得一提的是，在多地层堆积而且延续年代在千年以上的遗址中，还会因自然界气候冷暖及降水量的变化，在地下出现一条以上的常年地下水位线，很有可能在一些遗址中分别出现两层深度不同的青绿色的"地层"就与此有关。所以在计划发掘干栏式建筑遗址时，一般不宜同时大面积揭露，也不宜一次性清理到底。每层应及时、果断地扩方，努力探索每一座建筑单元。一旦确认建筑单元之后，就应以建筑单元为独立的考古学单元单独编号进行发掘，同时还应相对地放慢发掘过程，及时在现场整理读识陶片，应该是对干栏式建筑地层堆积机理认识不十分成熟时的必要措施。由于地层辨认读识的误区，对遗物特别是陶片整理的影响更是大家都知道的客观事实。二十年前，伟超兄就在《关于"考古地层学"问题》中提出，"考古地层学是制定发掘方法的理论基础"①。重视、加强干栏式建筑文化层堆积机理的理论研究及相应操作程序、手段，应该也作为我们这一地区考古学研究的一个重要项目，就历史地落到这一地区新一代考古学者的肩上了。

自半坡遗址的发掘让我跨入新石器时代探索的门槛以后，笔者一直以此作为自我奋斗的目标之一，并力图在自己的工作中使这一研究有所前进。石兴邦老师不但是第一位来到河姆渡发掘现场的指导者，而且以后又带研究生前来进一步考察研究。记得《史前研究》创刊时，笔者就答应写一点像样的文章表示支持，但至今未能交卷。在退休八年之后，看到《河姆渡——新石器时代遗址考古发掘报告》，当然十分高兴。在河姆渡遗址的发掘经历，是我毕生考古生涯中最重要的野外工作项目之一。有关发掘成果的探索研究，一直徘徊在我的脑海里。借此机会重新修改十年以前的《二论河姆渡文化》旧稿，聊表对自己曾经参与发掘工作的成果的负责。为了尽量避免年久记忆之失误，二稿草成后已将打印稿分别送请在杭州和外地的当年发掘参加者和发掘报告执笔者审阅，许多同志都以不同形式反馈了看法及修改意见，借此表示感谢。这也是我们大家对半坡发掘五十周年共同的庆祝。

2004 年 5 月 5 日草毕，8 月 23 日二稿，2005 年 3 月 14 日定稿

（原载《史前研究（2006）》，陕西师范大学出版社，2007 年；又载《牟永抗考古学文集》，科学出版社，2009 年）

---

① 俞伟超：《关于"考古地层学"问题》，《考古学文化论集（一）》，文物出版社，1981 年，第 32 页。

"全球视野：河姆渡文化国际学术论坛" 会议纪要

邓振华　黄渭金

日前，由北京大学中国考古学研究中心、北京大学考古文博学院与浙江省文物局、余姚市人民政府等单位举办的"全球视野：河姆渡文化国际学术论坛"在浙江余姚召开。60多位学者分别就田螺山遗址与河姆渡文化研究新进展、河姆渡文化与中国新石器时代生业经济、全球视野下的新石器时代生业与文化等三个主题进行了研讨。

1. 田螺山遗址与河姆渡文化研究新进展

孙国平介绍了田螺山遗址近年在野外发掘操作手段方面的创新和多学科结合应用于遗址研究方面的收获，并从宏观和微观的角度展望了河姆渡文化的研究前景。秦岭介绍了田螺山遗址自然遗存多学科合作研究的成果，认为河姆渡文化时期的生业经济经历了从坚果采集到水稻栽培的转变过程。早期的水稻栽培在很长一段时间是与采集活动共存并共同发展的，肉食资源以野生动物为主并在晚期出现转变，大型动物减少而猪的数量增加，其采猎经济具有广域性、专门性、季节性、高储存性的特点。同时河姆渡文化聚落的选址反映出对生态多样化资源域的要求，其对林木资源选择和利用具有专门化的特点。郑云飞介绍了田螺山遗址植物遗存、植硅体、硅藻等的历时性变化，在此基础上重点分析了海侵对遗址稻作农业和生业经济的影响。海平面上升对稻作农业生产的影响引起了先民食物结构中稻米比重下降，采集和狩猎比重增加。并指出全新世中期以前的高海面环境意味着东部沿海平原地区稻作源头可能在山区、丘陵的一些小盆地。傅稻镰（Dorian Fuller）主要介绍了田螺山遗址的稻作遗存并结合其他谷物和世界其他地区的材料探讨了谷物的驯化问题，认为稻的落粒性和稻粒尺寸的变化虽与其他谷物相似，但有其特殊性，非落粒性的转变比小麦、大麦略慢，稻粒尺寸变化似乎更慢，与非落粒性同步但延续时间更长，而小麦和大麦尺寸变化先于非落粒性转变。此外，他还结合国内和近东的证据指出野生食物资源的减少也是判断谷物驯化的重要参考依据。日本的宇田津彻郎介绍了植硅体分析应用于水田研究的相关技术，及田螺山遗址应用这一手段在水稻种植的时代变化、水稻产量以及水稻亚种判断方面取得的成果，并认为中国有完善灌溉系统水田的出现这一重大转变大致发生在河姆渡至良渚文化之间。黄渭金以河姆渡稻作农业实物资料为基础，结合实验考古及陶容器容量测定，认为河姆渡文化骨耜是先民挖土工具，其双齿型是特意加工的，用于加工动物皮毛等；骨镰形器的使用痕迹并不支持收割稻谷工具观点，先民收割稻谷是骨刀和石刀。另外，陶釜容量从早到晚增大表明稻米在先民食物结构中的比重在不断增加，到晚期突然增大。

2. 河姆渡文化与中国新石器时代生业经济

王海明探讨了河姆渡文化的来源问题，认为河姆渡文化并非由上山、跨湖桥文化发展演变而来，应另有源头。目前与河姆渡文化面貌最接近的是小黄山遗址的 A 区第二阶段遗存，其最有可能与河姆渡文化有直接的渊源关系，但仍需要进一步考古发现的支持。宋建对河姆渡文化出土的一些陶器刻画纹饰进行了重新解读，认为河姆渡文化中有羽冠和头戴冠冕的神像或被神化的人辅佐以鱼或鸟纹样，后者代表了神人（人神）的双性，即以鸟喻男性，以鱼喻女性。吴卫红通过对相关遗存的统计分析，认为河姆渡文化的器具用材在无机的土石之外，另有一套以有机材料作为生计重要保障的器具，这也正是河姆渡文化独特性的一种表现。从历史长程观察，用材的变化与社会的发展有着密切的关联。到河姆渡遗址三期时，由于长江下游石（玉）器制造业的兴起，整个区域内有机器具的制造便被迅速替代，从而迎来了以土、石为主并随后进入"玉石分野"的新时代。戴向明对宁绍地区史前文化、环境、社会组织结构、生业与手工业经济的发展历程进行了梳理和讨论，提出该地区早期各文化之间的关系尚不十分清楚，之后在距今约 7000~6000 年终于孕育出了灿烂的河姆渡文化。但在该文化的晚期阶段里，伴随着气候波动、环境趋于恶化，这个过度依赖优越环境的曾经璀璨夺目的文化开始走向没落。甚至到了盛极一时的良渚文化时期，宁绍地区也看不到复杂社会形态的明显进展，已沦为一个强势文化或社会集团的欠发达的边缘地带。并从地理环境、社会复杂化形成机制等几个方面对新石器时代晚期宁绍地区所呈现的特殊发展轨迹和边缘化现象进行了一定的解释。罗运兵介绍了长江下游地区家猪早期饲养的研究成果，认为长江下游地区家猪饲养出现较早，但早期饲养规模较小，良渚文化时期家猪饲养得以迅猛发展，在当时人们肉食构成中举足轻重，至马桥文化时期这一地区家猪饲养业明显回落而衰退。同时依据相关统计数据指出，该地区家猪饲养的早期发展过程正好与古文化发展进程同步共振，而该地区的个案研究则表明文化发展、遗址（人口）数量——野生资源空间大小等因素对家猪饲养的早期发展有深刻影响。日本的槙林启介提出在农业文化发展进程的研究中不能单纯依靠栽培谷物的证据，而应该结合生产工具、饮食器具等多方面证据，并在这一原则下分析了长江中游和下游地区的稻作化过程完全不同，这也支持了稻作起源的多元性观点。日本的细谷葵介绍了民族学和实验考古方法在重建史前农人生业经济方面的应用，并结合田螺山遗址等的发现，提出田螺山遗址早期"广谱"的食物资源特别强调对植物性食物资源的储藏，坚果是其主要的储藏食物且被用于日常消费。由于食物资源本身的特性和人为处理方式的不同，中国早期农业文化阶段的食物资源有其多样性，这种多样性及其变迁可以通过民族学、实验考古等方式进行一定的重建。张居中结合贾湖、八里岗等遗址的材料及环境、野生稻分布等重申了淮汉文化带在稻作农业起源过程中的重要地位，认为淮汉文化带具备了成为稻作农业起源地的先决条件，可能是栽培稻起源地的重要组成部分。加拿大的加里·克劳福德（Gary Crawford）按照种类对山东月庄遗址后李文化时期出土的各类谷物和重要杂草，与其他地区的材料进行了对比。该遗址出土了距今 7800 年的稻米遗存，他认为当时稻作农业的分布范围可能比我们之前预想的范围更大。靳桂云重点介绍了山东西河遗址出土的距今 8000 年的稻米遗存，并通过对出土背景等的分析认为这些稻米很可能是栽培稻。

3. 全球视野下的新石器时代生业与文化

新西兰的查尔斯·海厄姆（Charles Higham）教授介绍了东南亚地区新石器时代的重要考古发现及主要文化特征，认为当地饰有雕刻纹或彩绘图案的陶器、纺轮以及石锛的原型都可以追溯到中国华南地区，甚至最终可到长江流域。同时认为考古学、语言学、遗传学等各种证据的不断积累支持了外来模型，即当成群的掌握稻谷栽培和家畜饲养的人们从华南地区向南扩张进入东南亚地区的时候，泰国新石器时代聚落也随之出现。澳大利亚的彼特·贝尔伍德（Peter Bellwood）根据考古学、语言学、遗传学等方面的证据讨论了早期食物生产者从华南向东南亚地区的扩散，并指出虽然华南很可能是东南亚地区很多现代人群的起源地，但是其具体起源区域尚不清楚，包括河姆渡在内的长江下游地区在这一过程中所起的作用也尚不明朗。日本的彼特·麦思威（Peter Matthrews）认为澳大利亚和巴布亚新几内亚的野稻和野芋自然生长环境虽然有一定的重合，但并不完全相同。野稻和野芋可能在东南亚和太平洋地区早期社会的复杂经济中是互补的，它们被栽培的历史过程也是紧密联系在一起的。韩国的安承模认为早期栉文人的生业经济严重依赖海洋资源，完全没有农业活动，而韩国的小米栽培则是在公元前4世纪晚期才出现的。印度的穆昆德·卡吉尔（Mukund D. Kajale）介绍了印度东部 Taradih 有关稻米的相关考古材料，对以后进行稻米的整体研究提出了一些建议。华盛顿的斯特威伯（Steve Weber）结合印度北部卡斯（Farmana）的哈拉帕（Harappan）遗址应用包括大植物、植硅体、淀粉粒研究及实验考古等多种植物考古学手段进行综合研究的实例，对不同研究方法得出结果存在差异甚至矛盾的现象进行了反思，认为在进行遗址的植物考古学研究时，应同时应用多种手段才能得到更为客观、全面的信息，同时需要在理论上进行创新以整合不同科技手段从遗址上获取的信息。

会议期间举行的学术沙龙，为专家学者进一步深入交流学术观点提供了平台。本次论坛充分体现了少有的国际性视野和精深的学术水准。为今后进一步、更好地开展相关研究工作提供了新的契机！

（原载《中国文物报》，2011年11月25日第7版）

全新世中期海平面波动对稻作生产的影响

郑云飞

末次冰期（18~15kaBP）的结束后，大陆冰盖迅速消退，导致世界海平面上升，以一系列气候波动向全新世（冰后期）过渡。尽管海平面高度、上升方式与变化曲线形态还存在着各种各样的争论，但全新世早期有过海平面上升的认识是一致①。全球各地的高海平面大约持续到7.5kaBP②，此后，尽管海平面仍然有升降波动，但总的趋势是下降的。

中国沿海地区的全新世地层中绝大部分有海平面上升引起的海侵记录，由于各地构造条件、古地形及河流、海流输砂的差异，海侵达到最大规模的时间及之后的海退过程略有差异③。在长江下游地区，全新世海平面持续上升，海水沿下切河谷侵进，河口向陆地移动，约在7.5~7.0 ka BP全新世海侵达到最大，形成了以镇江-扬州为顶点的巨大长江古河口湾。此后随着海平面上升速率减小，河口沉积率超过海平面上升速度，最大海侵时的河口湾逐渐被充填，河口湾转变为三角洲④。进入了海退期后出现的三角洲，植被繁茂，动物资源丰富，生态环境得到改善，开始进入了新石器时代文化的繁荣时期，相继出现了河姆渡文化、马家浜文化、崧泽文化和良渚文化（7.0~4.0kaBP）。业已发掘的濒海地区遗址大部分海拔较低，有的甚至在目前海平面以下。

全新世中期形成的三角洲给人类提供了生产和生活空间的同时，自身的地理结构和演变发展进程在人类生存环境和居住环境选择等方面，影响人类的生存和发展。全新世中期以后海平面波动引起的间歇性海侵带来环境变化可能是影响本地区新石器时代文化繁荣的重要原因之一⑤，新石器时代定居点迁移模式与7.0~4.0 ka BP期间的海平面上升程度有着密切的关系，海水淹没和寒冷的气候可能是

① Clark J A, Farrell W E, Peltier W R. Global changes in post-glacial sea level: A numerical calculation. *Quat Res*, 1978, 9: 265-287.

② Bird M I, Fifield L K, The T S, et al. An inflection in the rate of early mid-Holocene eustatic sea-level rise: A new sea-level curve from Singapore, Estuarine. *Coastal Shelf Sci*, 2007, 71: 523-536.

③ 王珏：《中国全新世中期的高海平面》，《地球科学进展》1989年第3期，第81~89页。

④ 李从先、陈庆强、范代读等：《末次盛冰期以来长江三角洲地区的沉积相和古地理》，《古地理学报》1991年第4期，第12~25页；李从先、范代读：《全新世长江三角洲的发育及其对相邻海岸沉积体系的影响》，《古地理学报》2009年第11期，第118~122页。

⑤ 陈中原、洪雪晴、李山等：《太湖地区环境考古》，《地理学报》1997年第52卷第2期，第131~136页；魏子昕：《上海地区全新世海面的变化及其环境的演变》，《上海地质》1997年第4期，第48~54页。

重要的原因①。但也有不同观点，认为长江三角洲在 7.0~5.0 ka BP 没有出现过高海平面，也没有出现过因为海平面上升而影响人类文化的发展②。

水稻种植是中国东南沿海地区新石器时代文化最重要的特色之一，被国内外广为关注。但由于有关古环境背景研究成果不多，使得对史前稻作的认识和理解上无法进一步深入，目前综合多指标的考古遗址古生态研究对研究稻作文化的起源和发展以及人类食物生产结构变化的理解极为重要③。最近，在宁绍平原对河姆渡文化时期的田螺山遗址考古发掘中，进行了史前稻作农耕遗迹的调查和发掘，发现了 7.0~6.4kaBP 和 6.3~4.6kaBP 河姆渡文化早、晚两个时期的稻作农耕遗迹地层④，在地层剖面上水相沉积层和农耕泥炭相互交替堆积的现象明显反映出全新世中期以来沿海地区环境变化对稻作生产的影响，这些地层剖面对研究全新世海平面变化及其对史前人类文化发展影响具有重要的意义。

一、分析材料和方法

（一）田螺山遗址和稻作农耕遗迹的概况

1. 居住遗址　田螺山遗址位于浙江省余姚市三七市镇相岙村，地处姚江谷地，东距海岸 30~40 千米，北侧横亘着四明山支脉，低丘环绕（图一）。居住遗址围绕一个名为田螺山，海拔约 5 米的小山头分布，周围是大片低平的水稻田，海拔约 2 米。2004 年开始由浙江省文物考古研究所主持进行发掘，发现了河姆渡文化早期（7.0~6.5kaBP）和晚期（6.5~5.0kaBP）地层。在考古遗址中出土了陶片、石器、木器等文化遗物，以及排列有规律的适应湿地环境的杆栏建筑构件直立木柱。另外，由于与空气隔绝，保存环境良好，遗址中还发现了大量的有机质遗存，动物骨骸以野生动物为主，有水牛、鹿、猪、鱼等，植物种子和果实有稻米、橡子、南酸枣、桃、梅、杏、菱角、芡实等，这些动植物遗存的出土表明先民既种植水稻，又采集植物种实和猎杀野生动物来获取食物，是一种混合经济形态。钻探调查显示居住遗址面积有 30000 平方米左右⑤。

2. 农耕遗迹　结合居住遗址的考古发掘，2006~2008 年在居住遗址周围进行与田螺山遗址相关联的农耕遗迹调查研究。在 144000 平方米的调查区域内，发现了河姆渡文化早、晚时期大面积的古稻田，面积分别为 6.3 公顷和 7.4 公顷，并在居住区西南约 400 米和西侧约 70 米的 2 个位置约 350 平方

---

① Chen Z Y, Zong Y Q, Wang Z H, et al. Migration patterns of Neolithic settlements on the abandoned Yellow and Yangtze River deltas of China. *Quat Res*, 2008, 70：301-314.

② 朱诚、郑朝贵、马春梅等：《对长江三角洲和宁绍平原一万年来高海面问题的新认识》，《科学通报》，2003 年第 48 卷第 23 期，第 2428~2438 页。

③ Innes J B, Zong Y Q, Chen Z Y, et al. Wang H. Environmental history, palaeoecology and human activity at the early Neolithic forager/cultivator site at Kuahuqiao, Hangzhou, eastern China. *Quat Sci Rev*, 2009, 28：2277-2294.

④ Zheng Y F, Sun G P, Qin L, et al. Rice fields and modes of rice cultivation between 5000 and 2500 BC in east China. *J Archaeol Sci*, 2009, 36：2609-2616.

⑤ 浙江省文物考古研究所、余姚市文物保护管理所、河姆渡遗址博物馆：《浙江余姚田螺山新石器时代遗址 2004 年发掘简报》，《文物》2007 年第 11 期。

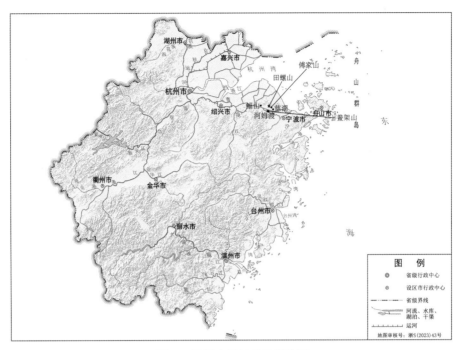

图一　田螺山遗址的地理位置

米的试掘和发掘中得到了确认，这是首次发现的河姆渡文化时期稻作农耕遗迹。在农耕遗迹地层中发现了稻谷遗存和农田杂草种子，以及田间小路、木制工具和零星散落的陶片等人类稻作生产活动的遗迹和遗物①。

（二）材料和方法

1. 材料　分析土样来自居住遗址西侧 70 米的农耕遗迹发掘点 T705 南壁，早、晚两期农耕遗迹分别位于距地表 95～180 厘米和 255～295 厘米的地层中。从距地表 45 厘米开始到 355 厘米，间隔 5 厘米连续取样，共采取 61 份土样，每份土样约 2000 毫升，用于硅藻、植物硅酸体分析和种子调查。

2. 硅酸体分析　采取 50 毫升土样，在烘箱中用 100℃温度干燥后，称重并计算出容重，用机械力粉碎。取 1 克左右土样，放入 12 毫升的样品瓶，加入约 300000 颗粒径约 40 微米玻璃珠（0.0225 克）、10 毫升水和 1 毫升 5% 的水玻璃，然后在超声波清洗槽内振荡 20 分钟。根据 Stokers 沉降原理，重复水洗，抽除粒径小于 20 微米的粒子，上清液澄清后，干燥残留物。使用 EUKITT® 作封片剂制作玻片，在显微镜（Nikon E600）下放大 200 倍进行植物硅酸体观察计数，并对同视野下的玻璃珠计数（玻璃珠计数不少于 300 颗），根据土样的重量、加入玻璃珠的多少、观察到的硅酸体和玻璃珠的数量计算出土壤中各种植物硅酸体的密度。

3. 硅藻分析　采取 3 毫升土样放入 100 毫升的烧杯，加入约 6 毫升 35% 的过氧化氢，反应结束后，移入 15 毫升离心管，加水至刻度，搅拌均匀后，用 2000 转/分钟的速度离心 2 分钟，倾倒去上清

---

① Zheng Y F, Sun G P, Qin L, et al. Rice fields and modes of rice cultivation between 5000 BC and 2500 BC in east China. *J Archaeol Sci*, 2009, 36: 2609-2616.

液，重复多次，直至上清液澄清。残留物定容搅拌均匀后，用移液管定量滴在盖玻片上展开干燥，使用 Mountmedia® 封片剂制作玻片，在显微镜下放大 600 倍进行硅藻观察、鉴定和计数（计数量不少于400 颗），根据观察样品占样品总量的比例关系计算出各种硅藻的密度和所占百分比。

4. 种子调查　取 100 毫升土样，加入 3% 的 $NaHCO_3$ 溶液在水浴锅中加热到 70~80℃ 分散土壤后，倾倒在孔径 0.34 毫米的金属网筛中，水洗去黏土。在实体显微镜（Nikon SMZ1000）下观察残留物，对植物种子进行分类鉴定和计数。

5. 年代测定　水洗获得植物种子或植物残体，送北京大学文博学院科技考古与文物保护实验室，用加速器质谱（AMS）进行 [14]C 测年。采用 IntCa104 曲线和 OxCal v3.10 程序进行树轮校正。

二、结　果

（一）农耕遗迹发掘点 T705 的地层堆积情况

农耕遗迹发掘点 T705 探方的地层堆积情况如图二所示：①层，表土层，现代水稻田，灰色粉沙质黏土，厚 20 厘米左右；②层，灰黄色粉沙质黏土，厚约 25 厘米，有印纹陶片出土；③层，灰黄色粉沙土，厚约 35 厘米；④层，深褐色黏土泥炭层，可见大量黄褐色的以芦苇为代表的植物茎、叶等残体，厚 15 厘米左右；⑤层，褐色黏质壤土，略含植物残体，厚 25 厘米，见有少量的河姆渡文化晚期陶片；⑥层，灰色黏土，含植物残体，厚约 15 厘米；⑦层，灰褐色黏质土壤，含较多植物茎秆和叶片等残体，厚约 45 厘米，见有少量河姆渡文化晚期陶片，在 T703 和 T803 探方的同地层发现中间略弧凸隆起，高 20~30 厘米，宽 40 厘米左右，似属田埂的遗迹，此地层中还发现了经过加工制作的农具手柄；⑧层，水相沉积层，纯净青灰色黏土，厚 75 厘米；⑨层，与⑥层相似，可见大量植物茎、叶等残

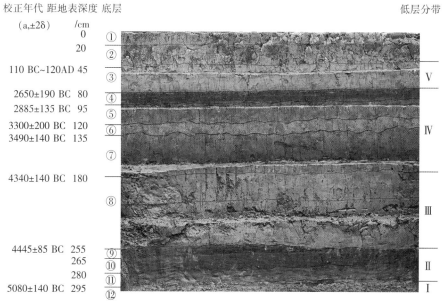

图二　T705 探方南壁地层剖面

体，厚约 10 厘米；⑩层，与第⑨层相似，厚 15 厘米，含有少量河姆渡文化早期陶片，发现 2 具木末和一把木刀；⑪层，褐灰色似泥炭堆积，含丰富有机质遗物，厚 15 厘米左右；⑫层，青灰色黏土，含较多以芦苇为代表的茎、叶等植物残体，厚约 25 厘米；⑬层，水相沉积，纯净青灰色粉沙层。

根据土质、土色以及包含植物残体的情况，T705 探方距地表 45 厘米以下的地层堆积从下向上大致可以划分为 5 个地层堆积特征带，Ⅰ带包含⑫和⑬层，深度 295 厘米以下，年代 7.0 kaBP 以前；Ⅱ带包含⑨~⑪层，深度 255~295 厘米，年代 7.0~6.4 kaBP；Ⅲ带包含⑧层，深度 180~255 厘米，年代 6.4~6.3 kaBP；Ⅳ带包含第④~⑦层，深度 80~180 厘米，年代 6.3~4.6 kaBP；Ⅴ带为第③层，深度 45~80 厘米，年代 4.6~2.1kaBP，年代测定结果如表 1 所示。

表 1 田螺山遗址 T705 地层年代数据[a]

距地表深度（cm）	实验室编号	材料	^{14}C 年代（a BP，$\pm 1\delta$）	校正年代（a BC，$\pm 2\delta$）
45~50	BA091044	碳屑、植物	1990±40	110 BC~120 AD
80~85	BA091045	植物种子	4020±40	2650±190 BC
90~95	BA091046	植物种子	4275±40	2885±135 BC
115~120	BA091047	植物种子	4585±35	3300±200 BC
130~135	BA091048	植物种子	4660±40	3490±140 BC
175~180	BA091049	植物种子	5465±45	4340±110 BC
250~255	BA091050	植物种子	5620±35	4445±85 BC
290~295	BA091051	植物种子	6120±45	5080±140 BC

a）所用 ^{14}C 半衰期为 5568 年，BP 为距 1950 年的年代，树轮校正所用曲线为 IntCa104，所用程序为 OxCal v3.10

（二）地层堆积植物硅酸体的记录

如图三所示，5 个地层特征带土壤含有的植物硅酸体构成方面有明显的特点，第Ⅰ，Ⅲ，Ⅴ带硅酸体构成基本相同，含有极少量的芒属（*Miscanthus*）和芦苇（*Phragmites*）硅酸体，水相沉积层特征十分明显。第Ⅱ和Ⅳ带，硅酸体构成特征也基本相近，含有大量的芦苇和芒属硅酸体，表明是地势有起伏的湿地环境，呈现低地生长着以芦苇为代表的湿地或水生植物，较高的地方生长着以茅草为代表的耐旱性较强植物的湿地生态和植被特征。另外，硅酸体分析结果还在Ⅱ带的⑨和⑩层以及Ⅳ带中检测到密度较高的来自稻（*Oryza*）叶片运动细胞的硅酸体，这 2 个带土壤中的稻硅酸体平均密度分别为 9764 和 16429 粒/克，明显高于判别稻田标准 5000 粒/克，表明这些地层是古稻田埋藏的地层。

（三）地层堆积硅藻的记录

硅藻分析结果如图三所示，5 个地层特征带的硅藻组成特征鲜明。

Ⅰ带以近海、沿岸、潮间带的硅藻为主，占总数的 86.2%，其中圆筛藻（*Conscinodiscus*）、柱状小环藻（*Cyclotella stylorum*）、颗粒菱形藻（*Nitzschia granulata*）、雅兰舟形藻（*Navicula yarrensis*）等所占比例超过 10%，合计占总数的 63.0%；史密斯双壁藻（*Diploneis smithii*）、蜂窝三角藻（*Triceratium favus*）、马鞍藻（*Campylodiscus biangulatus*）、具槽直链藻（*Melosira sulcata*）、卵形菱形藻

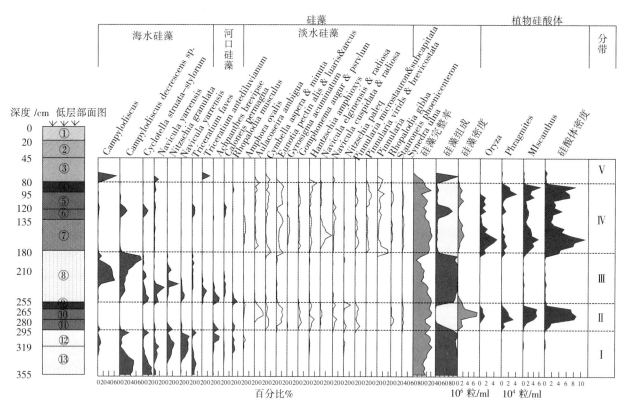

图三　T705 探方南壁剖面硅藻与植物硅酸体分析数据

（*N. cocconeiformis*）等所占比例在 1% 以上，合计占总数的 19.4%。另外，本带还有辐环藻（*Actinocyclus nornanii*）、中等辐裥藻（*Actinoptychus vulgaris*）、三刺盒子藻（*Biddulphia tridens*）、蜂腰双壁藻（*D. weissflosii*）、海洋斑条藻（*Grammatophora oceanica*）、海洋舟形藻（*N. marina*）、方格罗氏藻（*Roperiat esselata*）、卵形拆盘藻（*Tryblioptychus cocconeiformis*）、海线藻（*Thalassionema nitzschioides*）等海洋性种属，短柄曲壳藻（*Achnanthes brevipes*）、肌状棒杆藻（*Rhopalodia musculus*）等河口环境硅藻占 8.6%。淡水硅藻数量极少，不到总数的 5%。

Ⅱ带以淡水硅藻为主，占总数的 87.8%，其中模糊直链藻（*Aulacoseira ambigua*）、篦形短缝藻（*Eunotia pectinalis*）等所占比例超过 10%，合计占总数的 32.1%；微辐节羽纹藻（*Pinnularia microstauron*）、两尖菱板藻（*Hantzschia amphioxys*）等所占比例超过 5%，合计占总数的 13.5%；占总数 1% 以上的硅藻种属有：谷皮菱形藻（*N. palea*）、放射舟形藻（*N. radiosa*）、肘状针杆藻（*Synedra ulna*）、瞳孔舟形藻（*N. pupula*）、小形异极藻（*Gomphonema parvulum*）、小桥弯藻（*Cymbella minuta*）、粗糙桥弯藻（*C. aspera*）、尖顶异极藻（*G. augur*）、卵形双眉藻（*Amphora ovalis*）、月形短缝藻（*E. luaris*）、弯棒杆藻（*Rhoplodia gibba*）、钝舟形藻（*N. mutica*）、近头端羽纹藻（*P. subcapitata*）等。近海、沿岸、潮间带的硅藻数量很少，合计占总数的 12.2%。

Ⅲ带以近海、沿岸、潮间带的硅藻为主，占总数的 80.6%，其中圆筛藻和马鞍藻占比例在 10% 以上，合计占总数的 43.0%；史密斯双壁藻、雅兰舟形藻、柱状小环藻、太古三角藻（*Triceratium antediluvianum*）、颗粒菱形藻、蜂窝三角藻等 6 种硅藻的比例在 1% 以上，合计占总数的 34.7%。另外，本带还有辐环藻、卵形菱形藻、具槽直链藻、海洋舟形藻、海洋斑条藻、方格罗氏藻、中等辐裥藻、奇异棍形藻（*Bacillaria paradoxa*）、蜂腰双壁藻、海线藻等海洋性硅藻。河口环境硅藻占 8.4%，主要有短柄曲壳藻、肌状棒杆藻等。淡水环境硅藻数量较少，仅占 11.0%。

Ⅳ带以淡水硅藻为主，占总数的 86.0%，其中羽纹藻数量最多，占总数的 22.3%，有绿羽纹藻（*P. viridis*）、微辐节羽纹藻、短肋羽纹藻（*P. brevicostata*）、弯羽纹藻（*P. gibba*）等；其次是短缝藻，占总数的 16.7%，主要有筐形短缝藻、月形短缝藻、弧形短缝藻（*E. arcus*）、粗壮短缝藻（*E. robusta*）等；舟形藻以埃尔金舟形藻（*N. elginensis*）、急尖舟形藻（*N. cuspidata*）、瞳孔舟形藻为主，合计占总数的 9.9%；数量较多的还有尖顶异极藻、小形异极藻、尖布纹藻（*Gyrosigma acuminatum*）、模糊直链藻、卵形双眉藻、具球异菱藻（*Anomoeomeis sphaerophora*）、肘状针杆藻、紫心辐节藻（*Stauroneis phoe-nicenteron*）、两尖菱板藻等，比例都在 1%以上。近海、沿岸、潮间带的硅藻数量很少，合计仅占总数的 14.0%。

Ⅴ带硅藻密度很低，种类很少，仅在接近Ⅳ带的 2 个土样中检测到硅藻。本带以近海、沿岸、潮间带的硅藻为主，有马鞍藻、减小圆筛藻（*C. decrescens*）、海洋斑条藻、太古三角藻、占总数的 71.6%，河口环境硅藻仅见大美壁藻（*Caloneis permagna*），数量不到 1%。淡水硅藻占 27.7%，见有两尖菱板藻、急尖舟形藻和绿羽纹藻等。

5 个地层特征带的硅藻组成反映了田螺山遗址周围近海潮汐咸水环境和淡水湿地环境的交替变化，以近海、沿岸、潮间带硅藻为主的Ⅰ，Ⅲ 和 Ⅴ 带反映了这些地层是在潮汐咸水环境下形成的，以淡水硅藻为主的Ⅱ和Ⅳ带反映这些地层是在淡水湿地环境下形成的。因此，可以说地层剖面上水相沉积层和农耕层相互交替堆积的现象反映了全新世中期以来海平面波动引起沿海部分地区出现了湿地和滩涂化交替过程。

（四）地层堆积植物种子的记录

如图四所示，5 个地层特征带土壤中含有的植物种子构成也有明显的特点。

Ⅰ带种子数量较少，种群数量也不多。耐盐性植物占优势，占种子数量的 68.8%，有香蒲（*Typha*）和海三棱藨草（*Scirpus mariqueter*）2 个种群。非耐盐性的植物占总数的 33.2%，有扁杆藨草（*S. planiculmis*）、眼子菜（*Potamogeton*）、茨藻（*Najas*）、鸭嘴草（*Ischaemum*）等 10 余个种群。

Ⅱ带种子数量很多，种群数量不少，耐盐性和非耐盐性植物分别占总数的 59.4%和 40.6%。其中耐盐性植物有海三棱藨草、野滨藜（*Arriplex fera*）、香蒲等 3 个种群，非耐盐性植物有萤蔺（*S. juncoides*）、扁杆藨草、水毛花（*S. triangulatus*）、扁穗莎草（*Cyperus compressus*）、碎米莎草（*C. iria*）、眼子菜等 30 余种群，其中稻谷遗存数量占 2.2%。

Ⅲ带种子数量极多，种群数量较少。以耐盐性植物为主，占总数的 94.0%，仅见海三棱藨草和香蒲 2 个种群。非耐盐性植物有扁杆藨草、萤蔺等 10 多个种群，占总数的 6%。在接近Ⅱ带的 10 厘米土层中发现稻谷遗存，占总数的 0.25%。

Ⅳ带种子数量较多，种群数量多样化。以非耐盐性植物为主，占总数量的 70.9%，有禾本科（*Gramineae*）、扁穗莎草、水毛花、萤蔺、野荸荠（*Eleocharis dulcis*）、金鱼藻（*Ceratophyllum*）、茨藻、眼子菜、酸模（*Rumex*）、水蓼（*Polygonum hydropiper*）等 40 多个种群，其中稻谷遗存数量占 30.8%。

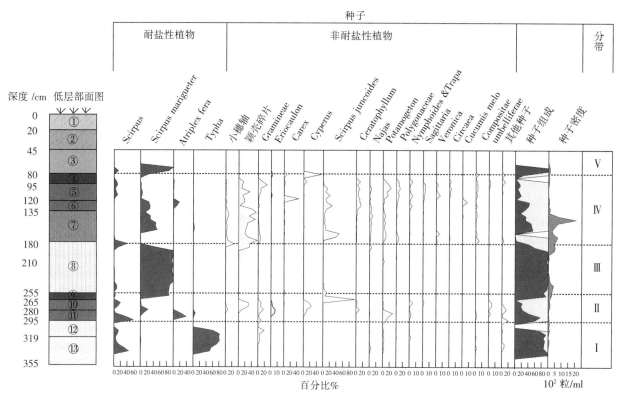

图四　T705 探方南壁剖面植物种子分析数据

耐盐性植物以海三棱藨草为主，占总数的 27.4%，另外可见香蒲、藨草（*Scirpus triqueter*）、野滨藜等。

　　V 带种子数量不多、种群数量很少，仅在接近 IV 带的 25 厘米土层中发现植物种子。本带以潮间带滩涂优势植物种群为主体，有海三棱藨草、藨草等，占总数量的 98.6%；另外还可见数量较少的水毛花。

　　目前东南沿海滩涂湿地因滩面高程的不同和滩涂区域浸水时间的不同，形成不同的植物群落特征。滩涂最低处，也就是最外面主要分布有盐渍藻类、藨草群落和芦苇群落；高潮滩主要生长有芦苇、糙叶苔草（*Carex scabrifolia*）、互花米草（*Spartina alterniflora*，外来物种）；低潮滩主要生长有藨草、海三棱藨草。5 个地层堆积特征带植物种子组成同样反映了田螺山遗址周围近海潮汐咸水环境和淡水湿地的环境的交替变化。从植物种子组成看，I，III 和 V 带具有沿海滩涂低潮滩特征，II 和 IV 带具有沼泽湿地特征。数量较多的稻谷遗存以及湿地植物群落特征再次证明 II 和 IV 带地层埋藏着古稻田。对古稻田埋藏地层包含的稻谷小穗轴形态特征分析结果显示无论早期还是晚期稻田中，稻小穗轴既有驯化型，也有野生型，具有原始栽培稻特征，与 T1041 探方稻田和居住遗址出土稻谷遗存的小穗轴特征基本一致①。

---

　　① Zheng Y F, Sun G P, Qin L, et al. Rice fields and modes of rice cultivation between 5000 and 2500 BC in east China. *J Archaeol Sci*, 2009, 36：2609-2616；郑云飞、孙国平、陈旭高：《7000 年前考古遗址出土稻谷的小穗轴特征》，《科学通报》2007 年第 52 卷第 9 期，第 1037~1041 页；Fuller D Q, Qin L, Zheng Y F, et al. The Domestication Process and Domestication Rate in Rice: Spikelet Bases from the Lower Yangtze. *Science*, 2009, 323：1607-1609.

三、讨论

（一）全新世中期海平面变化

地理和地质等学术界对长江下游全新世中期以来的高海平面认识还不尽一致。杨怀仁等[①]认为，两万年来中国东部海面升降有较明显的 10 次波动，其中全新世有 5 次，大约在距今 7.0~6.5 kaBP 海侵达到最大范围，海面接近现代。赵希涛等[②]认为我国东部沿海全新世高海面出现在 7.5~4.0 kaBP，有过明显的 7 次高低波动，其中最高海面时期的海面可高于现今海面 2~3 米，此观点得到对杭州湾地区研究的支持[③]。邵虚生[④]提出 6.9±0.54 kaBP 时长江三角洲地区海侵达到最大范围。对全新世中期高海平面认识上的差异可能与观察点的地质稳定性以及沉积物的性质有关，在一些地质稳定的沿海地区一般都可以观察到全新世中期高海平面的记录[⑤]。

田螺山遗址的研究结果对长江下游地区全新世海平面升降做了较好的诠释，尽管地层堆积厚度和距地表深度有一些差异，探方 T705 所见的水相沉积层在田螺山遗址周围广为分布[⑥]。1977 年河姆渡遗址的第二次发掘中也有类似地层发现[⑦]。这些以青灰色淤泥或粉沙为特征的沉积地层，硅藻以近海、沿岸、潮间带的种群占有优势，植物种子以耐盐性植物种群为主，反映了是在海湾潮间带滩涂环境中形成的。探方 T705 剖面的硅藻和植物种子研究结果表明，宁绍地区约在 7.5~7.0 kaBP 海水退去开始成陆，其后该地区至少还出现过 2 次较大规模的海水侵入，年代分别为 6.4~6.3 kaBP 和 4.6~2.1 kaBP。另外，Ⅱ带的 120~135 厘米处也有青灰色的薄土层，其中海洋性硅藻密度比较高，表明在 6.3~4.6 kaBP 期间，可能曾经出现过小规模的海水入侵。田螺山遗址的研究结果说明全新世海退过程中的海平面是有波动的，在某些时段仍然会出现海平面上升加速，海岸线向陆地推进，原来的一些已经成陆的土地再次海湾或滩涂化。这种海平面的波动可能是影响对该地区最高海平面和最大海侵出现时间判断和认识上不一致的最主要原因。海退期海平面上升的影响范围和强度可能小于高海平时期，但对先民的生活和生产活动产生了深刻的影响是毋庸置疑的。

---

① 杨怀仁、谢志仁：《中国东部近 20000 年来的气候波动与海面升降运动》，《海洋与湖沼》1984 年第 1 期，第 1~13 页。

② 赵希涛、耿秀山、张景文：《中国东部 20000 年来的海平面变化》，《海洋学报》1979 年第 1 期，第 269~280 页。

③ 林春明、黄志诚、朱嗣昭等：《杭州湾沿岸平原晚第四纪沉积特征和沉积过程》，《地质学报》1999 年第 73 卷第 2 期，第 120~131 页。

④ 邵虚生：《江苏金坛全新世海侵沉积层的研究》，见严钦尚、许世远主编，《长江三角洲现代沉积研究》，上海华东师范大学出版社，1987 年，第 116~125 页。

⑤ Zong Y Q. Mid-Holocene sea-level highstand along the Southeast Coast of China. *Quat Int*, 2004, 117: 55-67.

⑥ Zheng Y F, Sun G P, Qin L, et al. Rice fields and modes of rice cultivation between 5000 and 2500 BC in east China. *J Archaeol Sci*, 2009, 36: 2609-2616.

⑦ 浙江省文物考古研究所：《河姆渡——新石器时代遗址考古发掘报告》，文物出版社，2003 年，第 8~13 页。

（二）海平面上升对稻作生产的影响

全新世中期以后，进入海退期，田螺山遗址周围出现了以芦苇、芒属植物为主体的湿地植被景观和数量较多的湖泊、水塘等。生态环境的改善为动物和禽鸟提供良好的栖息和觅食场所，在湿地上草食动物出没，禽鸟群集。先民迁徙到这里，采集野生植物资源，捕猎哺乳类动物、鱼类、禽鸟等，同时开垦湿地种植水稻，进入了河姆渡文化的繁荣期。钻孔调查和土样的植物硅酸体和种子分析结果显示，在田螺山居住遗址周围埋藏着大面积的河姆渡文化时期早、晚两期稻作农耕遗迹，已经探明稻田面积分别为6.3和7.4公顷①。

该区域濒临东海，容易受到海水入侵的影响，生态系统很不稳定。6.4~6.3 kaBP 和 4.6~2.1 kaBP 的 2 次规模较大的海平面上升再次把海水推进到了田螺山遗址一带，该区域一部分地区成了潮间带，呈现为高潮时被海水淹没，低潮时裸露的滩涂环境。这两次海水向内陆的推进对当时稻作生产影响是十分明显的，主要表现为大面积的稻田被海水淹没，栽培面积急剧缩小。另外，一些小的海平面波动尽管没有大面积淹没稻田，但同样也对稻作产生了影响。田螺山遗址的晚期农耕地层提供了这方面的证据。该遗址的晚期稻作农耕地层中发现了较多的海水硅藻和轻微的水相沉积现象，表明曾经出现过海水沿河流倒灌现象，并使灌溉水和土壤中的盐分上升。如图三所示，晚期稻田 140~180 厘米和 95~135 厘米地层中的硅酸体密度分别为 20582 和 8271 粒/克，呈现前高后低的变化趋势，与土壤中海水硅藻出现具有负相关性，表明小规模的海水入侵已经对稻田的单位面积产量产生了明显的影响。

（三）海平面上升对食物结构的影响

全新世中期以后长江下游地区的生态环境显著改善，稻作农业得到了很大的发展②，但由于海平面波动的影响，稻作生产对人类食物供应呈现出不稳定性，在农田面积减少或单位面积产量下降时期，稻米在人类的食物结构中的比重就会减少，采集野生植物和狩猎动物来获取食物的比重就会增加。

田螺山居住遗址发掘中，除了稻谷（米）之外，还发现了数量较多的以菱角和青冈为代表的植物种子和果实遗存，另外遗迹还出土大量的哺乳动物和鱼类骨骸，可见先民的食物经济中采集和狩猎还占有相当地位。如图五所示，3 种主要植物种子遗存呈现出不同的变化趋势，青冈果呈上升趋势，菱角呈下降趋势，而水稻出现了大幅度的波动；动物遗骸的变化和青冈变化趋势基本相同，反映出采集植物种子、果实和猎杀动物数量的消长可能与水稻生产量的变化有关联。

在人类进入平原湿地活动的初期，居住地周围除了大面积湿地外，还有星罗棋布的大小浅塘湖泊，先民在湿地上种植水稻收获稻米同时，还采集那些生长在浅塘和湖泊周缘容易采集的水生植物的果实、

---

① Zheng Y F, Sun G P, Qin L, et al. Rice fields and modes of rice cultivation between 5000 and 2500 BC in east China. *J Archaeol Sci*, 2009, 36: 2609-2616.

② 郑云飞、孙国平、陈旭高：《7000 年前考古遗址出土稻谷的小穗轴特征》，《科学通报》2007 年第 52 卷第 9 期，第 1037~1041 页；Fuller D Q, Qin L, Zheng Y F, et al. The Domestication Process and Domestication Rate in Rice: Spikelet Bases from the Lower Yangtze. *Science*, 2009, 323: 1607-1609; Zong Y Q, Chen Z Y, Innes J B, et al. Fire and flood management of coastal swamp enabled first rice paddy cultivation in east China. *Nature*, 2007, 449: 459-462.

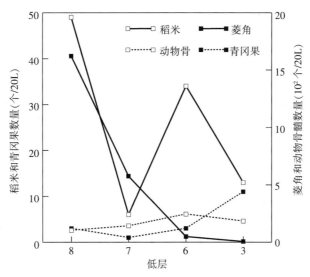

图五　田螺山居住遗迹地层中植物种子和动物骨骼数量变化

种子果腹。随着人口的增加、采集资源的减少，以及海平面上升对水稻生产量影响，先民为获取生存食物的压力增大，人们加强了向山地要食物，采集树木果实；向深水要食物，捕捉鱼类；猎杀大型动物等获取食物的活动。田螺山居住遗迹的发掘中，在河姆渡文化晚期的第③~⑤层发现了几个储藏大量以青冈果实为主的贮藏坑，可能是在这种环境背景和食物供给条件下先民为应对稻米供应不足所采取的措施[1]。

（四）原始稻作农业的地理特点与海平面波动的关系

全新世中期以前，目前的宁绍平原地带大部分处于潮间带，经常为海水淹没，不适合人类居住，也没有适合种植水稻的大面积湿地。由此可见，河姆渡文化时期的种植水稻先民是从其他地方迁徙过来的，他们原先应该居住在地势较高，海水不能波及的地方。

最近在浙江中部的一些丘陵盆地发现了距今 10000~9000 年的新石器时代早期与稻作有关的遗址，如上山遗址和小黄山遗址。在这些遗址中的许多陶片坯土掺合料中发现了大量稻谷遗存，在遗址的文化层土壤中检出了高密度的稻硅酸体，种种迹象表明长江下游地区稻作开始的时间要早于河姆渡文化，可以追溯到 10000 年以前[2]。这些位于丘陵盆地的新石器时代早期遗址，海拔约 40~100 米，是末次冰期以后到全新世前期最适合人类居住、生活和生产的地方，这些丘陵盆地尽管不适合开展大规模的稻作生产，但有许多小河流、水塘，以及一些比较平整土地，具备开展稻作生产基本条件，对早期遗址中的稻硅酸体形状解析结果显示，早期古稻可能具有适合旱地种植热带粳稻的一些生物学特性，表明

①　浙江省文物考古研究所、余姚市文物保护管理所、河姆渡遗址博物馆：《浙江余姚田螺山新石器时代遗址 2004 年发掘简报》，《文物》2007 年第 11 期，第 4~24 页。

②　郑云飞、孙国平、陈旭高：《7000 年前考古遗址出土稻谷的小穗轴特征》，《科学通报》2007 年第 52 卷第 9 期，第 1037~1041 页；郑云飞、蒋乐平：《上山遗址的古稻遗存及其在稻作起源研究上的意义》，《考古》2007 年第 9 期，第 19~25 页；Jiang L, Liu L. New evidence for the origins of sedentism and rice domestication in the lower Yangtze River, China. *Antiquity*, 2006, 80: 355-361.

当时不仅利用低地种植水稻，一些地势较高，水利条件较差的旱地可能也被用来种稻①，浙中丘陵盆地新石器时代早期稻作遗址的发现提供了研究长江下游地区稻作起源的一条重要线索，同时也意味着包括河姆渡文化在内的一些平原地带新石器时代中期遗址极有可能在一些地势较高的丘陵盆地找到他们的源头。

　　致谢　北京大学文博学院吴小红教授、秦岭副教授，中国科学院南京湖泊地理研究所李春海副研究员和日本奈良教育大学金原正明教授在研究过程中给予了支持和帮助，在此一并致以诚挚的谢意。

（原载《科学通报》，2011 年第 56 卷第 34 期）

---

　　①　郑云飞、蒋乐平：《上山遗址的古稻遗存及其在稻作起源研究上的意义》，《考古》2007 年第 9 期。

从河姆渡到田螺山

赵 辉

20 世纪 70 年代，浙江省的考古工作者们发现和发掘了余姚河姆渡遗址①。消息一经传开，立即在整个学术界引起轰动。

河姆渡遗址的发现，第一次让人们了解到长江下游钱塘江以南地区较已知崧泽、良渚文化更早阶段的文化面貌。20 世纪 70 年代的中国新石器时代的考古学，凭借新发现来建立各地文化年代框架的任务还十分繁重。因此，这一发现备受关注，就是十分自然的了。有关这一基本层面上的各种问题，如河姆渡遗址早期遗存（第一、二期）在整个新石器时代分期中的位置、如何看待遗址第一至第四期遗存的关联、河姆渡遗存所代表的钱塘江以南地区史前文化与江北文化的关系等的讨论，随即开展起来，就是在今天，学者们就有关上述问题仍然不时会出现争执。

河姆渡遗址的发掘还有一个引人之处，即遗址的早期（第一、二期）遗存深埋在地下潜水面之下，这一十分特殊的埋藏环境使得大量动物和植物的有机质遗存得以保存下来，而且其保存程度之好，以至它们在出土的那一刻，还呈现出刚被埋藏时的色泽，令人大开眼界。随即，这些有机质遗存中蕴涵的可以反映当时人们生产生活各种情况的信息，得到人们的重视。例如河姆渡时期的木构建筑技术、编织技术、漆木器制作、骨耜以及大量不知名工具的功能、各种出现在不同材质遗物上装饰花纹的寓意等问题，都引起了学者们的议论。这其中，水稻及相关遗存的出土，尤其为人们所重视。在遗址两个年度发掘范围内的第四层上部，普遍有一层以稻草茎、叶以及谷壳为主的堆积，有学者根据其分布的面积和堆积厚度，换算出其大约相当于 120 吨稻谷的总量。这是一个惊人的数字，而且若考虑到遗址远未全部考古揭露，它尚不是全部。这很快促使学者们得出一个广泛的共识——河姆渡时期人们的生计主要依赖稻作，也即他们已经处于较为成熟的稻作农业社会阶段了。而这个认识很快就在更大范围的研究上显现出意义。

第一，河姆渡稻作遗存的发现将考古学家引入传统上是以农学家为主进行的农业起源的研究领域。在当时，河姆渡的稻作遗存是整个中国南方已知稻作遗存中年代最早的考古发现。把稻作看作不仅是作物种性的进化，也不仅仅是一种技术，而是文化的一部分，它不能单独存在，也很难完全脱离其他文化组分单独地发展和传播——这是考古学家容易采取的看法。站在这个立场上比较了各地物质文化间的关联后，考古学家发现了这样一个指向，即长江流域的稻作遗存不仅年代早，而且考古学物质文

---

① 浙江省文物管理委员会、浙江省博物馆：《河姆渡遗址第一次发掘报告》，《考古学报》1978 年第 1 期；河姆渡考古队：《浙江河姆渡遗址第二次发掘的主要收获》，《文物》1980 年第 5 期。

化上看不出与当时主流观点的稻作农业印度起源说或者印度阿撒姆—中国云南地区起源说的彼方地区的文化之间存在明确的联系，这就成为提出中国长江流域中下游地区是稻作农业的独立起源地之一看法的最基本的理由①。如果说这个学说在当时还带有某种推测的色彩，稍后不久一系列早于河姆渡的稻作相关遗存的发现，则几乎将稻作农业长江流域中下游地区起源说加强成为定论②。于是，河姆渡文化在探讨农业起源这一世界性课题时，就是一道绕不开的门槛了。

第二，稻作农业起源于长江流域中下游地区，早在公元前5000年上下的河姆渡已然是成熟的农业社会，则它可能具有技术的和更宽泛的文化的辐射能力，就是讨论相关问题时必须要给予充分考虑的了。在最终抵达日本北九州的各种可能的稻作农业东传路线的研究中，河姆渡都是起点。在南岛语族文化的起源和发展中，一些相当有影响的研究者也把河姆渡视为这一覆盖了几乎整个南亚和南太平洋岛屿的文化现象的原点。

与此同时，对河姆渡遗址所代表的河姆渡文化本身的研究，也在持续进行。除了前述所举各项研究内容之外，再如河姆渡遗址所处古代环境的复原、从出土动物骨骼探讨遗址上的家畜饲养等，遗址出土各种材质文化遗物所见各种制作技术的研究等，也都稳步深入地开展起来。这其中，有关稻作资料的研究，主要集中在出土水稻的种性分析上。研究者们先后动用了粒型测量、水稻植硅体双峰乳突形态识别等技术，试图搞清楚这些水稻究竟为粳稻还是籼稻。为此，近年来，研究者还引进了更为先进的DNA鉴定技术。现代水稻分为粳稻和籼稻，它们在水稻进化过程中是异源的还是同源的，若为后者，它们又是何时分化开来的。这本来更多的是农学史和植物学上的问题。但一个特殊的文化现象，使得考古学家也对此格外关心起来，即日本学界一般认为现代日本文化是建立在稻作农业基础上的，而日本最早的稻作农业文化——弥生文化的水稻皆粳稻，也叫Japonica，可见粳稻与日本文化的密切关系。因此，追溯粳稻的来源，就差不多成了追溯日本文化来源的同义词了。日本学者关心河姆渡发现的水稻，更关心这些水稻的种性，从而也影响了国内史前水稻种性研究的取向。

所有这些有关河姆渡文化的研究皆遵从了一个似乎是不争的前提，即这个文化已经进入到较为成熟的稻作农业阶段了。然而就是这一被广泛认同的前提，却在河姆渡遗址发掘后的30年，在一些后来成为本课题组成员的研究者之间产生了分歧。有研究者检讨了河姆渡遗址出土的与稻作农业相关的各种资料，如就遗址的稻草堆积层成因、稻米的性状、被看作农业的间接证据的骨耜之类器具的功能等进行了重新分析，以及整体考虑遗址大量出土的应为采集狩猎而来的动植物遗存后，认为传统的认识大大高估了河姆渡时期的稻作水平。综合遗址上的种种现象看，河姆渡时期的农业水平尚处在主要是利用稻类资源的阶段（长江下游地区农业真正成熟起来当是河姆渡文化以后的崧泽文化遗址，在长江中游地区与之相当的是大溪文化），即便有了稻作，在当时人们的生计活动中的比重也极为有限，就整体而言，还是采集经济③。相反，不同意见认为，遗址上毕竟存在大量水稻遗存，即便不是全部为稻

---

①　严文明：《中国稻作农业的起源》，《农业考古》1982年第1、2期。

②　严文明：《史前稻作农业的新发现》，《江汉考古》1990年第3期；裴安平：《彭头山文化的稻作遗存与中国史前稻作农业》，《农业考古》1982年第2期。

③　这些质疑中的主要部分被整合在以下文章中，秦岭、傅稻镰：《河姆渡遗址的生计模式》，山东大学考古学研究中心编《东方考古》第3集，科学出版社，2006年。

作生产所得，也由于尚无充分证据而不能用全部来自野生采集而一言以蔽之。考虑到遗址以高超的木构建筑技术和较为发达的文化所表现的聚落生活内容，似乎也应当给予稻作在其经济基础中占有适当分量的估计。当然，对此也可以举出许多相反的例子，如绳纹文化前—中期（约距今5500~4000年）的日本青森三内丸山遗址同样是狩猎采集经济的社会，却有很大规模的聚落和比较复杂的社会结构。最后，对于河姆渡可否作为同时期整个长江中下游地区经济发展程度的代表，也有疑问。从江浙地区的情况看，浦阳江流域的上山、小黄山、跨湖桥等早于河姆渡的诸类遗存中，生计活动内容显然不比河姆渡进步，而串联起晚于河姆渡的马家浜、崧泽直至良渚文化中农业经济不断进步和社会结构稳步趋向复杂的情况看，河姆渡社会确处在这一连串发展的中间阶段，也即的确是一个时期的代表。然而，从整个长江中下游地区的角度看，河姆渡文化的分布基本局限在绍兴以东，是整个稻作经济文化区的边缘，这里的环境的多样性以及由此带来的资源的丰富性和多样程度，是内陆文化所不能比拟的。换言之，相对于单一环境下的人们在发展农业上应有更大的需求或动力。20世纪八九十年代以来，湖南澧县彭头山、河南舞阳贾湖等遗存的发现，似乎有迹象显示内陆地区的稻作起源更早和发展更快一些。跨湖桥一类明显带有长江中游文化色彩的遗存出现在浙江浦阳江流域，也许就和这个大的文化背景有关。如此说来，河姆渡文化的生计模式，就有可能在整个长江流域农业化进程中并不具有十分典型的意义。

这些争论归结为两个问题：河姆渡的生计模式内容究竟如何，这一模式在史前农业进程中的地位如何准确评价。两个问题关系到能否以及在多大程度上颠覆一个自提出以来已经有30多年的成说，还涉及史前社会经济与社会结构之间一系列关系的重新解释，应当说是很有意义的。然而对于争论者们而言，回答第二个问题需要若干个类似第一个问题那样的个案研究的积累，即便是回答第一个问题，当时的资料也不能满足研究的需要。

河姆渡遗址的发掘，毕竟是30多年前的工作。通过发掘资料，我们可以了解到遗址上存在过的遗存种类，但不能获悉大多数遗存的数量信息。这也许是最大的缺憾。这样说，丝毫没有贬低当年工作的意思。当时的中国考古学主要关注的是尽快建立各地文化的谱系框架，田野作业时的取样方法也是围绕如何实现这个目的的设计的，对与反映文化面貌关系不大的资料信息不够重视就在所难免。事实上，那个时代乃至更晚一些的考古资料，几乎都带有这个特点。而比较起来，河姆渡的工作应予称道的地方尤多。

也就是在对问题热烈讨论和在材料方面深感无奈之际，浙江省文物考古研究所在余姚市政府的支持下，在田螺山遗址进行了正式发掘，为深入研究河姆渡的相关问题提供了难得的机遇。

田螺山遗址距离河姆渡遗址仅十几千米。自2004年起连续的发掘表明，遗址堆积主体相当于河姆渡遗址的第一、二期，大部分堆积也埋藏在潜水面下，有机质遗物十分丰富且保存极好，与在河姆渡所见十分相似。得到消息后，教育部人文社会科学重点研究基地——北京大学中国考古学研究中心随即与浙江省文物考古研究所联系，一致同意结合遗址出土资料，就河姆渡文化时期的经济生活开展研究。2005年，以《田螺山河姆渡文化遗址自然遗存的综合研究》为题，向教育部申请科研立项并获得批准。这便是这个课题的由来。

考古学上的所谓自然遗存，主要指两个部分的内容。一是当时人们以各种方式带入聚落，因而是为人们所利用过的自然资源，包括动植物、矿物等；另一部分是虽然未被人们直接利用，却能反映与人们行为密切相关的环境等信息的资料，如杂草、花粉、硅藻、昆虫、小型软体动物等。此外，人类遗骸或许也可以算在自然遗存的大范畴里。总之自然遗存不像字面上给人的印象，似乎是一个完全与文化遗存相对立的概念。

本课题的主要目的是通过对上述自然遗存中相关部分的分析，复原或重建河姆渡第一、二期文化阶段田螺山遗址人们的生业经济活动模式。进而在一些相关问题上，如河姆渡稻作农业在史前农业进程上的地位、经济发展水平与社会结构的关系等，开展力所能及的讨论。

为实现这个目的，课题在立项时对研究内容进行了如下设计。

1. 古环境复原

对孢粉、硅藻、植硅石、沉积物等内容分别进行系统取样和分析，结合动物、植物群的研究结果，复原田螺山遗址的古微地貌环境和大环境。希冀据此开展如下讨论：古代海岸线变迁对人类活动的影响及其变化，早期人类定居社会的景观特点与规律，早期人类取食经济资源的人工选择与自然选择。

2. 动物遗存分析

主要包括所有系统采集的动物骨骼遗存以及相关工具的分析。从而为如下问题的讨论奠定基础：动物群与古环境的复原，早期人类的肉食资源及其变化，鱼类和大型哺乳动物的取食方法及消费模式，渔猎活动的季节性问题。

3. 植物遗存分析

在系统取样的基础上对主要包括植物种子、果实、木头及木炭等大植物遗存；植硅石这样的微植物遗存；以及陶器尤其是夹炭陶中的植物印痕和相关工具的分析。拟讨论：植物群与古环境的复原，早期人类的植物取食资源及其变化，水稻资源在早期社会中所占比例及其取食、加工和消费模式，人工干预下水稻遗传性状的变化——栽培稻的驯化过程，植物采集或栽培的季节性问题，植物取食经济与手工业生产的相关性，森林资源利用模式和对环境的影响等问题。

4. 残留物分析

通过对石器和陶器上残留物的提取，获得淀粉和植物碱成分，分别进行淀粉类别鉴定和植物碱基的药理学分析。进而讨论：石质工具的功能和使用率，各类陶器的功能，食物的加工方式，是否存在酿酒、致幻剂、茶饮等相关内容。

5. 年代学研究

系统采取短年生植物样本，进行 AMS 及常规 ^{14}C 测年。力求通过系列数据，建立更细的河姆渡文化年表；尝试和考古研究相结合，解决木构建筑的年代和使用时限等问题。

以上五个方面中，第 5 项年代学研究将为整个课题提供较已有分期更精细的年代标尺，是最为基础的工作。第 1 项是为恰当理解河姆渡生计模式提供背景。第 2~4 项，为复原或重建河姆渡生计模式的基本内容。

囿于发掘进度和课题结项时间等各种限制，课题组的工作并未如上述研究计划所列项逐条开展。而是结合课题组的成员特点和客观条件，对最终的研究内容进行增减。比如残留物部分的工作，因为课题结项时发掘还在进行，因此尚未开展；但同时根据研究队伍的调整，我们又增加了稳定同位素的研究内容（中方报告尚在撰写中）。又比如，动植物部分的研究，根据课题组成员的特点进行分工，分别由中方、英方和日方的学者相互合作撰写了多篇专项研究报告，合在一起才是完整的研究成果。凡此种种调整，都是为了能更好地发挥课题组成员的研究优势，以及充分利用课题时限内已经发掘的各类考古资料。

相对以往立项的重大课题，本项研究较多地借助了现代自然科学的分析技术。在谈论学科发展趋势的时候，经常听到的一句话就是要考古科学化，或者说要加强自然科学技术在考古学中的应用。不过，这只是一种表面现象，研究目的的变化才是带动技术现代化的根本原因。大约从 20 世纪八九十年代之交起，中国考古学开始将注意力投射在物质文化现象背后的社会层面上，从而提出对社会方方面面的复原与重建中的问题。学术一旦发展到这个程度，课题的多样性就立刻呈现出来了。不同的研究课题，需要以不同的资料和信息为基础。而要得到不同的资料信息，往往需要动用一些专门技术，例如田野作业中，大植物遗存和微植物遗存的取样方法就完全不同，实验室内的分析技术更是五花八门。然而，仅仅有资料信息，还是不够的，需要将它们按一定的相关性进行系统化，方能显现出这些内容对于历史阐述上的意义。要达到这个目的，就需要将若干种技术方法按照一定的学术逻辑组织起来，组成一支新的研究团队，建立一种新的协同研究的机制。本课题的实施正是基于此种目标进行的一次实践。

根据本课题设计的初衷，通过对田螺山遗址自然遗存的综合研究重新评估河姆渡文化的生业经济状况，应该说这个目标已部分地实现。根据现有的研究成果，很明显我们以前高估了河姆渡文化稻作农业的发展状况。河姆渡文化应该是处于稻作农业的早期阶段，水稻的驯化仍在进行之中，狩猎采集经济仍然占有相当的比重。这种生业模式显然与崧泽文化之后成熟的稻作农业形态有着显著的差别。

但是，由此也引出了一系列的相关问题：田螺山、河姆渡遗址的文化发展程度和生业模式是否在同一时期的整个长江下游地区具有代表性；近年来发现的早于河姆渡文化的跨湖桥文化中包含有很多长江中游地区的文化因素，年代也与长江中游的皂市下层文化相当，那么整个长江流域甚至整个中国范围内稻作农业又是如何起源和扩散的。解决这些更宏观问题的，还依赖于今后各省市之间的共同关注与进一步合作。

从研究方法上，田螺山遗址河姆渡文化自然遗存的综合研究课题将过去对农业起源的研究集中在农学家对作物驯化的生物学特征的讨论，转移到关注作物的驯化对早期人类定居社会经济形态所产生影响的考古学观察层面上来，具有重要意义。从这个意义上说，更需要多学科研究的支持，也能够从学术研究的根本目标上促成多学科研究的有效整合。我们希望通过田螺山个案研究，探索这种新的研究方法，促成学术界对包括稻作在内的农业起源问题的重新思考，这比得出某种单项的结论应该更为重要。

（原载《田螺山遗址自然遗存综合研究》，文物出版社，2011 年）

河姆渡文化

孙国平

　　河姆渡文化是中国南方地区一支重要的新石器时代中晚期考古学文化，距今约 7000～5300 年。以 1973 年发现的河姆渡遗址命名，主要分布于浙江东北部的宁绍地区东部和舟山地区。四十多年来，已在河姆渡、慈湖、名山后、塔山、小东门、鲞架山、鲻山、田螺山、傅家山、鱼山、下王渡等十余个遗址（见表 1）进行了考古发掘工作，发现了多个依山傍水，以采集、渔猎、农耕为经济手段的中国南方地区典型史前聚落，以干栏式木构建筑遗迹、稻作农业遗存、夹炭黑陶器、象牙雕刻器、众多骨器、石器和木器以及丰富的动植物遗存为主要文化内涵。

表 1　已发掘河姆渡文化遗址一览表①

遗址名称	地理位置	发掘时间	发掘面积	堆积年代（距今约）	主要发现
河姆渡	余姚河姆渡	1973、1977	2680 平方米	7000～5300 年	干栏式木构建筑遗迹、稻作遗存、夹炭黑陶
慈湖	宁波慈城镇	1988	近 300 平方米	5800～5300 年	水岸堆筑小路、岸边乱木堆、夹炭红衣黑陶
名山后	奉化南浦乡	1989、1990	600 平方米	6000～5300 年	人工堆筑土台、墓葬
塔山	象山丹城镇	1990、1992、2007	1500 平方米	6000～5300 年	上、下层墓地
小东门	宁波慈城镇	1992	300 平方米	5500～5300 年	坡相堆积、瓮棺葬
鲞架山	余姚河姆渡	1994	550 平方米	6000～5300 年	坡相堆积、成片瓮棺葬葬地、木栅栏、小水坑式河埠头
鲻山	余姚丈亭镇	1996	306 平方米	6800～5300 年	多层次干栏式木构建筑、打制石器加工点、夹炭陶
傅家山	宁波慈城镇	2004	2000 多平方米	7000～6000 年	排桩型干栏式木构建筑
田螺山	余姚三七市	2004、2006、2007、2008、2009～2014	1600 平方米	7000～5500 年	多层次干栏式木构建筑、布局清晰的村落局部、稻作遗存、村落外围古水田、打制石制品、二次葬、丰富动植物遗存
鱼山	宁波镇海区	2013～2015	3000 平方米	5800～5300 年	村落外围古水田、灰坑
下王渡	宁波奉化区	2017、2018	3000 平方米	5800～5300 年	干栏式木构建筑、小片墓地、灰坑

一　河姆渡文化的发现与研究

　　河姆渡文化自 1973 年发现至今，其认识和研究过程已近半个世纪，从研究的内容、手段、成果等

_____

　　①　河姆渡发掘面积应为 2630 平方米，傅家山应为 725 平方米。（编者注）

方面加以回顾和总结，可以区分为三个发展阶段。

（一）第一阶段（1973~1988 年）

这是河姆渡遗址发现、发掘、文化命名与初步研究的阶段。当时对于河姆渡遗址文化内涵的认识，也是经历了一些曲折的过程，直到 20 世纪 80 年代中后期，浙江史前考古的重心转移到杭嘉湖地区之后，河姆渡文化的研究才暂时平静下来。

20 世纪五六十年代，在杭嘉湖地区相继发掘老和山、马家浜、钱山漾、邱城、水田畈等①一系列史前文化遗址之后，浙江境内杭州湾以北地区史前文化面貌逐渐显露，马家浜文化和良渚文化遗存已受到考古界关注和初步认识，而杭州湾和钱塘江以南的浙江广大地区却一直是史前考古的空白区域。在当时的专家们看来，地处东海之滨的宁绍地区，除了低山丘陵之外，大多是地势低洼、海相沉积淤泥深厚的地理环境，应不会有数千年前的古人在此生活过。因此，后来在浙江余姚河姆渡遗址的发现，在这样特别的学术背景和历史时机下，引发了学术界和全社会空前的震惊和反响。

1973 年初夏，在余姚一个偏远小村所在的姚江边上，意外地发现了埋藏地下三四米深处的木头、石块、陶片、骨头等各类遗物，这成为宁绍地区史前考古的突破口。河姆渡遗址内涵丰富、保存良好的文化遗存得益于沿海地区低海拔的地下水埋藏环境，夹炭黑陶、稻作遗存、干栏式建筑、象牙雕刻制品等各类考古发现大大突破了人们对中国南方地区远古历史的传统认识。

宁绍地区东西长 100 多千米，总面积约 7000 平方千米，主要位于北纬 30°线和东经 121°线两侧；空间位置上，东临东海，并处于全国大陆海岸线中段，北隔杭州湾与杭嘉湖平原相望。地形总体不规整甚至破碎，除了不少低矮的孤丘分散坐落外，主要是被一些低山余脉和入海溪流斜向分隔成多块小面积平原，如姚江平原、宁波三江平原、萧绍平原、三北平原等（合称宁绍平原）。其中姚江平原是一片东西长约 50、南北宽 10 千米左右的滨海沉积平原，其形成过程相对比较年轻，主体堆积在一万年以内，而姚江由西向东弯曲流过更是晚近的事件，大致

图一 河姆渡遗址景观

① 浙江省文物管理委员会：《浙江省配合基本建设初期的文物工作》，《文物参考资料》1953 年第 7 期；《吴兴钱山漾遗址第一、二次发掘报告》，《考古学报》1960 年第 2 期；《杭州水田畈遗址发掘报告》，《考古学报》1962 年第 2 期；蒋赞初：《杭州老和山遗址 1953 年第一次的发掘》，《考古学报》1958 年第 2 期；梅福根：《江苏吴兴邱城遗址发掘简介》，《考古》1959 年第 9 期，江苏系浙江之误（编者注）。姚仲源、梅福根：《浙江嘉兴马家浜新石器时代遗址的发掘》，《考古》1961 年第 7 期。

在距今 5000 年以内。在它的南、北两侧，布列着两条近东西向伸展的山丘，南列属四明山北麓余脉，高度较大，多为海拔 200~500 米的低山丘陵；北列是较矮小、低缓的余慈山地，海拔多在 100 米上下。

河姆渡遗址就坐落在四明山脉北麓低山丘陵和姚江河谷平原南缘的过渡地带（图一），地势南高北低。村东南有芝岭溪，源于四明山区，自南向北注入姚江，姚江自西向东流过遗址南部；遗址东面约 2 千米沿姚江边分布一大片低山丘陵。遗址区及北侧平原地势低平，地表平均海拔约 2.3 米。遗址西部紧临江边有一座海拔仅 9 米左右的小石山，河姆渡人即依山聚居于小山坡之东、北面。古村落地势由西向东略呈缓坡状。遗址分布范围约 40000 平方米，文化堆积保存良好。

1. 遗址初现以及对于遗存年代的初步判断

中华人民共和国成立后至河姆渡遗址发现之前的二十多年间，宁绍地区几乎完全是史前考古的空白区域。所以，1973 年 6 月，在姚江边的一项农田水利工程中出土一些奇怪的遗物时，现场干活的群众非常惊讶，最先到达现场看到它们的几位专家第一印象也是深感意外和不可思议，而且因为其中的一些动植物遗存在刚出土时居然还那么"新鲜"，以致当时有人认为它们是时代比较"晚近"的东西。即使把刚出土的一些典型遗物带到北京的专家们面前，也一时难以判断①。

遗址发现之后，当时还几乎没有开展过重大考古项目的浙江省，各方面都对此空前重视。在国家文物局的特别支持下，由浙江省文物管理委员会和浙江省博物馆组织了 1973 年下半年 600 多平方米的第一次考古发掘。这次发掘出土了丰富的干栏式建筑和木构水井、储藏坑等丰富的村落生活遗迹，以及夹炭黑陶器、骨器、木器、石器等各类文物 1600 多件，还有稻谷壳、炭化稻米、其他植物种子、各种动物骨头等大量动植物遗存。

通过试掘和第一次发掘，专家们对遗物的年代渐渐有了比较和判断。首先，根据上部地层中出土的以红褐色陶胎为主要特征的陶片和下部地层出土的大量黑灰色陶片的鲜明区别，分出了该遗址形成大概具有早、晚两大阶段。第二，根据黑灰色陶片的出土深度和形态特征，如厚度、胎质、工艺、火候、装饰纹样等，并与杭嘉湖地区邱城、马家浜遗址出土的红褐色陶片比较，明显感觉到河姆渡陶片的一些原始性。所以专家们很快就认识到，河姆渡遗址下部地层出土的遗物一定是代表了当时浙江境内已发现的最早的新石器时代文化遗存。而上部地层中的红褐色陶片及其面貌特征则更像是杭嘉湖平原上已经发现和认识的马家浜文化、崧泽文化的因素②。

在第一次发掘中，进一步划分出了依次叠压的四个文化堆积层，并揭露出不少以各种木构件为面貌特征的后来命名为"干栏式建筑"的古代房屋遗迹，也获取了非常丰富的陶器、石器、骨器、木器等遗物和无数的动植物遗存。③、④层出土的夹炭黑陶釜、双耳罐等特征鲜明的器物，是一批在全国其他同时期的古文化遗址中前所未见的新"东西"③。面貌独特和异常丰富的出土遗存很快引起了国内考古界和国家文物局的高度重视。

---

① 《浙江余姚河姆渡发现六千年前新石器时代遗址》，《文物特刊（15）》，1976 年 6 月 15 日。浙江省文管会、浙江省博物馆：《河姆渡发现原始社会重要遗址》，《文物》1976 年第 8 期；刘军：《河姆渡文化的回顾与前瞻》，《河姆渡文化新论——海峡两岸河姆渡文化学术研讨会论文集》，海洋出版社，2002 年。

② 浙江省文物考古研究所：《河姆渡——新石器时代遗址考古发掘报告》，文物出版社，2003 年。

③ 浙江省文物管理委员会、浙江省博物馆：《河姆渡遗址第一期发掘报告》，《考古学报》1978 年第 1 期。

2. "河姆渡文化"的命名与谱系归属

1976 年在杭州召开"河姆渡遗址第一期发掘工作座谈会",与会专家就河姆渡遗址的性质、年代、学术价值、与周边其他文化的相互关系等重要问题进行了讨论、分析和判断,多数专家认为该遗址③、④层遗存具有突出的特性和内涵,支持命名为河姆渡文化①。夏鼐随后在 1977 年发表的《碳-14 测定年代和中国史前考古学》一文中,正式把河姆渡遗址的③、④层文化遗存命名为"河姆渡文化"。由此还得出一个关于浙江北部地区新石器时代文化序列的阶段性认识,即河姆渡文化之后是马家浜文化、崧泽文化、良渚文化②。

3. 第二次发掘与研究的深化

为更加清楚地了解河姆渡文化的各方面内涵,科学全面地解决更多的相关学术问题,国家文物局大力支持了河姆渡遗址 1977 年下半年的第二次大规模发掘。发掘面积 2000 平方米,发现大片干栏式木构建筑遗迹(图二),墓葬 27 座,灰坑 28 个,出土陶器、石器、玉器、骨器、木器、编织物等各类遗物 4700 多件,陶片 20 多万片,还发现大面积的稻谷壳堆积层以及极其丰富的动植物遗存(含芦苇编织物和绳索等)。同时,为了可靠把握河姆渡遗址的形成年代,发掘中从不同地层选取了较多的有机质样品,由中国社会科学院考古研究所实验室和北京大学考古实验室用 ^{14}C 方法分别做了年代测定,共测出 27 个年代数据,显示河姆渡遗址形成于距今 7000~5300 年。其中,④层(第一期)样品年代在距今 7000~6500 年,③层(第二期)样品年代在距今 6500~6000 年,②层(第三期)样品年代在距今 6000~5500 年,①层(第四期)样品年代在距今 5500~5300 年。

通过此次较大规模发掘,更加确认了①层至④层的地层叠压关系以及它们所代表的文化内涵上的异同,并初步提出河姆渡文化"四期说",揭示出了更加开阔的以干栏式木构建筑为特征的村落遗迹,并出土了更加丰富的其他遗迹和大量遗物,为开展全面的科学研究提供了新颖独特和极其丰富的考古材料,也使河姆渡文化引起了国内外学术界的高度关注,不仅成为浙江地区史前考古的重大突破,也被公认为中国长江流域乃至整个南方地区新石器时代考古学文化的重要代表。河姆渡遗址也成为中国(稻作)农业起源和发展问题研究的突破性发现和关键性材料,建筑遗迹也被公认为干栏式木构建筑的最早源头③。

当时的一个主要分歧是,①、②层的晚期遗存是否与③、④层的早期遗存一起同属于河姆渡文化。《考古学报》1978 年第 1 期中发表的《河姆渡遗址第一期发掘报告》中关于河姆渡遗址 4 个文化层的文化属性问题,先还是倾向于河姆渡文化应仅限于以③、④层遗存为代表,①、②层遗存的时代与内涵相当于太湖流域的崧泽文化类型和马家浜文化类型。原因有,第一,②层中有比较多的马家浜文化因素的存在,如红褐色夹砂陶质、外红里黑陶胎的细高把豆、牛鼻形器耳、凿形足和柱状足的陶鼎、实足陶盉等;第二,①层的文化遗存比较单薄,其中也有一些明显的崧泽文化因素,如泥质灰陶镂空

---

① 本刊通讯员:《河姆渡遗址第一期发掘工作座谈会纪要》,《文物》1976 年第 8 期。

② 夏鼐:《碳-14 测定年代和中国史前考古学》,《考古》1977 年第 4 期;钱江初等:《碳十四年代测定报告(四)——河姆渡遗址年代的测定与讨论》,《文物》1979 年第 12 期;河姆渡遗址考古队:《浙江河姆渡遗址第二期发掘的主要收获》,《文物》1980 年第 5 期。

③ 河姆渡遗址考古队:《浙江河姆渡遗址第二期发掘的主要收获》,《文物》1980 年第 5 期。

图二   河姆渡遗址干栏式建筑遗迹

圈足盘和豆、灰陶小口罐、粗条纹鱼鳍形足鼎等；第三，经过^{14}C 年代测定，4 个文化层的年代总跨度近 2000 年。一个考古学文化延续 2000 年的时间过于长久。所以，关于河姆渡文化是否包含河姆渡遗址①层至④层所有遗存的争论①，因为各位专家从对不同遗存的关注点出发，未能做文化因素的定量分析，没有更丰富确凿的新出土遗存，至今也未能取得非常一致的认识。

4. 专题调查与河姆渡文化分布范围的初步确定

为从宏观上把握河姆渡文化的空间分布状况，1979 年下半年在宁绍地区东部和舟山部分地区进行了以野外地面踏勘、局部剖面观察、零散遗物采集为主要方法的传统考古调查，发现了童家岙、鲻山、下庄、八字桥、董家跳等数十处河姆渡文化遗址，基本明确宁绍地区东部，即余姚、慈溪、鄞州、镇海、奉化、象山、上虞等地，为河姆渡文化主要分布区。往北以杭州湾为界，往东可包括舟山群岛的大部分区域，往南的延伸范围当时难以确定，大致为宁波三江平原的南界，往西可到绍兴东部的曹娥江以东的上虞部分区域和余姚西部地区②。

5. 材料整理和初步研究成果的发表

1978 年至 1980 年，在河姆渡遗址发掘场地附近工作站集中进行了两次发掘材料的较系统整理，并发表了《浙江河姆渡遗址第二期发掘的主要收获》③ 一文，作为对河姆渡遗址较完整的初步认识。同时，负责河姆渡遗址发掘的几位主要专家，也作为刚刚从浙江省博物馆分离出来而独立组建的浙江首家考古研究单位——浙江省文物考古所的几位专家发表了多篇直接论述河姆渡文化的历史性文章，如牟永抗的《试论河姆渡文化》，对河姆渡文化的年代、分布地域、内涵特征、文化分期、族属，以及

---

① 浙江省博物馆：《三十年来浙江文物考古工作》，《文物考古工作三十年》，文物出版社，1978 年。
② 刘军：《河姆渡文化遗址调查概况》，《浙江省文物考古所学术交流专辑（1）》，1980 年。
③ 河姆渡遗址考古队：《浙江河姆渡遗址第二期发掘的主要收获》，《文物》1980 年第 5 期。

与周边史前文化的关系等基本问题作了原创性表述，为众多相关的后续研究打下了基础①。

6. 杭州湾两岸史前文化对应关系基本确立

1979 年至 1980 年，桐乡罗家角遗址的发掘，马家浜文化早期阶段特征的明确，^{14}C 年代测定数据出来以后，多数学者开始认为，以杭嘉湖平原为主要分布区的马家浜文化并非来源于河姆渡文化，两者是距今 6000 年前、在杭州湾两岸平行发展的两支史前文化，具有各自独立的发展序列。由此留下的一个疑问是，河姆渡遗址上部地层所代表的文化阶段是归属于河姆渡文化晚期呢，还是演变或转型为马家浜晚期文化和崧泽文化②。这个问题，因局限于野外新材料的发现，有关认识进展缓慢。

7. 河姆渡文化分期再讨论

自河姆渡遗址第一期发掘之后，关于河姆渡文化的分期问题就一直存在着争论，主要有两期说、四期说、五期说和四期八段说等几种。

直接负责河姆渡两期发掘的主要专家所持的基本观点是：河姆渡遗址的四个文化层基本反映了河姆渡文化的连续发展过程和一脉相承的联系，可以作为河姆渡文化整体发展阶段上的四期③。尤其是从主流炊器一直是陶釜来看，更是如此。尽管带三足的陶鼎在②层开始出现，但首先从其形态和数量而言，可以肯定是马家浜文化传播和影响下的产物；同时，②层、①层的陶釜依然是主流的炊器，不仅种类多、变化快、制作熟练，如敞口釜、盘口釜、多角沿釜、直口饰附加堆纹釜均造型规整、装饰精细，数量上也没有出现明显的劣势。这些均表明河姆渡文化的核心因素（传统）在进入距今 6000 年以后的时期还是在比较稳定地延续着。

无论如何，遗址内涵或文化的分期研究在当时对把握河姆渡文化的演变过程很有必要，但也只能作为深化后续研究的一个基础手段，而更应该在分期的基础上寻找分期或文化演变背后的环境和社会原因。要做到这点，传统的考古学手段已难以取得突破，更为要紧的是如何在原有材料的基础上，充分拓展现代科技手段的应用方向和切入点，进行多学科的观察、分析、统计、鉴定、检测等，在定性的基础上进行定量研究，以达到数据化的科学结论。

8. 率先开展系统的多学科研究

由于河姆渡遗址出土遗存的独特、丰富和良好的保存状况，发掘期间和之后，吸引了农学、建筑学、古气候学、地质学、古地理学、动物学、植物学、矿物学等国内众多学科和专业的专家参与到发掘和后续研究中，包括现场观摩、指导、处理、取样、鉴定、综合分析等，取得了国内新石器时代考古的空前突破。很快，国内外的专家们就河姆渡遗址出土的各类材料，发表了最新的研究成果，如游修龄的《对河姆渡遗址第四文化层出土稻谷与骨耜的几点看法》和《从河姆渡遗址出土稻谷试论我国栽培稻的起源、分化与传播》、浙江省博物馆自然组专家完成的《河姆渡遗址动植物遗存的鉴定研究》、杨鸿勋的《河姆渡遗址早期木构工艺考察》、严文明的《中国稻作农业的起源》、吴维棠的《七

---

①　牟永抗：《试论河姆渡文化》，《中国考古学会第一次年会论文集》，文物出版社，1980 年。

②　罗家角考古队：《桐乡县罗家角遗址发掘报告》，《浙江省文物考古所学刊》，文物出版社，1981 年；姚仲源：《二论马家浜文化》，《中国考古学会第二次年会论文集》，文物出版社，1982 年。

③　刘军：《河姆渡文化的再认识》；牟永抗：《浙江新石器时代文化的初步认识》，《中国考古学会第三次年会论文集》，文物出版社，1984 年。

千年来姚江平原的演变》、郎鸿儒的《浙江余姚河姆渡新石器时代遗址与全新世海面的变化》，还有身处大洋彼岸的著名华裔考古学家张光直的《中国东南海岸的"富裕的食物采集文化"》等，对河姆渡遗址的动植物遗存，特别是其中的稻作遗存、干栏式木构建筑遗存以及所反映的古地理古环境古气候等内容进行了科学的鉴定、分析和论证①。这些在较短时间内完成或发表的成果，不仅是当时整个中国史前考古学科中的学术亮点，也在今后很长一段时间里在考古多学科研究领域处于领先地位，并产生了广泛和深远的影响。

9. 遗址学术价值、历史地位认定和文化内涵概括

河姆渡遗址保存之良好，文化内涵之丰富，在中国新石器时代遗址中迄今还是首屈一指的。它的发现给长江流域乃至中国南方地区新石器时代考古起了很大的推动作用，为多学科研究提供了非常难得的实物资料。在它发现和发掘后不久，很快被命名为河姆渡文化，并与半坡遗址一起成为中国南、北方新石器时代文化较早阶段的重要代表，改变了延续数千年的以黄河中心论为标志的中国传统史观，让学术界认识到长江流域与黄河流域一样也是中华远古文化的发祥地。

经过第一阶段的初步研究，概括出了以河姆渡遗址为核心的河姆渡文化具有如下主要内涵。

（1）陶器及碎片是最主要的文化遗存，其中以夹炭黑陶和夹砂陶为基本陶系，烧成温度800℃左右；陶器外表多施纹饰，常见纹饰有拍印绳纹、刻划弦纹、戳印曲折纹、附加堆纹等，多见于器物的颈腹部、肩部和口沿等部位；陶器器壁厚薄不匀，大多为手制；陶器中圜底器、平底器多见，圈足器、三足器少见；常见器形有釜、罐、盆、盘、钵、豆、盉和釜支脚等。

（2）以骨角牙器、木器、编织物和动物骨骼碎块、微小的植物种子果核为主的有机质遗存，特别是反映稻作农业发展水平的遗存都非常丰富。

（3）干栏（底层架空）式木构建筑遗迹数量多、保存好、布局比较清楚，木构件榫卯加工和木构营建技术先进。

（4）带有较高艺术性和思想性的各类遗物数量之多在同时期的考古学文化中也非常突出。

（5）从早到晚的主要文化内涵有着紧密传承关系，河姆渡遗址四个文化层代表着一个独立的考古学文化——"河姆渡文化"。

（6）河姆渡文化各期典型陶器（图三）和其他遗存的特征归纳如下。

第一期遗存丰富多彩，以骨、角、牙器为大宗，木器、石器占有一定数量，陶器数量多，特征明显。骨器，是数量最大的一类器物，制作简单、粗糙，大多数保留原骨料的表面或骨片的劈裂面，仅

---

① 游修龄：《对河姆渡遗址第四文化层出土稻谷和骨耜的几点看法》，《文物》1976年第8期；《从河姆渡遗址出土稻谷试论我国栽培稻的起源、分化和传播》，《作物学报》1979年第3期；《太湖地区稻作起源及其传播和发展问题》，《中国农史》1986年第1期。浙江省博物馆自然组：《河姆渡遗址动植物遗存的鉴定研究》，《考古学报》1978年第3卷第1期。杨鸿勋：《河姆渡遗址早期木构工艺考察》，《建筑考古学论文集》，文物出版社，1987年。李家治、陈显求、邓泽群、谷祖俊：《河姆渡遗址陶器的研究》，《硅酸盐学报》第7卷第2期，1979年5月。严文明：《中国稻作农业的起源（一）》，《农业考古》1982年第1期；《中国稻作农业的起源（续）》，《农业考古》1982年第2期。吴维棠：《七千年来姚江平原的演变》，《地理学报》1983年第3卷第3期。郎鸿儒：《浙江余姚河姆渡新石器时代遗址与全新世海面的变化》，《浙江地质》1987年第3卷第1期。张光直：《中国东南海岸的"富裕的食物采集文化"》，《上海博物馆集刊》（总第四辑）上海古籍出版社，1987年。

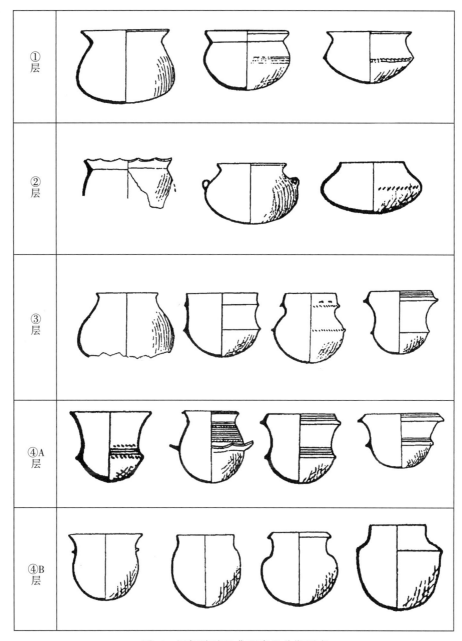

图三　河姆渡遗址典型陶釜分期图表
（引自牟永抗《再论河姆渡文化》）

在刃部或尖端加工磨制；器形以骨镞、骨（角）锥、骨耜较为常见，骨耜典型，少量带有用藤条捆绑的木柄，骨针、管形针、骨匕等数量也不少。石器总量较少，制作技术较原始，打制为主，磨制较少，斧、锛多保留打制成型时的粗糙表面，仅刃部磨光，极少通体磨制石器，钻孔技术不成熟；器形以斧、锛和磨石为主，另有一些石凿、石楔。还有不少用萤石类假玉原料制作的玦、璜、管、珠等早期玉器类装饰品。木器，多为织机上的零部件或器柄、尖头木棒等，还有少量木耜；木蝶形器仅见于河姆渡遗址，用途很可能是祭祀仪式、巫术活动中的一种道具。陶器以夹炭黑陶为主，夹砂黑陶占少数；制法以手制泥条盘筑法为主，也有个别的捏塑成型或用泥片敷贴成型，胎壁厚薄不匀，烧成温度不高，

800℃左右，吸水性强；器表多有装饰，其手法多采用刻划、拍印和戳印，常见绳纹、弦纹、贝齿纹、谷粒纹等，釜腹多拍印绳纹，釜的肩部及罐、盆、盘、钵、盂、豆、器座等器的口沿多有装饰花纹，少数动植物纹图像多刻于盛储器的腹部，偶见彩陶；器类简单，造型厚重，主要器物有各类陶釜、釜支脚、罐、盆、盘、钵、盂、豆、器座、纺轮等（图四至图六）。

出土以干栏式木构建筑为特征的聚落遗迹。密集成排木桩、散乱梁、柱和一些横向的木板构成干栏式长排房屋的基础。很多建筑构件上发现不少加工熟练、结构科学的榫卯类型。通过各种遗迹、遗物总体分析，可以认定第一期的干栏式房屋应是长条形干栏式长屋。还有家畜（禽）圈栏和少数圆形、椭圆形灰坑。

第二期遗存直接叠压在第一期遗存（即④层）之上。石、骨、木、陶器数量明显减少，其种类及制作方法与第一期遗存基本相同（图七、八）。夹砂陶有所增长，陶色由深灰黑色逐渐变浅，质地比较硬；陶器多为手制，泥条盘筑成型，烧成温度比前期略高；纹饰由繁盛走向衰退，趋于简单，装饰手法、部位及其纹样仍沿袭前期。新出现一批饰花边的大敞口圜底釜。此阶段木构建筑的房基遗迹中有一些柱杭，有的底部垫有木板，个体细小者，多无垫板。

1   2   3

4   5   6

图四 河姆渡文化第一期陶器

1. 敛口釜（河 T26④：34）   2. 敛口釜（河 T211④A：158）   3. 敛口釜（田 T103⑦：23）   4. 敛口釜（田 T103⑧：39）
5. 龟形刻纹盂（田 T103⑧：25）   6. 小口盂（田 T204⑧：61）

图五　河姆渡文化第一期陶器

1. 敞口釜（河 T30④：75）　2. 敞口釜（鲻 T9⑨：25）　3. 敞口釜（田 T103⑧：18）　4. 器座（河 T215④B：92）　5. 双耳罐（河 T242④A：253）　6. 双耳罐（河 T242④B：373）

图六　河姆渡文化第一期陶器

1. 单耳敛口钵（河 T232④B：136）　2. 刻稻穗纹钵（河 T221④B：232）　3. 猪纹方钵（河 T243④A：235）　4. 刻纹盆（河 T29④：46）
5. 敛口盆（河 T243④A：254）　6. 刻纹敛口盆（河 T221④B：132）

图七　河姆渡文化第二期陶器

1. 敛口釜（田 M14：1）　　2. 敞口筒腹釜（田 DK1⑤：1）　　3. 直口釜（田 T003⑤：48）　　4. 直口釜（田 T203⑤：25）　　5. 直口筒腹釜（河 T226③A：16）　　6. 单耳小釜（田 T303⑥：1）

　　13 座墓葬零散分布在居住区内的房屋周围，人骨架保存较好，均为单人侧身屈肢葬，多头东脚西，应有墓坑，绝大多数没有随葬品。

　　第三期遗存，石、骨、木、陶器数量比第二期遗存（即③层）更少。石质生产工具多修长，棱角分明，多通体精磨，部分穿孔采用管钻技术；主要器形与③层相似，新出现双孔石刀、圆饼形石纺轮。玦、璜、管、珠仍是该层的主要装饰品。骨、木器锐减。陶器，以夹砂灰褐陶为主，夹砂红陶次之，泥质红陶、泥质灰陶、夹炭灰陶还有一定比例；大部分器物仍采用手制方法，少数器物可见慢轮修整痕迹；纹饰总体趋简，仅见刻划弦纹和拍印绳纹，戳印贝齿纹基本消失，附加堆纹和镂孔成为主要纹饰；器类齐全，圈足器增多，三足器出现（图九至图一一）。

　　房屋遗迹仅发现零星分散的无规律的柱洞。还发现一口水井遗迹，位于第一次发掘区内东北角，由一个边长约 2 米的木结构筑成方形水坑，在该坑外围还有一个不规则的圆形水坑，在水坑外围呈放射状分布有细小的原木构件残段和一些芦席残片，似井亭结构的残留。

　　墓葬 3 座，不见墓坑，人骨架保存较好，头东脚西，侧身葬，没有随葬品。

　　第四期遗存很少，木器消失，只有石器和陶器。石器器形制作规整精细，棱角清晰，大多通体磨光，刃部锋利，钻孔较多，钻孔方法沿用管钻法或琢孔法；主要器类仍是斧、锛、凿。装饰品多用萤石或叶蜡石做原料，仍沿袭早期的玦、璜、管、珠等器形。陶器，以夹砂红陶为大宗，夹砂灰陶和泥质红陶次之，夹炭陶还有一定的数量；火候较高，质地坚硬，陶胎较薄；制法仍以手制为

图八　河姆渡文化第二期陶器

1. 甑（河 T31③：8）　2. 大圈足豆（河 T243③B：197）　3. 灶（河 T243③B：49）　4. 敛口盆（田 T103⑦：6）　5. 盘（田 T103⑤：82）
6. 双耳罐（河 T35③：27）

主，小部分器物口沿已采用慢轮修整，个别器物开始采用轮制技术，器物较规范定型；装饰花纹继续沿袭前几个文化层的刻划纹、拍印纹和附加堆纹，釜腹仍拍印绳纹，偶见压印篮纹，鼎足正面纹样丰富，豆把盛行镂孔，装饰部位由过去口沿及肩部转向足部；器类齐全，三足器比前期更多（图一二，图一三）。

墓葬 11 座，大多不见墓坑，人骨保存很差，仰身直肢葬，均有数量不多的随葬品，等级差别甚小。

10. 河姆渡文化区古气候、古环境复原

经过对河姆渡遗址大量动植物遗存的综合研究，明确河姆渡文化分布区曾经有过比现在更加宜人的生存环境，当时属于要比现在更加温暖湿润的亚热带季风气候区。而从更早的 1 万多年前开始，地

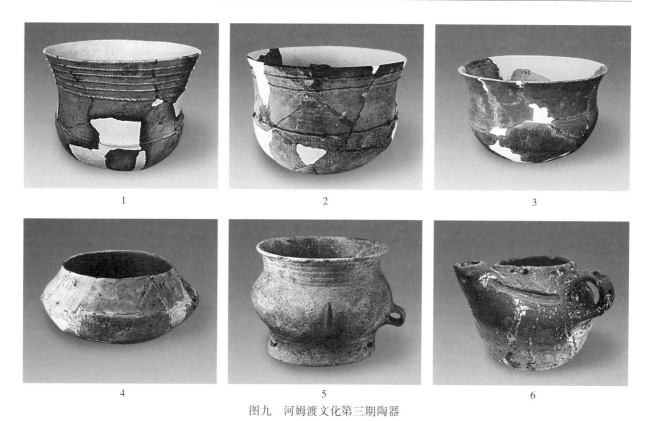

图九 河姆渡文化第三期陶器

1. 敞口釜（田 H4：2） 2. 敞口釜（田 T303④：7） 3. 敞口釜（田 T306④：6） 4. 敛口釜（河 T213②：4） 5. 单耳簋（塔 M29：3）
6. 小盉（田 M13：1）

球上的气候又一次步入逐渐转暖的周期，随之而来的现象是降水增加，海平面迅速上升，动植物生长进入全新世最好的时期，但新石器时代早期在东南沿海地区的人类活动遗存很可能在水进人退的情况下逐渐埋没于浅海沉积层下。习惯于逐水而居的早期先民一直随着海平面的波动而在近海岸的环境良好区域继续着自己的生活。这些区域通常处于山地边缘的盆地、平原和低丘坡地等山前地带，比较适合人类由采集狩猎经济转向农耕经济。

河姆渡遗址西南面小山丘海拔 6.5 米。堆积整体厚度平均以 4 米计，其④层底界也就是生土面海拔经推算在-1.5~-2 米之间。而在滨海地区适合人们居住生活的最低海拔要高于海平面 2 米，因此，河姆渡开始活动时期的海平面应低于今日海平面至少 4 米。当时河姆渡遗址周围的自然环境应是处于平原、湖沼和丘陵山地交接地带。河姆渡遗址④层之下的生土层，经鉴定是青灰色海相亚黏土，据沉积微体古生物（硅藻化石等）鉴定，应属入海河口潟湖相沉积；由下至上由微咸水沼泽相过渡到淡水陆相的沉积黏土组成。先民在当时的条件下，已能高度利用自然资源，并对环境加以改造。裸顶鲷、鲸、鲨等海生鱼类遗骨和生活于滨海河口地带的鲻鱼遗骨，反映遗址应离海岸不会太远。现在的姚江紧贴着遗址的南侧自西向东流过，但根据地质资料，5000 多年前姚江在余姚西部自南向北直接注入杭州湾。

据对动植物遗存的综合分析，7000 年前的河姆渡人生活时期，村落南面是层峦叠嶂的四明山地，山上有茂盛的原始森林，常绿落叶阔叶林布满其间。村与山之间只有沼泽和山麓溪滩相间，姚江尚未流经那里，村子是与南边的渡头山、元宝山连在一起的，离最近的山头仅 100 多米。源于山里的芝岭

图一〇　河姆渡文化第三期陶器

1. 鼎（塔 M29：1）　2. 鼎（河 H17：1）　3. 罐形鼎（河 T231②B：22）　4. 异形鬶（名 T1514⑩：1）　5. 垂囊盉（鲻 H17：3）
6. 垂囊盉（河 H21：3）

溪水流从四明山北麓向遗址湍急流经村旁并向北注入湖泊，这为河姆渡先民提供了充足的水源。距今 5000 多年前，姚江改道流经遗址西南时，村落东、西、北三面是大片的湖泊沼泽。河姆渡时期村落离海岸较近，坐落于滨海山麓坡地与滩涂交接地带。这种山地、森林、丘陵、平原、湖泊、沼泽与海洋相间的特殊多样性地理环境，加上当时气候湿热，造就了聚落周围动植物资源非常丰富的自然环境。

（二）第二阶段（1988~2004 年）

经过 20 世纪 80 年代中叶的相对平静期之后，以 1988 年 9 月开始的宁波慈湖遗址的抢救性发掘为标志，进入了河姆渡文化的遗址数量积累和研究深化的阶段。

20 世纪 80 年代末至 90 年代，宁绍地区进入改革开放以来基本建设的第一个高潮期，由此也带来了野外考古发现和研究的发展机遇。期间，慈湖（1988 年）①、奉化名山后（1989、1990 年）②、象山

---

① 浙江省文物考古研究所、宁波市文物考古研究所：《宁波慈湖遗址发掘简报》，《浙江省文物考古研究所学刊（建所十周年纪念 1980—1990）》，科学出版社，1993 年。

② 名山后遗址考古队：《奉化名山后遗址第一期发掘的主要收获》，《浙江省文物考古研究所学刊（建所十周年纪念 1980—1990）》，科学出版社，1993 年。

塔山（1990、1992 年）①、慈城小东门（1992 年）②、余姚鲞架山（1994 年）③、余姚鲻山（1996 年）④
等遗址（图一四）的小规模发掘与河姆渡遗址出土遗存的后续多学科研究，对于河姆渡文化的年
代、文化面貌、内涵、分期、分布范围、扩散传播方向、与周边史前文化的关系、经济手段（生业
模式）和聚落环境的演变等问题的认识持续取得了一定的进展。特别是围绕各类稻作遗存，农学、
遗传学、分子生物学等学科手段也逐渐应用到稻作研究上，其中植硅体分析、双峰乳突形态观察、
同功酶和 DNA 分析等科技手段用于稻谷种属鉴别和分类学研究⑤。有关河姆渡文化稻作农业遗存研
究的重要文章，也大多发表于这一时期。早已开始关注长江流域稻作农业遗存考古发现的北京大学严
文明教授在得知河姆渡遗址出土稻谷中甄别出了一些野生稻颗粒后表示，这一发现是对中国稻作农业
长江中下游起源说的一个有力支持⑥。总体而言，20 世纪 90 年代的这些研究在国内外的全球稻作起源
与发展过程的研究领域也是非常有影响和领先的。这一阶段河姆渡文化各类学术成果数量最多，如陈
桥驿的《越族的发展与流散》⑦、林士民的《从宁绍地区的遗址看河姆渡文化的发展》⑧、王海明的
《河姆渡文化与马家浜文化关系简论》与《河姆渡遗址与河姆渡文化》⑨、牟永抗的《钱塘江以南古文
化及相关问题》⑩、蒋乐平的《浙江史前文化演进的形态与轨迹》⑪、刘军的《河姆渡陶器研究》⑫、汤
圣祥等的《河姆渡炭化稻中普通野生稻的发现》⑬ 和张文绪等的《水稻品种和河姆渡出土稻谷外稃乳
突的扫描电镜观察》⑭ 等，此外还有关于河姆渡文化综合研究的两本专著——即林华东的《河姆渡文
化初探》⑮、陈忠来的《河姆渡文化探原》⑯ 的出版，使河姆渡文化的整体研究形成热烈兴盛的局面，
足见这一史前考古学文化在国内外所产生的影响之大。1994 年，"纪念河姆渡遗址发现 20 周年学术

①　浙江省文物考古研究所、象山县文物管理委员会办公室：《象山县塔山遗址第一、二期发掘》，《浙江省文物考
古研究所学刊》，长征出版社，1997 年。

②　浙江省文物考古研究所：《宁波慈城小东门遗址发掘简报》，《东南文化》2002 年第 9 期。

③　孙国平、黄渭金：《余姚市鲞架山遗址发掘报告》，《史前研究（2000）》，三秦出版社，2000 年。

④　浙江省文物考古研究所、厦门大学历史系：《浙江余姚市鲻山遗址发掘简报》，《考古》2001 年第 10 期。

⑤　游修龄、郑云飞：《河姆渡稻谷研究进展及展望》，《农业考古》1995 年第 1 期。

⑥　严文明：《河姆渡野生稻发现的意义》，《河姆渡文化研究》，杭州大学出版社，1998 年。

⑦　陈桥驿：《越族的发展与流散》，《东南文化》1989 年第 6 期。

⑧　林十民：《从宁绍地区的遗址看河姆渡文化的发展》，《浙东文化论丛》，中央编译出版社，1995 年。

⑨　王海明：《河姆渡文化与马家浜文化关系简论》，《东南文化》1991 年第 6 期；土海明：《河姆渡遗址与河姆渡
文化》，《东南文化》2000 年第 7 期。

⑩　牟永抗：《钱塘江以南的古文化及其相关问题》，《福建文博》1990 年增刊。

⑪　蒋乐平：《浙江史前文化演进的形态与轨迹》，《南方文物》1996 年第 4 期；蒋东平：《塔山下层墓地与塔山文
化》，《东南文化》1999 年第 6 期。

⑫　刘军：《河姆渡陶器研究》，《东方博物》1997 年第 1 期。

⑬　汤圣祥等：《河姆渡炭化稻中普通野生稻谷粒的发现》，《中国栽培稻起源与演化研究专集》，中国农业大学出
版社，1996 年。

⑭　张文绪等：《水稻品种和河姆渡出土稻谷外稃乳突的扫描电镜观察》，《河姆渡文化研究》，杭州大学出版社，
1998 年。

⑮　林华东：《河姆渡文化初探》，浙江人民出版社，1993 年。

⑯　陈忠来：《河姆渡文化探原》，团结出版社，1993 年。

图一一　河姆渡文化第三期陶器
1. 豆（田 T306④：4）　2. 豆（塔 M17：1）　3. 豆（塔 M29：6）　4. 小口罐（塔 M24：3）　5. 双耳深腹罐（田 M2：1）

图一二　河姆渡文化第四期陶器

1. 盘口釜(河 M3：3)
2. 敞口釜(河 T222①：5)
3. 多角沿釜(河 T222①：1)
4. 鼎(名 H4：8)
5. 釜支脚(河 T242②B：11)

研讨会"召开，专家们关于河姆渡文化的最新研究成果体现在后来出版的会议论文集《河姆渡文化研究》① 中，由此进一步推动了中国考古界开展多学科研究。特别是中国新石器时代的动植物考古学研究广泛开展，利用河姆渡遗址出土的动植物遗存进行研究，在内容广度和深度上获得了前所未有的发展。

1990 年和 2001 年，萧山跨湖桥遗址两次发掘以后，由于其测年数据早于距今 7000 年，加上其中一些遗物，特别是陶器、骨器、石器的形态特征也与河姆渡遗址的同类遗物有一些相似，如两者均有绳纹圜底陶釜、骨耜、骨镞、骨匕和石斧、石锛等，还有两者的空间距离也较近，仅 100 千米左右，所以一些专家认为跨湖桥文化遗存应至少是河姆渡文化的一个来源。另一些学者则持相反意见，认为跨湖桥文化遗存与河姆渡文化遗存之间的相似性是次要的，河姆渡文化的直接来源不会是跨湖桥文化②。

1998 年，对河姆渡倾注了很大热情的河姆渡遗址博物馆首任馆长邵九华出版了《河姆渡——中华

① 浙江省文物局、浙江省文物考古研究所、河姆渡遗址博物馆：《河姆渡文化研究》，杭州大学出版社，1998 年。
② 浙江省文物考古研究所、萧山博物馆、跨湖桥遗址博物馆：《跨湖桥》，文物出版社，2004 年；黄渭金、张殿发、杨晓平：《河姆渡遗址与跨湖桥遗址的比较研究》，《东方博物》（第 27 辑），浙江大学出版社，2008 年；黄渭金：《简论河姆渡遗址与跨湖桥遗址的关系》，《跨湖桥文化论集》，人民出版社，2009 年；孙国平：《全新世早中期环境下的河姆渡文化与跨湖桥文化关系》，《中国考古学会第十三次年会论文集》，文物出版社，2011 年。

图一三　河姆渡文化第四期陶器

1. 罐（名 M4∶1）　2. 罐（河 T225①∶5）　3. 罐（河 M9∶1）　4. 豆（河 M2∶3）　5. 豆（河 M6∶3）　6. 圈足盘（塔 M5∶1）

远古文化之光》①，对推动河姆渡文化的研究、保护和宣传发挥了独特的作用。

　　1999 年 10 月，"海峡两岸河姆渡文化学术研讨会"在宁波召开，会后出版了《河姆渡文化新论》②，学者们大多继续围绕河姆渡文化研究的核心问题，如河姆渡文化的来源问题、文化分期问题、分布范围问题、稻作农业发展水平问题、生业模式结构与演变过程问题、聚落形态与环境演变问题、衰落与扩散传播的过程、方向和机理问题等进行讨论、研究，但受新发现材料和研究手段的局限，未能取得更多突破性的研究进展。所以说，20 世纪 90 年代至 21 世纪初的河姆渡文化研究状况整体上还处在一个全面的数量积累阶段。

　　2000 年，河姆渡遗址被评为 20 世纪中国"十大考古发现"，被公认为中国新石器时代考古的一个重要里程碑；2001 年，被评为"中国 20 世纪百项考古大发现"。

　　2002 年，浙江省博物馆周新华以河姆渡遗址稻作遗存为主要视角出版了《稻米部族——河姆渡遗址考古大发现》（浙江文艺出版社）一书。

　　2003 年，经过多年的资料整理以及多位学者的长期努力，《河姆渡——新石器时代遗址考古发掘报告》终于出版，为河姆渡遗址和河姆渡文化的研究提供了一份最完整的基础资料。这也可谓是河姆渡文化研究第二阶段的最好结尾和明显标志。

---

① 邵九华：《河姆渡——中华远古文化之光》，中国大百科全书出版社，1998 年。
② 王慕民、管敏义：《河姆渡文化新论——海峡两岸河姆渡文化学术研讨会论文集》，海洋出版社，2002 年。

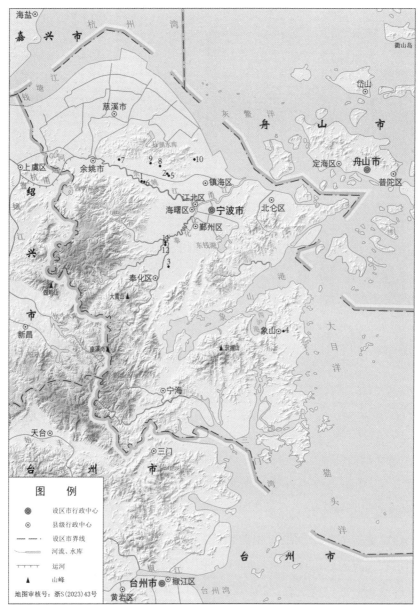

图一四　已发掘河姆渡文化遗址地理位置

1. 河姆渡　2. 慈湖　3. 名山后　4. 塔山　5. 小东门　6. 鲞架山　7. 鲻山　8. 傅家山　9. 田螺山　10. 鱼山　11. 下王渡

（三）第三阶段（2004～2019 年）

以余姚田螺山遗址（图一五）的发现和发掘为标志与核心，是河姆渡文化研究全面、深入、科学、开放的创新发展阶段①。同时，宁波市文物考古研究所也在宁波范围内独立进行了几个河姆渡文化遗址的抢救性发掘，如 2004 年的江北区傅家山遗址，2014、2015 年的镇海区鱼山遗址，2017、2018

---

① 浙江省文物考古研究所、余姚市文物保护管理所、河姆渡遗址博物馆：《浙江余姚田螺山新石器时代遗址 2004年发掘简报》，《文物》2007 年第 11 期；孙国平、郑云飞、黄渭金等：《浙江余姚田螺山遗址 2012 年发掘成果丰硕》，《中国文物报》2013 年 3 月 29 日。

图一五　田螺山遗址景观

年的奉化区下王渡遗址和2018、2019年奉化区何家遗址的发掘①。

　　进入新世纪以后，全社会经济实力的快速增强，科技水平的相应提高，为考古工作条件的改善提供了根本保障。浙江省文物考古研究所也改进考古工作的传统方式，在继续做好大量抢救性发掘工作的同时，开始带着明确的学术目的和课题意识，寻找和利用几个特殊的对象，适度开展了一些重要的主动性发掘，并在发掘中积极尝试和创新了一些野外考古的操作方法、手段；同时，秉着合作、交流、开放、包容的理念努力开展全方位的多学科研究和中外合作考古。作为这一阶段河姆渡文化研究进程中的核心工作——田螺山遗址考古就是在这一背景下开展的，具体工作也可分如下两个方面。

1. 田螺山遗址持续十年的发掘（2004~2014年）

　　2001年，在离河姆渡遗址不远的一家小工厂的一次打井过程中，偶然发现了与河姆渡遗址各方面都非常相似的田螺山遗址。这为河姆渡文化考古研究和保护、利用的深入开展提供了又一宝贵的历史机遇。

　　田螺山遗址位于浙江省余姚市三七市镇相岙村村口，西南距河姆渡遗址7千米。遗址地处四明山脉北部的一块几乎四面环山（海拔300米以下的丘陵）的小盆地中部，并围绕着海拔仅5米的一个小山包——田螺山。周围现代水稻田海拔2.3米左右。经钻探，现地面3米多以下是古浅海湾、滨海潟湖相沉积。文化层分布范围南北长220、东西宽160米左右，总面积30000多平方米，保存非常完整。

　　2004年至2014年，田螺山遗址共开展五次考古发掘，揭露总面积1800平方米（聚落内1200平方米，聚落外围古稻田600平方米），出土典型的河姆渡文化古村落遗迹（多层次的干栏式木构建筑、木构寨墙、独木桥、二次葬、食物储藏坑、废弃物坑和堆、古水田等具有有机联系的一系列聚落遗迹）和10000多件各类（陶、石、玉、木、骨、角、牙、其他植物制品等）生产、生活遗物，以及与古人类活动相关的大量动植物遗存。此项工作是在河姆渡遗址发掘整整三十年之后的历史背景下，新世纪里在姚江流域开展的第一项河姆渡文化考古工作，也是浙江考古史上连续投入时间最长、参与研究的相关学科专家最多的一个考古项目。

---

　　①　宁波市文物考古研究所：《傅家山——新石器时代遗址发掘报告》，科学出版社，2013年；宁波市文物考古研究所、镇海区文物保护管理所、吉林大学文化遗产保护研究中心：《浙江宁波镇海鱼山遗址Ⅰ期发掘简报》，《东南文化》2016年第4期；宁波市文物考古研究所、国家水下文化遗存保护宁波基地：《宁波考古六十年》，故宫出版社，2017年。

2004 年上半年，田螺山遗址开展首次考古发掘，在田螺山西南坡下揭开 300 平方米。发掘表明，该遗址是姚江流域继河姆渡遗址和鲻山遗址之后发现的又一典型的河姆渡文化早期聚落遗址。稍后，为长期现场保存田螺山遗址出土的干栏式木构建筑遗迹，余姚市人民政府和市文化局决定在发掘区上方建设保护棚。2006 年 9 月，保护棚顺利完工（图一六），为后续发掘、保护和展示、开放的同步进行创造了重要条件。

图一六　田螺山遗址保护棚内发掘区全景

2005 年 8 月，北京大学考古文博学院与浙江省文物考古研究所签订在田螺山遗址合作开展多学科研究的协议。之后，北京大学考古文博学院向国家教育部申请并获准、启动"河姆渡文化田螺山遗址自然遗存综合研究"课题。

2006 年 9 月至 2014 年 12 月，田螺山遗址又持续进行多次发掘。自发掘一开始就遵循着四个方面的学术目的：开展聚落布局与干栏式木构建筑发展过程研究，开展稻作农业发展状况研究，开展生业模式结构和演变过程研究，开展聚落与环境的互动关系研究。按照这些目的，采取了符合基本考古操作规程又结合遗址的特殊保存状况的野外操作方式，即采取如下三个原则：发掘与保护相结合，整体与微观相结合，定性与定量相结合。

首先，根据课题的设计方案和学术目标，秉持考古研究和文物保护并重的精神，在发掘有序开展的同时，努力以全局眼光揭露和保护聚落遗迹，兼顾遗迹现场保护和展示的需要，在这一遗址的考古工作中实现了发掘、研究、保护、展示与开放等环节兼顾、共赢的创造性局面。同时，鉴于田螺山遗址文化遗存的特殊性和丰富性，发掘中逐层往下谨慎推进，不仅进行科学设计按探方、地层单元提取10%土样，并把所有探方内的文化层、遗迹等遗存单元的土壤全部保留并加以不同规格的筛子淘洗、提取较完整的遗物，从而获取了上万件各类生产工具、生活用具和不计其数的动植物遗存。此方法虽然需要付出巨大的劳动，但可为开展后续的各方面定量研究打下必要的基础，后来大量的统计数据和分析结果证明野外考古发掘中采取从实际出发的操作方法的特殊重要性。

其次，为更加全面、准确地了解田螺山古村落的聚落布局形态，揭示干栏式建筑遗迹单元的完整

图一七　田螺山遗址西侧河姆渡文化稻田发掘状况

性，探索遗址外围稻作农耕遗迹状况并争取为河姆渡文化稻作农业发展阶段进行确切定位，在遗址外围地区，以环境调查、大范围粗疏钻探、小范围密集钻探、探沟试掘、小面积探掘、较大面积发掘等多步骤有序推进和实验室分析相结合的手段，进行古水稻田遗存的探寻。通过古水田土壤微小植物元素，如植硅石、小穗轴、杂草种子和碎谷壳等的定性定量分析，并结合地层层位和大范围钻探手段，更可靠地做出了遗址外围存在古水稻田的判断（图一七）。特别是在古水田的层位、年代、遗存内涵、遗迹面貌，以及与地下古村落布局的有机联系等方面获得突破性进展：发现了与遗址早晚文化层明确对应的两个深度、两个时期的古水田；下层古水田应是目前中国史前遗址中发现的年代最早、并且可以与村落布局直接对应起来的一处水稻田；发现一段类似田埂的田间小路，可谓史前水田考古中最清楚的一种遗迹，并与聚落内的对外通道大致对应；发现古水田的兴废与古环境和古村落的兴衰密切联系。

2. 田螺山遗址发掘材料的整理和多学科研究（2005～2019 年）

在田螺山发掘的间隙，一直穿插进行各类发掘材料的整理和多学科研究工作（图一八至图二〇）。由于发掘者坚守发掘是为了最终研究的理念，首先必须保障发掘材料获取的科学性和完整性，其次，发掘材料必须经过多学科的研究才能体现它的最终价值。因此，田螺山遗址的发掘过程经历了最繁杂的过程，也获取了最丰富和接近完整的材料，联络了中外（日本、英国、美国、澳大利亚等）多学科研究专家参与后续研究中，并完成和公布了与之相应的大量研究成果。其中，自 2015 年起至今，与日本金泽大学中村慎一教授组织的众多研究机构在田螺山遗址开展了内容广泛的"稻作与中国文明：稻作综合文明学新构筑"课题合作研究，并已顺利取得可喜进展。

图一八　田螺山遗址出土独木舟模型器（T207⑧：92）

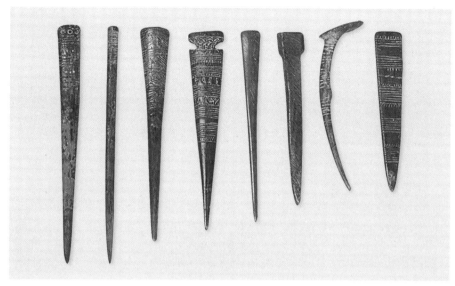

图一九 田螺山遗址出土骨笄（T306⑥：4 等）

图二〇 田螺山遗址出土器物

1. 刻纹陶盉（T103⑧：25） 2. 鸟形木器（T304⑧：96） 3. 双鸟木雕器（双鸟木质羽冠，T303⑦：39） 4. 象纹雕刻木板（T301⑧：3）

下面按遗存主要种类概述材料整理和多学科研究的多项内容：

首先是对出土陶片的分类、拼对、修复、统计、观察，以及对陶片上的残留物、陶胎微痕等附属

图二一　田螺山遗址出土植物遗存
1. 树叶　2. 炭化米粒　3. 菱角　4. 豆类植物遗存　5. 茶树根　6. 葫芦籽

遗存进行取样和开展脂肪酸、同位素、微痕种类等多学科研究。

其次是对出土植物遗存的整理和研究（图二一），主要进行植物遗存分类、种类鉴定、形态测量、同位素研究、淀粉粒研究，重点进行了出土木材树种鉴定、水稻遗存中的小穗轴和植硅石等形态研究、测年研究等。

再次是对出土人骨以外的动物遗存的整理和研究（图二一，图二三），这方面最基础、最庞杂的工作是从大量的文化层泥土中通过淘洗手段分拣出所有肉眼可辨的动物遗骸，再进行形态分类、种属鉴定、同位素分析等。

还有对出土人骨进行体质人类学研究和同位素、DNA 等科技手段的检测、分析。

另外，还开展了出土石器原料产地、早期玉器材质的矿物学研究、潮湿环境下的土遗址保护和木构遗迹现场保护研究、加速器测年新方法研究、全新世古地理环境演化研究等方面的一系列科技考古工作。

经过最近十多年考古人员和中外多学科研究专家的持续努力，已在河姆渡文化聚落形态、干栏式建筑营建技术、内涵分期与文化发展过程、经济形态（生业模式）演变、稻作农业发展水平、河姆渡文化来源以及河姆渡文化发展、衰落与扩散传播的过程、方向和机理问题等研究方向获得明确进展。已发表的专题研究文章和论著，达数十篇（部），如傅稻镰（Fuller Dorain）等学者发表于《科学》（*Science*）2009 年第 3 期上的《水稻驯化进程与驯化率：长江下游穗轴基盘研究》（The Domestication Process and Domestication Rate in Rice：Spikelet Bases from the Lower Yangtze），郑云飞（Zheng Yunfei）等发表于《考古科学杂志》（*Journal of Archaeological Science*）2009 年第 5 期上的《公元前 5000～前 2500 年间中国东部的稻田和水稻种植方式》（Rice fields and modes of rice cultivation between 5000 and

图二二　田螺山遗址出土动物遗存
1. 龟甲　2. 鹿角　3. 鹿头骨　4. 圣水牛头骨　5. 圣水牛下颌骨出土状况

2500 BC in east China）和杨洪（Yang Hong）等发表于《地质学》（Geology）2015 年第 7 期上的《水文变化促进了中国长江下游地区早期水稻种植：分子同位素分析》（Hydrological changes facilitated early rice farming in the lower Yangtze River Valley in China：A molecular isotope analysis），以及北京大学中国考古学研究中心、浙江省文物考古研究所合作编写的《田螺山遗址自然遗存综合研究》①、河姆渡遗址

① 北京大学中国考古学研究中心、浙江省文物考古研究所：《田螺山遗址自然遗存综合研究》，文物出版社，2011 年。

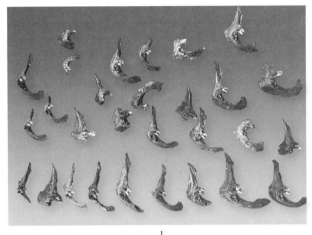

图二三　田螺山遗址出土动物遗存
1. 鲤鱼咽齿　2. 鲨鱼牙钻刻具　3. 鱼鳞出土情形　4. 禽类骨骸　5. 狗粪石

博物馆编的《河姆渡文化国际学术论坛论文集》① 等。

田螺山遗址十多年的考古工作，为河姆渡文化的全方位深入研究获得了如下一些新的认识。

（1）通过 1800 平方米的发掘，比较清楚地揭露了田螺山古村落的局部面貌、环境状况和村落建筑布局，以及古稻田局部、多处储藏坑、多种性质的灰坑、水井、墓葬、独木桥、生活废弃物堆等遗迹。它们与更外面的古稻田、环绕村落的古溪河、小山丘一起构成了中国东南沿海地区新石器时代中期阶段的一个典型氏族村落的清晰形态。发掘表明，田螺山遗址是迄今为止发现的河姆渡文化中地面环境条件最好、地下遗存比较完整的一处依山傍水式的古村落遗址，在空间位置上与河姆渡遗址遥相呼应，并具有与河姆渡遗址相近的聚落规模和年代跨度，是继河姆渡、鲻山遗址之后，河姆渡文化早期聚落遗址的又一重要发现。该遗址的发掘，进一步探明了河姆渡文化早期遗址在姚江流域分布的基本规律——山麓环丘湿地（沼泽）型遗址（村落），以及河姆渡文化遗址的典型聚落形态，即：地处浙东沿海山麓坡地或平地，多以地理小单元中的小型或孤立山丘为依托，并临近河湖沼泽，村落地势低洼，规模多在 3 万~5 万平方米，始终以干栏式木构建筑为主要房屋类型，村落中已出现日常居住建筑和礼仪性建筑的功能性分化，村落周围有的以木构栅栏或水道围护，村落外围直接开辟大小不一的水稻田，外出交通方式以借助于舟楫的水路交通为主。

_____

① 余姚市河姆渡遗址博物馆：《河姆渡文化国际学术论坛论文集》，中国时代经济出版社，2013 年。

（2）出土多层次的以一系列柱坑为主要形式的干栏式建筑遗迹，清楚反映出以挖坑、垫板、立柱为特征的建筑基础营建技术的阶段性特征和发展水平，即：干栏式建筑早期以密集排桩作为承重和围护手段，中期演进为以挖坑、直接立柱（以方体木柱为主）为营建技术的初期柱网式承重手段，晚期演进为主要以挖坑、先垫一层或多层木板再立柱的营建技术的稳定柱网式承重手段。并据此可确认：中国南方史前木构建筑中围护与承重功能分离，并以挖坑、垫板、立柱为主要方式的建筑技术，其起始年代至少在河姆渡文化第二期，即距今 6500 年前后。建筑单元形态从早期的长排房到晚期出现小型化和多样化的趋势。建筑组合上也从早期的单一型到出现日常居住房屋与礼仪性中心大房子功能分化组合的趋势。

（3）遗址独特和完整的地层关系清楚表明，一方面，河姆渡文化从早到晚具有相对平稳和持续的发展过程，未见明显的缺环，同属一个考古学文化的整体，一以贯之的陶釜是代表该文化的稳定核心；另一方面，河姆渡文化在沿海地区生存和发展过程的特殊性，可以为解释河姆渡文化早晚期遗存面貌的较大差异找到重要依据，进而平息关于河姆渡遗址早晚期遗存的文化属性之争；并在更大的时空环境下很好地反映出全新世早中期（距今 15000~5000 年）中国东南沿海地区自然环境演变、海平面波动与古人类文化发展之间的互动关系。

（4）田螺山聚落遗址外围河姆渡文化早、晚期水田的发现和确认，是中国史前稻作农业研究领域的重要进展，为稻作农业起源和发展过程研究提供了十分丰富和扎实的材料。根据稻谷形态、小穗轴形态所反映的落粒性以及水稻植硅体边缘纹样等研究手段，河姆渡文化时期的稻作农业正处于驯化的关键阶段或中间阶段，稻米形态总体上仍保留较瘦长的特征；根据田螺山遗址古稻田发掘结果来看，当时河姆渡古村落的稻田耕种以利用天然的、低洼的水岸湿地略加开垦、整理和围护为主，田块较大而平整；稻谷亩产量通常在 150 斤左右。

（5）经济形态（生业模式）总体上处在采集、渔猎和农业三者并驾齐驱的状态，稻作农业的重要性虽处于上升趋势中，但仍未达到稳定居于优势产业的水平，且明显受制于环境的波动而呈现兴衰不定的状态。另外，水稻以外的作物种植，如菱角、芡实的生长可能已出现一定的人工干预，家畜饲养也处于较弱的阶段。

（6）从河姆渡、田螺山以及最近发掘的下王渡等具有较丰富的晚期陶器遗存的遗址情况来看，以各类型陶釜作为主流炊器的传统一直保存较好，干栏式建筑风格也非常稳定。因此，以这些遗址不同阶段遗存为代表的文化类型，均明确属于统一的河姆渡文化。其延续时间接近 2000 年的超长稳定性，主要是因为其所处的小地理环境的偏远性和相对独立性，东边为大海，南边为连绵的山地丘陵，西边为曹娥江，北边为杭州湾。

（7）经过持续的考古调查[①]、发掘和最新研究，共发现 50 多处河姆渡文化遗址，更加明确河姆渡文化的分布范围为：以余姚东部的姚江谷地为核心区域，往东可达舟山群岛，往南至少可达到台州沿海地区（2010 年发掘的路桥灵山遗址出土部分具有河姆渡文化晚期特征的遗物）[②]，西面大体以上虞

---

① 浙江省文物考古研究所 2018~2019 年"河姆渡文化核心区区域调查"项目初步资料。
② 浙江省文物考古研究所 2009~2012 年台州路桥灵山遗址发掘资料。

市境内南北向的曹娥江为界，向西辐射影响可达浦阳江、富春江流域①，往北以钱塘江—杭州湾为界，与杭嘉湖地区的马家浜文化隔江对峙，总分布面积1万多平方千米。

总之，田螺山遗址的发掘和研究，为全面提升河姆渡文化学术水平和社会影响，探索全球全新世时期动态的人地关系以及西太平洋地区史前海洋文化起源、传播和扩散等重大学术问题提供了难得的历史机遇。

3. 其他遗址的考古发掘与研究进展

2005~2006年，绍兴南部嵊州小黄山遗址发掘之后，发掘领队王海明在其晚期遗存（距今约8000~7000年，约当跨湖桥文化时期或稍晚）中发现绳纹圜底陶釜、双耳陶罐等部分与河姆渡遗址同类器形比较接近的器物，由此认为，上山文化晚期或其后的跨湖桥文化阶段遗存很有可能是河姆渡文化的一个重要来源②。几乎同时，蒋乐平通过浦江上山遗址的几次发掘，认为在此遗址中发现了河姆渡文化地层（上层）、跨湖桥文化地层（中层）和上山文化地层（下层）的直接叠压关系（"三叠层"），然而他也有所保留地指出，上层遗存的河姆渡文化特征并不典型，典型河姆渡文化分布没有真正进入浙江中部的丘陵、河谷地带；将河姆渡文化视作上山文化—跨湖桥文化继承者的判断，可留待新发现的检验③。因此，到这个时候，可以说仍然没有从根本上解决河姆渡文化的来源问题，而笔者个人一直更倾向于要从河姆渡文化所在的浙江东部沿海地区来探寻其由来，甚至在上山遗址发现之前就曾做出相关分析和预测④。

图二四　井头山遗址出土早于河姆渡文化的遗物

最近发现和勘探确认的井头山遗址⑤，位于田螺山遗址西边很近的古山麓坡地，十分靠近古海岸线，文化堆积处于现地表下8米左右，文化遗物夹杂在密度很大的人工废弃的海生贝壳中（图二四）。从一些夹杂陶片的面貌特征和多个^{14}C测年数据来看，该遗址所代表的文化类型应与河姆渡文化的来源有很大的关系。

宁波市文物考古研究所配合地方基本建设，主持了几个河姆渡文化遗址的抢救性发掘，为河姆渡文化的研究增添了一些不可多得的新材料。

---

① 浙江省文物考古研究所、诸暨博物馆、浦江博物馆：《楼家桥、尖塘山背、尖山湾》，文物出版社，2010年。

② 张恒、王海明、杨卫：《浙江嵊州小黄山遗址发现新石器时代早期遗存》，《中国文物报》2005年9月30日。王海明：《浙江早期新石器文化遗存的探索与思考》，《宁波文物考古研究文集》，科学出版社，2008年。

③ 蒋乐平：《浦阳江流域新石器时代遗址的发现与思考》，《浙江省文物考古研究所学刊》第八辑，科学出版社，2006年；《浙江浦江县上山新石器时代遗址》，《中国社会科学院古代文明研究中心通讯》2004年第7期；《钱塘江流域的早期新石器时代及文化的谱系研究》，《东南文化》2013年第6期；蒋乐平、盛丹平：《浙江浦江上山遗址进行第三次考古发掘》，《中国文物报》2006年2月8日；浙江省文物考古研究所、浦江博物馆：《浦江上山》，文物出版社，2016年。

④ 孙国平：《宁绍地区史前文化遗址地理环境特征及相关问题探索》，《东南文化》2002年第3期。

⑤ 浙江省文物考古研究所近年在田螺山遗址附近的勘探调查资料。

2004 年发掘的傅家山遗址，也属于仅有的经过正式发掘的 4 处早期河姆渡文化遗址之一，出土了保存不错的干栏式木构建筑遗迹和丰富遗物。而最近两年发掘的奉化下王渡遗址①，出土了由木构建筑居住区与小片墓地及周围稻作农耕生产区等聚落要素有机构成的一个河姆渡文化晚期至良渚文化时期小型村落。更加特别的是这一遗址所处的环境是宁波三江平原的较中心区域。此类河姆渡文化晚期遗址的聚落环境模式（类型）是河姆渡文化考古发掘中首次获得确认，对研究河姆渡文化晚期的社会进程、文化变迁、传播扩散，以及与自然环境的关系等重要学术问题具有珍贵价值。

另外，从一开始就投入河姆渡文化考古发掘和研究的牟永抗，在 2006 年仍在深入思考河姆渡文化的一些问题，发表了《再论河姆渡文化》一文，文中重点阐述了典型器物——陶釜的工艺、形态分期等问题，对陶釜的发展演变规律的把握具有很大的指导意义；同期发表的《河姆渡干栏式建筑的思考和探索》一文，对他当年在河姆渡遗址干栏式建筑遗迹的发掘经历、感想和认识过程作了回忆和新的总结。同年，作为当年河姆渡遗址发掘主要负责人之一的刘军出版了全面和概述性总结河姆渡文化的专著《河姆渡文化》。稍后两年，笔者，作为投身河姆渡文化研究的晚辈应约完成并出版了一本尝试以专业性和通俗性相结合的方式介绍河姆渡文化的小书——《远古江南——河姆渡遗址》。2014 年，河姆渡遗址博物馆黄渭金出版了《东方曙光：宁波史前文明》，首次把河姆渡文化放到整个宁波地区史前文化系统中来考察，特别关注了河姆渡文化后续发展的问题。这些成果也为继续推进河姆渡文化的全面深入研究产生了很大影响②。

二　研究现状与面临的问题

河姆渡文化的研究经过上述三个发展阶段之后，已成为中国新石器时代考古学文化中研究内容最丰富、多学科研究成果覆盖面最广的一支，特别是在动植物考古、环境考古领域，河姆渡文化依然是最重要的一个研究对象，但仍然存在如下显见的问题。

（1）"河姆渡文化"内涵本身发现得还不太完整，如分布范围不太明确，二、三期文化遗存的衔接不太紧密，三、四期遗存相对单薄。

（2）河姆渡文化遗址的聚落布局形态不够清楚，尚未发现一处具有完整聚落要素的村落居址。即使已连续开展十多年考古发掘和研究的田螺山遗址，在聚落总体布局上还远不够清晰，1000 多平方米的已揭露面积对于 30000 多平方米的整个村落而言还是太小，特别是与古村落相对应的正规氏族墓地尚未发现。

（3）干栏式木构建筑的形式、单元、规模、技术的阶段性特征还存在不少疑问，最晚期阶段的建筑形式更是缺乏清晰的材料。

---

① 宁波市文物考古研究所近三年在宁波奉化下王渡遗址的发掘资料。

② 牟永抗：《再论河姆渡文化》，《二十一世纪的中国考古学——庆祝佟柱臣先生八十五华诞学术文集》，文物出版社，2006 年；《河姆渡干栏式建筑的思考和探索》，《史前研究》，陕西师范大学出版社，2007 年；刘军：《河姆渡文化》，文物出版社，2006 年；孙国平：《远古江南——河姆渡遗址》，天津古籍出版社，2008 年；黄渭金：《东方曙光：宁波史前文明》，宁波出版社，2014 年。

（4）河姆渡文化的衰落原因和转型、扩散、迁徙去向和过程也不是很清楚。

（5）对河姆渡文化社会形态的探讨还非常肤浅、薄弱。

（6）对河姆渡文化经济结构（生业模式）的研究，还远未取得定量化、系统化的数据和结论。

（7）对河姆渡先民的群体和个体的行为特征和社会组织关系的演进过程的认识还很粗疏。

三　研究前景和方向

河姆渡文化中已经过正式考古发掘的遗址至今虽然才 10 余处，但因其得天独厚的保存状况，河姆渡文化的研究就先天地承担起了全面、准确、清晰地复原中国东南沿海地区的很长一段社会历史面貌的重任，甚至是一种责无旁贷的学术义务。因此，如今审慎地回顾和总结已有的四十多年的研究成果，明确已取得的进展和收获，找出以往工作的欠缺和问题，应是我们从今往后的必经台阶。

为此，首先必须在野外发现上继续寻找具有突破性学术价值的典型遗址，特别是具有保存良好的晚期遗存的遗址。其次，在考古工作薄弱区域，如舟山群岛、象山半岛、甬台交界地带，重点开展有针对性的野外考古调查，比较扎实地探明河姆渡文化的东、南域分布状况，并选取重点遗址进行揭露，才能有助于河姆渡文化分布范围以及扩散、传播方向等重要问题的真正突破。再次，继续切实整理和充分利用好田螺山遗址的现有材料，并尽可能多地开展多学科、跨学科研究，特别是应以更加开放、包容的理念开展国内和国际合作交流。另外，更加重要的措施是，尽快改进专业人才队伍结构，补充新生研究力量。最后，要处理好研究与遗址文物保护、展示利用的关系，才能为河姆渡文化的研究可持续发展提供良好的外部环境和基础保障。

根据研究对象大小，河姆渡文化研究中的问题大体可分成两大类或两个层次。

宏观的研究方向与问题：

（1）聚落形态——这一问题的研究必将一直是以复原古代社会为己任的考古学，特别是史前考古学不可回避的任务。河姆渡文化的 10 多处遗址中，由于多方面工作条件的局限，对于单个聚落进行较大面积揭露的项目至今尚无，田螺山遗址也只揭开了整个村落中心偏西北的一部分，仅占整个村落的二十分之一左右，所以要清楚地了解整个村落的结构布局，还需要找寻更好的机会。另外，从现实的可能出发，若采取发掘、局部试掘与仔细钻探和分析相结合的方式，就有可能会更快捷地获取单个聚落形态的相关材料。

（2）经济结构——寻找和利用文化堆积早晚叠压比较完整而又保存优良的聚落遗址进行科学揭露，完整收集各类出土遗存，全面分类、鉴定、统计各类遗存，最后方能得出接近客观的数据，才能最终把握稻作农业、采集、渔猎三者的关系及其演化过程。目前，田螺山遗址的发掘材料正在朝这一目标继续努力，但任务还很繁重。

（3）发展进程——河姆渡文化的分期虽一直是很多人关注的问题，"四期"说也得到越来越多专家的肯定，但早晚阶段文化遗存分属两个考古学文化的意见也一直有专家坚持。所以，对各期文化内涵的总结仍需重视，最好形成文化因素的量化数据，并能做出各期内涵变化的环境和社会背景的科学分析。

（4）人地关系——河姆渡文化的地域分布为何局限于宁绍地区东部和舟山群岛，它的出现和衰落、转型和扩散传播的方式与原因，需要更多地利用地质学、古地理学、古气候学等学科的科技手段综合分析考古的材料、遗址古环境的材料，才能逐步得出这些问题的科学结论。

（5）埋藏机理——河姆渡文化的各遗址保存状况相对于全国其他地区的同时期新石器时代遗址而言，是非常好的，但各遗址的具体情况又有很大差别。若能利用土壤学、水文学、地球化学等学科的知识对河姆渡文化遗址进行具体分析，定会非常有利于河姆渡文化本身的研究。

（6）文化渊源——以 2013 年发现于田螺山遗址西侧不远处的井头山遗址为契机，创造工作条件，做好该遗址的野外发掘、研究和保护工作，根据钻探调查的文化遗存发现情况（埋深 7～10 米的贝丘文化堆积）和已有出土遗物及其碳十四数据，河姆渡文化的来源问题有望很快取得突破。

近期，在河姆渡文化微观的研究方向与亟须关注的具体问题如下：

（1）干栏式建筑的使用周期和复原研究。

（2）稻谷遗存的种类与驯化程度的进一步研究。

（3）茶文化起源的相关研究。

（4）石器、玉器的原料种类、产地、加工和利用方式的研究。

（5）骨器的种类、加工、微痕与使用方式研究。

（6）地层的形成与变化机理研究。

（7）出土人骨 DNA 研究。

（8）动物骨骼的系统分类、鉴定研究。

（9）树种分类和木材利用方式与古环境的关系研究。

（10）原始艺术品的综合研究等方面的问题。

以上都是河姆渡文化中重要而又尚未深入思考的问题。

执　笔：孙国平

（原载浙江省文物考古研究所：《浙江考古 1979～2019》，文物出版社，2019 年）

余姚施岙遗址古稻田考古发掘专家论证会召开

宋　姝　王永磊

2020 年 12 月 12 日，由浙江省文物局指导，浙江省文物考古研究所、宁波市文化遗产管理研究院、余姚市河姆渡遗址博物馆联合举办的"余姚施岙遗址古稻田考古发掘专家论证会"在余姚市召开。来自中国科学院、北京大学、山东大学、浙江大学、南京博物院、上海博物馆、中国水稻研究所、湖南省文物考古研究所、浙江省文物考古研究所、宁波市文化遗产管理研究院、余姚市河姆渡遗址博物馆的四十余位专家学者和余姚市文化和广电旅游体育局的相关领导参加了此次会议。

与会专家首先参观了施岙遗址古稻田考古发掘现场和井头山遗址，并观摩了出土文物。专家论证会由浙江省文物考古研究所方向明副所长主持，余姚市文化和广电旅游体育局杨玉红局长致辞。浙江省文物考古研究所王永磊向大家汇报了施岙遗址古稻田考古发掘取得的阶段性收获。

施岙古稻田遗址位于宁波市余姚市三七市镇相岙村施岙自然村西侧山谷中，东南距田螺山遗址约400 米。为配合遗址所在的相岙村地块土地出让建设，2020 年 9 月起，在先期勘探基础上，经国家文物局批准，浙江省文物考古研究所联合宁波市文化遗产管理研究院、余姚市河姆渡遗址博物馆进行了考古发掘。在古稻田分布区，发掘约 7000 平方米。发掘揭露了史前三个时期的大面积的规整块状稻田。第一期稻田属于河姆渡文化早期（约公元前 4300 年以前），发现了疑似田埂的凸起。第二期稻田属于河姆渡文化四期（相当于崧泽文化阶段，公元前 3700~前 3300 年），发现了宽约 0.5~1 米的人工田埂和自然原生土埂。第三期稻田属于良渚文化时期（公元前 2900~前 2500 年），发现了纵横交错的凸起田埂组成"井"字形结构，明确的田埂（局部区域铺垫木头）有 22 条；部分区域田埂不能相连，为灌排水口；水稻田堆积中出土遗物极少，仅出土极少量鱼鳍形鼎足、泥质黑皮陶片等。

施岙遗址古稻田是目前世界上发现的面积最大、年代最早、证据最充分的古稻田，是史前考古的重大发现。经初步钻探发现，附近古稻田总面积约 90 万平方米。根据目前发现来看，施岙遗址古稻田特别是良渚文化时期的稻田呈"井"字形，由路网（阡陌）和灌溉系统组成，展示了比较完善的稻田系统。这种稻田，起源年代有可能距今 6000 年以上，刷新了学术界对史前时期水稻田发展的认识。施岙遗址古稻田附近的田螺山遗址发现了大量的炭化稻米，附近共发现 5 处史前遗址，为一小的聚落群。这一遗址群内，目前确定田螺山遗址时代最早，可以早到河姆渡文化早期，其余 3 处初步确定能早到河姆渡文化三期，表明当时社会已发展到较高程度，人口数量较河姆渡文化早期明显增多。施岙遗址古稻田的发现表明，稻作农业是河姆渡文化到良渚文化社会发展的经济支撑，是养活众多人口食物的主要增长点，为全面深入研究长江下游地区史前社会经济发展和文明进程提供了极其重要的材料。古稻田堆积与自然淤积层的间隔，反映了距今 7000 年以来发生了多次波动比较大的环境事件，为研究人地关系提供了新材料。

随后，来自不同单位的专家进行了发言。

北京大学考古文博学院吴小红教授认为，本次考古发掘取得的成果与浙江省考古所立足于浙江地区古稻田研究的长期学术探求和坚持是分不开的。施岙遗址共发现了三个时期的古稻田，除了大植物遗存的常规测年，还要在植硅体的年代测定方面进行相关工作。另外，希望在古稻田内找到特殊的脂肪酸，可以从多个角度进行测年研究。

浙江大学艺术与考古学院刘斌教授认为，近几年余姚地区的考古工作取得了很多重要成果，包括井头山遗址、施岙遗址的发掘，姚江谷地的拉网式调查也发现了很多新的遗址点。希望能进行大遗址规划，纳入到国家大遗址保护名录中。田螺山、井头山、施岙遗址的距离非常近，虽然年代上有差别，但是在地理上应该存在关联。施岙遗址古稻田的范围那么大，又存在很多"标准化"，那么相关的居住遗址在哪里。这应该从大遗址的角度来考虑，除了本身的稻田研究之外，要在附近区域进行相关遗址的调查。

南京博物院考古研究所林留根所长表示，看到了施岙遗址古稻田发掘现场非常震撼，刷新了大家对史前稻作农业的认知，这是浙江考古所在长期积累过程中取得的巨大学术成果。施岙古稻田面积大，发掘面积也大，考古方法在大面积基本建设考古中具有重要的指导意义。世界上年代最早、面积最大、最为系统的古稻田的定位十分准确，没有想到崧泽时期乃至河姆渡时期就有大面积的古稻田。稻田系统由"井"字形路网和灌溉系统组成，一方面体现的是技术管理，另一方面体现的是行政管理，需要聚落考古、科技考古来解决细节问题。这一特定区域，几千年来一直被作为农田，早晚期的农田是否具有相同的概念，也值得研究。这么大的规模与整齐划一的田块，定居在这里的人是什么样子，这里是不是"国营农场"。这些都要从更大的区域范围内来讨论。施岙古稻田，刷新了认知，凸显了河姆渡这一区域的特色。

上海博物馆陈杰副馆长认为，施岙遗址古稻田的发现对于长江下游地区的考古研究具有重要意义。现场的田野工作非常出色，既有宏观视野，又有对细节的准确把握，对今后的水田考古具有示范作用。同时，这处遗址也改变了我们以往对于古稻田的基本认识。中国最早的稻田考古工作始于20世纪90年代马家浜时期的草鞋山遗址，其田块面积较小，到了崧泽时期有所扩大，仍然不过是一百平方米的小块水田。但是从施岙遗址来看，至少在崧泽时期就已经是大田块管理了。这样的三层水田对于了解早期的水田耕作技术是一个非常好的样本，也反映了时代的变化。崧泽和良渚时期的稻田结构基本相似，河姆渡时期的稻田结构，还有待工作的进一步开展。我们目前看到的多是道路系统，建议加强对灌溉系统的研究。另外，可以再做些水稻产量的研究，做寄生虫的分析可以研究水田是否施肥。

浙江省文物考古研究所丁品研究员作了茅山遗址和施岙遗址古稻田的比较。两者具有相似的埋藏环境，水相淤积层下面是泥炭层，再下面是稻田。两者都存在大面积、长方形的田块，面积相差不多。不同的是年代，茅山遗址泥炭层为距今3900~3700年，施岙遗址距今4500~4200年，可能说明宁绍平原要先于临平茅山被水淹没，是古环境研究的好材料。田块围成方式不同，茅山遗址由南北向红烧土铺面的田埂和东西向灌溉水渠围成，施岙遗址由带转角的田埂围成。田埂宽窄不同，茅山更窄，施岙则更宽，局部还有木条铺垫。茅山有完整的灌溉河道，施岙目前仅发现了灌溉水沟和缺口，灌溉系统有自己的特色。

北京大学考古文博学院邓振华研究员认为，施岙遗址古稻田对稻作农业起源的研究来讲是非常难得的材料。目前，对稻作起源的研究主要从人对于农作物的管理和农作物本身的变化两个角度进行。由于很多地区水田难以保存，再加上农具少有发现，人工管理方面的证据很难发现。因此，在江浙地区发现的这些水田遗址就变得格外重要。我们之前认识的环太湖地区史前稻田的发展是从马家浜文化草鞋山遗址的小田块逐渐发展到茅山遗址的大田块，这种变化是在良渚文化中晚期发生的。然而，施岙遗址的发现表明宁绍地区有自己独立的体系，很可能从河姆渡早期开始到良渚时期，都是大面积田块的结构，说明不同区域的稻田有差异，也有可能环太湖地区尚未发现。遗址提供了一个稻作农业在不同发展阶段的很好序列，为水稻驯化过程的研究提供了关键线索。另外，关于水管理系统还值得深入探索。

山东大学文化遗产研究院靳桂云教授认为，浙江在史前农业研究方面做出了非常重要的贡献，尤其今天的施岙遗址古稻田是非常重要的成果，工作非常细致。在今后的发掘工作中要注意的是当时的人如何开垦水田、水田废弃之后又是怎样的情况，是否有相关的迹象。探讨水稻产量、聚落与社会，都离不开生产技术的问题。期待之后的工作能带给我们更振奋人心的成果。

中国水稻研究所孙宗修研究员指出，1980 年中国水稻研究所在浙江建设的重要原因之一是河姆渡遗址发现了中国最早的水稻。施岙遗址的考古工作是多学科合作的范例，也是多个单位合作的典范。今后的工作亟须扩大影响。另外，可以邀请考古界以外的人来参观，联系研究栽培的农科院专家来参观遗址，他们会有不同的视角，有助于研究。古稻田中发现很多深水杂草种子，水田是平的还是坑坑洼洼的，需要研究。

湖南省文物考古研究所郭伟民所长认为，施岙遗址古稻田的发掘具有重大价值，是长江流域稻作农业文化的一个典范。湖南地区的稻田发现比较少，以往仅在城头山遗址有发现。建议对间歇层形成原因进行研究、更精确地对稻作遗存进行分析、研究稻田与聚落的关系、研究是否存在对灌溉用水等公共工程的统筹管理。

中国科学院地质与地球物理研究所吕厚远研究员认为，对环境演化过程方面的研究需要加强。目前有很多成熟的古环境研究方法，可以探索一些水相沉积层的盐度、深度、温度。泥炭层的形成原因、水稻产量、水稻土的形成过程、人类对环境的影响都是很重要的研究方向。海平面和气候的变化往往是大区域的，与区域文化密切相关，同时也是第四季古气候研究关注的重点。

除上述专家以外，浙江省文物考古研究所、宁波市文化遗产管理研究院、余姚市河姆渡遗址博物馆的专家也做了相关发言。

最后，由山东大学历史文化学院栾丰实教授作总结发言。他认为农业考古研究最直接、最根本的是要找到农田，这比生产工具等其他证据更有代表性。很多专家都提到了施岙遗址古稻田发掘的意义，他认为，第一是体量大，稻田分布面积大，这个小区域内有 90 多万平方米，目前遗址中揭露的良渚时期稻田田块面积也很大；第二，在同一个遗址内发现三个时期的水稻田，持续了两千多年，具有很强的连续性，在目前为止发现的早期稻田遗址中具有唯一性。结合大家的观点，他提出几条建议。

（1）关注与施岙遗址古稻田相匹配的聚落遗址，是从宏观上需要解决的问题。之前做过区域调查，发现过多处遗址，但是简单的调查不可能解决聚落和稻田的对应关系。需要把周边遗址的文化性质搞清楚，建议做进一步的工作，把遗址准确范围确定下来，做对应关系的研究。

（2）遗址环境变迁的研究。对姚江流域八九千年以来的大环境变迁要有基础认识，再看下一步需要做什么补充工作。稻田之间有淤积层，需要研究成因。泥炭层（⑤、⑩层）的形成，与稻田废弃有密切关系，稻田的废弃是自然原因还是其他原因，崧泽稻田层的厚度为什么比较薄，需要进一步探索。

（3）古稻田的年代和文化属性。目前测了4个年代数据，虽然整体上符合我们研究的预期，不过测年数据还远远不够。这么长的时间、这么大的面积，要取多少样品、要怎么采集样品都是需要探讨的问题。这处稻田有特殊性，遗物非常少，多数还是要依靠有机质测年，明确每层稻田的文化属性。

（4）关于施岙遗址古稻田的整体结构，良渚时期古稻田的基本结构已经出来，要进一步做清楚其余两个时期的稻田结构，还需要花费时间。要在一块区域集中且较完整地揭露一片河姆渡文化早期、晚期和良渚文化的稻田，这样才能知道三个时期的演变情况。

（5）水源供给的问题。是否有长期、稳定的灌溉水源，是否存在水坝、水塘等设施，要加强周边的调查工作。道路系统已经很清楚，今后要集中考虑水的问题。多做解剖发掘，解决进水、排水的问题。

（6）多学科合作研究问题。水稻驯化过程研究（一个遗址同时具备三个时期的稻田）、供排水系统相关的测绘工作（测定高差，判断水的流向）、寄生虫研究、同位素研究等等，能够开展的工作都应该开展起来。尤其是请一些农学家来参观指导，可以启发考古工作。

与会专家充分肯定了此次考古工作取得的阶段性成果，并对后续考古工作提出了宝贵意见并给予了期待。因为本次考古发掘是配合基本建设进行的，专家们希望能将学术目的做到最大化，建议加强多学科合作研究，将不同时期稻田结构做清楚，并比较细致的了解一个小区域不同时期稻田的变化。

（原载"浙江考古"微信公众号 2020 年 12 月 13 日）

河姆渡与田螺山

严文明

1976年①，浙江省文物考古研究所首次发掘余姚河姆渡遗址，发现成排木桩组成的所谓干栏式建筑和以10万斤计的稻谷遗存。¹⁴C测定年代早达公元前5000~前4000年。那么早的年代有那么发达的农业文化，在学术界引起了很大震动，从而引起了探索稻作农业起源的讨论和一系列新的更早的农业遗存的发现与研究但作为一个颇具规模的干栏式建筑聚落的学术意义却很少讨论。所谓干栏式建筑，就是在我国南方和东南亚如今还很流行的高脚屋。就是在地面栽桩柱，上面铺地板，再在上面盖房子。地下可以养猪羊或存放杂物。人居住在地板上的房间里。是适应于炎热而潮湿环境的一种建筑形式。河姆渡是在我国史前文化中首次发现大规模高脚屋的遗址。

2001年年底，村民在河姆渡东北约7千米的田螺山打井，发现井下有类似河姆渡文化的遗存，随即报告文物部门。浙江省文物考古研究所遂于2004年2~7月进行了首次发掘，以后又于2006年9月~2007年1月、2007年3~7月和2008年3~6月进行了三次发掘。四次发掘共揭露面积1000平方米。发现了比河姆渡遗址更高规格的聚落遗址。鉴于遗址的特殊重要意义，余姚市政府遂于2005年7月拨款1000万元建设一座高规格的保护棚。在棚内可以避开日晒雨淋，比较从容地继续进行发掘，也可以供群众参观。遗址所在的田螺山不过是一个两三米高的小土堆，样子像一个田螺，出土的明清时期的石碑上即刻着"吉地择螺山，定当克昌厥后"的文字。田螺山处在一个面积约3万平方米②的小盆地的中央。目前盆地内都是稻田，周围是低矮的小山。整个环境就像是一个绿色的聚宝盆。遗址发掘分东西两区，东区保存不大好，主要的发现在西区。该区在现代水田下有厚约2米的淤积层，下面有一薄层沙土，其中包含有大量磨损的碎陶片，是被冲刷的二次堆积。说明在距今约6000年的河姆渡文化中期有一次环境变化。

在东边探方⑤层下出露了加工规整且排列整齐的方木桩（图一），在⑥层下即可找到柱坑的开口。其排列大致可分为两个以上的排房。东北的一个比较完整，长20米，南北方向有五六排。西侧一排保存最好，有8根方木，均为柏木，柱间2.5米。西北的转角木柱最粗大。其北边有一大堆多种动物的骨骼、当是居住时食剩的残渣。

不同于河姆渡打桩栽柱，田螺山是挖坑栽柱。⑥层下这组建筑相当于河姆渡文化二期偏早、一期偏晚，距今约6500年。其南部可能是聚落的中心所在，有特别粗大的方木柱，见方40厘米。并且用

---

① 应为1973年。（编者注）

② 应为1平方千米，原文误为3万平方米。（编者注）

多层木板垫底（图二、三）。良渚古城东部的庙前遗址发现有两座房屋也是用见方40厘米大木柱并用多层木板垫底。田螺山比庙前要早一千多年，就有那么高水平的木构建筑，实在令人惊叹。这么大的树木是怎样采伐的，又是怎样加工的，都是可以探讨的问题。不仅如此，房屋上的装饰也特别讲究，有的栏板上刻划行走状的猪（图四），有的构件似连体双鸟（图五），可惜都难以复原。

图一　大方柱等出土情形

图二　木柱下的垫板

图三　独木梯

由于发掘面积有限，田螺山整个聚落的面貌尚不清楚，仅在可能是中心区的西边发现有20多米长的两排木桩，有圆桩也有板桩，可能是聚落的一段寨墙。其西边有一条小河沟，出土多件木桨，上面有整木搭建的小桥。

田螺山发现有不少墓葬。成年人实行二次葬，没有墓坑，也没有随葬品。小孩实行瓮棺葬。从这里看不出人们的身份有什么差别，看不出有任何社会的分化。但田螺山那样高规格的建筑，从树木采伐到材料加工，以致最终建成，仅靠自己的力量是难以完成的。应该有相邻聚落居民的帮助。

图四　刻划猪纹的栏板

图五　连体双鸟纹的正面和背面

　　河姆渡和田螺山时代相同,距离相近,应该有密切的关系。二者各有特色,一个是在淤泥上打桩搭建长条形的高脚屋,一个是在平地上挖坑栽柱建高脚屋。河姆渡虽然发现了大量稻谷遗存,但没有发现稻田。田螺山周围则发现了与聚落年代一致的两期古稻田,面积达数十亩之多,说明有比河姆渡更加稳定的收获。作为聚落,田螺山的规格显然远高于河姆渡。这不仅表现在房屋建筑上,也表现于出土遗物的档次上。这里有高92厘米的双耳小口瓮(图六),有上面刻划三猪二鹿相向行走的黑陶盉等(图七,图八)。有精细加工的玉璜、玉玦和骨笄等。更有比河姆渡同类器大气得多的髹漆木鼓。如此看来,田螺山应该是整个河姆渡文化的中心。这个中心聚落与文明起源时期的中心聚落有所不同。这是一种什么社会也是很值得研究的。

　　河姆渡文化主要分布在宁绍平原,至今发现的遗址不多,且都很小。2019～2020年浙江省文物考古研究所在田螺山附近发掘的井头山遗址,年代比河姆渡文化早,是一个贝丘遗址,也出土陶器和木器,却看不出跟河姆渡文化有明确的传承关系。河姆渡文化之后,在宁绍平原似乎经历了文化上的断档,被马家浜——崧泽文化取代了。而以水稻田为代表的稻作农业却是连续不断地发展的。

图六　陶双耳小口瓮

图七　出土陶钵

图八　刻划三猪二鹿陶盉

　　浙江的史前文化像穿梭一样，一个接着一个，一个取代一个。上山文化跟当地旧石器时代文化看不出有什么传承关系，上山之后的跨湖桥文化，跨湖桥文化之后的河姆渡文化，河姆渡文化与年代相近的马家浜文化，都好像是各自为政，看不出明显的联系或传承关系。只有马家浜–崧泽–良渚，才可看出前后传承。到钱山漾、广富林，虽是前后相继，文化上也看不出明确的传承关系。直到吴越时期，苏杭太湖地区才成为稳定的文化中心，其他地区就边缘化了。这跟地理环境和华夏文明的整体格局或许有相当的关系。

（原载《耕耘记——流水年华》，文物出版社，2021 年）

北京大学文研论坛 159：河姆渡文化与稻作文明的摇篮纪要

徐伟喆

2022 年 4 月 18 日下午，"北大文研论坛"第 159 期在线举行，主题为"河姆渡文化与稻作文明的摇篮"。浙江省文物考古研究所研究员方向明，浙江省文物考古研究所馆员、余姚施岙遗址考古队队长王永磊作引言，北京大学城市与环境学院教授莫多闻，北京大学考古文博学院副教授秦岭，浙江省文物考古研究所研究员、井头山考古队队长孙国平出席并参与讨论。本次论坛为"发现文明：考古学的视野"系列活动之一。

一、河姆渡文化及其稻作农业考古的基本情况

论坛伊始，方向明介绍了河姆渡文化及其稻作农业考古的基本情况。1973 年 11 月至 1974 年 1 月，余姚河姆渡遗址的第一次发掘取得了重大收获。1976 年 4 月，河姆渡遗址第一期发掘工作座谈会在杭州召开，与会代表们一致认为，"长江流域与黄河流域同是中华文明的摇篮"。如今，河姆渡文化考古已近五十年，在聚落和环境、生业经济和观念信仰等领域取得重要进展。距今 7000 年的河姆渡文化以浙东滨海的姚江河谷地带为核心分布区，东达舟山群岛，沿东南海岸在台州、温州也有发现。余姚施岙遗址揭露了较完整的河姆渡文化早晚期和后河姆渡文化时期（约相当于良渚文化时期）大型水田，结合这一时期骨耜、木耜和相关收割、加工工具的出土，说明这一地区稻作农业起步很早。这类利用淡水资源以稻作为主的复合式经济模式拉开了湿地稻作农业文明的帷幕，形成了以神鸟和太阳崇拜为主题的独特的观念信仰。芽叶或禾苗的植物图像，与圆、重圈、螺旋的天体图像组合，出现在鸟、猪、鹿、象、犀牛等动物图像上。牟永抗先生曾提出，陶器、木器等芽叶或禾苗植物图像的有序排列并使之图案化，也是人工种植栽培植物这一农业行为的直接反映。稻作农业的发展，同时培育了人们勤劳奋斗、顽强进取的精神和积累财富的观念，也大大地加强了人们对土地及自然界的"风调雨顺"的依赖。诸如太阳神崇拜、地母崇拜、生殖神崇拜等巫术活动就很快发展起来，对后续高度发达的良渚文明原始宗教有着深刻的影响。高度发达的稻作农业所体现的大田块、大水利和种稻的精耕细作，培养了这一地区精益求精的精神，从河姆渡耜到良渚犁的工具革命反映了这一地区巨大的创造力，如此独特的经济模式促发了这一地区在观念信仰体系上的不断完善。

除此之外，作为定居农业社会，河姆渡文化以榫卯技术为核心的干栏木构建筑工艺，集中代表了传统木构建筑文化起源时期的发展水平，也体现了古代中国营造法式的传统技法和特点。余姚田螺山

遗址清理了高规格的干栏大房子，说明当时的聚落群已开始一定程度的分化。

1984 年，牟永抗在《浙江新石器时代文化的初步认识》一文就曾关注到东海大陆架曾是一片广阔的陆地，并提出不能排除大陆架和沼泽是另一种农业起源的可能性。新近，在现地表 8 米以下的余姚井头山遗址发现了早于河姆渡文化的贝丘遗存，出土的支座有丰富稻壳掺合料。这一发现反映了该地区环境变迁与文化演进的复杂关系，也为稻作农业发生提供了极大的启示。

以绳纹釜系统为特征的河姆渡文化，在钱塘江以南地区长时间保持着顽强的生命力，河姆渡文化及其后续，更是浙东沿海岛屿和海洋文化的源头。浙江省文物考古研究所也参与了国家文物局"考古中国"、"南岛语族起源与扩散研究"项目。作为东南沿海地区迄今为止发现年代最早、绳纹釜体系最为完整的区域，以及有段石锛最早出现的地区，再甚至包括玦饰复苏、有角玦的起源和传播——这一区域一定是南岛语族的重要原始起源地。近些年河姆渡文化考古的系列重要发现，为以上这些问题的深入研究提供了越来越丰富的材料和广阔视野。

二、新世纪以来河姆渡文化考古的新进展

接着，王永磊详尽介绍了新世纪以来河姆渡文化考古的新进展。2000 年后，新发掘的河姆渡文化遗址大多是配合经济建设进行的发掘，包括宁波余姚田螺山、施岙、江北傅家山、东门村、胡坑基、镇海鱼山、乌龟山、应家、奉化下王渡、何家、上王、双马、竺家、象山塔山、台州路桥灵山、仙居下汤、三门上蔡等遗址。慈溪童家岙、定海王家园等遗址也进行过试掘。新世纪以来也出版了大量考古报告、论文集、图录，如《河姆渡——新石器时代遗址考古发掘报告》《傅家山——新石器时代遗址发掘报告》《象山塔山》等。一般而言，把河姆渡遗址一到四层为代表的遗存统称河姆渡文化，可以分为早期（含一期，公元前 5000~前 4500 年；二期，公元前 4500~前 4300 年）与晚期（含三期，公元前 4300~前 3700 年；四期，公元前 3700~前 3300 年）。当然也有"三期六段、四期八段"的说法，但还需要新的材料进一步充实研究。

河姆渡文化考古的一项重要内容是稻田考古，目前在施岙和田螺山遗址附近已发现总面积近 90 万平方米的古稻田。田螺山古稻田在 2008 年、2012 年进行过两次发掘，揭露了 600 平方米，发现了属于河姆渡文化早期、晚期和相当于良渚文化时期的稻田层。另外，稻田中发现了铺设树枝的田埂。施岙古稻田总面积约 8 万平方米，为配合基本建设，同时探索史前稻作农业的发展和农耕方式的演变。2020 年 9 月至 2021 年 12 月，进行了大规模发掘，发现了与田螺山稻田同时的三期大规模稻田。其中，河姆渡文化早期稻田（公元前 4800~前 4500 年）整体比较平整，西部略高，东部略低，发现一段宽逾 2 米的田埂。河姆渡文化晚期稻田（公元前 3700~前 3300 年），揭露出东西向田埂 9 条，南北向田埂 3 条，古河道 2 条和灌排水口 5 处，稻田边缘和古河道堆积中出土少量陶釜、豆、鼎足等残片。相当于良渚文化时期的稻田（公元前 3300~前 2600 年），由纵横交错的凸起田埂组成"井"字形结构，河道、沟渠和田埂中间的灌排水口组成灌溉排水系统。稻田中发掘揭露了田埂（局部区域铺垫树枝）22 条，田埂大多较为宽大，宽 1~4 米；还发现古河道 1 条，灌排水口 10 处，以及沟渠和木构排水设施等。稻田边缘和古河道堆积中出土少量陶鼎、罐、豆的残片和石刀、斧、锛等。12 号田埂东端出土一

条用作田埂中垫木的废弃独木舟，残长 5.6 米。

河姆渡文化稻田考古发掘具有重要意义，施岙遗址古稻田是目前世界上发现的面积最大、年代最早、文化系列最完整、证据最充分的稻作农耕遗迹，是史前考古的重大发现。河姆渡文化大规模稻田的确认，是河姆渡文化考古与稻作农业考古的新突破。古稻田的发现表明，大规模稻田起始年代可追溯到距今 6700 年，发掘揭示了从河姆渡文化到良渚文化时期的稻田结构变化，反映出史前稻作农业发展的脉络，与以往环太湖流域发现的古稻田从小型稻田演变为大块稻田的结构变化不同，刷新了学术界原有的认识。稻作农业是河姆渡文化到良渚文化社会发展的重要经济支撑，为全面深入研究长江下游地区史前社会经济发展与文明进程提供了极其重要的材料。高度发达的湿地稻作农业经济和生产技术，催生和促进了这一地区的社会复杂化和文明化进程，并对这一地区独特的观念意识形态和原始宗教信仰的形成产生了重要影响。

另一项重要内容是聚落考古的新进展。在河姆渡文化早期，遗址发现数量非常少，仅河姆渡、鲻山、田螺山、童家岙、傅家山遗址有最早期遗存。第二期遗存在鱼山、鲞架山遗址也有发现，聚落面积普遍较大。目前，考古队对余姚东部地区 130 平方千米的姚江谷地进行了较为详细的考古调查，这一区域河姆渡文化晚期遗址数目较多，有 29 处。聚落选址分为依托山麓坡脚和孤丘、低地型两种，其中低地型遗址为河姆渡文化三期新出现的类型。另外可见聚落小群的形成，田螺山遗址附近有 5 处，河姆渡遗址附近则有 7 处。微观聚落结构方面，王永磊主要以田螺山遗址为例进行了较详细介绍。在河姆渡文化早期，遗址周围分布了大量稻田，稻田之间有大面积的水域。田螺山遗址一期一段（公元前 5000~前 4800 年），村落与外围有一圈寨墙相隔，寨墙之外是一条小河，河上有一独木桥与外围水稻田相连，村落内部以干栏式长屋为主要建筑，这一时期的建筑是载桩式建筑。一期二段（公元前 4840~前 4700 年）的建筑是挖坑立柱式建筑，一期三段（公元前 4720~前 4560 年）发现了一座中心大房子，可能是某种礼仪建筑，房子的大木柱最大边长达 53 厘米。据复原研究，大房子应是一座双层建筑，是同时代体量最大的建筑，周边则是日常生活长屋。二期多为挖坑垫板立柱式建筑（约公元前 4500~前 4300 年），柱坑的体量也很大。另外，田螺山遗址早期村落内还发现了大量橡子储藏坑和少量墓葬以及玉器加工场所等。挖掘发现的独木舟模型器、独木舟毛坯和木桨反映了当时的最主要交通方式就是乘船出行。一些数量较多的奇特器物，如双鸟木雕器、犀牛纹刻板、象纹刻板等，均集中在中心大房子周边区域，可能与其礼仪功能有关。第三期，田螺山遗址周围又出现了数个小聚落，面积在 1000~3000 平方米不等。这一时期的遗迹，总体保存情况不佳，只有一些挖坑立柱填烧土块式建筑、少量灰坑和一口底部铺木板的水井。何家遗址揭露了一处属于河姆渡文化三期面积较大的大房子，建筑南侧有木构路。这座大房子以挖长条形基槽铺设地梁和铺设木板的柱坑为基础营建。何家遗址发现的河姆渡文化三期陶器有釜、灶、豆、罐、盆等，缺乏河姆渡文化早期特殊的器物。这一时期，塔山遗址发现有一片氏族公共墓地，根据随葬品和墓葬方向可以分为不同的组别，墓葬随葬品都很少——这体现出当时社会分化尚不明显。河姆渡文化四期，何家遗址发现一片总面积达 700~800 平方米的干栏式建筑，当由数座建筑组成，中间是一片空白地带，体现了一种向心式的结构，建筑周边有储藏坑和水井，水井中出土了一些崧泽风格的陶罐，另外发现有绳纹釜、凿形足鼎、鱼鳍形足鼎、鸟首形支脚、杯、罐等器物。

关于河姆渡文化的源流问题，最新的考古发现提供了新的线索。来源方面，位于姚江谷地绝对年代在公元前6200~前5650年的井头山遗址出土陶器主要有釜、罐、盆、碗、杯、支脚等，与河姆渡文化的陶器组合既有相同点又有一定差异。河姆渡文化早期的绳纹、盆、蚶齿纹、鸡冠耳装饰，木器中的有銎斧柄、钩形锛柄、矛，骨器中的锯齿形器、凿等等，均可以在井头山遗址中找到来源。随时间推移，河姆渡文化也往外扩散并逐渐发生转变。2021年试掘的舟山定海王家园遗址中出土的陶釜属于河姆渡文化早期。台州三门上蔡、仙居下汤遗址也都有河姆渡文化阶段的遗存，与河姆渡文化核心区相近的是折敛口陶釜、敞口束颈釜、鸟首形陶支脚等，但又有自身特点，器物的纹饰也有一定的差异，是河姆渡文化的另一种类型。在后河姆渡文化相当于良渚文化时期，奉化何家遗址、下王渡遗址出土的器物既有良渚文化因素也有河姆渡文化传统的釜、支脚等，墓葬也与典型良渚文化有一定差异。北仑沙溪、大榭遗址的良渚遗存可以分为三种风格：河姆渡文化传统、良渚文化遗物，以及本地风格的因素（其中本地风格占比最大）。舟山群岛最北端的嵊泗黄家台遗址器物有良渚文化、河姆渡文化和崧泽文化三种风格的因素。总体来看，良渚时期宁波内陆地区与沿海地区的文化有一定差异，应该可以分为两个不同的类型。

河姆渡文化核心区先民的生产生活受古环境的变化影响很大。环境考古工作者对田螺山遗址进行了高分辨率元素扫描、粒度、植硅体、硅藻、孢粉、植物种子、^{14}C测年等的综合分析研究。根据研究结果，考古工作者认为田螺山、井头山、施岙等遗址所在的区域，在公元前6200~前5650年，海平面较低，局部陆地暴露出来。井头山先民在此生产生活，因为离海很近，利用了较多海洋资源，同时也狩猎、采集，利用水稻。之后海侵，山前地带普遍被淹。到公元前5000年前后，海水退去，出露大片陆地，河姆渡文化先民在此生产生活，渔猎采集，种植水稻。而在公元前4300~前3700年，海侵淹没地势较低区域，水稻生产受到严重影响，先民加强了渔猎采集经济。到河姆渡文化四期时，海水退去，稻作农业生产水平提高，人口增长，聚落增多，中间曾短暂受到过海侵的影响，一直到良渚文化末期。公元前2200~前1700年左右，当地再次受到海侵影响，人口减少、聚落变少，直到马桥文化时期，人口和聚落才再次增多。

对河姆渡文化的研究需要多学科共同参与。在动物考古研究方面，20世纪70、80年代，河姆渡遗址的动物遗存经过了较系统的研究，出版了《浙江余姚河姆渡新石器时代遗址动物群》一书，是浙江动物考古乃至中国动物考古的奠基之作。近年来，田螺山、傅家山遗址的动物遗存也经过较系统研究，乌龟山遗址的鱼类研究成果也已发表。田螺山遗址已鉴定的哺乳动物有20多种，鱼10多种，鸟10多种。其中，哺乳类动物以陆地野生动物为主，尤以偶蹄类动物数量最多，另外还有少量鲸肋骨。鱼类以乌鳢、鲤鱼、鲫鱼、鲶鱼和花鲈为主，乌鳢始终占据主要地位，鲻鱼和石首鱼科数量较少，以淡水鱼为主。鸟类有10多科，有鸭科、秧鸡科、鹳鸟科、雉科、鹬科、鸊鷉科、鹭鸶科、海鸥科等，其中鸭科和秧鸡科占到90%以上。另外，发现有目前世界上最早驯化的家禽：鹅。爬行类动物有草龟、鳖、中华鳄相似种等，遗址发掘过程中也发现了数量较多的成堆龟甲、鳖甲等。属于河姆渡文化晚期的乌龟山遗址中出土的鱼类，乌鳢数量最多，其次是花鲈、鲻和棘鲷属，也有少量的鲤、鲶属、鲨形总目和鳐亚目。在可鉴定的标本中，淡水鱼不超过50%，因为离海岸线更近，利用的近岸海鱼比例稍高。这一区域更晚阶段属于良渚到钱山漾时期的北仑大榭遗址，因为位于海岛之上，除有猪、狗，梅花鹿、麋鹿等哺乳动物和爬行动物外，所利用的鱼类有鲻、硬头海鲶、棘鲷属、鳝属、鲤科等，且主要是利用海鱼。

关于植物考古研究，考古人员在田螺山、鱼山遗址进行了较系统的取样、水洗、浮选工作。田螺山遗址中，橡子、菱角、稻和芡实数量最多，其他植物种类较少，作为食物的还有猕猴桃属、柿属、南酸枣、悬钩子属、桃、梅、葫芦、葡萄属、甜瓜、莲等植物果实。鱼山遗址河姆渡文化时期堆积可能以古稻田堆积和聚落边缘堆积为主，出土的水稻遗存较多，而橡子、菱角、芡实等数量非常少。此外，河姆渡文化先民已经开始栽培葫芦，部分葫芦可能已经被驯化。菱角已表现出明显的人工管理或干扰环境中生长的栽培性状。桃树也已被人工管理和选择。综合来看，河姆渡文化早期，农业除栽培水稻外，还有桃树、菱角、葫芦的栽培、管理，家畜仅饲养狗和猪。采集和渔猎均具有广泛性，在生业经济中占较大的比重。这一阶段的生业经济虽延续了跨湖桥时期的模式，但已表现出先民管理生境和操纵物种的多重尝试。河姆渡文化晚期，遗址中的动、植物遗存普遍较少，水稻发现较多，反映这个阶段处于对野生动植物资源利用减少转向更多依赖农业的时期。

此外，考古人员同样使用同位素分析方法，对河姆渡、田螺山、塔山三个遗址的人骨碳氮进行了科学考察。结果显示，这三个遗址有一定的差别：河姆渡个体相比长江下游地区其他遗址先民摄取了更多的海产品；田螺山先民食物中植物类资源居多，主要应来自湿地环境中的各种植物，如水稻、芡实、菱角、香蒲等；而塔山先民主要在开阔环境下获取陆生资源，对淡水资源的利用相对较少。不过，由于田螺山遗址分析的样本较多，而河姆渡、塔山分析的个体数量有限，同位素分析的结果只能作为一种参考。而在陶器的功能研究方面。田螺山陶釜可以分为折敛口、球腹、大敞口、双腹 4 种类型，从早到晚，以敛口、球腹、大敞口为主向球腹、大敞口和双腹演化。因底部有很厚的锅巴痕迹，敛口釜很可能用来熬粥；球腹釜有从侧面加热的痕迹，应与煮饭有关；大敞口釜虽然完整器较少，但很可能与做菜有关；双腹釜有吃水线状的锅巴痕迹，应该与汤类的烹饪有关。结合残留脂肪酸、锅巴里稻壳的存在，以及锅巴痕迹的复原实验，可以比较明确判断敛口釜最可能用于烹饪水分较多的粥类。

在结束对新世纪以来河姆渡文化考古研究新进展的详尽介绍后，王永磊提出了八点研究展望：1. 对田螺山、井头山、施岙等遗址发掘资料的系统整理与公布；2. 对河姆渡文化的定义及分布范围的界定，以及年代与分期的细化；3. 对河姆渡文化的来源与去向深入研究，及其衰落或迁徙问题的讨论；4. 聚落形态的研究需要深化，把握微观与宏观两个尺度；5. 需要加强对晚期遗址的发掘，以便对生业模式的变化进行综合研究；6. 对包含有多层次干栏式建筑的饱水环境遗址形成过程的研究；7. 对人地关系与古环境变迁的研究，如姚江出现的年代、姚江平原的形成年代等；8. 对出土遗物的综合研究。

三、与谈环节

围绕以上主题发言，出席本次论坛的诸位专家学者也提出了自己的思考与见解。孙国平指出，河姆渡文化经过半个世纪以来的研究，在国内外产生了很大的学术影响，但对田螺山、施岙、井头山遗址所见丰富材料的消化还是远远不够的，且目前我们得出的认识和成果也还是较为粗浅的。接着，孙国平分别简述了对河姆渡文化稻作农业的来源、影响与整体作用问题的看法。最初，学术界据河姆渡遗址丰富的稻作遗存，将其定为中国稻作农业的起源地。但随着以两湖地区为代表的新石器早中期稻作农业遗存不断被发现，这一认识发生改变——稻作农业的发源地应在中国长江中下游地区，新发现的井头山遗址与施岙遗址便充分地证明了这一点。目前，学术界对河姆渡文化稻作农业的来源存在两种看法，一是来自内地的跨湖桥或上山文化，二是出自沿海地区。根据目前的微量稻作遗存发现及对沿海地区古环境的探察中稻作遗存因素的推断，河姆渡文化的稻作农业文明来自沿海地区的可能性更大，特别是宁绍地区东部、台州沿海地带。当然，该说是基于目前考古及研究资料的判断，仍需通过扎实的考古发现和研究工作提升其可靠性和科学性。

在解决来源问题后，我们需要观察河姆渡稻作农业在文明发展进程中的作用。对此，张光直认为，稻作农业辅助于东南沿海地区的采集经济。也有学者提出，稻作农业在经济结构体系中占据主体地位，对文明起源发挥了主要作用。对此，我们需要对井头山等遗址出土遗物进行大量的基础性定量研究，才有可能在此基础上做出真正的定性的学术成果。至于河姆渡稻作文明的整体作用，需要以浙江沿海本地为中心，以宁绍台舟地区的近岸大陆架考古，即"前大陆架文化区"概念为指导进行讨论。同时考察其与跨湖桥文化、马家浜文化的联系。孙国平认为，跨湖桥文化是河姆渡文化直系来源的可能性不大，更多仅是就近的关系。马家浜文化则是河姆渡文化的"堂兄弟"，尚无更多材料证明二者间存在较多联系。不过河姆渡晚期有很多马家浜的因素，应是环境转变所致结果。根据早年研究或可简单地认为河姆渡文化在晚期沿海上迁徙和扩散，也有部分南迁至浙南山区。但据近年来的考古发现可见，河姆渡文化后续并未在本地发生中断，古宁波湾区域尚有很多河姆渡文化晚期及之后的新石器时代文化遗址。在海水侵袭的影响下，河姆渡文化仍在本地被传承下来。总体而言，环境的演化基本决定了河姆渡文化在浙江沿海地区出现、转型、消亡的过程及其基本面貌。河姆渡文化作为东南沿海地区著名的、影响深远的文化，对西太平洋地区史前文化有深远影响，对其出现、转型、消亡机理的进一步研究，需要从更宏大的学术层面继续深入进行。

莫多闻着眼于河姆渡文化遗址极为优越的自然环境条件对稻作文明的孕育作用，认为宁绍平原地区当时的土地资源、水资源条件十分优越，气候条件及动植物资源比现在更为优良。河姆渡文化之所以成为长江下游地区新石器时代一颗光辉灿烂的明珠，既与其所在地区的优越环境有关，也与该区域几千年来文化发展的历程及其与周边地区的文化交流有关。当地的土地和水资源条件有利于稻作农业的发展和家畜的饲养。附近丘陵山地及平原地区丰富多样的动植物资源，促进了狩猎采集经济的发达。河湖水域及海湾海岸带提供充足的淡水和咸水类渔猎资源。因此，河姆渡文化呈现出非常富足和多样化的生业经济特点。丰富的动植物资源也为河姆渡文化的手工业技术与艺术、建筑技术与艺术的繁荣，提供了丰富和多样的骨器、木器、编织物用材和建筑用木料。全新世以来，虽然宁绍平原地区也有复杂的气候波动，但整体而言始终保持着温暖湿润的气候。可见，气候条件并没有对人类文化发展形成明显制约。但由于当地平原海拔低，且靠近杭州湾，多次的海面波动上升而导致的海水海潮的侵袭制约了区域人类文化发展的连续性。河姆渡文化之前、之中和之后阶段，该地都有因海平面上升而发生海水或海潮侵袭的时期，形成了遗址或区域上的文化间断。在后河姆渡文化时期，宁绍平原的发展看起来不如环太湖地区那样强盛，在中华文明起源进程的作用也不如环太湖地区。这是因为环太湖地区的平原更为宽阔，地理位置和环境条件更便利于同长江中游及黄河中下游地区的联系，故环太湖地区在文明早期起源进程中的地位更为突出。

秦岭以讨论河姆渡文化的视角和尺度问题为中心展开评述。借由牟永抗早年的论述，秦岭再次强调，河姆渡的意义不仅是黄河流域与长江流域的差别，更在于宁绍平原与环太湖地区的差异，不应将长江下游地区当成一个整体去理解。就长江下游史前社会发展进程而言，"上山—跨湖桥/井头山—河姆渡/马家浜—崧泽—良渚"的线性发展序列把多元复杂的历史简单化了，时空上的错位、缺环和并行发展被"延续性发展"的叙事所掩盖。在后河姆渡文化时期，我们也不能以良渚文化作为宁绍地区在公元前 5000 年的"主题"。尽管本地区相当于良渚文化时期的遗存中可以看到良渚文化因素，但目前整个宁绍平原都未见良渚玉器的使用，反观其他受良渚文化影响的外延区，这种差异值得重视。此外，施岙遗址发现的距今 7000~4500 年三个阶段的大面积沼泽湿地稻田地貌，打乱了过去长期作为定论的从马家浜到良渚是"小田块—大田块；排水设施—灌溉系统"这样的环太湖地区水田发展节奏，也体现出两个区域间农业生产方式的区别。因此，我们需要将宁绍平原而非整个长江下游作为考察的主体，以宁绍平原为研究的地理单元进行叙事，将其作为一个平行发展的案例，关照和理解不同稻作区域，由此把握多样性的种种细节。同时，河姆渡文化本身或内部也不能完全当作一个整体来考虑，而是分区域、分层次的。如舟山群岛的一些遗址与田螺山及姚江两岸的遗址不同，而浙南山区的可能又是另一种形态。

与河姆渡文化相比，上山文化的稻作实践时代更早，有些遗址稻属驯化率也相当的高。而良渚社会又是单一稻作文明发展到极致的一个表现。相比之下，无论是稻作起源还是稻作文明，河姆渡文化在这两个尺度上均无法更好的定位和阐释其遗产价值。因此，秦老师建议，应从湿地考古学（wetland archaeology）的角度对河姆渡文化进行整合式讨论。干栏式建筑作为一种特有的聚落建筑形态，是具有世界性的普遍价值的。比如欧洲地区环阿尔卑斯山的干栏式建筑群（公元前 5000~前 500 年）就已经入选世界文化遗产名录。同时巴尔干半岛、芬兰和俄罗斯西部也有大量饱水型遗址保存了很多不同的干栏式建筑，是这些地区学术研究的重点。同时，饱水环境保存了大量的有机质遗存，是"大百科"式的遗址，为多学科研究史前社会的方方面面提供了重要条件。因此，当前学界不应局限于"稻作文明的摇篮"这样的描述，而应从湿地考古学的角度出发，讨论湿地环境下的人类活动和适应——这样更能体现出河姆渡文化"生态文明"的重要价值。为了说明这一点，秦岭举例介绍了由北京大学和浙江省文物考古研究所合作、张颖负责的河姆渡文化渔猎经济的研究成果。田螺山遗址的生业经济中渔猎重要性突出，乌鳢（黑鱼）比例最高，这与自然水体中作为食物链上端的食肉鱼类的正常比例并不相符。如果把这种特殊现象放置于稻作与渔猎相结合的湿地环境开发利用模式中，就易于解释和理解，因为乌鳢在浅水域缺氧环境中的生存能力更强。此外，河姆渡极少发现渔猎工具（如网坠、鱼矛等捕鱼具），结合民族学证据，也可旁证渔猎活动是在浅水域，且与农业结合在一起的。

秦岭最后指出，当前河姆渡文化研究还有很多有待加强的内容。其一，对干栏式建筑的研究还有很大的进步空间。尽管早年有牟永抗等的经典研究，但目前仍应多借鉴其他国家地区相关研究方法与视角，考察不同类型的干栏式建筑的功能与适应性差别；另一方面，也要推动多学科应用，比如不局限于简单测年，而是对保存下来的大木桩做树轮考古学的研究，从而更清晰地讨论气候与环境变化。

其二，对河姆渡文化中各类材质工具的研究仍然不足。除了关注骨耜这样可能与农业相关的工具之外，河姆渡文化中有大量骨角器、木器，数量上甚至远远超过石器，这些都是极具潜力且有待加强研究的内容。

明年将迎来河姆渡遗址发掘五十周年纪念，对河姆渡文化及其稻作文明的探索，仍无止境。期待通过更为多元、深入的研究，进一步拓展我们对长江中下游稻作文明的整体与个案性认识。

（原载"北京大学人文社会科学研究院"微信公众号，2022年5月16日）

编后记

2023 年是河姆渡遗址发现与发掘的五十周年。五十年来，河姆渡文化的考古发掘与研究取得很大进展，尤其在稻作农业起源与发展、植物考古、动物考古、古环境演变等研究方面取得了很多重要成果。目前共发掘了 20 余处河姆渡文化遗址，分别是宁波余姚河姆渡、鲞架山、鲻山、田螺山、施岙、江桥头，江北慈湖、小东门、傅家山、胡坑基、东门村，镇海鱼山、应家、竺家，奉化名山后、下王渡、何家、上王、双马、顾家庄，象山塔山；台州路桥灵山，仙居下汤，三门上蔡遗址。部分遗址是近几年新发掘的，资料尚未正式发表。

2021 年，浙江省文物考古研究所方向明所长建议将以往散见于不同书刊中的简报和代表性文章收集成册，以惠及学人。一些考古学大家，如贾兰坡、苏秉琦、石兴邦、严文明、牟永抗等先生或为河姆渡文化有关的书籍撰写序言，或曾经指导过河姆渡文化的考古工作，或对河姆渡文化有较系统的研究，因此本文集收录了这些大家撰写的有关河姆渡文化的文章。同时，我们收集了部分有关河姆渡文化研究的代表作，历年有关河姆渡文化的学术研讨会的纪要和部分遗址的讨论会纪要。在此，集结成册出版，以飨关心河姆渡文化研究的学人，促进河姆渡文化的研究。

本书收集考古发掘简报、调查简报、研究性文章、文集序言、会议纪要共 49 篇。编录的次序是优先收录发掘简报，其次是调查简报，然后是论文和会议纪要，每一部分均按时间先后顺序排定次序。塔山遗址于 2014 年出版了详细的考古发掘报告，是原先刊登在《浙江省文物考古研究所学刊》上发掘简报的详细版，本文集未再收录。井头山遗址，是河姆渡文化核心区目前确定的唯一一处早于河姆渡文化的遗址，对探索河姆渡文化的本地起源有重要意义，因简报最近发表在《考古》杂志 2021 年第 7 期，本文集也未收录。北仑沙溪遗址，虽然年代相当于良渚文化时期，但具有浓厚的河姆渡文化因素，可以看到河姆渡文化的后续发展，因此也收录在本文集中。

在整理过程中，因为不同简报、报告的格式体例有一定差异，我们做了一定调整，为方便大家阅读，全部尾注均转成了脚注。有些文章注释不够规范，我们核对后，完善了原先的注释。除文后有说明的文章之外，其他均依原稿发表，我们仅做个别修改。另外，我们发现原简报、报告发表时，很多线图的比例存在问题，本文集仅按原稿原样刊登比例尺，有的原稿数字比例尺则改成了线段比例尺，读者在阅读、引用时可以多加注意。2000 年后发掘的遗址，开始用电脑制图，大部分遗址的发掘简报都有发表时的底图，我们在本文集中利用了原作者提供的底图，原先发表时，有些线图、照片等经过编辑的重新编排，与底图有一定的排列、大小、细节的局部差异，但不影响使用。自河姆渡遗址首次发掘已有五十年，各地的行政区划发生了一定的变化，部分遗址已消失无存，很难一一核对清楚，我们保持了文稿原样。

　　本文集的编选由浙江省文物考古研究所王永磊具体负责，收录的文章目录与方向明所长、孙国平研究员共同商定。文字录入工作由河姆渡遗址博物馆的陆雪姣、车芳、张耀和王永磊完成，宁波市文化遗产管理研究院的梅术文汇总并修订了以往他们单位主持的河姆渡文化遗址发掘项目的简报。2005年以前发表的简报、报告线图由浙江省文物考古研究所的技术人员郑豆豆、袁云江、渠怀贺和王钰据原图重新用电脑描绘，大部分图版因印刷质量欠佳，只能忍痛割爱。2005年以后发表的简报线图和图版，由原作者提供，我们仅重新进行了一定的排版工作。文稿汇总后，王永磊通读了全稿并做了核改。舟山市文物保护考古所任记国副所长提供了王明达老师试掘唐家墩遗址的照片，浙江省文物考古研究所的费晔也参与了部分校对工作，在此表示感谢。

王永磊